RUDOLF VON LAUN

STAAT UND VOLK

EINE VÖLKERRECHTLICHE UND STAATSRECHTLICHE UNTERSUCHUNG
AUF PHILOSOPHISCHER GRUNDLAGE

2. (Titel-) Auflage
der internationalen Preisschrift:
Der Wandel der Ideen / Staat und Volk / als Äusserung des Weltgewissens

Mit Vorwort des Verfassers von 1971

1971
SCIENTIA VERLAG AALEN

1. Auflage Barcelona 1933
Titelnummer 203/00292 * ISBN 3. 511. 00292. 3
Printed in Spain

Gretl,

meiner inniggeliebten Frau
zum 84. Geburtstag und
zur Diamantenen Hochzeit
am 28. September 1971

Vorwort 1971

Im Jahre 1928 hat das Institut Patxot von Katalonien ein rechtswissenschaftliches Preisausschreiben veranstaltet über den Einfluß des damaligen, von der Einschränkung der Staatsgewalt, vom Völkerbund, vom Selbstbestimmungsrecht und vom Minderheitenschutz geprägten Völkerrechtes auf das innerstaatliche öffentliche Recht. Von den 17 eingesandten Arbeiten ist nur meine veröffentlicht worden. Der spanische Bürgerkrieg und später der Nationalsozialismus haben die Verbreitung des Buches erschwert. Mein Dank für die Neuauflage gilt den Erben und dem Testamentsvollstrecker des verstorbenen Herrn Patxot wie auch dem Scientia Antiquariat und Verlag Schilling & Co.

Die Änderungen des Völkerrechts und seines Einflusses auf das innerstaatliche Recht zu schildern, die seit Einsendung meines Manuskriptes an das Schiedsgericht im Jahre 1930 eingetreten sind, würde eine zweite, ebenso umfangreiche Arbeit erfordern, wie die vorliegende.

In meiner Arbeit konnte ich noch den Einfluß der russischen Revolution auf die bis dahin herrschenden Ideen des Staates und des Völkerrechts, insbesondere die Forderung des allrussischen Kongresses der Arbeiter- und Soldatenvertreter vom 15. (2.) 4. 1917 nach einem Frieden ohne Annexionen und Kriegsentschädigungen (Seite 54) und die Vorschläge der russischen Republik von Brest-Litowsky (S. 207) als Vorbild hinstellen. Die Bemühungen des Präsidenten Woodrow Wilson um einen Dauerfrieden und den Völkerbund halfen der Volksidee auf Kosten der Staatsidee und der Staatsallmacht. Die dem Deutschen Reich nach dem Ersten Weltkrieg geraubten deutschsprachigen Gebiete (Saargebiet, Danzig, Oberschlesien und das Memelland) waren nicht reiner Siegerwillkür ausgeliefert, sondern unterstanden einer völkerrechtlichen, wenn auch nicht genügend neutralen, sondern an den Siegerinteressen orientierten Regelung (S. 141).

Doch welcher Rückschritt ist seither zu verzeichnen. Er fing damit an, daß die Staatsmänner und politischen Parteien der Tschechen das Selbstbestimmungsrecht gegenüber dem Vielvölkerstaat Österreich, in dem alle Völker in Freiheit leben konnten, angerufen, es aber den 3 1/2 Millionen seit Jahrhunderten in Böhmen und Mähren friedlich ansässigen deutschen Mitbürgern (Sudetendeutschen) im Rahmen der neugegründeten Tschechoslowakei verweigert und sie nach dem Zweiten Weltkrieg unter dem willkommenen Vorwand der Vergeltung für Hitlers Verbrechen aus der Heimat vertrieben haben. Das tschechische Beispiel, einen Staat mit der Forderung nach Freiheit und Selbstbestimmung zu gründen, diese kostbaren Rechte aber den Minderheiten im neu gegründeten Staat zu verweigern, hat Schule gemacht: Indonesien unterdrückt die Ambonesen, Nigeria die Biafraner, Pakistan die Ostbengalen und so fort. Den Katalonen, den Basken, den Kurden wird das Selbstbestimmungsrecht ebenso verwehrt wie zahlreichen Völkern und Stämmen in vielen Ländern, vor allem in Afrika. Auch die Deutschen Südtirols sind von Italien nur mit einem Kompromiß abgespeist worden, dem die Republik Österreich unverständlicherweise zugestimmt hat.

Die Staatsallmacht hat in zwei Exponenten ihre gefährlichsten Auswüchse gefunden, die als Despoten und Kriegstreiber ihrer Völker das Völkerrecht verhöhnt haben durch die Vierte Teilung Polens, bewirkt durch den zum Ausbruch des Zweiten Weltkrieges führenden deutsch-sowjetrussischen Nichtangriffspakt und die Aufteilung Polens in einen deutschen und einen sowjetrussischen Interessenbereich. Kurz darauf haben diese Despoten einander bekriegt, und sich gegenseitig – mit Recht – der scheußlichsten Massenmorde bezichtigt.

Die Polen, seit 1815 in Österreich, Preußen und Rußland als nationale Minderheit geschützt (S. 178), haben nach dem Zweiten Weltkrieg unter sowjetrussischem Druck in Reaktion auf die Hitlersche grausame Unterdrückung im sogenannten Generalgouvernement, ihrer östlichen Reichshälfte durch die Sowjetunion beraubt, ihrerseits den östlich der Oder-Neiße-Linie liegenden Teil des Deutschen Reiches sich einverleibt und die seit Jahrhunderten dort ansässigen Deutschen vertrieben. Dabei war Deutschland selbst in der Viermächteerklärung des Vereinigten Königreichs, der Vereinigten Staaten von Amerika, der Sowjetunion und Frankreichs vom 5. Juni 1945 in den Grenzen anerkannt, wie sie am 31. Dezember 1937 bestanden hatten.

Freilich sind diese Geschehnisse wie Kriege, Massenmorde und Vertreibungen nicht den vielen Millionen praktisch einflußloser Menschen in den betroffenen

Staaten anzulasten, sondern nur den herrschenden Politikern und Parteien. Vor allem von den Ländern des Ostblocks weiß die freie Welt, daß die meisten Menschen in den kommunistisch regierten Staaten sehnlichst die Freiheiten herbeiwünschen, die sie z. B. schon im alten Österreich-Ungarn genossen haben.

Was ist aber zu tun?

Jedenfalls darf eine Annexion, d. h. der Raub eines Gebietes, ebenso wenig anerkannt werden, wie die Vertreibung von Menschen aus ihrer angestammten Heimat. Unrecht nicht anzuerkennen schulden wir allen geteilten und unterdrückten Ländern und Stämmen auf der ganzen Welt, so auch dem deutschen Volke. Die schwächlichen Bemühungen einer bundesdeutschen Regierung, die Oder-Neiße-Linie anzuerkennen, mutet an wie der Versuch des beraubten und erpreßten Opfers, dem Räuber schriftlich zu bestätigen, er habe recht gehandelt, damit das Opfer später mit dem Räuber besser ins Geschäft kommen kann.

Welche Lösung zu suchen ist, hat der Abgeordnete B. Carroll Reece aus Tennessee im Repräsentantenhaus des Kongresses der Vereinigten Staaten von Amerika am 16. Mai 1957 ausgeführt ([1]):

"I refer to the expulsion from their ancient homes in the German provinces east of the Oder-Neisse line and in other parts of East Central Europe of more than 16 million Germans resulting in the death of far more than 3 million of them and of untold numbers being forced into slave labor.

...

The expulsion established a wrong, a situation in gross violation of the rules of international law, of the laws of humanity, of the principles of international morality.

The situation has often been glossed over, as if it were not quite proper to speak of it or as if, by belittling, we could diminish its true dimension and proportion. But it cannot be brushed aside, it cannot be silenced, and it cannot last forever. With ever-increasing insistence, it demands restitution."

Reece untersucht dann die Teilung Deutschlands, die Vertreibung der $10^1/_2$ Millionen Deutsche aus ihrer ostdeutschen Heimat, den Völkermord an über 2 Millionen von ihnen, und schließt seine Rede nach einem historischen Abriß mit folgender Betrachtung:

"The solution can never be a trifling with right. Instead, the solution lies in the restoration of a status conforming with international law. This will provide

[1]) zitiert aus der Zeitschrift Internationales Recht und Diplomatie, 1957 S. 126.

the only fundament upon which to build future German-Polish relations of good neighborhood. It constitutes, therefore, the prerequisite for a durable peace in that part of Europe. It will, moreover, provide a basis for the growth in that part of Europe of a genuinely European spirit, a climate leading toward confederation. Furthermore, the solution lies in the direction pointed to by the German-French settlement of the Saar question. Here, the Western Allies not only favored, but even committed themselves to support at a future peace conference, a political separation from Germany of German territory.

However, the French wisely refrained from pursuing on the road of violation of international law. Instead, they agreed to a reunification with Germany of this area. Simultaneously, though, they negotiated a highly profitable, long-term treaty of economic collaboration with their former 'traditional foe'.

This treaty of economic collaboration is securing for France advantages which are valued many times the gains they could have hoped of ever deriving from their rule over the German territory. I have no doubt that a parallel solution can be worked out in the German-Polish case.

Such an outcome would be a realistic settlement of a knotty problem, because it will be based on justice and the upholding of international law. It would be the basis of an honest rapprochement between these two nations. Again, as Immanuel Kant wrote in his essay On Eternal Peace:

"Nature irresistibly wills that right shall ultimately prevail."

Es ist die Aufgabe der Völkerrechtswissenschaft, diesem Aufruf Reece' mit wissenschaftlichen Mitteln nachzukommen. Die Arbeit für die Idee der Gerechtigkeit ist mühevoll, aber lohnend.

Ahrensburg, im Juni 1971. *Rudolf v. Laun*

PREISAUSSCHREIBEN FÜR DIE BESTE ARBEIT ÜBER DEN EINFLUSS DES GEGENWÄRTIGEN INTERNATIONLEN RECHTES UND DER DIESBEZÜGLICHEN EINRICHTUNGEN AUF DAS INNERE ÖFFENTLICHE RECHT.

GEGENSTAND DES PREISAUSSCHREIBENS.

Eine lange Reihe von Tatsachen haben gezeigt, dass das Oeffentliche Recht in einen Zeitraum grundlegender Umbildungen eingetreten ist, und dass seine Einrichtungen sich auf Grundlagen erneuern, die von den vorkriegszeitlichen verschieden sind.

Beim Studium dieser Bewegung sieht man, wie sich besonders seit dem Vertrage von Versailles eine neue Form des Denkens gebildet hat, die neuen Grundsätzen gehorcht, von denen die wichtigsten von der juristischen Wissenschaft noch nicht aufgenommen und geordnet werden konnten.

Die Notwendigkeit, die Konflikte zu lösen, welche durch das tägliche Leben hervorgerufen werden, und der Wunsch, zur Besserung der Lösungsmöglichkeiten dieser Konflikte beizutragen, haben zahlreiche Erscheinungen ans Licht treten lassen, die es erlauben, von einer neuen Orientierung zu sprechen. Unter diesen Erscheinungen sind, neben den seit 1918 unterzeichneten Verträgen, besonders hervorzuheben: die Tätigkeit des Völkerbundes, die Entscheidungen des Ständigen Internationalen Gerichtes, die Vereinbarungen der Internationalen Arbeitsorganisation, die Veröffentlichungen der Akademie für Internationales Recht im Haag, des Instituts für Internationales Recht und der International Law Association, der Carnegie-Stiftung für den Internationalen Frieden, des Bundes von Vereinen für den Völkerbund, des Interparlamentarischen Bundes, der Kongresse von Nationalen Minderheiten Europas und einer grossen Anzahl anderer Organisationen; dazu rechne man die neuerschienenen Bücher hervorragender Autoren.

Trotz gewisser Schwankungen und Unsicherheiten, welche sich leicht aus dem so neuen Kraftversuch erklären lassen, zielen alle diese Arbeiten darauf hin, den Rechtszustand der Völker auf einen vom Gewissen bedingten Punkt hinzuleiten, von dem aus *Nation* als natürliche Gemeinschaft, und *Staat* als politische Zusammengehörigkeit, neue Bedeutung und neuen Inhalt gewinnen.

Das Recht der Völker, über sich selbst zu bestimmen, die Einschränkung der Staatsgewalt, die gegenseitige Abhängigkeit der Staaten, die Rechte der Rassen-, der Religions- und der Sprach-Minderheiten scheinen die hauptsächlichen Kennzeichen dieses neuen Zustandes von Kollektiv-Gewissen zu sein.

Eine wesentliche und bedeutungsvolle Folgerung ergibt sich hieraus: die Notwendigkeit, den Einfluss klarzustellen, welchen das Internationale Recht auf das Innere Recht ausübt, das bis zur Zeit mehr durch die Idee der allmächtigen Gewalt des Staates beherrscht wurde, als durch die Unterordnung des letzteren vor den höheren Geboten des Rechtes und der Gerechtigkeit.

Um einen Beitrag zu liefern für die Klarstellung der juristischen Grundsätze, die diesem neuen Ideal entsprechen, erlässt die INSTITUCIÓ PATXOT von Katalonien ein Preisausschreiben für die beste Arbeit über Allgemeines Oeffentliches Recht, eine Arbeit, welche in wissenschaftlicher Form die neuen Grundsätze auseinanderzusetzen und in ein System zu bringen hat, indem sie ihren Einfluss auf die jüngsten Theorien des Oeffentlichen Rechtes, auf die Gesetzgebung und auf die anderen nachkriegszeitlichen Rechtsquellen studiert.

BEDINGUNGEN FUR DEN WETTBEWERB.

I. Die eingeschickten Arbeiten müssen unveröffentlicht sein und ohne Namensangabe und mit der Schreibmaschine geschrieben in drei Exemplaren eingereicht werden. Jedes Exemplar trägt als Erkennungszeichen ein besonderes Wort, Zeichen oder dergleichen. Den drei Exemplaren muss ein versiegelter Briefumschlag beliegen, der in seinem Innern Namen und Anschrift des Verfassers enthält und aussen das Erkennungszeichen trägt.

II. Die Arbeiten können in einer romanischen Sprache, in Deutsch, Englisch oder Niederländisch verfasst werden.

III. Der Endtermin für die Einsendung der drei Exemplare ist der 31. Dezember 1930, 6 Uhr nachmittags. Die Exemplare mit dem unter Nr. I erwähnten Briefumschlag sind an die INSTITUCIÓ PATXOT, C. de la Cucurulla Nr. 1-3, Barcelona (Spanien), zu senden.

IV. Das Schiedsgericht fällt sein Urteil innerhalb sechs Monaten, vom 1. Januar 1931 an gerechnet. Dieser Endtermin kann nach Beschluss des Schiedsgerichtes bis zu einem Zeitraum von höchstens sechs Monaten verlängert werden, wenn dieses der Ansicht ist, dass die Zahl der eingereichten Arbeiten oder andere Umstände eine Verlängerung erfordern. Der Beschluss des Schiedsgerichtes, den Endtermin zu verlängern, wird sofort in der Presse möglichst eingehend veröffentlicht werden, damit er zur Kenntnis der Interessenten gelangt.

V. Der Preis beträgt 1000 L. stg. (ein tausend Pfund Sterling), welche die INSTITUCIÓ PATXOT an Herrn Prof. Dr. D. Anzilotti, Mitglied des Schiedsgerichtes, an die Amsterdamsche Bank im Haag, überwiesen hat.

VI. Während eines Zeitraums von 10 Jahren ist die preisgekrönte Arbeit das Eigentum der INSTITUCIÓ PATXOT. Sie wird auf ihre Kosten gedruckt, in der Sprache, die der Verfasser benutzt hat. Doch bewahrt sich die INSTITUCIÓ das Recht, Uebersetzungen zu veröffentlichen.

VII. Abgesehen von der preisgekrönten Arbeit hat das Schiedsgericht das Recht, von den anderen eingereichten Arbeiten bis zu drei der INSTITUCIÓ zur Veröffentlichung zu empfehlen. Wenn der Vorschlag von der INSTITUCIÓ angenommen wird, druckt diese die Arbeiten auf ihre Kosten. Die Veröffentlichung findet in der Sprache des Verfassers statt mit dem Recht, ebenfalls Uebersetzungen zu veröffentlichen. Die Auflage der empfohlenen Arbeiten wird zu gleichen Anteilen zwischen der INSTITUCIÓ und den diesbezüglichen Verfassern geteilt. Ein gemeinschaftlicher Verkaufspreis wird festgesetzt. Jeder Teil kann über seine Exemplare frei verfügen, ausgenommen sind einige bibliophile Exemplare, welche die INSTITUCIÓ nach ihrer Gewohnheit drucken lässt und welche ihr ausschliesslich gehören.

VIII. Das Schiedsgericht öffnet nur die Umschläge der preisgekrönten und der zur Veröffentlichung empfohlenen Arbeiten. Die übrigen werden während der Sitzung des Schiedsgerichtes, in welcher es den Preis zuerkennt und die bezüglichen Weike zur Veröffentlichung empfiehlt, verbrannt. Die unbekannten Vefasser können ihre Arbeiten wiedererwerben, wenn sie ihre Anschrift einsenden, zugleich mit dem Erkennungszeichen und den ersten Worten irgendeines Kapitels. Die INSTITUCIÓ PATXOT wird allen Mitbewerbern dankbar sein, die ihr zur Erinnerung an das Preisausschreiben für ihr Archiv ein Exemplar überlassen wollen.

IX. Die Preiskrönung und das Recht, die Veröffentlichung der Arbeiten zu empfehlen, wird einem Schiedsgericht anvertraut, das aus den unterzeichneten drei Mitgliedern zusammengesetzt ist. Wenn irgendeiner von ihnen aus irgendeinem Grunde verhindert sein sollte, ernennt die INSTITUCIÓ PATXOT im Einvernehmen mit den anderen Mitgliedern des Schiedsgerichts einen Ersatzmann.

X. Das Schiedsgericht ernennt in seiner ersten Sitzung seinen Vorsitzenden und ergreift alle nötigen Massregeln, die in den vorliegenden Bestimmungen nicht ausdrücklich erwähnt worden sind.

Haag, Dezember 1928

DAS SCHIEDSGERICHT:

PROF. DR. D. ANZILOTTI
Präsident des Ständigen Internationalen Gerichtes
Professor des Internationalen Rechts an der römischen Universität

JONKHEER W. J. M. VAN EYSINGA
Rector der Universität von Leiden
Mitglied des Ständigen Internationalen Schiedsgerichtes

PROF. DR. F. DE P. MASPONS I ANGLASELL
Ehemaliger Präsident der «Academia de Legislación y Jurisprudencia de Barcelona»
als Vertreter der INSTITUCIÓ PATXOT

OBRES REBUDES.

N.º 1. Lema : « In the beginning was the « Reason », and the Reason was with God, and the Reason was God ». — Rebut de Washington.

N.º 2. Lema : N 7 N.T. — Rebut de París.

N.º 3. Lema : « Angel de Amor ». — Rebut de Manila.

N.º 4. Lema : « Patria et Europa ». — Rebut de Marburg.

N.º 5. Lema : « Juris mutandae civitatis consultus ». — Rebut de Helsingfors.

N.º 6. Lema : « Si quid valebo experiar brevi ». — Rebut de Nàpoli.

N.º 7. Lema : « Justitia est constans et perpetua voluntas ius suum cuique tribuens ». — Rebut de Hamburg.

N.º 8. Lema : « Olet pecunia? ». — Rebut de Praga.

N.º 9. Lema : « Auf der Bidasoabrücke spielt ein zauberhaft Gesicht». Rebut de Strassbourg.

N.º 10. Lema : « Je rends à la science ce qu'elle m'a prêté ». — Rebut de Nijmegen.

N.º 11. Lema : « Obras son amores y no buenas razones ». — Rebut de París.

N.º 12. Lema : « Ein guter Mensch in seinem dunkeln Drange ist sich des rechtes Weges wohl bewusst ». — Rebut de Lausanne.

N.º 13. Lema : « Uebermütig sieht's nicht aus ». — Rebut de Berlin.

N.º 14. Lema : « Ab imo pectore ». — Rebut de Paris.

N.º 15. Lema : « In der Bewegung liegt Kraft ». — Rebut de Bremen.

N.º 16. Lema : « Wertkritische Jurisprudenz ». — Rebut d'Innsbruck.

N.º 17. Lema : « Ekkehard ». — Rebut de Simbach am Inn.

Degut a què el Dr. Anzilotti no ha pogut continuar en el Jurat, ha estat substituït, d'acord amb la condició novena del Concurs, per Sir Cecil J. B. Hurst, del Tribunal Permanent de La Haia.

Barcelona, gener de 1931.

El Secretari, F. MASPONS I ANGLASELL.

RAPPORT DU JURY.

1. Le Jury du Concours de l'INSTITUCIÓ PATXOT, de Catalogne, pour l'attribution d'un prix au meilleur ouvrage consacré à l'influence du droit international et des institutions internationales contemporains sur le droit public interne, était au début composé de MM. le Prof. Dr. D. Anzilotti, le Jonkheer W. J. M. van Eysinga et le Prof. Dr. F. de P. Maspons i Anglasell. Avant le 31 décembre 1930, date fixée par le no. III des Conditions du Concours pour la présentation des ouvrages, M. Anzilotti ayant donné sa démission, a été remplacé conformément au no. IX des Conditions par Sir Cecil J. B. Hurst, Juge à la Cour Permanente de Justice Internationale. L'objet du Concours a été commenté lors de sa publication en décembre 1928, commentaire qui se trouve joint en annexe I au présent rapport.

2. L'étude des 17 ouvrages présentés, dont plusieurs sont très volumineux, a obligé à proroger de six mois le délai prévu pour le jugement par le no. IV des Conditions. Cette prorogation jusqu'au 1 janvier 1932 a été publiée dans la presse comme il a été prévu dans la même partie des Conditions.

3. A son regret le Jury n'a pas cru pouvoir décerner le prix de mille Livres sterlings, prévu au no. V des Conditions.

4. En revanche, le Jury a l'honneur de recommander à l'INSTITUCIÓ PATXOT la publication de l'ouvrage no. 7, portant la légende : « Justitia est constans et perpetua voluntas ius suum cuique tribuens ». Après avoir ouvert, conformément au no. VIII des Conditions, l'enveloppe relative à cet ouvrage, le Jury a constaté que son auteur est le Dr. Rudolf Laun d'Hamburg.

5. Les autres enveloppes ont été brûlées conformément au no. VIII des Conditions.

6. Une courte appréciation de chacun des 17 ouvrages présentés se trouve jointe en annexe II au présent rapport.

7. Le Jury tient à remercier l'INSTITUCIÓ PATXOT de la confiance que celui-ci a bien voulu lui témoigner.

La Haye, le 14 décembre 1931.

CECIL J. B. HURST.

JHR. EYSINGA.

F. de P. MASPONS.

ANNEXE I

(Expose l'objet du Concours tel que nous le donnons à la page I).

ANNEXE II

No. 1

Légende : « In the beginning was the « Reason » and the « Reason » was with God and the « Reason » was God ».

Ce petit travail est consacré à un développement du principe que le droit est la révélation du principe Divin constituant la différence entre le bien et le mal.

Il omet de dire quelque chose sur l'objet de la question posée.

Malgré la grandeur du dessein de ce travail il ne peut entrer en ligne de compte pour le prix.

No. 2

« Völkerrecht und Innerstaatliches Recht ».

Ein systematischer Versuch, die von der INSTITUCIÓ PATXOT vorgelegte Frage : « Ueber den Einfluss des gegenwärtigen internationalen Rechtes und der diesbezüglichen Einrichtungen auf das innere öffentliche Recht » zu beantworten.

Légende : « N. 7 N. T. »

La présentation du manuscrit dénote une certaine hâte et un manque de mise au point. Le manque de maturité est également caractéristique pour le travail même. C'est dommage car l'auteur fait preuve, non seulement d'une grande érudition, mais aussi d'idées personnelles.

La manière dont il s'est attaqué au problème donne lieu à deux observations fondamentales.

L'auteur part de certaines théories : les théories dualistes et monistes (§ 1), sur le « posse » et le « debere » (§ 2), et de cette manière il arrive, après sa longue introduction (83 pages sur les 176), à la « Communauté internationale du point de vue des principes juridiques fondamentaux » (« Communauté internationale » vom Standpunkte der juristischen Grundbegriffe) (§ 7). Lorsqu'il commence, à la page 84, à répondre à la question posée, son introduction l'a forcé à accepter comme juste la théorie dualiste, quoiqu'il reconnaisse qu'il ne s'agit pas d'une « justesse absolue » (absolute Richtigkeit) et quoique la troisième partie du travail — la réponse à la question posée — apporte de nombreux matériaux à l'appui d'une théorie moniste. Si l'auteur avait prix comme point de départ non pas des théories, mais le droit positif même tel qu'il se développe, il aurait eu plus de chance d'arriver à un résultat donnant pleine satisfaction.

Mais alors il aurait dû s'intéresser à l'ensemble des phénomènes juridiques dont il s'agit. L'auteur se borne trop exclusivement, et c'est la seconde observation, au droit des traités de paix de la grande guerre. Il néglige ainsi, d'une part un grand nombre de phénomènes importants pour la question posée, tandis qu'il méconnaît d'autre part que les institutions de Droit public sont intimement en rapport avec la vie des peuples et la continuité si instructive entre le droit international d'avant guerre et celui de la période caractérisée surtout par la Société des Nations.

Si le travail ne peut entrer en ligne de compte pour le prix, il présente cependant de très bonnes qualités qui font espérer une seconde édition revue et amendée.

No. 3

Légende : « Angel de Amor ».

L'auteur fait une dissertation philosophique qui semble être écrite pour justifier les régimes de force, lesquels, d'après lui, conduisent et conduiront la civilisation à un degré international plus élevé.

L'auteur pose le principe de la necessité et de la sainteté de la force; c'est seulement la force pratiquée dans une mauvaise intention qui a donné à celle-ci — c'est-à-dire au règne de la force — une si mauvaise renommée.

Cet ouvrage ne répond pas à la question posée et, dans ces conditions, il ne peut entrer en ligne de compte pour le prix.

No. 4

« Völkerrecht und Staatliches Recht ».

« Untersuchungen über die Einwirkungen des Völkerrechts auf das innerstaatliche öffentliche Recht ».

Légende : « Patria et Europa ».

Cette oeuvre est un traité abstrait qui ne tient pas suffisamment compte des problèmes que pose la vie des peuples. La profusion des considérations présentées sur la relation entre le droit des gens d'une part et le droit national d'autre part que contient le présent travail, ne saurait cacher le fait que celui-ci ne répond pas à la question posée.

Dans ces conditions le livre ne peut entrer en ligne de compte pour le prix. La riche et minutieuse bibliographie que constitue sa seconde partie mérite toutefois l'attention.

No. 5

« Einfluss des gegenwärtigen internationalen Rechtes und der diesbezüglichen Einrichtungen auf das innere öffentliche Recht ».

Légende : « Juris mutandae civitatis consultus ».

L'auteur de ce travail tâche évidemment de répondre à la question posée. Il ressort toutefois non seulement de ce qu'il dit à la page 2, mais aussi de tout son travail, que la Partie XIII du Traité de Versailles sur le droit ouvrier international a trop spécialement retenu son attention. D'autre part sa partie A (p. 3-7) relative à l'influence du droit international moderne sur le droit constitutionnel est beaucoup trop peu développée.

Malgré ses bonnes qualités le travail ne peut entrer en ligne de compte pour le prix.

No. 6

« Trattato di Diritto Pubblico Generale ».

Légende : « Si quid valebo experiar brevi ». (Alb. Gentili : 2 lettera a Rob. Dudley).

Le « droit public général », dont parle l'auteur de ce livre, n'est pas ce que l'on entend en général en Italie par cette expression, qui y a la même signification qu'en Allemagne l'expression « allgemeines Staatsrecht ». Il semble que, pour l'auteur, le « droit public général », est le « droit international général ». Nous disons « il semble » car nous avouons que nous n'avons pas réussi à nous former une idée claire de la notion que l'auteur met à la base de son exposé.

Deux choses sont cependant certaines :

1. Que ce travail n'a ni caractère ni contenu scientifique : c'est un mélange de dissertations pseudo-philosophiques, de divagations historiques et d'exposés de droit positif. La forme littéraire laisse beaucoup à désirer et la pensée est souvent obscure, parfois insaisissable. L'auteur prétend évidemment à une grande érudition, surtout dans le domaine de la philosophie; mais nous doutons beaucoup que cette érudition soit véritable et directe : les auteurs mentionnés sont fort nombreux, mais les ouvrages ne sont presque jamais cités;

2. Que le contenu de ce travail ne répond aucunement à l'objet du concours; c'est, tout au plus, une dissertation sur quelques idées générales telles que celles de communauté internationale, de droit international, justice internationale, protection des intérêts individuels et collectifs dans la vie internationale, etc.

Le travail ne peut donc entrer en ligne de compte pour le prix.

No. 7

« Das Weltgewissen ».

Ueber den Einfluss des gegenwärtigen internationalen Rechtes und der diesbezüglichen Einrichtungen auf das innere öffentliche Recht.

Légende : « Justitia est constans et perpetua voluntas ius suum cuique tribuens ».

Cet important travail de 681 pages est écrit d'une façon extrêmement claire et qui se maintient à la même hauteur du commencement jusqu'à la fin. A plusieurs reprises l'auteur fait des observations qui frappent par leur originalité et leur justesse. Il domine d'une façon remarquable les multiples matières qu'il expose et son livre a le grand mérite d'une unité parfaite de conception et de développement. Des inexactitudes y sont très rares.

La question à laquelle l'auteur veut répondre a été posée par lui dans un vaste cadre, ou plutôt la réponse à la question posée n'occupe qu'une partie très restreinte du livre. Sans méconnaître les mérites de cette autre partie du livre, nous ne croyons pas que celle-ci fût nécessaire pour donner une réponse à la question posée, réponse qui aurait été bien plus satisfaisante si elle avait été plus développée.

La partie du livre qui s'occupe directement de la question posée, notamment les pages 245-287, est beaucoup trop maigre. L'auteur s'y arrête à un certain nombre de cas dans lesquels les traités de paix et quelques conventions d'après-guerre ont influencé le droit interne. Ce qu'il aurait dû faire en premier lieu c'est donner une synthèse de ce que le droit international et les institutions internationales contemporains ont enlevé à la compétence exclusive des états pour ce qui regarde leur droit public interne. A cet égard les pages 53-73 contiennent des observations fort judicieuses. Pourquoi l'auteur n'a-t-il pas développé ces pages jusqu'à une réponse intégrale à la question posée, réponse qui certes aurait dû contenir encore quelques autres éléments? C'est précisément en vue de toutes les excellentes qualités du livre que nous regrettons vivement de n'y avoir pas trouvé cette réponse intégrale.

Mais ces mêmes qualités nous ont amené tout de même à recommander à l'INSTITUCIÓ PATXOT la publication de l'ouvrage, et ceci en vertu du no. VII des Conditions du Concours.

No. 8

« Staat in ökonomischer Beziehung : Wissenschaft, Stadtwirtschaft, *Geld*, Nationalkraft, Landwirtschaft, Handelschaft ».

Légende : « Olet pecunia? ».

Ce travail traite du problème monétaire et non pas de la question posée. Quoique l'auteur dise dans la préface qu'il croit que son travail est de nature à sauver le monde, il sort complètement du cadre du Concours et ne peut donc entrer en ligne de compte pour le prix.

No. 9

« Influence du droit des gens et des Institutions internationales de notre époque sur le droit public interne ».

Légende : « Auf der Bidasoabrücke spielt ein zauberhaft Gesicht».

Ce travail ne répond guère à la question posée. Il peut être considéré principalement comme une étude des développements modernes de l'internationalisme et des idées des publicistes de nos jours.

L'ouvrage ne peut entrer en ligne de compte pour le prix.

No. 10

« Jus Naturae et Gentium ».

Légende : « Je rends à la science ce qu'elle m'a prêté ». (D'après La Bruyère).

Ce travail, bien écrit, met en valeur la grande érudition de son auteur, érudition qui cependant n'a pas toujours comme résultat d'éclaircir les objets qu'il traite. Le travail ne cite pas la question posée et déjà son introduction démontre que le but de l'auteur est de donner plutôt un système du « Jus Naturae et Gentium ». Même le 4.e chapitre, qui s'occupe du droit international moderne et qui contient un matériel positif important, et très intéressant comme élément d'appréciation pour la question posée, ne répond pas à cette question. Dans ces conditions le travail ne peut entrer en ligne de compte pour le prix.

No. 11

« Völkerbund und Staat ».

Ein Beitrag zur Systematik des allgemeinen öffentlichen Rechts.

Légende : « Obras son amores y no buenas razones ».

Le titre de ce travail indique déjà que celui-ci ne donne pas de réponse à la question posée. En effet même le chapitre III de la Seconde Partie ne contient pas cette réponse.

Dans ces conditions le travail, qui certainement a des mérites, ne peut entrer en ligne de compte pour le prix.

No. 12

« Les nouvelles tendances du droit international et le droit interne ».

Légende : Ein guter Mensch in seinem dunklen Drange,
Ist sich des rechten Weges wohl bewusst.

Ce travail est une très intéressante étude des tendances modernes et des développements du droit international public. Malheureusement une partie très restreinte seulement s'occupe de la question posée. Malgré sa valeur, cet ouvrage ne peut entrer en ligne de compte pour le prix.

No. 13

« Ueber den Einfluss des gegenwärtigen internationalen Rechts und der diesbezüglichen Einrichtungen auf das innere öffentliche Recht ».

Légende : « Uebermütig sieht's nicht aus ».

Ce long travail est une étude écrite avec un tel esprit d'abstraction qu'il est parfois inintelligible. Quels que soient ses mérites, il ne donne aucunement de réponse à la question posée. Partant il ne peut entrer en ligne de compte pour le prix.

No. 14

« L'influence du droit international et des institutions internationales contemporains sur le droit publique interne ».

Légende : « Ab Imo Pectore ».

Ce travail est une contribution très volumineuse — de presque 800 pages — principalement consacrée à deux objets. La première section est en premier lieu une étude des traités, non pas de leur contenu, mais des problèmes en rapport avec les traités en général, comme leur validité, des réserves faites dans les traités lors de leur conclusion, l'interprétation des traités et leur relation avec le droit national. Une grande partie de la seconde section de l'ouvrage est consacrée à l'étude de la Société des Nations. L'auteur s'y occupe d'un grand nombre de problèmes concernant les relations internationales ou le développement national relatifs à l'histoire ou à l'organisation de la Société des Nations, y compris l'Organisation Internationale du Travail.

L'auteur a déployé beaucoup de zèle pour la collection d'informations sur les différents objets qu'il traite ainsi que sur leur histoire. Mais il ne s'occupe pas de l'objet même de la question posée. Le contenu de la préface jointe à l'ouvrage donne même l'impression que celui-ci n'a pas été préparé en rapport avec le Concours de l'Institució Patxot, mais qu'il fait plutôt partie d'un travail plus vaste que l'auteur est en train de préparer.

Dans ces conditions l'ouvrage ne peut entrer en ligne de compte pour le prix.

No. 15

« Staat und Mensch unter dem Einfluss des Völkerrechts nach dem Weltkriege ».

Eine Betrachtung über die Dynamik des Völkerrechts.

Légende : « In der Bewegung liegt Kraft ».

L'auteur de cet important travail dit lui-même qu'il n'a pas eu le temps de le terminer et que la question posée l'a bien inspiré jusqu'à un certain degré, mais que son travail ne répond pas strictement à la question. Ce fait suffit pour constater que cet ouvrage ne peut entrer en ligne de compte pour le prix.

L'auteur ajoute qu'il est déjà en train de préparer une nouvelle édition de son étude. Ce sera sans doute un livre intéressant dont la valeur ne pourra qu'être rehaussée si l'auteur y exprime ce qu'il a à dire sous une forme aussi concise que possible.

No. 16

« Wertkritische Jurisprudenz ».

Ueber den Einfluss des gegenwärtigen internationalen Rechtes und der diesbezüglichen Einrichtungen auf das innere öffentliche Recht.

Ce travail donne l'impression qu'il n'est pas terminé. Il ne répond pas à la question posée, et même son chapitre 4 (p. 75-99) où il semble s'orienter dans la direction du problème à résoudre, ne présente que quelques considérations relatives à l'influence du droit international moderne sur le droit public interne.

Le travail ne peut entrer en ligne de compte pour le prix.

No. 17

« Der Einfluss des internationalen Rechts auf das Landesrecht unter besonderer Berücksichtigung der Stellung der Nation ».

Légende : « Ekkehard ».

Ce travail est une très bonne étude sur le droit international concernant la protection des minorités. Cette constatation suffit pour dire que le travail s'occupe d'une partie des plus intéressantes du Droit public moderne, mais par cela même, il ne répond pas à l'ensemble de la question posée et ne saurait de ce chef entrer en ligne de compte pour le prix. Ceci reste vrai, même si l'on ne perd nullement de vue que le chapitre IV, notamment, contient des observations approfondies et justes qui éclairent d'une façon heureuse le problème posé, mais seulement dans son application au droit de protection des minorités.

VORREDE DES VERFASSERS.

Die INSTITUCIÓ PATXOT von Katalonien hat mit ihrem Preisausschreiben vom Dezember 1928 eine Gruppe von Fragen aufgerollt, die juristisch und politisch von der denkbar grössten Tragweite sind und zugleich bis an die letzten und höchsten sittlichen Werte der Menschheit heranreichen. Sie hat sich damit in der edelsten Weise in den Dienst der Gedanken der Humanität, des allgemeinen Friedens und der gegenseitigen Annäherung der Völker gestellt. Alle, denen diese Ideen am Herzen liegen, schulden der INSTITUCIÓ PATXOT für ihre grosszügige Initiative tiefen Dank.

Ganz besonders sei es mir gestattet, der INSTITUCIÓ PATXOT an dieser Stelle meinen Dank dafür zum Ausdruck zu bringen, dass sie meine Arbeit als die einzige unter sämtlichen eingereichten Arbeiten der Oeffentlichkeit übergibt. Ich erblicke darin, wenn auch der Preis von eintausend Pfund Sterling, den die hochherzigen Spender bei der Amsterdamschen Bank im Haag hinterlegt hatten, nicht hat verliehen werden können, doch eine ausserordentlich hohe Ehrung. Auch ich habe die Arbeit meines Lebens in den Dienst jener Ideale gestellt und hoffe ihnen mit der vorliegenden Untersuchung zu dienen.

Entsprechend dem für die Einsendung der Arbeiten gesetzten Endtermin habe ich das Manuskript Anfang Dezember 1930 abgeschlossen. Ich habe mich nicht für berechtigt gehalten, gelegentlich der nunmehrigen Drucklegung an dem Text, der den Preisrichtern vorgelegen hat, irgend etwas Wesentliches zu ändern und habe mich auf einzelne kleinere Verdeutlichungen, Korrekturen des Stils oder der Zitate, Hinzufügung neuer Literatur u. dgl. beschränkt, Verbesserungen, wie sie wohl bei jeder grösseren

Arbeit unvermeidlich sind. Insbesondere habe ich an einigen Stellen, an denen ich mich auf eigene Werke berief, jetzt von mir in der Ichform gesprochen, während ich in der ursprünglichen Fassung zur Wahrung der Anonymität von mir in der dritten Person hatte reden müssen.

Gelegentlich der neuerlichen Durchsicht des Manuskriptes Anfangs 1932 habe ich die Zitate der Arbeit überprüft und ausser etlichen Schreibfehlern auch eine Anzahl von Ungenauigkeiten beseitigt, welche dadurch entstanden waren, dass mir 1930 nicht alle benötigten Werke bis zum Termin für die Ablieferung der Arbeit im Original zugänglich waren und ich daher einiges teils aus zweiter Hand, teils aus dem Gedächtnis hatte zitieren müssen. Auch habe ich verschiedene Belegstellen aus Quellen und literarischen Werken erst jetzt im Wortlaut in den Text aufnehmen können, auf die ich früher nur in den Anmerkungen hingewiesen hatte, weil ich sie 1930 nicht im Original hatte benützen können. Dadurch sind wieder mehrfache inhaltlich nicht wesentliche Aenderungen im Text notwending geworden.

Den Titel des Buches habe ich mit Zustimmung der INSTITUCIÓ PATXOT geändert. Meine Arbeit — Nr. 7 des Berichtes der Jury — trug bei der Einsendung die vorläufige Bezeichnung : « Das Weltgewissen » und als Untertitel die Ueberschrift des Preisausschreibens.

Die Durchsicht des Manuskripts ist im April 1932 beendet worden.

Seit der Absendung der vorliegenden Untersuchung Anfangs Dezember 1930 habe ich versucht, meine Studien weiterzuführen. Die Gedanken, welche im dritten Teil dieser Arbeit : « Das Weltgewissen » enthalten sind und deren wichtigste Grundlagen ich zum erstenmal in meiner Rektoratsrede : « Recht und Sittlichkeit », Hamburg, 1924, (2. Auflage 1927) skizziert habe, hoffe ich im Laufe der nächsten Jahre in einer grösseren Arbeit ausführlicher behandeln und weiter entwickeln zu können. Bevor ich diese Arbeit werde vollenden können, wird voraussichtlich das Buch: « La Démocratie » abgeschlossen sein, an welchem ich auf Grund einer ehrenvollen Einladung des *Institut International de Droit Public* in *Paris* arbeite und welches in absehbarer Zeit in den Veröffentlichungen dieses Instituts in französischer Sprache erscheinen soll. Auch dieses Werk hängt eng mit den erwähnten Gedanken zusammen. Durch diese Untersuchungen werden, wie ich hoffe, unter anderem auch die tieferen Gründe und Voraussetzungen des Einflusses des internationalen Rechtes auf das innerstaatliche klargelegt, der den leitenden Faden und das Hauptmotiv meiner hier vorliegenden Abhandlung gebildet hat.

Nunmehr sei es mir gestattet, hier noch auf die Frage zu antworten, welche das Kollegium der Preisrichter in seiner Beurteilung dieser meiner Arbeit an mich gerichtet hat.

Der Bericht der Jury weist auf die Seiten 53 bis 73 und 245 bis 287 meines Manuskriptes (S. 25 bis 34 und 132 bis 154 des vorliegenden Druckes) hin, in denen hauptsächlich die direkte Antwort auf die gestellte Frage enthalten sei, und fragt: « Pourquoi l'auteur n'a-t-il pas développé ces pages jusqu'à une réponse intégrale à la question posée, réponse qui certes aurait dû contenir encore quelques autres éléments? »

Meine Antwort lautet: Weil nach meiner Ueberzeugung auf diesem Wege nicht die gesuchte wissenschaftliche Gesamtlösung, sondern nur eine Summierung weiterer Details zu finden war.

Die Jury hat folgendes ausgesprochen: von den siebzehn eingereichten Arbeiten seien zwölf auf die gestellte Frage überhaupt nicht eingegangen, nämlich die Arbeiten Nr. 1, 3, 4, 6, 8, 9, 10, 11, 13, 14, 15 und 16; in den übrigbleibenden fünf Arbeiten sei zwar die Frage behandelt, aber nicht in ihrem ganzen Umfang, sondern nur zu einem kleinen Teil, und auch diese Arbeiten seien fast durchwegs in sehr weitem Umfang auf andere Fragen eingegangen als gerade auf die gestellte. Mit anderen Worten: alle haben mehr oder weniger danebengeantwortet.

Sollte dies Zufall sein? Kann nicht auch die Schwierigkeit in der Fragestellung und deren Auslegung liegen?

Die Formulierung der Aufgabe nimmt in dem Preisausschreiben zwei Druckseiten in Anspruch. Die Ueberschrift erwähnt zwar nur den Einfluss des internationalen Rechtes auf das innere öffentliche Recht, aber der Text enthält sehr viel anderes. Er spricht unter anderem von einer « neuen Form des Denkens », von « neuen Grundsätzen », die « von der juristischen Wissenschaft noch nicht aufgenommen » seien, von der Bedingtheit des Rechtszustandes der Völker durch das « Gewissen », von einem neuen Inhalt der Begriffe « Nation » als natürlicher Gemeinschaft und « Staat », von einem « neuen Zustand von Kollektivgewissen » und fordert am Schlusse ganz allgemein eine « Arbeit über Allgemeines Oeffentliches Recht », welche « in wissenschaftlicher Form die neuen Grundsätze auseinanderzusetzen und in ein System zu bringen hat ».

Damit sind die tiefsten wissenschaftlichen Probleme aufgerollt. Aber sie lassen sich nicht nebenbei beantworten, am allerwenigsten in einer Arbeit, welche es sich etwa zur Hauptaufgabe stellen wollte, Fälle des Einflusses des internationalen Rechtes auf das innerstaatliche aus allen möglichen Rechtsordnungen gewissermassen kasuistisch zu sammeln und dann irgendwie systematisch zu ordnen. Jene grundlegenden Probleme dagegen rücken, sobald sie einmal aufgeworfen sind, kraft ihrer überragenden Bedeutung von selbst in den Schwerpunkt des Denkens und heischen demgemäss Beachtung und Raum.

Kein Mensch kann sämtliche innerstaatlichen Rechtsordnungen oder auch nur die wichtigsten wissenschaftlich beherrschen, noch kann er eine solche Beherrschung in einem Zeitraum von weniger als zwei Jahren erwerben. Der Weg, über dessen Gangbarkeit die Jury mich befragt, hätte daher meines Erachtens die ungeheure und kaum vermeidbare Gefahr in sich geborgen, zu einer mehr dilettantischen als wissenschaftlichen Zusammenstellung von Material zu führen und der Untersuchung der tieferen Zusammenhänge den Raum und die Zeit wegzunehmen. Ja, noch schlimmer: kein Kollegium einiger weniger noch so hervorragender Preisrichter hätte eine solche Sammlung von Paragraphen aus aller Herren Länder, wären sie systematisch noch so wohl geordnet gewesen, binnen einem Jahr in bezug auf ihre juristische Tragweite und ihre Zusammenhänge mit wirklich wissenschaftlicher Gründlichkeit prüfen können.

Dies sind die Ueberlegungen, welche mich genötigt haben, auf die möglichste Vollständigkeit in der Beantwortung *einer* Frage, in der Zusammenstellung einer Sammlung von Fällen der Beeinflussung des innerstaatlichen Rechtes durch das Völkerrecht zu verzichten, mich vielmehr auf die Heraushebung besonders wichtiger Fälle zu beschränken und der *Gesamtheit* der aufgeworfenen Fragen und damit den letzten Gründen jener Beeinflussung nachzugehen.

Wenn die Institució Patxot jedoch ihr Werk in der Richtung weiterzuführen wünscht, dass jene Sammlung zusammengestellt wird, so scheint mir der wissenschaftlich gangbarste Weg der folgende zu sein. An der Stelle eines grossen Preises wäre eine Anzahl kleinerer für einzelne staatliche Rechtsordnungen oder Gruppen von Rechtsordnungen — wie z. B. lateinamerikanisches, angelsächsisches, skandinavisches Recht — auszuschreiben. Auf diese Weise könnte am besten die solide Fachkunde einzelstaatlicher

Juristen der Idee der Menschheit dienstbar gemacht werden. Allerdings bedürfen solche Arbeiten, wenn sie nicht eine Summe von Häufungen positivrechtlicher Details bleiben sollen, einer zusammenfassenden Untersuchung der letzten Gründe und Zusammenhänge des Einflusses des internationalen auf das innerstaatliche Recht. Wenn meine vorliegende Untersuchung derartigen künftigen Arbeiten eine solche gemeinsame Grundlegung zu bieten vermöchte, so wäre dies für mich der schönste Erfolg.

Hamburg, im April 1932.

RUDOLF LAUN.

INHALTSVERZEICHNIS.

EINLEITUNG.

EINLEITUNG.

Seit dem Weltkrieg hat das öffentliche Recht eine tiefgreifende Umwälzung erfahren. In erster Linie hat die *Idee des Staates,* die seit dem Beginn der Neuzeit eine ganz bestimmte Ausprägung im Sinne der Allgewalt des Staates erhalten und sich durch Jahrhunderte nur wenig und unwesentlich verändert hatte, nun plötzlich unter dem Einfluss neuer völkerrechtlicher Anschauungen und Bestrebungen begonnen, einen weitgehenden *Wandel* im Sinne der Beschränkung dieser Allgewalt durch die internationale Gemeinschaft durchzumachen. Neben der Idee des Staates ist die *Idee der Nation, des Volkes als einer natürlichen Gemeinschaft* zu einer wesentlichen Bedeutung gelangt. *Die Gestaltung dieser beiden Ideen, der Staatsidee und der Volksidee, ist für das Völkerrecht und das innerstaatliche Recht grundlegend.* Man kann daher geradezu von einer neuen Art des Denkens sprechen, die sich seit dem Ende des Weltkrieges zunächst im internationalen Recht immer mehr und mehr Bahn bricht und die auch auf das innere öffentliche Recht der Staaten von immer steigendem Einfluss ist.

Nun ist allerdings die Einwirkung zwischen dem Völkerrecht und dem innerstaatlichen Recht eine *wechselseitige.* Die Idee des Staates hat ihre Wurzeln ebensosehr im innerstaatlichen Recht wie im Völkerrecht, und das erstere war geschichtlich vor dem letzteren da. Auch die Idee des Volkes im Sinne einer natürlichen Gemeinschaft als Träger von Rechten und Pflichten hat sich zuerst im innerstaatlichen Recht entwickelt, ehe sie das Völkerrecht beeinflusst hat. Beide Ideen gestalten das Völkerrecht und das innerstaatliche Recht gleichzeitig, oder sie gestalten, wie dies besonders am Ende des Weltkriegs in die Erscheinung getreten ist, das Völkerrecht und dieses wirkt auf das innerstaatliche Recht zurück. Jedenfalls *lässt sich der Einfluss des internationalen Rechts auf das innere öffentliche Recht der Staaten nicht trennen von dem Einfluss des letzteren auf das erstere.*

Der Wissenschaft ist die schöne Aufgabe gestellt, diese Zusammenhänge des Wandels der Ideen aufzudecken und den Einfluss klarzustellen, den das Völkerrecht von der Staatsidee und der Volksidee empfängt und den es seinerseits auf das Staatsrecht ausübt. Hiebei hat sie nicht *statisch* den Querschnitt durch das Recht in einem bestimmten Zeitpunkt darzustellen, sondern *dynamisch* den Wechsel der Ideen und den Einfluss dieses Wechsels.

Zum Zweck dieser Darstellung ist es notwendig, die neuen Gedanken im Vergleich mit den alten und im Gegensatz zu den alten auseinanderzusetzen und in ein System zu bringen, indem die Einwirkung dieser neuen Grundsätze auf die Rechtsquellen, die Theorie und die Praxis der Nachkriegszeit untersucht wird.

Eine wissenschaftliche Untersuchung kann aber nicht dabei stehen bleiben, Rechtsquellen, Theorien, Judikate oder politische Vorgänge der Vor- und Nachkriegszeit äusserlich mit einander zu vergleichen. Sie muss versuchen, die Veränderung als eine *notwendige* Entwicklung zu begreifen. Dies ist nur möglich, wenn es ihr gelingt, bis auf jene Grundlagen zurückzugehen, welche dem Staatsrecht und dem Völkerrecht gemeinsam sind. Es muss also die gemeinsame Wurzel gesucht werden, aus der die Ideen des Staates und der Nation sowie die Idee des Rechtes stammen, mit anderen Worten die gemeinsame oberste, nicht weiter ableitbare Quelle alles Rechtes, sei es Staats- oder Völkerrecht. Um diese Wurzel, diese Quelle zu ermitteln, wird eine ethisch-rechtsphilosophische Untersuchung erforderlich sein, welche die Grundlagen des Rechtes und der in Frage stehenden Entwicklung im Gewissen und Rechtsgefühl der Menschen, gewissermassen in einem *Kollektiv-Gewissen der Menschheit* sucht.

Die vorliegende Arbeit will sich den geschilderten wissenschaftlichen Aufgaben unterziehen, soweit dies bei der ungeheuren Fülle des Stoffs und der zeitlich und räumlich beschränkten Leistung eines Einzelnen möglich ist.

Aus diesen Aufgaben ergibt sich eine Gliederung der Arbeit in drei Teile. Der erste Teil wird die Idee des Staates zu behandeln haben. Den Gegenstand des zweiten wird die Idee des Volkes im natürlichen Sinne bilden. Im dritten Teile sind die rechtsphilosophischen Grundlagen der in den ersten beiden Teilen festgestellten Entwicklung zu suchen.

I. TEIL.

DIE STAATSIDEE.

1. Der Begriff der Souveränität und seine Bedeutungen.

Seitdem, zuerst in Frankreich, dann in anderen Ländern Europas, der neuzeitliche Staatsbegriff sich ausgebildet hat, haben die Staaten stets den Anspruch erhoben, die Träger oberster, keinem Höheren unterworfener Befehlsgewalt zu sein. Für diese Gewalt, welche superiorem non recognoscit, hat *Bodin* den Ausdruck « *puissance souveraine* », « *summa potestas* » geprägt. Souveränität war demnach die Eigenschaft, der supremus, der Oberste zu sein, allerdings nur auf beschränktem Gebiet, dem Staatsgebiet. Bald wurde es allgemein anerkanntes Dogma, dass der Staat oder sein Repräsentant, der Herrscher, « souverän » sei. Die « Souveränität » wird das Merkmal des vollwertigen Staates, dann des vollwertigen Herrschers. Staaten und Herrscher ohne « Souveränität » waren jenen gegenüber minderwertig. Ja, man hat später staatsähnlichen Gebilden, denen man das Prädikat der Souveränität nicht zuerkannte, vielfach auch jenes der Staatlichkeit abgesprochen. Die grossen, die führenden Staaten, jene, deren Handeln im wesentlichen die Weltgeschichte bestimmte, mussten um jeden Preis die Souveränität behaupten.

Mit den mehreren von einander unabhängigen souveränen Staaten bildete sich auch eine Ordnung aus, welche die Beziehungen unter ihnen regelte: das Völkerrecht. Da die Staaten sich als oberste Gewalten betrachteten, so fühlten sie sich auch als die *Schöpfer des Völkerrechtes.* Denn die Annahme eines *höheren* gemeinsamen Gesetzgebers mit einer den Staaten *übergeordneten* Befehlsgewalt hätte dem Souveränitätsbegriff widersprochen. Daher *ist das Völkerrecht nicht als eine Rechtsordnung über den Staaten, sondern als ein Geschöpf der souveränen Staaten entstanden.* Dies trat nicht so klar hervor, solange und soweit man ein gemeinsames göttliches, kirchliches oder Naturrecht als über allen Staaten stehend anerkannte. Sobald und soweit aber der Glaube dahinsank, dass göttliches, kirchliches oder natürliches Recht allgemein gültige und unmittelbar verbindliche Befehle mit weltlicher Rechtswirkung erteilen, musste sich dies ändern. Nunmehr herrschte ohne jede Einschränkung *das Dogma von der Souve-*

ränität des Staates. Das heisst: sein Anspruch, der alleinige Träger der obersten Befehlsgewalt und daher keiner höheren Befehlsgewalt unterworfen zu sein, bildet die Grundlage alles staatlichen und alles Völkerrechtes, kurz die Grundlage alles weltlichen Rechtes schlechthin. Dies ist der Grundgedanke des internationalen und des inneren staatlichen Rechtes bis 1918.

Nun hat der Ausdruck Souveränität allerdings im Laufe der Zeit seine Bedeutung sehr gewechselt und ist auch heute noch sehr vieldeutig. Es wäre zwecklos, im Rahmen dieser Arbeit die Geschichte des Begriffs und seiner Literatur nach allen Richtungen ausführlich zu erörtern. Für die Zwecke dieser Untersuchung genügt es, das Folgende auseinanderzuhalten.

Souveränität wird häufig mit *tatsächlicher Macht* identifizert. Es ist dies eine sehr verbreitete populäre Ansicht. Aber auch wissenschaftlich wird sie vertreten.

Am konsequentesten ist dies wohl von *Lansing* durchgeführt worden (1). Er definiert als den « wirklichen » Souverän (« real sovereign ») im Staate im Gegensatz zum « künstlichen » (« artificial ») : « the individual or body of individuals in the state possessing the physical strength which, if exerted, could compel obedience » (2). Ebenso müsse es für die ganze Menschheit einen Träger der Weltsouveränität (« World Sovereignty ») geben, und dies sei « a certain body of individuals possessing a physical might sufficient to compel obedience by every member of the human race throughout the world » (3). Kurz, Souveränität sei « the supreme coercive physical power (4).

Diese Auffassung identifiziert Müssen und Sollen, physische Gewalt und Recht. Es gäbe nach dieser Auffassung kein anderes Recht als das Recht des Stärkeren. Souveränität wäre das Recht des Stärksten. Mit solchen Annahmen sind ganz andere Probleme angeschnitten als diejenigen, mit denen wir es hier zu tun haben. Denn wenn wir vom Rechte im allgemeinen und vom Einfluss des internationalen Rechtes auf das innerstaatliche sprechen, meinen wir unter Recht einen *Gegensatz* zur Gewalt im *physischen* Sinne, nicht ein bloses *Müssen*, sondern auch ein *Sollen*, nicht nur *kausales* Geschehen, sondern auch *Pflichten*. Auf den Zusammenhang zwischen dem Müssen und dem Sollen, der wirklichkeits-wissenschaftlichen und der wertwissenschaftlichen Betrachtungsweise werden wir im dritten Teile dieser Arbeit zurückzukommen haben. Hier muss der Gegensatz zwischen dem Sollen und dem Müssen, zwischen Recht als Wert und physischer Gewalt vorläufig vorausgesetzt werden. Jedenfalls haben wir es in dieser Arbeit mit dem Wandel von *Rechts*ideen, nicht mit dem Wandel physischer Macht zu tun. Diejenige Bedeutung des Wortes Souveränität, welche letztere mit tatsächlicher Macht gleichstellt, kann daher im folgenden ganz ausser Betracht bleiben. Wir verstehen unter Souveränität in dieser Untersuchung nicht irgend eine *tatsächliche*

Anm. (1) : Notes on Sovereignty, Washington 1921.
Anm. (2) : a. a. O. S. 14.
Anm. (3) : a. a. O. S. 57.
Anm. (4) : a. a. O. S. 94.

Macht, Befehle zu *erzwingen*, sondern, vorläufig ganz allgemein ausgedrückt, irgend eine noch näher abzugrenzende *rechtliche* Fähigkeit oder Kompetenz, *Befehle mit verbindlicher Kraft zu erlassen.*

Aber auch in diesem Rahmen ist das Wort Souveränität vieldeutig. Souveränität bedeutet nach der ursprünglichen und nach der heute in der Jurisprudenz herrschenden Bedeutung des Wortes eine Eigenschaft des *Staates.* Sie wird aber auch noch in anderem Sinne verstanden, nämlich, abgesehen von der Lehre von der Souveränität Gottes (¹), als Eigenschaft eines *Staatsorgans* und als Eigenschaft des *Rechtes.*

In der Zeit der absoluten Monarchie wurde vielfach der Herrscher für den Staat gesetzt. Daher bezeichnete man häufig den Fürsten als den « Souverän ». Ebenso nahm man an, dass in der aristokratischen Republik die aristokratischen Herrscher, in der Demokratie das Volk der « Souverän » sei. Daraus ergab sich eine doppelte Bedeutung des Wortes. Souveränität ist bald die Allgewalt und Unabhängigkeit des absoluten Monarchen oder der Aristokraten oder des Volks, also jedenfalls eines Staats*organes,* bald die Allgewalt und Unabhängigkeit des *Staates selbst.*

Allmählich ist allerdings die erste Bedeutung zurückgetreten. Zwar wurden und werden noch gelegentlich Monarchen « Souverän » genannt, so z. B. im Art. 33 des Haager Abkommens zur friedlichen Erledigung internationaler Streitfälle vom 29. Juli 1899 und im Art. 56 des Haager Abkommens über denselben Gegenstand vom 18. Oktober 1907. Aber solche Ausdrücke sind eine leere Bezeichnung geworden. Im allgemeinen ist es in den letzten Jahrzehnten vor dem Weltkrieg die vorherrschende Anschauung geworden, dass unter « Souveränität » im Völkerrecht eine Eigenschaft des Staates und nicht die eines Staatsorgans zu verstehen sei.

Wenn der bayrische Staatsrechtslehrer *Max von Seydel* noch 1896 den Satz vertreten hat : « Der Fürst ist kein « Organ » des Staates, er steht als Herrscher, als Souverän über ihm » (²), so hat er damit einer Auffassung aus dem Zeitalter des Absolutismus Ausdruck gegeben, die sich in seinen Worten zeigt : « Die königliche Gewalt besteht nicht kraft der Verfassungsurkunde, sondern die Verfassungsurkunde kraft der königlichen Gewalt » (³). Die Frage nach der «Souveränität» des Monarchen oder eines anderen Staats*organs* ist im Sinn der herschenden Lehre eine Frage der Staatsverfassung, also des *inneren* staatlichen Rechts. Das internationale Recht, dessen Einfluss auf das innerstaatliche wir hier zu untersuchen haben, hat es mit Staaten der verschiedensten Verfassungen zu tun. Für das Völkerrecht betrifft die Frage der Souveränität nur eine Eigenschaft des Staates als eines Ganzen oder der Völkerrechtsgemeinschaft der Staaten als eines

Anm. (¹) : Vgl. z. B. verschiedene der bei *Krabbe,* Kritische Darstellung der Staatslehre, Haag, 1930, S. 248 bis 282, dargestellten Lehren.

Anm. (²) : Bayerisches Staatsrecht, I. Bd., 2. Aufl., Freiburg i. B. u. Leipzig, 1896, S. 170.

Anm. (³) : Ebenda.

Ganzen. Welches Organ *innerhalb* des einzelnen Staates als das höchste zu betrachten sei, ist im Sinn der herrschenden Lehre eine Frage des Staatsrechtes, die für jeden Staat gesondert auf Grund seiner gegebenen Verfassung zu beantworten ist und welche für unsere Probleme ausser Betracht bleiben muss.

In neuester Zeit ist nun das Wort Souveränität um eine weitere Bedeutung bereichert worden. Der holländische Rechtslehrer *Krabbe* ist mit der Theorie hervorgetreten, dass Souveränität nicht dem *Staate*, sondern dem *Rechte* zukomme (1). Aehnlich fasst *Somlo* (2) die Souveränität auf als « die Gesamtheit der Eigenschaften, die eine Macht zur Rechtsmacht erheben » (3).

Diese Lehren beziehen sich auf das Verhältnis zwischen dem Recht schlechthin und dem Staat ; hier wird der Geltungsgrund der Befehle des Rechtes und der Befehle des Staates in Frage gestellt. Von diesen Problemen werden wir im dritten Teil dieser Arbeit zu handeln haben, wenn die Grundlagen der Rechtsentwicklung zu untersuchen sind, die in den ersten beiden Teilen dargestellt wird. In diesen dagegen müssen wir die Idee des Rechts zunächst voraussetzen und haben nur das Verhältnis des Staates zu anderen Staaten und zu der in der Völkerrechtsgemeinschaft verbundenen Gesamtheit der Staaten, das Verhältnis des Staatsrechts zum Völkerrecht, zu erörtern. Daher werden wir erst später in der Lage sein, zu der Lehre *Krabbe's* und *Somlo's* Stellung zu nehmen. An dieser Stelle ist demnach die Souveränität nur als *Eigenschaft des Staates* in Untersuchung zu ziehen.

Allein auch innerhalb des Kreises von Anschauungen, welche unter der Souveränität eine Eigenschaft des *Staates* verstehen, müssen mehrere Bedeutungen unterschieden werden. Es kommen im wesentlichen *drei* in Frage: Souveränität gleich *Kompetenzhoheit*, gleich *völkerrechtlicher Rechts- und Handlungsfähigkeit* und gleich *rechtlicher Unabhängigkeit* oder *Freiheitssphäre*.

Die wichtigste Bedeutung des Wortes Souveränität ist die der Kompetenzhoheit oder sogenannten « Kompetenzkompetenz ».

Ein System von Werten oder Normen setzt einen obersten Wert oder eine oberste Norm voraus, aus welcher alle anderen Werte und Normen abgeleitet werden. Denn wäre keine oberste Norm, kein oberster Wert gegeben, stünden mehrere koordiniert nebeneinander, so wäre keine Einheit, kein einheitliches System gegeben, sondern *mehrere* zusammenhanglose Systeme, die sich untereinander in keine Beziehung setzen liessen. Die oberste Norm, von der die herrschende Lehre eine Rechtsordnung als einheitliches System ableitet, ist die *Norm über die Kompetenz des obersten Gesetzgebers*. Der Gesetzgeber, dessen Befehle Ausgangspunkt aller juristi-

Anm. (1) : Die Lehre von der Rechtssouveränität, Groningen 1906, passim ; de moderne Staatsidee, s'Gravenhage, 1915, passim ; Kritische Darstellung der Staatslehre, Haag, 1930, insb. S. 272 ff.

Anm. (2) : Juristische Grundlehre, Leipzig, 1917, S. 279 ff.

Anm. (3) : Ebenda, S. 280.

schen Ableitung, selbst aber nach der herrschenden Lehre nicht mehr juristisch abgeleitet sind, der daher seine eigene Kompetenz beliebig auszudehnen fähig ist, hat die Kompetenzhoheit. Als Eigenschaft des *Staates* — nicht bloss eines unter mehreren Staats*organen* innerhalb eines isoliert gedachten Staates — bedeutet daher die Kompetenzhoheit *Ueberordnung des staatlichen Gesetzgebers über das Völkerrecht.* Schreibt man dagegen die Kompetenzhoheit der *Völkerrechtsgemeinschaft* der Staaten zu, so bedeutet dies *Ueberordnung des völkerrechtlichen Gesetzgebers über den staatlichen.* In diesem Sinne kann man statt von der « Kompetenzhoheit » auch von der « Souveränität » des Staates oder Völkerrechtsgemeinschaft sprechen.

Es ist ohne weiteres klar, dass die Souveränität in diesem Sinne unteilbar, unbeschränkbar und einzig ist. Nur einer kann der Oberste, der supremus sein, und einer ist es entweder ganz oder gar nicht.

Zweifel ergeben sich, wenn man das Verhältnis des Staates und der Völkerrechtsgemeinschaft zur Kirche betrachtet. So ist insbesondere die Frage aufgeworfen worden, wer denn der « Souverän » für die Katholiken sei (1).

Im Sinne der katholischen Rechtsquellen (2) ist die Kompetenzhoheit weder beim Staate noch bei der Völkerrechtsgemeinschaft, sondern bei der *Kirche.* Dieser Konsequenz kann man auch dadurch nicht entgehen, dass man, wie unter den naturrechtlichen Autoren des Völkerrechtes schon *Franciscus de Victoria* (3) und unter den Positivisten schon *Johann Jakob Moser* (4), dem Papst die Ueberordnung nur in spiritualibus zuspricht. Denn die spiritualia sind dogmatisch grundsätzlich den temporalia übergeordnet, das ganze Diesseits ist doch nur um des Jenseits da und darum hat der Staat, wie schon *Augustinus* lehrte und wie die Kirche seitdem immer gelehrt hat, die *Pflicht,* sich in den Dienst der Kirche zu stellen, das heisst, sich den Lehren der Kirche gemäss zu verhalten. Diese Pflicht ist *Rechts*pflicht, sie gründet sich auf göttliches und natürliches Recht. Die Kirche hat weltliche Befehlsgewalt : « Turpiter, ceteroquin, erret, qui a *Christo* homine rerum civilium quarumlibet imperium abjudicet » (5). Die Kirche muss behaupten, dass *Christus* imperium in bürgerlichen Sachen gehabt habe, da sonst die Päpste, die ja durch die Einsetzung *Petri* jure divino die Stellvertreter und Rechtsnachfolger *Christi* sind, auch kein solches imperium haben könnten. Das imperium des Gottessohnes kann aber nur räumlich unbeschränkt für die ganze Erde und allen menschlichen Machthabern

Anm. (1) : Vgl. *Harold J. Laski*, Studies in the Problem of Sovereignty, New Haven, London, Oxford, 1924, S. 7, 8.

Anm. (2) : Insb. c. 1 Extrav. Comm. I, VIII, mit Cod. jur. can., can. 6 ; vgl. ferner die Encyclica Christus Rex Pius' XI. vom 11. Dez. des Jubeljahres 1925, Acta Apostolicae Sedis XVII Nr. 15, insb. S. 600 ff. Vgl. auch c.93, 94 und 97 C. XI q. 3 u. a.

Anm. (3) : De Indis, Sektion 2, Titel 2 ff.; Ausgabe von *James Brown Scott*, The Classics of International Law, *Franciscus de Victoria*, De Indis et de jure belli relectiones, herausg. von *Nys*, Washington, 1917, S. 349 ff.

Anm. (4) : Versuch des neuesten europäischen Völkerrechts in Friedens- und Kriegszeiten, I. Teil, Frankfurt a. M., 1777, I. Buch, 1. Kap., § 1, S. 2, 3.

Anm. (5) : Encyclica Christus Rex vom 11. Dezember des Jubeljahres 1925, a. a. O., S. 600.

übergeordnet gedacht werden. Folglich ist der Staat rechtlich verpflichtet, der Kirche zu gehorchen, nicht er, sondern sie ist jure divino Träger der obersten irdischen Rechtsgewalt, des obersten imperium rerum civilium, der Kompetenzhoheit.

Es würde zu weit führen, hier zu untersuchen, wie weit andere christliche Konfessionen diese Dogmen über die Stellung der Kirche zum Staat übernommen haben. Aber ein gewisser Anspruch auf Ueberordnung über den Staat steckt in jeder christlichen Kirche, da jede, im Gegensatz zu den heidnischen Religionen, nicht bloss eine Staatseinrichtung sein will, sondern sich grundsätzlich an alle Menschen wendet und insofern in gewissem Sinn international sein will, wenigstens als Glaubensgemeinschaft, wenn nicht als organisierte Rechtsgemeinschaft.

Auch das orthodoxe oder das anglikanische Staatskirchentum bedeutet nicht ein Aufgehen der Religionsgemeinschaft im Staate wie im heidnischen Altertum, sondern eine Herrschaft allgemein-christlicher Dogmen *über* den Staat. Selbst diejenige Lehre, welche alles Kirchenrecht und alle Kirchengewalt radikal verwarf und alles Aeussere dem Staat überliess, diejenige *Luthers,* hat sich mit innerer Notwendigkeit von diesen Grundlagen immer mehr entfernt. Sie hat nicht nur von Anfang an entgegen der ursprünglichen Idee *Luthers* doch ein Kirchenrecht und eine Kirchengewalt entwickelt, sondern sie hat sich allmählich immer mehr vom Staate emanzipiert ([1]). Als 1929 Preussen das Konkordat mit der katholischen Kirche schloss ([2]), forderten die Protestanten Preussens ebenfalls ein Konkordat, also Anerkennung der Gleichberechtigung mit dem Staat und mit der internationalen katholischen Kirche ([3]). Ist aber die Gleichberechtigung anerkannt, so ist damit die Ueberordnung der Kirche und die Pflicht des Staates zur Unterordnung insofern ausgesprochen, als im Sinne der christlichen Dogmen aller Konfessionen das Diesseits nur um des Jenseits willen da ist ([4]).

Diese ausserordentlich schwierigen Probleme des Verhältnisses der Kirchen zum Staate und daher auch zur Völkerrechtsgemeinschaft nach kirchlicher Auffassung setzen eine Wertung religiöser Dogmen, besonders der Dogmen über den Umfang und Inhalt des jus divinum voraus. Allein diese Dogmen sind Gegenstand des Glaubens, nicht des Wissens, und die Dogmen der einen Konfession sind für die Angehörigen der anderen nicht überzeugend. Daher muss unsere Betrachtung von allen kirchlichen Rechtsordnungen aller Konfessionen und den Ansprüchen der Kirchen auf weltliche Herrschaft über den Staat und die Völkerrechtsgemeinschaft absehen.

Anm. ([1]) : Vgl. insb. *Liermann*, Das evangelische Konkordat, Archiv des öffentlichen Rechts, Neue Folge, Band XIII, S. 388, 391 ff., 398 ff. *Schoen*, Die Rechtsgrundlagen der Verträge zwischen Staat und Kirche und der Verträge der Kirchen untereinander, ebenda, Bd. XXI, S. 347, Anm. 71, 351, 352, Anm. 82.

Anm. ([2]) : Vertrag vom 14. Juni 1929, Acta Apostolicae Sedis, XXI. Bd., Nr. 11, S. 521 ff.; Preussische Gesetzsammlung, 1929, S. 152 ff.

Anm. ([3]) : Vgl. nunmehr den Vertrag des Freistaates Preussen mit den Evangelischen Landeskirchen vom 11. Mai 1931, Preussische Gesetzsammlung, S. 107.

Anm. ([4]) : Vgl. *Liermann*, a. a. O., S. 385, 387.

Wir haben es nur mit *weltlichem* Recht und nur mit dem Verhältnis zwischen Staat und Völkerrechtsgemeinschaft, Staatsrecht und Völkerrecht zu tun, und diese Gegenstände sind unabhängig von religiösen Dogmen zu behandeln.

Das Problem der Kompetenzhoheit irgendwelcher Kirchen oder Religionsgesellschaften scheidet demnach hier aus. Wir haben nur die Frage zu erörtern, ob die Kompetenzhoheit oder « Souveränität » in der ersten Bedeutung des Wortes beim Staate oder bei der Völkerrechtsgemeinschaft liegt oder wie sich sonst die Kompetenzsphären des Staates und der Völkerrechtsgemeinschaft zu einander verhalten.

Da dies, wie noch genauer zu formulieren ist, die Fragestellung des ersten Teils ist, *werden wir es im folgenden in erster Linie mit dem Ausdruck Souveränität im Sinne von Kompetenzhoheit zu tun haben.* Insbesondere besagt das Wort *Souveränitätsdogma* in der Bedeutung, in der dieses Wort in der Regel gebraucht wird, *die These, dass der Staat und nicht die Völkerrechtsgemeinschaft der Träger der Kompetenzhoheit sei.*

Allein in der Praxis und in der Literatur haben sich *noch zwei andere Bedeutungen* des Wortes Souveränität gebildet. Sie werden oft mit der ersten Bedeutung verbunden, vermengt oder verwechselt. Dies führt vielfach zu fehlerhaften Schlussfolgerungen. Daher müssen auch diese beiden Bedeutungen hier berücksichtigt werden.

Würde die Praxis und die Literatur des Völkerrechts sich mit der Bedeutung des Wortes « Souveränität » gleich Kompetenzhoheit begnügen, so wäre sie vor die folgende Wahl gestellt : *entweder die Staaten sind souverän, dann sind sie keiner Völkerrechtsordnung unterworfen, dann befolgen sie die sogenannten Regeln des Völkerrechts nur aus freiem « souveränen » Belieben, nicht aus Pflicht, das sogenannte Völkerrecht wäre kein Recht; oder die Völkerrechtsgemeinschaft legt ihnen bindende Befehle auf, dann sind die Staaten nicht souverän.*

Da man aber auf beides nicht verzichten wollte, weder auf das Attribut der Souveränität des Staates, noch auf ein Völkerrecht, haben sich andere Bedeutungen herausgebildet, welche es gestatten, von souveränen Staaten trotz der Anerkennung eines Völkerrechtes zu sprechen. Ja, man hat sogar Gliedstaaten eines Bundesstaates bisweilen als souverän bezeichnet. So bilden nach Art. 1 der Bundesverfassung der schweizerischen Eidgenossenschaft vom 29. Mai 1874 « die durch gegenwärtigen Bund vereinigten Völkerschaften der zweiundzwanzig souveränen Kantone » die schweizerische Eidgenossenschaft. Die oben zitierten Ausführungen *Seydels* über die Souveränität des bayrischen Königs laufen, wenn man der Identifizierung des Königs mit dem Staate bei *Seydel* Rechnung trägt, darauf hinaus, dass der bayrische Staat — und ebenso die anderen deutschen Länder — und nicht das Reich Träger der « Souveränität » gewesen sei. *Seydel* selbs folgerte daraus, dass das Reich kein Bundesstaat, sondern ein Staatenbund, also kein Staat, sondern ein blosser Verein von Staaten sei. Aber die republikanischen bayerischen Regierungen nach 1918 haben sich in ihren Konflikten mit dem Reich wiederholt auf die Souveränität Bayerns berufen, ohne offenbar den Staatscharakter des Deutschen Reichs leugnen und das Reich als blossen Verein hinstellen zu wollen.

Was will nun der Ausdruck « Souveränität » besagen, wenn diese einem Staat beigelegt wird, der irgend welchen höheren staatlichen Normen unterworfen ist, zum Beispiel einem dem Bundesstaatsrecht unterworfenen schweizerischen Kanton oder deutschen Land? Hier kann nicht das Zuhöchstsein, die Kompetenzhoheit gemeint sein. Es muss nicht nur der Oberste, sondern auch der Zweit- oder Drittoberste « souverän » sein können, wenn auch vielleicht in geringerem Grade oder nur zum Teil. Man gelangt so zu Begriffen einer teilbaren, beschränkbaren und mehrfachen Souveränität. Um solche Begriffe zu gewinnen, ergibt sich eine doppelte Möglichkeit, je nachdem, ob wir die positive oder die negative Seite des ursprünglichen Souveränitätsbegriffs ins Auge fassen.

Nach der *positiven* Seite ist Kompetenzhoheit die Fähigkeit, oberste Gesetze zu geben. Will man hier teilen und einschränken, so muss man souverän auch einen Gesetzgeber nennen, der nicht der oberste ist. Daher ist es im Völkerrecht üblich geworden, die Staaten, welche hier Mitgesetzgeber sind, indem sie völkerrechtliche Verträge abschliessen oder völkerrechtliches Gewohnheitsrecht bilden, als souverän zu bezeichnen. *Souverän in diesem Sinne der herrschenden völkerrechtlichen Theorie und Praxis sind demnach jene Staaten, welche von der Völkerrechtsordnung als voll rechtsfähig anerkannt sind.*

In der Rechtsfähigkeit ist die Handlungsfähigkeit inbegriffen. Daher ist es im Völkerrecht gebräuchlich, gleichgültig, wie man über die Kompetenzhoheit, über das Verhältnis des Völkerrechts zum Staatsrecht denkt, als souverän jene Staaten zu bezeichnen, welche nach dem Inhalt der positiv gegebenen Völkerrechtsordnung als voll rechts- und handlungsfähig anerkannt sind. Daneben unterscheidet man dann Staaten mit geminderter Souveränität, « halbsouveräne » Staaten, welche nur als beschränkt rechts- oder handlungsfähig anerkannt sind.

Aus der allgemein anerkannten « Souveränität » der meisten Staaten im Sinne von voller Rechts- und Handlungsfähigkeit wird nun oft deren Anspruch auf Souveränität im Sinne von Kompetenzhoheit abgeleitet. Daher werden wir mit beiden Begriffen zu rechnen haben.

Nach der *negativen* Seite ist Kompetenzhoheit Unabhängigkeit von jeglicher irdischer Befehlsgewalt, sie ist das superiorem non recognoscere, absolute rechtliche Freiheit. Will man nach dieser Seite teilen und einschränken, so muss man auch eine Freiheitssphäre souverän nennen, die nicht absolut ist, also ein Subjekt souverän nennen, das zum Teil frei, zum Teil gebunden ist, solange nur ein irgendwie vorausgesetztes bestimmtes Mindestmass von Freiheit gewahrt ist. So hat sich vielfach die Vorstellung gebildet, das *Souveränität Unabhängigkeit, Freiheit des Staates bedeute, genauer, ein bestimmtes Minimum von Freiheit, welches die Völkerrechtsordnung den Staaten unberührt lässt, ja welches sie ihnen gewährleistet.* Gleichgültig ist es, ob man die Freiheitssphäre des Staates als einheitlich oder als in verschiedene Grund- und Freiheitsrechte der Staaten aufgelöst sich vorstellt. Souverän ist bei dieser Bedeutung des Wortes, wie immer man über die Kompetenzhoheit, über das Verhältnis des Völkerrechtes zum Staatsrecht denkt, derjenige Staat, welcher nach dem Inhalt des positiv gegebenen Völkerrechts das geforderte Mass von Freiheit besitzt.

Dieser Begriff der Souveränität ist ein populärer und sehr verbreiteter. Er wird oft mit dem zu Beginn erörterten anderen populären Begriff verbunden oder verwechselt, welcher Souveränität gleich *tatsächlicher* Macht setzt, weil viele die tatsächliche und die rechtliche Unabhängigkeit nicht zu unterscheiden vermögen. Aus der « Souveränität » im Sinne eines gewissen Masses von tatsächlicher oder rechtlicher Unabhängigkeit und Freiheit des Staates wird nun wieder oft dessen Anspruch auf Souveränität im Sinne von Kompetenzhoheit abgeleitet. Umgekehrt kann eine allmähliche Einschränkung der Freiheit der Staaten durch ein sich immer mehr entwickelndes Völkerrecht die grundsätzliche Auffassung des Verhältnisses zwischen dem Staatsrecht und dem internationalen Recht, die Frage der Kompetenzhoheit, und damit das innere staatliche Recht, beeinflussen. Daher werden wir auch diesen Begriff der Souveränität zu berücksichtigen haben.

Ausser in den bisher genannten Bedeutungen wird das Wort Souveränität öfters auch noch in einem eingeschränkten Sinne, bloss für einzelne Hoheitsrechte des Staates oder für einzelne Aeusserungen seiner Freiheit, gebraucht. So wird mit dem Ausdruck Souveränität insbesondere die « *Gebietshoheit* », ja sogar eine *eingeschränkte* Gebietshoheit verstanden. Letzteres trifft zum Beispiel zu, wenn Art. 1 Abs. 2 des von der Haager Kodifikationskonferenz von 1930 diskutierten Entwurfs einer allgemeinen Vereinbarung über das Küstenmeer sagt : « La souveraineté sur cette zone s'exerce dans les conditions fixées par la présente Convention et par les autres règles du droit international » ; « Sovereignty over this belt is exercised... » usw. (1) Allein mit der Gebietshoheit hat es die vorliegende Arbeit nicht zu tun : entweder man vertritt den Standpunkt der Kompetenzhoheit des Staates, dann ist die Gebietshoheit nur ein Teil und Anwendungsfall der Kompetenzhoheit ; oder man behauptet die Ueberordnung des Völkerrechtes, dann

Anm. (1) : Société des Nations, Conférence pour la Codification du Droit international. Acte final. V. Questions juridiques, 1930, V. 7. (C. 228. M. 115. 1930. V.) S. 15.

ist Gebietshoheit nichts anderes als örtliche Zuständigkeit. Aehnlich steht es auch mit anderen Hoheits- oder Freiheitsrechten des Staates. Im einen Fall ergeben sie sich aus der Kompetenzhoheit des Staates, im anderen sind sie auf Rechtssätze eines den Staaten übergeordneten Völkerrechtes gegründet. Derlei eingeschränkte Bedeutungen des Wortes Souveränität hat daher diese Arbeit nicht zu erörtern.

Nachdem wir im Vorhergehenden versucht haben, im Interesse der Klarheit des Folgenden die wichtigsten Bedeutungen des Wortes Souveränität auseinanderzuhalten, sind wir nun in der Lage, das in der Einleitung angekündigte Thema des ersten Teiles dieser Arbeit, den Wandel der Staatsidee, näher zu formulieren. Die früher gebrauchten allgemeinen Ausdrücke, wie der vom Wandel der Staatsidee oder der vom Einfluss des internationalen Rechtes auf das innere öffentliche Recht der Staaten, gewinnen nunmehr eine präzise, in juristischen Ausdrücken fassbare Bedeutung. *Diese Arbeit behandelt in ihrem ersten Teile die Frage, ob der Staat oder die Völkerrechtsgemeinschaft Träger der Kompetenzhoheit ist, und den Einfluss, den das internationale Recht in diesem Punkte auf die Staatsidee, ganz besonders seit dem Waffenstillstandsvertrag vom 11. November 1919 und den folgenden Friedensverträgen, ausgeübt hat.* Was wir demnach darzustellen haben, wenn wir einen Wandel der Ideen und einen Einfluss von Ideen untersuchen, wenn wir also ein dynamisches und nicht bloss ein statisches Bild entwerfen wollen, ist der *Kampf der Völkerrechtsgemeinschaft mit dem Staate um die Kompetenzhoheit.* Man kann auch vom *Kampf um die Souveränität* oder vom *Kampf um das Souveränitätsdogma* sprechen.

Die «Souveränität» im Sinne von Rechts- und Handlungsfähigkeit und die «Souveränität» im Sinne von Freiheitssphäre können nicht im ganzen Umfang erörtert werden. Denn viele völkerrechtliche Verträge beschränken die Handlungsfähigkeit von Staaten, wie zum Beispiel der Vertrag von Versailles und andere Friedensverträge. Alle völkerrechtlichen Verträge ohne Ausnahme aber bedeuten eine Verminderung der Freiheitssphäre der vertragschliessenden Staaten. Die Arbeit würde daher zu einer Geschichte und einem System fast des ganzen Völkerrechtes und der Durchführung aller völkerrechtlichen Verträge im inneren Recht aller Staaten. Dies ginge weit über die gestellte Frage hinaus. Doch muss auch der Wandel der Auffassung in Bezug auf die Rechts- und Handlungsfähigkeit und die Freiheitssphäre der Staaten hier mit herangezogen werden, wo er mit dem Wandel in den Anschauungen über die Kompetenzhoheit im Zusammenhang steht, zum Beispiel diesen vorzubereiten scheint oder wo er sonst für die Aenderung des Verhältnisses des Völkerrechtes zur Staatsidee und zum innerstaatlichen Recht besonders charakteristisch ist.

2. Das internationale Recht und die Staatsidee in der Vorkriegszeit.

A) Die Souveränität als Kompetenzhoheit des Staates.

Das Völkerrecht, das sich nach dem Zusammenbruch der mittelalterlichen Idee des Weltkaisertums zwischen den nunmehr tatsächlich und rechtlich unabhängigen Staaten gebildet hat, war getragen von der Idee der « Souveränität » des Staates, von der Idee, dass jeder Staat auf seinem Gebiet der Höchste ist und superiorem non recognoscit, dass der Staat *Kompetenzhoheit* besitzt. Dieses Gepräge hat das Völkerrecht bis zum Weltkrieg behalten.

Die Staaten sind geschichtlich im wesentlichen die Schöpfer des Völkerrechtes gewesen. Sie haben es grundsätzlich nicht als *über*staatliches, sondern als « *zwischen*staatliches » « *inter*nationales » Recht ausgebaut. Genauer müsste man sagen, sie haben es als ein — sit venia verbo — « *unter*staatliches » Recht ausgebaut. Denn bei Koordination zweier höchster Willen gäbe es kein Recht, sondern Anarchie. Es kann daher nur entweder das Völkerrecht über dem Staat stehen oder der Staat über dem Völkerrecht. Der ersteren Alternative stand aber vom Anfang der Entwicklung des neueren Völkerrechtes an das Dogma von der Souveränität des Staates entgegen. Daher musste das Völkerrecht als eine Ordnung aufgefasst werden, die nicht über, sondern unter der Staatsidee steht.

Vermöge seiner « Souveränität » kann der Staat alles auf seinem Gebiete regeln, zunächst allerdings nach dem Glauben der Zeit nur innerhalb der Schranken des rationalen Naturrechtes. Auch völkerrechtliche Bindungen schafft er nur freiwillig vermöge seiner Souveränität. So erscheint der Staat als die Grundlage und die Quelle alles positiven Rechtes ohne Ausnahme, und, nach dem Wegfall des Glaubens an ein allgemeingültiges rationales Naturrecht, als die Quelle alles Rechtes überhaupt. Der juristische Positivismus, der seit dem Wegfall des Naturrechts die Praxis ausschliesslich und die Theorie bis nahe an die unmittelbare Gegenwart fast ausschliesslich beherrscht hat, kennt nur staatliche Rechtsquellen : staatliches Gesetz nach innen, staatlichen Vertrag nach aussen und daneben nach beiden Richtungen ein Gewohnheitsrecht, das nur durch den Willen staatlicher Organe Gestalt gewinnt und nur gilt, wenn und weil Gesetze und Verträge es nicht aufheben.

Man kann diese Staatsidee, die bis zum Weltkrieg das Völkerrecht beherrscht hat, nicht besser und kürzer ausdrücken, als es *Hegel* mit vier Worten getan hat, indem er sagt, das Volk als Staat sei « *die absolute Macht auf Erden* » (1). Treffend charakterisiert diese Gedankenwelt *Harold*

Anm. (1) : Grundlinien der Philosophie des Rechts, § 331.

J. Laski mit dem Satz : « What the Absolute is to metaphysics, that is the State to political theory » (1). Nur müsste man hinzufügen : der Staat ist das Absolute nicht nur für die politische Theorie, sondern auch für die politische Praxis.

Aber der Staat begnügt sich nicht damit, dass das Völkerrecht formell nur das Geschöpf seiner Willkür ist. Er sorgt dafür, dass es materiell seine Herrlichkeit nicht beeinträchtigt.

Um ihre Freiheit möglichst zu wahren, unterscheiden die Staaten scharf zwischen inneren und auswärtigen Angelegenheiten. Nur die Beziehungen zu anderen Staaten unterwirft der souveräne Staat der zwischenstaatlichen Regelung, auch hier zumeist auf ein Mindestmass bedacht. Alles übrige bleibt als « innere » Angelegenheiten im Gegensatz zu jenen « auswärtigen » Angelegenheiten der ausschliesslichen Beherrschung durch den souveränen Staat vorbehalten.

So ergeben sich zwei grundsätzlich und scharf von einander getrennte Sphären des Rechts, das Staatsrecht und das Völkerrecht. Im Staatsrecht ist der Gesetzgeber eines Staates allein Träger der obersten Gewalt, der Kompetenzhoheit. Im Völkerrecht ist der staatliche Gesetzgeber souveräner Mitgesetzgeber ; nur durch die Verträge souveräner Staaten oder durch Gewohnheiten, die als stillschweigende Verträge dieser Staaten betrachtet werden, wird Völkerrecht geschaffen.

Der Staat ist demzufolge nach der Staatsidee der Vorkriegszeit die *Quelle des Völkerrechts*. Nun gibt es aber nicht einen Staat, sondern mehrere nebeneinander. Damit nun die Stellung jedes einzelnen Staates als souveränen Gesetzgebers des Völkerrechts gewahrt werde, muss der Staat sich von der durch souveränes Handeln übernommenen Bindung an völkerrechtliche Regeln auch wieder durch sein souveränes Handeln befreien können. Denn könnte er dies nicht, so stünde ja die völkerrechliche Norm, wenn er sich ihr einmal, sei es auch freiwillig, durch Vertrag unterworfen hat, *über* ihm und nicht *unter* ihm, das Dogma von der Souveränität des Staates wäre hinfällig. Nun wäre aber ein Satz, der nicht bindet, keine Norm, es gäbe daher nach dem Souveränitätsdogma kein Völkerrecht, sondern es herrschte schrankenlose Anarchie zwischen den Staaten.

Das Souveränitätsdogma und das Völkerrecht stehen also in einem unversöhnlichen Widerspruch. Es muss demnach entweder das Souveränitätsdogma oder das Völkerrecht geopfert werden, oder, wenn man keines von beiden opfern will, muss eines von beiden ein blosses Scheindasein führen.

Man muss, um die Tragweite der neuesten Entwicklung würdigen zu können, sich fragen, wie ein solcher Widerspruch entstehen und sich durch Jahrhunderte erhalten konnte und wie man versuchte, ihn zu überwinden.

Anm. (1) : Studies in the problem of sovereignty, New Haven, London, Oxford, 1924, S. 6.

Geschichtlich ist das Nebeneinanderbestehen der Souveränitätsidee und der Idee des Völkerrechtes aus der Lehre vom Naturrecht zu erklären. Zur Zeit der Entstehung des Völkerrechtes und des Souveränitätsbegriffs glaubte man an ein für alle Völker und Zeiten verbindliches Naturrecht, das über dem positiven Völkerrecht und über dem positiven Staatsrecht stehe. Die Geschichte des Völkerrechts ist aufs innigste mit jener des Naturrechts verschmolzen. Wenn nun ein Naturrecht über dem Völkerrecht und über dem Staatsrecht steht, gehen diese beiden zuletzt genannten Rechtssysteme auf eine gemeinsame Quelle zurück und ein Widerspruch zwischen beiden ist undenkbar (1).

Die ältere Völkerrechtswissenschaft (2) findet daher keinen Widerspruch zwischen der Souveränität, der summa potestas, der Staaten und der Existenz eines die Staaten verpflichtenden Völkerrechts. Nach *Suarez* beispielsweise wird allgemeines völkerrechtliches Gewohnheitsrecht durch den Konsens aller Staaten (« omnium vel fere omnium nationum ») begründet und abgeändert (3), bei *Victoria* (4) entscheidet die Mehrheit der Menschen der « consensus majoris partis totius orbis », über die Geltung allgemeiner Regeln des Völkerrechts mit Gesetzeskraft (« vis manifesta »), für die Staaten. Trotzdem sprechen diese Schriftsteller von der summa oder suprema potestas der civitas. Es handelt sich eben gar nicht um die Kompetenzhoheit, um die in Wahrheit « oberste » Gewalt, sondern um ein bestimmtes Mass an Rechtsfähigkeit und eine bestimmte Kompetenzsphäre, insbesondere um das Recht, Krieg zu führen (5). Die Kompetenzhoheit ruht weder beim staatlichen Gesetzgeber noch bei jenem der Völkerrechtsgemeinschaft, sondern über beiden steht das Naturrecht.

Ebenso liegen die Dinge bei *Hugo Grotius* (6). Das Völkerrecht, soweit wir es vom Naturrecht unterscheiden, entstehe « ex consensu » aller oder mehrerer civitates. « Summa » aber ist jene potestas, « cujus actus alterius juri non subsunt, ita ut alterius voluntatis humanae arbitrio irriti possint reddi » (7). Souverän ist also schon der Staat, welcher keinen Richter, nicht erst der, welcher keine Rechtsordnung über sich hat (8).

Seit *Hugo Grotius* ist der Gedanke, dass der consensus, der Gemeinwille mehrerer oder aller Staaten die Quelle des Völkerrechts sei, bis in die Gegenwart immer wieder vertreten und erörtert worden (9). Aber solange der Glaube an das Naturrecht vorherrscht, findet man in der Annahme eines

Anm. (1) : Vgl. insb. *Triepel*, Völkerrecht und Landesrecht, Leipzig, 1899, S. 128 ff.

Anm. (2) : Vgl. insb. *Verdross*, Die Einheit des rechtlichen Weltbildes auf Grundlage der Völkerrechtsverfassung, Tübingen, 1923, S. 18 ff.

Anm. (3) : Tractatus de legibus ac Deo legislatore, II. Buch, XX. Kap., 6, resolutio ; Ausgabe *Lugduni*, 1613, S. 112.

Anm. (4) : De Indis, Sektion III, III. Prop., 2. Prob., *James Brown Scott*, The Classics of International Law, Ausgabe von *Nys*, S. 391.

Anm. (5) : Vgl. auch *Verdross*, a. a. O., S. 22, 23.

Anm. (6) : De jure belli ac pacis libri tres, Prolegomena. § 17, Ausgabe von *Guilielmus Blaeu*, Amsterdam 1632, vierte Seite der Prolegomena ; I, 1, § XIV, 1, Ausg. von *Blaeu*, S. 6, und anderwärts.

Anm. (7) : a. a. O., 1, 3, § VII, 1, Ausg. vom *Blaeu*, S. 37.

Anm. (8) : Vgl. auch *Verdross*, a. a. O., S. 24.

Anm. (9) : Zitate bei *Triepel*, Völkerrecht und Landerecht, Leipzig, 1899, S. 32 Anm. 2.

über den Staaten stehenden Völkerrechtes keinen Widerspruch mit der gleichzeitigen Annahme, dass die Staaten souverän seien (1). Denn auch jetzt gilt das früher Gesagte, Souveränität bedeutet nicht Kompetenzhoheit, die Kompetenzhoheit ruht vielmehr beim Naturrecht.

Erst mit dem Wegfall des Naturrechtes konnte die Frage des Verhältnisses zwischen der staatlichen und der Völkerrechtsordnung jene Gestalt erhalten, die sie noch heute hat : *entweder die Völkerrechtsordnung ist übergeordnet, dann ist auch die Gesamtheit oder Mehrheit der rechtsfähigen Staaten dem einzelnen Staate übergeordnet und seine Kompetenzhoheit ist geleugnet; oder der Staat ist Träger der Kompetenzhoheit, dann ist das Völkerrecht in das Belieben jedes einzelnen Staates gestellt, es verpflichtet nicht, es ist kein Recht im strengen Sinne.* Nunmehr zeigte sich erst der wahre Kern der Souveränitätslehre, der bisher durch den naturrechtlichen Ueberbau verdeckt war.

Das Dogma von der Souveränität des Staates bedeutet im letzten Grunde, dass die staatlichen Zwecke höher gewertet werden als alle anderen menschlichen Zwecke, die Staatsidee höher als die Idee der Menschheit. Der Staat ist für den Anhänger dieses Dogmas Selbstzweck, letzter höchster irdischer Zweck. *Macchiavelli* hat zur Kennzeichnung dieses Vorrangs der staatlichen Zwecke den Ausdruck *ragione di stato, Staatsräson*, geprägt. Wir dürfen sagen, das Souveränitätsdogma ist die Anwendung des Gedankens von der Staatsräson auf die internationalen Beziehungen der Staaten, es ist die Geltendmachung des *staatlichen Egoismus*.

Diese Bedeutung des Souveränitätsdogmas schliesst den Versuch einer sittlichen Rechtfertigung nicht aus. Insbesondere *Fichte* und *Hegel* haben es unternommen, die Idee des Staates als Selbstzweck ethisch zu begründen.

So charakterisiert treffend *Fichte* in seinem *Macchiavell* (2) die Auffassung von der Souveränität im internationalen Verkehr, wobei er, entsprechend der in der Zeit des Absolutismus üblichen Identifizierung von Fürst und Staat, den Fürsten für den Staat setzt. Nachdem er betont hat, dass der Fürst im Privatleben an die Moral und dem Volke gegenüber an Gesetz und Recht gebunden sei, fährt er fort : « in seinem Verhältnis aber zu anderen Staaten gibt es weder Gesetz noch Recht, ausser dem Rechte der Stärkern, und dieses Verhältnis legt die göttlichen Majestätsrechte des Schicksals und der Weltregierung auf die Verantwortung des Fürsten nieder in seine Hände und erhebt ihn über die Gebote der individuellen Moral in eine höhere sittliche Ordnung, deren materieller Inhalt enthalten ist in den Worten : Salus et decus populi suprema lex esto ». Wenn man statt des Fürsten den Staat schlechthin ohne Rücksicht auf dessen Verfassungsform setzt, kann man in diesem Ausspruch den Kernpunkt des Souveränitätsdogmas getroffen finden. Es ist *Macchiavell's* ragione di stato, die Staatsräson, das Lebens-

Anm. (1) : Vgl. auch *Verdross*, a. a. O., S. 25 ff.
Anm. (2) : Vesta, Königsberg, 1807, S. 46, 47. Sämtliche Werke, III. Bd., S. 427 ; Ausgabe von Hans Schulz, Leipzig, 1918, S. 27.

interesse des eigenen Staates, das im Verkehr mit anderen Staaten letztlich die suprema lex ist, und nicht ein über den Staaten stehendes Völkerrecht. Wer dies als egoistisch verurteilen wollte, dem wird entgegengehalten, dass für den Staat eine andere Moral gelte als für das Individuum. Im sittlichen Konflikt zwischen Vaterland und Menschheit wird demnach das Vaterland höher gestellt.

Für *Hegel* ist der Staat zwar Machtstaat ([1]), aber er ist zugleich « die Wirklichkeit der sittlichen Idee » ([2]) : « Das Volk als Staat ist der Geist in seiner substantiellen Vernünftigkeit und unmittelbaren Wirklichkeit, daher die absolute Macht auf *Erden ;* ein Staat ist folglich gegen den anderen in souveräner Selbständigkeit » ([3]). « Das Verhältnis von Staaten ist das von Selbständigkeiten, die zwischen sich stipulieren, aber zugleich über diesen Stipulationen stehen ». Aber nicht die Macht, die physische Gewalt, steht über den Stipulationen, sondern umgekehrt : « in der Weltlichkeit soll das Ansichseiende auch Gewalt haben. Da nun keine Gewalt vorhanden ist, welche gegen den Staat entscheidet, was an sich Recht ist, und die diese Entscheidung verwirklicht, so muss es in dieser Beziehung immer beim Sollen bleiben ([4]). «In der « Selbständigkeit » des Staates, die über den «Stipulationen» steht, in der Souveränität, die über den völkerrechtlichen Verträgen steht, liegt also Sollen, sittliches Sollen.

Die Lehre *Hegels* hat grossen Einfluss geübt ([5]). Viele Autoren haben unter dem Einfluss *Hegels* das Völkerrecht geleugnet oder nur als « äusseres Staatsrecht » betrachtet.

Besonders charakteristisch ist die Lehre *Lassons* ([6]). Dieser führt aus, der Staat sei eine « souveräne Person », diese sei « schlechthin ungebunden und unbeschränkt mit Bezug auf alles, was ausser ihr vorhanden ist ». Der Staat könne sich also « niemals einer Rechtsordnung wie überhaupt keimen Willen ausser ihm unterwerfen ». Daher sei « der Zustand, der zwischen den Staaten obwaltet, ein vollkommen rechtloser » ([7]). « Recht und Sittlichkeit bindet den Willen des Staates nicht ». Nur eine Schranke gebe es für ihn, die « Furcht vor fremder Macht » ([8]). Die Regeln des Völkerrechtes seien « Klugheitsregeln, nicht Rechtsgebote » ([9]).

Zu ähnlichen Ergebnissen gelangt *Austin* ([10]). Er bezeichnet das Völ-

Anm. ([1]) : Vgl. insb. *Hermann Heller*, Hegel und der deutsche Machtstaatsgedanke, Leipzig, Berlin, 1921, passim, insb. S. 57 ff. ; *Adolf Menzel*, Beiträge zur Geschichte der Staatslehre, Wien und Leipzig, 1929, S. 15 u. a. Vgl. auch *Rosenzweig*, Hegel und der Staat, München und Berlin, 1920, passim, z. B. I. Bd., S. 88, 194 ff., II. Bd., S. 83 ff., 169 ff., insb. 173 ff.

Anm. ([2]) : Grundlinien der Philosophie des Rechts, § 257.

Anm. ([3]) : Ebenda, § 331.

Anm. ([4]) : Ebenda, Zusatz zu § 330.

Anm. ([5]) : Vgl. insb. *Triepel*, Völkerrecht und Landesrecht, Leipzig, 1899, S. 79, Anm. 1 ; *Heller*, a. a. O., S. 170 ff.; *Rosenzweig*, a. a. O., S. 241 ff., *Kelsen*, Das Problem der Souveränität und die Theorie des Völkerrechtes, Tübingen, 2. Aufl., 1928, S. 154 ff.

Anm. ([6]) : Prinzip und Zukunft des Völkerrechts, Berlin, 1871, und anderwärts ; vgl. insb. die Zitate bei *Heller*, a. a. O., S. 197 ff.

Anm. ([7]) : Prinzip und Zukunft des Völkerrechts, S. 22.

Anm. ([8]) : a. a. O., S. 35.

Anm. ([9]) : a. a. O., S. 49.

Anm. ([10]) : Lectures on Jurisprudence or the philosophy of positive law, Ausgabe von *Robert Campbell*, London, I. Teil, § 1, lect. V und VI, 13. Aufl., 1920, S. 65, 85 ff. und passim.

kerrecht als « a law improperly so called » ([1]), und sagt von ihm : « the law obtaining between nations is not positive law » ([2]). Es werde nur erzwungen « by moral sanctions : by fear on the part of nations, or by fear on the part of sovereigns, of provoking general hostility... » ([3]).

Diese Beispiele liessen sich leicht vermehren ([4]).

Auch die Literatur der letzten Zeit vor dem Kriege hat sich zum Teil in den gleichen Bahnen bewegt.

Als ein Beispiel sei die Lehre von *Erich Kaufmann* erwähnt. Er erklärt : « Soweit inhaltlich auch die Bindung gehen mag, die ein Staat eingeht, zuletzt muss doch immer der Staat sich selbst der Nächste bleiben, zuletzt muss doch immer sein Wille, sein Interesse das massgebende bleiben » ([5]). Weiter führt er aus : « Der Staat muss, soll das Koordinationsrecht nicht in Subordinationsrecht umschlagen, über seinen Verträgen stehen bleiben... Das völkerrechtliche Vertragsrecht, das auf den Interessen der kontrahierenden Staaten beruht, hat seine Grenze an den Interessen der Staaten, an dem Rechte der Staaten, Staat zu sein und zu bleiben, solange sie es « können » : an dem Selbsterhaltungsrecht der Staaten » ([6]).

Als ein zweites Beispiel seien *Kelsen's* vor dem Krieg veröffentlichte « Hauptprobleme der Staatsrechtslehre » ([7]) genannt. Dieser Autor sucht darzutun, « dass das objektive Recht Wille des Staates ist » ([8]). Staat und Recht werden völlig identifiziert. Der Staat sei nichts als der Endpunkt der rechtlichen Zurechnung des Staatswillens, das heisst, der Handlungen der Staatsorgane ([9]). Ausserhalb des Rechtes — dies heisst demnach : seines eigenen Willens — habe der Staat des Juristen keine Existenz ([10]). Alles objektive Recht verpflichte die Staatsperson, in diesem Sinne sei alles Recht Staatsrecht ([11]). Das Staatssubjekt unterscheide sich dadurch von allen anderen Rechtssubjekten, dass es nicht rechtswidrig handeln könne ([12]), das heisst, die Jurisprudenz dürfe « in keinem Akt ein Unrecht des Staates erkennen » ([13]). Eine Verpflichtung des Staates, gewisse Gesetze zu erlassen oder nicht zu erlassen, sei « für die juristische Konstruktion schlechterdings unmöglich » ([14]). Die Ueberzeugung von der staatlichen Natur alles Rechtes sei gleichbedeutend mit der Anschauung von der allrechtlichen Natur des Staates, sie sei nur eine Konsequenz des Grundsatzes, dass alles Recht Wille des Staates sei ([15]). « Die staatliche Natur des Rechtes und die rechtliche Natur des Staates bedeuten materiell nichts verschiedenes ; es sind nur die beiden

Anm. ([1]) : a. a. O., S. 65, 85.
Anm. ([2]) : a. a. O., S. 85.
Anm. ([3]) : Ebenda.
Anm. ([4]) : Weitere Literaturangaben z. B. bei *Triepel*, a. a. O., S. 79, Anm. 1, 136, 137, und *Kelsen*, a. a. O., S. 155.
Anm. ([5]) : Das Wesen des Völkerrechts und die clausula rebus sic stantibus, Tübingen, 1911, S. 179.
Anm. ([6]) : a. a. O., S. 181, 182.
Anm. ([7]) : 1. Auflage, Tübingen, 1911. (2. Aufl. 1923 unverändert).
Anm. ([8]) : a. a. O., S. 97 ff. und passim.
Anm. ([9]) : a. a. O., S. 183 ff., 189.
Anm. ([10]) : a. a. O., S. 438.
Anm. ([11]) : a. a. O., S. 250 ff., 269 und passim.
Anm. ([12]) : a. a. O., S. 246 ff.
Anm. ([13]) : a. a. O., S. 249.
Anm. ([14]) : a. a. O., S. 440.
Anm. ([15]) : a. a. O., S. 253.

Seiten einer Medaille ; den Kernpunkt oder Inhalt bildet die substantielle, nicht formale Identität von Recht und Staat » (1).

Die Mehrheit der positivistischen Schriftsteller wollte es jedoch bei einer Leugnung des Völkerrechts nicht bewenden lassen, sondern suchte nach einem Ausweg, welcher es gestattete, die Existenz des Völkerrechts mit der Souveränität des Staates zu vereinigen.

Dabei befand man sich nun in einer schwierigen Lage. Die alten naturrechtlichen Lösungen konnte der Positivismus nicht übernehmen. Aber auch mit Rechtsphilosophie war ihm nicht zu helfen. *Fichtes* und *Hegels* Ausführungen und jene anderer Philosophen münden in der Ethik. Der Widerspruch zwischen dem Machtgedanken und dem Rechtsgedanken wird gewissermassen in eine höhere Sphäre der Ethik emporgehoben und hier die Lösung versucht. Der juristische Positivismus aber, der das Erbe des Naturrechtes angetreten hatte, grenzte das positive Recht streng von der Sittlichkeit und die « dogmatische » Wissenschaft vom positiven Recht streng von der Ethik und Rechtsphilosophie ab. Daher konnte er den Philosophen auf ihrem Gedankenflug nicht folgen. Er stand nun vor dem aus der Naturrechtszeit geerbten Widerspruch zwischen dem Souveränitätsbegriff und dem Begriff des Völkerrechtes, ohne die Lösungsmöglichkeiten des Naturrechts und ohne die Lösungsmöglichkeiten der Philosophie, insbesondere der Ethik.

Man griff nun zu verzweifelten Konstruktionen, die man für streng « rechtsdogmatische », das heisst von naturrechtlichen und ethischen Schlakken gereinigte Deduktionen aus dem positiven Recht hielt.

Die wichtigste dieser Konstruktionen ist die *Lehre von der Selbstverpflichtung des Staates.*

Die souveränen Staaten schaffen danach das Völkerrecht selbstherrlich. Sie sind dennoch gebunden, da es ja sonst kein Völkerrecht gäbe. Aber ihre Bindung ist von ihrer *freien Wahl* abhängig, sie ist *Selbstbindung.* Die Grundlagen zu dieser Lehre von der Selbstbindung hat in gewissem Sinne schon *Rousseau* gegeben : der Einzelne bewahrt seine Freiheit, trotzdem er sich im contrat social dem Staat unterwirft, durch seine Teilnahme an der volonté générale. Aehnlich sucht nun auch die völkerrechtliche Theorie den Konflikt zwischen der Souveränität des Staates und seiner Bindung durch das Völkerrecht zu überwinden, indem sie darzutun sucht, dass die Staaten nicht durch eine höhere Gewalt gebunden sind, sondern nur sich selbst binden, also gewissermassen an einer völkerrechtlichen volonté générale teilnehmen (2).

Der Hauptvertreter der Lehre von der Selbstverpflichtung des Staates

Anm. (1) : a. a. O., S. 253, Anm. 1.

Anm. (2) : Vgl. *Redslob,* Das Problem des Völkerrechts, Leipzig, 1917, S. 222 ff.; *Kelsen,* Das Problem der Souveränität und die Theorie des Völkerrechts, Tübingen, 2. Aufl., 1928, S. 168 ff., 273.

ist *Bergbohm* (1). Er betont, die Freiheit, Unabhängigkeit oder Souveränität der Staaten sei nicht unvereinbar mit einem zwischenstaatlichen Recht. Denn die Staaten müssten ihren Willen nicht deshalb verleugnen, weil der Wille einiger oder vieler Staaten genau denselben Inhalt hat. *Georg Jellinek* hat ausgeführt, alle rechtliche Bindung des Staates beruhe auf Selbstverpflichtung (2). Es sei dies allerdings ein Problem metajuristischer Natur (3), das nicht den Mitteln der Jurisprudenz, wohl aber denen anderer Wissenschaften zugänglich sei (4). Auch diese Beispiele könnten leicht vermehrt werden (5).

Es wäre irrig, in derartigen Anschauungen Zeichen einer besonders imperialistischen oder militaristischen politischen Gesinnung der Verfasser zu sehen. Es war dies vielmehr die durchaus herrschende Staatsidee, wie sie von der übergrossen Mehrzahl aller Autoren, die den verschiedensten Parteirichtungen angehörten, als eine streng wissenschaftliche Theorie vorgetragen wurde. So erklärt selbst ein Pazifist vom Range *Lammasch's* noch im Jahre des Beginnes des Weltkriegs in seinem klassischen Werk über die Schiedsgerichtsbarkeit, dass die Staaten das Völkerrecht « nur durch ihren eigenen Willen, in Ausübung ihrer Souveränität » ausgestalten können (6), und er fügt hinzu : « Da jene Ordnung nicht auf einem den souveränen Staaten übergeordneten Willen beruhen kann, können solche Normen nur auf deren Selbstbeschränkung aufgebaut werden » (7).

Die Lehre von der Selbstverpflichtung des Staates ist, da sie es zu ermöglichen schien, die Souveränität des Staates mit dessen Bindung an Rechtsnormen, ganz besonders auch an jene des Völkerrechtes, zu vereinigen, so wesentlich für die überwiegende neuere Staats- und Völkerrechtslehre geworden, dass *Kelsen* sie nicht mit Unrecht den « Königsgedanken der modernen Staats- und Staatsrechtslehre » nennt (8).

Aber auch bei jenen positivistischen Autoren, welche weder das Völkerrecht leugneten, noch die Lehre von der Selbstverpflichtung des Staates annahmen, überwog vor dem Kriege durchaus die Auffassung, dass das Völkerrecht nicht über den Staaten stehe und die Kompetenzhoheit des staatlichen Gesetzgebers nicht in Frage stelle.

Hier muss vor allem die Lehre von *Triepel* (9) genannt werden.

Triepel spricht von einer Ueberschätzung der Lehre von der Selbstverpflichtung des Staates und glaubt, dass von einer Selbstverpflichtung des

Anm. (1) : Staatsverträge und Gesetze als Quellen des Völkerrechts, Dorpat, 1877, S. 19, 39 und passim.

Anm. (2) : Die rechtliche Natur der Staatenverträge, 1880 bes. S. 9 ff. ; die Lehre von den Staatenverbindungen, S. 34 ff. ; Gesetz und Verordnung, S. 198 ; System der subjektiven öffentlichen Rechte, 2. Aufl., 1905, S. 195 ff., 234 ff. Allgemeine Staatslehre, 3. Aufl., 5. Neudruck, Berlin, 1929, S. 368 ff.

Anm. (3) : Die rechtliche Natur der Staatenverträge, S. 3 N. 3.

Anm. (4) : Allgemeine Staatslehre, S. 368, Anm. 2.

Anm. (5) : Weitere Literaturangaben bei *Triepel*, a. a. O., S. 76 ff., und *Kelsen*, a. a. O., S. 169 ff. ; *Verdross*, Die Verfassung der Völkerrechtsgemeinschaft, Wien und Berlin, 1926, S. 15 ff.

Anm. (6) : Die Lehre von der Schiedsgerichtsbarkeit in ihrem ganzen Umfange, Berlin, Stuttgart, Leipzig, 1914, S. 2.

Anm. (7) : a. a. O., S. 3.

Anm. (8) : Allgemeine Staatslehre, Berlin, 1925, S. 74.

Anm. (9) : Völkerrecht und Landesrecht, Leipzig 1899, S. 11 ff. und passim ; Académie de Droit International, Recueil des Cours, I. Bd., 1923, S. 79 ff.

Staates ohne logischen Fehler nur auf dem Boden der Ethik gesprochen werden könne, auf dem Boden des Rechtes sei es ein « logisches Unding », dass ein Subjekt sich nur durch sein eigenes Gebot an sich selbst verpflichten könne ([1]). Das Dogma, dass das Völkerrecht nur auf dem Willen des Staates für sich beruhe, wird abgelehnt ([2]). Im Völkerrecht trete dem Staate nicht sein Wille, sondern ein « Gemeinwille » entgegen ([3]). Da die Willensvereinigung Aller erst das Recht schaffe, sei es « ausgeschlossen, dass ein durch Vereinbarung geschaffener Rechtssatz des Völkerrechts für solche Staaten gilt, die an seiner Vereinbarung nicht teilgenommen haben » ([4]). Denn, die « bindende Kraft des Völkerrechts » beruhe darauf, dass dem einzelnen Staat « nicht ein durchaus fremder, sondern zugleich sein eigener Wille entgegentritt, sodass ihm nichts auferlegt wird, was er sich nicht selbst auferlegt hat » ([5]). Es habe « besten Falles den Wert eines Bildes », wenn man das Völkerrecht als ein Recht « höherer Ordnung » gegenüber dem staatlichen Recht bezeichne ([6]). Das Völkerrecht sei dem Staatsrecht nicht in dem Sinne übergeordnet, dass es über Gültigkeit oder Ungültigkeit des staatlichen Rechtes entscheide ([7]). Vielmehr habe die Uebertretung des völkerrechtlichen Rechtssetzungsverbotes durch den staatlichen Gesetzgeber keine Nichtigkeit zur Folge ([8]).

Das Ergebnis der Lehre *Triepels* lässt sich dahin zusammenfassen, dass Völkerrecht und staatliches Recht zwei völlig getrennte Rechtsordnungen mit verschiedenen Quellen ([9]) und verschiedenem Inhalt ([10]) sind, von denen wir wohl sagen dürfen, dass sie zunächst beziehungslos nebeneinander stehen. Sie schaffen die Beziehungen zu einander erst selbst durch den Inhalt ihrer Anordnungen. Aber im Grunde sind sie koordiniert ([11]). Es ist demnach weder das Völkerrecht, noch die Kompetenzhoheit des staatlichen Gesetzgebers geleugnet.

Die Annahme einer solchen Koordination zwischen dem Staatsrecht und dem Völkerrecht scheint in der Tat den einzigen Ausweg aus dem Widerspruch zwischen dem Souveränitätsdogma und der Bejahung eines Völkerrechts zu bieten, wenn man die Lehre von der Selbstverpflichtung des Staates nicht akzeptiert. Man darf vielleicht sagen, dass jene positivistischen Autoren, welche weder die Konsequenz der Leugnung des Völkerrechts ziehen, noch sich die Lehre von der Selbstverpflichtung des Staates zu eigen machen, genötigt sind, ein solches Nebeneinander zweier ursprünglich beziehungsloser koordinierter Rechtssysteme vorauszusetzen.

Das Völkerrecht erscheint auch im Sinne dieser Anschauung als der Wille mehrerer oder aller einzelnen Staaten. Quelle des Völkerrechts ist

Anm. (1) : Völkerrecht und Landesrecht, S. 77 ff.
Anm. (2) : a. a. O., S. 79 Anm. 1.
Anm. (3) : a. a. O., S. 79.
Anm. (4) : a. a. O., S. 83.
Anm. (5) : a. a. O., S. 82.
Anm. (6) : a. a. O., S. 258, 259.
Anm. (7) : a. a. O., S. 259.
Anm. (8) : a. a. O., S. 267.
Anm. (9) : a. a. O., S. 27 ff., 254 ff.
Anm. (10) : a. a. O., S. 22 ff., 254 ff.
Anm. (11) : a. a. O., S. 267.

auch hier, wie bei den anderen Anschauungen, der Staat. Trotz der scheinbaren Koordination ist also doch die Staatsidee der Idee des Völkerrechtes übergeordnet. Jedenfalls ist und bleibt auch hier ebenso wie bei der Theorie von der Leugnung des Völkerrechtes und bei der Theorie von der Selbstverpflichtung des Staates der Staat der Träger der Kompetenzhoheit. Allerdings muss hier im Gegensatz zu den beiden anderen Anschauungen daneben noch eine besondere völkerrechtliche Kompetenzhoheit angenommen werden. Aber sie steht nach dieser Lehre beziehungslos neben der staatlichen Kompetenzhoheit und beeinträchtigt diese nicht. Da aber die Staaten das Völkerrecht schaffen, so ist doch auch im Sinne dieser Auffassung die Staatsidee das Primäre.

Charakteristisch für alle drei Anschauungen und ihnen gemeinsam ist, dass man die Souveränität im Sinne von Kompetenzhoheit meist als « Souveränität im *staats*rechtlichen Sinn » bezeichnet hat, im Gegensatz zur «Souveränität im völkerrechtlichen Sinn», worunter man die völkerrechtliche Rechts- und Handlungsfähigkeit der Staaten zu verstehen pflegt. Es wird also Kompetenzhoheit und Staat in selbstverständlichen Zusammenhang gebracht, als ob von einer Kompetenzhoheit des Völkerrechtes gar nicht die Rede sein könnte.

Die Ueberordnung der Staatsidee im Vorkriegsrecht nach allen Anschauungen zeigt sich aber noch in einem ganz besonders charakteristischen Punkt : der souveräne Staat hat nicht nur keinen völkerrechtlichen *Gesetzgeber* über sich, sondern auch keinen völkerrechtlichen *Richter* und keine völkerrechtliche *Exekutivgewalt*. Der souveräne Staat ist grundsätzlich *Richter in eigener Sache* und *Vollstreckungsorgan in eigener Sache*. Zwar hat sich eine internationale Rechtsprechung und Vollziehung im 19. Jahrhundert in einigen Materien entwickelt, so für die Rheinschiffahrt schon seit der Rheinschiffahrtsordnung vom 31. März 1831. Diese Materien haben allmählich an Zahl zugenommen. Seit 1899 ist das Werk vom Haag hinzugekommen. Aber stets ist die Grundlage die vollkommen freie vertragsmässige Unterwerfung des souveränen Staates, die durch ebenso freie Kündigung wieder beseitigt werden kann. Es hat daher vollständige Einmütigkeit darüber geherrscht, dass der Staat rechtlich nur dann durch einen Richterspruch gebunden werde und rechtlich nur dann verpflichtet sei, irgend einen Zwang gegen sich zu dulden, wenn er sich dem durch Vertrag unterworfen hat.

Selbst der im Krieg zur Durchsetzung eines Rechtes geübte Zwang führt zu einem Friedensvertrag, der, wenn er nicht gänzliche Annexion oder Begründung eines Falles von Halbsouveränität zum Inhalt hat, die « Souveränität » des Besiegten nicht berührt, nach dem Grundsatz : quamvis coactus tamen voluit. Der kriegerische Zwang aber, der willkürlich und nicht zur Durchsetzung eines Rechtsanspruches geübt wird, fällt aus dem

Begriff der Exekutive heraus, er ist nur physische Gewalt und nicht Ausführung der Rechtsordnung, und auch dieser ausserjuristische Zwang schafft neues Recht erst durch den Friedensvertrag, den der besiegte Staat quamvis coactus tamen volens schliesst.

Es fehlen also dem Völkerrecht der Vorkriegszeit nach durchaus einhelliger herrschender Ueberzeugung nicht nur der übergeordnete Gesetzgeber, sondern *überhaupt jegliche Organe mit eigener, nicht vom Staate abgeleiteter Befehlsgewalt. Lammasch,* der als Pazifist und warmer Anhänger des Werkes vom Haag nichts ausser Acht gelassen hätte, was den Gedanken der internationalen Gerichtsbarkeit gestützt und gefördert hätte, schreibt 1914, indem er auf die Parallele mit staatlichen Gesetzgebern, Richtern und Vollstreckungsbehörden hinweist : « In der Gesellschaft der Staaten, die nach dem Grundsatze der Koordination geordnet ist, gibt es *keinen solchen den Staaten kraft äusserer Autorität übergeordneten Gesetzgeber, Richter und Vollstreckungsbeamten* » (1).

Zusammenfassend können wir sagen : nach der vor dem Krieg durchaus herrschenden Lehre war das Völkerrecht, soweit es überhaupt als Recht anerkannt und nicht gänzlich geleugnet wurde, ein Geschöpf des Staates, die Staatsidee der Idee des Völkerrechtes übergeordnet und der Staat Träger der Kompetenzhoheit und keinem internationalen Organ mit eigener, nicht von ihm abgeleiteten Befehlsgewalt unterworfen. Unter der Herrschaft dieser Ansichten konnte der Einfluss des internationalen auf das innerstaatliche Recht nur ein sehr geringer sein.

Die Kritik dieser Anschauungen wird erst im dritten Teil dieser Arbeit auf Grund der dort darzulegenden rechtsphilosophischen Voraussetzungen möglich sein.

B) Die Souveränitat als völkerrechtliche Rechts- und Handlungsfähigkeit des Staates.

Das Völkerrecht ist von unabhängigen Staaten, von civitates superiorem non recognoscentes, geschaffen worden, und diese haben sich hierbei ihre Rechts- und Handlungsfähigkeit als Rechtssubjekte und Mitgesetzgeber des Völkerrechtes im allgemeinen voll gewahrt. Die Rechts- und Handlungsfähigkeit nennt man zumeist die Souveränität der Staaten im völkerrechtlichen Sinn.

Bis zum Kriege waren fast alle Staaten voll « souverän ». Daneben gab es auch eine geminderte Rechts- und Handlungsfähigkeit, genannt « Halbsouveränität ». Aber « halbsouveräne » Staaten gab es nur in verhältnismäs-

Anm. (1) : Die Lehre von der Schiedsgerichtsbarkeit in ihrem ganzen Umfange, Berlin, Stuttgart, Leipzig, 1914, S. 2.

sig geringer Zahl. Zum Teil war und ist die sogenannte Halbsouveränität nur eine verschleierte Form der Unterwerfung, also in Wahrheit Nichtsouveränität, Nichtstaatlichkeit im Sinne des Völkerrechtes, vielmehr eine Art Selbstverwaltung. So bei verschiedenen eingeborenen Fürsten in französischen und englischen Kolonien. Die Fälle von «Halbsouveränität», in denen wirklich ein Mittelgebilde zwischen dem völkerrechtlich voll rechts- und handlungsfähigen Staat und dem Nichtstaat vorlag, waren selten. Diese Mittelgebilde verdankten diesen ihren Rechtscharakter zumeist Kultursystemen, die dem ursprünglich christlich-europäischen Völkerrecht fremd waren, wie dies bei den türkischen Vasallenstaaten der Fall war. Oder aber sie erscheinen als Uebergangsstufen, entweder von der vollen Abhängigkeit zur vollen Souveränität oder umgekehrt. Daher mussten sie im Völkerrecht als Fremdkörper oder doch als ganz besondere Ausnahmen erscheinen.

Im übrigen wird an der vollen Rechts- und Handlungsfähigkeit aller Staaten der Völkerrechtsgemeinschaft festgehalten. Dies zeigt sich ganz besonders darin, dass auf internationalen Konferenzen der kleinste Staat ebensoviel Stimme hat wie der grösste. Es gab, abgesehen von den wenigen halbsouveränen Staaten, nur vollkommen gleichberechtigte Staaten, keine Staaten erster, zweiter oder dritter Klasse. Ja, man nahm selbst bei noch so weitgehender Abhängigkeit eines Staates vom anderen, beim sogenannten Protektorat, volle Rechts- und Handlungsfähigkeit des unterworfenen Staates an. So zum Beispiel im Verhältnis San Marinos zu Italien nach den Verträgen vom 2. März 1872 und 28. Juni 1897.

Der Charakterzug des Vorkriegsrechts war demnach: wenn ein Gemeinwesen überhaupt als Staat und Mitglied der Völkerrechtsgemeinschaft anerkannt ist, so ist es, abgesehen von ganz wenigen ganz besonders begründeten Ausnahmen der Halbsouveränität, voll rechts- und handlungsfähig und allen anderen Staaten formal vollkommen gleichgestellt.

Die völkerrechtliche Stellung der Gliedstaaten eines Bundesstaates oder einer Realunion kann hierbei ausser Betracht bleiben. Denn neben ihre wenn auch beschränkte Rechts- und Handlungsfähigkeit trat die unbeschränkte des Gesamtstaates.

Die geschilderten Anschauungen über die Rechts- und Handlungsfähigkeit sind von der allergrössten Bedeutung für die Struktur des Völkerrechts der Vorkriegszeit und dessen Verhältnis zur Staatsidee. Rechts- und Handlungsfähigkeit der Staaten im Völkerrecht bedeutet viel mehr als Rechts- und Handlungsfähigkeit des Staatsbürgers im innerstaatlichen Recht. Denn sie bedeutet zugleich die Funktion, Mitgesetzgeber im Völkerrecht zu sein, vergleichbar etwa, wenn auch mit Vorbehalt, der Funktion des Parlamentsmitgliedes im innerstaatlichen Recht. Wenn also alle Staaten, mit jenen wenigen Ausnahmen, voll rechts und handlungsfähig und alle gleichberechtigt sind, das heisst jeder ohne Rücksicht auf seine Grösse und tatsächliche Macht eine Stimme hat, so ist jeder Staat ein wichtiges Organ der völkerrechtlichen Gesetzgebung, ja ein *unentbehrliches* Organ jeder *allgemeinen* völkerrechtlichen Gesetzgebung. Streng genommen kann gegen das liberum veto auch nur eines einzigen Staates kein allgemeines Völkerrecht entstehen. Mag nun auch tatsächlicher Druck kleinere oder schwächere Staaten zum Nachgeben veranlassen, so ist dies doch nur ein soziologisches, der Kausalwelt angehöriges, aber ausserjuristisches Faktum, welches die Rechts- und Handlungsfähigkeit nicht berührt.

So waren die Sätze über die Rechts- und Handlungsfähigkeit und die formale Gleichberechtigung der Staaten die Grundlagen des Völkerrechts der Vorkriegszeit. Die Rechts- und Handlungsfähigkeit aber nannte man, wie schon erwähnt worden ist, die « Souveränität im völkerrechtlichen Sinn ». Es ist daher nicht zu verwundern, dass sie mit jener anderen, der « Souveränität im staatsrechtlichen Sinn », die wir als Kompetenzhoheit kennen gelernt haben, in Zusammenhang gebracht, verquickt und verwechselt wurde. Weil die Staaten « souverän » im einen Sinne sind, werden sie auch als « souverän » im anderen Sinn betrachtet. Daher wird ihnen und nicht dem Völkerrecht die Kompetenzhoheit zugeschrieben.

Zusammenfassend kann man als charakteristische Merkmale des Völkerrechtes der Vorkriegszeit die volle Rechts- und Handlungsfähigkeit und formale Gleichberechtigung aller Staaten mit den wenigen ganz besonders begründeten und als gewissermassen irregulär betrachteten Ausnahmen der sogenannten halbsouveränen Staaten bezeichnen.

C) Die Souveränität als Freiheitssphäre des Staates.

Das Völkerrecht enthält nur wenige Sätze allgemeinen Gewohnheitsrechts. Die ungeheure Mehrzahl aller völkerrechtlichen Sätze ist Vertragsrecht. Aber auch die ersteren werden auf stillschweigende Verträge zurückgeführt.

Seit der Entstehung des Völkerrechtes haben sich die Staaten in immer steigendem Masse an Verträge gebunden. Neben ihnen spielt auch das partikulare Gewohnheitsrecht nur eine verhältnismässig untergeordnete Rolle. Nun beschränkt jeder Vertrag die Staaten, die er verpflichtet, in ihrer rechtlichen Freiheit. Wollte man die Freiheit von Rechtsnormen mit der Souveränität identifizieren, so hätte man nur die Wahl, entweder zuzugeben, dass es kein Völkerrecht, oder, dass es keine Souveränität der Staaten gibt.

Soweit ist man nun doch nicht gegangen. Es gibt, wie schon erörtert worden ist, Autoren, welche die Existenz des Völkerrechts gänzlich leugnen. Wer aber das Völkerrecht überhaupt als Recht anerkennt, der kann beim

Gewohnheitsrecht nicht stehen bleiben, sondern muss auch die Staatenverträge als Recht anerkennen. Dies war und ist auch in der Tat die herrschende Meinung, umsomehr, als man ja auch das Gewohnheitsrecht auf stillschweigende Verträge der Staaten zurückführt. Nun hat aber die herrschende Meinung zugleich stets an der « Souveränität » des Staates festgehalten. Folglich konnte sie die Freiheitssphäre des Staates nicht mit Souveränität identifizieren. Vielmehr war es stets anerkannt, dass ein Staat durch Uebernahme noch so weitgehender Vertragsverpflichtungen weder seine Kompetenzhoheit noch seine völkerrechtliche Rechts- und Handlungsfähigkeit verliere oder beeinträchtige.

Dennoch ist die Freiheitssphäre des Staates mit dem Souveränitätsbegriff in eine Verbindung gesetzt worden, die für das Völkerrecht der Vorkriegszeit charakteristisch ist.

Als die Staaten das Völkerrecht schufen, waren sie darauf bedacht, ihre Freiheit in den wesentlichsten Punkten zu wahren. Sie übernahmen auf gewissen Gebieten keine Bindungen. Es waren diejenigen Gebiete, welche sie vom Standpunkt ihrer Lebensinteressen als ganz besonders wichtig erachteten. Hier sollte der Staat jederzeit nach den Gesichtspunkten der Staatsräson frei handeln können, ohne an Rechtsschranken gebunden zu sein. Die wichtigsten dieser Gebiete sind die sogenannten « inneren Angelegenheiten » der Staaten und die Freiheit, Gewalt zu üben, insbesondere Krieg zu führen, und diese Gewaltanwendung durch Rüstungen vorzubereiten.

Ursprünglich war nun die Freiheit die Regel und die vertragsmässige Bindung die Ausnahme. Allmählich traten die Staaten und die Völker einander immer näher und die Verträge wurden immer zahlreicher. So entstand das Bedürfnis, ein *Minimum von völkerrechtlicher Freiheitssphäre* abzugrenzen, *das ein souveräner Staat nicht preisgeben dürfe, ohne damit auch seine Souveränität zu beeinträchtigen, also eine capitis deminutio vorzunehmen*. Ja man hat vielfach versucht, « Grundrechte » der Staaten zu konstruieren, zu denen man neben Dingen, die nicht hierher gehören, insbesondere *Freiheitsrechte* zählte, nämlich Tätigkeitssphären, innerhalb deren den Staat keine rechtliche Verpflichtung belastet. Hieher gehört zum Beispiel das « Nichtinterventionsprinzip » in den inneren und äusseren Angelegenheiten des Staates. Darunter pflegt man eine Norm zu verstehen, nach welcher die « inneren Angelegenheiten » eines Staates, aber auch seine auswärtige Politik, soweit er nicht durch seine eigenen Verträge oder durch die wenigen Sätze des völkerrechtlichen Gewohnheitsrechtes gebunden ist, *frei* von völkerrechtlichen Verpflichtungen sind und daher nicht Anlass zu einer rechtlich erlaubten Intervention geben können. Die Summe derartiger Freiheitsrechte bedeutet dann jenes oben erwähnte Minimum an rechtlicher Freiheitssphäre, das für den « souveränen » Staat der Völkerrechtsgemeinschaft als unerlässlich betrachtet wurde.

Zur rechtlichen Freiheitssphäre gehört nun alles, was nicht verboten, was nicht mit rechtlichen Pflichten belastet ist. Die Freiheitssphäre der Staaten im Völkerrecht kann daher ebensowenig durch eine taxative Aufzählung erschöpft werden wie die Freiheitssphäre des Individuums im innerstaatlichen Recht. Auch jenes Minimum an Freiheitssphäre kann nicht durch eine taxative Aufzählung lückenlos dargestellt werden, zumal es ja gerade die wichtigsten und ausgedehntesten Tätigkeitsgebiete des Staates umfasst. Ausserdem würde eine Darstellung der verschiedenen Gebiete staatlicher Freiheit eine systematische Darstellung fast des ganzen Völkerrechts bedingen.

Aber für die Zwecke der vorliegenden Untersuchung genügt es, wenn jene Freiheitssphären des Staates kurz hervorgehoben werden, deren Unberührbarkeit für den « souveränen », nicht capite diminuierten Staat einen Grundpfeiler des Völkerrechtes der Vorkriegszeit bildete. Es sind dies :

1.) Die Freiheit der « inneren » Angelegenheiten und der Aussenpolitik innerhalb der bestehenden Völkerrechtsschranken von der Einmischung auswärtiger Staaten ;

2.) die Freiheit der Anwendung von Gewalt, letztlich der Kriegführung.

Die Freiheit der Vorbereitung der Gewaltanwendung durch Rüstungen ist mit der unter 2.) genannten Freiheit a majori ad minus notwendig verbunden. Sie ist aber nichts als ein Teil der unter 1.) genannten Freiheit. Denn auf seinem Gebiet kann der souveräne Staat nach Belieben Soldaten ausbilden, Kriegsmaterial erzeugen usw. Es ist daher überlüssig, neben den unter 1.) und 2.) genannten Freiheiten diejenige des Rüstens besonders hervorzuheben.

Was nun die «*inneren*» Angelegenheiten anbelangt, so haben es sich die Staaten vor allem vorbehalten, die Grundlage ihrer Organisation, die Mitgliedschaft im Staate, die *Staatsangehörigkeit*, nach Belieben zu regeln. Ferner haben sie die Behandlung der wichtigsten innerpolitischen Probleme, *die Ordnung der religiösen, nationalen, wirtschaftlichen und sozialen Verhältnisse innerhalb des Staatsgebietes*, jeder Einmengung von aussen entzogen. Aengstlich sind die Staaten stets darauf bedacht gewesen, jede Einwirkung in diesen Dingen seitens anderer Staaten im Namen der « Souveränität » fernzuhalten.

Eines dieser Gebiete, die nationalen Verhältnisse, werden im zweiten Teile dieser Arbeit noch besonders zu erörtern sein, und damit im Zusammenhange werden gelegentlich auch Fragen der Staatsbürgerschaft und der Religionsverhältnisse berührt werden müssen. Daher mag es hier genügen, diese Gebiete erwähnt zu haben und auf den zweiten Teil dieser Arbeit zu verweisen. Dort wird sich zeigen, dass die Staaten in der Vorkriegszeit ihre Freiheit in der Regelung dieser Gebiete eifersüchtig wahrten und dass das Minimum der für einen souveränen Staat erträglichen Freiheitssphäre im Vorkriegsrecht als sehr wesentlich grösser betrachtet wurde als dies im Nachkriegsrecht der Fall ist.

Ebenso empfindlich wie in der inneren Religions- und Nationalitätenpolitik waren die Staaten in Bezug auf ihre innere Wirtschafts- und Sozialpolitik.

Die Handels- und Zollverträge beruhten auf dem Grundsatz der völligen Autonomie der Handels- und Zollpolitik jedes souveränen Staates. Der Staat bindet sich nur, wenn und weil es ihm beliebt, gegen entsprechende Gegenleistung. Allgemeine völkerrechtliche Institutionen konnten sich daher kaum entwickeln. Das höchste Mass an allgemeiner internationaler Verpflichtung, das man erreicht hat, war die Verpflichtung zur Veröffentlichung der Zolltarife in der Union internationale pour la publication des tarifs douaniers vom 5. Juli 1890. Die wirtschaftliche Produktion hat nur durch die Brüsseler Zuckerkonvention vom 5. März 1902 zu einigen allgemeineren Regeln in einer Spezialfrage geführt. Daneben finden sich Einzelverträge, zum Beispiel über den grenzüberspringenden Fabriksverkehr oder den Grenzverkehr mit Alkohol u. dgl. Im allgemeinen vermieden die Staaten auch hier jede Bindung von irgendwelcher Tragweite.

Aber auch auf dem letzten der früher genannten Gebiete, der sozialen Frage, waren die Staaten auf die Wahrung ihrer Freiheit bedacht. Es gab bereits seit dem Wiener Kongress Verhandlungen über eine internationale Bekämpfung des Sklavenhandels. In den verhandelnden europäischen Staaten war die Sklaverei bereits überwunden, die Frage war für sie keine «innere» mehr, und dennoch dauerte es bis zum sogenannten «Quintupelvertrag» vom 20. Dezember 1841, bis es zu internationalen Verpflichtungen der Staaten zur Bekämpfung des Sklavenhandels kam, und an einen internationalen Abbau der Sklaverei selbst als einer Rechtseinrichtung für *alle* Staaten der Völkerrechtsgemeinschaft konnten auch die Brüsseler Antisklavereiakte vom 2. Juli 1890 und die später dazutretenden Einzelverträge nicht denken.

Weiter sind seit den letzten Jahrzehnten des 19. Jahrhunderts verschiedene Verträge zwischen einzelnen Staaten zur Regelung des Armenwesens zu erwähnen, ferner solche zur Bekämpfung des Mädchenhandels. Auf dem zuletzt genannten Gebiete, der Bekämpfung des Mädchenhandels, kam es schliesslich zu den internationalen Uebereinkommen vom 15. Juli 1902 und 4. Mai 1910. Aber obwohl es sich hier doch nur um kleine Spezialgebiete und um Fragen handelte, welche die Machtinteressen der Staaten nicht berührten, waren die Verpflichtungen, welche die Staaten in den Abkommen über das Armenwesen und über den Mädchenhandel auf sich nahmen, sehr gering.

Dagegen vermieden es die Staaten sorgfältig, Bindungen von grösserem Umfang und grösserer Tragweite in Bezug auf die Behandlung des sozialen Problems einzugehen. Die Initiative der Schweiz vom 15. März 1889 zur

Beratung eines internationalen Arbeiterschutzes und die Erlasse des Deutschen Kaisers vom 4. Februar 1890 führten zu keinen bindenden Uebereinkommen. Schliesslich sprach die Konvention vom 26. September 1906 das Verbot der Verwendung des weissen Phosphors bei der Verfertigung von Zündhölzern und das Verbot der gewerblichen Nachtarbeit von Frauen aus. Dazu kamen noch etliche Einzelverträge, so die französisch-italienischen Verträge vom 15. April 1904 und vom 15. Juni 1910 über die Gleichstellung der beiderseitigen Staatsangehörigen in beiden Staaten in Bezug auf den Arbeiterschutz und die Arbeiterversicherung.

Diese und alle derartigen Verträge der Vorkriegszeit betreffen nur Einzelheiten und nur solche Einzelheiten, welche die Machtinteressen der Staaten und die grossen sozialen und wirtschaftlichen Kämpfe der Bevölkerungsklassen innerhalb der Staaten nicht oder doch nur gewissermassen an der äussersten Peripherie berührten.

Nachdem wir einen Ueberblick über die wichtigsten Gebiete der Freiheitssphäre des souveränen Staates im Innern zu gewinnen versucht haben, wenden wir uns nun der wichtigsten Ausserung seiner Freiheit nach *aussen* zu, nämlich der Freiheit, Zwang gegen andere Staaten anzuwenden.

Solange man an ein allgemein gültiges, über allen Staaten stehendes Naturrecht glaubte, konnte und musste die Frage Bedeutung haben, ob ein Krieg mit Recht oder mit Unrecht erklärt und geführt werde. Daher entstand eine naturrechtliche Lehre über den gerechten und ungerechten Krieg. So hat vor allem *Hugo Grotius* in seinem grundlegenden Werk De jure belli ac pacis libri tres die Frage « An bellare unquam justum sit », als die « prima ac generalissima quaestio » aufgeworfen (1). Er war sich ganz klar darüber, dass die Frage dem Naturrecht angehöre : « Haec autem ipsa quaestio, ut et aliae quae deinceps sequentur, ad jus naturae primum exigenda est » (2). Dem Vorbilde *Grotius'* folgend, hat die ältere Lehre zum Teil zwischen gerechten und ungerechten Kriegen zu unterscheiden gesucht und sich hierbei auf theologische oder naturrechtliche Erwägungen gestützt. Hätte sich eine solche Unterscheidung durchgesetzt, so wäre der Staat, welcher einen rechtmässigen Krieg führt, als Vollstrecker der Rechtsordnung, der Gegner als Delinquent erschienen. Vielleicht hätte sich daraus ein internationaler Zwangs- und Strafapparat entwickeln können.

Allein die Rolle des Delinquenten und die Unterordnung unter einen internationalen Zwangs- und Strafapparat ist mit der Stellung, die der souveräne Staat im Völkerrecht beanspruchte, unvereinbar. Die Staaten folgerten aus ihrer Souveränität das « jus belli ac pacis », das heisst das Recht, nach freiem Belieben, nach den Gesichtspunkten der eigenen Staatsräson, über Krieg und Frieden zu entscheiden.

Anm. (1) : De jure belli ac pacis libri tres, I, c. 2, zu Beginn. Ausgabe von Blaeu, Amsterdam, 1632, S. 9.
Anm. (2) : Ebenda, S. 10.

Dazu kommt, dass die naturrechtliche Lehre selbst nicht einheitlich war. Es ist ja das Wesen der heute im allgemeinen verlassenen Spekulation des theologisch oder rational begründeten Naturrechts, dass sie vermeintlich allgemeingültige Normen für alle Zeiten und Völker behauptet, während in Wahrheit Glaubensdogmen oder andere subjektiv bedingte Anschauungen des jeweiligen Autors dargestellt werden. Daher weichen die Naturrechtssysteme trotz behaupteter Allgemeingültigkeit so sehr von einander ab. Dies gilt nun ganz besonders von den Lehren über den gerechten und den ungerechten Krieg. Man kann daher nicht einmal behaupten, dass sich eine herrschende Lehre in der Theorie gebildet habe. Die Unterscheidung vom gerechten und ungerechten Krieg hat sich darum im positiven Völkerrecht nicht durchgesetzt.

Nach dem Wegfall des Naturrechtes fand demzufolge der Positivismus in der Praxis der souveränen Staaten keinen Anlass, zwischen einem völkerrechtlich erlaubten und einem unerlaubten Krieg zu differenzieren. Die herrschende positivistische Theorie und die Staatenpraxis der Vorkriegszeit ging nun überwiegend dahin, dass der souveräne Staat die freie Entscheidung über Krieg und Frieden habe.

Jene Spekulationen über den gerechten und ungerechten oder erlaubten und unerlaubten Krieg wurden allmählich in der Literatur seltener. Immerhin versuchte man noch manchmal, eine positivrechtliche Grenze zwischen zwei Arten des Krieges zu ziehen (¹). Es ist beispielsweise versucht worden, nur jenen Krieg als erlaubt hinzustellen, der der Verfolgung eines Rechtes dient, oder nur jenen, der um der Lebesinteressen des Staates willen geführt wird, oder nur jenen, der erst begonnen wird, wenn alle Mittel friedlicher Erledigung des Streitfalles erschöpft oder aussichtslos geworden sind. Aber kein solcher Satz lässt sich irgendwie aus der Praxis des Völkerrechts erweisen.

Ebensowenig lässt sich im positiven Völkerrecht der Vorkriegszeit der Satz begründen, dass der Angriffskrieg unzulässig und der Verteidigungskrieg zulässig gewesen sei. Staatsrechtlich hatte und hat auch heute diese Unterscheidung in manchen Staaten Bedeutung, beispielsweise indem im Falle des Angriffs auf das Staatsgebiet die Regierung ipso jure besondere Vollmachten erhält oder indem die Kriegserklärung in den beiden Fällen an verschiedene Bedingungen geknüpft ist (²). Ein Beispiel für den letztgenannten Fall bietet Art. 11 Abs. 2 der Verfassung des Deutschen Reichs vom 16. April 1871, nach welchem der Kaiser zur Kriegserklärung der Zustimmung des Bundesrats bedurfte, « es sei denn, dass ein Angriff auf das Bundesgebiet oder dessen Küsten erfolgt ». Aber derartige staatsrecht-

Anm. (¹) : Vgl. insbesondere *Strisower*, Der Krieg und die Völkerrechtsordnung, Wien, 1919, S. 13 ff. 20 ff., daselbst Literaturangaben. *Harder* in *Strupp's* Wörterbuch des Völkerrechts und der Diplomatie, III. Bd., 1929, S. 963, daselbst Literaturangaben S. 965.

Anm. (²) : Vgl. meine Ausführungen in dem Aufsatz « Angriff und Verteidigung », Zeitschrift für Völkerrecht, Breslau, X. Band, S. 509, 510.

liche Bestimmungen sind aus innerstaatlichen Gründen und nicht unter dem Einfluss des Völkerrechtes entstanden. Ferner spielte die Unterscheidung von Angriffs- und Verteidigungskriegen in Bündnisverträgen eine Rolle, indem zum Beispiel nur der unprovozierte Angriff auf einen Bundesgenossen die Pflicht des anderen zur Hilfeleistung auslöst. So bestand nach Art. I des Bündnisvertrags zwischen dem Deutschen Reich und Oesterreich-Ungarn vom 7. Oktober 1879 die Pflicht zur Hilfeleistung, falls « eines der beiden Reiche von seiten Russlands angegriffen werden » sollte. Aber derartige partikulare Abmachungen sind noch weit entfernt von einer allgemeinen völkerrechtlichen Regel, die den Angriffskrieg als unerlaubt erklärte. Die Geltung einer solchen allgemeinen Regel lässt sich in gar keiner Weise dartun.

Es ist demnach die Freiheit jedes Staates, jeden anderen Staat jederzeit zu beliebigen Zwecken anzugreifen, durch das alte Völkerrecht grundsätzlich nicht beschränkt worden. Kraft der Stellung des souveränen Staates der Vorkriegszeit als Gesetzgeber im Völkerrecht, der keinen Höheren über sich anerkennt, galt er und nur er als befugt, nach seinem « souveränen » Ermessen Zwang gegen jene anzuwenden, die sich seinem Willen entgegenstellen. Daher ist die Anwendung von Gewalt gegen andere Staaten, ja selbst die Anwendung der äussersten Gewalt, der Krieg, nicht rechtswidrig, sondern dem Staate aus beliebigen Gründen, über die er « souverän » zu entscheiden hat, *erlaubt*.

In einem einzigen Fall gestattet das alte Völkerrecht, von einem unerlaubten Krieg im positivrechtlichen Sinn zu sprechen. Nämlich dann, wenn ein Staat vertragsmässig die Verpflichtung eingegangen hat, unter bestimmten Voraussetzungen nicht zum Kriege zu schreiten und dies dennoch tut. So zum Beispiel, wenn er sich verpflichtet hat, zuerst den Weg friedlicher Streiterledigung zu betreten und dies unterlässt oder das endgültige Scheitern des Schlichtungsversuches nicht abwartet. Solche besonderen Fälle galten mit der Idee der Souveränität und Handlungsfreiheit des Staates als nicht im Widerspruch stehend, da er freiwillig die vertragliche Bindung übernommen hatte und sich dieser freiwilligen vertragsmässigen Verpflichtung jederzeit durch Kündigung entziehen konnte. Ausserdem knüpft das alte Völkerrecht keine Sanktion an solchen Vertragsbruch, der vertragswidrig begonnene Krieg unterscheidet sich rechtlich in nichts von jedem anderen Krieg.

Da der souveräne Staat jederzeit gegen jeden anderen Staat zu jedem beliebigen Zwecke Krieg führen durfte, so durfte er folgerichtig a maiori ad minus grundsätzlich gegen jeden anderen Staat zu jedem beliebigen Zwecke auch weniger weitgehende Gewalt anwenden, wie im Falle der sogenannten autoritativen Intervention, der Repressalien, der Friedensblockade. Zwar ist in der Literatur die Zulässigkeit solcher nichtkriegerischer Gewaltanwendung vielfach bestritten worden (1). Aber wenn der Krieg schlechthin erlaubt ist, so kann die weniger weitgehende Gewalt nicht unerlaubt sein. In der Tat lassen sich die besonderen Rechtssätze, mit denen verschiedene Schriftsteller die Intervention für bestimmte Fälle als zulässig, für andere als unzulässig erweisen wollen, aus der Praxis des Völkerrechts nicht dartun. Bei den Interventionsfällen, die die Geschichte kennt, lässt sich nicht zeigen, dass ein Rechtssatz bestimmten Inhaltes über diese Frage allgemein, auch von den betroffenen Staaten, anerkannt worden sei (2). Ja, die Praxis der Staaten spricht vielmehr gegen die Beschränkung des Interventionsrechtes.

Man führt für das Gegenteil die Botschaft des Präsidenten *Monroe* vom 2. Dezember 1823 an, die im § 48 erklärte, die Einmengung einer europäischen Macht in amerikanische Angelegenheiten würde künftig von den Vereinigten Staaten als Ausdruck einer unfreundlichen Gesinnung betrachtet werden. Aber wenn hier das Interventionsprinzip für den amerikanischen Kontinent gegenüber europäischen Mächten abgelehnt wird, so folgt daraus gerade, dass es für die übrigen Kontinente und für die Intervention zwischen Staaten des amerikanischen Kontinents untereinander nicht angefochten wird. Ausserdem wird selbst die Intervention einer europäischen Macht auf dem amerikanischen Kontinent nicht als Völkerrechtswidrigkeit, sondern als Unfreundlichkeit gegen die Vereinigten Staaten, als « the manifestation of any unfriendly disposition toward the United States » bezeichnet. Es handelt sich also nicht um das Prinzip der Nichtintervention als allgemeines Rechtsinstitut, sondern, wie sich schon aus den §§ 48 und 49 der Botschaft vom 2. Dezember 1823 mit aller Deutlichkeit ergibt, um die Rolle der Vereinigten Staaten als Beschützer der Freiheit der anderen Staaten Amerikas. In der späteren Politik der Vereinigten Staaten ist dies dann so klar zutage getreten, dass es wohl keiner weiteren Ausführung bedarf.

Dass die Freiheit der Intervention nicht in Frage gestellt werden kann, wenn nicht auch die Freiheit Krieg zu führen verneint wird, zeigt der Fall der Blockierung der Küsten Venezuelas im Jahre 1902. Die Vereinigten Staaten bestritten die Wirksamkeit der Friedensblockade für Schiffe der nicht beteiligten Staaten. Darauf wurde die Blockade am 20. Dezember 1902 als eine « kriegerische » erklärt (3).

Ebenso unantastbar wie die Freiheit des Staates, Krieg zu erklären und zu führen, ist für das alte Völkerrecht auch die Freiheit des Staates, auf seinem Gebiet nach Belieben zu rüsten. Der Staat mag auf seinem Gebiet Rekruten ausbilden, Kriegsgeräte erzeugen, Festungen und strategische Verkehrswege anlegen so viel und gegen wen er will, er verletzt damit, soweit

Anm. (1) : Vgl. die Uebersicht über die verschiedenen Meinungen bei *Wehberg* in *Strupp's* Wörterbuch des Völkerrechts und der Diplomatie, I. Bd., 1924, S. 583 ff.

Anm. (2) : Vgl. statt Vieler insb. *Wehberg* a. a.O.S.588 und die Zitate daselbst.

Anm. (3) : Vgl. *Basdevant* in Revue générale de droit international public, XI. Bd., S. 362 ff., insbes. S. 424; daselbst weitere Zitate, S. 362, Anm. 1.

er nicht selbst vertragliche Bindungen eingegangen hat, das Völkerrecht nicht. Er ist auch niemandem über seine militärischen Vorbereitungen rechenschaftspflichtig.

Diese Grundsätze sind durch Beschränkungen zu Lasten einzelner Staaten, zum Beispiel die Neutralisierung oder Befriedung bestimmter Gebiete (1) nicht in Frage gestellt worden, da sie auf besonderen Vertrag, also auf die gewollte Konzession durch den belasteten Staat gestützt wurden und im übrigen nur als vereinzelte ganz speziell begründete Ausnahme erschienen.

Nun hat es allerdings am Ende des 19. Jahrhunderts den Anschein genommen, als sollte die Rüstungsfreiheit völkerrechtlichen Beschränkungen unterworfen und damit ein neues Zeitalter eingeleitet werden. Die erste Friedenskonferenz sollte sich nach dem Rundschreiben des Zaren Nikolaus II. vom 28. August 1898 damit befassen, « den unaufhörlichen Rüstungen ein Ziel zu setzen und die Mittel zu suchen, dem Unheil vorzubeugen, das die ganze Welt bedroht ».

Allein auf der Konferenz zeigte es sich bekanntlich bald, dass eine Einschränkung der Rüstungen durch allgemeine, wiewohl von den Staaten freiwillig vereinbarte völkerrechtliche Regelung von der damals überwiegenden Anschauung als für den souveränen Staat nicht erträglich betrachtet wurde. Die Drei Konventionen, welche auf der ersten Haager Friedenskonferenz zustandekamen, betreffen nicht Rüstungsfragen, die drei Deklarationen haben die Einschränkung *bereits ausgebrochener* Feindseligkeiten, nämlich durch das Verbot bestimmter Geschosse und das Verbot des Werfens von Geschossen und Sprengstoffen aus Luftschiffen oder auf ähnlichen neuen Wegen zum Gegenstand und nicht Rüstungsfragen. Diese Deklarationen könnten höchstens mittelbar auf die Vorbereitung der Feindseligkeiten, etwa auf die Herstellung bestimmter Geschosse, bezogen werden. Aber selbst dieser Schluss wäre nicht berechtigt, denn es blieb den Signatarstaaten unbenommen, etwa solche Geschosse bei der Niederwerfung innerer Unruhen oder in ihren Kolonien zu verwenden, daher auch, sie zu erzeugen. Ueberdies ist die eine der drei Deklarationen nur für die Dauer von fünf Jahren beschlossen worden.

Die erste Haager Friedenskonferenz gelangte nur zu einer Resolution des Inhalts, dass eine Einschränkung der Militärausgaben, die gegenwärtig auf der Welt lasten, dringend wünschenswert sei Aber dieser Wunsch berührte die Souveränität und die Freiheit des Rüstens nicht. Weiter wurden noch sechs Wünsche angenommen, von denen einer die Einführung neuer Typen und Kaliber von Maschinengewehren und Marinegeschützen und einer die

Anm. (1) : Vgl. *Krauel*, Neutralität, Neutralisation und Befriedung im Völkerrecht, München und Leipzig, 1915, daselbst S. VIII ff. weitere Literatur ; *Gareis* in *Strupps* Wörterbuch des Völkerrechts und der Diplomatie, II. Bd., 1925, S. 119 ff., daselbst S. 123, 124 weitere Literatur.

Beschränkung der Land- und Seestreitkräfte und der Kriegsbudgets betraf. Aber es waren eben nur Wünsche, sie stellten die Souveränität und die Freiheit des Rüstens ebensowenig in Frage wie jene Resolution.

Gegenüber diesen Ergebnissen bedeutet auch die zweite Haager Friedenskonferenz keinen grundsätzlichen Fortschritt. Von den 13 abgeschlossenen Konventionen betrifft keine das Rüstungsproblem. Die Erklärung über das Werfen von Geschossen und Sprengstoffen aus Luftschiffen und auf ähnlichen neuen Wegen wurde für einen bis zum Schluss der in Aussicht genommenen Dritten Friedenskonferenz reichenden Zeitraum wiederholt. Ebenso wurde die Resolution von 1899, die den dringenden Wunsch nach Einschränkung der Militärausgaben aussprach, erneuert. Aber von jener Erklärung und von dieser Resolution gilt das früher Gesagte. Eine Einschränkung der Rüstungen ist demnach in keiner Hinsicht beschlossen worden.

Mit dem Dargestellten haben wir einen Ueberblick über jenes Mindestmass von Freiheitssphäre der Staaten der Vorkriegszeit gewonnen, dessen Beeinträchtigung als unvereinbar mit der Souveränität galt. *Diese Freiheitssphäre umfasst nun zugleich jenes Gebiet, in welchem von einem Einfluss des internationalen Rechtes auf das innerstaatliche Recht vor dem Krieg nicht die Rede sein konnte.* Die wichtigsten Gegenstände der inneren und äusseren Politik, wie die Regelung der Staatsangehörigkeit, der religiösen und nationalen Frage, der Wirtschafts- und Sozialpolitik mit Ausnahme gewisser allgemein üblicher Bindungen in Zoll- und Handelsverträgen und Bindungen in einzelnen ganz eng begrenzten Spezialfragen und Spezialverträgen, endlich die Freiheit der Gewaltanwendung und Kriegführung gegen andere Staaten aus beliebigen Gründen waren, soweit überhaupt, nicht völkerrechtlich, sondern nur durch « souveränes » innerstaatliches Recht geregelt.

D) Der Pazifismus der Vorkriegszeit.

Die Idee des souveränen Staates hat niemals unangefochten geherrscht. Zu allen Zeiten haben sich einzelne Denker gefunden, welche dem Einzelstaate die Ideale eines Weltreiches oder eines Weltbundes und eines dauernden Weltfriedens entgegensetzten (1).

Diese Ideale hatten in früheren Zeiten im allgemeinen die Gründung eines einheitlichen Weltreiches zum Gegenstand. Seit *Pierre Dubois'* Werk «De recuperatione terrae Sanctae», 1306, wird dieses Ideal zumeist durch das weniger weitgehende eines Staatenbundes mit einem Schiedsgericht zur Erledigung aller Staatenstreitigkeiten verdrängt. In diesem Wandel des

Anm. (1): Vgl. statt Vieler *A. H. Fried*, Handbuch der Friedensbewegung, II. Bd., 2. Aufl., Berlin und Leipzig, 1913, S. 5 ff.

Ideals zeigt sich bereits das Emporsteigen der kommenden Idee des neuzeitlichen souveränen Staates. Immer wieder bricht sich seitdem bei grossen Denkern und Staatsmännern der Gedanke Bahn, dass nur Friedensbündnisse der gegebenen Staaten den Weltfrieden sichern können. Es werden also in der Regel Verträge der zunächst souveränen Staaten vorausgesetzt und nur die Forderungen, wie weit die Staaten sich hierbei für die Zukunft binden oder beschränken sollen, gehen auseinander. Als *Kant* 1795 seinen Entwurf « Zum ewigen Frieden » verfasste, da glaubte er, dass der ewige Friede zwar « keine leere Idee », aber doch nur « in einer ins Unendliche fortschreitenden Annäherung wirklich zu machen » sei, eine « Aufgabe, die nach und nach aufgelöst, ihrem Ziele (weil die Zeiten, in denen gleiche Fortschritte geschehen, hoffentlich immer kürzer werden) beständig näher kommt » (1). Er nahm also an, erst die Unendlichkeit könne den letzten Rest des Souveränitätsgedankens überwinden.

Dies alles aber waren nur Gedanken einzelner Männer und zu ihrer Zeit ohne Einfluss auf die Entwicklung des positiven Staats- und Völkerrechtes.

Von einer « Bewegung » für einen dauernden Weltfrieden, von einer « pazistifischen Bewegung » kann man erst im 19. Jahrhundert sprechen, seitdem *David L. Dodge* 1815 in New York die « New York Peace Society » gegründet hatte. Der Pazifismus nahm von da an erst in Amerika, dann in England, dann auf dem europäischen Festland einen allmählichen Aufstieg (2) und seit 1843 gab es internationale Friedenskongresse. Wie weit sich diese Friedensbewegung bis zum Weltkrieg entwickelt hatte, darüber gibt das Annuaire du mouvement pacifiste 1913 (3) und das Handbuch der Friedensbewegung von *A. H. Fried* (4) Aufschluss. Daraus ergibt sich, dass der Pazifismus schon vor dem Weltkrieg erhebliche Fortschritte gemacht hatte. Auch war er nicht ohne Einfluss auf das Völkerrecht geblieben.

So konnte schon 1905 *Niemeyer* mit Recht sagen, die praktische wie die wissenschaftliche Völkerrechtspflege seien « jedenfalls nicht mehr in der Lage, die Friedensbewegung als Utopie beiseitezuschieben, müssen sie vielmehr als Faktor der Entwicklung respektieren » (5).

Allein trotz allem kann man in Bezug auf den Pazifismus der Vorkriegszeit weder von einer Massenbewegung noch von einem Einfluss auf das Souveränitätsdogma oder auf sonstige wesentliche Gedanken der damals herrschenden Staatsidee sprechen. Die Staatsidee und das Völkerrecht blieben in den Beziehungen, in denen sie uns hier interessieren und oben dargestellt worden sind, vollkommen unerschüttert.

Anm. (1) : Zum ewigen Frieden. Ein philosophischer Entwurf, 1795, letzter Absatz.

Anm. (2) : Vgl. insbesondere *Fried*, a. a. O., S. 59 ff. und die dort gegebenen Zitate.

Anm. (3) : Publications du Bureau international permanent de la Paix, Berne.

Anm. (4) : II. Bd., 2. Aufl., Berlin und Leipzig, 1913, S. 175 ff., 223 ff., 277 ff.

Anm. (5) : *Niemeyer's* Zeitschrift für Internationales Privat- und öffentliches Recht, XV. Bd., 1905, S. 510.

Gegenüber dieser Unerschütterlichkeit, diesem Beharrungsvermögen des Staatsgedankens und des Souveränitätsdogmas mussten alle pazifistischen Bestrebungen für die damalige Zeit *utopisch* erscheinen. Nun mag man mit *A. H. Fried* (¹) ein soziales Produkt nur dann Utopie nennen, wenn es eine « Konstruktion » nach der « technischen Methode » bedingt, dagegen nicht, « sobald es die Beeinflussung eines natürlichen Entwicklungsganges zur Voraussetzung hat ». Allein zunächst müsste demgegenüber nach der Grenze zwischen technischer Konstruktion und Beeinflussung der natürlichen Entwicklung gefragt werden. Auch der Techniker beeinflusst die natürliche Entwicklung und jede Art von Technik hat selbst ihre natürliche Entwicklung; auch ein vollkommen realisierbares soziales Projekt, zum Beispiel ein Gesetzentwurf, der morgen angenommen wird, ist eine juristische Konstruktion. Die Fragestellung müsste auch im Sinne *Fried's* wohl richtig dahin lauten, dass Utopie nur die Konstruktion auf Grund fingierter, unwirklicher Annahmen sei, wie die Insel Utopia des *Thomas Morus*. *Fried* will also sagen, der Pazifismus habe nicht Unrealisierbares willkürlich erfunden, sondern Realisierbares begonnen, bedeute mithin den Anfang einer natürlichen sozialen Entwicklung.

Dem ist für die Vorkriegszeit nur zuzustimmen, wenn der Pazifismus, wie bei *Kant*, seine Forderungen in eine unbestimmte Zukunft verlegte. Zu den gegebenen Tatsachen, mit denen der Konstrukteur eines sozialen Projektes rechnen muss, gehören nicht nur Boden, Klima, Bevölkerungszahl u. dgl., sondern, wie wir im dritten Teile dieser Arbeit zu erörtern haben werden, auch das Gewissen und Rechtsgefühl der Menschen und zwar der Massen. Diese aber standen trotz aller pazifistischer Schriften und Kongresse in ganz erdrückender Mehrheit auf der Seite des imperialistischen Staatsgedankens, des Souveränitätsdogmas und der Freiheit der Kriegführung. Die fast allgemeine Begeisterung in den kriegführenden Staaten in den Tagen des Kriegsausbruches hat dies klar gezeigt. Diesen Realitäten gegenüber darf der Pazifismus der Vorkriegszeit, soweit er *Gegenwarts*forderungen aufstellte, die mit der damaligen Souveränitätsidee in Widerspruch standen, doch in gewissem Sinn eine *Utopie* genannt werden. Er hat keinen Einfluss auf das Rechtsgefühl der Massen, auf das Weltgewissen erringen können.

Eine wirkliche *Massen*bewegung anti-imperialistischer und pazifistischer Richtung war wohl nur im marxistischen Sozialismus vorhanden. Aber dieser betrachtete im allgemeinen den Staat bloss als einen « Ueberbau » auf der Grundlage der bürgerlichen Wirtschaft, als eine Einrichtung der Bourgeoisie, dazu verurteilt, durch die kommende soziale Revolution mit naturgesetzlicher Notwendigkeit zum Absterben gebracht zu werden. Daher interessierte sich diese Richtung im allgemeinen weder für den Gedanken des

Anm. (¹): Handbuch der Friedensbewegung, I. Bd., 2. Aufl., 1911, S. 117, 118.

souveränen Staates, noch für jenen des überstaatlichen Völkerrechtes über einer Gemeinschaft der bestehenden Staaten und hielt sich von den Bestrebungen des «bürgerlichen» Pazifismus, der den Bourgeois-Staat in einem Weltfrieden verewigen wolle, fern. So konnte auch diese Massenbewegung, ganz abgesehen davon, dass sie im Weltganzen doch nur eine kleine Minderheit darstellte, keinen Einfluss auf die Staatsidee und das Völkerrecht gewinnen.

Die früher gewonnenen Ergebnisse bleiben demmach unberührt. So Wertvolles pazifistische und sozialistische Denker von den ältesten Zeiten bis zum Ausbruch des Weltkrieges auch der Menschheit geschenkt hatten, sie haben die Herrschaft der Idee des souveränen Staates im Völkerrecht und im innerstaatlichen Recht vor dem Krieg nicht erschüttert und daher den Einfluss jenes Rechtes auf dieses nicht erhöht.

3. Die Staatsidee im Weltkrieg.

A) Allgemeines.

Die ungeheure Katastrophe des Weltkriegs hat die internationale öffentliche Meinung über staatliche und völkerrechtliche Fragen in einem Masse aufgerüttelt, wie dies bisher wohl noch niemals auch nur in annähernd ähnlicher Weise geschehen ist. Die Raschheit und Leichtigkeit, mit der der grössere Teil der zivilisierten Welt aus einem verhältnismässig geringen Anlass, der Ermordung des österreichisch-ungarischen Tronfolgers, in das grösste Blutbad der Weltgeschichte gestürzt werden konnte, hat ungeachtet der in den Tagen des Kriegsausbruchs allgemein vorherrschenden Kriegsbegeisterung die Schwäche des bisherigen Baues der Staatengemeinschaft enthüllt und gezeigt, wohin das Souveränitätsdogma führen musste. Die vorzeitige russische Mobilmachung, das österreichisch-ungarische Ultimatum an Serbien, die Ereignisse des Krieges in ihren ungeheuren Dimensionen und ihrer stets zunehmenden Schrecklichkeit, der Einmarsch in das neutrale Belgien, die furchtbare Verschärfung der Kriegführung seitens beider Parteien, die Hungerblockade und die sonstige Kriegführung gegen die Zivilbevölkerung, die Verletzung des Völkerrechts auf beiden Seiten haben weitesten Kreisen der verschiedensten Völker und Parteirichtungen die Augen darüber geöffnet, was die Souveränität der Staaten im Sinne des Vorkriegsrechtes in Wahrheit zu bedeuten hatte und dass der bisherige Zustand der Völkerrechtsgemeinschaft sich kaum von völliger Anarchie unterschieden hatte.

Schon bald nach Ausbruch des Weltkrieges sind Stimmen laut geworden, welche eine grundlegende Reform in den Beziehungen der Staaten forderten.

Zunächst vereinzelt, fanden sie bald immer grösseren Widerhall. Schliesslich lag gegen Ende des Krieges eine unübersehbare Fülle offizieller, offiziöser und privater Aeusserungen aus den verschiedensten Ländern und in den verschiedensten Sprachen vor, die, so sehr sie auch in ihrem Inhalt von einander abweichen, doch in dem Wunsche einig waren, dass das Völkerrecht gestärkt, sein Einfluss auf das innerstaatliche Recht erweitert und dementsprechend die bisherige Idee des souveränen Staates irgendwie eingeschränkt oder geschmälert werde.

Auf die politische und militärische Praxis der Staaten hatten alle diese Aeusserungen, die offiziellen Erklärungen der leitenden Staatsmänner nicht ausgenommen, während des Krieges selbst im allgemeinen keinen Einfluss. Die kriegführenden Staaten stützten sich bei ihrer Politik auf die volle Souveränität im Sinne der Vorkriegszeit, ja sie verschärften bis an das Ende des Krieges die Kriegführung immer mehr, verletzten immer mehr Regeln des Völkerrechtes, die man vor dem Kriegsausbruch vielfach schon für gesichert gehalten hatte, und streiften so immer mehr die Fesseln ab, die das Kriegsrecht der Vorkriegszeit zwar weder ihrer Kompetenzhoheit, noch ihrer Rechts- und Handlungsfähigkeit, wohl aber ihrer Freiheitssphäre angelegt hatte. Eine Zeitlang schien es geradezu, als sollte fast alles Völkerrecht zusammenstürzen und die Idee des souveränen Staates in bisher nie gekannter Herrlichkeit aus dem Kriege hervorgehen.

Allein dennoch sind alle die ungezählten Stimmen, die sich, erst vereinzelt, dann in Massen, erst kaum beachtet, dann als eine soziale Macht, die nicht mehr übersehen werden konnte, für eine Reform des Völkerrechtes und damit auch für dessen Einfluss auf das innerstaatliche Recht auf Kosten der bisherigen Staatsidee aussprachen, von der allergrössten Bedeutung. Denn sie zeigen uns den *Wandel der öffentlichen Meinung.*

Im dritten Teil dieser Arbeit soll versucht werden, den Wandel in den Ideen des Staates und des Volkes und den Einfluss des internationalen Rechtes auf das innerstaatliche Recht auf ein kollektives Gewissen und Rechtsgefühl der Menschheit zu gründen. Dieser Versuch muss sich auf Tatsachen stützen, aus denen auf Regungen des Gewissens und Rechtsgefühls der Menschen geschlossen werden kann. Zu den wichtigsten dieser Tatsachen gehören nun jene zahlreichen Aeusserungen über die Reform des Völkerrechtes und dessen Einfluss auf das innerstaatliche Recht in der Zeit des Weltkriegs. Daher muss auf diese Zeugen des Umschwungs der öffentlichen Meinung hier eingegangen werden.

Nun stösst allerdings die Darstellung auf zwei sehr erhebliche Schwierigkeiten.

Die erste dieser Schwierigkeiten besteht in der ungeheuren Fülle und Vielsprachigkeit des Materials. Es kann sich daher hier nur darum handeln, besonders Wesentliches oder Charakteristisches auszuwählen.

Die zweite Schwierigkeit betrifft die Systematik. Wir haben im ersten Teile gesehen, wie verschiedene Bedeutungen das Wort Souveränität hat. Iede dieser Bedeutungen betrifft eine andere Seite der Staatsidee. Wir haben auch gesehen, wie diese verschiedenen Bedeutungen immer wieder mit einander verschmolzen oder verwechselt worden sind. Das letztere findet sich nun in ganz besonders hohem Masse in der Kriegsliteratur, in der das Interesse an systematischer Klarheit gegenüber den Sorgen und Forderungen des Augenblicks noch mehr als sonst zurücktritt. Hier systematisch klar trennen wollen, heisst, das zeitlich Zusammengehörige auseinanderreissen und damit den geschichtlichen Zusammenhang, gerade die Darstellung des Wandels der Ideen, verdunkeln ; es bedeutet obendrein, den Raum zum Teil verdoppeln oder vervielfältigen, den der Stoff in Anspruch nimmt. Daher soll hier von einer Einteilung nach den verschiedenen Bedeutungen des Wortes Souveränität abgesehen und im wesentlichen die zeitliche Reihenfolge eingehalten werden, die der mehr dynamischen Aufgabe dieses Abschnittes besser entspricht als der mehr statischen Aufgabe des Abschnittes über die Vorkriegszeit.

B) Die ersten Kriegsjahre bis zur Einflussnahme durch Präsident Wilson.

Schon bald nach dem Ausbruch und in den ersten Jahren des Weltkrieges haben führende Staatsmänner als Ziel des Krieges eine Reform der internationalen Rechtsordnung und einen dauernden Frieden hingestellt. Hierher gehören namentlich die bekannten Reden *Asquith's* vom 25. September 1914, *Briand's* vom 20. November 1915, *Grey's* vom 15. Mai 1916 und *Bethmann-Hollweg's* vom 22. Mai 1916. Später hat sich auch die Friedensresolution des Deutschen Reichstages vom 19. Juli 1917 auf der gleichen Linie bewegt. Alle diese Aeusserungen stehen auf dem Boden der Souveränität des Staates und daher der Ueberordnung des Staatsrechtes über das Völkerrecht. Dasselbe gilt von den Erklärungen *Briand's* vom 20. November 1915, über die Bereitwilligkeit Frankreichs, und *Bethmann-Hollweg's* vom 9. November 1916, über die Bereitwilligkeit Deutschlands, einem Völkerbund beizutreten.

Allerdings könnte man ja versucht sein, unter Wendungen wie etwa der Forderung der Herrschaft des Rechtes über die Gewalt, wie sie öfters, beispielsweise in der Rede *Asquith's* vom 11. October 1916 erhoben worden ist, mehr, nämlich die Forderung einer *über* der staatlichen Souveränität stehenden *souveränen* Rechtsordnung zu sehen. Allein dies würde voraussetzen, dass der Staatsmann nicht nur das Staatsrecht und die Handlungen der Gegner, sondern auch die des eigenen Staates und der Verbündeten als Gewalt charakterisieren und die Souveränität des eigenen Staates habe leugnen oder für die Zukunft abschaffen wollen. Dies kann im Zweifel nicht als der Wille verantwortlicher Staatsmänner hingestellt werden, weder in der Kriegszeit noch heute. Die Souveränität wird eben als selbstverständlich vorausgesetzt. Herrschaft des Rechtes über die Gewalt und ähnliche Wendungen bedeuten in solchen Zusammenhängen nur, dass das künftige Völkerrecht gewisse Gewaltakte verhindern soll, aber doch ein Völkerrecht, das die Kompetenzhoheit des souveränen Staates nicht in Frage stellt, vielmehr aus ihr seine eigene Autorität ableitet.

Aber so wenig auch die leitenden Staatsmänner oder die grosse Mehrzahl der Parlamentarier unter des Last ihrer Verantwortung für die politische Haltung ihres Vaterlandes in den ersten Kriegsjahren geneigt sein mochten, an der bisherigen Idee des souveränen Staates zu rütteln, so sehr zeigt sich in privaten, nicht verantwortlichen Kreisen ein allmähliches Fortschreiten der Idee einer Beschränkung oder Herabdrückung des bisherigen Staatsgedankens, ja der Idee eines überstaatlichen Völkerrechts. Man kann dieses Fortschreiten wohl am besten mit den Worten charakterisieren : *von der Utopie zur Massenbewegung.*

Anfänglich werden die neuen Gedanken, die in der Vorkriegszeit als Utopie gegolten hatten, nur von verhältnismässig ganz wenigen vertreten. Wir haben, wenn wir versuchen, das Wesentlichste festzuhalten, aus den ersten Kriegsjahren nur über die Resolutionen und Entwürfe einiger pazifistischer Körperschaften zu berichten.

Bereits Ende 1914 veröffentlichte die *Union des Associations Internationales* in Brüssel unter dem Titel « La fin de la guerre » ein Projekt einer *Charte Mondiale* (1), die im höchsten Grade unser Interesse verdient. Das von *Paul Otlet* gezeichnete, Brüssel, den 10. Oktober 1914 datierte Vorwort geht von dem Gedanken aus : « c'est la paix qu'il faut préparer pendant la guerre » (2). Der Inhalt der Vorschläge selbst knüpft an das bisher vorliegende pazifistische Material, besonders an die Akte der internationalen Kongresse und die Veröffentlichungen der *Union des Associations Internationales* (3) an und sucht sie zu verarbeiten.

In der vorgeschlagenen Charte Mondiale ist bereits, wenn auch nicht ganz klar, mit der Souveränität des Staates in jedem beliebigen Sinne gebrochen. Es wird die Gründung einer Confédération des Etats vorgeschlagen, die man wohl als einen Weltbundesstaat bezeichnen darf. Zwar sagt Art. VI : « Chaque Etat est souverain dans le domaine de sa propre juridiction ». Auch wird hinzugefügt : « Il est indépendant de toute immixtion étrangère... » Endlich wird im Art. VII erklärt : « La Confédération des Etats est formée

Anm. (1) : La fin de la guerre, Traité de paix générale basé sur une Charte Mondiale déclarant les droits de l'humanité et organisant la Confédération des Etats, Bruxelles bezw. La Haye, 1914.

Anm. (2) : a. a. O., S. 5.

Anm. (3) : Revue de la Vie Internationale, Annuaire de la Vie Internationale, Actes du Premier et du Second Congrès Mondial des Associations Internationales.

de l'Union des Etats reconnus. Elle tire d'eux tous ses pouvoirs...» Allein dennoch kann kein Zweifel darüber bestehen, dass nach dem Entwurf ein Welt-Oberstaat über den bisher souveränen Staaten der Völkerrechtsgemeinschaft errichtet werden sollte. Art. VIII *a*) sieht ein Weltparlament und einen Conseil international des Etats vor, welche das pouvoir législatif international ausüben sollen. Das von diesem Gesetzgeber beschlossene Gesetz «est obligatoire pour tous les Etats et leurs ressortissants» (Art. VIII *b*). Ein solches internationales Gesetz regelt auch das Wahlrecht und die Wählbarkeit zum Weltparlament. Die «règles traditionnelles du droit des gens» bilden den Gegenstand einer Kodifikation.

Wenn dennoch Art. VII die Gewalt des Weltstaates von den Einzelstaaten ableitet, so hätte dies, sobald der Weltstaat einmal gegründet wäre, nur die Bedeutung einer historischen Feststellung, nicht die eines juristischen Befehls, welcher die Einzelstaaten dem Weltbund überordnete und letzterem den Charakter eines Staatenbundes aufprägte. Ebenso hat die Bestimmung des Art. VI, dass jeder Staat «souverän» sei, nicht mehr Bedeutung als die schon im ersten Abschnitt erwähnte Norm der schweizerischen Verfassung über die Souveränität der Kantone. In Wahrheit liegt nach dem Entwurf der Charte mondiale die Kompetenzhoheit beim pouvoir législatif der Confédération des Etats, des Weltstaates, und Weltgesetze können die Rechts- und Handlungsfähigkeit und die Freiheitssphäre der Staaten beschränken.

Der Entwurf enthält ferner in den Art. I ff. einen Katalog von Grund- und Freiheitsrechten der Individuen, der Völker, Rassen und Sprachen, der Religionen und Kirchen, der internationalen Organisationen, der sozialen Klassen und der Staaten. Dies alles entspricht der Verfassung eines Weltbundesstaates und nicht der eines Staatenbundes souveräner Staaten. Eines der Grundrechte, die Selbstbestimmung der Völker (Art. 2), wird unten im zweiten Teil dieser Arbeit nochmals zu erwähnen sein.

Aus den sonstigen Bestimmungen der Charte ist insbesondere noch Art. XI hervorzuheben, der eine graduelle Abrüstung vorsieht und die Hälfte aller militärischen Kräfte jedes Staates in den Dienst der Regierung des Weltbundesstaates stellt.

Die Vorschläge der Charte Mondiale gingen demnach, im Vergleich zum Vorkriegsrecht, in Bezug auf die Souveränität und den Einfluss des internationalen auf das innerstaatliche Recht sehr weit. Aber die Zahl ihrer Anhänger war im Vergleich zu den vielen Millionen von Anhängern des Machtstaatsgedankens und des Souveränitätsdogmas äusserst gering. Die deutsche Militärzensur in Belgien liess die Veröffentlichung unverändert mit Hinzufügung einer einzigen tatsächlichen Berichtigung in einer Anmerkung zu, nämlich betreffend den Umstand, dass England schon vor der Verletzung der Neutralität Belgiens zum Kriege entschlossen gewesen sei ([1]), und der weitere Vertrieb des Buches erfolgte durch den Verlag *Martinus Nijhoff* im Haag, also von neutralem Boden aus. Dennoch ist ein unmittelbarer Einfluss des Werkes auf weitere Kreise wohl kaum nachweisbar.

Auf gemässigtere Ziele, aber auf breitere Wirkung waren die Arbeiten der am 7. bis 10. April 1915 im Haag gegründeten *Organisation Centrale pour une Paix Durable* gerichtet, einer internationalen Organisation, welcher Gelehrte und Pazifisten der verschiedensten Länder, auch aus den kriegführenden Staaten, beitraten ([2]). Das von dieser Organisation bei ihrer Gründung beschlossene « Programme-Minimum » ([3]) enthält keine Vorschläge, die sich irgendwie auf die Beendigung des Weltkrieges beziehen ([4]). Als einziger Zweck der Arbeiten der Organisation wurde im Vorwort ihrer grossen Veröffentlichung : « Recueil de Rapports sur les différents points du Programme-Minimum » genannt : « 1. d'étudier les bases de l'organisation de la Société des Nations, en tenant compte des conclusions pratiques et concrètes qui pourront amener les peuples à se mieux comprendre après la guerre ; 2. de saisir les gouvernements et l'opinion publique du résultat de ces études » ([5]). Hier tritt demnach die Gewinnung der öffentlichen Meinung, das Taktische des Vorgehens, das zunächst Erreichbare gegenüber fernen Idealzielen, in den Vordergrund.

Das Programm enthält 9 Punkte, deren Forderungen inhaltlich sehr weit über das bisherige Völkerrecht hinausgehen. So wird im Punkt 1 Volksabstimmung bei Gebietsübertragungen, im Punkt 2 Schutz der Nationalitäten, im Punkt 4 die Vorbereitung der Gründung eines Völkerbundes, im Punkt 7 Beschränkung der Rüstungen verlangt. Die Forderungen der Punkte 1 und 2 werden im II. Teil dieser Arbeit nochmals zu erwähnen sein.

Trotz sachlich weitgehender Forderungen in den einzelnen Punkten ist das Programme-Minimum aus taktischen Erwägungen, im Interesse leichterer Realisierbarkeit, im allgemeinen so verfasst, dass seine Sätze in der Form von Abmachungen souveräner Staaten erscheinen. In einigen Punkten wird ausdrücklich gesagt : « Les Etats garantiront... » « Les Etats conviendront... » (Punkte 2, 3, 5, 7) ; Punkt 1 formuliert zwar die Forderung der Volksabstimmung bei Gebietsabtretungen wie einen Satz eines den Staaten übergeordneten Völkerrechtes, schwächt ihn aber durch den Zusatz « si possible » ab ; Punkt 4 fordert nicht einen Völkerbund, sondern die Fortsetzung des Werks der Friedenskonferenzen ; die übrigen Punkte mit Ausnahme von Punkt 9 Abs. 2 haben offenbar nur kündbare vertragsmässige Verpflichtungen der « souveränen » Staaten und keine formelle

Anm. ([1]) : S. 53.

Anm. ([2]) : Auch ich bin ihr gleich nach ihrer Gründung brieflich von der Front aus beigetreten, da ihr ausschliesslich auf die Nachkriegszeit gerichtetes Programm eine Kollision mit den Pflichten des Soldaten nicht begründete, und habe in der Folge das Referat für die nationale Frage übernommen.

Anm. ([3]) : Organisation Centrale pour une Paix Durable, Recueil de Rapports, I. Bd., La Haye, 1916, S. IV.

Anm. ([4]) : Ebenda, S. V.

Anm. ([5]) : Ebenda, S. V.

Minderung ihrer Kompetenzhoheit zum Gegenstand. Punkt 9 Abs. 2 dagegen ordnet an: « Les traités secrets seront nuls de plein droit ». Dies klingt wie eine Regel eines allgemeinen über den Staaten stehenden zwingenden Völkerrechtes. Aber auch diese Regel ist nach dem Zusammenhang des Ganzen wohl nur als Bestandteil eines kündbaren Vertragswerks « souveräner » Staaten gedacht, wie jetzt Art. 18 der Satzung des Völkerbundes.

Die unmittelbare Wirkung des Programme-Minimum war zunächst nur eine sehr geringe. Die auf ihm beruhenden weiteren Arbeiten der Organisation, Arbeiten, die wir noch kennen lernen werden, haben aber in der späteren Kriegszeit und in der Zeit der Friedensverhandlungen in weiten Kreisen Beachtung gefunden und sind vielleicht nicht ganz ohne Einfluss auf die Minderheitsschutzverträge des geltenden Völkerrechtes und damit auch auf das innerstaatliche Recht der Nachkriegszeit gewesen.

Bald nach der Organisation Centrale pour une Paix Durable, im Juli 1915, trat die *Gesellschaft der Fabier*, eine Vereinigung englischer Sozialpolitiker, mit einem Programm über die Verhütung künftiger Kriege hervor (1). Sie schlägt einen Vertrag von « independent Sovereign States » (Art. 2) vor, welcher zum Zwecke der Verhinderung künftiger Kriege eine internationale Organisation gründet. Es sollen nach Art. 1 drei Organe geschaffen werden: erstens ein Internationaler Gerichtshof, der die Rechtsstreitigkeiten « between independent Sovereign States » zu entscheiden hat; zweitens ein « International Council », bestehend aus Vertretern der Staaten (Art. 5), als gesetzgebende Körperschaft und als Vermittlungsrat für nicht justizfähige Angelegenheiten; endlich ein Internationales Sekretariat. Der « International Council » ist betraut mit der Aufgabe « of securing, by common agreement, such legislation as may be practicable » (Art. 1).

Man sieht hieraus, dass an ein überstaatliches Völkerrecht mit Kompetenzhoheit nicht gedacht ist. Daran ändert sich nichts dadurch, dass der Internationale Rat als « legislative body » bezeichnet wird (Art. 5). Ausdrücklich behält Art. 8 den Staaten die Ratifikation der gesetzgebenden Beschlüsse des Internationalen Rates vor.

Dennoch zeigen sich in dem Entwurf auch Ansätze zu einer überstaatlichen Gesetzgebung, allerdings nur in der Form eventueller Zusatzartikel. Der Zusatzartikel 8a sieht für « matters of secondary importance », Zusatzartikel 8b sogar für solche von « primary importance » Mehrheitsbeschlüsse vor, wenn eine Dreiviertelmehrheit und eventuell die Zustimmung aller acht Grossmächte vorliegt. Matters of primary importance sind solche, welche die Unabhängigkeit, das Gebiet oder die innere Gesetzgebung

Anm. (1): L. S. *Woolf*, An International Authority and the prevention of war, The New Statesman, Special Supplement, Vol. V, Nr. 118, July 10, 1915, and Articles suggested for adoption by an International Conference at the termination of the present War by the International Agreements Committee of the Fabian Research Department, ebenda, Nr. 119, July 17, 1915; später in Buchform: International Government, Two Reports by *L. S. Woolf*, London, Juli 1916.

einzelner Staaten gefährden. Aber nur die Beschlüsse in minder wichtigen Angelegenheiten (Art. 8a) begründen allgemeine Rechtsregeln, die den Internationalen Gerichtshof binden. Mehrheitsbeschlüsse in Sachen of primary importance können nur dem Internationalen Gerichtshof die Frage vorlegen, ob ein Staat eine Rechtsverletzung begangen hat. Wenn der Gerichtshof diese Frage bejaht, so sind äusserstens nicht kriegerische Zwangsmassregeln des Bundes gegen den rechtsverletzenden Staat zulässig. Ob eine Sache von primary importance ist, darüber soll allein der Internationale Gerichtshof entscheiden.

Hier sehen wir den Versuch eines Mitteldings. Der Vertrag ohne die Zusatzartikel 8a und 8b steht noch auf dem Standpunkt des Völkerrechtes der Vorkriegszeit, dem Standpunkt der Ueberordnung der Staatsidee. Die Kompetenzhoheit ruht bei den « independent Sovereign States ». Die beiden Zusatzartikel sehen dagegen überstaatliche Rechtssätze vor.

An einer anderen Stelle wird, gleichfalls nur in eventum, die Erlassung überstaatlicher völkerrechtlicher Befehle, und zwar durch den Internationalen Gerichtshof, vorgesehen : nach Art. 13 kann das Bundesgericht eine Angelegenheit auch dann behandeln, wenn sie gegen einen Staat vorgebracht wird, der nicht am Vertrag teilgenommen hat, ja selbst einen Streit zwischen zwei ausserhalb des Vertrags stehenden Staaten, und zwar ohne dass — im Eventualvorschlag — die Zustimmung der Parteien gefordert wird. Weitere hierher gehörende Eventualbestimmungen enthält der Zusatzartikel 16 b über die Ausfüllung von Lücken im Völkerrecht.

Endlich regelt der Vertrag eine nichtkriegerische Zwangsvollstreckung von Staaten gegen Staaten auf Grund Beschlusses des Internationalen Gerichtshofs (Art. 17).

Die Rechts- und Handlungsfähigkeit der Staaten wird von dem Entwurf zwar nicht unmittelbar betroffen, aber die auf ihr beruhende Gleichheit der Staaten wird aufgegeben. Nach Art. 5 sollen die acht Grossmächte je 5, die anderen Staaten je 2 Vertreter in den Rat entsenden. Bei den qualifizierten Mehrheitsbeschlüssen der Art. 8a und 8b sowie an einigen anderen Stellen wird die Beschlussfassung eventuell von der Zustimmung aller Grossmächte abhängig gemacht. Es soll also künftig Staaten erster und zweiter Klasse geben.

Der Vertragsentwurf schränkt endlich die Freiheitssphäre der Staaten erheblich ein. Insbesondere verzichtet nach Art. 3 jeder Staat auf jeden Angriff gegen einen oder mehrere andere unabhängige Staaten für immer. Art. 4 verbietet Ultimaten, Kriegsdrohungen, Kriegserklärungen, allgemeine Mobilisationen, kriegerische Handlungen und nochmals den Angriff auf das Gebiet oder auf Schiffe eines anderen Staates, allerdings nur eines Vertragsstaates. Doch ist hier eine Ausnahme für die Abwehr eines gewalttätigen Angriffs vorgesehen.

Im ganzen geht der Entwurf, wie man sieht, ziemlich weit in der Herabdrückung des bisherigen Staatsgedankens, verlässt aber den Boden des Rechtes der Vorkriegszeit nur zögernd, gewissermassen auf halbem Wege stehen bleibend, und auch dies überwiegend in Eventualvorschlägen.

Aber gerade diese Beschränkungen, die der Entwurf sich auferlegte, wurden ihm gelegentlich als Vorzug angerechnet, weil es darauf ankomme, « den Gedanken der internationalen Schiedsgerichtsbarkeit so wenig utopisch wie möglich zu fassen » (1). In der Tat ist in dem Entwurf der Fabier auf die Realisierbarkeit wohl noch in etwas höherem Grade Rücksicht genommen als im Programme-Minimum der Organisation Centrale pour une Paix Durable. Die Wirkung des Entwurfs der Fabier ist daher eine grössere gewesen. Insbesondere ist er von Einfluss auf die gegenwärtige Satzung des Völkerbundes geworden. Immerhin war der Abstand zwischen dem Friedensprogramm der Fabier und den bisherigen Anschauungen noch zu gross, als dass unmittelbar eine grössere Wirkung hätte eintreten können.

An nächster Stelle ist die am 17. Juni 1915 in Philadelphia gegründete *League to enforce Peace* zu erwähnen (2). Sie wollte an Stelle eines Ausbaus des Haager Werkes einen neuen Staatenverband schaffen. Dessen Mitgliedstaaten sollten sich verpflichten, alle gerichtsfähigen Streitigkeiten einem Gerichtshof (Punkt 1), alle anderen einem Verständigungsrat (Punkt 2) zu unterbreiten und gegen jeden Mitgliedsstaat wirtschaftlich und militärisch vorzugehen, der ohne solches Verfahren zum Kriege schreitet oder feindselige Handlungen unternimmt (Punkt 3). Ferner sollten Konferenzen zur Formulierung und Kodifizierung von Völkerrechtsregeln stattfinden und der im Art. 1 erwähnte Gerichtshof sollte an diese Regeln gebunden sein (Punkt 4).

In diesen Vorschlägen wird die Souveränität der Staaten im Sinne von Kompetenzhoheit formell nicht angetastet, alles ist vielmehr ein Vertragswerk und offenbar den bisherigen Regeln über die Kündigung unterworfen. Jedoch war der entscheidende Gedanke anscheinend der, dass nach und nach alle zivilisierten Staaten beitreten, aber nicht mehr austreten würden. Dann wäre der Verband eine allgemeine und dauernde Einrichtung der Völkerrechtsgemeinschaft geworden und der Austritt eines Staates schliesslich praktisch kaum noch möglich gewesen. Damit aber würde sich das Verbandsrecht gewohnheitsrechtlich zu einem überstaatlichen, das heisst von der Zustimmung des einzelnen Staates unabhängigen Völkerrecht wandeln und die Theorie von der Souveränität des Staates würde inhaltslos. Damit steht es im Zusammenhang, wenn die Anhänger der League to enforce Peace

Anm. (1) : Vgl. das Vorwort der Redaktion zu *L. S. Woolf*, Gutachten über die Verhütung von Kriegen durch internationale Autorität, Internationale Rundschau, III. Bd., 1917, Heft 12.

Anm. (2) : Vgl. Holländische Nachrichten, 1916, Nr. 18, S. 77 ; Vgl. dazu das etwas ausführlichere « *Victory Program* » vom. 23. Nov. 1918, International Conciliation, Documents of the American Association for International Conciliation, 1919, Vol. I (1920), S. 48 ff.

die Einstimmigkeit oder Quasi-Einstimmigkeit der Haager Konferenzen kritisierten. Gerade das Erfordernis der Einstimmigkeit ist aber die Folge der « Souveränität » jedes einzelnen Konferenzteilnehmers.

Die Arbeiten der League to enforce Peace sind namentlich in den Vereinigten Staaten, aber nach und nach auch in anderen Ländern, von grossem Einfluss gewesen und dürfen, besonders in der zweiten Hälfte des Krieges, als ein nicht ganz unerheblicher Faktor der öffentlichen Meinung gewertet werden.

Weiter ist die Nationalitätenkonferenz hervorzuheben, welche am 26. und 27. Juni 1915 in Paris unter Vorsitz *Paul Painlevé*'s tagte (1) und auf welcher verschiedene Nationalitäten Europas, allerdings durch Privatpersonen ohne Auftrag, vertreten waren. Sie setzte eine permanente Kommission von Delegierten der vertretenen Nationalitäten ein, mit der Aufgabe, eine Denkschrift über die auf der Konferenz vorgebrachten Wünsche der Nationalitäten zu verfassen. Das von dieser Kommission ausgearbeitete umfassende Programm zur Regelung der nationalen Frage (2) führt den Titel « Déclaration des Droits des Nationalités » und will eine Art Parallele zu der Erklärung der Menschen- und Bürgerrechte von 1789 darstellen.

Der Inhalt dieser Rechte der Nationalitäten ist nicht hier, sondern im zweiten Teil dieser Arbeit zu erörtern. In Bezug auf die Grundlagen steht diese Deklaration von 1915 auf der Rechtsanschauung von 1789. Den Nationalitäten wird im Art. II ein « droit primordial » zu leben, sich zu entwickeln und über sich selbst zu bestimmen, zugeschrieben ; dieses Recht beruhe auf den gleichen Prinzipien wie « les droits fondamentaux de l'homme lui-même ». In den folgenden Artikeln werden dann neben Rechten der Individuen (droits des individus) Rechte der Nationalitäten (droits des nationalités) entworfen. Die Konzeption ist eine gänzlich naturrechtliche, wie sie dem Geist von 1789 entsprochen haben würde. Ja, es ist sogar von « natürlichen » Organen der Nationalitäten, « autorités naturelles de la nationalité », die Rede (3), und diese Organe sollen die Rechte der Nationalitäten vor dem Haager Schiedshof und anderen internationalen Organen geltend machen (4). Die Basis der ganzen vorgeschlagenen Regelung ist demnach weder Völkerrecht noch Staatsrecht im Sinne der neueren positivistischen Rechtswissenschaft, sondern rationales Naturrecht im alten Sinne. Immerhin ist aber doch hier der Standpunkt der Souveränität des Staates verlassen und eine höhere Rechtsordnung behauptet, der er unterworfen sei.

Ein Abrücken vom Souveränitätsgedanken bedeutet auch das Programm, welches die « *Zentralstelle für Völkerrecht* » in Berlin in ihrer Hauptversamm-

Anm. (1) : Vgl. darüber *Gabrys* im Recueil de Rapports der Organisation Centrale pour une Paix Durable, I. Bd., 1916, S. 67 ff.; *Strupp*, Wörterbuch des Völkerrechts und der Diplomatie, II. Bd., 1925, S. 86.

Anm. (2) : Abgedruckt bei *Gabrys*, a. a. O., S. 71 ff.

Anm. (3) : Abschnitt II, Droits des Nationalités, Abs. 2, *Gabrys*, a. a. O., S. 75.

Anm. (4) : Ebenda.

lung am 2. und 3. Dezember 1916 beschlossen hat (1). Sie will «dem Rechte und allen Gemeinschaftskräften auch im Völkerleben grössere Wirksamkeit verschaffen» und proklamiert den Satz: «Die Macht des Staates ist kein Selbstzweck und findet ihre Grenze in den Lebensgesetzen der die Völker verbindenden Gemeinschaft».

Einen nachweisbaren Einfluss auf grössere Massen konnten auch diese Beschlüsse nicht gewinnen.

Weiter ist die am 3. Januar 1917 in Paris gegründete *Ligue pour la Fédération des Peuples par une Constitution Internationale* zu nennen (2). Sie nahm die Ausarbeitung eines *Projet de Charte Mondiale* in Angriff, zu dem Zweck «que le droit de chaque peuple soit à l'avenir basé, non plus sur la Force mais sur la Raison, que le rôle de la Force soit réduit à la protection du Droit, et que la charge de cette protection soit confiée exclusivement à une force de police collective et internationale». Zur Erreichung dieses Zieles wird eine Fédération des Peuples oder Société des Nations gefordert, deren Organe unter anderen bestellt sein sollen «pour formuler le droit des Nations». In diesen Sätzen scheint schon ziemlich klar ein überstaatliches Völkerrecht behauptet oder doch gefordert zu werden.

Auch ein Einfluss dieser Organisation auf grössere Massen ist nicht erweisbar.

Von grösserer Bedeutung sind die weiteren Arbeiten der schon früher erwähnten *Organisation Centrale pour une Paix Durable* im Haag geworden. Diese Organisation hatte seit der Veröffentlichung ihres Programme-Minimum eine Reihe von Kommissionsarbeiten eingeleitet und einen schriftlichen Gedankenaustausch von Fachleuten verschiedener Länder hervorgerufen. Dabei zeigte sich im grossen und ganzen ein gewisses Bestreben, die Projekte möglichst realisierbar gestalten, also möglichst schonend gegenüber der bisherigen Staatsidee vorzugehen.

Im Juli 1917 hielt die Organisation ihre erste internationale Konferenz in Oslo (damals Christiania) ab. Hier trat die Tendenz, die Vorschläge der Kommissionen den «souveränen» Staaten annehmbar zu machen, ganz besonders hervor. Man forderte insbesondere nicht «Rechte» der Nationalitäten gegen die Staaten, sondern «Pflichten» der Staaten gegen die Nationalitäten (3).

Derselbe Gesichtspunkt der Rücksichtnahme auf die Souveränität der Staaten ist dann auch bei den späteren Arbeiten der *Organisation Centrale pour une Paix Durable* (4) im grossen und ganzen überwiegend eingehalten

Anm. (1): Holländische Nachrichten v. 5. März 1917, S. 68, 69.

Anm. (2): Holländische Nachrichten v. 5. März 1917, S. 66, 67.

Anm. (3): Vgl. meinen Bericht: «Das Nationalitätenrecht als internationales Problem», in der Oesterr. Zeitschrift für öffentliches Recht, III. Bd., 1917, S. 397 ff., auch als Separatabdruck, Wien, 1917.

Anm. (4): Vgl. insb. die Publikation «Berner Zusammenkunft zur Besprechung der künftigen Völkerbeziehungen, 19. bis 22. XI. 1917», den Haag, 1917; *Chr. Lange*, Exposé des travaux de l'organisation, den Haag, 1917; Recueil des Rapports, I. Bd., 1916, bis IV. Bd., 1918.

worden. Allerdings kam es bereits auf der nächsten Konferenz zu Bern vom 19. bis 22. November 1917 zu Kundgebungen, welche den entgegengesetzten Standpunkt, die Ueberordnung des Völkerrechtes, mehr oder weniger deutlich zum Ausdruck bringen.

Drei der auf der Konferenz erstatteten Referate, nämlich jene *Schükking's* und *Quidde's* und meines, wurden als die Meinung der Versammlung erklärt (1). Allerdings war es eine Versammlung, an der nur Neutrale und Angehörige der Zentralmächte teilnahmen. Die alliierten Mächte hatten ihren Angehörigen die Erlaubnis zur Reise versagt.

Als erster Redner habe ich als Referent für die nationale Frage das Wort erhalten. Ich habe zwar an dem Standpunkt der ersten Konferenz festgehalten, dass man aus taktischen Gründen « zunächst » nicht « Rechte » der nationalen Minderheiten, sondern nur « Pflichten » der Staaten fordere, um die Realisierbarkeit der Vorschläge zu erhöhen (2), aber ich bezeichnete den übernationalen Staat, wie er in der Schweiz und im alten Oesterreich geschaffen worden sei, als Vorläufer für den « von uns erhofften zukünftigen übernationalen Weltstaat » (3).

Der zweite Redner, *Schücking*, welcher über den Ausbau des Haager Werkes zu berichten hatte, forderte die Umgestaltung der Haager Friedenskonferenzen zu einem « periodischen Institut des Weltstaatenbundes (4), zu einem « Organ für die internationale Gesetzgebung » (5), eine Instanz, welche « absolut obligatorisch angegangen werden muss », nicht nur für alle gerichtsfähigen, sondern auch für alle politischen Streitigkeiten (6) und fügte hinzu : « Mag unter dem neuen System der Staatenbeziehung auch die Souveränität der Staaten eine Einbusse erleiden, die Staaten sind nicht wegen der Souveränität, sondern die Souveränität ist wegen der Staaten da und der Souveränitätsgedanke in der heutigen Form ist nur aus einer ganz bestimmten politischen Konstellation erwachsen, nämlich aus dem Bedürfnis, das Bestreben von Kaiser und Papst im Mittelalter nach einer politischen Weltherrschaft abzuwehren, von dem heute nicht mehr die Rede ist. » (7).

In den literarischen Arbeiten der Organisation dagegen überwiegt die Rücksicht auf den Souveränitätsgedanken. Selbst ein so entschiedener Pazifist wie *A. H. Fried*, der für einen « Welt-Zweckverband » oder einen « Zweckverband Europa » eintrat (8), hält eine Beseitigung der Selbständigkeit der Staaten für unrealisierbar und fordert nur « ein Staatensystem, das unabhängige Staaten freiwillig vereinigt zur gemeinsamen Vertretung

Anm. (1) : Berner Zusammenkunft, den Haag 1917, S. 9, Anmerkung.
Anm. (2) : Ebenda, S. 15.
Anm. (3) : Ebenda, S. 14, 15.
Anm. (4) : Ebenda, S. 22.
Anm. (5) : Ebenda, S. 23.
Anm. (6) : Ebenda.
Anm. (7) : Ebenda, S. 27.
Anm. (8) : Recueil de Rapports, I, S. 170 ff. ; vgl. ferner *A. H. Fried*, Pan-Amerika, Berlin, 2. Aufl., Zürich, 1918, Vorwort zur 1. und zur 2. Auflage, und mehrere andere Arbeiten desselben Verfassers.

ihrer gemeinsamen (und endlich als gemeinsam erkannten) Interessen » [1].

Der Norweger *Lange* erklärt, *Woolf's* Projekt der Schaffung eines Conseil permanent an Stelle der Friedenskonferenzen, ein Projekt, das wir oben als jenes der Gesellschaft der *Fabier* bereits kennen gelernt haben [2], scheine ihm zu weit zu gehen. *Lange* fordert, dass die Entwürfe der Organisation « se basent autant que possible sur les institutions existantes et les progrès acquis, sans exiger des innovations trop hardies », da man sonst riskieren würde, dass die Vorschläge als utopisch abgelehnt würden [3].

Unter ähnlichen Gesichtspunkten tritt *Schücking* für den Ausbau des Haager Werkes an Stelle einer Neuschöpfung ein [4].

Der Engländer *Raymond Unwin* will sein Projekt einer League of States auf « a treaty mutually accepted » gründen und fordert « that the members of the Union must bind themselves... » [5].

Aneurin Williams, gleichfalls Engländer, lehnt die Forderung eines Oberstaates ausdrücklich ab mit der Begründung: « It is clear, that this creation of a Super-State would mean the abandonment of their sovereignty by the existing States, and to my mind it is quite certain that the existing States will not, in their present stage of development, abandon their sovereignty » [6]. Er will sich damit begnügen, dass « a number of nations will agree together on something like the following basis », worauf Vorschläge für internationale Verträge folgen [7].

Der Holländer *van Houten* sagt, dass der von ihm vorgeschlagene « Council of States for international affairs » [8] nur « an organ of moral force » wäre und tröstet sich damit, dass die moralischen Kräfte am Ende die stärksten seien [9].

Die Vorschläge des Schweizers *André de Maday* unterscheiden ein programme maximum und ein programme minimum. Das erstere bedeutet nur ein Endziel, das letztere umfasst « les réformes compatibles avec l'état actuel des choses, réformes qu'on peut réaliser en perfectionnant les institutions existantes et sans entreprendre une transformation radicale du rapport entre les Nations » [10].

Die bisher angeführten Beispiele liessen sich aus anderen Arbeiten jener Zeit leicht vermehren. Wir sehen aus derartigen Stimmen, wie fest die Idee des souveränen Staates und der Ueberordnung des Staatsrechts über das Völkerrecht in der bisher herrschenden öffentlichen Meinung verwurzelt waren, sodass selbst überzeugte und führende Pazifisten sich trotz weitgehender Reformpläne nicht über sie hinwegsetzen zu können glaubten.

Anm. (1): Ebenda, S. 169.
Anm. (2): The New Statesman, London, July 10 and 17, 1915; oben, S. 43 ff.
Anm. (3): Recueil de Rapports, I. Bd., S. 182.
Anm. (4): Recueil de Rapports, I. Bd., S. 199 ff.
Anm. (5): Recueil de Rapports, I. Bd., S. 213.
Anm. (6): Recueil de Rapports, I. Bd., S. 231.
Anm. (7): Ebenda.
Anm. (8): Recueil de Rapports, III. Bd., S. 54 ff.
Anm. (9): Ebenda, S. 58.
Anm. (10): Recueil de Rapports, IV. Bd., S. 148.

Es dürfte die dieser Arbeit gestellte Aufgabe überschreiten, hier noch weitere Stimmen und Vorschläge sammeln zu wollen. Es wiederholen sich im wesentlichen immer wieder die gleichen Grundgedanken mit weniger wesentlichen Variationen. Das bisher Vorgebrachte mag daher genügen, um die verschiedenen Typen von neuen Anschauungen über das Verhältnis der Staatsidee zum Völkerrecht zu kennzeichnen.

Charakteristisch für den Wandel der Zeit und damit entscheidend für unsere Frage sind nicht so sehr die Einzelheiten des Inhalts der neuen Meinungen, als vielmehr die beiden folgenden Tatsachen : erstens, die Stimmen, die sich für die Beschränkung oder gar Aufhebung der Souveränität der Staaten aussprechen, werden immer zahlreicher ; zweitens, diese Stimmen finden immer mehr Beachtung in immer weiteren Kreisen.

Es würde eine schwierige und sehr umfangreiche Spezialarbeit erfordern, diese beiden Behauptungen ins Einzelne mit Tatsachen belegen zu wollen. Das umfangreichste Material würden wohl die Berichte und Aeusserungen der zeitgenössischen Tagespresse darstellen. Dazu träten die Beschlüsse politischer Parteien und die Reden von Parlamentariern, Resolutionen verschiedener Vereine, Broschürenliteratur u. dgl. Schon der blosse Versuch, dies auch nur für die wichtigsten Länder durchzuführen, müsste den Rahmen dieser Arbeit vollkommen sprengen.

Allein schon während des Krieges ist eine wertvolle Vorarbeit geleistet worden, die uns für die Zeit vom 20. Februar 1917 an, also gerade für die entscheidende Zeitspanne, einen für die Zwecke dieser Arbeit ausreichenden Ueberblick über den allmählichen Wandel der Auffassungen gestattet. Der am 8. Oktober 1914 gegründete *Nederlandsche Anti-Oorlog-Raad* gab im Haag die Zeitschrift « Nouvelles de Hollande-Holländische Nachrichten-Holland News », redigiert von dem Holländer *Dr. B. de Jong van Beek en Donk* heraus (1). Diese Zeitschrift veröffentlichte in periodisch erscheinenden Heften neben den offiziellen staatlichen Kundgebungen der beiden kriegführenden Parteien und der Neutralen Aeusserungen privater Gesellschaften und Aeusserungen der Presse aus allen Ländern nebst einer Bücher- und Zeitschriftenschau mit kurzer Inhaltsangabe. Es darf daher wohl hier ganz allgemein auf das in dieser Sammlung enthaltene reichhaltige Material verwiesen werden.

C) Die Wirksamkeit des Präsidenten Wilson.

Die Ereignisse in den letzten Phasen des Krieges sind in immer steigendem Masse durch Präsident *Wilson* beeinflusst worden. Da der Präsident der Vereinigten Staaten nach deren Verfassung im Vergleich mit den Ver-

Anm. (1) : A. W. Sijthoffs Uitgevers-Maatschappij, Leiden, 1917 ff.

fassungen der meisten europäischen Staaten die Zuständigkeit des Staatsoberhauptes und des Ministerpräsidenten in einer Person vereinigt, ist seine Stellung eine ausserordentlich starke. Dazu kommt, dass die Vereinigten Staaten im Laufe des Krieges der mächtigste Staat der Welt wurden. Präsident *Wilson* war demnach in politischen Dingen der mächtigste Mann des mächtigsten Staates. Sein Wort wog daher schwerer als jedes andere und seinen Vorschlägen musste eine Bedeutung für das politische Geschehen zukommen wie denen keines anderen Menschen. Seine Stimme ist aber auch ein Zeichen des Wandels der Zeit. Denn als der verantwortliche Staatsmann eines demokratischen Gemeinwesens konnte er für wesentlich Neues nur eintreten, wenn er damit rechnen konnte, die Mehrheit seines Volkes im Endergebnis für sich zu haben oder mit sich fortzureissen.

Bereits im Jahre 1916 hatte Präsident *Wilson* begonnen, ein Friedensprogramm zu entwickeln, das über die Beendigung des konkreten Krieges hinaus eine dauernde Reform des Völkerrechtes im Sinne einer Befriedung der Welt anstrebt.

So hat er insbesondere in einer Rede in Cincinnati am 27. Oktober 1916 ([1]) nicht nur eine Gesellschaft der Nationen gefordert, damit künftig niemand mehr den Frieden stören könne, sondern er hat sich auf « Grundrechte der Menschheit » gestützt und verlangt, der Weltfriede dürfe künftig nur gestört werden, wenn es sich um die Grundrechte der Menschheit handelt. Amerika sei dazu bereit, seine ganze geistige und physische Kraft für die Sicherung dieser Rechte auf dem ganzen Erdenrund in die Wagschale zu werfen.

Diese Grundrechte werden hier als etwas schon Vorhandenes vorausgesetzt, für das Amerika seine Kraft einsetzen solle. Sie bedürfen demnach im Sinne *Wilsons* nicht erst einer vertragsmässigen Statuierung, sondern sind bereits Recht, mithin entweder Naturrecht oder überstaatliches Völkerrecht.

Wilson hat dann bald nach seinem Wahlsieg im November 1916 sein Friedensprogramm in seiner Botschaft an den Senat vom 22. Januar 1917 ([2]) entwickelt. Hier führte er unter anderem aus : « Mere agreements may not make peace secure. It will be absolutely necessary that a force be created as a guarantor of the permanency of the settlement so much greater than the force of any nation now engaged or any alliance hitherto formed or projected, that no nation, no probable combination of nations, could face or withstand it. If the peace presently to be made is to endure, it must be a peace made secure by the organized major force of mankind » ([3]). Hier ist allerdings nicht davon die Rede, dass eine höhere internationale Rechtsord-

Anm. ([1]) Holländische Nachrichten, Neue Serie Nr. 19, Januar 1917, S. 38.

Anm. ([2]) : Congressional Record. 64. Congress. 2d Session. Vol. 54. Nr. 35, S. 1935, 1947/48.

Anm. ([3]) : a. a. O., S. 1947.

nung die Staaten auch gegen ihren Willen *verpflichten*, sondern dass eine stärkere internationale Gewalt die Staaten auch gegen ihren Willen *zwingen* möge, es ist also nicht vom Sollen, sondern vom Müssen die Rede, nicht vom Recht, sondern von der Gewalt. Aber die hier geforderte internationale Gewalt hätte doch nur einen Zweck, wenn kein Staat sich ihr durch Kündigung der zugrundeliegenden Verträge entziehen könnte, wenn also der internationale überstaatliche Zwang ni ht Verträge souveräner Staaten, sondern ein internationales überstaatliches Recht durchzusetzen hätte. Für diese Auffassung spricht vielleicht auch, dass am Schlusse der zitierten Stelle nicht von der organisierten Gewalt der Staaten oder der Völkerrechtsgemeinschaft oder eines Staatenbundes, sondern der Menschheit die Rede ist, obwohl doch diese nicht Rechtssubjekt und Träger irgend einer Gewalt im bisherigen Völkerrecht ist. Präsident *Wilson* darf daher wohl den Ruhm für sich in Anspruch nehmen, der erste verantwortliche Staatsmann gewesen zu sein, der, wenn auch nur implicite und nicht ausdrücklich, für einen Verzicht auf die Souveränität des Staates zugunsten eines überstaatlichen Völkerrechtes eingetreten ist.

Ein gleicher Geist scheint auch das Friedensprogramm zu beherrschen, mit welchem Präsident *Wilson* in den 27 Punkten seiner berühmten vier Reden aus dem Jahre 1918 hervorgetreten ist. Allerdings ist hier eine Reihe konkreter Abmachungen vorgeschlagen, und die Vorschläge, solche Abmachungen zu treffen, richten sich an souveräne Staaten. Aber schon der Inhalt der Vorschläge geht doch wesentlich über alles hinaus, was ein leitender Staatsmann in der Vorkriegszeit hätte wagen dürfen, souveränen Staaten vorzuschlagen. Wir werden auf einzelne dieser Punkte, so insbesondere jene über die nationale Frage, noch zurückkommen. Allein nicht nur der Inhalt der Forderungen zeigt den neuen Geist, sondern auch die Grundlage, auf der sie erhoben werden und die Art ihrer Formulierung.

Die « Souveränität » wird, allerdings nur in einem speziellen Sinn von Gebietshoheit und in spezieller Anwendung auf Kolonialfragen, bereits in Punkt V der Kongressrede vom 8. Januar 1918 in Frage gestellt, indem gefordert wird, dass in gewissen « questions of sovereignty » die Interessen der betroffenen Bevölkerung gegen die Ansprüche der Regierung abzuwägen sind. Punkt VIII derselben Rede bezeichnet die Erwerbung von Elsass-Lothringen durch Deutschland 1871 als « wrong », obwohl sie doch durch einen völkerrechtlichen Vertrag zweier souveräner Staaten zustandekam, setzt also ein überstaatliches völkerrechtliches Verbot gewaltsamer Annexionen voraus, welches schon 1871 gegolten habe. Punkt II der Kongressrede vom 11. Februar 1918, welcher sich gegen das Herumschieben von Völkern und Provinzen « from sovereignty to sovereignty » wendet, und Punkt II der Rede vom 4. Juli 1918, nach welchem die Regelung jeder « question of sovereignty » von der freien Annahme durch die unmittelbar betroffene

Bevölkerung abhängen soll, stellen die Wünsche der Bevölkerung ganz offenbar höher als die « Souveränität », das heisst hier die Gebietshoheit, des Staates. Auch hier wird eine neue überstaatliche Regel aufgestellt.

Ferner wird mehrfach die Gerechtigkeit als Rechtsquelle genannt, so in Punkt 1 der Rede vom 11. Februar, Punkt 4 der Rede vom 4. Juli und Punkt 1 der Rede vom 27. September 1918. Alles wird in einem Zusammenhang vorgebracht, welcher mehr auf eine überstaatliche Rechtsordnung als auf Verträge souveräner Staaten hindeutet.

Am stärksten fällt aber wohl der vierte Punkt der Mount-Vernon-Rede vom 4. Juli 1918 in die Wagschale, besonders dessen Schluss, welcher erklärt : « These great objects can be put into a single sentence. What we seek is the reign of law, based upon the consent of the governed and sustained by the organized opinion of mankind » (1). Hier tritt die Idee einer überstaatlichen Rechtsordnung deutlich zutage.

Man darf daher behaupten : *der Friedensvorschlag des Präsidenten Wilson hatte die Schaffung eines überstaatlichen Völkerrechtes, mithin den Verzicht auf die « Souveränität » des Staates im Sinne der Kompetenzhoheit des staatlichen obersten Gesetzgebers zum Gegenstand.*

Nur auf dieser Voraussetzung einer überstaatlichen Völkerrechtsordnung sind übrigens gewisse Gedanken in *Wilson's* erstem Entwurf einer Satzung des Völkerbundes (2) sowie in dem dieser Arbeit zugrundeliegenden (3) Entwurf des Obersten *House* (4) zu verstehen, so insbesondere Artikel 20 des Entwurfs *House* und Artikel III des Entwurfs *Wilson* über das Selbstbestimmungsrecht der Völker, ein Gegenstand, welcher im zweiten Teil dieser Arbeit zu erörtern ist.

Dass mit dem Programm der 27 Punkte *Wilson's* ein überstaatliches Völkerrecht geschaffen werden sollte, ist insbesondere auch die Auffassung der deutschen Regierung gewesen, die dann das *Wilson*'sche Programm angenommen hat. So hat dann später, und zwar am 22. Januar 1919, der Leiter der Rechtsabteilung des Auswärtigen Amtes in Berlin, Direktor *Simons*, einem Vertreter des holländischen Nieuwsbureaus (5) erklärt : indem die deutsche Regierung die *Wilson*'schen Grundsätze als massgebend für den Friedensschluss vereinbart habe, sei sie über den blossen Schiedsgerichtsgedanken hinausgegangen und habe sich einem internationalen Zwang unterworfen, und er fügte wörtlich hinzu : « Die Unterwerfung unter den internationalen Zwang verlangt den ehrlichen Verzicht auf ein Stück der staatlichen Souveränität » (6).

Anm. (1) : Vgl. auch *H. W. V. Temperley*, A history of the Peace Conference of Paris, Band I, London, 1920, S. 132.

Anm. (2) : *Ray Stannard Baker*, Woodrow Wilson and World Settlement, Bd. III, London, 1923, Document 10, S. 88 ff.

Anm. (3) : Ebenda, Bd. I, S. 218.

Anm. (4) : Ebenda, Bd. III, Document 9, S. 81 ff.

Anm. (5) : Der Völkerbund—La Société des Nations—The Lague of Nations, Bern, 1919, Anfangsnummer, S. 22 ff. (nach Deutsche Allgemeine Zeitung vom 23. Januar 1919).

Anm. (6) : a. a. O. S. 23, 24.

Der Eindruck des Programms des Präsidenten *Wilson* auf die internationale öffentliche Meinung war ein ungeheurer. Die Tagespresse der verschiedensten Länder und der verschiedensten Parteirichtungen beschäftigte sich andauernd mit diesem Programm. In den politischen Debatten nahm es einen grossen Raum ein. Weite Kreise gelangten zu der Ueberzeugung, dass die alliierten und assoziierten Mächte im Falle ihres Sieges dieses Programm verwirklichen würden und sahen in Präsident *Wilson* den Erretter der Menschheit aus all dem Unglück, das die mangelnde Autorität des Völkerrechtes und die Idee des souveränen Machtstaates bisher über die Welt gebracht habe.

Welch ungeheuren Weg die Menschheit in vier Jahren zurückgelegt hat, kann man nur ermessen, wenn man sich die 27 Punkte *Wilsons* in die erste Hälfte des Jahres 1914 versetzt denkt. Es ist wohl überflüssig, dies näher auszuführen.

Das Programm Wilsons hat nicht nur die öffentliche Meinung der Welt aufgerüttelt, es hat dann auf dem Wege über den Waffenstillstandsvertrag auch das positive Völkerrecht und damit die Ideen des Staates und des Volkes wesentlich beeinflusst. Davon ist unten zu sprechen.

D) Der Einfluss der russischen Revolution.

Die Revolution, welche am 14. (1.) März 1917 in Russland ausbrach, hat zunächst die bisherigen Ideen des Staates und des Völkerrechtes noch nicht unmittelbar tangiert. Doch trat die neue provisorische Regierung von Anfang an, besonders schon in ihrer Erklärung vom 10. April (28. März) 1917 (1) für das Selbstbestimmungsrecht der Völker ein. Die Idee des Selbstbestimmungsrechtes aber ist mit den bisherigen Ideen des Staates und des Völkerrechtes grundsätzlich unvereinbar, wenn dies auch zunächst noch nicht klar hervortrat. Wir werden im zweiten Teile dieser Arbeit auf das Selbstbestimmungsrecht der Völker im allgemeinen und auf seine Behandlung in der russischen Revolution in besonderen zurückzukommen haben.

Am 11. April (29. März) 1917 wurde ein allrussischer Kongress der Arbeiter- und Soldatenvertreter eröffnet, welcher sich mit der Gestaltung des Friedens befasste (2). Die Entschliessung dieses Kongresses vom 15. (2.) April forderte einen gemeinsamen Frieden ohne Annexionen und ohne Kriegsentschädigungen, aufgebaut auf der freien Entwicklung der Völker. Nun bedeutet ein Verzicht auf Annexionen und Kriegsentschädigungen noch keinen Bruch mit den bisherigen Ideen des Staates und des Völkerrechtes, wenn dieser

Anm (1) : *Frank Alfred Golder*, Documents of Russian History 1914-1917, New York, London, 1927, S. 329 ff. (nach « Rěč » Nr. 73 vom 10. April 1917) ; unten, S. 198.

Anm. (2) : *Golder*, a. a. O., S. 331 ff. (nach « Izvestija » Nr. 38 v. 25 April 1917); unten, S. 199.

Verzicht aus freiem Belieben und nicht kraft Rechtspflicht erfolgt, wenn also beide Parteien einen «Verständigungsfrieden» einem «Siegfrieden» vorziehen oder wenn der Sieger freiwillig die Früchte seiner Anstrengungen preisgibt. Aber beide Parteien erklärten immer wieder, bis zum siegreichen Ende kämpfen zu wollen, und niemand konnte erwarten, eine siegreiche souveräne Grossmacht würde freiwillig jenes Opfer auf sich nehmen, es sei denn, dass sie sich damit einer neuen höheren und stärkeren Idee beuge. Es liegt also doch schon in der Forderung : keine Annexionen, keine Kontributionen, implicite ein wenigstens bedingtes Bekenntnis zu der Idee eines überstaatlichen Rechtssatzes, der Annexionen und Kontributionen als rechtswidrig verwirft.

Die Forderung : keine Annexionen, keine Kontributionen, hat sich nun in der letzten Kriegszeit einen sehr grossen Teil der internationalen öffentlichen Meinung erobert.

Die Resolution des Kongresses der Arbeiter- und Soldatenvertreter Russlands vom 15. April 1917 fand bereits am 19. April die Zustimmung der sozialdemokratischen Parteien Deutschlands, Oesterreichs und Ungarns (1). Daraufhin erging am 19. Mai 1917 ein Aufruf des holländisch-skandinavischen sozialistischen Ausschusses zur Beratung der Friedensfrage durch die sozialistische Internationale in Stockholm, und hier haben tatsächlich vom Mai bis Juli solche Beratungen stattgefunden. Das Endergebnis war ein Manifest der Delegationen aus den neutralen Ländern an die der Internationale angeschlossenen Parteien vom 10. Oktober 1917 (2). Auch dieses Manifest vertritt die Forderungen : keine Annexionen, keine Kontributionen und fordert eine Lösung der internationalen Fragen in Sinne der Freiheit der Nationalitäten. Das nationale Programm dieses Manifestes ist im zweiten Teile dieser Arbeit darzustellen (3). Jedenfalls sehen wir auch hier wie in der Resolution des allrussischen Kongresses vom 15. April 1917 ein Abrücken von der bisherigen Staatsidee.

Die neuerliche Revolution in Russland vom 6. und 7. November 1917 hat an dem Programm : keine Annexionen, keine Kontributionen festgehalten. Bereits am 8. November (26. Oktober) richtete der 2. Allrussische Sowjetkongress an alle kriegführenden Regierungen einen Friedensvorschlag auf dieser Grundlage (4). Die neuen Gewalten in Russland traten hier und in ihren späteren Handlungen, wie wir im zweiten Teile dieser Arbeit sehen werden, insbesondere für das Selbstbestimmungsrecht in einer Weise auf, welche keinen Zweifel darüber mehr bestehen lässt, dass hier für die alte Idee des souveränen Machtstaates kein Raum mehr ist.

Anm. (1) : *Kraus-Rödiger*, Chronik der Friedensverhandlungen, 1920, S. 34.

Anm. (2) : *Kraus-Rödiger*, a. a. O., S. 50, 51 (nach dem « Vorwärts » vom 24. Oktober 1917).

Anm. (3) : Unten, S. 200 201.

Anm. (4) : *Ključnikov* und *Sabanin*, Meždunarodnaja Politika, Feil II, Moskau, 1926, Nr. 72, S. 88 ff. (russisch) ; Der Kampf der Sowjet-Union um den Frieden. Eine Dokumentensammlung, Berlin, 1929, S. 23 ff. ; *Golder*, a. a. O., S. 620 ff. (nach Izvestija Nr. 208 v. 9. November 1917); unten, S. 203.

Die beiden Zentralmächte erklärten die russischen Vorschläge am 29. November als eine geeignete Grundlage für Verhandlungen (1). Allein die Bereitwilligkeit zu Verhandlungen bedeutete weder die Preisgabe der bisherigen Staatsidee noch die Anerkennung eines überstaatlichen Völkerrechtes. Es zeigte sich denn auch bei den Friedensverhandlungen in Brest-Litowsk, dass beide Teile eine ganz verschiedene Sprache führten. Die Zentralmächte hielten ungeachtet ihrer Bereitwilligkeit, auf Annexionen und Entschädigungen zu verzichten, an der alten Staatsidee fest.

Nach dieser Richtung konnte demnach die russische Revolution nicht wirken.

Es hatte sich aber auch die Basis verschoben, von der aus sie dem Souveränitätsdogma hätte gefährlich werden können.

Schon am Vorabend der bolschewistischen Revolution, im August 1917, hatte *Lenin* die in der Sozialdemokratie landläufige Lehre vom « Absterben » des Staates einer überaus scharfen Kritik unterzogen (2), weil sie nur « ein Vertuschen, wenn nicht gar eine Verneinung der Revolution » bedeute (3). Die herrschende « Auslegung » dieser Lehre *Marx*'s und *Engels'* sei « die alleroberflächlichste, eine nur der Bourgeoisie vorteilhafte, eine Entstellung des Marxismus » (4). In Wahrheit seien *Marx* und *Engels* anders zu verstehen. Die « besondere Gewalt der Bourgeoisie », — also die bisherige Staatsgewalt — müsse ersetzt werden « durch 'eine besondere Repressionsgewalt' des Proletariats zur Niederhaltung der Bourgeoisie (Diktatur des Proletariats). Hierin besteht gerade die Aufhebung des Staates als solchen » (5). Eine solche « Auswechslung der einen (bürgerlichen) 'besonderen Repressionsgewalt' durch eine andere (proletarische) 'besondere Repressionsgewalt », könne « unter keinen Umständen auf dem Wege des 'Absterbens' erfolgen », sondern nur durch Revolution (6).

Hiermit ist bereits klar gesagt : der russische Staat hat nicht abzusterben, sondern er ist durch eine proletarische Revolution im Sinne der Diktatur des Proletariats zu erneuern. Ob man diese Diktatur nun « Staat » nennt oder nicht, ist nur eine Frage der Terminologie. Von dem Verhältnis der neuen Staatsidee zum Völkerrecht ist nichts gesagt. Aber dies ist keine Lücke. Denn es kann kein Zweifel darüber bestehen, dass das Völkerrecht, das die « Bourgeois »-Staaten geschaffen haben, eben auch nur eine Einrichtung der Bourgeoisie ist. Der bisherigen « Völkerrechtsgemeinschaft » kann sich die Diktatur des Proletariats unmöglich ein- oder gar unterordnen.

Anm. (1) : *Kraus-Rödiger*, a. a. O., S. 61, 62 (nach Norddeutsche Allgemeine Zeitung Nr. 358 und 360 vom 30. November und 1. Dezember 1917).

Anm. (2) : Staat und Revolution. Die Lehren des Marxismus vom Staat und die Aufgaben des Proletariats in der Revolution. Geschrieben im August-September 1917 ; veröffentlicht 1918 im Verlag Žizň i Znanie ; Deutsche Ausgabe in : « Politische Aktionsbibliothek », Berlin-Wilmersdorf, 1918, insb. S. 15 ff. ; 2. Aufl, 1918, in : Sämtliche Werke (Verlag für Literatur und Politik Wien-Berlin), Bd. XXI, S. 467 ff., insb. 476 ff.

Anm. (3) : a. a. O., S. 16, bezw. 477.

Anm. (4) : a. a. O. S. 16, ähnlich 2. Aufl., a. a. O., S. 478.

Anm. (5) : a. a. O., S. 17, bezw. 478.

Anm. (6) : a. a. O., S. 17, bezw. 478.

Sie muss vielmehr alle Staaten revolutionieren, sich also entgegen dem bisherigen Völkerrecht in die inneren Angelegenheiten dieser Staaten einmengen, die bisherige Gemeinschaft der Bourgeoisien sprengen und eine Weltdiktatur des Proletariats an deren Stelle setzen.

Dies waren auch zunächst die Tendenzen der russischen Aussenpolitik und es dauerte lange, bis sie einen modus vivendi mit den bürgerlichen Staaten und dem Völkerbund fand.

In der dargestellten Gedankenwelt nun ist die Frage nach der « Souveränität » des Staates müssig. Die Kompetenzhoheit kann weder dem bisherigen Staate noch dem bisherigen Völkerrecht zugestanden werden. Träger der Kompetenzhoheit, « souverän », ist nur die Diktatur des Proletariats und zwar für die ganze Erde, denn sie ist nur derzeit tatsächlich auf Russland beschränkt, grundsätzlich aber international.

Wir sehen hier ein neues Ideal eines Weltstaates unter Eliminierung des Völkerrechtes. Die Folge war, dass die russische Revolution auf das Verhältnis des Völkerrechts zur bisherigen Staatsidee keinen Einfluss nehmen konnte. Ja, solange die Revolutionierung der anderen Staaten nicht gelang, solange der russische Staat der einzige war, der dem Ideal entsprach, musste gerade seine Unabhängigkeit vom bisherigen Bourgeois-Völkerrecht, gerade seine « Souveränität » als die Basis des künftigen Erlösungswerkes ganz besonders ängstlich gewahrt werden. So hat die russische Revolution, abgesehen von ihrer noch zu erörternden Bedeutung für die « Selbstbestimmung der Völker », in dem geistigen Kampf zwischen der Idee des Staates und jener des Völkerrechtes die Idee des Staates eher gestärkt als geschwächt und Russland hat sich, nach Lösung seiner eigenen nationalen Probleme, in der Folge zu einem « souveränen » Machtstaat im alten Sinn entwickelt.

E) Die letzte Zeit des Krieges.

Seit dem Winter 1917-18 begannen das Auftreten des Präsidenten *Wilson* für einen Dauerfrieden, einen Völkerbund und eine überstaatliche Rechtsordnung und das Eintreten der russischen Revolution und der sozialistischen Kreise vieler Länder für das Selbstbestimmungsrecht der Völker einen sehr starken Einfluss auf die internationale öffentliche Meinung auszuüben. Soweit es sich um die Gestaltung der Idee des Volkes durch den Grundsatz der Selbstbestimmung handelt, ist hiervon im zweiten Teile dieser Arbeit zu sprechen. Aber die Volksidee konnte nur *gegen* die alte Staatsidee und unter einem *über*staatlichen Völkerrecht, unter einem Völkerrecht mit Kompetenzhoheit Raum gewinnen. *Das Emporsteigen der Volksidee und das Herabdrücken der Staatsidee mussten also, wenn dies auch sehr vielen nicht zum Bewusstsein kam, Hand in Hand gehen.*

Die Voraussetzung, das logische prius aller neuen Forderungen, mochten sie sich auf eine allgemeine Abrüstung und einen Dauerfrieden, auf die Selbstbestimmung der Völker, auf einen Völkerbund oder was sonst immer beziehen, waren nun im allgemeinen überstaatliche Rechtssätze, denen sich kein « souveräner » Staat durch Kündigung oder freie Kriegserklärung oder sonst irgendwie als Richter in eigener Sache entziehen dürfte. *Der sinnbildliche Ausdruck des überstaatlichen Völkerrechtes aber war für die grossen Massen, die von der « Souveränität » oder der « Kompetenzhoheit » der Juristen nichts wussten, die Idee des Völkerbundes.* Der Wunsch nach der Gründung eines Völkerbundes greift nun ebenso wie jener nach der Selbstbestimmung der Völker bis zum Kriegsende immer rascher, man möchte sagen, mit elementarer Gewalt um sich. *Aber dieser elementar hervorbrechende Wunsch bedeutet nicht die Sehnsucht nach einem Gebilde, wie wir es heute in Genf besitzen, sondern nach einem überstaatlichen Völkerrecht.* Der Gedanke der Menschheit erhebt sich im Rechtsgefühl grosser Massen über die Staatsräson, über den Eigennutz des einzelnen Staates.

Allein wie immer nun die Vorgänge gedeutet werden mögen, jedenfalls ist es geschichtliche Tatsache, dass die Stimmen, die sich für einen Völkerbund und einen Dauerfrieden aussprechen, seit dem Winter 1917-1918 lawinenartig anschwellen.

Es wäre ein völlig aussichtsloses Beginnen, auch nur das Wichtigste sammeln und darstellen zu wollen, was in der letzten Zeit des Krieges in dieser Richtung veröffentlicht worden ist. Vielmehr muss auch hier wieder ganz allgemein auf die zeitgenössische Tagespresse und Literatur verwiesen werden. Besonders sei auch hier nochmals auf die wertvolle Materialsammlung der vom *Nederlandsche Anti-Oorlog Raad* herausgegebenen « Holländischen Nachrichten » hingewiesen, an deren Hand der Wandel der Ideen verfolgt werden kann.

Selbst die Staatsmänner der kriegführenden Staaten Europas beugten sich trotz ihrer Verantwortung für die Führung des Krieges und die Souveränität ihres Staates vor den neuen Gedanken. So erklärte beispielsweise *Lord Robert Cecil* bereits am 19. Dezember 1917 im englischen Unterhaus : (1) « I would not remain a member of a Government that did not make the establishment of a League of Nations after the war one of its main objects. » *Balfour* führte am 10. Januar 1918 in einer Rede in Edinburgh (2) aus, die zivilisierten Völker seien so verflochten, dass der Bau der Zivilisation in seinen Grundlagen zerstört würde « unless they will exercise some coercion over the unruly and criminal members ». Er wolle nicht darüber diskutieren, « whether a League of Nations has reached the stage of being a practical

Anm. (1) : Holländische Nachrichten, 1918, Nr. 29, S. 1960 (nach Manchester Guardian v. 20. Dezember 1917).

Anm. (2) : Holländische Nachrichten 1918, Nr. 30, S. 2033 ff. (nach Manchester Guardian v. 11. Juanar 1918).

ideal ». Der Redner sehe noch grosse Schwierigkeiten. Aber er hoffe, « that the civilised world will take that great problem seriously in hand, and see it through » ([1]). Da sich diese Aussprüche über den Völkerbund an den zuerst zitierten Satz über den internationalen Zwang anschliessen, scheint hier der Wunsch nach einer überstaatlichen Rechtsordnung ausgedrückt zu sein, die einen Staat zum « criminal » stempeln kann, also der Wunsch nach Ueberwindung des Souveränitätsdogmas. Damit sind auch die Zweifel des Redners an der Realisierbarkeit begründet.

Der deutsche Reichskanzler Graf *Hertling* erklärte im Hauptausschuss des Deutschen Reichstags am 24. Januar 1918 bei der Besprechung der 14 Punkte *Wilsons*, er stehe dem Gedanken des Verbandes der Völker, « der für die Zukunft die Möglichkeit und Wahrscheinlichkeit von Kriegen ausschaltet », « sympathisch gegenüber ». Die kaiserliche Regierung sei « gern bereit, wenn alle anderen schwebenden Fragen geregelt sein werden, einer Prüfung der Grundlagen eines solchen Völkerbundes nahezutreten » ([2]). Dies war zwar eine sehr abgeschwächte Erklärung, und sie bezieht sich nur auf *Wilsons* vierzehnten Punkt, der an sich keine Andeutung von überstaatlichen Normen enthält. Aber man muss die Worte von der Ausschliessung des Krieges etwa mit dem Verhalten der deutschen Delegierten auf den Haager Friedenskonferenzen vergleichen, um auch hier zu sehen, wie der Wandel in den Ideen und im Rechtsgefühl breiter Massen die Staatspolitik beeinflusst hat.

Aehnliche Erwägungen kann man zu der Erklärung anstellen, die der österreichisch-ungarische Minister des Aeussern Graf *Czernin* am gleichen Tage im Ausschuss für Aeusseres der österreichischen Delegation gegeben hat und nach welcher die letzten Vorschläge des Präsidenten *Wilson* eine bedeutende Annäherung an den österreichisch-ungarischen Standpunkt darstellen ([3]).

Diese Beispiele mögen genügen.

Auch in anderen kriegführenden und in neutralen Staaten sprachen sich die Regierungen günstig für die Idee des Völkerbundes aus und überall war dies ein Zeichen einer Wandlung der öffentlichen Meinung. Am 11. April 1918 glaubte *Lord Parmoor* in einer Adresse an die *Grotius Society* in London über die Idee eines Völkerbundes sagen zu können : « There is hardly a leading statesman who has not given his adherence to the principle involved, and certainly there is a larger preponderance of instructed opinion in its favour » ([4]).

Eine viel rückhaltlosere Zustimmung als bei den kriegführenden Regie-

Anm. ([1]) : a. a. O., S. 2034.
Anm. ([2]) : Holländische Nachrichten, Nr. 30, S. 2008 ff., insb. 2013 (nach Berliner Tageblatt vom 25. Januar 1918) ; vgl. auch Verhandlungen des Reichstags, Bd. 311, S. 4140, 4141, 4154, 4163, 4183, 4219, und Bd. 313, S. 5640.
Anm. ([3]) : Holländische Nachrichten, ebenda, S. 2015 ff.
Anm. ([4]) : Holländische Nachrichten, Nr. 45, S. 863 (nach Manchester Guardian vom 11. April 1918).

rungen fanden die Vorschläge des Präsidenten *Wilson* bei den oppositionellen Parteien und Parlamentariern der kriegführenden Länder.

So hielt zum Beispiel der Sozialistenführer *Renaudel* dem französischen Minister des Aeussern *Pichon* in der Kammerdebatte vom 11. Januar 1918 (1) vor : « le langage de M. *Wilson* est singulièrement différent du vôtre » und fügte hinzu : « J'affirme que toute la politique suivie par le président du Conseil est en contradiction avec les nobles idées de M. le président *Wilson* » (2) Die sozialistische Tagesordnung beantragte unter anderem : « de proclamer l'identité des vues du gouvernement de la République avec celles du président *Wilson* sur les problèmes de la paix ». Die Kammer nahm jedoch die Tagesordnung der Regierung an. Diese Tagesordnung verlangte energische Fortführung des Krieges, « la complète réparation des abus de la force » und « l'établissement d'un règne de justice dans les rapports internationaux » (3). Immerhin kann man vielleicht auch hier in der Vorstellung, dass die souveräne Kriegführung souveräner Staaten einen « abus de force » begehen könne, und in der sich daran anschliessenden Forderung eines « règne de justice » Anklänge an die Idee eines überstaatlichen Völkerrechtes sehen.

In England beschlossen bereits am 9. Januar das parlamentarische Komitee des *Trade Unions Congress*, die Exekutive der *Labour Party* und das *Cooperative Parliamentary Representation Committee* eine Resolution (4), welche die autoritative Deklaration Präsident *Wilson's* warm begrüsst und von ihr sagt : « In the detailed programme of worldpeace outlined by Mr. *Wilson* we find no point upon which there is likely to be any disagreement among the Allied democracies » (5).

Im Hauptausschuss des deutschen Reichstags griff der Sozialdemokrat *Scheidemann* am 24. Januar 1918 (6) die oben zitierte Erklärung des Reichskanzlers über den Verband der Völker als wenig befriedigend an und fügte hinzu, er sehe die Vorschläge *Wilson*'s doch vielfach ganz anders an als der Reichskanzler (7).

Derartige Erklärungen nehmen nun gegen das Ende des Krieges an Zahl immer zu.

Gemeinsam ist sowohl den offiziellen als den privaten Aeusserungen jener Zeit, dass sie die so nahe liegende Frage der « Souveränität » der Staaten oder der Ueberordnung des Völkerrechts in der Regel nicht aufwerfen. Sie sprechen vom Dauerfrieden, Abrüstung, Schiedsgerichtsbarkeit, vom Völkerbund und verschiedenen seiner Ziele, sie wollen die Herrschaft der « Gerechtigkeit », oder die « Herrschaft des Rechtes über die Gewalt » an Stelle

Anm. (1) : Holländische Nachrichten Nr. 30, S. 2072 ff. (nach Humanité vom 12. Januar 1918).

Anm. (2) : Ebenda, S. 2076.

Anm. (3) : Ebenda, S. 2077.

Anm. (4) : Holländische Nachrichten Nr. 30, S. 2080 ff. (nach Manchester Guardian, vom 10, Januar 1918).

Anm. (5) : Ebenda, S. 2081.

Anm. (6) : Holländische Nachrichten, Nr. 30, S. 2061 ff. (nach Vorwärts vom 25. Januar 1918).

Anm. (7) : Ebenda, S. 2065. Vgl. auch Verhandlungen des Reichstags, Bd. 311, S. 4163.

der Herrschaft « der Gewalt über das Recht » u. dgl. Aber ob dies alles in überstaatlichen Normen oder in kündbaren Verträgen « souveräner » Staaten verwirklicht werden soll, ist ein Problem, das zumeist übersehen oder mit doppeldeutigen Ausdrücken übergangen wurde.

Doch sind zuweilen die Konsequenzen der neuen Forderungen klar gezogen worden. So sagt zum Beispiel ein Aufruf der *Société Genevoise de la Paix* an die Bürger von Genf vom 3. April 1918 (1) : « S'il doit sortir de l'épouventable guerre un ordre international nouveau qui en rende le retour impossible, si la Société des Nations doit surgir des ruines effroyables, ce sera par la volonté des peuples, c'est-à-dire par celle des individus, qui auront su s'unir indépendamment de leurs gouvernements et par-dessus les frontières ». Hier ist offen zum Ausdruck gebracht, dass die Souveränität des Staates mit einem überstaatlichen Völkerbund nicht vereinbar ist.

Gegen das Ende des Krieges ist neben der Auflösung des alten Russland in seine nationalen Teile auch die allmähliche nationale Zersetzung Oesterreich-Ungarns von Einfluss geworden, die im Laufe des Jahres 1918 allmählich begann und schliesslich im Oktober 1918 zum völligen Zerfall des Reiches führte. Dieser Prozess ist im zweiten Teile dieser Arbeit näher zu erörtern, da er für die Idee des Volkes von Bedeutung geworden ist. Für das Thema des ersten Teiles hat dieser Prozess nicht die gleiche Wichtigkeit. Denn er betrifft nicht die Idee des Staates in abstracto, sondern nur das konkrete Reich der Habsburger. Ja die frei gewordenen Völker haben dann sobald als möglich entweder neue « souveräne » Staaten im bisherigen Sinne errichtet, wie die Tschechen, Deutschen und Magyaren, oder sich benachbarten « souveränen » Staaten angeschlossen, wie die Polen, Ukrainer, Rumänen, Südslaven und Italiener. Die neu gebildeten und neu vergrösserten Staaten aber waren dann ganz besonders auf ihre « Souveränität » und vor allem auf das Prinzip der Nichteinmischung, folglich auf einen möglichst geringen Einfluss des internationalen auf das innerstaatliche Recht, bedacht. Von dieser Seite hat also ebenso wie von der Seite der russischen Revolution der alte Staatsgedanke eher eine Stärkung als eine Schwächung erfahren.

Dagegen hat der beginnende Zerfall Oesterreichs zur Anerkennung der tschechoslowakischen Legionäre und später der tschechoslowakischen Nationalität geführt, Massregeln, die im krassen Gegensatz zur bisherigen Staatsidee und zum bisherigen Völkerrecht standen. Auch diese Vorgänge sind im zweiten Teil dieser Arbeit zu erörtern.

Die nationale Umwälzung, die Mittel- und Osteuropa erfahren hat, spiegelte sich nun auch in manchen Vorschlägen der letzten Kriegszeit wieder. Insbesondere seien hier die Beschlüsse der Nationalitätenkonferenz erwähnt, die am 26. Oktober 1918 in Philadelphia stattgefunden hat. Diese Konfe-

Anm. (1) : Holländische Nachrichten, Nr. 45, S. 870 (nach Le Mouvement pacifiste, Januar-März 1918).

renz ist der oben erwähnten Nationalitätenkonferenz vergleichbar, die am 26. und 27. Juni 1915 in Paris abgehalten wurde. Auch die Konferenz von Philadelphia war wie die frühere aus Privatpersonen ohne Auftrag zusammengesetzt, nahm aber wie jene die Legitimation für sich in Anspruch, im Namen von Völkern zu sprechen. Sie beschloss eine « Declaration of Independence of the Mid-European Union » (1), welche an die amerikanische Unabhängkeitserklärung von 1776 erinnern soll. Auch hier ist wie bei den Arbeiten, die von der Konferenz von 1915 ausgegangen sind, die Grundlage eine naturrechtliche und zwar jene von 1776. So unterscheidet Punkt 1 gerechte und ungerechte Regierungsformen, im Punkt 2 ist von dem « inalienable right » jedes Volkes, seine Regierung zu organisieren, die Rede, und im Punkt 3 von einem « natural development of the ideals of any state ». Auch in diesem Programm ist demnach der Standpunkt der Souveränität der Staaten zugunsten einer höheren, überstaatlichen Rechtsordnung verlassen. Das Materielle der Beschlüsse der Konferenz von Philadelphia über die nationale Frage ist im zweiten Teil dieser Arbeit zu erörtern.

4. Der Waffenstillstand.

Beim Zusammenbruch der Mittelmächte hat das Friedensprogramm des Präsidenten *Wilson* eine grosse Bedeutung erlangt. Ein grosser Teil der internationalen öffentlichen Meinung erwartete, dass es nunmehr in Wirklichkeit umgesetzt würde.

Die deutsche Regierung hat in ihrer Note vom 3. Oktober 1918 an den Präsidenten der Vereinigten Staaten von Amerika erklärt » : Sie (die deutsche Regierung) nimmt das von dem Präsidenten der Vereinigten Staaten von Amerika in der Kongressbotschaft vom 8. Januar 1918 und in seinen späteren Kundgebungen, namentlich der Rede vom 27. September, aufgestellte Programm als Grundlage für die Friedensverhandlungen an ». *Damit hat zum erstenmal in der Geschichte ein Staat die Idee eines über den Staaten stehenden Völkerrechtes und eines Verzichtes auf die Souveränität im bisherigen Sinn in einer völkerrechtlich verbindlichen Willenserklärung angenommen und sich zur unmittelbaren Verwirklichung einer derartigen neuen internationalen Rechtsorduung bereit erklärt.*

Die Antwort der Vereinigten Staaten vom 8. Oktober 1918 enthielt zunächst die Rückfrage, ob die deutsche Regierung die Sätze des genannten Friedensprogramms denn auch wirklich als Inhalt des künftigen Friedens angenommen habe : « Does the Imperial Chancellor mean that the Imperial German Government accepts the terms laid down by the President in his

Anm. (1) : International Conciliation. Documents of the American Association for International Conciliation 1919. Vol. I, New York City, 1920, S. 23 ff.

address to the Congress of the United States on the eighth of January last and in his subsequent addresses and that its object in entering into discussion would be only to agree upon practical details of their application? »

Darauf gab die deutsche Regierung in ihrer Note vom 12. Oktober 1918 nochmals ganz klar zur Antwort : « Die deutsche Regierung hat die Sätze angenommen, die Präsident *Wilson* in seiner Ansprache vom 8. Januar und in seinen späteren Ansprachen als Grundlage eines dauernden Rechtsfriedens niedergelegt hat. Der Zweck der einzuleitenden Besprechungen wäre also lediglich der, sich über praktische Einzelheiten ihrer Anwendung zu verständigen ».

Es liegt demnach bereits in diesen Noten *eine beiderseits ausdrücklich erklärte Willensübereinstimmung* vor. Die Antwort der Vereinigten Staaten vom 14. Oktober spricht daher mit Recht von « *Friedensbedingungen* » (« *terms of peace* »), die Deutschland bereits angenommen hat, indem sie sagt : « It is necessary also in order that there may be no possibility of misunderstanding that the President should very solemnly call the attention of the Governement of Germany to the language and plain intent of one of the terms of peace which the German Government has now accepted. » Ebenso erklärt die amerikanische Note vom 23. Oktober : « Having received the solemn and explicit assurance of the German Government that it unreservedly accepts the terms of peace laid down in his address to the Congress of the United States on the eighth of January 1918, and the principles of settlement, enunciated in his subsequent addresses, particularly the address of the twenty-seventh of September, and that it desires to discuss the details of their application... » *Mit den Worten : « has now accepted »* und *« accepts » wird in beiden Noten ausgesprochen, dass Deutschland aus der Annahme der 27 Punkte Wilsons bereits verpflichtet war.*

Dies kann nur so gedeutet werden, dass nach der Auffassung dieser beiden amerikanischen Noten der bisherige Schriftwechsel einen juristisch bindenden Vorvertrag zum Waffenstillstandsvertrag bilden sollte. Die deutsche Note vom 3. Oktober 1918 hatte die Offerte gemacht, die 27 Punkte zu « terms of peace » zu machen, und die Vereinigten Staaten hatten diese Offerte angenommen, nachdem sie sich durch Rückfrage versichert hatten, ob sich die deutsche Regierung über die juristische Tragweite der Annahme der 27 Punkte als « terms of peace » wirklich klar sei, ob sie wirklich « accepts the terms laid down... » und ob daher bei der künftigen Diskussion nur noch praktische Einzelheiten festzusetzen seien. *Da es sich um Vorverhandlungen zu einem Waffenstillstandsvertrag, mithin zu einem Kriegsvertrag, handelte und Waffenstillstandsverträge als Kriegsverträge nach geltendem Völkerrecht einer Ratifikation nicht bedürfen, um rechtsverbindlich zu sein, war die Verpflichtung durch den Schriftenwechsel selbst perfekt geworden.* Das Völkerrecht kennt für nicht ratifikationsbedürftige Verträge im allgemeinen keine Formvorschrift, es genügt daher die beiderseitige Erklärung der Willensübereinstimmung zum Zustandekommen eines rechtsverbindlichen Vorvertrags.

Nunmehr hatten sich bereits zwei grosse Mächte gegenseitig verpflichtet, dem *Wilson*'schen Programm einer überstaatlichen Völkerrechtsordnung und einer Ueberwindung der Souveränität zum Siege zu verhelfen.

Die amerikanische Note vom 23. Oktober erklärt nun weiter, der Präsident habe den Schriftwechsel den ihm verbündeten Regierungen unterbreitet, « with the suggestion, that, if those Governments are disposed to effect peace upon the terms and principles indicated, their military advisers... be asked to submit... the necessary terms of such an armistice as will... ensure to the associated Governments the unrestricted power to safeguard and enforce the details of the peace to which the German Government has agreed, provided they deem such an armistice possible from the military point of view ». Die Vereinigten Staaten wollen demnach auch ihren Verbündeten die Annahme der 27 Punkte im Waffenstillstandsvertrag vorschlagen, es soll sich dann nur noch um die Einzelheiten des von Deutschland bereits angenommenen Friedens handeln, und vorbehalten bleiben nur militärisch-technische Fragen. Die Note betont, die Annahme der geforderten, genügende Sicherheit gewährenden Waffenstillstandsbedingungen durch Deutschland würde den besten Beweis geben « of her unequivocal acceptance of the terms and principles of peace ».

Mit der amerikansichen Note vom 5. November wurde der deutschen Regierung der Wortlaut eines Memorandums der alliierten Regierungen mitgeteilt, in welchem sie zu dem Schriftwechsel zwischen der deutschen und der amerikanischen Regierung Stellung nehmen. Sie sagen hier : « Subject to the qualifications which follow they declare their willingness to make peace with the Government of Germany on the terms of peace laid down in the President's address to Congress of January the eighth 1918 and the principles of settlement enunciated in his subsequent addresses ».

Da nur von « willingness to make peace » und nicht ausdrücklich von Annahme der Friedensbedingungen die Rede ist, könnte man auf den ersten Blick zweifeln, ob die Alliierten hier, wie früher die beiden zuerst genannten Mächte, eine bindende Erklärung über die Annahme der Rechtsordnung der 27 Punkte abgeben wollten. Aber sie machen in den folgenden Sätzen zwei Vorbehalte in Bezug auf die Freiheit des Meeres und auf die Entschädigungsfrage und *zeigen dadurch a contrario, dass sie sich in den übrigen Punkten für gebunden erklären.* Es wäre ja auch eine gemeinsame Unterzeichnung des Waffenstillstandsvertrages durch die Alliierten einerseits und die Vereinigten Staaten anderseits irreführend gewesen, wenn nur der eine Teil der Gegenkontrahenten Deutschlands an so weitgehende Friedensbedingungen gebunden sein sollte, der andere nicht. Uebrigens behaupten beide Vorbehalte das Programm *Wilsons* nur *auszulegen.*

Vielleicht haben schon die beiden erwähnten Vorbehalte der Alliierten eine Differenz zwischen den Willenserklärungen der Alliierten und der Vereinigten Staaten geschaffen. Die letzteren waren nach dem früher Gesagten durch das Programm *Wilsons* bereits vorbehaltlos gebunden. Sie haben sich in der Note vom 5. November trotzdem den Alliierten angeschlossen, indem auch sie den Standpunkt vertraten, dass es sich nicht um eine Modifizierung, sondern nur um eine Interpretation des *Wilson*'schen Programms handle. Aber ob dieser Standpunkt gerechtfertigt war oder nicht, bedarf hier keiner Untersuchung. Denn auch wenn in dem Vorgang ein Abweichen Amerikas von den bereits akzeptierten Friedensbedingungen erblickt würde, so hätte es doch keinen der Punkte zum Gegenstand, in denen die Ueberordnung des Völkerrechtes und die Preisgabe des bisherigen Souveränitätsgedankens ausgesprochen war. Wir dürfen daher die Vorbehalte der Note vom 5. November unberücksichtigt lassen.

Abgesehen von diesen Vorbehalten war demnach mit dem Memorandum vom 5. November das *ganze* Programm der 27 Punkte und *nur* dieses Programm durch *allseitig* erklärte Zustimmung zu einem bindenden Vorvertrag über die « terms of peace » oder, wie die Alliierten in dem Memorandum auch sagen, über die « conditions of peace » geworden ([1]). Das Memorandum bedeutete daher *die Annahme der deutschen Offerte,* nach welcher das von Deutschland akzeptierte Programm des Präsidenten *Wilson* Voraussetzung und Bedingung des Waffenstillstandsvertrags und Vorvertrag zum künftigen Friedensvertrag war. Doch ändert sich nichts am Ergebnis ([2]), wenn man mit *Temperley* ([3]) annimmt, dass das Memorandum vom 5. November erst die Offerte, « the formal and written offer », gewesen sei, und dass diese Offerte von Deutschland angenommen worden sei « by the act of sending representatives through military channels, to meet Marshal *Foch* for the purpose of arranging an armistice ». Zur Durchsetzung des nunmehr perfekten Abkommens sollten zunächst die militärisch-technischen Bedingungen des Waffenstillstandes dienen. Die Durchführung der Bestimmungen des Abkommens in alle praktischen Einzelheiten, die Festsetzung der « practical details of their application », wurde dem künftigen, das ganze Friedenswerk endgültig abschliessenden Friedensvertrag vorbehalten.

Dies sind die Rechtsgrundlagen, auf denen der Waffenstillstandsvertrag unterzeichnet worden ist. Er selbst enthält nichts als die militärisch-technischen Bedingungen, nichts als die « necessary terms of such an armistice » im Sinne der Note vom 23. Oktober 1918, welche notwendig sind « to safe-

Anm. ([1]) : Vgl. meine Ausführungen in *Strupp's* Wörterbuch des Völkerrechts und der Diplomatie, II. Bd., 1925, S. 92, 93. Literaturangaben nunmehr bei *Perels*, in Mitteilungen der Deutschen Gesellschaft für Völkerrecht, Heft 11, Berlin, 1932, S. 45, zu S. 28, Z. 24.

Anm. ([2]) : Vgl. *Perels*, a. a. O., S. 28.

Anm. ([3]) : A History of the Peace Conference of Paris, London, I. Bd., 1920, S. 382.

guard and enforce the details of the peace to which the German Government has agreed ». Der Waffenstillstandsvertrag bedurfte, wie erwähnt, als Kriegsvertrag keiner Ratifikation. *Daher haben beide Parteien spätestens mit der Unterzeichnung des Waffenstillstandsvertrags das Programm der 27 Punkte Wilsons mit Ausnahme der beiden Vorbehalte der Note vom 5. November, vorbehaltlich der Durchführung seiner «Details», rechtsverbindlich angenommen.*

Durch die geschilderten Vorgänge ist demnach die Rechtsordnung der 27 Punkte des Präsidenten Wilson mit Ausnahme der beiden Vorbehalte der Note vom 5. November damals geltendes «positives» Völkerrecht geworden.

Diesen Standpunkt hat insbesondere Deutschland stets vertreten. Die deutsche Regierung und ihre Organe haben sich wiederholt in diesem Sinn ausgesprochen.

So hat der Leiter der Rechtsabteilung des Auswärtigen Amtes *Simons* am 22. Januar 1919 einem Vertreter des Holländischen Nieuwsbureaus erklärt, die neue deutsche Regierung habe « die Grundsätze des Präsidenten *Wilson,* die sich auf den Völkerbund beziehen, in Uebereinstimmung mit den Regierungen der Vereinigten Staaten und der Entente bei Abschluss des Waffenstillstandsvertrags als massgebend für den Friedensschluss anerkannt » ([1]). Er fügte weiter hinzu : « Denn indem die neue deutsche Regierung... die *Wilson*'schen Grundsätze für den Friedensschluss als massgebend vereinbarte, hat sie sich von neuem zu dem Gedanken internationaler Gerechtigkeit bekannt » ([2]).

Der deutsche Volksbeauftragte *Fritz Ebert* erklärte in der Nationalversammlung in Weimar am 6. Februar 1919 : « Im Vertrauen auf die Grundsätze des Präsidenten *Wilson* hat Deutschland die Waffen niedergelegt. Jetzt gebe man uns den *Wilson*-Frieden, auf den wir Anspruch haben » ([3]).

Den gleichen Standpunkt hat die Resolution der deutschen Nationalversammlung vom 11. April 1919 eingenommen, indem sie ausspricht : « Das deutsche Volk... hat Anspruch auf einen Friedensvertrag, der dem von allen kriegführenden Staaten unwiderruflich als Grundlage angenommenen Programm des Präsidenten der Vereinigten Staaten von Amerika entspricht » ([4]).

Im gleichen Sinn ist eine ganze Reihe von Kundgebungen und Aeusserungen ergangen ([5]).

Die deutsche Regierung hat noch in der Rede des Reichsministers Grafen *Brockdorff-Rantzau* gelegentlich der Ueberreichung der Friedensbedingungen am 7. Mai 1919 in Versailles diese Rechtsanschauung vertreten. Die

Anm. ([1]) : Der Völkerbund — La Société des Nations — The League of Nations, Bern, Bd. I ; Anfangsnummer, S. 22 (nach Deutsche Allgemeine Zeitung v. 23. Januar 1919).

Anm. ([2]) : a. a. O., S. 23.

Anm. ([3]) : Verhandlungen der Verfassungsgebenden Deutschen Nationalversammlung, Bd. 326, S. 2.

Anm. ([4]) : Ebenda, Bd. 327, S. 961.

Anm. ([5]) : Zitate ebenda, Bd. 334, S. 5816.

genannte Rede beruft sich auf « das Recht, das uns durch den Vertrag über die Friedensgrundsätze gewährleistet ist » und führt aus : « Am 5. Oktober 1918 hat die Deutsche Regierung die Grundsätze des Präsidenten der Vereinigten Staaten von Amerika als Friedensbasis vorgeschlagen, am 5. November hat ihr der Staatssekretär *Lansing* erklärt, dass die alliierten und assoziierten Mächte mit dieser Basis unter zwei bestimmten Abweichungen einverstanden seien. Die Grundsätze des Präsidenten *Wilson* sind also für beide Kriegsparteien, für Sie wie für uns, und auch für unsere früheren Bundesgenossen bindend geworden ».

Die französische Regierung scheint noch am 11. Februar 1919 an der verbindlichen Kraft des den Waffenstillstandsbedingungen zugrundegelegten *Wilson*'schen Programms nicht gezweifelt zu haben. Jedenfalls erklärte an diesem Tage Ministerpräsident *Clemenceau* einem Korrespondenten der Associated Press : « Tous nos plans sont basés sur la plate-forme splendide établie par le président *Wilson*. En parfaite harmonie avec les principes qu'il a formulés, nos tendons à un idéalisme plus élevé et plus sain dans la conduite des affaires du monde » ([1]).

Auch noch später, nach der Ueberreichung der Friedensbedingungen, ist in den Kreisen der alliierten und assoziierten Mächte die Auffassung, dass es sich um eine rechtlich bindende Verpflichtung gehandelt habe, von oppositioneller Seite geltend gemacht worden. So sagt beispielsweise ein Beschluss der Parlamentary Labour Party und ihrer National Executive vom 5. Juni 1919 ([2]) : « The Treaty... violates the understanding upon which the armistice was signed... »

Da die Rechtsordnung der 27 Punkte des Präsidenten *Wilson* durch den Schriftenwechsel des Jahres 1918 geltendes positives Völkerrecht geworden ist, *war damit die Ueberordnung des Völkerrechtes über das Staatsrecht und die Leugnung des Souveränitätsgedankens, die sich, wie wir oben gesehen habens, aus dem Wilson'schen Programm ergibt, für die Zukunft anerkannt.* Allerdings hatten nur die kriegführenden Staaten die neue Rechtsordnung geschaffen. Diese bedeutete daher nur partikulares Recht. Aber alle kriegführenden Staaten zusammen bildeten den weitaus grössten Teil der Völkerrechtsgemeinschaft und unter ihnen befanden sich sämtliche Grossmächte. Es kann keinem Zweifel unterliegen, dass die neue Ordnung, wenn sie durchgeführt worden wäre, auch von den restlichen Staaten hätte anerkannt werden müssen, und es ist sehr wahrscheinlich, dass sie zu einem sehr grossen Teile gern und freudig akzeptiert worden wäre. Mag man über die sonstigen einzelnen Punkte denken wie immer, jedenfalls die Ueberordnung des Völkerrechtes über das Staatsrecht und der Verzicht auf die bisherige

Anm. ([1]) : Der Völkerbund—La Société des Nations—The League of Nations, Bern, I. Bd., 1919, Anfangsnummer, S. 29 (nach Journal des Débats v. 11. Februar 1919).

Anm. ([2]) : Der Völkerbund—La Société des Nations—The League of Nations, Bern, I. Bd., 1919, Nr. 10, S. 357 (nach Daily News vom 6. Juni 1919).

Souveränität konnten auf die Zustimmung der Mehrzahl der neutralen Staaten rechnen. Einzelne etwa opponierende Staaten hätten sich schliesslich fügen müssen. *Es waren also die Grundlagen für die baldige Entwicklung eines allgemeinen, allen Staaten der Erde übergeordneten Völkerrechtes geschaffen.*

So haben sich in der kurzen Zeit von weniger als einem Jahr, allerdings als Folge der furchtbaren Katastrophe, in der sich die Welt schon seit 1914 befand, die Grundlagen des Völkerrechtes für den grössten Teil der zivilisierten Welt gewandelt. *Der Gedanke der Ueberordnung des nicht von göttlichem Recht oder rationalem Naturrecht abhängigen positiven Völkerrechtes hatte zum erstenmal in der Geschichte über die Souveränitätsidee gesiegt.* Damit war die Basis für einen weitgehenden Einfluss des internationalen auf das innerstaatliche Recht gewonnen.

Ein grosser Teil der internationalen öffentlichen Meinung folgte den Taten der Staatsmänner mit Beifall, ja zum Teil mit Begeisterung. Es ist wohl überflüssig, einzelne Stimmen zu zitieren. Zahlenmässig das Verhältnis von Anhängern und Gegnern feszustellen, ist nicht möglich. Aber auch wenn es feststünde, würde sich daraus wenig folgern lassen. Denn sowohl auf der Seite der Anhänger als auch auf der Seite der Gegner standen in den einzelnen Ländern die verschiedensten, einander oft ganz entgegengesetzten Strömungen, die wieder von den verschiedensten Motiven geleitet wurden.

Sicher ist Folgendes : die alliierten und assoziierten Staaten umfassten den grössten Teil der zivilisierten Welt und waren überwiegend Demokratien, deren führende Staatsmänner nach dem Siege bei ihren Taten die Mehrheit hinter sich hatten. Dazu kommt ein sehr erheblicher Teil der Bevölkerung der neutralen Staaten und im allgemeinen ein sehr wesentlicher Teil der Linken und der Mitte in den besiegten Staaten. *Das Wilson'sche Programm hatte demnach mit aller Wahrscheinlichkeit im Augenblick des Zusammenbruchs der Mittelmächte einen so grossen Kreis von Anhängern, wie ihn wohl noch nie in der Weltgeschichte ein politisches Programm aufzuweisen hatte.* Hätte man im November 1918 in der ganzen zivilisierten Welt freie Volksabstimmungen nach demokratischen Grundsätzen über das Friedensprogramm, das dem Waffenstillstandsvertrag zugrundegelegt worden war, abhalten können, so wäre es leicht möglich gewesen, dass sich mehrere hundert Millionen von Stimmen darauf vereinigt hätten. Jedenfalls war ein sehr grosser Teil der internationalen öffentlichen Meinung dafür teils gewonnen, teils zu gewinnen.

Es schien in der Tat eine Zeit nach dem Abschluss des Waffenstillstandes, als könnten die führenden Staatsmänner, gefolgt von einer starken und tragfähigen internationalen öffentlichen Meinung, durch die Verwirklichung des *Wilson*'schen Programms an die Stelle der bisherigen Souveränität der Staaten ein neues souveränes Völkerrecht setzen. Vielleicht darf man bis zu einem gewissen Grade den Worten beipflichten, die noch am 24. Mai 1919

William C. Bullitt in einem offenen Brief an *Wilson* gerichtet hat: « That you are personally opposed to most of the unjust settlements, and that you accepted them only under great pressure, is well known. Nevertheless, it is my conviction that if you had made your fight in the open instead of behind closed doors, you would have carried with you the public opinion of the world, which was yours » (1).

Niemand kann sagen, wie die Dinge ausgegangen wären, wenn *Wilson* sich anders verhalten hätte als er es getan hat. Aber dass eine starke Strömung in der inernationalen öffentlichen Meinung für sein Programm, und zwar für sein ganzes Programm einschliesslich der Preisgabe des Souveränitätsgedankens, vorhanden war, das darf wohl als eine geschichtliche Tatsache festgestellt werden.

Die Idee überstaatlicher Rechtssätze drang nun auch in Arbeiten und Vorschläge ein, die bisher dem Gedanken der Souveränität mehr Rechnung getragen hatten.

So ersetzte zum Beispiel das Exekutivkomitee der *League to enforce Peace* auf der Tagung zu New York am 23. November 1918 das ursprüngliche Programm vom 17. Juni 1915 durch ein neues, das « Victory Program » (2). Dieses Programm fordert eine gesetzgebende Körperschaft « to formulate and codify rules of international law » und eine Exekutivgewalt « able to speak with authority in the name of the nations represented ». Die vorgesehene Regelung setzt den Vertragsabschluss durch die Staaten voraus. Das Prinzip der Einstimmigkeit wird aber ausdrücklich verworfen, indem Punkt 5 Abs. 2 erklärt: « The rules of international law should not be defeated for lack of unanimity ». Damit ist nach dem ganzen Zusammenhang wohl nicht nur eine kündbare Vertragsbestimmung für nebensächliche Beschlüsse, sondern Unterwerfung unter ein für alle Zukunft dem einzelnen Staat übergeordnetes Völkerrecht gefordert.

Dieses Programm hat auch die *League of Free Nations Association* in New York angenommen (3). Die von der letzteren und der *League of Nations Society* konstituierte und mit der *League to enforce Peace* und gleichartigen Gesellschaften assoziierte britische *League of Nations Union* in London hat zwar in der Fassung ihres Programms einer « *World League of Free Peoples* » (4) gleichfalls der Ausdrucksweise eines Vertrags souveräner Staaten Rechnung getragen, fordert aber im Punkt 3 erzwingbare Entscheidungen des obersten internationalen Gerichtshofs, scheint also doch ein überstaatliches Recht vorauszusetzen.

Im März 1919 hat in Bern eine pazifistische Konferenz stattgefunden, welche das Werk der *Organisation Centrale pour une Paix Durable* fort-

Anm. (1): Der Völkerbund — La Société des Nations — The League of Nations, Bern, I. Bd., 1919, Nr. 9, S. 329 (nach Daily Herald vom 14. Mai 1919).

Anm. (2): International Conciliation, Documents of the American Association for Internatinal Conciliation, 1919, Vol. 1, 1920, S. 48 ff.

Anm. (3): a. a. O., S. 50.

Anm. (4): a. a. O., S. 53.

setzte und sich *Internationale Völkerbundkonferenz, Bern, März 1919* nannte. Sie schlug die Gründung eines Völkerbundes mit einer bundesstaatlichen Organisation vor, in welchem die höchste gesetzgebende Gewalt, mithin die Kompetenzhoheit, bei einem aus allgemeinen, gleichen, direkten und geheimen Wahlen hervorgegangenen Völkerparlament ruhen sollte (1). Die Konferenz übermittelte ihre Beschlüsse in einem Telegramm (2), welches auch ich mit unterzeichnet habe, der Pariser Friedenskonferenz und übersandte ihr sodann formulierte Entwürfe und umfangreiches Material, doch waren ihre Vorschläge durch die Ereignisse in Paris bereits gegenstandslos geworden.

Etwas weniger weit geht der Entwurf einer Völkerbundssatzung, den das Pariser Komitee der *Ligue Internationale de la Paix et de la Liberté* ausarbeitete (3). Es ist der Entwurf eines Vertrages souveräner Staaten, aber Art. 4 deutet an, dass in der Zukunft ein überstaatliches Völkerrecht angestrebt werden solle, indem er sagt : « Jusqu'à ce qu'une Assemblée constituante ait établi des institutions qui soient le résultat de la volonté populaire universelle... Les Hautes Parties contractantes, considérant qu'à défaut de Législateur commun la loi des Parties résulte de leurs conventions, ont établi, ainsi qu'il suit, les organes essentiels de la Société des Nations ».

Doch auch dieser Vorschlag war infolge der Ereignisse auf der Friedenskonferenz schon in dem Augenblick gegenstandslos, in dem er gefasst wurde.

Wir haben uns nun der Frage zuzuwenden, ob der *Einfluss des internationalen Rechtes auf das innerstaatliche Recht* durch die geschilderte Rechtsentwicklung eine Stärkung erfahren hat.

Die Ueberordnung des Völkerrechtes über das Staatsrecht muss zur Folge haben, dass die Einwirkung des ersteren auf das letztere allmählich zunimmt. Wir können dies an dem Verhältnis des Bundesstaatsrechtes zum Gliedstaatsrechte in Bundesstaaten wie der Schweiz, des Deutschen Reiches oder den Bundesstaaten des amerikanischen Kontinents erkennen. Seitdem die Schweiz aus einem Staatenbund ein Bundesstaat geworden ist, hat das Bundesrecht das Kantonalrecht sehr viel intensiver beeinflusst als vordem. Aehnlich ist es in Deutschland gewesen, seitdem der Norddeutsche Bund, der bereits ein Bundesstaat war, und dann das Deutsche Reich an die Stelle des früheren Deutschen Bundes getreten ist. Wäre nun auf Grund des Programms *Wilson's* und des Waffenstillstandsvertrages ein überstaatliches Völkerrecht ausgebaut worden, so wäre ein ähnlicher Prozess unausweichlich geworden, wenn er auch wahrscheinlich infolge der Vielgestaltigkeit

Anm. (1) : Die Versöhnung Nr. 83 v. 22. März 1919 ; nähere Angaben in meiner Schrift : Entwurf eines Vertrages über den Schutz nationaler Minderheiten, Berlin, 1920, S. 19, 20.

Anm. (2) : Abgedruckt in : « Stimmen der Vernunft », Bern, vom 20. März 1919 und in : « Pour mieux se connaître », Bern, vom 21. März 1919.

Anm. (3) : Der Völkerbund—La Société des Nations—The League of Nations, Bern, I. Bd., 1919, Nr. 15/16, S. 497 ff (nach La Paix Organisée vom 15. April 1919).

und Vielprachigkeit der Welt und infolge des Beharrungsvermögens des Souveränitätsdogmas wesentlich weniger intensiv und weniger rasch vor sich gegangen wäre. Die vorliegende Arbeit, die in erster Linie den Einfluss des internationalen auf das innerstaatliche Recht untersuchen will, hätte dann sehr viel mehr positiven Stoff darzustellen gehabt und zum grossen Teil einen ganz anderen Aufbau und Inhalt erhalten müssen, als sie ihn jetzt hat, da ihre Antworten auf weiten Gebieten negativ ausfallen werden.

Allein die Zeit, in der das Recht des Waffenstillstandes als verpflichtendes, als « geltendes » Völkerrecht angesehen werden musste, war zu kurz. *Bevor ein Einfluss dieses neuen internationalen Rechtes auf das innerstaatliche Recht sich fühlbar machen konnte, hat die Friedenskonferenz eine völlig andere Grundlage geschaffen.*

5. Die Friedensverträge.

Nachdem die Mächte sich am 12. Januar 1919 in Paris vereinigt hatten, um die im Waffenstillstandsvertrag versprochene neue Weltordnung durchzuführen, zeigten sich bald sehr erhebliche Schwierigkeiten. Die Persönlichkeiten, die sich zur Pariser Friedenskonferenz versammelten, waren als die Vertreter souveräner, die Kompetenzhoheit beanspruchender Staaten hierher gesandt worden und fühlten sich während der Verhandlungen (¹) als solche Staatenvertreter, nicht als Gesetzgeber und Träger der Kompetenzhoheit einer den Staaten übergeordneten Völkerrechtsgemeinschaft. So hat niemand den Schritt von der Souveränität des Staatsrechtes zur Souveränität des Völkerrechtes gewagt. Es traten allerdings bei der Beratung der Satzung des Völkerbundes universalistische Tendenzen hervor, aber sie erwiesen sich als nicht stark genug, das Dogma von der Souveränität des Staates zu überwinden. So glaubte *Orlando* in der 3. Plenarsitzung vom 14. Februar 1919 (²) konstatieren zu können, dass die Völkerbundssatzung versucht habe, zwei scheinbar entgegengesetzte Prinzipien, die Souveränität der Staaten und die Unterordnung der Staaten unter ein höheres Prinzip, auf der Grundlage der Selbstbindung der Staaten miteinander in Einklang zu bringen : « Notre tâche était d'une difficulté incomparable. Nous procédions de deux principes absolus, dont la conciliation pouvait paraître, à priori, dialectiquement impossible, d'un côte, la souveraineté des Etats, superlatif, qui ne supporte ni comparaison ni relation, et, de l'autre, la nécessité d'une limite supérieure imposée à la conduite des Etats afin que la sphère de leurs droits pût s'harmoniser avec celle des droits de

Anm. (¹) : Conférence des Préliminaires de Paix, Protocoles, als Manuskript gedruckt ; *Kluyver*, Documents on the League of Nations, Leiden, 1920, S. 1 ff. ; ausführliche Zitate bei *Schücking* und *Wehberg*, Die Satzung des Völkerbundes, Berlin, 3. Aufl. Bd., 1931, S. 11, 20.

Anm. (²) : *Kluyver*, a. a. O., S. 10 ff.

tous les autres, afin que leur liberté ne pût pas comprendre la liberté de faire mal. Nous avons pu réaliser la conciliation de ces deux principes sur la base de la « self-contraint », d'une coercition spontanée de sorte que les Etats seront amenés dans l'avenir, sous le contrôle de l'opinion publique du monde entier, à reconnaître volontièrement la limite qui leur est imposée par égard à la paix universelle » (1).

Allein in Wahrheit lagen die Dinge, soweit es sich um die grundlegende Alternative : Souveränität oder überstaatliches Völkerrecht handelt, doch wohl anders, als sie hier *Orlando* erschienen sind. Wie wir im dritten Teil dieser Arbeit noch festzustellen haben, bedeutet die Lehre von der Selbstverpflichtung der Staaten keinen Ausweg aus dem Streit des Staates mit dem Völkerrecht um die Kompetenzhoheit, weil, um treffende Worte *Anzilotti's* zu zitieren, wenn die Unterwerfung des Staates unter das Völkerrecht bloss auf einem Willensakt des Staates beruht, « nessuno sforzo dialettico potrà mai dimostrare che lo Stato non possa, con un altro atto di volontà, sciogliersi dall'obligazione » (2) (« keine noch so geschickte Dialektik jemals wird beweisen können, dass der Staat sich nicht kraft eines anderen Willensaktes von der Verpflichtung wieder lösen könne ») (3). Die Feststellung *Orlando*'s bedeutete daher in Wahrheit, dass der Gedanke der Souveränität des Staates bereits die Oberhand gewonnen hatte.

Der Sieg des Gedankens eines überstaatlichen Völkerrechtes über das Souveränitätsdogma im Waffenstillstandsvertrag ist in der Tat nur von vorübergehender Bedeutung gewesen. Bei den Pariser Verhandlungen hat es sich gezeigt, dass die Mächte die ursprünglichen Pläne geändert hatten und nicht gewillt waren, die Souveränität des eigenen Staates preiszugeben, und so ist ein Punkt des *Wilson*'schen Programms nach dem anderen gefallen. Als die Entwürfe der Friedensverträge den besiegten Mächten überreicht wurden, zuerst der Entwurf des Vertrages mit Deutschland in Versailles am 7. Mai 1919, mussten alle jene, die den grundsätzlichen Fortschritt des Völkerrechts durch den Schriftenwechsel des Jahres 1918 begrüsst hatten, mögen sie über den Krieg und den materiellen Inhalt der Friedensbedingungen wie immer gedacht haben, in dem grundlegenden Punkt der Ueberordnung des Völkerrechtes eine Enttäuschung erleben. Die Friedensbedingungen sind der Ausdruck der absoluten Schrankenlosigkeit des souveränen Staates. Der souveräne Staat erachtet sich auch jetzt für befugt, so wie es in der Kriegführung auf beiden Seiten geschehen war, sich über die Regeln des Völkerrechtes hinwegzusetzen, sobald sein höchstes Lebensinteresse, die Staatsräson, ihm dies zu rechtfertigen scheint, und an Stelle dieser Regeln einseitig durch eigenes selbstherrliches Handeln Neues zu

Anm. (1) : *Kluyver*, Documents on the League of Nations, Leiden, 1920, S. 19 (nach Protocole Nr. 3, S. 10).

Anm. (2) : Corso di diretto internazionale, I. Bd., 3. Aufl., Rom, 1928, S. 43.

Anm. (3) : Lehrbuch des Völkerrechts, I. Bd., 1929, S. 33.

schaffen, soweit er dazu die Macht hat, Neues, von dem er freilich wünscht, dass es von der übrigen Welt nicht als blosse Gewalt, sondern als Begründung neuen Rechtes aufgenommen wird.

Die alliierten und assoziierten Staaten haben die Macht gehabt, so zu verfahren. Sie hatten in ihrer Vereinigung die grösste physische Gewalt auf Erden, sie hatten zur Zeit des Schriftenwechsels vom Jahre 1918 fast die ganze internationale öffentliche Meinung auf ihrer Seite gehabt und beherrschten auch bei der geänderten Sachlage noch immer einen sehr grossen Teil der öffentlichen Meinung in ihren Ländern, welch letztere wieder den grösseren Teil der zivilisierten Welt bildeten. Gestützt auf diese ungeheure Machtstellung, haben sich die alliierten und assoziierten Staaten für die Souveränität und gegen die Ueberordnung des Völkerrechtes entschieden. Die weltgeschichtliche Stunde für den Triumph des Völkerrechtes über die Staatsräson hatte noch nicht geschlagen. Die in den Vorverhandlungen zum Waffenstillstand gegebenen Zusagen wurden weder als rechtlich noch als sittlich verpflichtend anerkannt. Fast alles aus dem *Wilson*'schen Programm, was eine Ueberordnung des Völkerrechtes bedeuten oder bedingen würde, ist in den Friedensbedingungen spurlos verschwunden oder gar ausdrücklich in sein Gegenteil verkehrt. Einige Spuren sind allerdings zurückgeblieben, und von diesen werden wir noch zu sprechen haben. Aber sie erscheinen wie erratische Blöcke in einem selbstherrlichen Vertragswerk souveräner Staaten, das sie freiwillig stehen gelassen hat und das genau so gut hätte das Gegenteil von ihnen anordnen können.

Es hat an Protesten gegen das Verhalten der siegreichen Mächte nicht gefehlt.

So hat vor allem die deutsche Friedensdelegation gleich nach Ueberreichung der Friedensbedingungen in der Note vom 9. Mai 1919 erklärt: « Die Deutsche Friedensdelegation hat die erste Durchsicht der überreichten Friedensbedingungen vollendet. Sie hat erkennen müssen, dass in entscheidenden Punkten die vereinbarte Basis des Rechtsfriedens verlassen ist; sie war nicht darauf vorbereitet, dass die ausdrücklich dem deutschen Volke und der ganzen Menschheit gegebene Zusage auf diese Weise illusorisch gemacht wird. » In der Anlage zur Note über den Völkerbund vom gleichen Tage fordert die deutsche Friedensdelegation, dass der Völkerbund den dauernden Frieden « auf die sittliche Macht des Rechtes » gründen soll» (1). Hier kann unter Recht nur ein überstaatliches Völkerrecht gemeint sein. Der Protest der deutschen Regierung galt demnach nicht nur den für Deutschland so ungünstigen Friedensbedingungen. Er galt auch der Auffassung, dass der neue Zustand auf die Gewalt der Sieger, der dem Völkerrecht übergeordneten souveränen Staaten, statt auf die « sittliche Macht des Rechtes », auf überstaatliches Völkerrecht gegründet sei. Auch

Anm. (1): *a*) I, 1; *Kraus-Rödiger*, Urkunden zum Friedensvertrage von Versailles vom 28. Juni 1919, Berlin, 1920, S. 209.

die deutschösterreichische Friedensdelegation in St. Germain-en-Laye, deren Mitglied zu sein ich die Ehre gehabt habe, hat in ihren Noten, besonders durch die Berufung auf die Selbtsbestimmung (1), der Gedankenwelt der Sieger die neue Gedankenwelt entgegenzusetzen gesucht.

Auch von Seite privater Autoren und Organisationen wurden zahlreiche Proteste gegen die neue Regelung laut, und zwar auch in den Ländern der Siegerstaaten. Es wäre ein unmögliches Beginnen, sie alle aufzählen oder gar prüfen zu wollen. Vielmehr muss hier wie früher auf die zeitgenössische Literatur und Tagespresse verwiesen werden. Eine Sammlung zahlreicher Beispiele enthält die Zeitschrift Der Völkerbund — La Société des Nations — The League of Nations (2), eine Fortsetzung der früher erwähnten Zeitschrift Holländische Nachrichten.

In ihrer grossen Mehrheit wandte sich die Kritik gegen den materiellen Inhalt der Friedensbedingungen im allgemeinen oder der Völkerbundssatzung im besonderen. Dagegen die Frage der Rechtsgrundlage, die Frage, ob das Völkerrecht dem Staatsrecht über- oder untergeordnet sei, spielt in dem grossen geistigen Kampfe für und gegen die Friedensbedingungen so gut wie keine Rolle.

Ein grosser Teil derjenigen, welche die 27 Punkte *Wilson*'s mit Jubel begrüsst hatten, fand sich in den ungeheuren Ereignissen rasch wieder mit dem alten Souveränitätsdogma ab, zum grossen Teil wohl deshalb, weil man, nachdem der Sieg gesichert war, die Tatsachen mit anderen Augen zu sehen begann als vorher, zum Teil aber auch, weil man die früheren Ideale, ohne auf sie zu verzichten, nun für unrealisierbar hielt.

Das letztere gilt insbesondere von den pazifistischen Strömungen der verschiedenen Länder. Sie hatten ja zum Teil schon vor 1914 oder vor 1918 ihre nächsten Ziele auf möglichst Erreichbares abgestellt und von weitergehenden Forderungen vielfach nicht gesprochen. Auch jetzt konzentrierten sie sich zum Teil auf eine Kritik des Inhalts der Friedensbedingungen, besonders der Völkerbundssatzung, oder auf bestimmte Forderungen, zum Beispiel über die Abrüstung, und vermieden einen zunächst aussichtslosen Kampf gegen die Rückkehr zum alten Souveränitätsdogma. Damit ist es vielleicht zu erklären, dass selbst führende Pazifisten von wissenschaftlich hohem Rang, denen die Prinzipienfrage wohl kaum entgangen sein konnte, über diese Frage schwiegen. So zum Beispiel wenige Tage nach Ueberreichung der Friedensbedingungen *Dickinson* in einem aufsehenerregenden Artikel « The Peace Terms » (3).

Auch die Proteste pazifistischer Organisationen richteten sich zumeist nur gegen den Inhalt der neuen Regelung, nicht gegen den Souveränitäts-

Anm. (1) : Vgl. unten, II. Teil. 3. Abschinitt.

Anm. (2) : Herausg. von der Schweiz. - Holländischen Auskunftsstelle Bern I, 1919.

Anm. (3) : Der Völkerbund, I. Bd., Nr. 7, S. 254 ff. (nach Manchester Guardian v. 19. Mai 1919).

gedanken. Als Beispiele seien erwähnt: der Protest des Executivkomittees des *National Peace Council* in London gegen den Vertrag von Versailles vom 20. Mai 1919 (1) und eine Resolution des Council der *International Arbitration League* zu London vom Juni 1919 (2).

Doch wurde die Kritik an den Friedensbedingungen häufig unter Berufung auf das « Recht » oder die « Gerechtigkeit » oder in ähnlichen Wendungen geübt und insoweit kann man vielleicht in ihr immer noch, wenigstens zum Teil, den Glauben an ein überstaatliches Völkerrecht oder die Forderung nach Schaffung eines solchen beziehungsweise nach Rückkehr zu den Prinzipien der 27 Punkte *Wilson's* erblicken. Das Gleiche gilt, wenn sich die Kritik auf « Menschenrechte » oder auf « Grundrechte » der Völker oder Staaten stützt. Zumeist ist es bei solchen Wendungen nicht klar, ob an ein rationales Naturrecht oder an ein über den Staaten stehendes positives Völkerrecht gedacht ist und im letzteren Fall wieder, ob und in welchem Masse ein solches Völkerrecht als schon geltend behauptet wird oder ob bloss gefordert wird, dass es für die Zukunft geschaffen werde. Die theoretische Erörterung derartiger Fragen ist erst im dritten Teile dieser Arbeit möglich. Hier muss es uns genügen, festzustellen, dass ein Teil der internationalen öffentlichen Meinung an dem Ideal eines überstaatlichen Rechtes doch irgendwie festhielt.

Dies gilt offenbar zum Teil auch von jenen, welche ihre Kritik nur gegen den Inhalt der Friedensbedingungen richten. Wir haben früher als Beispiel einer solchen Kritik einen bemerkenswerten Artikel *Dickinson's* zitiert. Dieser Aufsatz geht zwar auf die Souveränitätsfrage nicht ein, aber er enthält die Sätze: « The old diplomacy, the old tradition, the old men have triumphed. The young, the hopeful, the faithful, the believers in humanity and right are dismissed with the anatomy of a document into which the breath of life can hardly be breathed » (3). Hier deutet offenbar das Wort « right » ein überstaatliches Recht an. Besonders charakteristisch ist ein offener Brief von *William C. Bullitt* an *Wilson* (4), worin der Verfasser seinen Rücktritt als assistant of the Department of State mit der Schwenkung in *Wilson's* Politik, mit der Preisgabe der « unselfish and unbiased justice » und mit « unjust decisions » der Konferenz begründet. Hier liegt schon in der Berufung auf die Gerechtigkeit die Berufung auf ein überstaatliches Recht; ganz klar ergibt sich der Glaube an ein überstaatliches Recht aus dem Satze: « You would have been able to resist the pressure and might have established that new international order based upon broad and universal principles of Right and Justice of which you used to speak. »

Anm. (1): Der Völkerbund, I, Nr. 9, S. 318 (nach Manchester Guardian vom 21. Mai 1919).

Anm. (2): Der Völkerbund, I. Bd., Nr. 9, S. 317 (nach The Arbitrator, Juni 1919).

Anm. (3): Der Völkerbund, I. Bd., Nr. 7, S. 254 (nach Manchester Guardian vom 19. Mai 1919).

Anm. (4): Der Völkerbund, I. Bd., Nr. 9, S. 329 (nach Daily Herald vom 24. Mai 1919); oben, S. 69.

Ein ähnlicher Glaube an ein überstaatliches Recht spricht aus vielen Aeusserungen jener Zeit.

Als ein Beispiel für jene Stimmen, welche die Verletzung von Grundrechten geltend machen, sei der Artikel « Noblesse oblige », *Le Genevois* vom 20. Mai 1919, genannt. Hier wird gefragt, wer sollte es besser wissen als die Schweiz, « comment les droits fondamentaux des peuples s'inscrivent dans une charte? » (1). Die Schweiz solle trachten, dass der Völkerbundspakt « devienne une Déclaration véritable des Droits des Peuples comme le fut autrefois, pour les individus, la Déclaration des Droits de l'Homme » (2). Ein Artikel « L'Allemagne et la Ligue des Nations » in der *Humanité* vom 11. Juni 1919 bekämpft den Friedensvertrag, « qui méconnaît le droit des peuples » (3). Aehnlich spricht ein Artikel « Plus jamais » des *Journal de Genève* vom 13. Juni 1919 vom « droit des peuples, déchainé comme une force élémentaire » (4).

Manchmal finden sich auch Angriffe gegen das Wiederaufleben des Souveränitätsgedankens. So sagt *Charles Saglio* in einem Artikel : « Les quatorze contradictions du Président *Wilson* » im *Oeuvre* vom 28. Mai 1919 : statt einer Gesellschaft, in der die Regierungen die Diener und nicht die Herren wären, « il n'a été constitué qu'une ligue de gouvernements dont les pouvoirs souverains n'ont été aucunement atténués » (5). Ein Brief des *Comité Central de la Ligue des Droits de l'Homme* zu Paris vom 23. Mai 1919 (6) weist bei seiner Kritik des Völkerbundvorschlags der alliierten und assoziierten Mächte darauf hin, dass die Liga schon auf ihren letzten drei Kongressen einen Völkerbund gefordert habe, der eine « dictature du droit devenu la loi commune des sociétés humaines » auszuüben hätte, und dem die « Souveränität » in der Form der drei Gewalten zustehen sollte (7). Am Schlusse findet sich vielleicht eine Andeutung einer überstaatlichen Rechtsordnung in der Aufforderung: «... ne désespérons pas de changer un traité médiocre en une grande charte dont l'institution changera le face du monde» (8).

Ein Bekenntnis zum überstaatlichen Völkerrecht steckt wohl auch in jenen Protesten, welche sich auf die Klage darüber beschränken, dass man das Programm *Wilson's* und die Basis des Waffenstillstandsvertrags verlassen habe. So bekämpft ein schon einmal erwähnter Beschluss der *Parlamentary Labour Party* und ihrer *National Executive* vom 5. Juni 1919 den Friedensvertrag mit den Worten : « The Treaty... violates the understanding upon which the armistice was signed, and is, therefore, a repudiation of the spirit and letter of the declarations of President *Wilson*, Mr. *Lloyd George* and other Allied statesmen... ». (9)

Anm. (1) : Der Völkerbund, I. Bd., Nr. 7, S. 269.
Anm. (2) : a. a. O., S. 270.
Anm. (3) : Der Völkerbund, I. Bd., Nr. 10, 1919, S. 365.
Anm. (4) : Der Völkerbund, I. Bd., Nr. 11-12, 1919, S. 412.
Anm. (5) : Der Völkerbund, I. Bd., Nr. 8, 1919, S. 293.
Anm. (6) : Der Völkerbund, I. Bd., 1919, Nr. 9, S. 319 (nach Le Pays vom 1. Juni 1919).
Anm. (7) : a. a. O., S. 319, 320.
Anm. (8) : a. a. O., S. 324.
Anm. (9) : Der Völkerbund, I. Bd., Nr. 10, 1919, S. 357 (nach Daily News vom 6. Juni 1919).

Aehnlich sagt, um ein zweites Beispiel dieser Art zu erwähnen, eine Resolution des *Congrès international des Femmes* zu Zürich vom 17. Mai 1919 ganz kurz : « Mais le Congrès regrette que les statuts de la Ligue, proposés par les Puissances Alliées et Associées ne s'accordent pas en tout avec les 14 points émis comme base des négociations actuelles, qu'ils impliquent certaines réserves contraires à son développement et qu'ils en aient omis d'autres, essentielles à la paix mondiale » (1).

Nicht anders verhält sich ein Brief, den vierzig hervorragende Engländer, darunter *C. Oxon, Lord Henry Cavendish, Bentinck,* M. P., *Arthur Henderson, Jerome K. Jerome,* Professor *Gilbert Murray,* im Mai 1919 an den *Manchester Guardian* richteten (2). Hier wird gesagt : « Such a settlement was embodied in President *Wilson's* fourteen points, and on the basis of these points as amended in two specified particulars the Armistice was concluded and Germany placed at the mercy of the Allies. It was on all sides anticipated that the peace would embody these points ». Daran schliesst sich die Kritik der an Stelle dieser Punkte gebotenen Friedensbedingungen.

In den beiden zuletzt zitierten Fällen bedeutet die Erwähnung der 14 Punkte an Stelle der 27 nur eine pars pro toto. Denn was von der ersten der entscheidenden Reden des Präsidenten *Wilson* gilt, muss auch von den drei anderen gelten. In den beiden zitierten Beispielen liegt demnach wohl schon in der Berufung auf das Programm *Wilson's* die Bejahung der Idee eines überstaatlichen Völkerrechtes.

Hier sei auch noch ein bemerkenswerter Artikel *A. G. Gardiner's* « Can the peace be saved? » (3) zitiert, welcher von den Friedensbedingungen sagt : « They represent the victory of Prussianism, transferred from one group of Powers to another group of Powers and camouflaged by the League of Nations. They do not set up the new order that President *Wilson* has pleaded for. They fasten the fetters of the old order upon men more mercilessly than ever before. They do not change the spirit of human society. They intensify and embitter the old spirit beyond all precedent. » Wenn hier der « Prussianismus » der Mächte in Gegensatz zu der neuen Ordnung *Wilson's* und zu dem neuen Geist der menschlichen Gesellschaft gesetzt wird, so kann damit wohl nur die Willkür des souveränen Staates gemeint sein, die sich über das Völkerrecht stellt, während dann die neue Ordnung die Unterwerfung des Staates unter das Völkerrecht bedeutet.

Die genannten Beispiele aller Gattungen liessen sich leicht vermehren. Doch hätte es keinen Zweck, sie hier zu häufen. Jedenfalls kann man der Presse und der politischen Literatur der damaligen Zeit als Ergebnis ent-

Anm. (1) : Der Völkerbund, I. Bd., 1919, Nr. 10, S. 349.
Anm. (2) : Der Völkerbund, I. Bd., 1919, Nr. 10, S. 353 (nach Manchester Guardian vom 24 Mai 1919).
Anm. (3) : Der Völkerbund, BI. d., Nr. 10, 1919, S. 362 (nach Daily News vom 7. Juni 1919).

nehmen: ein beachtenswerter Teil der internationalen öffentlichen Meinung lehnte sich gegen die von den 27 Punkten so weit abweichende Neuordnung auf und ein Teil dieses Teiles trat hierbei mehr oder weniger klar für ein überstaatliches Völkerrecht ein.

Die Mächte haben sich weder durch den Protest Deutschlands, noch durch die Kritik seitens eines Teiles der internationalen öffentlichen Meinung in ihrem Wege irremachen lassen. Sie sind diesen Weg folgerichtig zu Ende gegangen und haben den Frieden mit dem Deutschen Reich und mit dessen Verbündeten frei und souverän nach ihrem Belieben gestaltet, wie dies seit Jahrhunderten Sieger gegenüber den Besiegten getan hatten. Sie haben damit auch im Verhältnis der siegreichen Staaten untereinander die Souveränität wiederhergestellt.

Das Verhalten der siegreichen Mächte zu kritisieren, ist hier nicht der Ort, wir können es nur als eine geschichtliche *Tatsache* hinnehmen. Die Wissenschaft vom «positiven» Völkerrecht hat von dieser *Tatsache* auszugehen (1). Sie kann nicht feststellen, dass das mit dem Schriftenwechsel des Jahres 1918 und der Unterzeichnung des Waffenstillstandsvertrages geschaffene Völkerrecht jetzt noch « gilt ». Vielmehr muss sie konstatieren: *die alliierten und assoziierten Mächte haben sich kraft ihrer Souveränität als an ihre Abmachungen mit den Gegnern nicht gebunden erachtet; sie haben als «Gesetzgeber»* (2) *des Völkerrechtes das Werk von 1918 nach dem Grundsatz lex posterior derogat priori durch das Werk von 1919 ersetzt.* Die Ergebnisse der geschilderten Entwicklung sind also rückgängig gemacht worden. *Auch das Völkerrecht der Nachkriegszeit beruht auf der Kompetenzhoheit der Staaten, die Staatsidee ist der Idee des Völkerrechtes übergeordnet und dementsprechend der Einfluss des internationalen Rechtes auf das innerstaatliche Recht noch immer in sehr enge Grenzen gebannt.*

Aber die siegreichen Staaten haben als Gesetzgeber des Völkerrechtes nur die Ergebnisse der Entwicklung für das als geltend anerkannte Völkerrecht wieder beseitigen können. Die Entwicklung selbst haben sie nicht ungeschehen machen können. Die internationale öffentliche Meinung hat sich nur zum Teil der Wendung in der Politik der siegreichen Mächte angepasst. Es zeigte sich auch nach dem Siege des Souveränitätsgedankens über das Ieal eines überstaatlichen Völkerrechts in Paris, dass ein nicht unerheblicher Teil der internationalen öffentlichen Meinung an diesem Ideal festhielt.

So kam zum Beispiel die Anschauung von Millionen auf der *Internationalen Sozialistischen Konferenz* zu Luzern vom Juli 1919 zum Ausdruck (3). Schon in der Eröffnungsrede bezog sich der Vorsitzende *Henderson* auf

Anm. (1): Vgl. den III. Teil diesen Arbeit, Abschnitt 1 und 2.

Anm. (2): Ebenda.

Anm. (3): Der Völkerbund, I. Bd., 1919, Nr. 17-19, S. 587 ff. 589 ff. (nach La Feuille, Special English Edition, vom 3. und 8. August 1919).

eine überstaatliche Gerechtigkeit und ein überstaatliches internationales Recht, indem er erklärte : « It is true that a completely satisfactory world peace, founded on justice and international right, cannot be achieved so long as reactionary politicians remain in control of national policy » (1). Er bezeichnete als Ziel die Verwandlung des Genfer Völkerbundes « into a real international court of justice » (2). Die von der Konferenz gefasste Resolution verurteilt den Genfer Völkerbund als eine Organisation kapitalistischer und Bourgeoisstaaten. Immerhin sei er das erste wirkliche internationale Organ, er sei ein Keim der juristischen Organisation der Welt. In dem Grade, in dem proletarische Kräfte den bürgerlichen Staat in einen sozialistischen verwandeln, werde auch die Internationale bestrebt sein, den internationalen Bourgeoisstaat in einen sozialistischen umzugestalten. Zunächst werden wesentliche Aenderungen des Völkerbundsvertrags gefordert, darunter insbesondere die Einsetzung eines wahren Weltparlaments (3).

Aehnlich sagt ein Aufruf der *Deutschen Friedensgesellschaft* vom Juli 1919 (4) : « Gewiss ist der Völkerbund des Versailler Gewaltfriedens von dem Ideal des Völkerbundes, den die Friedensfreunde aller Länder, wir Pazifisten, gefordert haben, weit entfernt. Aber seine Einrichtungen sind immerhin entwicklungsfähig, und in allen Ländern melden sich schon jene, die ihn im Sinne der internationalen Rechtsidee ausgestalten wollen. Diese Vorkämpfer einer neuen Weltordnung, Pazifisten, Sozialisten und Demokraten, werden im Auslande mit uns zusammen für die Revision des heutigen Friedens eintreten ».

Als weiteres Beispiel sei eine Resolution des *Internationalen Syndikalistenkongresses* in Amsterdam, 28. Juli bis 2. August 1919 (5) genannt. Sie fordert für den Völkerbund gesetzgebende und rechtsprechende Gewalt. Die gesetzgebende Körperschaft soll von allen Völkern selbst gewählt werden. Die Arbeiterklasse « devra s'organiser internationalement et arriver ainsi à un pouvoir tel qu'elle devienne un organe de contrôle efficace de cette ligue ».

Eine Resolution des nordischen Friedenskongresses zu Stockolm, 4. und 5. September 1919 (6) forderte unter anderem die Umgestaltung der Völkerbundsversammlung zu einem Weltparlament und die Abschaffung des « Rechtes auf Krieg ».

Auch diese Beispiele liessen sich leicht vermehren. Aber für die geschichtlichen Ereignisse, für die Gestaltung des internationalen Rechtes der Nachkriegszeit und dessen Einfluss auf das innerstaatliche Recht haben derartige Stimmen jener Zeit keine unmittelbare Bedeutung gewonnen.

Anm. (1) : a. a. O., S. 589.
Anm. (2) : a. a. O., S. 590.
Anm. (3) : a. a. O., S. 587.
Anm. (4) : Der Völkerbund, I. Bd., 1919, Nr. 21-24, S. 671.
Anm. (5) : Der Völkerbund, I. Bd., 1919, Nr. 21-24, S. 673, 674.
Anm. (6) : Der Völkerbund, I. Bd., 1919, Nr. 21-24, S. 679 (nach Fredsfanan, Oktober 1919).

6. Das Völkerrecht der Nachkriegszeit.

A) Das Wiedererstarken des Souveränitätsdogmas.

In den Friedensverträgen haben die siegreichen Mächte, wie wir gesehen haben, die Ideen des Programms des Präsidenten *Wilson* und die neue überstaatliche Völkerrechtsordnung der Waffenstillstandsverhandlungen beseitigt und die alte Staatsidee wiederhergestellt. Diese Wiederherstellung zeigt sich nach allen Richtungen, in denen wir früher die Staatsidee der Vorkriegszeit kennen gelernt haben.

Vor allem ist die *Kompetenzhoheit* des Staates wieder zur Anerkennung gebracht und damit die Idee eines überstaatlichen Völkerrechtes beiseitegeschoben worden. Abgesehen von einigen wenigen allgemeinen Gewohnheitsrechtssätzen wie jenen über die Heiligkeit des Gesandtenrechtes oder über die Freiheit des Meeres ist der Staat im Sinne der auch heute noch herrschenden Auffassung nur durch die Verträge gebunden, die er freiwillig und selbstherrlich schliesst, und nur solange, als er sie nicht freiwillig kündigt oder durch Kriegserklärung oder Eröffnung von Feindseligkeiten zerbricht. Aber auch jene wenigen Sätze des Gewohnheitsrechtes gelten nicht als überstaatliches Recht, Gewohnheitsrecht ist nach der herrschenden Praxis und Lehre dem Vertragsrecht bloss koordiniert und kann daher nach dem Grundsatz lex posterior derogat priori durch Verträge, auch durch partikulare Verträge im Verhältnis zwischen einzelnen Staaten, modifiziert oder beseitigt werden.

Das Souveränitätsdogma hat daher grundsätzlich und im wesentlichen seine frühere Bedeutung wiedererlangt. Dies zeigt sich vor allem in der Verletzung der in den Waffenstillstandsverhandlungen übernommenen völkerrechtlichen Verpflichtungen durch die siegreichen Mächte. Es zeigt sich ferner in den Grundgedanken der Verfassung des Völkerbundes, vor allem in dem Prinzip der Einstimmigkeit und in dem Austrittsrecht der Mitglieder. Das Souveränitätsdogma hat seitdem die Praxis der Staaten beherrscht, so in den Friedensverhandlungen und Friedensverträgen mit den Verbündeten des Deutschen Reiches, in den Verhandlungen und Verträgen zur Reparationsfrage, in der Völkerbundpolitik, in den Arbeiten zur Kodifikation des Völkerrechtes, auf den Abrüstungskonferenzen und in *Briand's* Paneuropaprogramm von 1930 (1), welches eine Union fordert : « assez souple pour respecter l'indépendence et la souveraineté nationale de chacun

Anm. (1) : Société des Nations. Documents relatifs à l'Organisation d'un Régime d'Union Fédérale Européenne, Nr. A. 46. 1930. VII. S. 9 ff.

des Etats » ([1]) sowie in den Antworten der Mächte auf dieses Programm ([2]). Dies alles bedarf keiner näheren Beweisführung.

Das Ergebnis ist : *auch heute noch erkennt die herrschende Praxis der Mächte ein überstaatliches Völkerrecht, eine internationale Rechtsordnung mit Kompetenzhoheit nicht an und die Kompetenzhoheit kommt nach dieser Anschauung dem staatlichen, nicht dem völkerrechtlichen Gesetzgeber zu.*

Die Rechtsprechung der internationalen Gerichte hat sich der Praxis der Staaten angeschlossen. Vor allem hat der ständige Internationale Gerichtshof im Haag in Bezug auf das Verhältnis von Nichtmitgliedern zum Völkerbund den berühmten Satz ausgesprochen : « Cette règle ne fait du reste que reconnaître et appliquer un principe qui est à la base même du droit international : le principe de l'indépendance des Etats » ([3]). Des Gerichtshof begründet damit, dass Russland im Streite mit Finnland nicht verpflichtet sei, sich einer internationalen Instanz zu unterwerfen, da es weder Mitglied des Völkerbundes sei, noch mit Finnland einen Schieds- oder Vergleichsvertrag abgeschlossen habe. Es steckt aber doch in jenem Satz in seiner Allgemeinheit der Gedanke, dass es nur freiwillig übernommene Pflichten im Völkerrecht gebe, also die Lehre von der Selbstverpflichtung des Staates. Ferner hat der Ständige Internationale Gerichtshof erklärt : « Le droit international régit les rapports entre des Etats indépendants. Les règles de droit liant les Etats procèdent donc de la volonté de ceux-ci » ([4]). Auch damit ist ein überstaatliches Völkerrecht geleugnet. Denn sonst müsste dieses die Grundlage für die Ausübung der Staatsgewalt bilden. nicht aber der Wille unabhängiger Staaten die Grundlage des Völkerrechtes.

Auch die Rechtsprechung der in den Friedensverträgen eingesetzten Gemischten Schiedsgerichte hält am Souveränitätsgedanken fest. So hat beispielsweise das Deutsch-Rumänische Schiedsgericht in einem Prozess über Schadensersatzforderungen des rumänischen Staates auf Grund des Art. 297 e des Versailler Vertrags ([5]) ausgesprochen, dass die Beschlagnahme von Waggons unter Berufung auf das militärische Beuterecht durch den rumänischen Staat als « *acte de souveraineté* » der richterlichen Nachprüfung nicht unterliege: « Il s'agit d'un acte de souveraineté de l'Etat roumain et cet acte échappe à l'appréciation du Tribunal Arbitral Mixte, qui ne peut s'immiscer dans une question intéressant uniquement des Etats belligérants » ([6]).

Anm. ([1]) : a. a. O., III, lit. B, S. 12.
Anm. ([2]) : a. a. O., S. 17.
Anm. ([3]) : Publications de la Cour Permanente de Justice Internationale. Série B, Nr. 5, S. 27. Le 23 juillet 1923. Recueil des avis consultatifs, S. 27.
Anm. ([4]) : Ebenda, Série A, Nr. 10. Le 7 septembre 1927. Recueil des Arrêts. S. 18.
Anm. ([5]) : Société Pétrol Bloch c. Etat Allemand. Affaire n.° 69, v. 30. Juli 1928, *Bruns*, Zeitschrift für ausländisches Recht und Völkerrecht, I. Bd., 2. Teil, S. 97 ff.
Anm. ([6]) : a. a. O., S. 100.

Es mag nun sein, wie *Bruns* (1) annimmt, dass hier die französische Theorie vom *acte de gouvernement* (2) von Einfluss gewesen ist. Zugunsten dieser Annahme könnte meines Erachtens noch darauf hingewiesen werden, dass die Gemischten Gerichtshöfe in Aegypten über die actes de souveraineté der ägyptischen Regierung (3) eine Praxis entwickelt haben, auf die offenbar jene französische Theorie eingewirkt hat (4). Aber die Theorie vom acte de gouvernement bedeutet einen Vorbehalt unüberprüfbaren Gebietes der vollziehenden gegenüber der richterlichen Gewalt, mithin ein Stück Gewaltentrennung, innerhalb *eines* Staates, *einer* Rechtsordnung, sei es nun die französische, die ägyptische oder welche immer. Hätte das Schiedsgericht in unserem Fall die Theorie vom acte de gouvernement angewendet, so hätte es vorausgesetzt, dass rumänisches Recht und Völkerrecht *eine* Rechtsordnung bilden und dass daher der übergeordnete völkerrechtliche Gesetzgeber die Abgrenzung zwischen der rumänischen vollziehenden und der internationalen richterlichen Gewalt auch anders hätte ziehen können. Dies war doch offenbar nicht die Meinung des Gerichtes. Vielmehr wollte dieses sagen, dass es ein Vorbehaltsgebiet staatlicher Tätigkeit gebe, in welches völkerrechtliche Normen gegen den Willen des betroffenen Staates *nicht eingreifen dürfen*. Damit hat es ausgesprochen, dass das Völkerrecht dem staatlichen Recht nicht übergeordnet sei.

Ebenso wie die Praxis der Staaten und der internationalen Gerichte verhält sich auch die überwiegende Meinung in der Literatur. In den meisten Darstellungen des Völkerrechtes hat sich in Bezug auf die Grundfragen nichts geändert. Als Quellen des Völkerrechtes werden auch weiterhin Staatenverträge und Gewohnheitsrecht genannt. Die Verträge können gekündigt und durch Krieg aufgehoben werden, das Gewohnheitsrecht ist den Verträgen koordiniert und kann durch spätere Verträge beseitigt werden. Damit ist ein übergeordnetes Völkerrecht geleugnet. Es ist wohl überflüssig, diese in der völkerrechtlichen Literatur noch immer vorherrschende Meinung im einzelnen zu erörtern.

Die Theorie ist noch weiter gegangen. Es sind erst jetzt Stimmen laut geworden, die den Positivismus und die Lehre, dass der Staat das Oberste, das Höchste sei, auf die Spitze, auf einen nicht mehr übersteigbaren Gipfelpunkt getrieben haben. Vor allem muss hier auf den Vergleich

Anm. (1): *Bruns*, Völkerrecht als Rechtsordnung, Zeitschrift für ausländisches öffentliches Recht und Völkerrecht, I, 1929, I. Bd., Teil, S. 5.

Anm. (2): Literatur in meiner Arbeit: Das freie Ermessen und seine Grenzen, Leipzig und Wien, 1910, S. 140, Anm. 4; dazu neuestens Annuaire de l'Institut International de Droit public, 1931, 2. Bd., S. 33-255. Daselbst weitere Literaturangaben. Mein Bericht daselbst (S. 85-191) ist unter dem Titel: « Les actes de gouvernement » selbständig erschienen, Paris, 1931. Vgl. noch *Rafael Bielsa*, Derecho administrativo y ciencia de la administración, I. Bd., 2. Aufl., Buenos Aires, 1929, S. 57 ff.

Anm. (3): Vgl. insb. British India s/s Navigation Co. c. Gouvernement Egyptien, v. 11. Mai 1927, *Bruns*, Zeitschrift für ausländisches öffentliches Recht und Völkerrecht, I. Bd., 2. Teil, 1929, S. 461 ff. (nach Bulletin de Législation et de Jurisprudence Egyptienne, 1926/27, S. 463).

Anm. (4): Vgl. meinen zitierten Bericht: « Les actes de gouvernement », S. 64 ff., Annuaire de l'Institut, 1931, II. Bd., S. 146 ff.).

des Staates mit Gott durch *Kelsen* (1) und *Sander* (2) hingewiesen werden.

Nun geht dieser Vergleich allerdings von der Annahme aus, dass die Jurisprudenz sich erkenntnistheoretisch und logisch gegenüber dem Problem Staat-Recht in der gleichen Lage befinde wie die Theologie gegenüber dem Problem Gott-Welt, und er verfolgt nur konstruktiv-rechtstheoretische Zwecke. Hierbei wird überdies vorausgesetzt, dass beide Disziplinen, Theologie und Jurisprudenz « ja normative Disziplinen » seien (3). In Wahrheit kommt jedoch nur der *Moral*theologie, nicht der *theoretischen* Dogmatik, dieser Charakter zu, das Verhältnis Gott-Welt aber gehört in der zum Vergleich herangezogenen Beziehung der theoretischen Dogmatik, dem *Sein*, nicht dem *Sollen* an. Trotz dieses offensichtlichen konstruktiven Fehlers und jener bloss konstruktiven Absichten ist der Vergleich doch für die Gedankenwelt des Positivismus und der herrschenden Souveränitätslehre überaus charakteristisch. So liest man bei *Kelsen* : « Der Allmacht Gottes in der Natur entspricht durchaus die analoge Allmacht des Staates im Bereiche des Rechtes. Das theologische und das entsprechende juristische Dogma haben den gleichen Sinn. Wie die Weltordnung dem Theologen als Wille Gottes, erscheint die Rechtsordnung dem Rechtstheologen als Wille des Staates und dieser Wille kann jeden beliebigen Inhalt aufnehmen. Weder aus dem Begriff Gottes, noch aus dem der Natur ergibt sich eine Schranke für den Inhalt dieses Willens. Das Verhältnis von Gott und Natur bietet die gleichen spekulativen Möglichkeiten, wie das Verhältnis von Staat und Recht » (4). Zu dieser Anschauung des Verfassers tritt nun seine schon früher erwähnte Lehre von der Identifizierung von Staat und Recht, durch welche er das Problem Staat-Recht als « Scheinproblem » zu « entlarven » glaubt (5). Für ihn ist also Allmacht des Staates und Allmacht des Rechtes — beides im Bereich des Sollens gedacht — dasselbe. Aber damit hat er nur mit Hilfe von *Kant's* Trennung von Sein und Sollen dasjenige formuliert, was der herrschende Positivismus auf Grund des Souveränitätsdogmas stets angenommen hat. Denn niemals hat jemand geglaubt, dass irgendein Staat im physischen Sinn allmächtig sei. Die Parallele Gott-Staat bedeutet also den unübersteiglichen Gipfelpunkt der positivistischen Souveränitätslehre.

Dass derselbe Autor gleichzeitig mit der Parallele Gott-Staat auch eine Lehre entwickelt hat, welche es vermeintlich gestattet, zwischen dem Primat des staatlichen Rechtes und dem Primat des Völkerrechtes je nach

Anm. (1) : Das Problem der Souveränität und die Theorie des Völkerrechts, 1920, S. 21, 2. Aufl., 1928, ebenda; das Verhältnis von Recht und Staat im Lichte der Erkenntniskritik, Zeitschrift für öffentliches Recht, II. Bd., 1921, S. 453 ff. ; Rechtswissenschaft und Recht, 1922, S. 129 ff. ; Der soziologische und der juristische Staatsbegriff, 2. Aufl., 1928, S. 205 ff.; Allgemeine Staatslehre, 1925, S. 76 ff.

Anm. (2) : Rechtsdogmatik oder Theorie der Rechtserfahrung, Zeitschrift für öffentliches Recht, II. Bd., 1921, S. 511 ff. ; Staat und Recht (Wiener staatswissenschaftliche Studien, Neue Folge, Bd. I), passim.

Anm. (3) : *Kelsen*, Das Problem der Souveränität und die Theorie des Völkerrechts, 2. Aufl., 1928, S. 21.

Anm. (4) : a. a. O., S. 21, Anm. 1.

Anm. (5) : Vgl. jetzt insb. Allgemeine Staatslehre, 1925, S. 77.

Weltanschauung zu wählen, ist später zu erörtern. Aber selbst für den Fall des Primates des Völkerrechtes glaubt *Kelsen* dem Staat als « Personifikation einer Teilrechtsordnung » das Wesentliche der bisherigen Gottähnlichkeit durch die Behauptung retten zu können, dass die Staatsperson kein völkerrechtliches Unrecht begehen könne (1).

Aber nicht nur nach der Seite der theoretischen Grundlegung, sondern auch nach jener der praktischen Anwendung des Rechtes sind erst in der Literatur der Nachkriegszeit die letzten Konsequenzen aus dem Positivismus und dem Souveränitätsdogma gezogen worden. Der tschechische Staatsrechtslehrer *František Weyr* hat die früher dargestellte positivistische Lehre *Kelsens* von der völligen Identifizierung von Recht und Staat in ihren Folgerungen für das Völkerrecht zu Ende gedacht (2). Allerdings geschieht es nur gelegentlich eines besonderen Anwendungsfalls, nämlich betreffend den tschechoslowakischen Minderheitenschutzvertrag vom 10. September 1919. Aber die Argumentation ist so allgemein, dass sie, wenn sie richtig ist, für alle völkerrechtlichen Verträge gelten muss. Im Artikel 1 des genannten Vertrages hat die Tschechoslowakei die Verpflichtung übernommen, dass die Bestimmungen der folgenden Artikel als Grundgesetze anerkannt werden und dass kein Gesetz, keine Verordnung und keine Amtshandlung ihnen widersprechen oder prävalieren dürfe. *Weyr* behauptet nun, gestützt auf die genannten Lehren *Kelsens* und auf eigene frühere Schriften (3) von dem zitierten Artikel : « Es handelt sich (hier) um eine theoretisch unmögliche und praktisch bedeutungslose Verbindlichkeit » (4). Damit wird die rechtliche Unwirksamkeit des Vertrages behauptet. Denn wenn innerstaatliche Normen den Art. 2 ff. widersprechen dürfen, ohne rechtswidrig zu sein, so ist der ganze Vertrag rechtlich gegenstandslos.

Die « theoretische Unmöglichkeit », mit anderen Worten die rechtliche Unwirksamkeit der Vertragsbestimmung, wird von *Weyr* doppelt begründet. Erstens sei sie insoweit gegeben, « als wir bei der Betrachung der tschechoslowakischen Rechtsordnung auf dem Standpunkte ihrer Souveränität stehen » (5). Zweitens trete in dem Artikel das theoretisch fehlerhafte Bestreben zutage, « das normgebende Subjekt zugleich auch als Verpflichteten zu konstruieren, was unmöglich ist, weil doch das normgebende Subjekt in dieser seiner Funktion sich nicht verpflichten, d. h. Pflichten übernehmen kann » (6). Die praktische Konsequenz dieser theoretischen Unmöglichkeit

Anm. (1) : Das Problem der Souveränität und die Theorie des Völkerrechsts, 2. Aufl., 1928, S. 147, 148.

Anm. (2) : Soustava československého práva statního, (System des tschechoslowakischen Staatsrechtes, v Brně (Brünn), 1921, S. 71 ff.

Anm. (3) : Soudobý zápas o nové mezinárodní právo (Der gegenwärtige Kampf um ein neues Völkerrecht) und Základy filosofie právy (Grundlagen einer Rechtsphilosophie), S. 91.

Anm. (4) : « Jde o závazek theoreticky nemožný a prakticky bezvýznamný ». A. a. O., S. 72.

Anm. (5) : « Theoretická nemožnosť dána jest potud, pokud, poznávajíce československý právní řád, stojíme na stanovisku jeho svrchovanosti... » a. a. O., S. 72.

Anm. (6) : « Nadto v citovaném článku jeví se theoreticky chybná snaha, konstruovati normotvorný subjekt zároveň jakožto subjekt povinnostní což jest nemožné, poněvadž normotvorný subjekt v povinnostní této své funkci nemůže se zavazovati, t. j. přijímati povinnosti. » A. a. O., S. 72.

sei, dass niemand, auch nicht die Vertreter der Tschechoslowakei in Paris, sich für den souveränen tschechoslowakischen Gezetzgeber « wirksam und giltig » (1) verpflichten konnten. Wolle man daher dem zitierten Artikel überhaupt eine praktische Bedeutung sichern, so könne man darin nur eine sittliche Verpflichtung erblicken, welche der Vertrag jedem Mitglied der gesetzgebenden Körperschaft auferlegt, nicht für Gesetze zu stimmen, die mit dem Vertrag in Widerspruch stehen.

Diese Ansicht des tschechoslowakischen Staatsrechtslehrers ist praktisch ohne Einfluss geblieben und in der Theorie nur von wenigen Autoren (2) beachtet und zurückgewiesen worden. Dennoch ist sie von Bedeutung. Denn sie zeigt, wohin die Lehre des Positivismus von der Souveränität des staatlichen Gesetzgebers die Wissenschaft auf dem Wege strenger Folgerichtigkeit geführt hat.

Eine kritische Würdigung der Literatur in ihrer Gesamtheit wird erst im dritten Teil dieser Arbeit möglich sein.

So viel über den Begriff der Souveränität im Sinne von Kompetenzhoheit.

Auch in der Bedeutung von *Rechts- und Handlungsfähigkeit der Staaten* spielt die Souveränität nach der herrschenden Praxis und Lehre *die gleiche Rolle wie früher*. Dies ist ohne weiteres klar und bedarf keiner näheren Begründung, wenn wir jene Staaten betrachten, welche nicht Mitglieder des Völkerbundes sind, wie die Vereinigten Staaten von Amerika oder Russland.

Aber auch im Völkerbund hat die « Souveränität » der Staaten im Sinne ihrer vollen völkerrechtlichen Rechts- und Handlungsfähigkeit im wesentlichen nichts eingebüsst. Allerdings gibt es jetzt zwei Klassen von Staaten im Völkerbund, nämlich die ständigen Ratsmitglieder und die übrigen Mitglieder des Völkerbundes. Allein der Rat ist nicht das oberste, sondern nur eines der beiden koordinierten obersten Organe des Bundes. Jeder Staat ist in einem der beiden obersten Organe, in der Versammlung, vertreten ; hier sind noch immer alle gleichberechtigt, der kleinste wie der grösste ; hier herrscht grundsätzlich das Prinzip der Stimmeneinhelligkeit der Beschlüsse und gegen das liberum veto auch nur eines einzigen Staates kann, abgesehen von wenigen Angelegenheiten, kein Beschluss der Versammlung zustande kommen. Unerwünschten Beschlüssen des Rates aber kann sich jeder Staat, auch wenn er nicht ständig im Rat vertreten ist und daher nur zu den Staaten zweiter Klasse gehört, durch Kündigung und Austritt entziehen. *Auch im Völkerbund sind demnach alle Staaten grundsätzlich und im wesentlichen gleichberechtigte Mitgesetzgeber.*

Anm. (1) : « účinné a platné », A. a. O., S. 72.

Anm. (2) : Vgl. meine Ausführungen bei *Strupp*, Wörterbuch des Völkerrechts und der Diplomatie, II. Bd., S. 105 ff. ; *Verdross*, Die Einheit des rechtlichen Weltbildes auf Grundlage der Völkerrechtsverfassung, Tübingen, 1923, S. 33, Anm. 1; *Wintgens*, Der völkerrechtliche Schutz der nationalen, sprachlichen und religiösen Minderheiten, Stuttgart, 1930, S. 246, Anm. 240 ; *Raschhofer*, Die Hauptprobleme des Nationalitätenrechts, Tübingen, 1931, S. 128.

Die Wiederherstellung des alten Souveränitätsbegriffs bezieht sich endlich drittens auch auf die *Freiheitssphäre* des Staates. Zwar haben die internationalen Verträge durch die Liquidierung des Krieges und in der Nachkriegszeit an Zahl, Umfang und wesentlicher Bedeutung des Inhalts rascher zugenommen als in der Vorkriegszeit, das Tempo des Fortschrittes der zwischenstaatlichen Verflechtungen hat sich beschleunigt. Das Mass der völkerrechtlichen Bindungen der Staaten wächst also weiter und zwar immer schneller. Dennoch halten Theorie und Praxis grundsätzlich und im allgemeinen an dem für den « souveränen » Staat wesentlichen Minimum von Freiheitssphäre fest : an der Freiheit der « inneren » Angelegenheiten und an der Freiheit der Aussenpolitik innerhalb der bestehenden Völkerrechtsschranken von der Einmischung anderer Staaten, endlich an der Freiheit der Anwendung der Gewalt, letztlich der Kriegführung. Allerdings kann dies nur als allgemeiner Grundsatz behauptet werden; es sind, wie wir noch sehen werden, Ansätze zu seiner Ueberwindung vorhanden.

Vor allem enthalten die Friedensverträge und die Minderheitenschutzverträge Einschränkungen in einem bisher nicht üblichen Mass. Allein die Verträge der ersten Art belasten nur fünf, jene der zweiten nur 11 bezw. 15 (1) Staaten, beide sind also nur partikulares Recht. Alle übrigen Staaten sind bisher von derartigen Beschränkungen unberührt geblieben. Die besiegten Staaten und die mit einem Minderheitenschutz belasteten Staaten empfinden überwiegend die neuen Schranken als eine capitis deminutio. *Es lebt also auch in ihnen, mithin fast in der ganzen Völkerrechtsgemeinschaft, noch das alte Ideal der Souveränität in Sinne jenes Minimums der Freiheitssphäre, das die Staaten der Vorkriegszeit genossen und das heute die grosse Mehrzahl der Staaten geniesst.*

Weiter muss der Versuch des Völkerbundes hierher gerechnet werden, Kriege unter Nichtmitgliedern zu verhindern. Von diesem Versuch ist noch an anderer Stelle zu sprechen, da er ein Zeichen eines neuen Geistes in der Völkergemeinschaft ist. Aber das Völkerbundsrecht ist partikulares Recht. Gegenwärtig sind doch noch die alten generellen Rechtssätze des Völkerrechtes über die Verbindlichkeit völkerrechtlicher Verträge allgemein anerkanntes geltendes Recht. Nach diesen Normen wird kein Staat durch einen internationalen Vertrag gebunden, den er nicht abgeschlossen hat. Daher kann die Satzung des Völkerbundes keine Rechtspflichten der Nichtmitglieder begründen. Würden daher beispielsweise Russland und die Vereinigten Staaten Krieg gegeneinander führen, so wären sie berechtigt, jede Art von Intervention des Völkerbundes kraft ihrer « Souveränität » zurückzuweisen, und jede dennoch etwa erfolgende Intervention des Völkerbundes wäre rechtswidrig. Allerdings hat dies, auch abgesehen von der Machtfrage, praktisch kaum Bedeutung. Denn da die Nichtmitglieder keine Rechte aus der

Anm. (1) : Vgl. unten II. Teil, 5. Abschnitt.

Satzung des Völkerbundes ableiten können, darf jeder Mitgliedstaat kraft des Rechtes der freien Kriegführung souveräner Staaten aus beliebigen Gründen Feindseligkeiten gegen ein Nichtmitglied beginnen, ohne dadurch *diesem gegenüber* rechtswidrig zu handeln. Es wäre daher nur eine interne Frage des Völkerbundes, ob ein Mitglied gegen ein Nichtmitglied losschlagen darf, ohne Rechtspflichten gegen den Bund oder andere Mitglieder zu verletzen. Wie immer man nun diese Frage juristisch beurteilen mag, die Nichtmitglieder werden von ihr nicht berührt. Aus den vorstehenden Erwägungen ergibt sich daher : *die Staatsidee hat in Bezug auf die Freiheit des Kriegführens trotz der Gründung des Völkerbundes grundsätzlich keine Einschränkung erfahren.*

Dies zeigt übrigens mit voller Deutlichkeit auch der bisherige Verlauf der Konferenzen über die Rüstungsbeschränkungen. Hier stehen die Mächte ebenso wie in der Vorkriegszeit auf dem Standpunkt, dass sie kraft ihrer Souveränität berechtigt sind, beliebig zu rüsten, soweit sie nicht freiwillig vertragliche Bindungen übernommen haben. Nun wird zwar die Freiheit des Rüstens in der Regel mit der eventuellen Notwendigkeit der Verteidigung des eigenen Besitzstandes und nicht mit der Freiheit begründet, aus beliebigen Gründen Krieg zu führen. Allein wenn jeder Staat die anderen Staaten verdächtigt, dass sie eventuell seinen Besitzstand angreifen könnten, so gibt er damit der Ueberzeugung Ausdruck, dass sie, wenn auch nicht er selbst, auf dem Standpunkt des Rechtes zur freien Kriegführung stehen. *Jeder Staat, auch wenn er nur von der eigenen Verteidigung spricht, gibt also doch der Ueberzeugung Ausdruck, dass die Freiheit der Kriegführung aus beliebigen Gründen noch immer von anderen Staaten anerkannt ist.*

Weitergehende Beschränkungen als es bisher dargestellt worden ist, haben sich jene Staaten, welche Mitglieder des Völkerbundes geworden sind, in dem Rechtsverhältnis der Mitglieder untereinander auferlegt. Wir werden diese Beschränkungen später zu besprechen haben, da sich in ihnen der Geist einer neuen Zeit ausspricht. Aber das alte Minimum an Freiheitssphäre ist doch auch jezt noch im wesentlichsten gewahrt, sowohl in der auswärtigen wie in der inneren Politik.

In Bezug auf die *Aussenpolitik* der Mitgliedstaaten zeigt sich dies vor allem in dem Erfordernis der Einstimmigkeit der Beschlüsse des Völkerbundes und in der Kündbarkeit des Völkerbundvertrags. Durch Kündigung und Austritt kann sich jeder Staat insbesondere auch den Beschränkungen der Freiheit der Kriegführung entziehen. Ferner fehlt jede Norm darüber, dass die Vertreter der Völkerbundmitglieder verpflichtet seien, nicht im Interesse ihres Staates, sondern im Interesse des Ganzen abzustimmen, wie dies analog für die Abgeordneten in den modernen Parlamenten vorgeschrieben zu sein pflegt. Vielmehr ist jeder Staat durch Funktionäre repräsentiert, welche von seiner Regierung instruiert sind, welche Organe ihres

Staates und nur mittelbar und akzessorisch Organe des Völkerbundes sind, welche daher in erster Linie den Vorteil ihres Staates wahren und im Konfliktsfalle notwendig dessen Staatsräson, nicht Menschheits- oder Völkerbundsinteressen vertreten. Der Rat und die Versammlung des Völkerbundes sind daher de lege lata nicht Organe zur Gestaltung und Durchsetzung eines einheitlichen überstaatlichen Gesamtinteresses, so wie die obersten Organe des Staates ein einheitliches staatliches Gesamtinteresse gegenüber partikularistischen Gewalten und Tendenzen vertreten. *Vielmehr ähneln die beiden obersten Organe des Völkerbundes den ständischen Versammlungen früherer Zeiten, in denen jeder berechtigt war, für seine egoistischen Sonderzwecke einzutreten.*

Ebensowenig wie die äusseren beschränkt der Völkerbund grundsätzlich die *inneren* Angelegenheiten. Seine Satzung hat dies im Artikel 15 Absatz 8 ausgesprochen. Hier ist ein Vorbehaltsgebiet zugunsten der « compétence exclusive » der « domestic jurisdiction » der Staaten geschaffen. Wie sich aus der Geschichte dieser Bestimmung ergibt (1), ist hier im wesentlichen die Freiheitssphäre der Staaten der Vorkriegszeit festgehalten worden. Die Praxis der Staaten sieht denn auch im Art. 15 Abs. 8 ein Stück Freiheitssphäre, das der Staat nicht kraft Verleihung durch den Völkerbund, sondern kraft eigener Souveränität besitze.

Der Ständige Internationale Gerichtshof im Haag hat sich in seinem 4. Gutachten (2) eingehend mit der Materie befasst. Er hat Folgendes ausgesprochen :

« A un certain point de vue, on pourrait bien dire que la compétence d'un Etat est *exclusive* dans les limites tracées par le droit international, ce terme, pris dans son sens large, comprenant à la fois le droit coutumier et le droit conventionnel général ou particulier. Mais un examen attentif du paragraphe 8 de l'article 15 démontre que ce n'est pas dans ce sens qu'on y parle de compétence exclusive.

Les mots « compétence exclusive » semblent plutôt envisager certaines matières qui, bien que pouvant toucher de très près aux intérêts de plus d'un Etat, ne sont pas, en principe, réglées par le droit international. En ce qui concerne ces matières, chaque Etat est seul maître de ses décisions » (3).

Der Gerichtshof führt weiter aus: «Selon le paragraphe 8, l'intérêt de la Société... doit, à un point déterminé, s'arrêter devant l'intérêt également primordial de chaque Etat de conserver intacte son indépendance dans les affaires que le droit international reconnaît comme étant de son domaine exclusif » (4).

Mit den Worten : «également primordial» ist die Ueberordnung des inter-

Anm. (1) : Vgl. die in den Kommentaren zitierten Materialien, z. B. *Schücking* und *Wehberg*, Die Satzung des Völkerbundes, 2. Aufl., Berlin, 1924, S. 571 ff., 588 ff.

Anm. (2) : Publications de la Cour permanente de Justice internationale. Avis consultatif, Serie B, Nr. 4. Le 7 février 1923, Recueil des avis consultatifs, S. 22 ff.

Anm. (3) : a. a. O., S. 23, 24.

Anm. (4) : a. a. O., S. 25.

nationalen Rechtes über das innerstaatliche ausdrücklich geleugnet. Wäre ein überstaatliches Völkerrecht vorausgesetzt, so würde das Vorbehaltsgebiet des Art. 15 Abs. 8 eine Kompetenz bedeuten, welche das *Völkerrecht* den Staaten übertragen hat und welche es daher begrenzen und weiter beschränken kann. Genauer wäre meines Erachtens zu sagen : *das Vorbehaltsgebiet des Art. 15 Abs. 8 wäre eine Vollmacht des Völkerrechtes an den Staat zu freiem Ermessen, pouvoir discrétionnaire im engeren, eigentlichen Sinn* (1). *Dann müsste aber auch eine Ueberprüfbarkeit dieses Ermessens wegen Ermessensüberschreitung, détournement de pouvoir im Sinne der französischen Rechtssprache, zulässig sein.* Denn gerichtlich unüberprüfbares freies Ermessen und gerichtliche Ueberprüfung der Ueberschreitung der Grenzen dieses Ermessens sind, sobald einmal eine besondere richterliche Funktion von der Exekutive getrennt ist, Korrelate, die einander entsprechen (2).

Der Ständige Internationale Gerichtshof im Haag ist ein solches von der Exekutive, von der auswärtigen Verwaltung der Staaten und den Organen des Völkerbundes getrenntes richterliches Organ. Aber er ist weit entfernt, den Staaten bloss ein vom Völkerrecht gewährtes und beschränkbares « freies Ermessen » zuzuerkennen und Staatsakte nach der Richtung des détournement de pouvoir zu untersuchen. Vielmehr sieht er die Freiheitssphäre der Staaten als etwas an, das nicht im Völkerrecht, sondern unabhängig vom Völkerrecht in der Souveränität des Staates begründet ist. Damit aber ist im Prinzip die alte Freiheitssphäre des Staates der Vorkriegszeit anerkannt.

Mit Art. 15 Abs. 8 der Völkerbundssatzung beschäftigt sich eine kaum noch übersehbare Literatur (3). Aber auch sie sieht im allgemeinen in dem Vorbehaltsgebiet dieser Bestimmung jene Freiheitssphäre des Staates der Vorkriegszeit, die dieser kraft seiner *Souveränität*, kraft *eigenen* ursprünglichen Rechtes besitzt.

Daran ändert sich in der Sache noch nichts, wenn man das *Wort* Souveränität vermeidet oder es nicht auf den Staat angewendet wissen will. So

Anm. (1) : Vgl. insb. meine Arbeiten : Das freie Ermessen und seine Grenzen, Wien, 1910, passim ; Kategorische und disjunktive Normen, im Archiv des öffentlichen Rechts, XXXIV, 1915, S. 162 ff. ; L'autonomia del diritto, in Studi di diritto pubblico in onore di *Oreste Ranelletti*, Padova, 1930 ; Les actes de Gouvernement, París, 1931, und Annuaire de l'Institut International de Droit Public, 1931, II. Bd., S. 85 ff. ; Zur Lehre vom freien Ermessen der öffentlichen Organe, Juristische Blätter, Wien, 60. Jahrg., 1931, Nr. 16-17. Vgl. unter anderen insbesondere auch *Ranelletti*, Principii di diritto amministrativo, 1912, 364 ff. ; derselbe, Lezioni di diritto amministrativo, 1923, n.° 55 ff. ; *Michoud*, Etude sur le pouvoir discrétionnaire de l'administration (Annales de l'Université de Grenoble, 1913, 1914) ; *Bonnard*, Le pouvoir discrétionnaire des autorités administratives et le recours pour excès de pouvoir, Revue du droit public, 40. Bd., 1923, S. 363 ff. ; *Giraud*, Etude sur la notion du pouvoir discrétionnaire, Revue générale d'administration, 47. Bd., 1924, S. 193 ff., 298 ff. ; *Réglade*, Du prétendu contrôle juridictionnel de l'opportunité en matière de recours pour excès de pouvoir, Revue de droit public, 42. Bd., 1925, S. 413 ff., daselbst, S. 413, Anm. 1 Literatur ; *Welter*, Le contrôle juridictionnel de la moralité administrative, Paris, 1929, insb. S. 28 ff., 41 ff. ; *Boasson*, De Rechter tegenover de Vrijheid der administratie, Groningen, 1911, passim, insb. S. 313 ff. ; *Walter Jellinek*, Gesetz, Gesetzesanwendung und Zweckmässigkeitserwägung, Tübingen, 1913, insb. S. 190 ff. ; *Drost*, Das Ermessen des Strafrichters, Berlin, 1930, insb. S. 41 ff. u. a.

Anm. (2) : Vgl. meine in der vorhergehenden Anmerkung zitierten Arbeiten, passim.

Anm. (3) : Vgl. die Uebersicht der Meinungen bei *Viktor Bruns*, Völkerrecht als Rechtsordnung, in seiner Zeitschrift für ausländisches Recht und Völkerrecht, I. Bd., 1930, 1. Teil, S. 41 ff.

will *Politis* (1) zwar den *Ausdruck* Souveränität im Sinn einer Eigenschaft des Staates aus der Rechtssprache des Völkerrechtes verbannen und diesen Ausdruck dem Recht, für späterhin der Völkerrechtsgemeinschaft, vorbehalten (2). Zugleich will er aber doch in der *Sache selbst* dem Staate die alte Freiheitssphäre sichern.

Politis sagt von der Souveränität : « Appliquée à une volonté humaine, cette notion signifie le droit pour elle de ne se déterminer jamais que par elle-même » (3). Das Wort Souveränität erwecke die Vorstellung von Omnipotenz und Absolutismus (4). Souveränität sei begrifflich unteilbar, denn : « On est indépendant ou on ne l'est pas. Une indépendance limitée est déjà de la dépendance » (5). Für den Staat eigne sich daher das Wort : « liberté » besser als das Wort : « souveraineté » (6). Eine absolute Freiheit gebe es für die Staaten nicht, ebensowenig wie für die Individuen im Staat. Was man im Völkerrecht Souveränität der Staaten nennt, sei nicht die absolute Freiheit. Das Völkerrecht kenne vielmehr zwei Gebiete von Freiheit, die beschränkte und die unbeschränkte, « le domaine de la liberté limitée » und « le domaine de la liberté non limitée » oder « domaine réservé » (7). Auf dem Gebiet der ersteren (8) gebe es für die Staaten formelle Schranken, auf dem der letzteren (9) nicht. Der Ausdruck der unbeschränkten Freiheit, des « domaine réservé », sei insbesondere Art. 15 Abs. 8 der Völkerbundssatzung, die « compétence exclusive », die « domestic jurisdiction » (10). Dies seien die « affaires purement intérieures » (11).

Von diesem Vorbehaltsgebiet führt nun *Politis* insbesondere aus : « Là, chaque pays peut revendiquer un pouvoir absolu. Il règle ses affaires domestiques comme bon lui semble, en tenant compte de ses seuls intérêts, sans se préoccuper de leur répercussion internationale. Il n'admet aucune intervention étrangère, aucun contrôle extérieur. Sa compétence est exclusive en ce sens qu'elle ne peut être concurrencée par aucune autre, ni par celle d'un juge, ni même par celle d'un médiateur ou d'un conciliateur.

Les affaires domestiques ne sont pas justiciables. Elles ne peuvent, en principe, être soumises à l'arbitrage. Elles ne sont pas davantage matière à dicussion diplomatique. Elles ne peuvent pas, la règle générale, faire l'objet d'une procédure de conciliation » (12).

Man sieht in diesen Ausführungen in dem « pouvoir absolu » deutlich die Souveränität des Staates aufleben, obwohl doch der Autor die Souveränität dem Rechte und nicht dem Staate zuschreiben wollte. Es liegt hier,

Anm. (1) : Académie de Droit International, Recueil des Cours, 1925, I. Bd., S. 5 ff.
Anm. (2) : a. a. O., S. 18, 19.
Anm. (3) : a. a. O., S. 12.
Anm. (4) : a. a. O., S. 19, 20, 21.
Anm. (5) : a. a. O., S. 18.
Anm. (6) : a. a. O., S. 21.
Anm. (7) : a. a. O., S. 22, 23.
Anm. (8) : a. a. O., S. 25 ff.
Anm. (9) : a. a. O., S. 43 ff.
Anm. (10) : a. a. O., S. 45 ff.
Anm. (11) : a. a. O., S. 43.
Anm. (12) : a. a. O., S. 43.

wie bereits *Viktor Bruns* mit Recht bemerkt ([1]), eine Formulierung der « Omnipotenz » und des « Absolutismus » der Staaten, also der Souveränität im alten Sinne vor. Allerdings soll sich diese Souveränität nur auf einzelne Gebiete erstrecken, und die « Souveränität » als *Freiheitssphäre* muss ja, wie wir oben gesehen haben, teilbar vorgestellt werden. Aber da diese Souveränität nach *Politis* nicht einmal diplomatische Verhandlungen gestattet, bleibt die Grenze zwischen diesem Vorbehaltsgebiet und dem rechtlich beschränkten Gebiet dem Belieben des Staates überlassen.

Man sieht an dem Beispiel dieser Theorie, wie leicht die alte Souveränitätsidee selbst dort, wo man sie zugunsten der Souveränität des Rechtes vertreiben will, durch eine Hintertür wieder zurückkehrt.

Was nun den Umfang des Vorbehaltsgebietes des Art. 15 Abs. 8 anbelangt, so ist es wohl überflüssig, hier auf ihn und die Fragen seiner Abgrenzung im einzelnen einzugehen. Es genügt, sich die wesentlichen Punkte zu vergegenwärtigen, die wir früher als das Minimum an Freiheitssphäre der souveränen Staaten der Vorkriegszeit kennen gelernt haben.

Als eines der wichtigsten Gebiete der compétence exclusive gilt das *Staatsangehörigkeitsrecht.* Die Praxis der Staaten steht auf diesem Standpunkt. Der Haager Gerichtshof hat sich dafür ausgesprochen ([2]), ebenso der Bericht von *Rundstein* für die Kodifikationskommission des Völkerbundes ([3]) Dieser Bericht bezeichnet die Schaffung eines Weltrechtes über Staatsangehörigkeit geradezu als « une entreprise chimérique » ([4]). Auch die Arbeiten des Institut de Droit International ([5]) gehen von dieser Grundlage aus. In gleicher Weise betrachtet die Theorie die Staatsangehörigkeit zumeist als eine ausschliesslich innere Angelegenheit ([6]). Praxis und Theorie sehen eben im allgemeinen im Staatsangehörigkeitsrecht die Grundlage der Organisation des Staates und glauben daher auch heute wie vor dem Kriege, dass es nicht vom Völkerrecht, sondern nur vom « souveränen » staatlichen Gesetzgeber geregelt werden könne. Auch heute noch braucht sich daher bei der Regelung dieser Materie kein Staat, soweit er sich nicht freiwillig vertragsmässig gebunden hat, um den anderen zu kümmern. Die Folgen dieser Anarchie hat *Triepel* kürzlich dargestellt ([7]) und in drastischer Weise gekennzeichnet, indem er unter Hinweis auf die zahlreichen Konflikte sagt : « Ich meine, man könnte diese Dinge sehr gut als brauchbare Grundlage für einen Operettenstoff betrachten. Im Leben indes machen sie den Betroffe-

Anm. (1) : Völkerrecht als Rechtsordnung, in seiner Zeitschrift für ausländisches öffentliches Recht und Völkerrecht, I. Bd., 1929, 1. Teil, S. 37.

Anm. (2) : Publications de la Cour permanente de Justice internationale. Série B, Nr. 4. Le 7 février 1923. Recueil des Avis Consultatifs, S. 24 ; vgl. auch die Ausführungen und das Amendement *Niboyet's* in Annuaire de l'Institut de Droit International, 34. Bd., 1928, S. 681, 682.

Anm. (3) : Société des Nations. Comité d'Experts pour la codification progressive du droit international. C. 196. M. 70, 1927. V. [C. P. D. I. 95 (2)], S. 9, 10.

Anm. (4) : a. a. O., S. 10.

Anm. (5) : Zitate in dem eben erwähnten Bericht von *Rundstein*, a. a. O., S. 10. ; ferner Annuaire de l'Institut de Droit International, 1928, S. 678 ff.

Anm. (6) : Vgl. auch *Bruns*, a. a. O., S. 45.

Anm. (7) : Internationale Regelung der Staatsangehörigkeit, Zeitschrift für ausländisches öffentliches Recht und Völkerrecht, I. Bd., 1929, 1. Teil, S. 185 ff., insb. S. 188 ff.

nen nur wenig Vergnügen » [1]. Aber je grösser und unerträglicher die Konflikte sind, desto mehr zeigt ihre Existenz und die Schwierigkeit, sie durch internationale Verträge aus der Welt zu schaffen, die Zähigkeit, mit der sich die alte Staatsidee gerade in diesem Punkte erhält.

Nun hat die in anderem Zusammenhang nochmals zu erwähnende Konferenz für die Kodifizierung des Internationalen Rechtes [2], die vom 13. März bis 12. April 1930 im Haag getagt hat, von 47 grösstenteils dem Völkerbund angehörenden Staaten als Teilnehmern und ausserdem einem Beobachter seitens der Union der Sozialistischen Sowjetrepubliken beschickt war, zwar den Entwurf eines Abkommens verfasst, das gewisse Folgen der Heimatlosigkeit und der doppelten Staatsangehörigkeit beseitigen will [2]; dieses Abkommen ist auch von allen Konferenzteilnehmern mit Ausnahme der Vereinigten Staaten von Amerika angenommen worden. Aber es betont in der Einleitung ausdrücklich, die vertragschliessenden Parteien bekennen sich zu der Ansicht, dass es unter den gegenwärtig in den einzelnen Ländern bestehenden wirtschaftlichen und sozialen Verhältnissen nicht möglich sei, schon jetzt alle Probleme der Staatsangehörigkeit zu lösen : « Estimant que, dans les conditions économiques et sociales èxistant actuellement dans les divers pays, il n'est pas possible de procéder dès maintenant à un règlement uniforme de tous les problèmes susindiqués » [3]. Hier sind die wirtschaftlichen und sozialen Verhältnisse an Stelle des Souveränitäsdogmas vorgeschoben. Art. 1 Satz 1 spricht demgemäss ausdrücklich aus, dass jeder Staat durch seine Gesetzgebung bestimmt, welches seine Staatsangehörigen sind. Nun fügt Satz 2 allerdings hinzu, diese Gesetzgebung müsse im Einklang mit den internationalen Verträgen, dem internationalen Gewohnheitsrecht und den allgemein anerkannten Prinzipien des Rechts über die Staatsangehörigkeit stehen. In dem Hinweis auf die allgemeinen Rechtsgrundsätze kann man einen Einbruch neuer Gedanken in das bisher unantastbare Gebiet der Staatsangehörigkeit sehen. Immerhin muss man doch, bevor man ein Urteil über die Tragweite dieses Einbruchs fällen will, zwei Dinge abwarten : erstens, welche Staaten das Abkommen ratifizieren werden, zweitens, welche allgemeinen Rechtsgrundsätze die Praxis anerkennen und gegen widerstrebende Staaten durchsetzen wird. Vorläufig wäre der Schluss verfrüht, aus dem Abkommen eine Einschränkung des Souveränitätsgedankens im positiven Völkerrecht folgern zu wollen.

Ausser der Staatsangehörigkeit umfasst das Vorbehaltsgebiet insbesondere die wichtigsten innerpolitischen Probleme, die Ordnung der *religiösen, nationalen, wirtschaftlichen und sozialen Verhältnisse innerhalb des Staatsgebietes.* Die Friedensverträge und die Verträge über den Schutz nationaler

Anm. (1) : a. a. O., S. 189.

Anm. (2) : Société des Nations. Actes de la Conférence pour la codification du droit international. C. 351. M. 145. 1930. V. Annexe 5 (C. 224. M. III. 1930, V), S. 80 ff.

Anm. (3) : a. a. O., S. 80.

Minderheiten dürfen wir hier nicht heranziehen, denn sie betreffen nicht die Völkerbundsmitglieder als solche oder gar alle Staaten, sondern nur bestimmte einzelne Staaten auf Grund besonderer Verträge. Abgesehen von diesen Sonderverträgen, die nur einige Mitglieder belasten, ist der Umfang der «inneren Angelegenheiten», die der Einflussnahme von aussen entzogen sind, nur in einem einzigen Gebiete gegenüber dem Rechte der Vorkriegszeit oder der Rechtsstellung der Nichtmitglieder eingeschränkt, nämlich im Gebiete der Sozialpolitik.

Wir werden von der internationalen Sozialpolitik, soweit in ihr ein neuer Geist im Gegensatz zur Vorkriegszeit zum Ausdruck kommt, noch zu sprechen haben. Aber mag sich auch im Inhalt der Bestimmungen des XIII. Teils der Friedensverträge und in der Tätigkeit des hier vorgesehenen Verbandes, des Internationalen Arbeitsamtes und der Internationalen Arbeitskonferenzen der Anbruch einer neuen Zeit ankündigen, so ist doch jedenfalls die grösste Sorgfalt darauf verwendet worden, dass die « Souveränität » der beteiligten Staaten im Sinne des bisherigen Minimums an Freiheitssphäre nicht in Frage gestellt werde.

Die Konferenz kann nach Art. 405 Abs. 1 nur « Empfehlungen », « recommandations », oder Vertragsentwürfe beschliessen. Es wird manchmal gelehrt, der Unterschied zwischen beiden bestehe darin, dass die Empfehlungen keine völkerrechtlichen Verpflichtungen der Mitgliedstaaten nach sich ziehen, wohl aber die Beschlüsse von Vertragsentwürfen. Dies ist unrichtig. Beide Arten von Beschlüssen haben für die Mitgliedstaaten die gleiche Verpflichtung zur Folge : die Regierung hat den Beschluss nach Art. 405 Abs. 5 binnen einer Frist den nach innerstaatlichem Recht « zuständigen » Stellen zu unterbreiten. Weitere völkerrechtliche Pflichten ergeben sich bei beiden Arten von Beschlüssen für jene Staaten, welche diese Beschlüsse ablehnen, nach Art. 405, Abs. 8 nicht. Nur die nach innerstaatlichem Recht « zuständige » Stelle kann möglicherweise bei beiden Arten von Beschlüssen eine verschiedene sein. Vertragsentwürfe sind jedenfalls dem zur Ratifizierung kompetenten Organ vorzulegen. Art. 405 Abs. 8 betont aber ganz ausdrücklich, was übrigens nach allgemeinem Völkerrecht im Zweifel selbstverständlich ist, dass wenn der Entwurf nicht die Zustimmung der zuständigen Stelle findet, der Mitgliedstaat keine weitere Verpflichtung hat. Endlich ist nach Art 387 Abs. 2 Kündigung und Austritt aus dem Verbande zulässig, da sich die Mitgliedschaft in diesem Verbande an jene im Völkerbund knüpft.

Es ist also daran festgehalten, dass nur die Staaten im Wege der Selbstverpflichtung partikulares Völkerrecht, kündbares Vertragsrecht, schaffen. Damit ist ein überstaatliches Völkerrecht, eine überstaatliche Sozialpolitik abgelehnt, die Freiheitssphäre im alten Sinne anerkannt und jede Einmischung von aussen in die inneren sozialpolitischen Angelegenheiten eines Staates abgewehrt, wenn er ihr nicht freiwillig zugestimmt hat.

Die « Souveränität » des Staates ist demnach im geltenden Völkerrecht auch im Sinne des Minimums an Freiheitssphäre der Staaten der Vorkriegszeit grundsätzlich gewahrt.

Wir müssen daher als das Ergebnis unserer bisherigen Untersuchung feststellen : *Die Friedensverträge haben die Idee des souveränen Staates der Vorkriegszeit wiederhergestellt und das Völkerrecht der Nachkriegszeit ruht wieder wie jenes der Vorkriegszeit auf dieser Idee.*

Immerhin gibt es Neuerungen und Ansätze zu weiteren neuen Entwicklungen von grosser Tragweite. Ihnen haben wir uns nun zuzuwenden.

B) Die neuen Gedanken im geltenden Völkerrecht.

Wie wir gesehen haben, ist die Entwicklung, die auf Grund der neuen Ideen *Wilsons* in den Waffenstillstandsverhandlungen begonnen hatte, durch das Werk der Friedensverträge im grundsätzlichen wieder rückgängig gemacht worden. Allein Ideen, die einmal die Menschen bewegt haben, lassen sich durch Gewalt nicht bannen. Die neue Ordnung, die im November 1918 verbindliches Völkerrecht geworden ist und die damals eine Zeitlang Aussicht auf Durchführung hatte, ist doch nicht so restlos beseitigt worden, dass nicht gewisse Spuren zurückgeblieben wären. Das Werk, das an die Stelle des *Wilsons*chen Programms und der Waffenstillstandsbedingungen getreten ist, steht zwar grundsätzlich wieder auf dem Boden der Souveränität des Staates, aber es finden sich doch neuartige Elemente und eine neue Form des Denkens beginnt sich geltend zu machen. *So birgt dasjenige, was heute als das geltende Völkerrecht zu betrachten ist, einen Widerspruch seiner Grundlagen in sich, den Widerspruch zwischen der Ueberordnung des Völkerrechtes über den Staat und der Ueberordnung des souveränen Staates über das Völkerrecht.*

Die vorliegende Arbeit muss sich damit begnügen, aus der Fülle des Stoffes das Wesentiichste herauszugreifen. Dieses wird am übersichtlichsten dargestellt werden können, indem zuerst der Völkerbund, dann die neuen Rechtsgedanken ausserhalb des Völkerbundrechtes behandelt werden. Weiter haben wir die theoretische Literatur über das geltende Recht, endlich die Bestrebungen de lege ferenda zu erörtern, die den weiteren Ausbau des Völkerrechtes und dessen Einwirkung auf das innerstaatliche Recht betreffen.

a) Der Völkerbund.

Den hervorstechendsten Unterschied zwischen dem Völkerrecht der Vorkriegszeit und jenem der Nachkriegszeit bildet der *Völkerbund.* Der

Völkerbund ist zwar nur partikularen Rechtes, aber er umfasst doch den grössten Teil der Staaten der Völkerrechtsgemeinschaft. Die Mitgliedschaft beim Völkerbund legt jedem beteiligten Staat, wenn sie auch seine « Souveränität » grundsätzlich nicht antastet, doch weitgehende Pflichten auf, die in der Vorkriegszeit gegen die souveränen Staaten niemals durchzusetzen gewesen wären. Einige dieser Pflichten, mag sich ihnen auch jeder Staat durch den Austritt aus dem Bund entziehen können, stehen doch, solange sie währen, in einem scharfen Gegensatz zu all dem, was man bisher aus der Idee von der Souveränität des Staates gefolgert hatte und müssen als wenn auch schwache Ansätze zur Ueberwindung des Souveränitätsdogmas gewertet werden.

In der Einleitung zum Völkerbundpakt finden wir zweimal die Berufung auf die Gerechtigkeit : im Absatz 2 ist die Rede von « relations internationales fondées sur la justice », « just relations between nations » ; und im Absatz 4 wird als Ziel des Bundes angegeben « de faire régner la justice », « the maintenance of justice ».

Nun ist das Wort Gerechtigkeit allerdings mehrdeutig und könnte insbesondere auch bloss in dem Sinne von Befolgung des positiven Rechtes verstanden werden. So ist vielleicht die Einleitung zum Haager Abkommen über die friedliche Erledigung internationaler Streitigkeiten auszulegen, wo die Mächte erklären, dass sie den Vertrag unterzeichnen « voulant étendre l'empire du droit et fortifier le sentiment de la justice internationale ». Denn ein Gefühl für ein *überstaatliches* Völkerrecht konnte man nicht stärken wollen, solange ein solches ganz ausserhalb aller realen Möglichkeiten lag. Wohl aber konnte man wünschen, wenigstens den Sinn für die Befolgung der vorhandenen Regeln des « positiv » *geltenden*, auf der Idee von der Souveränität des Staates basierenden Völkerrechtes zu stärken.

Dagegen in der Einleitung zum Völkerbundpakt liegen die Dinge anders. Schon *Quincy Wright* (1), *Schücking-Wehberg* (2) und andere haben darauf hingewiesen, dass gerade die Einleitung zum Völkerbundpakt die Gedankenwelt *Wilsons* wiedergibt, ja, zum grössten Teil aus seinem ersten Entwurf stammt. Mag man nun heute dieser Einleitung de lege lata welche Auslegung immer geben, geschichtlich ist sie ein Dokument des Geistes jener Zeit, in welcher sich 28 bisher souveräne Staaten verpflichteten, de lege ferenda ein neues überstaatliches Völkerrecht zu schaffen, in welchem ihre Souveränität der Kompetenzhoheit eines Weltrechtes gewichen wäre.

Ja, man muss wohl noch weiter gehen. Der Jurist ist nicht befugt, Worte des Gesetzgebers im Zweifel als inhaltsleere Phrasen oder gar als bewusste Unwahrheit auszulegen. Daher muss der Berufung auf die Gerechtigkeit in der Einleitung zur Völkerbundssatzung eine rechtliche Bedeutung zuge-

Anm. (1) : The American Journal of International Law, Bd. 14, 1920, S. 572 ff.

Anm. (2) : Die Satzung des Völkerbundes, 2. Aufl., Berlin, 1924, S. 163; vgl. 3. Aufl., I. Bd., 1931, S. 236, 237.

schrieben werden. Man wird diese Gesetzesstellen mit Rücksicht auf den eben erwähnten geschichtlichen Zusammenhang, auf das von den Mächten in den Waffenstillstandsverhandlungen gegebene feierliche Versprechen und auf den Zusammenhang mit dem, was wir noch weiter an neuen Ideen der Völkerbundssatzung kennen lernen werden, im Sinne einer Verpflichtung auslegen müssen, die « Gerechtigkeit » zu verwirklichen. Nun wird aber sicherlich niemand behaupten wollen, dass die gegenwärtige geltende Satzung wirklich das Ideal der absoluten Gerechtigkeit sei und dass in ihr die Weltgeschichte das letzte und höchste Ziel der Rechtsentwicklung erreicht habe. Wenn sich also Staaten zusammengeschlossen haben, um die « Gerechtigkeit » zu verwirklichen, so kann dies nur eine *Verpflichtung de lege ferenda* bedeuten.

Was heisst nun Gerechtigkeit? Kein Zweifel, jeder Staat hat darunter, wenigstens zum Teil, etwas anderes verstanden, als er den Vertrag ratifizierte, und auch weiterhin gehen die Meinungen darüber im allgemeinen stets auseinander. Aber auch etwas anderes ist nicht zweifelhaft : *jeder Staat hat gewusst,* dass solche Meinungsverschiedenheiten bestehen und wohl immer bestehen werden. Wenn sich die Staaten trotzdem auf den Gesetzesbefehl geeinigt haben, so müssen sie demnach etwas Gemeinsames gewollt haben, aber dieses Gemeinsame kann nicht die Verwirklichung eines für alle gleichen materiellen Gerechtigkeitsideals sein.

Sie konnten sich nur auf *eines* einigen, das gleichzeitig dem Völkerbunde eine neue Grundlage gegenüber den Bündnissen und Konferenzen des Vorkriegsrechts gab, gleichzeitig den neuen Ideen und den Versprechungen der Waffenstillstandsverhandlungen entsprach und doch gleichzeitig keinen Staat auf den materiellen Inhalt künftiger Rechtseinrichtungen festlegte : *auf die Schaffung einer überstaatlichen Rechtsordnung*. Dem konnten alle Staaten zustimmen, soweit auch ihre Wünsche über den materiellen Inhalt des anzustrebenden Rechtes in einzelnen Punkten auseinandergehen mochten. Denn jeder Staat konnte hoffen, dass später einmal die Forderungen, die gerade er für « gerecht » hält, verwirklicht würden. Die hier versuchte Interpretation dürfte auch dem Wortlaut der Einleitung zur Völkerbundssatzung am besten entsprechen. Denn « faire régner la justice » kann man doch kaum sagen, solange jeder Staat kraft seiner Souveränität letztlich Richter in eigener Sache ist. *Die Mitglieder des Völkerbundes haben demnach in der Einleitung zur Satzung die Verpflichtung übernommen, de lege ferenda ein überstaatliches Recht zu schaffen.*

Allerdings ist diese Verpflichtung unerzwingbar, wie viele andere Normen des Völkerrechtes. Auch ist sie bisher nicht erfüllt worden, wie so manche andere völkerrechtliche Verpflichtung eines Staates. Aber beides sind Fragen des Seins, des kausalen Geschehens, und können die Geltung des Satzes, dass etwas sein *soll,* nicht beeinträchtigen. Eine Verpflichtung wird nicht dadurch aufgehoben, dass sie nicht erfüllt wird und nicht erzwungen werden kann. Wenn aber die Verpflichtung als solche besteht, *dann ist sie das Zeichen eines neuen Geistes, der von dem der Vorkriegszeit gänzlich verschieden ist. Dann lebt in der Einleitung zur Völkerbundssatzung der Gedanke fort, dass das gegenwärtig geltende Recht, das auf der Souveränität des Staates aufgebaut ist, unvollkommen ist. Dann fordert die Völkerbundssatzung an Stelle dieses mangelhaften Rechtes der Gegenwart ein künftig geltendes überstaatliches Recht, in dem die « Gerechtigkeit », das was die Gesamtheit als « gerecht » will, über die Staatsräson des einzelnen Staates gesetzt ist und von dem man daher sagen kann : la justice règne.*

Mit dieser Interpretation der Einleitung zur Völkerbundssatzung haben wir auch den Schlüssel zur Lösung des Widerspruches gefunden, der die Satzung selbst in bezug auf das Verhalten des Bundes zu den Nichtmitgliedern beherrscht.

Nach einem allgemein und unbezweifelt anerkannten grundlegenden Satz des geltenden Völkerrechtes wird jeder Staat nur durch jene Verträge gebunden, die er abgeschlossen hat. Die Satzung selbst erkennt dies an, indem sie den Beitritt von Nichtmitgliedern und den Austritt von Mitgliedern vorsieht, was beides zwecklos wäre, wenn sie auch Nichtmitglieder verpflichtete. Im Widerspruch hiermit nimmt die Satzung eine gewisse Zuständigkeit des Völkerbundes gegenüber Staaten in Anspruch, die nicht seine Mitglieder sind. Nach Art. 3 Abs. 3 befindet die Bundesversammlung und nach Art. 4 Abs. 4 der Rat *über jede Frage, die den Weltfrieden berührt.* Es ist zu betonen, dass jedes dieser beiden Organe *nicht etwa bloss berät, sondern entscheidet* (« connaît », « may deal »).

Man könnte zunächst geneigt sein, anzunehmen, dass nur jede Frage, die *innerhalb der dem Bunde vertragsmässig von den Mitgliedern übertragenen Zuständigkeit* liegt und den Weltfrieden berührt, gemeint sei. Aber diese Auslegung ist nicht möglich. Denn es wird ausdrücklich gesagt, dass alle Angelegenheiten, die in den Tätigkeitsbereich des Bundes fallen, und *ausserdem noch* alle, die den Weltfrieden berühren, unter die Bestimmung zu subsumieren seien : « toute question qui rentre dans la sphère d'activité de la Société *ou* qui affecte la paix du monde » — « any matter within the sphere of action of the League *or* affecting the peace of the world ».

In der Tat ergibt sich aus dem Wortlaut anderer Bestimmungen der Satzung, dass der Bund auch gegen Nichtmitglieder obrigkeitliche Gewalt ausüben will. Im Art. 11 Abs. 1 ist jeder Krieg, auch ein solcher zwischen Nichtmitgliedern, zu einer Angelegenheit des ganzen Bundes erklärt, bei welcher dieser verpflichtet sei, die zum wirksamen Schutz des Völkerfriedens geeigneten Massnahmen zu ergreifen. Hier ist ganz allgemein von « Massregeln » die Rede : « les mesures propres à sauvegarder efficacement la paix des Nations » — « any action that may be deemed wise and effectual to safeguard the peace of nations ». Daher fallen auch Anordnungen darunter, die mit der Souveränität der betroffenen Staaten, wenn diese nicht Mitglieder sind, nicht im Einklang stehen. Solchen Nichtmitgliedern gegenüber beansprucht demnach der Bund das Recht zu einer Intervention, die nach bisherigem Völkerrecht wegen der Souveränität der Staaten unzulässig war.

Das Nähere regelt Art. 17 in Verbindung mit Art. 12 bis 16. Hier ist auch gegen Nichtmitglieder ein Zwang, eine bewaffnete Intervention vergesehen. Auch hier und zwar im Art. 17 Abs. 4 ist ganz allgemein von « Massregeln », « mesures », « measures » ohne jede Einschränkung die Rede. Der Bund beansprucht danach, beliebig weitgehende Schritte gegen Nichtmitglieder unternehmen zu dürfen.

Nun werden weder die Gründer des Bundes noch seine derzeitigen Mitglieder zugeben, dass hier eine völkerrechts*widrige* Gewaltanwendung in Aussicht gestellt sei. Die zitierten Bestimmungen können daher nur Ausdruck der Ueberzeugung sein, dass die angedrohte Gewalt in dem Augenblick, in dem sie angewendet sein wird, rechtmässig sei. Folglich wird hier eine völkerrechtliche Verpflichtung der Nichtmitglieder vorausgesetzt, sich im Falle von Konflikten den « Massregeln » des Völkerbundes zu beugen ([1]). Da aber die Nichtmitglieder diese Unterwerfung weder wie die Mitglieder vertragsmässig vollzogen haben, noch durch ein Gewohnheitsrecht dazu verpflichtet sind, *so ist hier die Geltung eines künftigen Rechtssatzes behauptet, der die Nichtmitglieder zur Unterwerfung verpflichtet.* Dieser Satz würde demnach unabhängig vom Beitritt gelten und daher auch seine Geltung nicht durch den Austritt verlieren. Er würde alle Staaten der Erde ohne Ausnahme und ohne Rücksicht auf deren Zustimmung verpflichten. Es ist also *ein Satz überstaatlichen Völkerrechtes* vorausgesetzt, ein Satz, der seine verbindende Kraft nicht von der Kompetenzhoheit staatlicher Gesetzgeber ableitet, sondern aus der Selbstherrlichkeit eines überstaatlichen Völkerrechts.

Es ist demnach in diesem Punkte ein neues Völkerrecht anerkannt worden. Dies ist auch auf der Konferenz, die mit den Vertretern der neutralen Mächte zu Paris am 20. und 21. März 1919 abgehalten worden ist ([2]), *Chile* entgegengehalten worden, als dieses beantragte, den Art. 17 zu streichen : « It is a question here of a new international law, in which some regulations of the old international law, — probably what is meant here is non-interference with the affairs of any other State — are no longer of effect » ([3]).

Nun steht aber der Satz, den hier die Völkerbundsmitglieder anerkannt haben, in klarem Gegensatz zu dem älteren und von *allen* Staaten auch heute noch ganz zweifellos anerkannten, für das geltende Recht grundlegenden und

Anm. ([1]) : Vgl. auch *Schücking* und *Wehberg*, Die Satzung des Völkerbundes, Berlin, 3. Aufl., I. Bd. 1931, S. 246.

Anm. ([2]) : *Kluyver*, Documents on the League of Nations, Leiden, 1920, S. 173 ff.

Anm. ([3]) : a. a. O., S. 181.

unentbehrlichen Satz, dass Verträge nur die Staaten binden, welche sie abgeschlossen haben. Es kann auch gar kein Zweifel darüber obwalten, dass Nichtmitglieder, zum Beispiel die Vereinigten Staaten oder Russland, die Ansprüche des Völkerbundes aus seiner Satzung gegen sie niemals als *Rechts*ansprüche anerkennen würden, solange sie nicht Mitglieder geworden sind. Wenn nun die Satzung nicht sinnlos oder der ganze Völkerbund rechtswidrig sein soll, so bleibt meines Erachtens nur eine einzige Möglichkeit der Auslegung übrig, um den Widerspruch zu beseitigen : dass es sich bei der Anerkennung des neuen Rechtssatzes *um eine Verpflichtung de lege ferenda handle. Die Mitglieder haben sich demnach verpflichtet, überstaatliche Rechtssätze über die Verhütung aller Kriege, auch solcher zwischen Nichtmitgliedern, zu schaffen und sich für die allgemeine Anerkennung dieser Rechtssätze durch die Nichtmitglieder einzusetzen.*

Solange das letztere nicht geglückt ist, kann die Völkerbundssatzung de lege lata nur die Mitglieder verpflichten. Würde dies nun zu einem grossen Konflikt zwischen dem Bund und Nichtmitgliedern führen, so würde vielleicht *ein Kampf zwischen altem und neuem, absterbendem und werdendem Recht ausgetragen werden.* Das alte Recht wäre der Satz, dass jeder Staat, soweit er sich nicht freiwillig vertragsmässig gebunden hat, kraft seiner Souveränität nach Belieben Krieg führen und daher auch rüsten darf. Das neue Recht wäre die Beschränkung der Kriegführung und Rüstung durch *überstaatliche* Rechtssätze. Nach altem Völkerrecht hatte der souveräne Staat das vollkommen uneingeschränkte jus belli ac pacis, eine Unterscheidung zwischen einem rechtsgemässen und einem rechtswidrigen Krieg war nicht anerkannt. Nunmehr sollen auch die Nichtmitglieder an gewisse Rechtsschranken gebunden werden. Nach dem neuen Recht soll es für *alle* Staaten, auch für Nichtmitglieder, *einen rechtswidrigen, einen verbotenen Krieg* geben, nämlich jenen, welcher unter Nichtbefolgung der von der Völkerbundssatzung vorgesehenen Vorschriften oder der vom Völkerbund getroffenen « Massregeln » geführt wird, und im Gegensatz dazu, *einen nicht völkerrechtswidrigen, also einen erlaubten Krieg.* Ebenso gäbe es dann für *alle* Staaten eine *rechtswidrige* und eine *erlaubte Rüstung.*

Eingehendere Regeln über die Unterscheidung zwischen dem erlaubten und dem verbotenen Krieg und über die Rüstungsfrage enthält die Satzung für die *Mitglieder.* Auch in diesen Regeln zeigt sich der Geist einer neuen Zeit. Dies wird klar, wenn man sie mit den Anschauungen zur Zeit der Haager Friedenskonferenzen vergleicht. Jedoch sind diese Regeln für die Mitgliedstaaten grundsätzlich kündbares Vertragsrecht. Ueberstaatliches Recht sind sie für sie, wie wir noch sehen werden, nur während der Kündigungsfrist. Daher sollen sie nach dieser erörtert werden.

Ein anderer Punkt, an dem die Völkerbundssatzung einen Ansatz zur Schaffung eines überstaatlichen Rechtes enthält, ist Art. 1 Abs. 3. Jedes

Mitglied kann nach zweijähriger Kündigung *austreten* : « à la condition d'avoir rempli à ce moment toutes ses obligations internationales y compris celles du présent Pacte » — « provided that all its international obligations and all its obligations under this Covenant shall have been fulfilled at the time of its withdrawal ». Der Bund kann demnach das Mitglied wegen Nichterfüllung seiner Verpflichtungen zurückhalten.

Dem Souveränitätsdogma würde es entsprechen, dass der Austritt vollkommen freisteht. Dies ist insbesondere der Standpunkt des amerikanischen Senats gewesen. Es wurde als Bedingung der Ratifizierung des Versailler Vertrags folgender Vorbehalt gefordert : «The United States so understands and construes article 1 that in case of notice of withdrawal from the league of nations, as provided in said article, the U. S. shall be sole judge as to whether all its international obligations and all its obligations under the said covenant have been fulfilled » (1). Allein es ist klar, dass bei einer solchen Auslegung die Schranke, die Art. 1 Abs. 3 doch offenbar dem Austritt eines Mitgliedes ziehen will, praktisch völlig bedeutungslos wäre. Hätten die vertragschliessenden Mächte dies gewollt, so hätten sie die zitierten Worte weggelassen. Es ist nicht zulässig, eine Bestimmung im Zweifel so auszulegen, dass sie vollkommen wirkungslos wird. Daher muss angenommen werden, dass der Staat, der austreten will, sich einer *fremden* Entscheidung darüber zu unterwerfen hat, ob er seine Verpflichtungen erfüllt hat. Ob dies nun der Bund selbst ist, sei es der Rat, sei es die Versammlung, oder ob, wie etwa *Schücking* und *Wehberg* (2) meinen, « nach dem Geiste der Satzung » ein Schiedsgericht zu entscheiden hätte, ist für die hier zu erörternde Frage gleichgültig. Jedenfalls beansprucht der Bund, hier gegen den Staat, falls dieser über die Rechtsfrage der Erfüllung der Verpflichtungen — nicht etwa bloss über die Tatfrage — anderer Meinung ist als der Bund oder das Schiedsgericht, Regeln geltend zu machen, denen dieser Staat die Anerkennung versagt und deren Anwendung er sich gerade durch seinen Austritt entziehen will. Im Sinne der bisherigen Staatsidee und des alten Völkerrechtes musste es eben hingenommen werden, wenn dieser Staat kraft seiner Souveränität durch seine Austrittserklärung die Selbstbindung rückgängig macht, die er eingegangen hatte.

Wenn daher die Regeln über die völkerrechtlichen Pflichten der Bundesglieder den Staat, der auszutreten wünscht, gegen seinen Willen beim Bunde festhalten wollen, so können sie diesem Staat gegenüber nur entweder Unrecht oder ein neues überstaatliches Recht sein. Die Satzung des Bundes und die Staaten, welche sie unterzeichnet haben, betrachten diese Regeln

Anm. (1) : Congressional Record—Senate, 66 th Congress, 1st Session, Nov. 19th, 1919, S. 8773, Appendix. Vgl. auch *Frances Kellor and Antonia Hatvany*, Security against war. I. Bd., New York, 1924, S. 3, Nr. 5.; ferner die Zitate in den Kommentaren zu Art. 1 Abs. 3, so bei *Schücking-Wehberg*, a. a. O., S. 344 ff., 347, 373 u. a.

Anm. (2) : a. a. O., S. 373.

als *Recht. Folglich ist hier ein Satz neuen überstaatlichen Bundesrechtes geschaffen worden.*

Dieses Recht ist de lege lata nur partikulares Recht. Es bindet bloss diejenigen Staaten, die dem Bunde beigetreten sind. Aber wer einmal beigetreten ist, kann sich nicht mehr kraft seiner Souveränität einseitig und selbstherrlich lossagen. In diesem Rechtssatz steckt also ein *bundesstaatliches Element,* während der Völkerbund sonst die Struktur eines Bundes « souveräner » Staaten aufweist. Auch beim Eintritt in einen Bundesstaat unterwirft sich ein Staat freiwillig durch Vertrag Rechtssätzen, von denen er sich später nicht mehr durch Kündigung befreien kann.

Diese Bindung der Völkerbundsmitglieder ist von weittragender Bedeutung. Denn es ist ganz allgemein die Erfüllung *aller* « internationalen Verpflichtungen », also des ganzen Völkerrechtes, soweit es den kündigenden Staat belastet, als Bedingung des Austritts genannt. Die im Völkerbund organisierte Mehrheit der zivilisierten Staaten hat demnach hier den Willen zum Ausdruck gebracht, *dass von der Gründung des Völkerbundes an das ganze Völkerrecht für die Mitglieder unter die Sanktion eines neuen überstaatlichen Rechtssatzes gestellt wird.* Die Sanktion ist die Verweigerung des Austritts aus dem Bund. Allerdings haben die Mächte den hier geltend gemachten Gesichtspunkt im übrigen nicht festgehalten, das alte Souveränitätsdogma lebt noch fort. Aber Art. 1 Abs. 3 ist doch zu jenen Punkten zu zählen, in welchen jenes Dogma bereits vom Geiste eines neuen überstaatlichen Völkerrechtes überwunden ist.

Die gleichen Gedankengänge, wie sie eben vorgebracht worden sind, gelten mutatis mutandis auch jenem Staat gegenüber, welcher etwa kraft seiner Souveränität sofort aus dem Bunde auszutreten wünschte, ohne die zweijährige Kündigungsfrist abzuwarten. Der Souveränitätsvorstellung würde es entsprechen, dass jeder Staat jederzeit entweder ohne Bindung an eine Frist oder doch nur unter Bindung an eine kurze Frist sich von den Fesseln des Vertrags befreien könnte. Zwar hat es seit jeher Verträge mit langen Kündigungsfristen gegeben. Aber sie betrafen doch nur weit weniger einschneidende Bindungen als die Völkerbundssatzung, gewissermassen Fragen zweiten Ranges, in denen der souveräne Staat eine längere Kündigungsfrist eingehen konnte, ohne seiner souveränen Bewegungsfreiheit etwas zu vergeben. Ueberdies konnte auf dem Boden des alten Völkerrechtes sich jeder Staat äusserstenfalls jederzeit ohne Rücksicht auf eine Frist durch Kriegserklärung allen Verpflichtungen, die er nicht mehr einzuhalten wünschte, entziehen, ohne völkerrechtliches Unrecht zu begehen. Die langen Kündigungsfristen von Verträgen, die das jus belli ac pacis nicht einschränken, haben daher grundsätzlich keine Schmälerung der Souveränität, so wie man sie im alten Völkerrecht zu verstehen pflegte, zum Inhalt.

Anders aber liegt es, sobald die Staaten eine Bindung, unter gewissen Voraussetzungen nicht zum Kriege zu schreiten, eingehen und sich von dieser Bindung nicht mehr sofort oder durch kurzfristige Kündigung lösen können. Dann bedeutet die Kündigungsfrist, ganz besonders eine so lange, *eine im Vorkriegsrecht unerhörte Einschränkung der staatlichen Freiheitssphäre. Die Kündigungsfrist setzt aber auch die Geltung eines überstaatlichen Rechtssatzes voraus, nach welchem der Staat, der einmal dem Völkerbund beigetreten ist, sich nicht einseitig durch Kriegserklärung oder sonstwie unter Berufung auf seine Souveränität lossagen und das uneingeschränkte jus belli ac pacis zurückgewinnen kann.* Insoweit enthält demnach die Völkerbundssatzung auch in der Kündigungsfrist im Zusammenhang mit den Normen über die Verhütung des Krieges ein *bundesstaatliches Element.*

Daher sind die Regeln des Bundes über die Kriegsverhütung und die Abrüstung, obwohl sie von souveränen Staaten freiwillig und vertragsmässig geschaffen und übernommen worden sind, für uns von doppelter Bedeutung : erstens als ein weiterer Ansatz in der Entwicklung der Idee eines überstaatlichen Rechtes, zweitens als ein neuer Schritt zu einer wesentlichen Verengung der Freiheitssphäre der Staaten.

Verboten ist den Mitgliedern der willkürliche Krieg in den Fällen der Artikel 12 und 13. Verboten ist ferner der Krieg, welcher entgegen einem gemäss Art. 15 Abs. 6 einstimmig angenommenen Ratsbeschluss geführt wird. Ist dagegen die Annahme des im Art. 15 vorausgesetzten Ratsbeschlusses nicht einstimmig erfolgt, so darf nach Art. 15 Abs. 7 Krieg geführt werden, der Krieg ist dann nicht völkerrechtswidrig. In den Fällen des Art. 13 ist ferner dem Souveränitätsgedanken noch dadurch besonders Rechnung getragen, dass jeder Staat selbst zu entscheiden hat, ob die Streitfrage einer schiedsrichterlichen Lösung fähig ist (« à leur avis », « which they recognise »). Im Art. 12 fehlt eine solche Klausel. Hier hätte demnach ein internationales Gericht oder der Rat zu entscheiden, ob der Krieg ein unerlaubter Krieg ist, der die Wartepflicht verletzt, oder ein erlaubter, der sie einhält.

Dazu treten die Sätze des Art. 8 über die Abrüstung, die allerdings verschiedener Auslegung fähig sind (1).

Auf die Interpretation der einzelnen zitierten Artikel der Völkerbundssatzung einzugehen, ist für die Zwecke dieser Arbeit nicht erforderlich. Es genügt uns festzustellen : *die Einführung der Unterscheidung zwischen dem erlaubten und dem unerlaubten Krieg und im Zusammenhang damit der Bestimmung des Art. 8 über die Abrüstung in das geltende Völkerbundsrecht stellen eine ausserordentlich tiefgreifende Umwälzung dar. In ihr sprechen sich die neuen Gedanken ganz besonders stark, vielleicht am stärksten aus.*

Anm. (1) : Vgl. *Perels* in : « Mitteilungen der Deutschen Gesellschaft für Völkerrecht », Heft 11, Berlin, 1932, S. 36 ff.

Weitere Gebiete, in denen neue Ideen zum Ausdruck kommen, sind die Tätigkeitssphären des Völkerbundes bezüglich der kolonialen Mandate, der nationalen Minderheiten, Danzigs, des Saargebiets und anderer Materien. Auf manchen dieser Gebiete zeigen sich, wenn auch meist unklare, Ansätze zu einer Entwicklung überstaatlicher Völkerrechtsnormen. Auch soweit dies nicht zutrifft oder zweifelhaft erscheinen mag zeigen sich doch in den genannten Materien neue Gedanken, die im Vorkriegsrecht keinen Platz gefunden hätten. Allein in allen diesen Fällen steht das innerstaatliche Recht im Vordergrund. Beim Schutz nationaler Minderheiten kommt noch die Beziehung zur Idee des Volkes hinzu. Daher können diese Gegenstände, um eine doppelte Darstellung zu vermeiden, erst in späteren Teilen dieser Arbeit behandelt werden.

Im ganzen zeigt uns der gewonnene Ueberblick, dass der Völkerbund trotz Festhaltens am Souveränitätsgedanken und trotz der grundsätzlichen Widersprüche zwischen diesem Gedanken und den neuen Ideen, doch erhebliche Konzessionen an diese Ideen zu geltendem, wenn auch partikularem, Völkerrecht erhoben hat.

Man darf wohl den Worten *James Wilford Garner's* (1) beipflichten: « It may be said that the Covenant does not modify or supplement the existing rules of international law so much as it alters certain assumptions upon which the system of international law has formerly been supposed to rest. As between the members of the League themselves the responsibility of states to respect and insure the maintenance of the law is emphasized as more fundamental than the usual deductions from the assumed right of states to exist. The Covenant rather shifts the emphasis which was formerly placed upon the rights of states and exalts their obligations and responsibilities ».

b) NEUE RECHTSGEDANKEN AUSSERHALB DES VÖLKERBUNDSRECHTES.

Das Friedenswerk von 1919 enthält auch ausserhalb der Völkerbundssatzung Elemente der neuen Gedankenwelt, die mit der überkommenen Staatsidee und dem Souveränitätsdogma im Widerspruch stehen.

An erster Stelle sind hier *die Bestimmungen der Friedensverträge über die Schuld am Kriege* zu nennen: des Vertrags von Versailles, Art. 231, von St. Germain, Art. 177, von Trianon, Art. 161 und von Neuilly, Art. 121.

In diesen Artikeln wird von den alliierten und assoziierten Mächten erklärt und von den besiegten Mächten anerkannt, dass die letzteren für den durch ihren Angriff (« par l'agression de... », « by the aggression of... ») verursachten Schaden ersatzpflichtig seien (2). Als Rechtsgrund der Forderung

Anm. (1): Recent Development in International Law, published by the University of Calcutta, 1925, S. 398.

Anm. (2): Etwas abweichend der Vertrag von Neuilly: « La Bulgarie reconnaît qu'en s'associant à la guerre d'agression... »

wird nicht der Sieg, das sogenannte « Recht des Stärkeren » hingestellt, sondern der *Angriff*. Es sollte ja keine « Kriegskontribution » erhoben werden, sondern nur « Reparationen ». *Daher liegt in der Begründung des Schadensersatzanspruches eine Rechtsbehauptung, welche den Satz ausspricht: der Angriff ist 1914 de lege lata rechtswidrig gewesen.*

Ob nun geschichtlich Deutschland und seine Verbündeten die Angreifer gewesen sind oder nicht, ist eine Tatfrage, über welche die Verträge nichts beweisen können und die auch heute noch sehr bestritten ist. Doch ist diese Tatfrage hier nicht zu erörtern. Der Beweis sollte nach den Friedensverträgen durch ein rechtsverbindliches Anerkenntnis der besiegten Mächte ersetzt werden. Auch die gleichfalls sehr bestrittene juristische Tragweite dieses Anerkenntnisses ist hier nicht zu behandeln. Wesentlich ist für uns der zum Ausdruck gebrachte übereinstimmende Wille so vieler Mächte, darunter sämtlicher Grossmächte, dass der Angriffskrieg als rechtswidrig zu gelten habe. Wie immer man über die Rückwirkung auf das Jahr 1914 denken mag, jedenfalls steht fest: *der grösste Teil der Völkerrechtsgemeinschaft, darunter sämtliche Grossmächte, hat 1919 ausgesprochen, dass 1914 ein Satz überstaatlichen Völkerrechtes bereits bestanden habe, welcher den Angriff verbietet. Folglich hat sie implicite ausgesprochen, dass dieser Satz 1919 geltendes Recht gewesen sei und solange geltendes Recht bleibe, als die Friedensverträge in Kraft stehen.*

Der Satz geht inhaltlich sehr weit. Denn da die zitierten Artikel ganz allgemein vom Angriff sprechen, ist nicht bloss ein *unprovozierter* Angriff, sondern *jeder* Angriff verboten. Ein unprovozierter Angriff hätte ja auch angesichts des Attentats von Sarajevo und angesichts der Tatsachen, dass die russische allgemeine Mobilmachung schon im Frühjahr 1914 ins Werk gesetzt worden war und dass die serbische Mobilmachung nach einem Gedankenaustausch mit Petersburg um 6 Stunden 30 Minuten früher angeordnet worden ist als die österreichisch-ungarische Mobilmachung gegen Serbien, unmöglich behauptet werden können. Der allgemeine überstaatliche Rechtssatz, den die Mächte im Art. 231 des Friedensvertrages von Versailles und den entsprechenden Artikeln der anderen Verträge anerkannt haben, behandelt daher ganz allgemein jeden, selbst den provozierten Angriff auf fremde Staaten als unerlaubt. Er bringt in dieser Hinsicht im wesentlichen den gleichen Gedanken zum Ausdruck wie Art. 10 der Völkerbundssatzung, doch mit dem Unterschied, dass er Geltung für alle Staaten und schon für 1914 beansprucht.

Wie allerdings die Zurückziehung auf das Jahr 1914 begründet werden kann, muss sehr fraglich erscheinen. Zweifellos war in früheren Zeiten ein völkerrechtliches Verbot des Angriffskrieges nicht anerkannt. Es gab weder einen Vertrag noch ein Gewohnheitsrecht, die ein solches Verbot enthielten. Jeder souveräne Staat hatte nach der oben erörterten Rechtsauffassung der Vorkriegszeit das jus belli ac pacis, das heisst, er durfte jedem souveränen Staat aus beliebigen Gründen den Krieg erklären, ohne rechtswidrig zu handeln. Von wann an sollte sich das nun geändert haben? Von 1914 an? Der Satz müsste doch schon vor den kritischen Tagen des Kriegsausbruchs gegolten haben, um das Urteil über die Schuldfrage zu begründen. Also vielleicht von 1913 oder 1912 an? Jede derartige Annahme wäre vollkommen willkürlich und würde jedes tatsächlichen Anhaltspunktes und jedes Beweises entbehren.

Allerdings suchten die leitenden Staatsmänner und die Diplomaten beider Lager den anderen Teil als den Angreifer hinzustellen, die Zentralmächte sahen den Angreifer in Russland und Serbien, die Westmächte in den Zentralmächten. Man könnte die Frage aufwerfen, ob solche Versuche nicht das Anerkenntnis eines Rechtssatzes bedeuteten, der den Angriff verbiete. Aber das Bestreben, die Schuld an einem Kriege dem Gegner zuzuschieben, um Sympathien für die eigene Sache zu gewinnen, hat sich auch schon bei früheren Kriegen, ja in früheren Epochen der Geschichte gezeigt, und doch zweifelt niemand daran, dass zu jenen Zeiten das jus belli ac pacis und nicht das Verbot des Angriffskrieges gegolten hat. Man kann in jenen Versuchen einen *Appell an das Weltgewissen* sehen. Von diesem wird im dritten Teile dieser Arbeit zu sprechen sein. Aber geltendes, das heisst allgemein anerkanntes Recht war bis einschliesslich in die Tage des Kriegsausbruchs das jus belli ac pacis und nicht das Verbot des Angriffskrieges.

Die Mächte haben dies übrigens in der Einleitung zur Völkerbundssatzung selbst anerkannt. Hier haben sie die Worte gebraucht : « d'accepter certaines obligations de ne pas recourir à la guerre », « by the acceptance of obligations not to resort to war ». Daraus muss geschlossen werden, dass die Verpflichtung, nicht zum Kriege zu schreiten, *erst jetzt*, mit der Ratifizierung der Verträge, begründet werde, bisher also nicht bestanden habe, folglich Artikel 231 und die anderen Artikel über die Schuldfrage unrichtig und jeglicher Anspruch auf Reparationen, wenn letztere rechtlich gebührender Schadensersatz und nicht willkürlich diktierte Kriegskontribution sein sollen, unbegründet sei. Denn nach der Satzung des Völkerbundes wird die Regel erst jetzt und nur für die Völkerbundsmitglieder erlassen, während sie nach Art. 231 schon 1914 und für alle Staaten gegolten haben soll. Es ist dies einer jener früher erwähnten Widersprüche zwischen dem Souveränitätsdogma und den neuen Ideen von der Ueberordnung des Völkerrechtes.

Man wird wohl annehmen müssen, dass jeweils das folgende geltendes Recht gewesen ist.

Bis einschliesslich 1914 und daher auch zunächst während des Krieges war das aus der Souveränität gefolgerte jus belli ac pacis noch allgemein anerkanntes geltendes Recht. Die Reparationsansprüche lassen sich daher nicht rückwirkend als Ansprüche auf Schadensersatz aus einer Rechtswidrigkeit, sondern eben doch nur mit dem « Recht des Siegers », also dem « Recht des Stärkeren », begründen. Aber 1914-1918 haben sich die allgemeinen Rechtsanschauungen geändert. Das *Weltgewissen* reagierte gegen das Recht der freien Kriegführung und führte schliesslich zu der neuen Rechtsordnung der Waffenstillstandsbedingungen. Im Rahmen dieser Rechtsordnung war das Verbot des Angriffes enthalten und als allgemeiner überstaatlicher Rechtssatz anerkannt und vorausgesetzt, war also nach der Ueberzeugung der grossen Mehrheit der zivilisierten Staaten nicht bloss partikulares, sondern allgemeines geltendes Völkerrecht. Die Friedensverträge haben nun das Recht der Waffenstillstandsbedingungen wieder beseitigt. Das jus belli ac pacis ist für Völkerbundsmitglieder nicht wieder voll hergestellt worden, sondern durch die Satzung des Völkerbundes in der Weise beschränkt worden, wie dies oben bereits dargestellt worden ist; im übrigen ist es de lege lata wiederhergestellt worden.

Art. 231 und die anderen Artikel enthalten daher eine de lege lata fehlerhafte und rechtsirrtümliche Begründung. Der Gesetzesbefehl, die sogenannten « Reparationen » zu zahlen, bleibt zwar totzdem kraft des Diktates der Friedensverträge « positives » das heisst *tatsächlich* gchandhabtes « Recht » (1), aber in der dem sonstigen geltenden Recht widersprechenden Begründung kündigt sich die neue Rechtsauffassung an.

Eine andere Bestimmung wesentlich neuen Inhaltes von grosser grundsätzlicher Bedeutung ist die Einleitung zum Abschnitt über Elsass-Lothringen des Friedensvertrages von Versailles, vor Art. 51. Hier wird anerkannt « l'obligation morale de réparer le tort fait par l'Allemagne en 1871, tant au droit de la France qu'à la volonté des populations d'Alsace et de Lorraine », « the moral obligation to redress the wrong done by Germany in 1871 both to the rights of France and to the wishes of the populations of Alsace and Lorraine ». Soweit hier die Verletzung der Wünsche der Bevölkerung geltend gemacht wird, ist auf den zweiten Teil dieser Arbeit über die Idee der Nation und zwar auf dasjenige zu verweisen, was über die Plebiscite und die Selbstbestimmung der Völker gesagt wird. Hier haben wir es nur mit dem Satze zu tun, dass 1871 ein « Recht », « droit », « rights » Frankreichs durch ein « Unrecht », « tort », « wrong », verletzt worden sei.

Wir stehen hier vor einer analogen Schwierigkeit wie gegenüber Art. 231. Nach dem Völkerrecht der Vorkriegszeit war es dem souveränen Staat rechtlich nicht verwehrt, im Falle seines Sieges über einen anderen Staat ein Gebiet zu annektieren. Das « Recht » des Staates, der bisher das übertragene Gebiet beherrscht hatte, fand eben mit der Gebietsübergabe auf Grund des Annexionsvertrages sein Ende und die Besitznahme dieses Gebietes durch den erwerbenden Staat war nicht « Unrecht », sondern neubegründetes Recht auf Grund einer völkerrechtlich zulässigen Uebertragung. Zahlreiche Anne-

Anm. (1): Vgl. unten, III. Teil, Abschnitt 1 und 2.

xionen haben in der Völkerrechtsgemeinschaft, auch noch zwischen 1871 und 1914, stattgefunden und stets war anerkannter- und unbestrittenermassen mit dem Austauch der Ratifikationsurkunden über den Annexionsvertrag das « Recht » des bisherigen Beherrschers des Gebietes auf dieses Gebiet erloschen und das « Recht » des Erwerbers begründet. Die faktische Uebergabe des Gebietes war daher Erfüllung einer Rechtspflicht, solutio, und die Uebernahme war rechtmässige Empfangnahme einer geschuldeten Leistung. Auch der Erwerb Elsass-Lothringens durch das Deutsche Reich 1871 und die deutsche Souveränität in diesem Lande sind von 1871 bis 1914 von Frankreich und von allen übrigen Staaten der Welt als allein völkerrechtlich zu Recht bestehend anerkannt worden. In der Einleitung zu Art. 51 wird demnach etwas ausgesprochen, was mit dem unbestrittenen Völkerrecht der Vorkriegszeit in schärfstem Widerspruch steht. Historische Tatsachen und Rechtseinrichtungen der Vergangenheit kann man aber nicht nachträglich ungeschehen machen. Was daher hier anerkannt wird, kann nur ein neuer Rechtssatz sein.

In der französischen öffentlichen Meinung ist nun die Ausnahmsbehandlung der elsass-lothringischen Frage, also eine lex specialis, gefordert und damit gerechtfertigt worden, dass es sich hier nicht um eine «Annexion», sondern um eine « Desannexion » oder « Reintegration » gehandelt habe (1). Aber eine lex specialis des Jahres 1919 kann nicht bewirken, dass ein Tatbestand, der 1871 völkerrechtsgemäss gewesen ist, im Nachhinein ein « Unrecht » wird. Zudem müsste dann in gleicher Argumentation die Erwerbung von Strassburg und anderen elsässischen Gebieten durch Frankreich im Frieden von Rijswick 1697 als « Unrecht » und daher die Erwerbung des Landes durch Deutschland 1871 als « Desannexion » bezeichnet werden. Denn auch ein noch so langer Zeitablauf und ein nachträglicher Vertrag noch so vieler Mächte könnte daran nichts ändern, dass 1697 ein « Recht » der bisherigen Beherrscher durch das « Unrecht » der Annexion verletzt worden ist. *Der neue Rechtsgedanke der Einleitung zu Art. 51 kann daher nicht in einer lex specialis gerade nur für dieses eine Stück Erdoberfläche liegen, er muss einen allgemeinen Rechtssatz betreffen.* Dieser allgemeine Rechtssatz müsste nun, soweit das « Recht » des Staates und nicht der später zu besprechende Wille der Bevölkerung des betroffenen Gebietsteils in Frage kommt, etwa lauten : *Annexionen auf Grund von Gewalt sind völkerrechtliches Unrecht, sind verboten.*

Die Annahme, dass dieser Rechtssatz 1871 oder überhaupt vor 1914 gegolten habe, steht ganz klar mit allen geschichtlichen Tatsachen im Widerspruch. Ausserdem steht dieser an dieser einen Stelle und auch hier nur implicite anerkannte Rechtssatz in offenbarstem Gegensatz zu dem,

Anm. (1) : Ausführliche Zitate bei *Schätzel*, Die elsass-lothringische Staatsangehörigkeitsregelung und das Völkerrecht, Berlin, 1929, S. 10 bis 22.

was die alliierten und assoziierten Mächte im übrigen in den territorialen Bestimmungen der Friedensverträge verfügt haben. Wir haben es hier wieder mit jenem bereits mehrfach erwähnten Widerspruch zwischen den neuen Gedanken und dem Souveränitätsdogma zu tun.

Analog zu demjenigen, was über Art. 231 ausgeführt worden ist, dürfen wir sagen : das Recht der freien Annexion hat de lege lata bis einschliesslich 1914 und daher auch zunächst während des Krieges bestanden. Die Annexion Elsass-Lothringens durch Frankreich lässt sich daher nicht als Wiedergutmachung einer rechtswidrigen Annexion, sondern nur mit dem Rechte des Siegers begründen. Aber während des Krieges haben die internationalen Rechtsanschauungen sich gegen das Recht der freien Annexion gewendet, das Weltgewissen hat auch in diesem Punkte reagiert. Nach dem Recht der Waffenstillstandsbedingungen waren gewaltsame Annexionen gemäss Punkt 2 der Rede *Wilsons* vom 11. Februar 1918 verboten. Das Verbot war nicht bloss als partikulares Vertragsrecht gedacht, sondern als allgemeiner überstaatlicher Rechtssatz anerkannt und vorausgesetzt. Mit der Beseitigung der Rechtsordnung der Waffenstillstandsbedingungen durch die Friedensverträge ist das Recht der freien Annexion wiederhergestellt worden. Die Einleitung zu Art. 51 ist daher le lege lata fehlerhaft und rechtsirrtümlich. Aber in ihr kündigt sich wie in Art. 231 die neue Rechtsauffassung an.

Der mit den Friedensverträgen wiederhergestellte Souveränitätsgedanke im geltenden Völkerrecht kennt ein Verbot des Zwanges beim Vertragsabschluss ebensowenig wie in der Vorkriegszeit. Die erzwungene Annexion steht der freiwilligen Gebietsübertragung grundsätzlich auch im heutigen Recht gleich. Dennoch sind die Begründungen zu den Artikeln über die Reparationen und über die Annexion Elsass-Lothringens durch Frankreich nicht ganz vereinzelt geblieben. So sei zum Beispiel auf die Ansätze zur Ablehnung des Zwanges in der deutschen Note an China vom 20. Mai 1921 ([1]) hingewiesen.

Aber von weit grösserer Bedeutung als derlei Einzelheiten ist eine unleugbare Tatsache : seit den Friedensverträgen ist in den Kreisen der Siegerstaaten immer wieder der Wunsch laut geworden, dass die 1919 erzwungenen Grenzen des Deutschen Reiches durch *freiwillig* abgeschlossene Verträge erneut gesichert werden mögen. *Derartige Forderungen wären unerklärlich, ja sinnlos, wenn nicht vorausgesetzt würde, dass erzwungene Verträge gegenüber freiwillig abgeschlossenen doch irgendwie minderwertig sind.*

Der Wunsch ist für die deutsche Westgrenze in dem Vertrage erfüllt worden, welcher die Anlage zum Schlussprotokoll von *Locarno* vom 16. Oktober 1925 bildet. Dieser Vertrag ist vom Deutschen Reich, Belgien, Frankreich, Grossbritannien und Italien abgeschlossen und ratifiziert worden. Alle diese Staaten sind im Vertrag als gleichberechtigte Vertragspartner

Anm. ([1]) : *Marschall-Bieberstein*, Verfassungsrechtliche Reichsgesetze, 2. Aufl. 1929, S. 1046.

und nicht nach der Gruppierung von Siegern und Besiegten genannt und behandelt (1), es ist also auch schon hierin ein deutlicher Abstand zu den auf die Gewalt des Siegers gestützten Friedensverträgen genommen. Der Vertrag erklärt es in der Einleitung insbesondere für seine Aufgabe, « de donner à toutes les Puissances signataires intéressées des garanties complémentaires dans le cadre du Pacte de la Société des Nations et des Traités en vigueur entre elles ». Er gipfelt in dem Ausspruch des Art. 1, nach welchem die deutsche Westgrenze von 1919 von den vertragschliessenden Mächten « individuellement et collectivement » « garantiert » wird und in dem Satz des Art. 2 Abs. 1 : « L'Allemagne et la Belgique et de même l'Allemagne et la France s'engagent réciproquement à ne se livrer de part et d'autre à aucune attaque ou invasion et à ne recourir de part et d'autre en aucun cas à la guerre ». Danach wird die Freiheit des Kriegführens gegenüber der Satzung des Völkerbundes noch weiter beschränkt. Es bleiben nur noch zwei Möglichkeiten nicht rechtswidrigen Krieges übrig : erstens die Verteidigung gegen einen Angriffskrieg und zweitens die Exekution des Völkerbundes (2).

Die schwierige Frage, wann ein Angriff vorliege (3), ist im Vertrag nicht geregelt. Dagegen werden die Folgen eines verbotenen Angriffs im Art. 4 ausführlich normiert (4). Danach bedeutet der Vertrag ein kriegerisches Bündnis, eine Allianz gegen den Angreifer, also eine Verpflichtung aller übrigen Signatarmächte, dem Angegriffenen militärische Hilfe zu leisten (5).

Man könnte nun leicht geneigt sein, das praktisch Bedeutsame des Vertrags nur in der Verpflichtung zu gegenseitiger kriegerischer Hilfe gegen den Angreifer zu sehen und das Garantieversprechen als solches für belanglos zu halten. Allein dies wäre irrig. Entscheidend für die Entstehung und den wesentlichen Inhalt des Vertrags ist der Wunsch der vier Ententemächte gewesen, einem Angriff Deutschlands und nicht jener Deutschlands, einem Angriff der vier anderen Vertragspartner vorzubeugen. Denn die nicht ausdrücklich ausgesprochene, aber allgemein bekannte Voraussetzung des Vertrages ist, dass Deutschland sehr viel weniger Anlass hatte, mit den Grenzen von 1919 und den sonstigen Bestimmungen des Vertrags von *Versailles* zufrieden zu sein als Frankreich und Belgien, und dass diese letzteren daher trotz der Entwaffnung Deutschlands einen künftigen Angriff, einen Revanchekrieg Deutschlands fürchteten. Wäre es nun diesen beiden Mächten nur auf ihre gegenseitige kriegerische Hilfe und auf die

Anm. (1) : Vgl. auch *Strupp*, Das Werk von Locarno, Berlin und Leipzig, 1926, S. 56.

Anm. (2) : Vgl. u. a. *Wegner*, Ueber gerechte und ungerechte Kriege, Zeitschrift für öffentliches Recht, V. Bd., 1926, S. 545.

Anm. (3) : Vgl. meinen Aufsatz : Angriff und Verteidigung, Zeitschrift für Völkerrecht, X. Bd., 1917-18, S. 504 ff. ; (ein Auszug aus diesem Aufsatz ist unter dem gleichen Titel abgedruckt im Recueil de Rapports der *Organisation Centrale pour une Paix Durable*, Haag, IV. Bd., 1918, S. 224 ff.) ; *Strupp*, Grundzüge des positiven Völkerrechts, 3. Aufl., Bonn, 1926, S. 188 ; *derselbe*, Das Werk von Locarno, 1926, S. 69, Anm. 2 und S. 70 ff., nebst den Zitaten daselbst. Dazu insb. noch *Schücking*, in : « Mitteilungen der Deutschen Gesellschaft für Völkerrecht », 10. Heft, Berlin, 1930, S. 178, 179.

Anm. (4) : Vgl. statt Vieler insbesondere *Strupp*, Das Werk von Locarno, 1926, S. 99 ff. und die Zitate daselbst.

Anm. (5) : Vgl. auch *Strupp*, a. a. O., S. 101.

Hilfe Englands und Italiens gegen einen deutschen Angriff angekommen, so *wäre die Unterschrift Deutschlands zwecklos*. Die vier Ententestaaten hätten die Allianz unter sich abschliessen und sich die Verhandlungen mit Deutschland ganz ersparen können.

Ja ganz im Gegenteil zeigt sich bei näherer Untersuchung, dass die Versprechungen zu gegenseitiger militärischer Hilfeleistung so gut wie gegenstandslos sind. Art. 4 unterscheidet zwei Arten der Vertragsverletzung, die « violation » und die « violation flagrante ». Bei *einfacher* Vertragsverletzung (Art. 4, Nr. 1 und 2) ist ein Beschluss des Völkerbundsrates erforderlich. Nun sind England und Italien ständig im Völkerbundsrat vertreten. Daher können sie jederzeit diesen Beschluss verhindern. Wenn sie also Hilfe leisten, so tun sie dies kraft freier Entschliessung und dies könnten sie ebenso *ohne* die Locarnoverträge. Im Falle *flagranter* Vertragsverletzung ist sofortige unmittelbare Hilfe vorgesehen (Art. 4, Nr. 3). Aber erstens hat jeder Staat selbst zu entscheiden, ob eine « violation flagrante », eine « contravention flagrante » vorliegt und ob er daher Hilfe leisten solle. Zweitens hat die Macht, die dies bejaht, nur einzuschreiten « dès que ladite Puissance aura pu se rendre compte que cette violation constitue un acte non provoqué d'agression », und drittens nur dann, wenn sie findet, dass « une action immédiate est necéssaire». Alle drei Fragen entscheidet jede Macht als Richter in eigener Sache ohne jede Rechtskontrolle. Mag man nun auch der Ueberzeugung sein, dass hier eine Rechtspflicht und nicht freies Ermessen statuiert worden sei, so wird doch praktisch auf Grund dieser vagen Bestimmungen jede Macht in der Lage sein, nur Hilfe zu leisten, *wenn sie will*, ohne einer Vertragsverletzung überführt werden zu können. Freiwillig Hilfe leisten könnte sie aber auch *ohne* die Locarnoverträge.

Die Bestimmungen des Vertrags über die militärische Hilfeleistung sind daher praktisch im wesentlichen bedeutungslos. *Sie gewähren der Grenze mit grösster Wahrscheinlichkeit genau denselben militärischen Schutz, den sie ohne den Vertrag hätte. Das grundsätzlich Neue des Vertrags ist vielmehr die Freiwilligkeit der Unterschrift des Deutschen Reiches im Gegensatz zu der erzwungenen Unterschrift von 1919.* Die vier Ententemächte haben, wie aus der Geschichte des Vertrages hervorgeht, auf diese Unterschrift den grössten Wert gelegt. Ohne Deutschland wäre der Vertrag niemals abgeschlossen worden. *Damit haben jene vier Mächte implicite anerkannt, dass erzwungenen Verträgen eine geringere verpflichtende Kraft innewohne als freiwillig abgeschlossenen.*

Zu diesen vier Mächten treten noch Polen und die Tschechoslowakei. Denn sie sind Mitunterzeichner des Schlussprotokolls vom 16. Oktober 1925 und sie haben ein « *Ostlocarno* » aus den gleichen Motiven angestrebt wie die vier Westmächte. Dass endlich Deutschland selbst im höchsten Grade bereit war und ist, einen Unterschied zwischen freiwilligen und erzwungenen Verträgen zu machen, bedarf wohl keiner näheren Begründung.

In der dargestellten Implicite-Anerkennung seitens der genannten sieben Mächte liegt noch bei weitem nicht die Anerkennung eines geltenden überstaatlichen Rechtssatzes, welcher erzwungene Verträge verbietet. Aber wir können in den geschilderten Vorgängen Regungen des *Weltgewissens* sehen, das sich gegen erzwungene Verträge auflehnt. Solche Regungen mögen der Ausbildung eines neuen geltenden Rechtssatzes um grosse Zeiträume vorauseilen. Aber sie künden doch an, dass er auf dem Wege ist, sich zu bilden. Wenn er einmal geltendes überstaatliches Recht werden würde, dann *wäre damit allein der Souveränitätsidee ein schwerer Schlag versetzt und das innerstaatliche Recht vieler Staaten dem stärksten Einfluss des Völkerrechts unterworfen.*

Das bisher Erörterte betrifft den Zwang beim Vertragsabschluss, insbesondere erzwungene Annexionsverträge. Damit im engsten Zusammenhang steht die Beschränkung der Freiheit der Kriegführung. Hauptzweck und Hauptergebnis der Kriege sind ja zumeist Gebietseroberungen gewesen.

Die Beschränkungen des jus belli ac pacis durch die Völkerbundssatzung haben wir bereits kennen gelernt. Ausserdem garantiert Art. 10 der Satzung das Gebiet der Mitgliedstaaten, worin ein Verbot des Angriffs liegt. Entsprechend den in diesen Bestimmungen sich kundgebenden friedlichen Tendenzen hat der Völkerbund seit 1920 das Rüstungsproblem behandelt. Die dritte Vollversammlung sprach in einem Beschluss vom 27. September 1922 aus, dass eine grosse Zahl von Regierungen die Verantwortung für eine ernstliche Rüstungsbeschränkung nicht übernehmen könne « à moins de recevoir en échange une garantie suffisante pour la sécurité de leurs pays » (1). Eine solche Garantie könne gewährt werden durch einen « accord défensif, accessible à tous les pays, qui engagerait les parties à porter assistance effective et immédiate et suivant un plan pré-établi» (2), durch einen «traité de garantie mutuelle» (3), durch eine allgemeine Defensivallianz gegen einen Angreifer. Die dritte Kommission anerkannte auf ihrer Tagung im August 1923 das Prinzip eines allgemeinen Garantievertrags und legte der vierten Vollversammlung einen Entwurf vor, welcher den Angriffskrieg für ein *internationales Verbrechen* erklärt, indem er in der Einleitung ausspricht: « Les Hautes Parties contractantes affirment que la guerre d'agression constitue un crime internationel et prennent l'engagement solennel de ne pas se rendre coupables de ce crime » (4). Damit war ein ungeheurer Schritt getan. Was bis 1914 souveränes Recht eines jeden Staates und hauptsächlichste bewegende Kraft der Weltgeschichte gewesen war, wird 1923 von der zuständigen Kommission der grössten internationalen Organisation als internatio-

Anm. (1): Société des Nations. Actes de la Troisième Assemblée. Séances Plénières. Vol. I. Compte-rendu des débats. S. 291, Résolution XIV, a, Z. 2.
Anm. (2): a. a. O., Z. 3.
Anm. (3): a. a. O., Z. 4.
Anm. (4): Société des Nations. Réduction des armements. Rapport de la troisième Commission à la quatrième Assemblée. A 111. 1923. IX (Première Partie). S. 7, 8. Materialien und Literatur sind zitiert bei *Strupp*, Das Werk von Locarno, S. 31, 32.

nales Verbrechen verurteilt. Drastischer kann man den Umschwung in der öffentlichen Meinung, den Gegensatz zwischen dem alten und dem neuen Geist kaum zum Ausdruck bringen.

Allerdings fehlte noch jegliche Klarheit über die Unterscheidung zwischen dem Angriffs- und dem Verteidigungskrieg (1). Nach mehreren Vorarbeiten im Völkerbund (2), welche auf der Verwerfung des Angriffskrieges beruhten, kam es zur Ausarbeitung des *Genfer Protokolls* vom 2. Oktober 1924. Es beruft sich in der Einleitung auf die « solidarité qui unit les membres de la communauté internationale », wendet sich also an *alle* Staaten der Völkerrechtsgemeinschaft und schlägt vor, dass sie den Angriffskrieg als Verbrechen verurteilen mit den Worten : « Affirmant que la guerre d'agression constitue une infraction à cette solidarité et un crime international ». Im Art. 2 sollen sich die unterzeichnenden Staaten verpflichten, in keinem Fall gegen einen Staat, der die Verpflichtungen des Protokolls übernommen hat, zum Kriege zu schreiten, ausgenommen die Fälle des Widerstandes gegen « actes d'agression » und der Exekution des Völkerbundes. Art. 10 definiert als Angreifer denjenigen, « qui recourt à la guerre en violation des engagements prévus au Pacte ou au présent Protocole ». Dem recours à la guerre soll die Verletzung der demilitarisierten Zone gleichstehen. Daran schliessen sich gesetzliche Vermutungen darüber, wer in bestimmten Fällen als Angreifer zu betrachten sei.

Das Genfer Protokoll ist von der Vollversammlung des Völkerbundes gebilligt worden. Geltendes Recht ist es dennoch nicht geworden, da England, Italien und andere Staaten die Annahme verweigert haben. Immerhin legt es doch Zeugnis von einem ungeheuren Wandel der Auffassungen seit 1914 oder seit den Haager Friedenskonferenzen ab. Ja, es beweist auch einen Fortschritt der neuen Ideen seit der Gründung des Völkerbundes, da es eine strengere Beschränkung der Freiheitssphäre des Staates bedeutet als die Satzung des Völkerbundes.

Als Entwurf zu einer *allgemeinen* Befriedung der Welt ist das Genfer Protokoll an der Souveränität mehrerer Staaten gescheitert. Aber es hat zur Bildung partikularen Vertragsrechtes geführt. Denn seine wichtigsten Gedanken sind in den Vertrag Annexe A des Protokolls von Locarno übergegangen. Dieser Vertrag ist bereits erörtert worden, da er implicite eine Verurteilung des Zwanges beim Vertragsabschluss enthält. In bezug auf die Beschränkung der Freiheit des Kriegführens steht er auf gleicher Stufe wie das Protokoll von Genf. Nur noch zwei Arten von Kriegen sind rechtmässig : die Verteidigung gegen einen Angriffskrieg und die Exekution des Völkerbundes. Der neuerliche Fortschritt in der Entwicklung der neuen Ideen seit dem Genfer Protokoll ist hier unverkennbar. Denn die strengeren

Anm. (1) : Vgl. die Zitate oben S. 109, Anm. 3.

Anm. (2) : Zitate bei *Strupp*, a. a. O., S. 32 ff.

Normen sind nun zwar nur partikulares und kündbares Vertragsrecht, aber doch für fünf Staaten geltendes Recht geworden.

Eine weitere Beschränkung des jus belli ac pacis bedeutet der Vertrag vom 27. August 1928, der gewöhnlich als « Kelloggpakt » bezeichnet wird (1). Er ist von den Vereinigten Staaten von Amerika, den fünf ständig im Völkerbundsrat vertretenen Mächten, Belgien, Polen und der Tschechoslowakei abgeschlossen worden; 48 weitere Staaten sind zum Beitritt aufgefordert worden. Die vertragschliessenden Staaten sagen in der Einleitung, sie seien überzeugt, dass die Zeit gekommen ist, einen offenen Verzicht auf den Krieg als Werkzeug staatlicher Politik auszusprechen, und sie hoffen, dass, durch ihr Beispiel ermutigt, alle anderen Staaten der Welt dem Vertrage beitreten werden. Im Art. 1 erklären die vertragschliessenden Staaten feierlich, dass sie den Krieg verurteilen und auf ihn als Werkzeug staatlicher Politik verzichten: « Les Hautes Parties Contractantes déclarent solennellement au nom de leurs peuples respectifs qu'elles condamnent le recours à la guerre pour le règlement des différends internationaux, et y renoncent en tant qu'instrument de politique nationale dans leurs relations mutuelles ».

Würden in der Tat alle Staaten der Welt diesem Vertrag beitreten und ihn ratifizieren, so wäre das jus belli ac pacis durch einen Satz allgemeinen Völkerrechtes für alle Staaten beseitigt. Dieses Stück der Freiheitssphäre müsste ganz allgemein aus dem Staatsbegriff eliminiert werden. Es bliebe noch immer ohne Zweifel das Recht der Notwehr gegen einen rechtswidrigen Angriff, also das Recht zum Verteidigungskrieg (2), und dieser könnte auch die Form der Völkerbundsexekution annehmen. Die Rechtslage ist demnach die gleiche wie nach dem Genfer Protokoll und dem Annexe A zum Protokoll von *Locarno*. Der Fortschritt läge hier in der Allgemeinheit des Vertrags, und schon im Augenblick des Vertragsabschlusses lag der Fortschritt gegenüber dem Vertrag von Locarno in dem Hinzutreten dreier weiterer Staaten. Man sieht, wie die neuen Gedanken immer weitere Kreise gewinnen. *Aber immer noch handelt es sich um kündbare Verträge «souveräner» Staaten, um eine Einschränkung der Freiheitssphäre des Staates, aber vorlaüfig nicht um eine Regel überstaatlichen Völkerrechtes.*

Im Zusammenhang mit der Kriegsverhütung sei auch an dieser Stelle die Beschränkung der Rüstungen erwähnt. In der Einleitung zum V. Teil des Vertrags von Versailles, vor Art. 159, ebenso vor Art. 118 des Vertrags von St. Germain usw. haben die unterzeichnenden Mächte die Entwaffnung der besiegten Staaten angeordnet : « En vue de rendre possible la pré-

Anm. (1) : Die Materialien sind zitiert bei *Kraus*, Internationale Schiedssprechung, Berlin und Leipzig, 1929, S. 268, 269.

Anm. (2) : Vgl. insb. *Schücking* in : « Mitteilungen der Deutschen Gesellschaft für Völkerrecht », Heft 10, Berlin, 1930, S. 178, 179 ; *Verdross*, Die Ausnahmen vom Kriegsverbote des Kellogg-Paktes, in : « Die Friedenswarte », XXX. Jahrg., Heft 3, S. 65, 66 und die Zitate daselbst.

paration d'une limitation générale des armements de toutes les nations», «In order to render possible the initiation of a general limitation of the armaments of all nations». Hier ist eine vertragliche Rechtspflicht zu einer künftigen Beschränkung der Rüstungen entweder vorausgesetzt oder neu ausgesprochen (1).

Wenn von dem neuen Geist im Völkerrecht die Rede ist, so darf der *Ständige Internationale Gerichtshof* und das Zunehmen der Schiedsverträge nicht unerwähnt bleiben, insbesondere der von *Lammasch* (2) sogenannten «institutionellen» Schiedsverträge, das heisst solcher, welche nicht bloss einen konkreten, schon vorliegenden Streit, sondern alle künftigen Streitfälle —sei es überhaupt, sei es einer bestimmten Gattung—zum Gegenstand haben. Man muss diese Errungenschaften mit dem Zustand vor 1914 vergleichen, um den Gegensatz zu erfassen. Es zeigt sich hier eine bedeutende Annäherung vieler Staaten und eine Neigung, die durchschnittliche Freiheitssphäre der teilnehmenden Staaten erheblich einzuschränken. Immerhin ist diese Entwicklung noch nicht so weit fortgeschritten, dass man von einer Beeinträchtigung des Souveränitätsgedankens und damit von einer grundsätzlichen Wandlung der Staatsidee nach dieser Richtung sprechen könnte. Alle Bindungen sind von freiwilliger vertragsmässiger Unterwerfung der Staaten abhängig und daher durch Kündigung und Austritt wieder lösbar. Ja, der Ständige Internationale Gerichtshof hat die Grundlagen, auf der eine überstaatliche internationale Gerichtsbarkeit allein denkbar wäre, selbst geleugnet, indem er, wie schon in anderem Zusammenhang erwähnt worden ist, ausgesprochen hat, das Prinzip der Unabhängigkeit der Staaten «est à la base même du droit international» (3).

Der neue Geist, der die Staatenpolitik beseelt, zeigt sich endlich auch in der internationalen Sozialpolitik. Auch auf diesem Gebiete ist während des Krieges ein gewisser Umschwung der öffentlichen Meinung erfolgt. Die Beschlüsse der internationalen Gewerkschaftskonferenzen von Leeds vom 5. Juli 1916 (4) und von Bern vom 4. Oktober 1917 (5) hatten bereits ein Programm internationaler sozialpolitischer Massregeln entworfen, welches die Freizügigkeit, das Koalitionsrecht, die Sozialversicherung, die Hygiene, die Arbeitszeit und verschiedene andere Gebiete des Arbeiterschutzes umfasste und verlangt, dass der künftige Friedensvertrag die Verwirklichung dieser Forderungen garantieren solle. Es war mithin bloss an Vertragsrecht gedacht, der Ausbau dieser Forderungen zu Sätzen eines überstaatlichen Völkerrechtes lag darin noch nicht. Wohl aber bedeuteten diese Forderun-

Anm. (1) : Vgl. nunmehr *Perels* in : «Mitteilungen der Deutschen Gesellschaft für Völkerrecht», Heft 11, Berlin, 1932, S. 31 ff. und die Zitate daselbst, S. 34-36.

Anm. (2) : *Lammasch*, Ueber isolierte und institutionelle Schiedsgerichte, Jahrbuch des öffentlichen Rechts der Gegenwart, X, Tübingen, Bd. VI, 1912, S. 76 ff., insb. 86 ff. ; Die Lehre von der Schiedsgerichtsbarkeit in ihrem ganzen Umfange, Berlin, Stuttgart, Leipzig, 1914, S. 50 ff., insb. 55 ff .

Anm. (3) : oben, S. 81.

Anm. (4) : Vgl. insb. *Stephan Bauer*, Arbeiterschutz und Völkergemeinschaft, Zürich, 1918, S. 10 ff., 130 ff., und die Zitate daselbst S. 12, Anm. 8 ff.

Anm. (5) : Ebenda, S. 11, 135 ff.

gen sehr weitgehende Einschränkungen des bisherigen Umfanges der jeder Einmischung von aussen entzogenen « inneren » Angelegenheiten.

Auch die internationale Sozialpolitik auf Grund des XIII. Teiles der Verträge von *Versailles, St. Germain-en-Laye* und *Trianon* und des XII. Teiles des Vertrags von *Neuilly-sur-Seine* hat die gleiche Bahn eingeschlagen. Zwar ist, wie wir schon in anderem Zusammenhange gesehen haben (1), an dem Souveränitätsdogma nicht gerüttelt worden, denn die Konferenz kann nach Art. 405 Abs. 1 nur « Empfehlungen » oder Vertragsentwürfe beschliessen. Aber in der Beschränkung der staatlichen Freiheitssphäre sind die Fortschritte gegen 1914 sehr bemerkenswert. Die Tätigkeit des Internationalen Arbeitsamtes und die Internationalen Arbeitskonferenzen wären in der Zeit vor 1914 undenkbar. Die Internationale Arbeitskonferenz hat bis Ende 1931 ausser 38 Empfehlungen 32 Entwürfe von Uebereinkommen angenommen. Zu diesen Entwürfen wären im ganzen weit über 1000 Ratifikationen notwendig; hiervon sind bis Ende 1931 insgesamt 447 erfolgt, immerhin gegen die Vorkriegszeit eine grosse Zahl (2). Unter diesen Entwürfen sind einige von grösster Tragweite. So vor allem jener über die Begrenzung der Arbeitszeit in gewerblichen Betrieben auf 8 Stunden täglich und 48 Stunden wöchentlich. Vor 1914 hätte niemand erwarten können, dass die Vertreter einer grossen Mehrheit von Staaten ihren Ländern die Annahme einer derartigen Verpflichtung zumuten würden.

Nach der bisherigen Geschichte der internationalen Sozialpolitik seit 1920 ist zu erwarten, dass die Zahl der Entwürfe und der Ratifikationen weiter ebenso wie bisher oder noch rascher zunehmen wird. Jedenfalls kann man auch auf dem Gebiete der internationalen Sozialpolitik beobachten, wie die neuen Ideen immer weitere Kreise gewinnen. *Gerade dieses Gebiet ist aber darum von grösster Bedeutung, weil hier jeder internationale Fortschritt sich zumeist in Einwirkungen auf das innerstaatliche Recht umsetzt* (3). Das Internationale Arbeitsamt veröffentlicht in seiner Zeitschrift: « Internationale Rundschau der Arbeit » Tabellen (4), in denen die gesetzgeberischen und sonstigen Massnahmen aller Staaten durch bestimmte Zeichen ersichtlich gemacht sind, sodass sich hier für jeden einzelnen Entwurf der Einfluss des internationalen auf das innerstaatliche Recht und die Zunahme dieses Einflusses aus den Tabellen entnehmen lassen (5).

Anm. (1): Oben, S. 93.
Anm. (2): Internationales Arbeitsamt Genf. Internationale Rundschau der Arbeit. 10. Jahrg., 2. Heft, Februar 1932, Tabelle am Ende des Heftes.
Anm. (3): Vgl. noch *Gallart i Folch*, Influència del factor internacional en el desenvolupament del dret social intern, in *Miscel·lania Patxot*, Barcelona, 1931, S. 1 ff.
Anm. (4): Zuletzt die in Anmerkung 2 zitierte Tabelle.
Anm. (5): Vgl. auch die systematische Uebersicht bei *Fehlinger*, Internationaler Arbeiterschutz, Berlin, 1926, S. 57 ff., u. a.

c) NEUERE THEORIEN ÜBER DAS VERHÄLTNIS DES INTERNATIONALEN ZUM INNERSTAATLICHEN RECHT.

Auch in der Literatur machen sich seit 1919 neue Strömungen bemerkbar. Zwar wird, wie schon erwähnt worden ist, die alte Staatsidee und der Souveränitätsgedanke und damit auch die Lehre von der Abhängigkeit des Völkerrechtes vom innerstaatlichen Recht von der grossen Mehrheit der Schriftsteller noch immer festgehalten. Aber es sind doch Theorien, welche der herrschenden Anschauung von der Ueberordnung des staatlichen Rechtes die Lehre von der Ueberordnung des Völkerrechtes entgegensetzen, teils neu entstanden, teils aus älteren Lehren weiter entwickelt worden und haben eine viel grössere Verbreitung erlangt als ähnliche Theorien in der Vorkriegszeit. Ueber derartige Theorien der letzten Zeit ist an dieser Stelle zu berichten, weil auch sie für die Entwicklung eines neuen Geistes charakteristisch sind und dem Einfluss des internationalen auf das innerstaatliche Recht eine stärkere Grundlage geben. Eine zusammenfassende Kritik der Literatur muss dem dritten Teile dieser Arbeit vorbehalten bleiben.

Die Lehre von der Suprematie des Völkerrechtes gegenüber dem Staatsrecht hat ihre Vorläufer in der Naturrechtslehre (1). Der Positivismus dagegen identifiziert das Recht mehr oder weniger klar mit den letztlich auf die Macht des Staates gestützten Befehlen des « souveränen » staatlichen Gesetzgebers und kann daher folgerichtig zu einem überstaatlichen Völkerrecht nicht gelangen. Dieser Positivismus beherrschte vor dem Krieg, wie wir gesehen haben, nicht nur die Praxis der Staaten, sondern auch die Theorie fast durchgehend. Allerdings hat es immer einzelne abweichende Meinungen gegeben. Ihre Geschichte hier darstellen zu wollen, würde zu weit führen. Aber jedenfalls kann man von einer grösseren oder erfolgreicheren literarischen Strömung gegen das Souveränitätsdogma nicht sprechen.

Von den Theorien der Vorkriegszeit, welche in Opposition zum herrschenden Souveränitätsdogma standen und als Vorboten der neuen Zeit von Bedeutung geworden sind, sei zuerst jene von *Duguit* erwähnt. Er hat bereits 1901 in seinem Werke : « L'Etat, le droit objectif et la loi positive » (2) zu zeigen versucht : « que l'Etat n'est point cette personne collective, investie d'un pouvoir souverain, imaginée par l'esprit inventif des publicistes» (3). *Duguit* geht dabei von einer soziologischen Staatsauffassung aus, welche das Wesen des Staates in der Tatsache des Herrschens und Gehorchens er-

Anm. (1) : Vgl. insb. *Verdross*, Die Einheit des rechtlichen Weltbildes auf Grundlage der Völkerrechtsverfassung, Tübingen, 1923, S. 39 ff.

Anm. (2) : Etudes de droit public, Paris, I. Bd., 1901.

Anm. (3) : A. a. O., S. 1. Vgl. auch sein Vorwort zur 2. Auflage seines Traité de droit constitutionnel, Paris, 1921, I. Bd., S. VII.

blickt (1). Er glaubt aus soziologischen Tatsachen ableiten zu können, dass es ein objektives Recht mit verpflichtender Kraft gibt, welches *über* dem Staat, genauer gesagt, über dessen Machthabern, steht und Gebote und Verbote an den Staat richtet (2). Die Idee des souveränen Staates nennt er « une conception fausse et stérile » (3).

Diese Auffassung hat er dann in seinem Traité de droit constitutionnel weiter ausgebaut, dessen erste Auflage zur Zeit des Kriegsausbruchs vollendet war. Nach dem Krieg hat er dieses Werk in wesentlich erweiterter Form in zweiter Auflage herausgegeben (4). Hier betont er in der Vorrede, dass er seine Theorie durch die geschichtlichen Ereignisse bestätigt sehe (5). Er sucht ausführlich darzulegen, dass das Problem der Souveränität im Sinn der herrschenden Lehre unlösbar sei (6). « Il est absolument impossible d'expliquer humainement la souveraineté de l'Etat ». Diese Unmöglichkeit sei der beste Beweis für die Wahrheit jener Lehren, welche, wie die seinige, die Souveränität « purement et simplement » leugnen (7). Ein Völkerrecht, welches nur auf den Willen der Staaten gegründet würde, wäre kein Recht : « Une règle qui n'existe que pour ceux qui la créent et qui s'y soumettent volontairement n'est pas une règle de droit » (8). Er gelangt zu dem Schluss: «Banissons donc une fois pour toutes ces conceptions surannées de personnalité et de souveraineté de l'Etat, qui donnent naissance à des problèmes insolubles, à des discussions interminables et vaines, qui ont toujours été et seront toujours le principe d'une action tyrannique et dictatoriale à l'intérieur et d'une politique agressive et conquérante à l'extérieur » (9).

Duguit's Lehre hat namentlich in der Nachkriegszeit starke Beachtung gefunden.

Während *Duguit* von empirisch-soziologischen Voraussetzungen ausgegangen ist, kommt *Stammler* von entgegengesetzter Richtung an das Problem der Souveränität heran. Von dem Boden der neukantischen Lehre aus hat er 1902 eine Lehre von dem « richtigen Recht » entwickelt (10), welche in weiterer Konsequenz zur Einheit alles Rechtes führen musste (11). In seiner 1911 veröffentlichten « Theorie der Rechtswissenschaft » hat *Stammler* dargelegt, dass der Souveränitätsgedanke den Rechtsgedanken, folglich in gewissem Sinn ein « Weltrecht » voraussetze (12).

Anm. (1) : Vgl. insb. *Menzel*, Eine realistische Staatstheorie, in : « Oesterreichische Zeitschrift für öffentliches Recht », I. Bd., 1914, S. 114 ff. und Beiträge zur Geschichte der Staatslehre, Wien und Leipzig, 1929, S. 518 ff.

Anm. (2) : L'Etat, le droit objectif et la loi positive, passim, insb. S. 259, 260, 320 ff.

Anm. (3) : a. a. O., S. 321.

Anm. (4) : Traité de droit constitutionnel, Paris, I. Bd., 1921.

Anm. (5) : a. a. O., S. VI.

Anm. (6) : a. a. O., S. 408 ff.

Anm. (7) : a. a. O., S. 409.

Anm. (8) : a. a. O., S. 558.

Anm. (9) : a. a. O., S. 564, 565.

Anm. (10) : Die Lehre von dem richtigen Rechte, Berlin, 1902 ; 2. Aufl., Halle (Saale), 1926.

Anm. (11) : Vgl. insb. a. a. O., 1. Aufl., S. 38 ff., 2. Aufl., S. 61 ff. Vgl. noch : Rechtsphilosophische Grundfragen, Bern, 1928, S. 64 ff. ; Das gesamte deutsche Recht, Bd. I, Berlin, 1931, S. 49 ff.

Anm. (12) : Theorie der Rechtswissenschaft, Halle a. d. S., 1911, S. 431 ff. (2. unveränderte Aufl. 1923). Vgl. ferner Lehrbuch der Rechtsphilosophie, Berlin und Leipzig, 1922, 3. Aufl., 1928, S. 248, 289 ff., 373 ff.

In diesem Werk will der Verfasser Erkenntnisse von unbedingter Allgemeingültigkeit über das Recht gewinnen und gelangt hierbei auch zur Erörterung des Verhältnisses zwischen mehreren staatlichen Rechtsordnungen. Ausgehend vom Problem der Gebietshoheit betont er, dass die einzelne Rechtsordnung, solange man sie *isoliert für sich* betrachtet, nichts ausserhalb ihrer Grenzen gestatten noch rechtlich verneinen könne. Weder die rechtliche Achtung, noch die rechtmässige Durchbrechung der Gebietshoheit durch einen anderen Staat können als *rechtlich* verstanden werden, wenn sie nicht « von dem Gedanken eines sie verbindenden, übergeordneten *rechtlichen* Wollens wiederum abgeleitet » wären. « Die Behauptung der Gebietshoheit als einer *rechtlichen* Einrichtung ist bloss von der Seite ihres Inhabers aus nicht zu begreifen ; da sie den Gedanken der *rechtlichen* Ausschliessung anderer in sich birgt und die *rechtliche* Pflicht dieser, sie zu respektieren, besagt, so nimmt sie damit unweigerlich ein gemeinsam bestimmendes rechtliches Wollen für sie beide an». «Zum vollen Ausbau der *Souveränität* eines Staates, als einer *rechtlichen* Unabhängigkeit, ist also gerade nötig, dass er mit anderen Staatswesen *unter* einem, sie verbindenden, *rechtlichen* Wollen steht » (1). Damit sei der Begriff eines *Weltrechtes* gewonnen. Dieses sei « *ein Recht, das von dem Gedanken des einheitlichen Zusammenhanges alles besonderen Rechtes getragen ist.* Dieses Weltrecht ist daher nicht erst zu fordern oder gar zu erfinden, *es ist schon da* ». Es umfasse « die Rechtssätze, die notwendig sind, um den Bestand von rechtlichem Wollen in seiner Bedingtheit durch die Trennung verschiedener Rechtsordnungen zu begreifen » (2). Doch decke sich dieses Weltrecht nicht «ganz» mit dem «Völkerrecht der neuen Zeit». Denn dieses beziehe sich «zu sehr» auf «Staatswesen moderner Beschaffenheit » und eine neue, « bedingt abgegrenzte Staatengemeinschaft » (3). Das Weltrecht habe vielmehr wechselnden Inhalt (4). Es bedeute nur « die Unbegrenztheit des Rechtsgedankens » (5). In seinem « Lehrbuch der Rechtsphilosophie » (6) hat *Stammler* diese Lehre wiederholt. Hier betont er auch, dass das Bestehen souveräner Staaten « im Sinne rechtlich anerkannter Selbstzwecke » mit dem Weltrecht nicht in Widerspruch stehe. Er vergleicht die Zuteilung der Souveränität an die Staaten durch das Völkerrecht mit der Zuteilung des Eigentums an die Individuen durch die innerstaatlichen Rechtsordnungen, da die Souveränität wie das Eigentum «das letzte Wort der Entscheidung über Rechtsobjekte» darstelle. *Stammler* folgert aus seiner Lehre insbesondere, dass internationale Vereinigungen kein neues Recht *über* den verschiedenen Rechtsordnungen begründen können (7).

Anm. (1) : Theorie der Rechtswissenschaft, 1. Aufl. S. 432, 433.
Anm. (2) : a. a. O., S. 433.
Anm. (3) : a. a. O., S. 434.
Anm. (4) : a. a. O., S. 433, 435.
Anm. (5) : a. a. O., S. 433.
Anm. (6) : Berlin und Leipzig, 1922, 3. Aufl., 1928, S. 289 ff.
Anm. (7) : a. a. O., 3. Aufl., S. 290.

Stammlers Lehre enthält Grundgedanken, von denen aus die positivistische Theorie von der Ableitung des Rechts aus der Macht des Staates unhaltbar werden musste. Daher musste in weiterer Konsequenz auch die Anschauung von der Ueberordnung des staatlichen Rechtes über das Völkerrecht und damit das Souveränitätsdogma erschüttert werden. *Stammler* eröffnet damit eine Reihe von Schriftstellern, welche, ohne bewusst den Positivismus zu verlassen, ein überstaatliches Völkerrecht behaupten. Dass er Weltrecht und Völkerrecht nicht « ganz » identifiziert, ändert hieran nichts. Denn sein allgemeingültiger Gedanke des Weltrechts hat wechselnden Inhalt und unser Völkerrecht ist nur ein historisch bedingter Inhalt seines Weltrechts. Auch dass er den Ausdruck Souveränität beibehält, beeinträchtigt die Bedeutung seiner Erkenntnis nicht. Allerdings hat er selbst die ganz Tragweite seiner Gedanken nicht gesehen. Eine von einer übergeordneten Rechtsordnung « rechtlich anerkannte » Souveränität ist in ihrem Wesen eben doch nicht mehr die «Souveränität» des Souveränitätsdogmas, sondern folgerichtig nur noch jene der Schweizer Kantone, wenn auch mit ungleich weiterem Umfang. Der Umschwung von der alten zur neuen Gedankenwelt, der sich in der Praxis mit dem Weltkrieg und mit *Wilsons* Auftreten 1918 vollzogen hat, hat demnach in der positivistischen Rechtstheorie bereits in *Stammlers* Werk von 1911 begonnen.

Stammlers Lehre ist, wenngleich sie Allgemeingültiges und nicht historisch Bedingtes aussagen will, doch in dem Sinne ihrer Zeit vorausgeeilt, dass sie vor dem Kriege bei der grossen Mehrzahl der Theoretiker schwerlich einen Boden zur bereitwilligen Aufnahme hätte finden können. Wann und wie *Stammlers* Ideen gewirkt hätten, wenn der Krieg nicht ausgebrochen wäre, muss dahingestellt bleiben. Jedenfalls finden wir erst seit dem Kriege einige positivistische Theorien, welche auf neukantischer Grundlage eine formal-logische Ueberordnung des Völkerrechtes über das Staatsrecht mit der Souveränität des Staates für vereinbar halten. Aber weit darüber hinaus hat *Stammler* auch viele jener neueren Autoren beeinflusst, welche den positivistischen Boden bewusst verlassen haben.

Als nächster Autor ist *Krabbe* zu nennen. *Krabbe* hatte bereits 1906 in seinem Werke « Die Lehre von der Rechtssouveränität » (1) der herrschenden Auffassung von der Staatssouveränität die Theorie entgegengesetzt, dass die Souveränität nicht beim Staate, sondern beim Rechte liege. Hierbei hatte er der « heteronomen Staatsgewalt » die « autonome Rechtsgewalt » gegenübergestellt, eine Auschauung, die uns im dritten Teile dieser Arbeit noch beschäftigen wird, und behauptet, die Verbindlichkeit des Rechts sei auf das *Rechtsbewusstsein der Menschen* gegründet (2).

Im August 1915 hat nun *Krabbe* ein Werk, « De moderne Staatsidee »

Anm. (1) : Groningen 1906.

Anm. (2) : a. a. O., S. 187 ff.

veröffentlicht (1), in dessen Vorrede er ausdrücklich betont, dass es bereits vor dem Ausbruch des Krieges verfasst worden ist. Hier zieht er aus seiner Lehre, dass das Recht « een product is van's menschen rechtsbewustzijn », weitere Folgerungen (2). Das internationale Recht unterscheide sich von dem staatlichen « niet in oorsprong en grondslag », sondern nur « in den omvang der gemeenschap waarvoor het ordenend werkt ». Mit der Ausbildung einer internationalen organisierten Rechtsgemeinschaft erhebe sich das internationale Recht zur ursprünglichen Rechtsquelle. « De staatsidee begint boven de nationale Staten uit te gaan en vangt aan zich fragmentarisch te verwezenljiken in grootere rechtsgemeenschappen... en naarmate van grootere rechtsgemeenschappen de rechtsvorming uitgaat, krimpt het met de tegenwoordige Staten gegeven eigen rechtsleven in, wordt de originaire bron van rechtswaarde naar die grootere gemeenschappen verlegd, en ontvalt aan de tegenwoordige nationale gemeenschappen het karakter van Staten, om dan verder met meer of minder, afgeleide, autonomie voort te bestaan» (3). Der Staat wird also aus dem Völkerrecht abgeleitet. « Het staatskarakter van een volk wortelt dus in het internationale recht, hier het volkenrecht » (4). Daher sollte das internationale Recht besser « supranationaal recht » genannt werden (5).

In einem späteren grossen Werk hat *Krabbe* versucht, seine Lehre von der Rechtssouveränität und der Staatsidee durch kritische Auseinandersetzung mit der Staatslehre der verschiedenen Geschichtsepochen zu bewähren (6). Er betont hier, seine eigene Lehre zusammenfassend, dass das Recht ebenso wie die Religion, die Moral, die Wahrheit, die Schönheit usw., uns als ein Inbegriff von Normen entgegentrete, welche eine « objetive Existenz » haben, und zwar als eine Einheit von Normen, die sich aus dem Gemeinschaftszweck vielleicht der ganzen Menschheit, jedenfalls aber aller Kulturvölker ergeben (7).

Krabbe gelangt im Gegensatz zur herrschenden Lehre dazu, die Einheit des positiven Völker- und Staatsrechtes und die Ueberordnung des Völkerrechtes zu behaupten. Hierbei wird jedoch die Einheit nicht, wie bei *Stammler*, nur durch allgemeingültige Formen des Denkens begründet, sondern *Krabbe* geht von einem den Menschen gemeinsamen materiellen Inhalt des Rechtsbewusstseins aus, will also von empirisch bedingten Tatsachen aus empirisch bedingte Schlussfolgerungen ziehen. Umso bemerkenswerter ist es, dass er zu einem im wesentlichen gleichen Ergebnis kommt wie *Stammler*, nämlich zur Ueberordnung eines, wenn auch ganz anders gedachten, Universalrechtes über den Staat und das staatliche Recht. Neben *Duguit* und

Anm. (1) : s'Gravenhage, 1915.
Anm. (2) : a. a. O., S. 180 ff.
Anm. (3) : a. a. O., S. 182.
Anm. (4) : a. a. O., S. 183.
Anm. (5) : a. a. O., S. 191.
Anm. (6) : Kritische Darstellung der Staatslehre, Haag, 1930.
Anm. (7) : a. a. O., S. 272 ff.

Stammler wird *Krabbe* als einer derjenigen zu nennen sein, mit denen die Wendung zu der neuen Gedankenwelt beginnt.

Duguit und *Krabbe* hatten den juristischen Positivismus bereits offensichtlich verlassen. Dagegen schien *Stammler's* Idee, das Weltrecht bloss auf *formale* Grundlagen des Rechts, auf Funktionen unseres Erkennens und Denkens zu beschränken, *materiell* die Rettung der positivistischen Dogmen, insbesondere jenes von der Souveränität des Staates, vor der neuen universalistischen Gedankenwelt zu gestatten. Nun bot das Naturrecht eine allgemeine Grundlage alles positiven Rechtes an. Schon *Hugo Grotius* hatte das « stare pactis » als die « Quelle » bezeichnet, aus welcher alles positive Recht « fliesse » : « ab hoc ipso fonte jura civilia fluxerunt » (1). Der Satz : « Pacta sunt servanda » war in der naturrechtlichen Literatur im allgemeinen das Fundament des positiven Völkerrechtes, auf ihn stützte dieses seine Geltung. Zwei Autoren haben nun den Versuch gemacht, diesen Satz ohne naturrechtliches Beiwerk in den Dienst des Positivismus und des Souveränitätsdogmas zu stellen, indem sie an die Stelle der materiell-naturrechtlichen die formal-logische Allgemeingiltigkeit setzen. Sie wollen mittelst dieses Satzes die Allgemeinheit des Rechtsgedankens mit der materiellen Unberührtheit der bisherigen Stellung des Staates verbinden und nehmen so, wie *Stammler*, gewissermassen eine Mittelstellung zwischen der alten und der neuen Gedankenwelt ein. Diese beiden Autoren sind *Verdross* und *Anzilotti*.

Verdross hat bis 1920 den Standpunkt der Souveränität der staatlichen Rechtsordnung und des mit ihr identifizierten Staates vertreten (2), und zwar in jener extremen Gestalt, welche wir oben in der Vorkriegstheorie *Kelsens* bereits kennen gelernt haben (3). Jedoch hat er bereits in seinem Aufsatz : « Zur Konstruktion des Völkerrechtes », 1914, versucht, jenen grundsätzlichen Mangel der Lehre *Kelsen's* zu beheben, welcher darin bestand, dass diese bei ihrer Identifizierung von Recht und Staat auf das Völkerrecht keine Rücksicht genommen hatte. *Verdross* will nun in dem genannten Aufsatz « das widerspruchslose Einfügen der Völkerrechtsnormen in das staatliche Rechtssystem aufzeigen » (4). Er bekämpft *Krabbe's* Lehre, dass die Rechtsidee schlechthin souverän sei (5) und will « am souveränen Staatswillen festhalten » (6). Die staatliche Rechtsordnung sei, wie *Kelsen* erkannt habe, der « Erkenntnisgrund » dafür, ob eine Handlung Staatshandlung sei (7). Jede staatliche Rechtsordnung ermächtige nun ein

Anm. (1) : De jure beli ac pacis, Prolegomena, § 15 (Ausgabe Amsterdam, 1632, S. 3 der Prolegomena).

Anm. (2) : Zur Konstruktion des Völkerrechts, in der Zeitschrift für Völkerrecht, VIII. Bd., 1914, S. 329 ff. ; Das Problem des freien Ermessens und die Freirechtsbewegung, Oesterreichische Zeitschrift für öffentliches Recht, I. Jahrg., 1914, S. 616 ff. ; Zum Problem der Rechtsunterworfenheit des Gesetzgebers, Juristische Blätter, 45. Jahrg., 1916; Das Verhältnis der verfassungsmässigen Staatenverträge zum österreichischen Gesetzesrecht, insbesondere zum Strafrecht, ebenda, 46. Jahrg., 1917.

Anm. (3) : Oben, S. 18, 19.

Anm. (4) : Zeitschrift für Völkerrecht, VIII. Bd., S. 337.

Anm. (5) : a. a. O., S. 337, 338.

Anm. (6) : a. a. O., S. 338.

Anm. (7) : a. a. O., S. 339.

Staatsorgan, völkerrechtliche Verträge abzuschliessen. Dadurch werde das Völkerrecht « zu einem integrierenden Bestandteile der Rechtsordnungen aller jener Staaten, deren Verfassungen den Abschluss von Verträgen mit anderen Staaten zulassen » (1). Das Vertragsrecht könne nicht « über den nationalen Rechtsordnungen thronen », denn : « Beim Ausgangspunkt vom Staate müssen vielmehr immer und dauernd die Verfassungen die höchste Rechtsquelle bilden » (2).

Nun seien aber die Staatsorgane nur zum Vertragsabschluss ermächtigt, nicht zum Vertragsbruch (3). Daher bleibe der Vertrag bestehen, « bis durch die Zustimmung des anderen Staates ein Erkenntnisgrund zur Bildung neuen Rechtes gegeben ist » (4). Dadurch sei der bisher nur naturrechtlich behauptete Satz : « Pacta sunt servanda » « zu einem logischen Prinzipe des positiven Rechtes erhoben » und die einseitige Aenderung des im Vertrag festgesetzten Staatswillens « zu einer rechtslogischen Unmöglichkeit geworden » (5).

Verdross hat jedoch diesen Versuch, das Souveränitätsdogma und die Theorie *Kelsens* von 1911 aufrechtzuerhalten, selbst bald aufgegeben. In seiner Arbeit : « Die völkerrechtswidrige Kriegshandlung und der Strafanspruch der Staaten », 1920 (6), bezeichnet er diese Konstruktion « nicht als geglückt », allerdings nur aus dem einen Grund, weil der anerkannte Satz, dass Staatsverträge trotz Aenderung der Staatsverfassung weitergelten, « aus dem Rechtssysteme herausfiele », was wohl das Eingeständnis bedeuten soll, dass beide Theorien mit diesem anerkannten Satz unvereinbar sind. Verdross fordert dennoch, dass « Völkerrecht und Landesrecht in einem *einheitlichen Rechtssystem* enthalten sein müssen » (7). Die Ausführung hat er in seinem Buche « Die Einheit des rechtlichen Weltbildes auf Grundlage der Völkerrechtsverfassung » (8) gegeben. Hier tritt er auf positivistischer Basis für die formale Einheit des Staats- und des Völkerrechtes, für ihre Verbundenheit in einem einheitlichen Rechtssystem unter einer bloss formal logischen Ueberordnung des Völkerrechtes ein. Nicht der Vertrag schaffe Recht, er setze vielmehr die Staatsverfassung, nämlich einen staatlichen Rechtssatz, über den Abschluss von Staatsverträgen, voraus. Aber zugegebenermassen gebe es einen die Staatenpraxis beherrschenden Völkerrechtssatz, nach welchem die Staatsverträge auch dann weitergelten, wenn in den gebundenen Staaten eine revolutionäre Verfassungsänderung eingetreten ist. Dies wäre unmöglich, wenn die Staatsverträge letztlich von den Staatsverfassungen abhängig wären. Es müsse also wenigstens einen

Anm. (1) : a. a. O., S. 341, 342.
Anm. (2) : a. a. O., S. 344.
Anm. (3) : a. a. O., S. 346, 347.
Anm. (4) : a. a. O., S. 347.
Anm. (5) : a. a. O., S. 347.
Anm. (6) : Berlin, 1920, S. 41.
Anm. (7) : a. a. O.. Vgl. noch Grundlagen und Grundlegungen der Völkerrechtsordnung, in *Niemeyers* Zeitschrift für internationales Recht, 29. Bd., 1921, S. 65 ff.
Anm. (8) : Tübingen, 1923.

Völkerrechtssatz geben, der sich über die Staatsverfassungen erhebt (1). *Verdross* glaubt trotzdem den Primat des Völkerrechtes über das Staatsrecht ebenso wie den Primat des Staatsrechtes über das Völkerrecht ablehnen zu müssen. Nicht das ganze Völkerrecht, nur die Völkerrechtsverfassung erhebe sich über das staatliche Recht (2). Diese Lehre hat *Verdross* in seinem Buche « Die Verfassung der Völkerrechtsgemeinschaft » (3) fortgebildet. Die völkerrechtliche Grundnorm, der Satz « Pacta sunt servanda » erscheint hier als ein objektiver Wert (4). Diese Grundnorm bilde die « Spitze der Rechtspyramide » des einheitlichen Rechtssystems, das Völkerrecht und staatliches Recht als einen « Stufenbau von einander über- und untergeordneten Rechtsschichten » umfasse (5). Mit dieser Lehre will *Verdross* Positivist sein und betont dies immer wieder ausdrücklich (6). Daran ändert sich nichts dadurch, dass er erklärt hat, nicht Neukantianer zu sein sondern auf dem Boden des kritischen Realismus zu stehen (7). Die Einheit der beiden Rechtsordnungen ist für ihn auch in der neuesten Gestalt seiner Lehre nur eine denknotwendige Form, die materielle Tragweite der staatlichen Souveränität im bisherigen positive Recht wird nach seiner Meinung nicht berührt. Er fühlt sich im Gegensatz zu den « Neonaturrechtlern », in dem er *alles* Recht aus der Praxis der Gewohnheiten und Verträge, also aus der Macht der Staaten ableiten will (8).

Von grosser Bedeutung für die neuere Völkerrechtsliteratur ist die Lehre *Anzilotti's* geworden. Die Ansätze dazu hat er bereits vor dem Krieg, insbesondere in der ersten Auflage seines Corso di diritto internazionale (9), entwickelt; in den weiteren Auflagen seit 1923 hat er sie ausgebaut. Er geht von dem in der Naturrechtslehre oft betonten, vom Positivismus aber zumeist vernachlässigten Gedanken aus, dass das positive Recht, um verbindlich zu sein, einer überpositiven Grundlage bedarf. Dabei unterscheidet er die Staaten als Schöpfer, « costitutori », « creatori » und als Normunterworfene, « subietti » des Völkerrechts. Ferner stellt er dem rechtsschöpferischen Akt der Einzelstaaten den « atto collettivo di due o più Stati » im internationalen Recht gegenüber (10). So gelangt schliesslich auch er zu der Norm : « Pacta sunt servanda » als Grundlage des internationalen Rechtes. Er sagt von völkerrechtlichen Normen : « La loro forza obligatoria deriva dal prin-

Anm. (1) : a. a. O., S. 104.
Anm. (2) : a. a. O., S. 134.
Anm. (3) : Wien und Berlin, 1926, S. 29 ff., 42 ff.
Anm. (4) : a. a. O., S. 31.
Anm. (5) : a. a. O., S. 43.
Anm. (6) : z. B. a. a. O., S. 28, 29. Vgl. *Decencière Ferrandière*, Du principe « pacta sunt servanda » considéré comme la norme fondamentale du droit international » in *Miscel·lania Patxot*, Barcelona, 1931, S. 234 ff.
Anm. (7) : Mitteilungen der Deutschen Gesellschaft für Völkerrecht, Heft 10, Berlin 1930, S. 104.
Anm. (8) : a. a. O., S. 81 ff., insb. 105.
Anm. (9) : Corso di diritto internazionale, Rom, 1912, S. 26 ff.; ebenda, III. Bd., 1915, S. 4 ff. Vgl. insb. auch noch *Perassi*, Teoria dommatica delle fonti di norme giuridiche in diritto internazionale, Rivista di diritto internazionale, Serie II, vol. VI, 1917, S. 286 ff.; *Ottolenghi*, Sulla personalità internazionale delle Unioni di Stati, ebenda, Serie III, vol. IV, 1925, S. 316, 344.
Anm. (10) : Vgl. insb. Gli organi comuni nelle Società di Stati, Rivista di diritto internazionale, Serie II, vol. III (1914), S. 158, 159.

cipio che gli Stati devono rispettare i patti conclusi fra loro : pacta sunt servanda » (1). Dieser Satz sei die begriffsnotwendige Voraussetzung aller völkerrechtlichen Normen und aus ihnen selbst nicht weiter ableitbar. Er müsse vielmehr « als ein absoluter objektiver Wert oder als primäre, unbeweisbare Annahme gesetzt werden ». « Questo principio, appunto perche è alla base delle norme di cui parliamo, non è suscettivo di ulteriore dimostrazione dal punto di vista delle norme stesse ; dev' essere assunto come un valore oggettivo assoluto o altrimenti come l'ipotesi prima e indimostrabile, alla quale necessariamente fa capo questo come ogni altro ordine di umane conoscenze » (2). Jener Satz sei die « Ur-Norm », die « norma prima, al di là della quale non è dato trovare un' altra norma che ne spieghi la giuridicità e che pertanto la giurisprudenza assume come un' ipotesi o un postulato indimostrabile» (3). Er beziehe seine vis obligandi aus sich selbst : «ha in sè stessa, originaria e non derivativa, la vis obligandi » (4). Doch will *Anzilotti* von der Stellung des Staates als eines souveränen Gesetzgebers nichts preisgeben. Das Völkerrecht setze die staatliche Rechtsordnung voraus : « il diritto internazionale presuppone lo Stato, ossia il diritto interno, perchè lo Stato, anche se non s'identifica con l'ordinamento giuridico, non è concepibile senza di esso. Lo presuppone, diciamo, non storicamente, ma logicamente, perchè norme internazionali, a cominciare della norma-base pacta sunt servanda, in tanto sono possibili in quanto si appoggiano a norme interne » (5).

Mit den dargestellten Theorieen von *Verdross* und *Anzilotti* ist der bemerkenswerte Versuch gemacht worden, das positive Völkerrecht zwar im Sinne der herrschenden Lehre vom Willen des staatlichen Gesetzgebers und damit aus der « Souveränität» des Staates abzuleiten, zugleich aber doch, wenigstens in seiner letzten formalen Grundlage, als überstaatliches Recht zu erweisen. Der bisherige Positivismus hatte nur die Wahl gehabt, entweder das Völkerrecht auf die Selbstverpflichtung zu gründen, oder internationales und staatliches Recht beziehungslos nebeinanderzustellen, oder das erstere gänzlich zu leugnen : in den ersten beiden Fällen hatte er nicht erklären können, warum ein Staat sich nicht einseitig von seinen völkerrechtlichen Verpflichtungen lossagen dürfe. Die beiden Autoren glauben, indem sie in dem Satz pacta sunt servanda nur ein logisches Prinzip, eine allgemeine Form des Denkens sehen, die Ueberstaatlichkeit des Völkerrechtes zu begründen und dennoch die Souveränität des Staates in ihrer ganzen materiellen Tragweite im Sinne des bisherigen positiven Rechtes unberührt zu lassen.

Anm. (1) : Corso di diritto internazionale, Rom, I. Bd., 3. Aufl. 1928, S. 42 ; Lehrbuch des Völkerrechtes, I. Bd., Berlin und Leipzig, 1929, S. 32.
Anm. (2) : Ebenda.
Anm. (3) : Corso di diritto internazionale, I, S. 65 ; Lehrbuch des Völkerrechts, S. 50.
Anm. (4) : Corso, S. 49 ; Lehrbuch, S. 38.
Anm. (5) : Corso, S. 49 ; Lehrbuch, S. 37, 38.

In gleicher Richtung bewegt sich die neuere Lehre *Kelsen's*. In seiner 1920 veröffentlichten Schrift: « Das Problem der Souveränität und die Theorie des Völkerrechtes » (1) hat dieser Autor seine oben (2) erwähnte, vor dem Kriege veröffentlichte Theorie von der Identifizierung von Recht und Staat (3) unter dem Einfluss der Lehre von *Verdross* (4), aber doch wohl auch unmittelbar unter dem Eindruck der politischen Ereignisse, welche ein Ignorieren des Völkerrechtes in der Staatstheorie nicht mehr zuliessen, wesentlich zugunsten der Berücksichtigung des Völkerrechtes geändert und er hat auch in späteren Schriften an dieser Aenderung festgehalten.

Nach *Kelsens* nunmehriger Lehre sind die Theorien vom Primate der staatlichen Rechtsordnung und vom Primate des Völkerrechts zwei bald « erkenntnistheoretische » (5), bald « juristische » Hypothesen (6). Beide Hypothesen « müssen vom Standpunkt einer *Theorie des positiven Rechtes* als gleichwertig angesehen werden. Es ist nicht möglich, der einen oder der anderen aus *juristischen* Gründen den Vorzug zu geben » (7). Die Theorie vom Primat des Staates, welche den eigenen souveränen Staat zum Ausgangspunkt der Konstruktion mache, sei « ein Bild, mehr als ein Bild — jener subjektivistischen Erkenntnistheorie, die, um die Welt zu begreifen, vom eigenen Ich ausgeht und dabei doch niemals über das eigene Ich hinauskommen kann... » (8). « Die Ausschliesslichkeit der Souveränität, die Einzigkeit des souveränen Staaten-Ich ist nur die Analogie, ist mehr als die Analogie der unentrinnbaren solipsistischen Konsequenz des Subjektivismus » (9). Wenn dagegen die « objektivistische » Weltanschauung von einem universalen Weltgeist ausgehe, « dessen nur sehr ephemere und vorläufige Erscheinungsformen die erkennenden und wollenden Individuen sind », so sei dies « nur das Bild, das Vorbild der für die Rechtswelt gültigen Hypothese einer Weltrechtsordnung, der auf der *Objektivität* des Rechts fussenden Theorie vom Primat des Völkerrechts » (10). *Kelsen* erklärt, keine Entscheidung zwischen diesen beiden Weltanschauungen treffen zu wollen (11).

Es muss nun hier dahingestellt bleiben, ob denn mit der Andeutung « mehr als ein Bild », « mehr als die Analogie » Identität gemeint ist, das heisst ob *Kelsen* wirklich der Meinung ist, dass alle Anhänger der Ueberordnung des Staatsrechtes konsequent Solipsisten und alle Anhänger der Ueberordnung des Völkerrechtes Vertreter einer entgegengesetzten « objektivistischen » — dies müsste hier bedeuten: realistischen — Erkenntnis-

Anm. (1): Tübingen, 1920, 2., unveränderte Aufl. 1928, S. 314 ff.
Anm. (2): Oben, S. 18, 19.
Anm. (3): Hauptprobleme der Staatsrechtslehre, Tübingen, 1911, S. 97 ff., S. 253 u. a. (2. Aufl. 1923 unverändert).
Anm. (4): Vorrede zur 2. Aufl. des eben zitierten Werkes, S. XXII, XXIII.
Anm. (5): Das Problem der Souveränität, S. 314; Allgemeine Staatslehre, Berlin, 1925, S. 130.
Anm. (6): Allgemeine Staatslehre, S. 128, 129.
Anm. (7): a. a. O., S. 128.
Anm. (8): Das Problem der Souveränität, S. 315; Allgemeine Staatslehre, S. 131.
Anm. (9): a. a. O.,
Anm. (10): Das Problem der Souveränität, S. 316; Allgemeine Staatslehre, S. 131, 132.
Anm. (11): a. a. O., S. 317, bezw. S. 132.

theorie sein müssten und welche Bedeutung seine Ausführungen haben, wenn dies nicht gemeint ist. Jedenfalls ist es bemerkenswert, dass ein Autor, der vor dem Kriege mit der Identifizierung von Recht und Staat den Gedanken der Souveränität des Staates auf die Spitze getrieben hatte, nunmehr so weit von seiner ursprünglichen Position zurückgewichen ist. Ja, sieht man genauer zu, so hat *Kelsen* selbst die Wahl zwischen den beiden « Weltanschauungen » bereits getroffen. Bereits in dem Buche von 1920 hat er hervorgehoben, dass die « subjektivistische » Anschauung, die den Primat des Staatsrechtes behauptet, — also folglich auch seine eigene Lehre von 1911, nach der « alles Recht Staatsrecht » ist — « letzten Endes zu einer Negation des Rechtes überhaupt und sohin der Rechtserkenntnis, der Rechtswissenschaft führen muss » (1). « Die Halbheit des Uebergangszustandes spiegelt sich in den Widersprüchen der Völkerrechtstheorie ». Diese sei jedoch « auf dem sicheren Wege zu einer objektivistischen Rechtsanschauung », also zur Ueberwindung des Dogmas von der Souveränität des Einzelstaates. Es werde sich daher die Existenz einer Weltrechtsordnung, einer civitas maxima durchsetzen. Die Souveränitätsvorstellung müsse freilich « radikal verdrängt werden » (2).

Kelsen hat demnach seine ursprüngliche Lehre in Wahrheit aufgegeben, denn eine Theorie, die nach seiner jetzigen Ansicht zur Leugnung alles Rechtes und aller Rechtswissenschaft führen muss, kann er als Verteidiger des Positivismus und Verfasser rechtswissenschaftlicher Werke doch wohl nicht vertreten. Daher kann seine Parallele Gott-Staat, wenn ihr überhaupt eine Bedeutung zukommt, in Wahrheit nur den Sinn Gott-Völkerrechtsgemeinschaft haben. Wenn er noch immer die Souveränität des Staates unter dem Namen der « Personifikation einer Teilrechtsordnung » (3) retten will, wenn er die Entscheidung zwischen jenen beiden Weltanschauungen ablehnt, wenn er den unveränderten Abdruck seiner Arbeit von 1911 im Jahre 1923 in der Vorrede zur 2. Auflage damit entschuldigt, dass er seine Lehre nur « in wichtigen Einzelfragen », geändert habe und dass « eine Neubearbeitung doch ein anderes Werk ergeben hätte (4) so wird mit all dem nur der Rückzug von der ursprünglichen Theorie verschleiert. An *Kelsen* ist demnach der Wandel, den die Staatsidee erfahren hat, ganz besonders deutlich geworden.

Ein anderer Autor, der hier genannt zu werden verdient, ist *Salvioli* (5). Er weist darauf hin, dass der Staat dem Völkerrecht ebenso unterworfen sei wie der Bürger dem staatlichen Recht. « ... per chi ammette il carattere positivo del diritto internazionale, il potere dello Stato, come potere giuri-

Anm. (1) : Das Problem der Souveränität S. 317; ebenso Allgemeine Staatslehre, S. 132.

Anm. (2) : Das Problem der Souveränität, S. 320.

Anm. (3) : a. a. O., S. 147.

Anm. (4) : Hauptprobleme der Staatsrechtslehre, 2. Aufl., 1923, S. V.

Anm. (5) : Studi sui caratteri dell' ordinamento giuridico internazionale, Rivista di diritto internazionale, XIV. Bd., 1921-22, Serie III, insb. S. 20 ff., 32 ff., und die Anmerkung, S. 45 ff.

dico, deve derivare da una norma oggetiva di questo ordinamento». «... se l'esercizio dei poteri che si usano comprendere nel potere generale di impero dello Stato non è illecito — e tale potrebbe essere solo internazionalmente — ciò postula l'esistenza di una norma internazionale che lo permette (1). «Anche lo Stato detto sovrano incontra limiti giuridici, come lo Stato non sovrano» (2). *Salvioli* ist, im Gegensatz zu den Neukantianern, überzeugt, mit seiner Anschauung materiell auf dem Boden eines neuen Naturrechts zu stehen (3).

Ferner sei hier auf *Le Fur* (4) hingewiesen. Dieser Autor betont, die Souveränität des Staates könne ebensowenig Grundlage des internationalen wie die individuelle Freiheit Grundlage des staatlichen Rechtes sein, denn : « à elles seules, liberté individuelle et souveraineté nationale illimitées assureraient bien plutôt la destruction de tout le droit public, interne ou externe, par le ferment anarchique qu'elles représentent ». Beide müssen ergänzt werden « par la notion de droit, droit rationnel ou objectif à fondement moral, à base de justice et non plus de force, cette dernière ne constituant qu'un moyen de réalisation, d'ailleurs parfois nécessaire. Seul le droit ainsi compris peut être considéré comme souverain » (5). «C'est ailleurs qu'il faut placer le dualisme dans le droit, non pas entre le droit externe et le droit interne, car l'homme n'a pas deux consciences juridiques, mais entre le droit rationnel ou objectif d'un côté, le droit positif de l'autre » (6).

Auch bei *Le Fur* ist es demnach, wie bei *Salvioli*, ein modernes Naturrecht, welches das Souveränitätsdogma überwindet und damit die Bahn für den weitestgehenden Einfluss des internationalen auf das innerstaatliche Recht freigibt. Beide Autoren sehen das Allgemeine nicht nur, wie die Neukantianer, in Denkformen, sondern auch in Sätzen materiellen Rechtes, und *Le Fur* betont ausdrücklich, sein Naturrecht sei nicht « indéfiniment variable » wie das « richtige Recht » Stammler's, sonst wäre es nichts (7).

Weiter ist in der Reihe der Autoren, welche ein überstaatliches Völkerrecht annehmen, *Bruns* zu nennen (8). Die Auffassung, welche vom Begriff der staatlichen Souveränität ausgeht, sei verfehlt. Von Souveränität könne im Völkerrecht « nur insoweit die Rede sein, als es sich um die tatsächliche Voraussetzung für die Anerkennung als Rechtssubjekt handelt » (9). Die Fähigkeit, rechtlich bindende Verträge schliessen zu können, werde allein von der Völkerrechtsordnung verliehen. Nicht weil er souverän ist, könne der Staat rechtlich bindende Verträge schliessen, sondern weil er Mitglied

Anm. (1) : a. a. O., S. 48, Anmerkung.
Anm. (2) : a. a. O., S. 49, Anmerkung.
Anm. (3) : a. a. O., S. 78 ff.
Anm (4) : La théorie du droit naturel, Académie de Droit International, Recueil des Cours, 1927, III. Bd., S. 409 ff.
Anm. (5) : a. a. O., S. 418.
Anm. (6) : Précis de droit international public, Paris, 1931, S. 13.
Anm. (7) : La théorie du droit naturel, S. 388, 389.
Anm. (8) : Völkerrecht als Rechtsordnung, in seiner Zeitschrift für ausländisches öffentliches Recht und Völkerrecht, I. Bd., 1929, 1. Teil, S. 1 ff., insb. S. 33 ff.
Anm. (9) : a. a. O., S. 34.

der Völkerrechtsgemeinschaft sei. Als deren Mitglied stehe er unter deren Rechtsordnung (1).

Auch bei *Bruns* tritt demnach die Ueberordnung des Völkerrechtes klar hervor.

Dagegen kann die schon in anderem Zusammenhange (2) dargestellte Lehre *Politis'* (3) nicht in eine Reihe mit den eben erörterten Theorien gestellt werden. *Politis* hat allerdings, wie oben erwähnt worden ist, ausgeführt, die Souveränität komme nicht dem Staat, sondern dem Recht zu, der Ausdruck Souveränität sei aus der Rechtssprache zu streichen und durch den Ausdruck Freiheit zu ersetzen. Aber damit unterscheidet sich seine Auffassung von der herrschenden nur in der Terminologie, nicht im Grundsätzlichen. Nach *Politis* gibt es im heutigen Völkerrecht zwei Gebiete, jenes der beschränkten und jenes der unbeschränkten Freiheit. Das letztere ist das Vorbehaltsgebiet der « affaires purement intérieures », welches wir als jenes des Art. 15 Abs. 8 der Völkerbundssatzung bereits kennen gelernt haben. Dieses Vorbehaltsgebiet stellt *Politis*, wie wir gesehen haben (4) so dar, dass hier die Allmacht und das « pouvoir absolu » des Staates aufs schärfste betont werden. Demnach wären die Staaten nur zu einem Teil dem Völkerrecht unterstellt, zum anderen Teil aber souverän im bisherigen Sinn. Eine solche Teilung aber ist eine unvollziehbare Vorstellung, man muss ihr mit *Bruns* (5) entgegenhalten, dass eine nur zum Teil bestehende Unterordnung einer Rechtsordnung unter eine andere ein Widerspruch in sich selbst ist. In Wahrheit steckt daher in der Behauptung von *Politis* etwas ganz anderes. Nach *Politis* ist jeder Staat souveräner Richter darüber, was in sein Vorbehaltsgebiet fällt, da ja nach diesem Autor nicht einmal eine diplomatische Diskussion darüber zulässig ist. Daher ist im Grundsätzlichen doch die alte Staatsidee aufrechterhalten, die scheinbare Ueberordnung des Völkerrechtes ist abhängig von dem freiwilligen und völlig unüberprüfbaren Zugeständnis des souveränen Staates. Das Souveränitätsdogma lebt demnach fort, auch wenn das Wort Souveränität aus der Rechtssprache gestrichen wird.

Ebensowenig können die sehr bachtenswerten Ausführungen von *Leibholz* : « Das Verbot der Willkür und des Ermessensmissbrauches im völkerrechtlichen Verkehr der Staaten » (6) hierher gerechnet werden, wiewohl sie ein überstaatliches Verbot staatlicher Willkür vorauszusetzen scheinen. Denn *Leibholz* bezeichnet unter Berufung auf *Triepel* (7) das Völkerrecht als zwischenstaatliches Recht (8), es komme ihm « koordinations-, nicht herrschaftsrechtliche Struktur » zu (9).

Anm. (1) : a. a. O., S. 35.
Anm. (2) : Oben S. 90, 91.
Anm. (3) : Académie de Droit International, Recueil des Cours, 1925, I, S. 1 ff.
Anm. (4) : Oben, S. 90, 91.
Anm. (5) : a. a. O., S. 37.
Anm. (6) : Zeitschrift für ausländisches öffentliches Recht und Völkerrecht, I. Bd., 1929, 1. Bd.. Teil, S. 77 ff.
Anm. (7) : Vgl. oben S. 20 ff.
Anm. (8) : a. a. O., S. 84.
Anm. (9) : a. a. O., S. 86.

Von besonderem Interesse ist ein literarisches Unternehmen *Niemeyer's*. Im Dezember 1924 wendete sich *Niemeyer* mit einer Umfrage unter dem Titel : « Jus naturae et gentium. Eine Umfrage zum Gedächtnis des Hugo Grotius » an eine Reihe hervorragender Kenner des Völkerrechtes zwecks Veröffentlichung der Antworten in seiner Zeitschrift (1), damit ein Ueberblick über das Verhältnis der naturrechtlich zu den positivistisch Orientierten gewonnen werde. Wenn sich auch die Fragestellung nicht mit der unsrigen deckt, so geben die eingelaufenen Antworten doch auch Anhaltspunkte zur Beurteilung des numerischen Verhältnisses zwischen den Anhängern des Souveränitätsdogmas und jenen des Gedankens eines überstaatlichen Völkerrechtes.

Die Fragen *Niemeyers* lauteten :

« Ist für die naturrechtliche Grundauffassung des Völkerrechts, welche in dem jus naturae et gentium des 17. und 18. Jahrhunderts gemäss der Grotianischen Lehre theoretische Geltung gewonnen hatte, heutige Geltungskraft in Anspruch zu nehmen? — das heisst : gilt sie in Ergänzung und in praktischer Interpretation des auf dem Rechtswillen der Staaten (« Staatenkonsens ») beruhenden positiven internationalen Rechtes derart, dass internationale und nationale Gerichte und Schiedsgerichte ihr folgen müssen?

Wenn und soweit die vorstehende Frage zu bejahen ist : Bedeutet jene Grundauffassung den Masstab der Sittlichkeit oder denjenigen der internationalen Interessensolidarität oder denjenigen des wohlverstandenen subjektiven Interesses der Staaten? Oder welche andere Formel ist vorzuziehen? »

Die erste Frage geht demnach dahin, ob es im Völkerrecht ein verbindliches Naturrecht gibt. Allerdings wird das positivistische Dogma, dass der Staatenkonsens das Recht, auch das internationale, *schafft*, dass also der souveräne Staat das *prius* gegenüber dem Völkerrecht ist, nicht in Zweifel gezogen; vom Naturrecht wird nur gefragt, ob es in « Ergänzung » und in « Interpretation » des positiven — also des von den souveränen Staaten geschaffenen — Rechtes gelte. An dieser Einschränkung kann man Kritik üben. Aber die Umfrage hat dennoch das grosse Verdienst, dass das Problem des Naturrechtes aufgerollt worden ist, und die erteilten Antworten zeigen, dass die Autoren je nach ihrer Einstellung die Grundfragen des Völkerrechtes im ganzen gewürdigt haben, ohne sich allzu eng an die Fragestellung zu binden.

Die zweite Frage betrifft den materiellen Inhalt des etwa behaupteten Naturrechtes und sie stellt, da sie ganz allgemein auf die Sittlichkeit hinweist, sowohl eine apriorische als eine empirische Begründung des Naturrechtes in Rechnung.

Anm. (1) : *Niemeyer's* Zeitschrift für Internationales Recht, XXXIV, 1925, S. 113 ff.

Der Kreis derjenigen, an welche die Umfrage gerichtet worden ist, konnte naturgemäss nur mit einer gewissen Willkür abgegrenzt werden. Ebenso war für die Zahl und den Umfang der eingelaufenen Antworten gewiss mancher Zufall mitbestimmend. Im ganzen haben 41 Autoren verschiedener Staatsangehörigkeit und Nationalität zu der Umfrage Stellung genommen. Die Aeusserungen sind nach Inhalt und Umfang sehr ungleich. Die Erwägungen, aus denen die Geltung eines Naturrechtes bald bejaht, bald verneint und aus denen sein Inhalt abgeleitet wird, sind bis in ihre letzten Voraussetzungen sehr verschiedene. Eine Zählung der Meinungen pro und contra hat aus allen diesen Gründen nur einen sehr beschränkten Wert. Immerhin ist sie doch für die Beurteilung der Verbreitung der verschiedenen Anschauungen nicht ohne Bedeutung.

Von den 41 Autoren leugnen 25 die Geltung des Naturrechts im Sinne einer überstaatlichen Rechtsordnung, nämlich: *Brown, Burckhardt, Dupuis, Fedozzi, Fleiner, Gemma, Giese, Higgins, Hill, His, Hold-Ferneck, Holland, Kebedgy* — dieser allerdings in nicht klar ausgesprochener Weise —, *de Louter, Meurer, Neumeyer, Phillimore, Politis, Rouard de Card, Schoen, Strisower, Strupp, Taube, Triepel* und *Verdross.* Zwei Autoren, *Barclay* und *Opet,* indentifizieren das Naturrecht mit dem Gewohnheitsrecht und betrachten es daher als geltendes Recht, das subsidiär neben dem geschriebenen, von den Staaten geschaffenen Recht anzuwenden ist. Man muss sie demnach den Positivisten zuzählen. Endlich muss auch *Radbruch* auf die Liste des Positivismus gesetzt werden. Er fragt nur, « aus welchen Quellen die Lücken des auf Staatenkonsens gegründeten völkerrechtlichen Rechtsbestandes ausgefüllt werden können ». Wenn er auch betont, « dass das Naturrecht auch heute noch nicht tot, nicht eine überwundene Idee ist, sondern eine mächtig fortwirkende Wirklichkeit », so ist es im Sinne seiner Ausführungen doch nur de lege ferenda wirksam, als « Denkmotive », als eine « Atmosphäre, in der Rechtsgedanken sich bilden ».

Alle diese positivistischen Autoren leugnen, wenn wir von der Rolle, die der überstaatliche Satz pacta sunt servanda in der Theorie von *Verdross* als formaler Konstruktionsbehelf spielt, absehen, ein überstaatliches Völkerrecht.

Für ein geltendes überstaatliches *natürliches* Völkerrecht sind im ganzen 7 von 41 Autoren eingetreten, und zwar: *Baty, Catellani, Le Fur, ich, Mausbach, Rostworowski* und *Tönnies.* Von ihnen steht *Mausbach* auf dem Boden des Katholizismus und der thomistischen Naturrechtslehre, *Tönnies* im allgemeinen auf dem Boden des rationalen Naturrechts im Sinne von *Hobbes* mit der Korrektur, dass dessen Theorie von der Unterwerfung der Individuen unter das Recht auf die Unterwerfung des Staates unter das Völkerrecht auszudehnen sei. Die anderen vier Autoren nehmen teils ausdrücklich, teils offenbar implicite ein Naturrecht in neuerem Sinne, ein

Naturrecht mit wechselndem Inhalt an, und zwar ich auf der Grundlage meiner Lehre von der Autonomie des Rechts, von welcher im dritten Teil dieser Arbeit die Rede sein wird, die anderen im Sinne einer heteronomen Naturrechtsordnung.

Drei weitere Autoren, nämlich *Piloty, Schiffer* und *Weiss,* bejahen zwar die erste Frage nach der Geltung des Naturrechts, aber doch nur in dem Sinne, dass dieses subsidiär zur Ausfüllung der Lücken des positiven Rechtes heranzuziehen sei. Darin legt noch nicht die Bejahung eines überstaatlichen Rechtes. *Kleinfeller* antwortet auf die erste Frage kurz mit ja; es ist aus seiner Aeusserung nicht ersichtlich, ob nach seiner Meinung das Naturrecht überstaatlich oder kraft des staatlichen Rechtes gilt.

Mittelmeinungen vertreten endlich *Wilhelm Kaufmann* und *Thoma*. *Wilhelm Kaufmann* meint, das Naturrecht « dürfte » gegenwärtig nicht als « theoretisch geltend » zu erachten sein. Dem stehe die heutige weite Verbreitung positivistischer Anschauungen und anderes entgegen, «obwohl der *blosse* Positivismus den Höhepunkt seiner Anerkennung überschritten haben dürfte und in immer weiteren Kreisen für sich allein als unzureichend erkannt wird ». *Thoma* dagegen führt aus, der Streit zwischen der Suprematie des Völkerrechts und der Suprematie der Staatssouveränität entscheide sich in den Köpfen der Menschen. Jeder Autor, der sich in dem Streit pro oder contra entscheide, stärke seine Partei und schaffe « selbst einen lebendigen kleinen Beweis der Richtigkeit seiner Lehre », einen Beweis, « den die induktiv verfahrende Theorie mit anderen Beweisen summieren darf ». Dem Positivismus kann man diese beiden Meinungen jedenfalls nicht mehr zuzählen.

Unter 41 Autoren hat demnach der Positivismus 28 und die Staatssouveränität, wenn man *Verdross* nicht zu den Anhängern der Staatssouveränität im alten Sinne zählt, 27 Vertreter gegen 13 beziehungsweise 14 Gegner, Zweifler und Anhänger von Mittelmeinungen gefunden. So zufällig auch diese Ziffern sind, so sind sie doch symptomatisch. Vor dreissig Jahren hätten sich wahrscheinlich alle Stimmen mit Ausnahme des dogmatisch gebundenen Vertreters der thomistischen Weltanschauung oder doch fast alle Stimmen aufs schärfste gegen die Zumutung verwahrt, dass man überhaupt nur die Frage aufzuwerfen wage, ob ein Naturrecht gelte. Heute stehen wir bereits vor einem ernstlich diskutierten Problem. Es ist möglich, dass die geistige Bewegung für ein Naturrecht sich weiter entwickelt und vielleicht könnte in weiteren dreissig Jahren oder noch rascher das Stimmenverhältnis das umgekehrte von dem heutigen sein.

Nun bedeutet die Annahme eines Naturrechts noch nicht die Behauptung eines überstaatlichen Völkerrechtes, wie wir dies an dem Beispiel der Meinungen von *Piloty, Schiffer* und *Weiss* gesehen haben. Umgekehrt gibt es Vertreter des Positivismus, die einen überstaatlichen Völkerrechtssatz behaupten, wie *Anzilotti* und *Verdross*. Aber sobald man die Idee eines überstaatlichen Rechtssatzes überhaupt ins Auge fasst, drängt sie sich über logische Formen hinaus zu dem materiell für alle Menschen Gemeisamen. Anderseits ist der Positivismus gemäss seinen Voraussetzungen nicht imstande, anders als in inhaltsleeren Denkformen zum Allgemeinen zu gelangen. So spiegelt sich im Streit um den Positivismus und das moderne Naturrecht im allgemeinen auch der Streit um das Souveränitätsdogma, um die Idee des überstaatlichen Völkerrechtes und um den Einfluss des internationalen auf das innerstaatliche Recht wieder.

Den bisher genannten literarischen Beispielen liesse sich noch manches andere hinzufügen (1). Doch dürfte das Gesagte genügen, um den Stand der Theorie zu beleuchten. Im übrigen wird eine zusammenfassende Kritik der dargestellten Meinungen und eine nähere Beleuchtung der zuletzt angedeuteten Zusammenhänge zwischen dem Streit um die Grundlagen des Rechtes und dem Einfluss des Völkerrechtes auf das staatliche Recht erst im dritten Teile dieser Arbeit möglich sein.

7. Rückwirkungen der Entwicklung der Staatsidee und der Idee des internationalen Rechtes auf das innerstaatliche Recht.

Die bisher erörterten Wandlungen der Staatsidee und der Idee des Völkerrechtes konnten nicht ohne Rückwirkung im innerstaatlichen Recht bleiben.

Allein nicht alle Aenderungen, die das innerstaatliche Recht der Nachkriegszeit unter dem Einfluss internationaler Beziehungen und internationaler Verträge erfahren hat, gehören in den Bereich unseres Themas, sondern nur ein sehr kleiner Teil dieser Veränderungen. Denn die meisten völkerrechtlichen Abkommen, so zum Beispiel Handelsverträge oder Vereinbarungen über den Post- und Telegraphenverkehr usw., bedürfen der Durchführung im innerstaatlichen Recht. Darin ist zwischen der Vor- und der Nachkriegszeit kein grundsätzlicher Unterschied. Die innerstaatlichen Durchführungsmassregeln zu allen internationalen Verträgen der Nachkriegszeit in allen Staaten hier aufzählen zu wollen, wäre ein ebenso zweckloses wie unabsehbares Beginnen. Hier kann nur von solchen Rückwirkungen im innerstaatlichen Recht die Rede sein, die durch den Wandel der Staatsidee und der Idee des Völkerrechtes hervorgerufen sind und in denen sich im Vergleich zur Vorkriegszeit ein neuer Geist zeigt.

Aber auch nicht alles, was mit dem Krieg und den Friedensverträgen zusammenhängt, kann in den Kreis unserer Betrachtung einbezogen werden.

Anm. (1): Vgl. noch die Zitate bei *Heller*, Die Souveränität, Berlin und Leipzig, 1927, S. 30, Anm. 2 und S. 30 ff.

Wenn man vom Einfluss des internationalen Rechts auf das innerstaatliche Recht spricht, so könnte vor allem etwa an alle jene Aenderungen gedacht werden, welche das Recht der annektierten Länder, zum Beispiel Elsass-Lothringens oder der neugebildeten Staaten ganz allgemein erfahren hat. Es ergeben sich hier überall sehr viele und sehr schwierige Probleme (1). Allein die Untersuchung all dieser Fragen kann nicht die Aufgabe dieser Arbeit sein. Denn Annexionen und Staatengründungen durch die Gewalt des Siegers hat es auch in früheren Zeiten gegeben, darin unterscheidet sich das Recht der Friedensverträge gerade nicht von jenem der Vorkriegszeit. Soweit sich aber bei Staatsgründungen oder Gebietsübertragungen die Forderung der Selbstbestimmung der Völker geltend gemacht hat, ist davon im zweiten Teile dieser Arbeit zu sprechen.

Ein Gleiches wie von den Annexionen und Staatengründungen gilt auch von den meisten anderen Bestimmungen der Friedensverträge. Diese Verträge haben ja, wie wir gesehen haben, den Geist des *Wilson*'schen Programms und des Waffenstillstandsvertrags nicht festgehalten (2). Sie stehen grundsätzlich und im allgemeinen den Diktaten des Siegers in früheren Zeiten gleich. Soweit dies zutrifft, ist auch ihre Durchführung im innerstaatlichen Recht für unsere Fragestellung ohne Bedeutung.

Dennoch hat das Völkerrecht der Friedensverträge und der Nachkriegszeit eine Reihe von Normen und Einrichtungen geschaffen, die in ihrer gegenwärtigen Art und in ihrem gegenwärtigen Inhalt in der Vorkriegszeit nicht denkbar gewesen wären, die daher als Zeichen eines neuen Geistes in den Kreis unserer Betrachtung fallen, und die auf das innerstaatliche Recht irgendwelcher Staaten von Einfluss sind oder gewesen sind. Diese völkerrechtlichen Normen und Einrichtungen und die innerstaatlichen Massregeln zu ihrer Durchführung in den betroffenen Staaten sind sehr zahlreich und zum grossen Teil sehr umfangreich und vielgestaltig. Die uns gestellte Aufgabe kann daher nicht dahin gehen, sie alle möglichst vollständig in ihren Einzelheiten darzustellen, was ein vielbändiges Werk beanspruchen würde und über die Kräfte eines Einzelnen weit hinausginge; sondern hier kann es sich nur darum handeln, einen Ueberblick über das Wichtigste zu gewinnen, was für das neue Recht charakteristisch ist.

1) Dasjenige Gebiet, auf dem sich ein neuer Geist wohl am stärksten und sichtbarsten ausspricht, ist das *Verhältnis zwischen dem Staat und dem Volk. Dieses Verhältnis soll im zweiten Teil dieser Arbeit besonders untersucht werden.* Dort wird sich unter anderem ergeben, dass die Ideen des Volkes, des Nationalstaates, der Selbstbestimmung der Völker, des Schutzes nationaler und religiöser Minderheiten in manchen Staaten innerstaatliche

Anm. (1): Vgl. z. B. für Elsass-Lothringen *Brändl*, Rechtsangleichung und Gesetzeskollision in Elsass-Lothringen, in *Niemeyers* Zeitschrift für internationales Recht, XXXIV, 1925, S. 281 ff., daselbst Materialien und Literatur.

Anm. (2): Vgl. oben, 5 Abschnitt.

Normen ausgelöst und beeinflusst haben. Derartige Normen sind sowohl für den Wandel in der Idee des Staates wie für den Wandel in der Idee des Volkes von Interesse. Da aber die Beziehungen zwischen diesen beiden Ideen erst im zweiten Teil behandelt werden können, sind diese Normen in der hier folgenden Darstellung nicht berücksichtigt.

2) An zweiter Stelle neben den Entwicklungen, die sich aus der nationalen Frage ergeben, ist wohl die Regelung der *Mandatsgebiete* zu nennen. Denn was jene Normen den zivilisierten Völkern gewähren sollen, will das Mandatssystem den in der Zivilisation zurückgebliebenen Völkerns ichern: Freiheit und Schutz vor selbstsüchtiger Unterdrückung durch den Stärkeren.

Nach Art. 22 des Völkerbundpaktes ist eine Reihe von solchen Völkern unter die « Vormundschaft » (« tutelle », « tutelage ») fortgeschrittener Völker gestellt worden. Es handelt sich im ganzen um 14 Gebiete : Palästina, Jrak, Syrien, Togo, Kamerun, das frühere Deutschostafrika, das frühere Deutschsüdwestafrika, endlich die früheren deutschen Besitzungen in der Südsee. Die Verwaltung in diesen Gebieten hat nach bestimmten Gesichtspunkten zu erfolgen, die in den Absätzen 4 bis 6 des Art. 22 aufgestellt sind. Die Mandatmächte legen nach Art. 22 Abs. 7 dem Völkerbund jährlich einen Bericht über ihre Verwaltung in diesen Gebieten vor. Zur Prüfung dieser Berichte hat der Völkerbundrat am 29. November 1920 gemäss Art. 22 Abs. 9 eine permanente Spezialkommission aus Kolonialsachverständigen ernannt, die in ihrer Mehrheit Nichtmandatmächten entnommen worden sind ([1]). Die Verwaltung der Mandatsgebiete erfolgt demnach nicht nach dem Belieben der Macht, welche hier die Staatsgewalt ausübt, sondern in Unterordnung unter völkerrechtliche Regeln. Mithin bildet die Verwaltung der Mandatsländer, so verschieden die Verhältnisse in den einzelnen Ländern auch liegen mögen, ein Gebiet inneren Rechtes, das vom Völkerrecht beeinflusst ist.

Allerdings ist die Einwirkung des internationalen Rechtes auf das in den Mandatsgebieten geltende innere Recht verschieden abgestuft. Nach Art. 22 sind drei Arten von Mandaten zu unterscheiden, die man gewöhnlich als die Mandate A (Art. 22, Abs. 4), B (Abs. 5) und C (Abs. 6) bezeichnet. In den Mandatsgebieten A, deren Völker als « nations indépendantes », « independent nations » anerkannt werden, gilt im allgemeinen das eigene autonome innere Recht, in den Gebieten C gelten zufolge Art. 22 Abs. 6 die Gesetze des Mandatars. Nur für die Mandatsgebiete B enthält Art. 22 im Absatz 5 nähere Bestimmungen. Aber in allen drei Fällen ist dem Mandatar nach Art. 22 Abs. 1 aufgetragen, für das Wohl dieser Völker zu sorgen und diese Aufgabe als eine heilige Mission zu erfüllen : « Le bien-être et le développement de ces peuples forment une mission sacrée de civilisation », « the well-

Anm. ([1]) : Journal officiel, Nov.-Dez. 1920, S. 87 ff.

being and development of such peoples form a sacred trust of civilisation ». Folglich darf der Mandatar, was immer er hier verfügt, nicht frei und « souverän » seine eigene Staatsräson zur Geltung bringen; ebensowenig dürfen solches die bevormundeten Völker, wenn es gestattet ist, Begriffe wie « souverän » und « Staatsräson » auch auf primitive Organisationsformen anzuwenden. Vielmehr gilt in allen Mandatsgebieten ein vom Völkerrecht, nämlich von Art. 22 des Völkerbundpaktes beherrschtes und beeinflusstes inneres Recht.

Man könnte versucht sein, zu argumentieren, dass in den Gebieten der Gruppe A und C nur ein Teil des hier geltenden inneren Rechtes dem Völkerrecht untergeordnet, ein anderer Teil aber frei, « souverän » sei, wobei Souveränität im Sinne von Freiheitssphäre verstanden wäre. Doch diese Argumentation wäre offenbar irrig. Denn in den Gebieten A darf das autonome Recht und in jenen der Gruppe C das Recht des Mandatarstaates dem « Wohlergehen und der Entwicklung » der bevormundeten Völker nicht widersprechen. *Was* aber das Wohlergehen und die Entwicklung dieser Völker erfordert, haben weder diese selbst, noch die Mandatarstaaten als Richter in eigener Sache « souverän » zu entscheiden, sondern der Völkerbundsrat, eventuell der Internationale Gerichtshof, in Anwendung und in Interpretation des Art. 22 des Paktes. Es steht demnach Völkerrecht *über* dem gesamten inneren Recht der Mandatsgebiete.

Demgegenüber ist die ungeheure Literatur, die sich mit der Frage befasst, wem die Souveränität in den Mandatsgebieten zustehe (1), im allgemeinen für unser Thema nicht von Bedeutung. Diese Literatur behandelt hauptsächlich die Fragen, ob die Souveränität dem Mandatar oder der Gesamtheit der alliierten und assoziierten Hauptmächte oder dem Völkerbund oder den Mandatsgebieten selbst zustehe, oder ob sie, etwa zwischen dem Völkerbund und den alliierten und assoziierten Hauptmächten oder zwischen dem Völkerbund und dem Mandatar geteilt sei. Dabei wird Souveränität zumeist teils im Sinne von Gebietshoheit, teils im Sinne von Rechts- und Handlungsfähigkeit gebraucht, oder es werden verschiedene Bedeutungen durcheinandergemengt.

Wenn man unter der Frage nach der Souveränität jene nach der Kompetenzhoheit versteht, so sind nur zwei Antworten möglich: die Kompetenzhoheit kann nur entweder dem völkerrechtlichen Gesetzgeber oder den Gesetzgebern der vertragschliessenden Staaten zustehen.

Für die zweite Möglichkeit spricht, dass Art. 22 nur in einer kündbaren vertraglichen Rechtsquelle enthalten ist. Trotzdem ist nicht anzunehmen,

Anm. (1): Vgl. die Kommentare zu Art. 22; ferner insb. die ausführlichen Literaturverzeichnisse bei *Millot*, Les mandats internationaux, Paris, 1924, S. 177 ff., *Stoyanovsky*,, La théorie générale des mandats internationaux, Thèse, Paris, 1925, S. 241 ff., *Wolfgang Schneider*, Das völkerrechtliche Mandat in historisch-dogmatischer Darstellung, Stuttgart, 1926, S. 8 ff., *Mohr*, Die Frage der Souveränität in den Mandatsgebieten, Dissertation, Hamburg, 1928, S. V ff., und bei *Tahl*, Das völkerrechtliche Kolonialmandat, Berlin, 1929, S. 216 ff.

dass Art. 22 die bevormundeten Völker der souveränen Willkür und der Staatsräson der einzelnen Staaten preisgeben wollte. Man hat bei der Verteilung der Mandate dem staatlichen Egoismus der Mandatarmächte in weitem Masse Rechnung getragen; aber bei der Aufstellung jener Normen des Art. 22, die dem Mandatar *Pflichten* auferlegen, sind unter dem Einfluss der öffentlichen Meinung offenbar nicht die egoistischen Interessen des Mandatars oder der Grossmächte, sondern altruistische Erwägungen zugunsten Dritter, nämlich zugunsten der bevormundeten Völker, entscheidend gewesen. Man muss daher als den mutmasslichen Willen der vertragschliessenden Staaten annehmen, dass, wie immer die übrigen Artikel des Paktes auszulegen seien, *Art. 22 einen Vertrag zugunsten Dritter darstellt, mit dem eine überstaatliche Rechtsregel begründet werden sollte.*

Nun ist zwar der Pakt nur partikulares kündbares Vertragsrecht. Aber man war bei der Gründung des Völkerbundes überzeugt, dass er für immer abgeschlossen werde. Daher hat man die Regeln über die Kolonialmandate, indem man sie in den Pakt und nicht, wie etwa die Regeln über Danzig oder über das Saargebiet, in einen der übrigen Teile der Friedensverträge von Versailles und Lausanne aufgenommen hat, vor dem vergänglichen Schicksal sonstigen Vertragsrechts bewahren wollen. Auch hat man wohl angenommen, dass es dem Völkerbund stets gelingen werde, die von ihm getroffene Regelung der Verwaltung der Kolonialmandate gegenüber den Nichtmitgliedern durchzusetzen.

All dies spricht dafür, dass man im Art. 22 für die Mandatsgebiete überstaatliche und allgemein verbindliche Grundsätze aufstellen wollte, wenngleich dies wohl kaum allgemein klar war und wenngleich der Pakt grundsätzlich nur kündbares Vertragsrecht « souveräner » Staaten darstellt. Wir haben es hier mit einem jener unklaren Ansätze zu tun, von denen oben die Rede gewesen ist (1) und in denen sich der Widerspruch zwischen dem alten und dem neuen Geist im Völkerbundpakt zeigt.

Aber auch wenn man Art. 22 nur als kündbares Vertragsrecht gelten lässt, das die Souveränität der Einzelstaaten nicht antastet, so ist er dennoch ein höchst bemerkenswertes Dokument eines neuen Geistes. Vor dem Kriege gab es nur vereinzelt einen Schutz unzivilisierter Völker, so in einigen Bestimmungen der Berliner Generalakte vom 26. Februar 1885 und der Brüsseler Generalakte vom 2. Juli 1890 zugunsten afrikanischer Völker. Die Durchführung selbst dieser wenigen Bestimmungen hing praktisch vom Belieben und dem freien Willen einiger Mächte ab. Im übrigen waren die Kolonialvölker der Staatsräson, dem staatlichen Egoismus souveräner Herrenstaaten unterworfen. Dagegen für die Normen des Art. 22 sind, wie wir gesehen haben, ganz allgemein und für zahlreiche grosse Gebiete altruistische Erwägungen zugunsten Dritter, nämlich zugunsten der bevormun-

Anm. (1) : Vgl. oben, Abschnitt, 6, B. S. 94 ff.

deten Völker entscheidend gewesen. Diese Erwägungen haben nicht nur das materielle Recht beeinflusst, sondern sogar zu einer internationalen Kontrolle der Grossmächte geführt. Mit dem Mandatssystem sind demnach, ebenso wie mit dem Schutz religiöser und nationaler Minderheiten, neue Gesichtspunkte in das Völkerrecht eingeführt worden. Man mag den Inhalt des Mandates mit dem römisch-rechtlichen Mandat, mit der Vormundschaft, mit der angelsächsischen Trusteeship vergleichen, man mag, wie *Anzilotti* sagt, das « komplizierte und delikate Institut der Kolonialmandate » wie immer juristisch konstruieren, jedenfalls ist es der weitaus « stärkste Versuch », « der bisher zum völkerrechtlichen Schutz der weniger fortgeschrittenen Nationen unternommen worden ist » ([1]) und eine Neubildung, die im Rechte der Vorkriegszeit undenkbar gewesen wäre. In Art. 22 prägt sich, auch wenn er formell nur als kündbares Vertragsrecht souveräner Staaten aufgefasst wird, doch inhaltlich ein überstaatlicher, dem bisherigen Staatsegoismus entgegengesetzter Geist aus.

So sehen wir in dem inneren Recht der Mandatsgebiete ein Recht, das grundsätzlich vom Völkerrecht, und zwar von völkerrechtlichen Regeln eines durchaus neuen Geistes, beherrscht ist. Der Einfluss des internationalen auf das innerstaatliche Recht zeigt sich hier, wie im Rechte der religiösen und nationalen Minderheiten, ganz besonders stark und deutlich.

3) Ein drittes Gebiet, dem wir uns zuzuwenden haben, betrifft eine Reihe von Anordnungen der Friedensverträge, mit deren Durchführung der Völkerbund betraut worden ist.

In erster Linie ist hier die Verwaltung des *Saargebietes* zu nennen. Sie ist in den Artikeln 45 ff. des Vertrages von Versailles geregelt. Der Völkerbund wird im Art. 49 als « Treuhänder » (« fidei-commissaire », « trustee ») bezeichnet. Die Verwaltung ist nach den §§ 16 ff. des Anhanges zu Art. 50 einem vom Völkerbundrat ernannten und ihm verantwortlichen Ausschuss übertragen. Dieser besteht aus einem Franzosen, einem Saarländer und drei Mitgliedern, die anderen Ländern als Deutschland und Frankreich angehören. Der Ausschuss hat nach § 18 im Saargebiet alle Regierungsbefugnisse, die früher dem Deutschen Reich, Preussen und Bayern zustanden. Aber er hat sie nur im Namen des Völkerbundes. Im § 16 Abs. 1 wird er ausdrücklich « une Commission représentant la Société des Nations », « a Commission representing the League of Nations » genannt. Der Sinn, in dem die Regierung und die Verwaltung des Gebietes zu führen sind, ist, wie immer die Interessen Deutschlands, Frankreichs und der Saarbevölkerung gegeneinander abzuwägen sein mögen ([2]), jedenfalls den Art. 45 ff. des Friedensver-

Anm. ([1]) : *Anzilotti*, Corso di diritto internazionale, 3. Aufl., 1928, I. Bd., 1, S. 120; Lehrbuch des Völkerrechts I. Bd., 1929, S. 96.

Anm. ([2]) : Vgl. unter anderen *Reinhard Frank* in *Strupp's* Wörterbuch des Völkerrechts und der Diplomatie, III. Band, 1926, S. 133, daselbst S. 129 ff. weitere Literaturzitate. Ausführliche Literaturangaben bei *Kloevekorn*, Das Saargebiet, seine Struktur, seine Probleme, Saarbrücken, 1929, S. 560 ff., insb. S. 565, 566 ff.

trages, insbesondere den §§ 19 ff. des Anhanges zu Art. 50, also einer Völkerrechtsquelle, zu entnehmen.

Wir haben es daher auch hier mit einem Gebiet zu tun, dessen inneres Recht gänzlich unter neuen Normen des internationalen Rechtes steht und von diesem beeinflusst wird.

Ein zweiter hierher zu rechnender Fall betrifft die Freie Stadt *Danzig*. Nach den Art. 100 ff. des Vertrages von Versailles ist *Danzig* als Freie Stadt konstituiert und unter den Schutz des Völkerbundes gestellt worden. Polen hat in Danzig gewisse obrigkeitliche und sonstige Befugnisse, im übrigen ist die Regierung und Verwaltung Danzigs autonom. Der Völkerbund hat nach Art. 103 einen Oberkommissar zu ernennen. Im Einvernehmen mit diesem ist die Verfassung Danzigs am 4. April 1922 von der Verfassunggebenden Versammlung Danzigs beschlossen worden (1). Nach Art. 103 Abs. 1, Satz 2 ist die Verfassung Danzigs « placée sous la garantie de la Société des Nations », « placed under the guarantee of the League of Nations ». Demgemäss ist die Verfassung vom 4. April 1922 am 11. Mai 1922 vom Völkerbundskommissar (2) und am 13. Mai vom Völkerbundsrat (3) genehmigt und am 14. vom Senat bekannt gemacht worden (4). Der Völkerbundskommissar ist ferner gemäss Art. 103, Abs. 2 mit der erstinstanzlichen Entscheidung aller Streitigkeiten zwischen Polen und Danzig aus dem Vertrage und den ergänzenden Vereinbarungen betraut.

Auf Grund der dargestellten Normen ist eine nähere Regelung des Verhältnisses zwischen Danzig und Polen mit dem vom Völkerbundsrat genehmigten (5) Warschauer Vertrag vom 24. Oktober 1921 und zahlreichen späteren Vereinbarungen erfolgt (6).

Noch blieben grundsätzliche Fragen ungeklärt. Der Völkerbundskommissar hat auf Grund seiner Kompetenz nach Art. 103, Abs. 2, mit einer Entscheidung vom 7. November 1924 die völkerrechtliche Stellung Danzigs gegenüber dem Völkerbunde und Polen näher präzisiert. Danach ist Danzig ein Staat und ein selbständiges Mitglied der Völkerrechtsgemeinschaft, doch sind seine Beziehungen zu Polen von besonderer Art (7). Der Völkerbundsrat hat am 13. Mai 1925 diese Entscheidung im wesentlichen bestätigt, ohne jedoch zu dem Gebrauch des Ausdruckes « Staat » Stellung zu nehmen (8). Danzig steht unter dem besonderen Schutz des Völkerbundes; Polen hat eine Reihe von Rechten, die etwa als Staatsservituten charak-

Anm. (1) : Vgl. insb. *Otto Loening*, Die Verfassung der Freien Stadt Danzig, Jahrbuch des öffentlichen Rechts der Gegenwart, X. Bd., 1921, S. 439 ff. Materialien und Literatur bei *Crusen* in *Strupp's* Wörterbuch des Völkerrechts und der Diplomatie, III. Bd., 1929, S. 147, 148.

Anm. (2) : Journal officiel, Juni 1922, S. 669, Appendice zu Annexe 346.

Anm. (3) : Journal officiel, Juni 1922, S. 532 und Annexe 346, S. 668.

Anm. (4) : Gesetzblatt für die freie Stadt Danzig, 1922, S. 144.

Anm. (5) : Journal officiel, Februar 1922, S. 97 und Annexe 300, S. 145, 146.

Anm. (6) : Zusammenstellung der zwischen der freien Stadt Danzig und der Republik Polen abgeschlossenen Verträge, Abkommen und Vereinbarungen 1920-1923, herausgegeben vom Senat, Danzig, 1923.

Anm. (7) : Journal officiel, April 1925, Annexe 747, S. 565.

Anm. (8) : a. a. O., S. 566.

terisiert werden könnten, und eine Reihe von Pflichten gegenüber Danzig. Wie immer das Verhältnis Danzigs zu Polen und zum Völkerbund juristisch aufgefasst wird, ob man insbesondere ein Protektoratsverhältnis nach der einen oder anderen Richtung annimmt oder ablehnt (1), auf jeden Fall ist das innere Recht Danzigs eine Materie, die gänzlich von neuen völkerrechtlichen Normen beeinflusst ist.

Die Judikatur des Internationalen Gerichtshofs hat dann auch auf das innere Recht Danzigs wesentlich eingewirkt. So hat der Internationale Gerichtshof ein Gutachten über das Postwesen in Danzig (2) und eines über die Zuständigkeit der Gerichte in Danzig (3) erlassen.

Weiter ist hier *Oberschlesien* zu nennen. Nach Art. 88 des Versailler Vertrags hat daselbst am 20. März 1921 eine Volksabstimmung stattgefunden. Die Festsetzung der Grenzlinie sollte nach § 6 der Anlage zu Art. 88 durch die alliierten und assoziierten Hauptmächte erfolgen. Diese konnten sich jedoch nicht einigen. Daher wandte sich der Oberste Rat im August 1921 auf Grund des Art. 11 des Paktes an den Völkerbund (4). Der Rat beauftragte vier unbeteiligte Regierungen mit der Prüfung des Problems. Das von diesen Regierungen gebildete Komitee liess von zwei Sachverständigen ein Projekt ausarbeiten und dieses wurde vom Rat einstimmig gebilligt (5). Hierbei empfahl er, für eine Uebergangszeit von 15 Jahren die wirtschaftliche Einheit des Industriegebietes zu wahren. Es kam zum Abschluss eines Vertrages zwischen Deutschland und Polen zu Genf am 15. Mai 1922.

Dieser Vertrag regelt in 606 zum Teil sehr umfangreichen Artikeln eine Fülle von Materien, von denen die Präambel sagt, sie seien « destinées à garantir dans l'intérêt commun la continuité de la vie économique en Haute Silésie ainsi que la protection des minorités ». Hier finden sich Bestimmungen über die Frage, welches Recht in verschiedenen Fällen anzuwenden ist, über den Schutz erworbener Rechte, die Enteignung, die Staatsangehörigkeit, das Wohnrecht, den Schutz der Minderheiten in religiöser und nationaler Hinsicht, Arbeitgeber- und Arbeitnehmervereinigungen, Tarifverträge, Zollwesen, Verkehrskarten, Geldwesen, Kohle und Bergwerkserzeugnisse, wasser- und elektrizitätsrechtliche Fragen, den Post-, Telegraphen- und Fernsprechverkehr, das Eisenbahnwesen. Alle diese Normen sind sowohl in Deutsch-Oberschlesien als in Polnisch-Oberschlesien gesetzlich durchgeführt worden. Sie bilden demnach ein innerstaatliches Recht, das in weitestem Umfange vom Völkerrecht beeinflusst ist. Dies kommt noch besonders darin zum Ausdruck, dass der Vertrag eine gemischte Kommission und ein Schiedsgericht einsetzt und für gewisse Fragen die Intervention des Völker-

Anm. (1) : Vgl. unter anderen *Crusen*, in *Strupp*'s Wörterbuch des Völkerrechts und der Diplomatie, III. Bd., 1926, S. 137 ff.; daselbst S. 147 ff. Literatur.

Anm. (2) : Avis Nr. 11 vom 16. Mai 1925, Série B, Nr. 11, Série C, Nr. 8, Série E, Nr. 1, S. 224, Nr. 2, S. 139.

Anm. (3) : Avis Nr. 15 vom 3. März 1928, Série B, Nr. 15, Série C, Nr. 14-I, Série E, Nr. 4, S. 203 ff.

Anm. (4) : Journal officiel, November 1921, S. 982.

Anm. (5) : Journal officiel, Dezember 1921, S. 1223 ff. und S. 1227 ff. mit S. 1226, Anm. 1.

bundes und die Kompetenz des Internationalen Gerichtshofes vorsieht. Der Internationale Gerichtshof hat sich auch bereits in mehreren Urteilen mit Fragen des in Polnisch-Oberschlesien geltenden Rechtes befasst, und zwar mit Besitz- und immobiliarrechtlichen Verhältnissen und Enteignungsfragen (1), einmal mit dem Recht der Einwohner von Polnisch Oberschlesien, zu bestimmen, ob ihre Kinder die deutsche oder polnische Schule besuchen sollten (2). Ferner hat der Gerichtshof ein Gutachten über die deutschen Ansiedler in Polen (3) und eines über die Erwerbung der polnischen Staatsangehörigkeit (4) erstattet.

Ein ähnlicher Fall wie der Oberschlesiens ist derjenige des Gebietes von *Javorzina.* Es handelte sich um Grenzstreitigkeiten zwischen Polen und der Tschechoslowakei, nämlich um die Frage, ob die am 28. Juli 1920 von der Botschafterkonferenz gezogene Grenze endgültig sei oder ob später auf Grund des Vorschlages der Grenzregulierungskommission von der zuerst gezogenen Linie abgewichen werden dürfe. Die Botschafterkonferenz wandte sich an den Völkerbundsrat um seine Ansicht. Dieser entschied im Einvernehmen mit den beiden beteiligten Regierungen, dass die Frage dem Ständigen Internationalen Gerichtshof zu unterbreiten sei. Der Gerichtshof erklärte die Linie von 1920 für endgültig (5). Demgemäss stellte der Rat die Grenze im März 1924 fest und empfahl den beiden Regierungen, durch vertragsmässige Sonderbestimmungen die wirtschaftlichen Beziehungen und den Verkehr der Grenzgemeinden zu regeln (6). Letzteres ist geschehen. Auch in diesem Grenzgebiet gilt demnach ein innerstaatliches Recht, das von neuartigem Völkerrecht beeinflusst worden ist.

Ein weiteres Gebiet, welches hier zu nennen ist, ist das *Memelland.* Nach Art. 99 des Vertrags von Versailles wurde dieses Gebiet den alliierten und assoziierten Mächten abgetreten. Es wurde zunächst durch einen Vertreter dieser Mächte verwaltet. Im Januar 1923 wurde das Gebiet von irregulären litauischen Streitkräften besetzt. Daraufhin beschloss die Botschafterkonferenz am 16. Februar 1923, das Gebiet Litauen zu übertragen, jedoch unter der Bedingung, dass ihm weitgehende Autonomie eingeräumt würde. Da Litauen nicht auf alle diesbezüglichen Wünsche der Botschafterkonferenz eingehen wollte, wurde der Völkerbundsrat angerufen. Dieser beschloss auf Grund der Vorschläge einer Expertenkommission ein Statut

Anm. (1) : Arrêts : Nr. 6 vom 25. August 1925, Série A, Nr. 6 ; Série E, Nr. 2, S. 100 ff. ;

Nr. 7 vom 25. Mai 1926, Série A, Nr. 7 ; Série C, Nr. 11, vol. I, II u. III ; Série E, Nr. 2, S. 109 ff.

Nr. 8 vom 26. Juli 1927, Série A Nr. 9 ; Série C, Nr. 13-1 ; Série E, Nr. 4, S. 147 ff.

Nr. 11 vom 16. Dezember 1927, Série A, Nr. 13 ; Série C, Nr. 13-V ; Série E, Nr. 4, S. 184 ff.

Nr. 13 vom 13. September 1928, Série A, Nr. 17; Série C, Nr. 15-II ;

Vgl. noch die ordonnance vom 21. November 1927, Série A, Nr. 12.

Anm. (2) : Arrêt Nr. 12 vom 26. April 1928, Série A, Nr. 15 ; Série C, Nr. 14-II, Série E, Nr. 4, S. 182, ff.

Anm. (3) : Avis Nr. 6 v. 10. September 1923, Série B, Nr. 6 ; Série C, Nr. 3, vol. I, III (I) und III (II) ; Série E, Nr. 1, S. 197.

Anm. (4) : Avis Nr. 7 v. 15. September 1923, Série B, Nr. 7 ; Série C, Nr. 3, vol. I u. III (II), S. 1066 ff. ; Série E, Nr. 1, S. 203 ff.

Anm. (5) : Avis Nr. 8 vom 6. Dezember 1923, Série B, Nr. 8 ; Série C, Nr. 4 ; Série E, Nr. 1, S. 208.

Anm. (6) : Journal officiel, April 1924, S. 521, 627, 628.

für das Memelland sowie besondere Statute für den Hafen und den Durchgangsverkehr ([1]). In diesen Statuten sind verschiedene Rechtsgebiete mit Rücksicht auf die Interessen der Bevölkerung, des litauischen Staates und des polnischen Hinterlandes geregelt. Dem Hafendirektorium soll ein vom Völkerbund ernannter technischer Sachverständiger beigegeben werden. Es ist für gewisse Streitfälle die Anrufung des Völkerbundsrates und des Ständigen Internationalen Gerichtshofes vorgesehen. Der vom Völkerbundsrat vorgeschlagene Vertrag ist mit geringen Abänderungen von der litauischen und den beteiligten alliierten Regierungen im März 1924 unterzeichnet worden ([2]). Auch im Memelgebiet gilt demnach ein von neuartigem internationalem Recht beeinflusstes innerstaatliches Recht.

Ueberblicken wir die unter 3) aufgezählten Fälle: das Saargebiet, Danzig, Oberschlesien, Javorzina und das Memelland, so springt der Unterschied dieser Regelungen gegenüber dem Vorkriegsrecht in die Augen. In früheren Zeiten war es im allgemeinen der *Sieger*, der einseitig und nur nach den Gesichtspunkten seines eigenen Interesses, seiner « Staatsräson », über eroberte Gebiete verfügte und daher auch dessen inneres Recht bestimmte, und er duldete hierbei keine internationale Ueberwachung.

Vereinzelt kamen allerdings auch schon im Vorkriegsrecht auf internationalen Konferenzen Beschlüsse zustande, welche einer Macht eine nur beschränkte Verfügung über ein neuerworbenes Gebiet übertrugen. Aber auch dann war diese Macht innerhalb der hier gezogenen Schranken vollkommen frei und keiner internationalen Kontrolle nach Art jener des Völkerbundes oder des Internationalen Gerichtshofes unterworfen. Auch pflegte man derartige Schranken nicht mit Rücksicht auf allgemeine Menschheitsinteressen, sondern mit Rücksicht auf die « Souveränität » anderer Staaten, so etwa des bisherigen Besitzers des fraglichen Gebietes, zu ziehen.

So war es zum Beispiel bei der Besetzung und Verwaltung Bosniens und der Herzegowina durch Oesterreich-Ungarn 1878 bis 1908 ([3]). Art. XXV der Berliner Kongressakte verfügte ganz kurz : « Les provinces de Bosnie et de Herzégovine seront occupées et administrées par l'Autriche-Hongrie ». Keinerlei Normen wurden beschlossen, die etwa den zitierten ausführlichen internationalen Bestimmungen und Entscheidungen über das Saargebiet, Oberschlesien oder Danzig vergleichbar wären. Das souveräne Oesterreich-Ungarn entschied als Richter in eigener Sache und ohne einer internationalen Kontrollinstanz unterworfen zu sein, was es unter Besetzung und Verwaltung verstehen wollte. Man kann daher, wenn auch der Vertrag zwischen Oesterreich-Ungarn und der Türkei vom 21. April 1879 ([4]) erklärte,

Anm. ([1]) : Journal officiel, Februar 1924, S. 363, 364, 542, u. Annexe 615a, S. 607 ff., 612 ff., 622 ff., 624-625.
Anm. ([2]) : Société des Nations. Recueil des Traités. Bd. 29, S. 86 ff.
Anm. ([3]) : Vgl. *Bernatzik*, Die österreichischen Verfassungsgesetze mit Erläuterungen, Wien, 2. Aufl., 1911, S. 1017 ff. ; *Sax* im Oesterreichischen Staatswörterbuch von *Mischler* und *Ulbrich*, 2. Aufl., I. Bd., Wien, 1905, S. 622 ff.
Anm. ([4]) : *Bernatzik*, a. a. O., S. 1018 ff.

dass die Souveränitätsrechte des Sultans in den beiden Provinzen nicht beeinträchtigt werden sollten, doch sagen, dass Oesterreich-Ungarn hier mit einigen gegenüber dem türkischen Staate vertragsmässig übernommenen Verpflichtungen im übrigen frei und wie ein « souveräner » Inhaber der Gebietshoheit regierte. Das innere Recht Bosniens stand, abgesehen von der Durchführung der Versprechungen des genannten Vertrags an die Türkei, nicht unter dem Einfluss des internationalen Rechtes, sondern war frei von Oesterreich-Ungarn geschaffen. Versteht man unter «Souveränität» *Freiheitssphäre*, so kann man sagen, das Völkerrecht begnügte sich hier damit, die zwei Souveränitätssphären gegeneinander abzugrenzen. Wie sehr aber Oesterreich-Ungarn überzeugt war, Träger der «Souveränität» im Sinne von *Kompetenzhoheit* auch bei der Verwaltung Bosniens zu sein, zeigt die selbstherrliche Anordnung des Handschreibens des Kaisers und Königs Franz Joseph vom 5. Oktober 1908 : « ... erstrecke Ich die Rechte Meiner Souveränität auf Bosnien und die Herzegowina und setze gleichzeitig die für Mein Haus geltende Erbfolgeordnung auch für diese Länder in Wirksamkeit (1). Erstreckung der Souveränität bedeutet hier Beseitigung der türkischen Ansprüche aus dem Vertrag vom 21. April 1879. Eine solche Beseitigung, unbekümmert um Völkerrecht und um türkisches Recht, war nur denkbar, wenn Oesterreich-Ungarn Träger der Kompetenzhoheit *bereits war*.

Wenn nun auch die einseitige selbstherrliche Annexion der beiden Provinzen durch Oesterreich-Ungarn juristisch unzulässig war und auch von der Mitwelt überwiegend in diesem Sinne beurteilt worden ist, so zeigt sie doch, welche Auffassung ein Mandatar damals von seinem Mandat vertreten und schliesslich durchsetzen konnte.

Ganz anders liegen die Dinge heute im Saargebiet, in Danzig und in den anderen genannten Territorien. Die Schranken, die das Völkerrecht hier gezogen hat, gehen viel weiter und ihre Einhaltung ist unter mehrfache internationale Kontrolle gestellt (2). Vor allem aber sind die Schranken nicht mit Rücksicht auf eine andere « Souveränität », wie dort auf jene des Sultans, also auf einen anderen Staatsegoismus, gezogen, sondern wir sehen hier ähnliche *altruistische* Beweggründe mit im Spiel, wie beim Schutz der religiösen und nationalen Minderheiten und bei den Kolonialmandaten. Mögen auch 1919 die Sieger mit einer gewissen Willkür verfahren sein, sie haben sich doch bis zu einem gewissen Grade altruistischen Gesichtspunkten gebeugt. Daher ist das innere Recht in den genannten Territorien von einem Völkerrecht neuen Ideengehaltes beeinflusst.

4) Wir haben im Vorhergehenden eine Reihe von Materien kennen gelernt, in denen die Durchführung der Friedensverträge zur Beeinflussung

Anm. (1) : *Bernatzik*, a. a. O., S. 1030.

Anm. (2) : Vgl. auch *Salvioli*, La jurisprudence de la Cour Permanente de Justice Internationale, Académie de Droit International, Recueil des Cours, 1926, II. Bd., S. 65 ff.; *Verdross*, ebenda, 1927, I. Bd., S. 299 ff., 305 ff.

innerstaatlichen Rechtes durch neuartiges Völkerrecht geführt hat. Aber auch ausserhalb der Materien der Friedensverträge findet sich eine ganze Anzahl von Fällen ähnlicher Art. Wir müssen uns auch hier darauf beschränken, besonders wichtige hervorzuheben.

Ein sehr charakteristischer Fall betrifft die Aalandsinseln (1). Schweden und Finnland stritten um diese Inseln, und der Streit wurde auf Grund des Art. 11 des Paktes dem Völkerbundsrat unterbreitet (2). Der Rat entschied am 24. Juni 1921 zugunsten der Souveränität Finnlands, beschloss aber, dass Massregeln zur Erhaltung des schwedischen Charakters der Bevölkerung ergriffen und unter die Garantie des Völkerbundes gestellt werden sollten und dass die Befriedung der Inseln durch einen besonderen internationalen Vertrag erfolgen sollte (3). Die Entscheidung ist von beiden Teilen angenommen und durchgeführt worden (4). Auch hier haben wir es demnach mit einem inneren Recht zu tun, das wesentlich von Völkerrechtsnormen neuen Ideengehaltes beeinflusst ist.

Ein weiteres wichtiges Beispiel bildet die Sanierung der Republik Oesterreich 1922-1926 (5). Dieser Staat, so wie ihn der Friedensvertrag von St. Germain-en-Laye geschaffen hatte, erwies sich als nicht lebensfähig. Der Oberste Rat lehnte jedoch am 15. August 1922 seine Hilfe ab und es gelang der österreichischen Regierung, auf Grund des Art. 4 Abs. 4 des Paktes den Völkerbundsrat mit der Angelegenheit zu befassen (6). Dieser liess einen Plan über den Wiederaufbau Oesterreichs ausarbeiten und genehmigte diesen Plan. Zur Durchführung dieses Planes wurden am 4. Oktober 1922 drei Protokolle von Oesterreich, England, Frankreich, Italien und der Tschechoslowakei unterzeichnet (7). Zur finanziellen Ueberwachung Oesterreichs wurde ein Generalkommissar des Völkerbundes mit dem Sitz in Wien ernannt und ein Comité de contrôle errichtet, welch letzterem das Recht eingeräumt wurde, im Falle von Differenzen («en cas d'abus») Beschwerde (« recours ») an den Völkerbundsrat zu ergreifen (8). Die vertragschliessenden Staaten verpflichteten sich von vornherein, die Entscheidung des Rates anzunehmen.

Die österreichische Regierung übernahm eine Reihe sehr einschneidender Verpflichtungen. Sie durfte keine Konzessionen verleihen, die nach Ansicht des Generalkommissars die Finanzreform hätten gefährden können; sie musste die Ausgabe von Papiergeld einstellen und war bei der Aufnahme von Anleihen an die Genehmigung des Generalkommissars und des Kon-

Anm. (1) : Vgl. *Strupp* in seinem Wörterbuch des Völkerrechts und der Diplomatie, I. Bd., S. 19 ff., daselbst S. 22 Materialien und Literatur.

Anm. (2) : Vgl. insb. Journal officiel 1920, Nr. 5, S. 248 ff., 297; Nr. 6, S. 345; Nr. 7, S. 394 ff. ; Nr. 8, S. 29, 30 ; 1921, Nr. 1, S. 64 ff. ; Nr. 7, S. 691 ff. ; Nr. 10, S. 1081.

Anm. (3) : a. a. O., 1921, Nr. 7, S. 699, 700.

Anm. (4) : Das amtliche finnische und schwedische Material ist zitiert bei *Strupp*, a. a. O., S. 22.

Anm. (5) : Vgl. *Held* in *Strupps* Wörterbuch des Völkerrechts und der Diplomatie, II. Bd., 1925, S. 643 ff., daselbst S. 651 weitere Literatur.

Anm. (6) : Journal officiel, November 1922, S. 1443 ff.

Anm. (7) : Journal officiel, November 1922, Annexes 433-433 *c*, S. 1471 ff.

Anm. (8) : a. a. O. Protocole No. II, Annexe 433 a, S. 1472 ff, Art. 14.

trollkomitees gebunden. Der Emissionsbank musste eine bestimmte Stellung im österreichischen Recht eingeräumt werden. Auf diese Weise hat Oesterreich eine internationale Staatsschuldenverwaltung in sein innerstaatliches Recht aufgenommen. Eine Reihe von Gesetzen und von Verwaltungsmassnahmen war erforderlich, um die erwähnten Verpflichtungen zu erfüllen und das gesamte Sanierungsprogramm im innerstaatlichen Recht durchzuführen. Der Einfluss des internationalen Rechtes auf das innerstaatliche Recht war dadurch ein ziemlich weitgehender. 1925 wurde mit dem Abbau des Kontrollsystems begonnen. Der Abbau wurde in mehreren Stufen durchgeführt (1). Im Juni 1926 beschloss der Rat, dass die Kontrolle am 30. desselben Monats gänzlich aufzuhören habe (2). Dies ist auch erfolgt und der Generalkommissar beendete an diesem Tage seine Tätigkeit.

Schon auf Grund der ersten Erfolge der Aktion zum Wiederaufbau Oesterreichs suchte *Ungarn* beim Völkerbund um eine ähnliche Massregel an (3). Der Völkerbundsrat beschloss am 29. September 1923, das Comité financier des Völkerbundes mit der Prüfung der Frage zu betrauen (4). Auf Grund des Berichtes, den dieses am 20. Dezember 1923 erstattete (5), wurde der Reformplan vom Völkerbundrat beschlossen (6). Der letztere ernannte ähnlich wie für Oesterreich auch für Ungarn einen Generalkommissar mit dem Sitze in Budapest (7). Auch wurde ein Comité de contrôle vorgesehen (8).

Die Finanzkontrolle Ungarns wurde dann ebenfalls stufenweise abgebaut und endete am 30. Juni 1926 (9).

In den beiden Fällen des Wiederaufbaues Oesterreichs und Ungarns haben wir Beispiele eines zwar einschneidenden, aber zeitlich begrenzten Einflusses neuartiger völkerrechtlicher Einrichtungen auf das innerstaatliche Recht vor uns.

Diesen beiden Fällen reihen sich einige andere von internationalen Anleihen an, bei deren Aufnahme der Völkerbund den Einfluss einer internationalen Kontrolle auf das innere Recht des Schuldnerstaates sicherte (10).

Zur Beurteilung aller dieser Fälle ist es erforderlich, sie mit analogen Fällen aus der Vorkriegszeit zu vergleichen. Betrachtet man etwa die Stellung des Verwaltungsrates der türkischen Staatsschuld, der Kommissionen für die ägyptische oder die griechische Staatsschuld, oder des Verwaltungsrates der internationalen marokkanischen Staatsbank nach der Generalakte der Konferenz von Algeciras vom 7. April 1906, so findet man, dass hier ausschliesslich die Interessen der Gläubigerstaaten für den Inhalt der Rege-

Anm. (1) : Vgl. insb. Journal officiel, Oktober 1925, S. 1358, 1498 ff. ; November 1925, S. 1631 ff. u. a.

Anm. (2) : Journal officiel, Juli 1026, S. 861, 862.

Anm. (3) : Vgl. *Held*, a. a. O., S. 648 ff.

Anm. (4) : Journal officiel, November 1923, S. 1356.

Anm. (5) : Journal officiel, Februar 1924, Annexe 601, S. 413 ff.

Anm. (6) : Journal officiel, Februar 1924, S. 370, 371 und Annexes 601 *a* und 601 *b*, S. 424 ff.

Anm. (7) : a. a. O., Prot. Nr. II, Annexe 601 b, S. 425 ff. Art. VI.

Anm. (8) : a. a. O. Art. VIII.

Anm. (9) : Journal officiel, Juli, 1926, S. 877, 878.

Anm. (10) : *Held*, a. a. O., S. 622 ff., passim; daselbst Materialien und weitere Literatur im Text und S. 649 ff.

lung entscheidend waren. Dagegen der Völkerbund ist kein Gläubiger. Für die von ihm geschaffenen und überwachten Einrichtungen sind die Interessen der Gläubiger und der Schuldner grundsätzlich gleichwertig; über ihnen steht das vom Bund vertretene Gesamtinteresse, die Erhaltung des Weltfriedens. Dort war demnach alles letztlich von dem Willen souveräner Staaten beherrscht, hier ist indirekt der Menschheitsgedanke, dem der Völkerbund dienen will, die letzte Grundlage. Wir dürfen demnach sicherlich auch in den erwähnten Fällen der neueren internationalen Finanzkontrolle davon sprechen, dass ein internationales Recht neuen Ideengehalts von Einfluss auf das innerstaatliche Recht geworden ist.

Ein weiteres Gebiet, in dem inhaltlich neues internationales Recht von bemerkenswertem Einfluss auf innerstaatliches Recht geworden ist, ist das *Verkehrswesen*. Den Anlass haben die Zerschneidungen bisher einheitlicher Wirtschaftsgebiete durch die Friedensverträge gegeben, doch geht die Regelung, die dann geschaffen worden ist, weit über die Durchführung der Friedensverträge hinaus. Der Völkerbundsrat beantragte am 5. August 1920 zum Zwecke einer Organisation des Verkehrs, eine Konferenz nach Barcelona einzuberufen (1). Die Bundesversammlung nahm diesen Antrag an. Der Rat setzte ein vorbereitendes Komitee ein. Dieses lud sämtliche Staaten zu der Konferenz ein, auch jene, welche nicht Mitglieder des Völkerbundes waren. Die Konferenz tagte vom 10. März bis 24. April 1921 (2).

Die Konferenz beschloss zwei Konventionen, eine über den Durchgangsverkehr (« Convention sur la liberté du transit ») (3) und eine über die Wasserstrassen von internationalem Interesse (« Convention sur le régime des voies navigables d'intéret international ») (4).

Die erste dieser Konventionen enthält zwar im allgemeinen Bestimmungen über die Modalitäten des Transitverkehrs, in ähnlicher Art, wie sie auch schon vor dem Weltkrieg vereinbart zu werden pflegten, und zwar in den Handelsverträgen. Dennoch muss man dem Berichterstatter beipflichten, wenn er die Konvention « une page nouvelle dans l'histoire du droit international » nennt. In noch höherem Grade träfe dieser Ausspruch auf die zweite Konvention zu, die nicht nur das Recht der bisher durch Einzelverträge internationalisierten Flüsse zusammenfasste, sondern es sehr wesentlich erweiterte.

Bei beiden Konventionen liegt das Neue nicht bloss in der Zusammenfassung zu einem einheitlichen, von so vielen Staaten unterzeichneten Vertrag an Stelle der bisherigen Zersplitterung in Einzelverträgen, auch nicht

Anm. (1) : Journal officiel, September 1920, S. 344, 345.

Anm. (2) : Vgl. insbes. *Hajnal* in *Strupps* Wörterbuch des Völkerrechts und der Diplomatie, III. Bd., 1929, S. 31 ff., daselbst S. 35 weitere Literatur.

Anm. (3) : Société des Nations. Conférence de Barcelone. Comptes-rendus et textes relatifs à la Convention sur la liberté du transit, Genève 1921; Journal officiel, Mai, 1921, S. 290, 291.

Anm. (4) : Société des Nations. Conférence de Barcelone. Comptes-rendus et textes relatifs à la Convention sur le régime des voies navigables d'intéret international et à la déclaration portant reconnaissance du droit au pavillon des Etats dépourvus de littoral maritime, Genève, 1921.

bloss in den sachlichen Fortschritten oder in der Initiative des Völkerbundes ; eine wichtige Neuerung ist vor allem die, dass Streitigkeiten aus den beiden Verträgen zur Vermittlung vor eine besondere neu geschaffene « Commission consultative et technique des communications et du transit », und falls diese Vermittlung ergebnislos verläuft, vor den Ständigen Internationalen Gerichtshof zur Entscheidung gelangen. Nun sind beide Konventionen von einer grossen Anzahl von Staaten durchgeführt worden und haben eine Menge von gesetzlichen und Verwaltungsmassregeln in diesen Staaten nach sich gezogen, so in bezug auf den Transport, das Umladen, das Einmagazinieren von Waren beim Durchgangsverkehr, auf das Gebührenrecht, auf die Schiffahrt auf den Wasserstrassen von internationalem Interesse, auf Verbesserungsarbeiten und Bewässerungsanlagen an diesen Wasserstrassen und die Ausnutzung ihrer Wasserkräfte usw. Alle diese Materien des innerstaatlichen Rechtes sind nunmehr dauernd dem Einfluss des internationalen Rechtes und letztlich der Judikatur des Ständigen Internationalen Gerichtshofs unterworfen.

Eine zweite Verkehrskonferenz hat vom 15. November bis 9. Dezember in Genf getagt (1). Auf ihr wurden vier Konventionen abgeschlossen, von denen hauptsächlich zwei von allgemeiner Bedeutung sind, eine über Fragen der Einsenbahnverwaltung (2) und eine über das Recht der Seehäfen (3). Die dritte Konvention betrifft den Durchzug von elektrischer Kraft (4), die vierte die Bewirtschaftung von Wasserkräften (5). Auch diese Konventionen beeinflussen in weitem Umfang das innerstaatliche Recht. So greift zum Beispiel die Konvention über das internationale Recht der Seehäfen in vielen Punkten, ganz besonders mit den Grundsätzen der gleichen Zulassung von Schiffen aller Flaggen, tief in das innerstaatliche Recht ein (6). Auch bei allen diesen Konventionen zeigt sich der neue Geist nicht nur in der Entstehungsgeschichte, in der Zusammenfassung bisher verstreuter Materien zu einem internationalen Vertrag und in sachlichen Fortschritten, sondern darin, dass auch hier internationale Gerichtsbarkeit vorgesehen ist.

Von einer weiteren Materie, der *internationalen Sozialpolitik*, ist bereits oben die Rede gewesen (7).

In der Reihe der hier aufzuzählenden Materien muss endlich auch der Einfluss der *Hygieneorganisation* des Völkerbundes auf das innere Recht vieler Staaten erwähnt werden. Der Rat hat sich mit einem Beschluss vom 13. März 1920 (8) an die Internationale Hygienekonferenz gewendet, welche

Anm. (1) : Société des Nations ; Deuxieme Conférence générale des communications et du transit, Genève 15 novembre au 9 décembre 1923. Comptes-rendus et textes relatifs à la Convention et au Statut sur le régime international des ports maritimes, Genève, 1924, usw.
Anm. (2) : Journal officiel, Januar 1924, S. 239 ff.
Anm. (3) : a. a. O., S. 263 ff.
Anm. (4) : a. a. O., S. 281 ff.
Anm. (5) : a. a. O., S. 289 ff.
Anm. (6) : Vgl. meine Vorträge : « Le droit international des ports », Académie de Droit international, Recueil des Cours, 1926, V. Bd., S. 5 ff., insb. S. 35 ff., 39 ff.
Anm. (7) : Oben S. 114, 115.
Anm. (8) : Journal officiel April-Mai 1920, S. 62, 63, 67, 88 ff.

im April 1920 in London tagte, mit der Bitte, sich mit der Bekämpfung des Typhus in Polen zu befassen. Diese Konferenz beantragte die Schaffung eines internationalen Hygienebüros beim Völkerbund (1). Daraufhin hat die Völkerbundsversammlung am 10. Dezember 1920 die Umwandlung des Office International d'Hygiène publique in eine Organisation des Völkerbundes beschlossen (2). Diese hat eine allmählich immer ausgedehntere Wirksamkeit in den verschiedensten Teilen der Welt entfaltet. Diese Tätigkeit vollzieht sich zum Teil in der Form von Forschungs- und anderen Arbeiten, die das geltende innerstaatliche Recht nicht unmittelbar beeinflussen, sondern erst de lege ferenda von Bedeutung sein werden. Ebensowenig ist im allgemeinen die Abhaltung von Hygienekursen oder die fürsorgliche Tätigkeit, zum Beispiel die Vorsorge für Schutzimpfungen, unmittelbar von Einfluss auf das innere Recht. Schon etwas bedeutungsvoller für unser Thema sind die Vereinheitlichungen auf dem Gebiete der Heilmittel und die Organisierung eines epidemiologischen Aufsichtsdienstes. Grösseren Einfluss auf innerstaatliches Recht erlangt das Hygienekomitee des Völkerbundes, wenn Regierungen sich an den Völkerbund um Hilfe bei der Durchführung sanitärer Verwaltungsmassregeln wenden. Dies ist in immer steigendem Masse der Fall gewesen. Von besonderer Wichtigkeit ist ein diesbezüglicher Antrag Chinas (3). Am Schlusse der 15. Tagung des Hygienekomitees im März 1930 konnte der Präsident dieses Komitees erklären, der Antrag Chinas, mit dem der Völkerbund um Mitwirkung beim Wiederaufbau des chinesischen Gesundheitswesens ersucht wurde, stelle eine der wichtigsten Etappen in der Geschichte der technischen Organisationen des Völkerbundes dar (4). In der Tat kann es einen nicht zu unterschätzenden Einfluss des internationalen auf innerstaatliches Recht bedeuten, wenn das Sanitätsrecht eines so grossen und wichtigen Reiches unter der Mitwirkung der Hygieneorganisation des Völkerbundes ausgestaltet wird.

5) Ein Einflus neuer Ideen des internationalen Rechtes auf innerstaatliches Recht ist auch bei jenen Bestimmungen wirksam gewesen, in denen ein staatlicher Rechtssatz völkerrechtliche Normen zu Bestandteilen der staatlichen Rechtsordnung erklärt. Es handelt sich um Bestimmungen der neuen Verfassungen des Deutschen Reichs und der Republik Oesterreich.

Der Gedanke, dass Völkerrecht und Staatsrecht eine Einheit bilden, ist allerdings nicht neu, sondern stammt aus der Zeit des Naturrechtes (5). Das angelsächsische Recht hat aus diesem Gedanken gefolgert, dass das Völkerrecht in seinem ganzen Umfang einen Teil des common law bilde. Daraus ergibt

Anm. (1): Vgl. Journal officiel, September 1920, S. 305, 311, 312.

Anm. (2): Actes de la Première Assemblée. Séances Plénières, S. 388 ff.

Anm. (3): Journal officiel, April 1929, S. 544. Vgl. ebenda, November 1929, S. 1672, Juni 1930, S. 521 u. a.

Anm. (4): Journal officiel, Juni 1930, S. 523.

Anm. (5): Vgl. insbes. *Triepel*, Völkerrecht und Landesrecht, 1899, S. 140 ff.

sich, dass die Gerichte und folgerichtig alle Behörden und alle Staatsbürger unmittelbar, das heisst ohne das Dazwischentreten staatlicher Gesetze, an das Völkerrecht gebunden sind (1). Man hat an diesen Grundsätzen auch im Zeitalter des Positivismus festgehalten, mögen sich auch die Rechtsauffassungen im Laufe der Zeit gewandelt haben (2). Das angelsächsische Recht ist aber, seitdem der Positivismus das Naturrecht verdrängt hat, nicht so weit gegangen, die Kompetenzhoheit des staatlichen Gesetzgebers in Frage zu stellen. Sowohl im Rechte Englands wie in jenem der Vereinigten Staaten muss völkerrechtliches Gewohnheitsrecht ohne Zweifel geschriebenem innerstaatlichem Recht weichen (3). Das erstere kann zwar zur Interpretation des letzteren herangezogen werden, aber doch nur, weil im Zweifel nicht anzunehmen ist, dass das staatliche Recht Völkerrecht verletzen wollte (4). Ebenso weicht ein Staatsvertrag einem jüngeren Gesetze. Die Kompetenzhoheit ruht demnach nach angelsächsischer Auffassung beim staatlichen Recht. Damit steht es nicht in Widerspruch, dass die völkerrechtlichen Verträge des eigenen Staates den Richter binden, wie insbesondere nach ausdrücklicher Bestimmung des Art. 6 Abs. 2 der amerikanischen Verfassung. Denn es widerstreitet der Idee des souveränen Staates als Trägers der Kompetenzhoheit nicht, dass er seine Organe anweist, völkerrechtliche Verträge durchzuführen.

Das Staatsrecht des europäischen Kontinents hat im Zeitalter des Positivismus einen anderen Weg eingeschlagen als das angelsächsische. Auf dem Kontinent war das Völkerrecht seit dem Wegfall der durch das Naturrecht geschaffenen Verbindung für die staatliche Rechtsordnung etwas gänzlich Aussenstehendes, es berechtigte und verpflichtete zwar den Staat, nicht aber unmittelbar dessen Untertanen, es war für diese, nach einem Wort des Berichterstatters *Kahl* im Verfassungsausschuss der Deutschen Nationalversammlung gelegentlich der Vorberatungen der Weimarer Verfassung, eine « res inter alios acta » (5). Völkerrechtliche Normen konnten erst durch staatliches Gesetz oder Gewohnheitsrecht verbindende Kraft für die Untertanen erlangen.

Nunmehr bestimmt Art. 4 der Deutschen Reichsverfassung vom 11. August 1919 : « Die allgemein anerkannten Regeln des Völkerrechts gelten als bindende Bestandteile des deutschen Reichsrechts » (6).

Anm. (1) : *Blackstone*, Commentaries of the law of England, 4. Buch, 5. Kap., 12. Aufl, London 1795, S. 67 ; vgl. insb. *Triepel*, a. a. O., S. 141 und die Zitate daselbst, Anm. 1 ; *Verdross*, Die Einheit des rechtlichen Weltbildes, Tübingen, 1923, S. 100, 101.

Anm. (2) : Vgl. insb. *Triepel*, a. a. O., S. 141 ff. mit S. 147 ff. und die Zitate daselbst.

Anm. (3) : Vgl. statt Vieler *Quincy Wright*, Conflicts of international law with national law and ordinances, The American Journal of International Law, vol. 11, 1917, S. 1 ff., daselbst weitere Zitate ; *Triepel*, a. a. O., S. 153, 154 und die Zitate daselbst.

Anm. (4) : Vgl. insb. *Quincy Wright*, a. a. O., S. 5 ff., 7 ff., 12 ff., 18 ff., daselbst zahlreiche Zitate ; *Triepel*, a. a. O., und die Zitate daselbst Anm. 2-4.

Anm. (5) : Berichte der verfassunggebenden Deutschen Nationalversammlung 1919, Nr. 21. Bericht und Protokolle des Achten Ausschusses über den Entwurf einer Verfassung des Deutschen Reichs, Berlin 1920, S. 31.

Anm. (6) : Literatur bei *Anschütz*, Die Verfassung des Deutschen Reiches vom 11. August 1919, 10. Aufl., Berlin 1929, S. 58.

Diese Bestimmung ist de lege ferenda gelegentlich der Vorarbeiten zur Verfassung sehr umstritten gewesen ([1]), und sie ist es in ihrer Bedeutung de lege lata seit dem Inkrafttreten der Verfassung ([2]).

Bedeutet nun Art. 4 die Anerkennung, dass die allgemein anerkannten Regeln des Völkerrechtes eine *höhere* Rechtsordnung über dem deutschen Reichsrecht bilden? Stellt er also deklarativ die Kompetenzhoheit des Völkerrechts, die Ueberordnung des Völkerrechts über das Staatsrecht fest? Oder erklärt Art. 4 konstitutiv, dass der deutsche souveräne staatliche Gesetzgeber kraft seiner eigenen Kompetenzhoheit jene Regeln des Völkerrechtes zu solchen des Reichsrechtes mache?

Für die Auslegung im Sinne der ersten dieser beiden Alternativen spricht zunächst die ursprüngliche Fassung der Gesetzesstelle. § 2 Abs 3 des ersten amtlichen Entwurfes vom 20. Januar 1919 lautete : « Das Reich erkennt das geltende Völkerrecht als bindenden Bestandteil seines eigenen Rechtes an ». Auch hier war zwar nicht gesagt, dass das Völkerrecht dem Staatsrecht übergeordnet sei. Aber diese Auslegung war mit dem Wortlaut besser vereinbar als das Gegenteil. Denn der Ausdruck « erkennt an » wies auf eine Verpflichtung hin, und diese konnte nur in einem übergeordneten Völkerrecht begründet sein. Diese Auslegung entsprach wohl auch dem Geiste, von dem dieser ganze Entwurf, verfasst in den ersten Monaten nach dem Gelingen der Revolution, getragen war. Denn die Tendenzen der Revolution waren auf friedliche Selbstbestimmung des gesamten deutschen Volkes über alle bisherigen Staatsgrenzen hinaus ([3]) und auf freie friedliche internationale Zusammenarbeit mit anderen Völkern, nicht aber auf Betonung der Staatssouveränität gerichtet.

Diese Tendenzen finden einen treffenden Ausdruck in den Worten, welche der Verfasser des Entwurfs, Reichsminister *Preuss*, in seinen Kommentar zur Reichsverfassung eingefügt hat : « Der ursprüngliche Entwurf enthielt in seinem Artikel 2 drei innerlich zusammenhängende Sätze : das demokratische Prinzip, dass die Staatsgewalt beim Volke liegt ; ihre organisatorische Gliederung in Reich und Ländern ; und die Einfügung des Reichs als demo-

Anm. ([1]) : Vgl. insb. Verhandlungen der verfassunggebenden Deutschen Nationalversammlung, Stenographische Berichte, S. 286, 400, 1207 ff.; Bericht und Protokolle des Achten Ausschusses über den Entwurf einer Verfassung des Deutschen Reichs, Berichte der verfassunggebenden Deutschen Nationalversammlung, 1919, Nr. 21, S. 31 ff., 405 ff. ; *Max Wenzel*, Juristische Grundprobleme, I. Bd., 1920, S. 468 ff.; *Verdross*, Die Einheit des rechtlichen Weltbildes auf Grundlage der Völkerrechtsverfassung, 1923, S. 111 ff. ; *Walz*, Die Bedeutung des Artikels 4 der Weimarer Reichsverfassung für das materielle Rechtssystem, Zeitschrift für Völkerrecht, 13. Bd., 1926, S. 165 ff. ; *derselbe*, Die Abänderung völkerrechtsgemässen Landesrechts, 1927 ; *Métall*, Das allgemeine Völkerrecht und das innerstaatliche Verfassungsrecht, Zeitschrift für Völkerrecht, 14. Bd., 1928, S. 161 ff. ; *Fleischmann*, Die völkerrechtliche Stellung des Reichs und der Länder, im Handbuch des deutschen Staatsrechts, herausg. von *Anschütz* und *Thoma*, I. Bd., 1929-30, S. 218, 219.

Anm. ([2]) : *Anschütz*, Die Verfassung des Deutschen Reichs, 10. Aufl., Berlin 1929, S. 58 ff. ; daselbst S. 58 ausführliche Literaturangaben. Hierzu neuestens noch insbesondere *Fleischmann*, a. a. O., gleichfalls mit weiteren Literaturangaben ; Vgl. ferner *Verdross*, a. a. O. ; *Carl Schmitt*, Verfassungslehre, München und Leipzig, 1928, S. 72-73.

Anm. ([3]) : Vgl. meinen Vortrag: « Die Weimarer Verfassung und das Auslandsdeutschtum, in «Die Justiz», I. Bd., 1925, S. 109 ff. ; ferner meinen Artikel : « Volk und Nation ; Selbstbestimmung ; nationale Minderheiten » in dem Handbuch des deutschen Staatsrechts, herausg. von *Anschütz* und *Thoma*, I. Bd., 1929-30, S. 246 ff.

kratischer Rechtsstaat in die Völkerrechtsgemeinschaft » [1]. « Einfügung » würde wohl im Zusammenhang mit dem Ausdruck « erkennt an » des ersten Entwurfs bedeutet haben, dass die Kompetenzhoheit bei der Völkerrechtsgemeinschaft liege, das Reich ihr gegenüber sich demnach in einer Stellung befände wie die Länder gegenüber dem Reich. Später konnte dies, wie *Carl Schmitt* sich ausdrückt, « phantastisch » [2] erscheinen, besonders nachdem es klar geworden war, dass die Gegner Deutschlands das Programm *Wilson*'s dem Souveränitätsdogma geopfert hatten. Aber im Winter 1918-19 war es naheliegend oder doch keineswegs phantastisch, wenn man, gestützt auf das Wort von 28 Mächten, die Ueberordnung des Völkerrechtes auch in der deutschen Verfassung zum Ausdruck bringen wollte.

Hier dürfte demnach ein Einfluss des internationalen Rechtes der Waffenstillstandsbedingungen auf innerstaatliche Gesetzgebungsarbeiten anzunehmen sein.

Auch noch bei der parlamentarischen Behandlung ist die Auffassung von der Ueberordnung des Völkerrechtes hervorgetreten. Hier hat sie allerdings bereits starken Widerstand erfahren. So sagte der Abgeordnete *Kahl*, welcher im Verfassungsausschuss den Antrag gestellt hatte, den ganzen Artikel zu streichen [3], zur Begründung dieses Antrags in der Sitzung des Verfassungsausschusses vom 3. Juni 1919 unter anderem : « Von seiten der Regierung möchte man uns, wie ich heute höre, wieder die ursprüngliche Fassung zur Annahme empfehlen. Das Völkerrecht soll demnach innerstaatliche Rechtsgeltung erhalten. Damit wird über den Staat eine höhere gesetzgebende Gewalt ausserhalb des Staates gesetzt » [4].

Die Auffassung, welche ein überstaatliches Völkerrecht voraussetzte und in der deutschen Verfassung anerkennen wollte, hat sich nicht durchgesetzt.

In der zweiten und dritten Gestalt des Entwurfes war in der entsprechenden Bestimmung — nunmehr Art. 3 — nicht mehr vom « Völkerrecht » schlechthin, sondern von den « allgemein anerkannten Regeln des Völkerrechts » die Rede.

In der Sitzung des Verfassungsausschusses vom 6. März 1919 erläuterte der Verfasser des ersten Entwurfs, Reichsminister *Dr. Hugo Preuss*, den Artikel 3 in seiner damals beantragten Gestalt [5] dahin, dass dieser « eine ähnliche, aber grössere Bedeutung » haben solle, wie Art. 6 Z. 2 der amerikanischen Verfassung [6]. Die hier hervorgehobene « grössere Bedeutung » besteht nun, wie aus den vorhergehenden Ausführungen *Preuss's* hervor-

Anm. (1) : Reich und Länder. Bruchstücke eines Kommentars zur Verfassung des Deutschen Reiches. Aus dem Nachlass des Verfassers herausgegeben von *Anschütz*, Berlin, 1928, S. 81, 82.

Anm. (2) : *Carl Schmitt*, a. a. O., S. 73.

Anm. (3) : Drucksache 219, Ziffer 3; vgl. Bericht und Protokolle des Achten Ausschusses usw., S. 405, 406.

Anm. (4) : Bericht und Protokolle des Achten Ausschusses usw., a. a. O., S. 406.

Anm. (5) : Bericht und Protokolle des Achten Ausschusses usw., a. a. O., S. 31.

Anm. (6) : Ebenda, S. 32.

geht, darin, dass « es sich keinesfalls bloss um Staatsverträge handelt, sondern auch um internationales Gewohnheitsrecht ». Von einem Verzicht auf die Kompetenzhoheit des deutschen Staatsrechtes oder einer Anerkennung der Kompetenzhoheit des Völkerrechtes ist in seinen Ausführungen mit keinem Worte die Rede, Der Reichsminister *Dr. David* erklärte : « Was das deutsche Volk an Völkerrechtsnormen *nicht* anerkennt, stellt für es kein allgemein anerkanntes Recht dar (sp.); was es dagegen anerkennt, das *kann* es als allgemein anerkanntes Völkerrecht gelten lassen. Mithin liegt die Entscheidung, was das deutsche Volk als solches Recht gelten lassen will, bei ihm selbst (1).

In der Sitzung des Verfassungsausschusses vom 3. Juni 1919 stellte der Abgeordnete *Kahl* zu Protokoll als einstimmige Ansicht des Ausschusses fest, « dass nur eine auch vom *Deutschen Reich* anerkannte Regel als bindender Bestandteil des deutschen Reichsrechts gelten kann » (2). Der Vertreter des Auswärtigen Amtes schloss sich den oben zitierten Bedenken des Abgeordneten *Kahl* an und betonte : « Auch im anglo-amerikanischen Rechtsgebiet wird dem entsprechenden Grundsatz nicht die Bedeutung beigelegt, dass Völkerrecht Landesrecht bricht, vielmehr wird der Grundsatz in der Rechtspflege dahin ausgelegt, dass bei einem klaren Widerspruch des nationalen Rechtes mit einem angeblich allgemein anerkannten Völkerrechtssatz der Richter das nationale Recht zur Anwendung bringen muss... » (3) Der Vertreter des Reichs-Justizamtes erklärte : « Bedenklich würde der Grundsatz des Art. 3 der Regierungsvorlage nur sein, wenn aus ihm zu folgern wäre, dass ausdrückliche Vorschriften deutscher Gesetze durch das Völkerrecht aufgehoben oder geändert werden könnten, mit anderen Worten, dass Völkerrecht Reichsrecht bricht. Diesem Ergebnis ist aber dadurch vorgebeugt, dass die Vorschrift sich auf *allgemein* anerkannte Regeln des Völkerrechtes beschränkt. Es ist selbstverständlich, dass ein Satz des Völkerrechts, der einer ausdrücklichen Vorschrift des deutschen Rechtes widerspricht, kein *allgemein* anerkannter ist » (4).

Dies waren die entscheidenden Argumente, welche zur Annahme des Art. 3, des späteren Art. 4 des endgültigen Verfassungstextes, geführt haben.

Aus dieser Entstehungsgeschichte ergibt sich für die historische Interpretation, dass Art. 4 der deutschen Verfassung die Anerkennung eines dem Staatsrecht übergeordneten Völkerrechtes nicht hat aussprechen wollen. Dies ist auch die herrschende Meinung in der deutschen Staatsrechtsliteratur (5). Aber auch wer die historische Interpretation aus dem Werdegang der Gesetze verwirft und nur den gegebenen Gesetzestext in seinem systematischen Zusammenhang zur Grundlage seiner juristischen Deduktion

Anm. (1) : Bericht und Protokolle des Achten Ausschusses usw., a. a. O., S. 33.
Anm. (2) : Ebenda, S. 406.
Anm. (3) : Ebenda.
Anm. (4) : Ebenda.
Anm. (5) : Vgl. oben S. 149, Anm. 1 u. 2.

macht, wird eine Anerkennung eines überstaatlichen Völkerrechtes wohl nicht nachweisen können. Zwar wäre der Gedanke einer solchen Anerkennung mit dem Wortlaut des Art. 4 vereinbar, wenn man das Wort « allgemein » in dem Sinne auffasste, dass auch eine nicht von Deutschland anerkannte Regel doch eine « allgemein anerkannte » sein könne. Allein eine derartige Anerkennung eines überstaatlichen Rechtes wäre ein Novum von ungeheuerster Tragweite gewesen. Es ist nicht angängig, ein solches Novum aus einer unklar gefassten Gesetzesbestimmung herauszulesen. Dazu kommt, dass der Wortlaut des Art. 4 weit eher gegen als für die Anerkennung eines überstaatlichen Völkerrechtes spricht. Denn « allgemein » heisst seinem Wortsinn nach : von *allen* anerkannt. Ferner schränkt Art. 4 seinen Satz auf einen Teil des Völkerrechtes ein, es würden demnach nur die allgemein anerkannten Regeln überstaatliches, die partikularen dagegen Völkerrecht im alten Sinne bilden. Schliesslich sagt Art. 4 nicht : « werden anerkannt », sondern : « gelten als ». Dies deutet an, dass nur die Verfassung, also der souveräne staatliche Gesetzgeber, den allgemein anerkannten Regeln des Völkerrechts ihre unmittelbar bindende Kraft für das deutsche Recht verleiht.

Durch alle diese historischen und juristischen Erwägungen wird man, so sehr man dies auch beklagen mag, zu dem Ergebnis gedrängt, dass die deutsche Verfassung den grossen Schritt ins Neue nicht gewagt, dass sie den Verzicht auf die Souveränität, die Kompetenzhoheit des staatlichen Gesetzgebers nicht ausgesprochen hat. Art. 4 bedeutet nicht die Anerkennung der Ueberordnung des Völkerrechts über das Staatsrecht. Wie *Wilson* und die Entente von den Waffenstillstandsbedingungen, so ist auch die deutsche Revolution von der Idee des überstaatlichen Völkerrechts zurückgewichen.

Allein trotz der weniger weit gehenden Bedeutung, die wir Art. 4 nach dem Gesagten geben müssen, stellt er mit seiner Vorgeschichte ein historisches Ereignis und einen juristischen Fortschritt von grosser Bedeutung dar. Allerdings hatte die Rechtsprechung (1) und die Literatur in Deutschland schon früher eine Entwicklung genommen, die zu der angelsächsischen Auffassung hinführte (2). Das Neue liegt in demjenigen, was abgelehnt worden ist. *Die Debatten und Zweifel darüber, ob ein überstaatliches Völkerrecht anzuerkennen sei, wären im Deutschland der Vorkriegszeit, aber ebenso in jedem anderen souveränen Grosstaat der Vorkriegszeit, wohl auch in den angelsächsischen, völlig undenkbar gewesen.* Denn das Souveränitätsdogma hätte in der absoluten Selbstverständlichkeit und Unduldsamkeit, in der es damals herrschte, solche Zweifel nicht gestattet. Schon die Tatsache,

Anm. (1) : Vgl. insb. *Bruns*, Fontes juris gentium, series A, sectio II, tomus I, Die Entscheidungen des Deutschen Reichsgerichts in völkerrechtlichen Fragen, Berlin, 1931, S. 3 ff.

Anm. (2) : Vgl. auch *Fleischmann*, im Handbuch des deutschen Staatsrechts von *Anschütz* und *Thoma*, I. Bd., S. 219.

dass man bei den Vorarbeiten zur deutschen Verfassung die Ueberordnung des Völkerrechtes über das Staatsrecht überhaupt in den Bereich des Diskutablen gezogen hat, ist ein Symptom eines neuen Geistes und bedeutet einen Markstein in der Geschichte der Annäherung der Völker.

Trotzdem die Anerkennung eines überstaatlichen Völkerrechtes abgelehnt worden ist, bedeutet Art. 4 doch eine wesentliche Neuerung gegenüber der früheren kontinentalen Rechtsauffassung. Völkerrechtliche Normen wirken nunmehr im Deutschen Reich — wie schon früher nach jener englisch-amerikanischen Rechtsprechung und Staatenpraxis — unmittelbar verpflichtend und berechtigend für Staatsorgane und Staatsbürger. Es wird eine Umschaltung (« Transformation ») völkerrechtlicher Regeln in das staatliche Recht vorgenommen (1). Was bisher nur im Einzelfalle in der Rechtsanwendung hatte ausgesprochen werden können oder von einzelnen Autoren vertreten worden war, ist nun in einem Grundsatz der Verfassung allgemein verbindlich festgelegt. Damit ist der deutschen Gesetzgebung, Rechtsprechung und Verwaltung vom Verfassungsgesetzgeber befohlen, völkerrechtliche Regeln unmittelbar durchzuführen.

Versteht man unter Souveränität nicht Kompetenzhoheit sondern Freiheitssphäre des staatlichen Gesetzgebers, so kann man den Worten des lettischen Rechtsgelehrten Prof. *M. Laserson* bis zu einem gewissen Grade beipflichten, welcher sagt (2) : « Mit der Annahme dieses Artikels hat die deutsche Reichsverfassung eine bedeutsame Umwandlung vollzogen : der frühere Begriff der *Souveränität* des Staates als alleinigen Gesetzgebers innerhalb seines Gebietes ist durch sie verworfen. Das Staatsgebiet wird hinfort für internationale Regeln nicht nur in der Ausnahmeerscheinung der Exterritorialität, sondern auch im alltäglichen normalen Rechtsleben durchdringlich. In diesem Sinne vollzieht sich dem Geiste dieser Bestimmung gemäss eine Verwandlung des Staates in bezug auf die in ihm geltenden Völkerrechtsnormen aus dem heutigen absolut-souveränen Gebilde zu einer *Provinz*, deren territoriale Grenzen nicht wesentlich, ja irrelevant sind für die Bestimmung des örtlichen Geltungsbereiches der Gesetze ». *Laserson* fügt hinzu, dies sei nur der « diesem Artikel zugrundeliegende Gedanke ». Eine volle Entfaltung dieses Gedankens sei erst durch die Mitwirkung anderer Staaten möglich, denn « die Existenz einer einzigen Provinz ist undenkbar ».

Die Anwendung des Wortes « Provinz » auf die bisherigen Staaten würde nun allerdings, abgesehen von Organisationsfragen, voraussetzen, dass die Kompetenzhoheit vom Staatsrecht auf das Völkerrecht übergegangen wäre. Auch könnte man erst dann von einer « Verwerfung » der Souveränität

Anm. (1) : Vgl. unter anderen *Verdross*, Die Einheit des rechtlichen Weltbildes auf Grundlage der Völkerrechtsverfassung, Tübingen, 1923, S. 112 ; *Carl Schmitt*, Verfassungslehre, München und Leipzig, 1928, S. 72.

Anm. (2) : Staat, Souveränität und Minorität, Riga, Berlin, 1927, S. 39, 40.

sprechen. Allein wenn man von dem Gebrauch so weitgehender Ausdrücke absieht, und deren Berechtigung ist ja hier nur eine terminologische Frage, so darf man wohl sagen, dass die zitierten Worte *Laserson's* die Lage treffend bezeichnen.

Art. 4 der deutschen Reichsverfassung ist demnach auch in seiner heute allgemein anerkannten weniger weitgehenden Bedeutung ein besonders bemerkenswertes Beispiel des Einflusses von neuen Gedanken des internationalen Rechtes auf innerstaatliches Recht.

Das Vorgehen des Deutschen Reiches hat Oesterreich zum Vorbild gedient. Art. 9 des österreichischen Bundesverfassungsgesetzes vom 1. Oktober 1920 (1) bestimmt, analog zu Art. 4 der deutschen Verfassung und fast mit dem gleichen Wortlaut : « Die allgemein anerkannten Regeln des Völkerrechts gelten als Bestandteile des Bundesrechts ». Im Vergleich zum Texte der deutschen Verfassung fehlt hier des Wort « bindende ». Aber die Bedeutung des Satzes ist die gleiche wie jene der deutschen Verfassung (2). Allerdings ist in der österreichischen Literatur auch die Meinung vertreten worden, dass « allgemein » anerkannt im Sinne des österreichischen Rechtes nicht nur die von Oesterreich selbst anerkannten Regeln des Völkerrechtes seien, sondern auch jene, welche sonst und abgesehen von Oesterreich als allgemein anerkanntes Völkerrecht gelten (3). Dies steht mit der dargestellten Auffassung des deutschen Verfassungsausschusses in Widerspruch (4). Doch auch wenn diese Auffassung akzeptiert würde, so wäre damit nur an die Stelle künftiger spezieller einzelner Anerkennungsakte die von vornherein erteilte generelle Anerkennung des österreichischen Gesetzgebers durch Art. 9 des österreichischen Bundesverfassungsgesetzes getreten. An der Souveränität des staatlichen Gesetzgebers im herrschenden Sinn, an seiner Ueberordnung über das Völkerrecht hätte sich damit allein noch nichts geändert. Immerhin hat Art. 9 für das österreichische Recht dieselbe « Transformation » zur Folge wie Art. 4 für das deutsche, und die zitierten Worte *Laserson's* können ebenso auf die österreichische Verfassung Anwendung finden wie auf die deutsche.

Auch Art. 9 der österreichischen Verfassung bedeutet demnach einen sehr bemerkenswerten Fall eines Einflusses neuartiger Gedanken des internationalen Rechtes auf innerstaatliches Recht.

Anm. (1) : Staatsgesetzblatt 1920, Nr. 450, Bundesgesetzblatt Nr. 1 ; neu kundgemacht als « Bundes-Verfassungsgesetz in der Fassung von 1929 » im Bundesgesetzblatt 1930, Nr. 1.

Anm. (2) : Vgl. *Kunz*, Völkerrechtliche Bemerkungen zur österreichischen Bundesverfassung, Annalen des Deutschen Reichs, 1921-1922 ; *Kelsen*, Die Verfassungsgesetze der Republik Oesterreich, 5. Teil, Wien, 1922, S. 75 ff. ; *Verdross*, Die Einheit des rechtlichen Weltbildes auf Grundlage der Völkerrechtsverfassung, Tübingen, 1923, S. 111 ff. ; *Métall*, Das allgemeine Völkerrecht und das innerstaatliche Verfassungsrecht, Zeitschrift für Völkerrecht, 14. Bd., 1928, S. 161 ff., daselbst ausführliche Literaturangaben ; *Carl Schmitt*, Verfassungslehre, München und Leipzig, 1928, S. 73 ; *Anschütz*, Die Verfassung des Deutschen Reichs, 10. Aufl., 1929, S. 67, Anm. 1 ; *Froehlich*, Die Bundesverfassung der Republik Oesterreich nach dem Stand vom 1. August 1930, Wien, 1930, S. 26 ff.

Anm. (3) : *Kelsen*, a. a. O., vgl. *Métall*, a. a. O., S. 169 u. Anm. 9 daselbst.

Anm. (4) : Vgl. auch *Verdross*, a. a. O., S. 114.

8. Bestrebungen de lege ferenda über den weiteren Ausbau des internationalen Rechtes und dessen Einfluss auf das innerstaatliche Recht.

Die grossen Umwälzungen in dem Verhältnis zwischen dem Staatsrecht und dem Völkerrecht, die wir bisher kennen gelernt haben, konnten nicht ohne Einfluss auf die Bestrebungen de lege ferenda sein. Denn die einmal aufgerüttelte öffentliche Meinung, das einmal erwachte Weltgewissen konnte sich nicht ganz dabei beruhigen, dass das im Recht der Waffenstillstandsbedingungen bereits untergrabene Souveränitätsdogma wiederhergestellt worden war und, wie man namentlich in der Abrüstungsfrage, aber auch in anderen lebenswichtigen Fragen der Staatengemeinschaft sieht, eine weitere gegenseitige Annäherung der Staaten zu verhindern drohte. Daher mussten immer wieder Ideen und Vorschläge auftauchen, die neuen Fortschritte des Völkerrechtes auszubauen und weiterzuführen, die Völker und Staaten enger aneinander heranzubringen, vielleicht gar neue überstaatliche völkerrechtliche Normen zu schaffen oder anzuerkennen. Da derartige Ideen und Vorschläge, wenn sie geltendes Völkerrecht würden, im allgemeinen der Durchführung im innerstaatlichen Recht bedürften, streben sie alle die Verstärkung des Einflusses des internationalen Rechtes auf das innerstaatliche an und dürfen daher in dieser Arbeit, soweit sie von einem neuen Geiste getragen sind, nicht unerwähnt bleiben.

Es wäre jedoch nicht möglich, hier alle völkerrechtlichen Arbeiten de lege ferenda behandeln zu wollen, die seit dem Kriege verfasst worden sind und irgendwie Zeugnis von einer neuen Gedankenrichtung ablegen. Hier kann nur einiges besonders Wichtige hervorgehoben werden.

Der Ausbau des Völkerrechtes und damit auch derjenige des Einflusses dieses Rechtes auf das innerstaatliche Recht kann in doppelter Weise unternommen werden. Man kann eine *Aenderung* des Rechtes oder bloss dessen *Zusammenfassung*, dessen *Kodifikation* ohne Aenderung des Inhaltes anstreben. Im ersten Fall sollen inhaltlich neue Rechtsnormen geschaffen werden, im zweiten sollen Sätze, die schon geltendes Recht sind, die aber nur als Gewohnheitsrecht bestehen oder in partikularen Verträgen zersplittert sind, in allgemeinen Verträgen ausgesprochen werden. Diese beiden Arten des Vorgehens lassen sich jedoch in der Praxis nicht scharf trennen. So sind zum Beispiel Vorschläge, welche das Recht partikularer Verträge verallgemeinern wollen, gegenüber diesen Verträgen bloss kodifikatorisch, gegenüber den nichtbeteiligten Staaten reformatorisch. Umgekehrt macht eine kodifikatorische Zusammenfassung schon geltenden Rechtes zumeist auch Aenderungen des Rechtes in dem einen oder anderen Punkte notwendig.

Daher können auch im folgenden reformatorische und kodifikatorische Arbeiten nicht streng geschieden werden. Doch kann man im allgemeinen sagen, dass bei privaten Arbeiten, zum Beispiel denen internationaler gelehrter Gesellschaften und Institute oder der Interparlamentarischen Union oder der Völkerbundligen, das Bestreben zu reformieren überwiegt, während die offizielle Politik der Regierungen und des Völkerbundes Reformen nur in streng abgegrenzten einzelnen Fragen anstrebt und sich im übrigen auf die Kodifikation heute bereits geltenden Rechtes beschränkt.

Wir haben zuerst die offiziellen Bestrebungen der Regierungen und des Völkerbundes und dann die privaten Arbeiten zu betrachten (1).

Die Politik der Staaten in der Nachkriegszeit unterscheidet sich sehr auffällig von jener der Vorkriegszeit durch ein wesentlich stärkeres Hervortreten der Bestrebungen zur *Kodifizierung des internationalen Rechtes.* Allerdings gab es auch vor dem Krieg solche Bestrebungen der Staaten, aber doch nur auf eng begrenzten Gebieten, so in den Verwaltungsgemeinschaften, wie zum Beispiel im Weltpostverein oder in den Arbeiten der beiden Haager Friedenskonferenzen. Ueber den Gedanken, umfassende Materien oder gar das Gesamtgebiet des Völkerrechtes zu kodifizieren, gab es seit *Bentham* eine sehr beachtliche Literatur. Auch sind insbesondere im *Institut de droit international* und in der *Union interparlementaire* schon in der Vorkriegszeit sehr bemerkenswerte Vorarbeiten geleistet worden. Allein dem Souveränitätsdogma der Vorkriegszeit gegenüber waren alle irgendwie über die Kodifikation gewisser einzelner Spezialfragen oder Spezialgebiete hinausgehenden Bestrebungen von vornherein zur Aussichtslosigkeit verurteilt. Denn eine Kodifikation des internationalen Rechtes oder auch nur wesentlicher Teile desselben würde die Freiheitssphäre der Staaten praktisch erheblich einschränken, weil es jedem einzelnen Staat viel schwerer möglich wäre, sich von der Kodifikation loszusagen, als Einzelverträge zu kündigen. Ja, es könnte wohl kaum ausbleiben, dass eine ganz oder zum grossen Teil kodifizierte Völkerrechtsordnung, auch wenn sie ursprünglich das Souveränitätsdogma nicht antastete, doch mit der Zeit zu einer überstaatlichen Rechtsordnung würde. Gerade darin liegen neben sehr bedeutenden, legislativ-technischen Schwierigkeiten (2) die unüberwindlichen Hindernisse, denen umfassende Kodifikationsarbeiten in der Vorkriegszeit begegnen mussten.

Es ist daher ein Zeichen eines gewissen Wandels in der Auffassung von der Souveränität, dass sehr viele Regierungen seit dem Kriege dem Kodifikationsgedanken weit mehr Interesse und praktische Förderung zuteil werden lassen, als dies in der Vorkriegszeit der Fall war.

Anm. (1) : Literatur ist ausführlich zitiert bei *Schücking* und *Wehberg*, Die Satzung des Völkerbundes, Berlin, I. Bd., 3. Aufl., 1931, S. 61, Anm. 10 ; ferner bei *Strupp*, Kodifikation, in seinem Wörterbuch des Völkerrechts und der Diplomatie, I. Bd. 1924, S. 638 ff., daselbst im Text und S. 641 weitere Zitate.

Anm. (2) : Vgl. insbesondere *Anzilotti*, Corso di diritto internazionale I, 3. Aufl., Rom. 1928, S. 75, 76, und Lehrbuch des Völkerrechts, 1929, S. 60.

Der neue Geist in der staatlichen Politik und in der allgemeinen Auffassung von den Aufgaben des Staates zeigt sich nun schon darin, dass die meisten Völkerbundsentwürfe besondere Bestimmungen über die Kodifizierung des Völkerrechtes enthalten (1). Der Völkerbundpakt selbst schweigt über die Frage. War doch der Pakt ein Teil der Friedensverträge, in denen sich die Souveränitätsidee gegenüber dem Recht der Waffenstillstandsbedingungen neu durchgesetzt hat. Die im Völkerbund vereinigten Mächte waren auch zunächst nicht geneigt, auf die Kodifikationsidee einzugehen. Das mit der Ausarbeitung des Statuts für den Internationalen Gerichtshof betraute Juristenkomitee hat auf Vorschlag von *Root* und *Descamps* am 21. Juli 1920 eine Empfehlung beschlossen, es möge eine neue Staatenkonferenz zum Zwecke von Kodifizierungsarbeiten in bezug auf das internationale Recht einberufen werden und es sollten dieser ersten weitere Konferenzen periodisch in angemessenen Zwischenräumen folgen (2). Allein der Völkerbund ging auf diese Empfehlung nicht ein.

Immerhin nahm der Völkerbund Kodifikationsarbeiten auf Spezialgebieten in Angriff, so auf den beiden bereits erwähnten Verkehrskonferenzen von Barcelona und Genf sowie in bezug auf einige andere Materien (3).

Weitergehende Bestrebungen des Völkerbundes (4) sind dadurch angeregt worden, dass im Herbst 1924 die schwedische Regierung der fünften Völkerbundsversammlung den Vorschlag unterbreitete, der Völkerbund möge feststellen, welche Kapitel beziehungsweise Fragen kodifikationsreif seien und den Abschluss einer Reihe von kodifikatorischen Einzelverträgen herbeiführen. Der erste Delegierte Schwedens Baron *Marks von Württemberg* betonte in seiner Begründung des Vorschlages, es sei nicht möglich, « dans un avenir rapproché » ein vollständiges System des internationalen Rechtes zu schaffen. Er halte im Gegensatz zur Ansicht einiger Theoretiker die Ausarbeitung eines Sammelwerkes des internationalen Rechtes für unmöglich, « si ce n'est dans un avenir fort éloigné ». Der vorgeschlagene Ausbau des internationalen Rechtes verfolge ein bescheideneres Ziel. Es solle versucht werden, nach und nach zu internationalen Abmachungen zu gelangen, und zwar insbesondere auf solchen Gebieten, auf denen bestimmte grosse völkerrechtliche Grundsätze bereits angenommen sind (5).

Die Versammlung beschloss am 22. September 1924, den Rat um die Einberufung eines Sachverständigenkomitees zu ersuchen (6). Dieses

Anm. (1) : Näheres bei *Schücking* und *Wehberg*, Die Satzung des Völkerbundes, 3. Aufl., Berlin, I. Bd., 1931, S. 60, Anm. 10.

Anm. (2) : Société des Nations. Actes de la Première Assemblée, Séances des Commissions, I, 1920, S. 493, 494.

Anm. (3) : Vgl. die Uebersicht in « Die Tätigkeit des Völkerbundes », Informationsabteilung des Völkerbundes, Genf, März, 1930, S. 95.

Anm. (4) : Vgl. insb. *Rühland*, System der völkerrechtlichen Kollektivverträge, Berlin, 1929, S. 1 ff. Daselbst im Text und S. 102 ff. Zitate wesentlicher Materialien bis 1929. Zusammenfassend der in der vorhergehenden Anmerkung zitierte Tätigkeitsbericht, S. 95 ff.

Anm. (5) : Journal officiel. Supplément spécial Nr. 23. Actes de la Cinquième Assemblée. Séances plénières. Compte-rendu des débats, S. 86.

Anm. (6) : a. a. O., S. 128, 129.

wurde am 12. Dezember 1924 vom Rat ernannt (1). Sein Auftrag war sehr begrenzt. Es sollte eine provisorische Liste der Materien aufstellen, « dont la solution par voie d'entente internationale paraîtrait le plus souhaitable et réalisable » ; dann sollte es die Ansichten der Regierungen über diese zu versendende Liste studieren ; endlich sollte es dem Rat über die verhandlungsreifen Fragen, « les questions ayant obtenu le degré de maturité suffisant », und das Verfahren Bericht erstatten (2).

Die Beschränkung, die sich die schwedische Regierung bei ihrem Antrag sowie der Völkerbund auferlegt haben, ist zum Teil auf die schon erwähnten legislativ-technischen Schwierigkeiten zurückzuführen, die sich einer Kodifikation des internationalen Rechtes nach dem Krieg ebenso wie früher entgegenstellen. Aber es kann doch wohl keinem Zweifel unterliegen, dass der Souveränitätsgedanke auch jetzt entscheidend war.

Das Komitee hat eine Reihe wertvoller Arbeiten geleistet. Aus den von ihm vorgeschlagenen Materien hat die Völkerbundsversammlung am 27. September 1927 drei als kodifikationsreif bezeichnet, nämlich die Fragen der Staatsangehörigkeit, der Küstengewässer und der Verantwortlichkeit der Staaten für Schäden, die auf ihrem Gebiete Ausländern zugefügt worden sind (3). Die Völkerbundsversammlung beschloss, diese drei Fragen einer ersten internationalen Kodifizierungskonferenz vorzulegen.

Gleichzeitig sah sich die Völkerbundsversammlung in die Lage versetzt, auch zu dem Gedanken einer *allgemeinen* Kodifizierung des internationalen Rechtes Stellung zu nehmen. Der Delegierte *Paraguay's, Caballero,* stellte am 10. September 1927 in der Vollversammlung den Antrag, folgenden Beschluss zu fassen :

« L'Assemblée,

Considérant l'importance et l'urgence qu'il y aurait à élaborer, à l'usage de toutes les nations, un code du droit international,

Invite le Conseil à charger le Comité d'Experts de préparer un plan général et synthétique de codification du droit international en tenant compte, autant que faire se pourra, des travaux de codification poursuivis en Amérique » (4).

Dieser Antrag wurde der Ersten Kommission und von dieser einer Unterkommission überwiesen. Diese letztere hat am 23. September 1927 ihren Bericht erstattet (5). Sie betonte darin, dass der Vorschlag von grösstem Interesse für die Sicherung der Einheit und Universalität des Völkerrechtes sei und empfahl eine Resolution, welche auch von der Vollversammlung am 27. September 1927 angenommen worden ist. In dieser Resolution wird erklärt :

Anm. (1) : Journal officiel, Februar 1925, S. 149, 150, Annexe 719, S. 274, 275.

Anm. (2) : Journal officiel Juni 1925, S. 842.

Anm. (3) : Journal officiel. Supplément spécial Nr. 54. Actes de la Huitième Session ordinaire de l'Assemblée, Séances Plénières, Compte-rendu des débats, S. 210.

Anm. (4) : a. a. O., S. 105.

Anm. (5) : a. a. O., Nr. 55, Séances des Commissions. Procès-Verbaux de la Première Commission, Annexe 6, S. 53.

« L'Assemblée...

Tient à déclarer l'intêret qu'elle attache à l'esprit dont s'inspire la proposition de la délégation du Paraguay ;

Prie le Conseil d'inviter le Comité d'Experts à examiner, lors de sa prochaine session, dans quelles conditions pourrait être entrepris le travail envisagé dans ladite proposition.

Et se réserve de décider la suite à lui donner après avoir pris connaissance des suggestions du Comité d'Experts et de l'avis que le Conseil voudra émettre à leur sujet » (1).

Der Rat übertrug mit Beschluss vom 6. Dezember 1927 dem Sachverständigenkomitee die Prüfung des Vorschlags, aber mit der Einschränkung, dass nur zu untersuchen sei, unter welchen Bedingungen ein solcher Plan ausgearbeitet werden könnte : « à adresser au Conseil un rapport sur la question de savoir dans quelles conditions l'œuvre envisagée dans ladite proposition pourrait être entreprise » (2).

Der Bericht dieses Komitees vom 27. Juni 1928 (3) sprach sich jedoch für die Beibehaltung der am 22. September 1924 angenommenen Methode aus, beim Kodifizierungswerk nur *partiell und schrittweise* vorzugehen. Der Vorschlag von Paraguay habe das Ideal einer künftigen allgemeinen Kodifikation im Auge. Man leugne den hohen Wert dieses Ideals nicht, « si l'on pense que, dans les conditions présentes, une œuvre si vaste et d'une telle envergure ne peut être entrepise par la Société des Nations ». Das Komitee sei auf Grund seiner Erfahrungen der Ansicht, « que l'œuvre de la codification doit procéder d'une manière progressive et tenir compte des réalités de la situation juridique contemporaine et en même temps des multiples obstacles d'ordre politique qui ne permettent nullement d'aborder les différents sujets dans l'ordre correspondant à des considérations systematiques, mais qui demandent catégoriquement un modus procedendi très précautionné et tres modéré. Considérant que les vues et les buts pratiques sont d'une importance prédominante et primordiale, le Comité d'experts tient en premier lieu compte de la réalisation possible de l'œuvre de la codification. C'est pourquoi il considère que le système d'une codification partielle et progressive est préférable... ». Hier wird unmissverständlich angedeutet, dass der Souveränitätsgedanke das Hindernis der Kodifikation ist.

Die von der Völkerbundsversammlung am 27. September 1927 beschlossene erste Konferenz zur Kodifizierung des internationalen Rechtes hat vom 13. März bis 12. April 1930 im *Haag* getagt. 46 Staaten waren auf ihr vertreten, ausserdem die Union der Sozialistischen Sowjetrepubliken nur

Anm. (1) : a. a. O., Séances Plénières. Compte-rendu des débats, S. 211.

Anm. (2) : Journal officiel, Februar 1928, S. 123.

Anm. (3) : Journal officiel, Supplément spécial Nr. 65, Actes de la neuvième session ordinaire de l'Assemblée. Séances des Commissions. Procès-verbaux de la Première Commission, Annexe 2, S. 98, 99.

durch einen Beobachter. Acht der vertretenen Staaten waren nicht Mitglieder des Völkerbundes.

Die Arbeiten der Konferenz beschränkten sich auf die drei Gebiete, welche das Komitee 1927 als kodifikationsreif empfohlen hatte : Staatsangehörigkeit, Küstengewässer und Verantwortlichkeit der Staaten für Schäden, die auf ihrem Gebiete Ausländern zugefügt worden sind. Die Ergebnisse der Konferenz ([1]) brachten allerdings nur auf einem dieser drei Gebiete einen Erfolg. Die Konferenz entwarf ein Abkommen über bestimmte Fragen der Staatsangehörigkeit ([2]), und auch dieses rüttelt nicht an dem Grundsatz, den wir oben als einen der Pfeiler des Souveränitätsgedankens kennen gelernt haben ([3]), dass jeder Staat durch seine Gesetzgebung bestimmt, welches seine Staatsangehörigen sind (Art. 1 Satz 1). Allerdings fügt Art. 1 Satz 2, wie gleichfalls bereits erwähnt worden ist ([4]), hinzu, diese Gesetzgebung müsse im Einklang mit den internationalen Verträgen, dem internationalen Gewohnheitsrecht und den allgemein anerkannten Prinzipien des Rechts über die Staatsangehörigkeit stehen. Das Abkommen wurde von allen Teilnehmern der Konferenz mit Ausnahme der Vereinigten Staaten von Amerika angenommen. Dagegen auf den beiden anderen Gebieten, über welche die Konferenz verhandelte, gelang es ihr nicht, einen Vertrag zustandezubringen. Immerhin hat sie auch auf diesen Gebieten wertvolle Vorarbeiten geleistet ([5]) und hat die Fortsetzung der Kodifikationsarbeiten durch einen Ausschuss und durch weitere Konferenzen ins Auge gefasst ([6]). Bemerkenswert ist auch der von der Konferenz ausgesprochene Wunsch, dass die Bestrebungen der panamerikanischen Union und des Völkerbundes auf dem Gebiete der Kodifikation miteinander in Zusammenhang gebracht werden sollen ([7]).

Die Völkerbundsversammlung hat am 30. Oktober 1930 von den Arbeiten der Haager Kodifikationskonferenz Kenntnis genommen und ausgesprochen: « L'Assemblée... affirme de nouveau le grand intérêt que prend la Société des Nations au progrès du droit international, notamment par la codification, et considère comme l'une des tâches les plus importantes de la Société de favoriser ce progrès par tous les moyens en son pouvoir » ([8]).

So gering nun auch die Ergebnisse der bisherigen Kodifikationstätigkeit des Völkerbundes und der Haager Konferenz im Vergleich zu den nicht kodifizierten Materien sind, so ist doch ein gewisser Fortschritt gegenüber der Vorkriegszeit unverkennbar. Er liegt vor allem in der Tatsache, dass solche Arbeiten überhaupt in Gang gebracht worden sind auf Gebieten, an

Anm. ([1]) : Société des Nations. Conférence pour la Codification du Droit international. Acte final. V. Questions juridiques. 1930. V. 7. (C. 228. M. 115. 1930. V.)

Anm. ([2]) : a. a. O., S. 14, 15.

Anm. ([3]) : Vgl. oben S. 27, 91, 92.

Anm. ([4]) : oben S. 92.

Anm. ([5]) : a. a. O., S. 15 ff., 17 ff.

Anm. ([6]) : a. a. O., S. 18.

Anm. ([7]) : a. a. O.

Anm. ([8]) : Journal officiel, Supplément spécial Nr. 83, S. 9.

deren Kodifikation man vor dem Krieg nicht hätte denken können. Ausserdem ist die Anerkennung allgemeiner Rechtsprinzipien auf dem für den Souveränitätsgedanken so ganz besonders unantastbaren Gebiet der Staatsangehörigkeit hervorzuheben. Denn hier handelt es sich nicht bloss um eine sehr wichtige Einzelfrage, hier handelt es sich um die Anerkennung eines Grundsatzes von symptomatischer Bedeutung.

Immerhin muss man zugeben, dass in der offiziellen Politik der Regierungen, des Völkerbundes und der Haager Konferenz der Fortschritt gegenüber der Vorkriegszeit nur ein bescheidener ist und dass der Souveränitätsgedanke noch immer vorherrscht.

Erfolgreicher sind die Kodifikationsarbeiten der amerikanischen Staaten. Die von diesen Arbeiten erzielten Fortschritte hängen aber nicht mit dem Weltkrieg und dem durch ihn hervorgerufenen Wechsel der Anschauungen zusammen. Denn bei dem engeren Zusammenschluss der amerikanischen Staaten handelt es sich um eine geistige Bewegung, die schon über hundert Jahre alt ist (1) und in den besonderen Verhältnissen des amerikanischen Kontinents begründet ist. Daher muss hier von der Darstellung der amerikanischen Kodifikationsbestrebungen abgesehen werden. Immerhin kann man die raschen Fortschritte, welche diese durch den Krieg unterbrochenen Bestrebungen seit 1923 gemacht haben, doch wohl auch zum Teil auf einen Wandel der Gesinnungen zurückführen. Die sechste panamerikanische Konferenz, welche vom 16. Januar bis 20. Februar 1928 in Havana tagte, hat sieben kodifikatorische Vertragsentwürfe gebilligt: über Fremdenrecht, Verträge, diplomatische Funktionäre, Konsuln, Neutralität zur See, Asylrecht, Rechte und Pflichten der Staaten im Bürgerkrieg. Aber andere wichtige Gegenstände, darunter gerade solche, welche die Souveränität am nächsten tangieren, so das Recht der Intervention, die Erklärung der Rechte und Pflichten der Staaten und die Grundlagen des Völkerrechtes, konnten nicht erledigt werden und es wurde die Kodifikation dieser Materien bis auf die nächste panamerikanische Konferenz, die für 1933 in Montevideo geplant ist, vertagt. Doch ist es ohne Zweifel ein sehr bemerkenswerter Fortschritt, dass die Kodifizierung derartiger Gebiete überhaupt in den Kreis der offiziellen Arbeiten der amerikanischen Regierungen einbezogen werden konnte.

Ausser den offiziellen Bestrebungen zur Kodifikation sind auch solche zur *Reform* des Völkerrechtes im Gange. Sie betreffen die verschiedensten Gebiete. Man denke etwa an die Sozialpolitik, die Hygiene, das Verkehrswesen. Aber von einer Darstellung aller dieser Materien kann hier abgesehen werden. Denn auch schon vor dem Kriege haben viele Staaten Reformen des

Anm. (1): Ausführliche Literaturangaben bei *Niemeyer*, Pan-Amerikanismus, in *Strupp's* Wörterbuch des Völkerrechts und der Diplomatie, II. Bd., 1925, S. 230, 231; dazu *Strupp*, Quelques réflexions sur une codification du droit des gens, in *Miscel·lania Patxot*, Barcelona, 1931, S. 204 ff., daselbst weitere Zitate.

Völkerrechtes auf diesen Gebieten angestrebt. Der Unterschied zwischen der Politik der Zeit vor und nach dem Kriege ist mehr ein gradueller als ein prinzipieller. Etwas grundsätzlich Neues bedeuten die Tendenzen zur völkerrechtlichen Regelung der Rüstungsbeschränkung oder Abrüstung, die sich nach dem Kriege bei vielen Staaten im Gegensatz zu ihrer Vorkriegspolitik zeigen und die auch den Völkerbund beschäftigt haben. Aber der Erfolg ist bisher im wesentlichen ein so sehr negativer, dass von einem neuen Geiste, von einem grundsätzlichen Wandel in der Staatsidee gegenüber der Vorkriegszeit gerade auf diesem Gebiet bisher wohl nicht gesprochen werden kann.

Unter den offiziellen Reformbestrebungen, die von einem gewissen Wandel in der Staatsauffassung Zeugnis ablegen, verdienen vor allen jene hervorgehoben zu werden, welche darauf abzielen, den *Ständigen Internationalen Gerichtshof zu einer allgemeinen Rekursinstanz über den internationalen Schiedsgerichten zu machen.* Die Völkerbundsversammlung hat am 25. September 1929 auf Antrag Finnlands ([1]) diesen Gegenstand in Angriff genommen und den Rat ersucht, die Frage zu prüfen, welches Verfahren am geeignetsten wäre, um diesen Gerichtshof für alle Staaten, welche dies wünschen, zu einer Rekursinstanz gegenüber den internationalen Gerichten auszugestalten « en ce qui concerne toute contestation pour cause d'incompétence ou d'excès de pouvoir » ([2]). Der Rat beauftragte mit der Prüfung ein Komitee, welches sich eingehend mit der Materie befasste. Der Bericht dieses Komitees ([3]) schlägt vor, alle Staaten zur Unterzeichnung eines Vertrages einzuladen, nach welchem der Ständige Internationale Gerichtshof obligatorisch zuständig sein soll « pour statuer sur la nullité des sentences rendues par un tribunal arbitral» ([4]). Als Gründe der Anfechtung einer sentence arbitrale werden genannt: «la nullité de celle-ci pour cause d'incompétence, d'excès de pouvoir, ou de vice essentiel de la procédure » ([5]).

Die hier vorgesehene Kontrolle geht, soweit man aus dem Wortlaut der Aufzählung der Nichtigkeitsgründe schliessen kann, sehr weit. Denn der Begriff excès de pouvoir kann, da Unzuständigkeit und wesentliche Verfahrensmängel besonders genannt sind, nur *materielle* Rechtswidrigkeit, violation de la loi einschliesslich des détournement de pouvoir, bedeuten. Die materielle Ueberprüfung des Schiedsspruches aber setzt materielle Ueberprüfung der Rechte und Pflichten der streitenden Staaten voraus. Es würden dadurch die verschiedensten Beziehungen der Staaten, mit Ausnahme etwa ihres Vorbehaltsgebietes im Sinne des Art. 15 Abs. 8 des Völ-

Anm. ([1]) : Journal officiel. Supplément spécial Nr. 76. Actes de la dixième session ordinaire de l'assemblée. Séances des commissions. Procès-verbaux de la première Commission. Annexe 6, S. 82 ff.

Anm. ([2]) : a. a. O., Nr. 75, Séances plénières. Compte-rendu des débats, S. 174.

Anm. ([3]) : Journal offciel. Supplément spécial Nr. 85. Actes de la onzième session ordinaire de l'Assemblée. Séances des commissions. Procès-verbaux de la première Commission. Annexe 2, S. 86 ff.

Anm. ([4]) : a. a. O., S. 90, Appendice, Art. 1.

Anm. ([5]) : a. a. O., Art. 4, Abs. 1.

kerbundspaktes (1), der Judikatur des Gerichtshofes unterstellt, und auch dieses Vorbehaltsgebiet wäre, vorausgesetzt, dass der Begriff des excès de pouvoir die im innerstaatlichen Recht übliche Anslegung erfährt, der Kontrolle wegen détournement de pouvoir unterworfen. Die unkontrollierbaren Akte der Staaten wären nicht mehr « actes de souveraineté », oder etwa « actes de gouvernement », « atti di governo », « actos de gobierno » im Sinne der französischen, italienischen und spanischen Rechtssprache, sondern lediglich « actes discrétionnaires » « atti discrezionali », « actos discrecionales » (2) und der Ständige Internationale Gerichtshof hätte zu entscheiden, wie weit die völkerrechtlich erlaubten und wie weit die unerlaubten Zwecke der staatlichen Akte reichen.

Es handelt sich hier also um ein Projekt, das von einem ganz anderen Geiste getragen ist als jenem, der in der Vorkriegszeit herrschte, und das einen sehr weitgehenden Einfluss des internationalen Rechtes auf innerstaatliches Recht nach sich ziehen würde.

Weiter sei noch der Bestrebungen gedacht, den Völkerbundspakt mit dem Kriegsverzichtspakt in Einklang zu bringen. Diese Bestrebungen nehmen in den Arbeiten und Publikationen des Völkerbundes aus der letzten Zeit einen bedeutenden Raum ein (3). Hier handelt es sich um eine Materie, die im Vorkriegsrecht völlig undenkbar wäre und in der sich daher der Wandel in der Staatsauffassung ganz besonders deutlich zeigt.

Wesentlich weiter als die Arbeiten der Regierungen, des Völkerbundes und der Staatenkonferenzen gehen jene der *wissenschaftlichen Gesellschaften*, welche sich die Fortbildung des Völkerrechtes zur Aufgabe machen. Hier zeigt sich zum Teil ein ganz neuer Geist, indem Gesellschaften in manchen ihrer Studien und Vorschlägen de lege ferenda wesentlich über dasjenige hinausgehen, was vor dem Kriege mit Aussicht auf praktischen Erfolg in Erwägung gezogen werden konnte, und indem sie auch grundsätzliche Neuerungen in ihre Erwägungen einbeziehen.

Bei diesen Arbeiten tritt daher das Bestreben, das bestehende Recht bloss zu kodifizieren, das heisst in die Form allgemeiner Verträge zu giessen, in den Hintergrund gegenüber der Tendenz, es weiter fortzuentwickeln und neu zu gestalten.

Vor allem hat das *Institut de Droit International* in seinen Arbeiten der Nachkriegszeit eine ganze Fülle neuer Gedanken für den Ausbau des internationalen Rechtes zutagegefördert, Gedanken, deren Durchführung im internationalen Recht auch das innerstaatliche Recht aufs tiefste beein-

Anm. (1) : Vgl. oben S. 88 ff.
Anm. (2) : Vgl. oben S. 89.
Anm. (3) : Vgl. insbes, die Debatten und Beschlüsse der Völkerbundsversammlung v. 24. Sept. 1929, 4. Okt. 1930 u. 25. Sept. 1931, Journal officiel, Supplément spécial, No. 75, S. 167 ff. No. 84, S. 223 ff. und No. 93, S. 127 ff.; die Kommissions-und Subkomiteeberichte, ebenda, Nr. 75, Annexe 32, S. 150; Nr. 84, Annexe 32, S. 598 ff; Nr. 93, Annexe 17, S. 220 ff; ferner die Aeusserungen von zwanzig Regierungen, ebenda, Nr. 94, Annexe, 1, S. 75 ff. und die Uebersicht ebenda, Annexe 3, S. 92 ff.

flussen müsste. So hat es sich in Anknüpfung an einen Beschluss des *American Institute of International Law* vom 16. Januar 1916 bereits seit seiner Sitzung vom 8. Mai 1919 (1) wiederholt und eingehend mit einer Erklärung der Rechte und Pflichten der Nationen, « Déclaration des droits et devoirs des nations », befasst (2). Weitere bemerkenswerte Arbeiten des Institut de Droit International betreffen eine Association internationale des Etats (3), den Schutz nationaler Minderheiten (4), eine völkerrechtliche Erklärung der Menschen- und Bürgerrechte (5). Dazu kommen sehr beachtliche Debatten über die Völkerbundssatzung (6), über die Staatsangehörigkeit (7) und andere Materien von ganz besonderer Wichtigkeit.

Weiter sind die Arbeiten der *International Law Association*, des *American Institute of International Law*, der *American Society of International Law*, der *Union juridique internationale*, der *Société de législation comparée*, der *Famiglia Italiana per la Liga delle libere Nazioni*, der *Deutschen Gesellschaft für Völkerrecht* und vieler anderer wissenschaftlicher Gesellschaften und Institute zu nennen, die sich mit der Fortbildung des Völkerrechts befassen. Solche Organisationen gibt es nunmehr in vielen Ländern (8). Schon die Tatsache, dass sie heute in so grosser Zahl vorhanden sind, ist ein bemerkenswerter Fortschritt gegenüber der Vorkriegszeit. Noch höher ist es zu veranschlagen, dass ihr Einfluss ein sehr viel grösserer geworden ist. Bei den oben dargestellten Kodifikationsarbeiten im Völkerbund ist dieser Einfluss wiederholt hervorgetreten. So betont der oben erwähnte Bericht des Unterkomitees der ersten Kommission an die Völkerbundsversammlung vom 23. September 1927 (9), die Arbeit müsse erfolgen « en tenant compte, dans la mesure du possible... ...des travaux déja accomplis par les compagnies savantes ».

Die Haager Kodifikationskonferenz von 1930 hat im Punkt II ihrer Wünsche folgendes ausgesprochen: « La Conférence... estime désirable que les prochaines conférences pour la codification du droit international aient aussi à leur disposition de nouveaux travaux scientifiques. A cet effet, les Institutions internationales et nationales pourraient entreprendre en temps opportun des études sur les questions fondamentales du droit international... » (10).

Den wissenschaftlichen Gesellschaften reiht sich die *Union Interparlementaire* an. Sie hat, wie das *Institut de Droit International*, bereits vor dem

Anm. (1): Annuaire de l'Institut de Droit International, 1919, S. 320 ff.

Anm. (2): Annuaire, 1919, S. 320 ff.; 1921, S. 217 ff.; 1925, S. 238 ff.

Anm. (3): Annuaire, 1922, S. 125 ff.

Anm. (4): Annuaire, 1925, S. 246 ff.; 1928, S. 275 ff., insb. S. 293 ff.; 1929, Bd., S. 718 ff; 1931, I. Bd., S. 514 ff; II. Bd., S. 94 ff.

Anm. (5): Annuaire, 1928, S. 275 ff., insb. S. 291, 292; 1929, I. Bd., S. 715 ff; II. Bd., S. 110 ff.

Anm. (6): Annuaire, 1921, S. 183 ff.; 1922, S. 59 ff.; 1923, S. 22 ff.; 1924, S. 1. ff.

Anm. (7): Annuaire, 1927, I. Bd., S. 1 ff; 1928, S. 678 ff.

Anm. (8): Vgl. *Stier-Somlo*, Völkerrechtsgesellschaften und Institute, in *Strupp's* Wörterbuch des Völkerrechts und der Diplomatie, III. Bd., 1929, S. 211, 212.

Anm. (9): Journal officiel. Supplément spécial Nr. 54, S. 105.

Anm. (10): Société des Nations. Conférence pour la Codification du Droit international. V. Questions juridiques. 1930. V. 7. (C. 228. M. 115. 1930. V.), S. 18.

Kriege bestanden. Aber die Tätigkeit, die sie nach dem Kriege entfaltet hat, geht inhaltlich wesentlich über jene der Vorkriegszeit hinaus. Von den Arbeiten der lezten Konferenzen ([1]) sind etwa besonders hervorzuheben: jene über die Kodifikation des Internationalen Rechtes, über die Erklärung der Rechte und Pflichten der Staaten, die Abwehr eines verbrecherischen Angriffskrieges, die Herabsetzung der Rüstungen, die internationale Sicherheit und den Schutz nationaler Minderheiten.

Ferner sind die *Völkerbundligen* zu erwähnen, die sich in sehr vielen Staaten gebildet haben und die eine Zusammenfassung in der *Union internationale des Associations pour la Société des Nations* gefunden haben. Die Arbeiten dieser Union ([2]) wie jener Ligen erstrecken sich auf alle Gebiete der Tätigkeit des Völkerbundes de lege lata und de lege ferenda. Die Arbeiten dieser Körperschaften stehen schon dadurch im Gegensatz zu allen Arbeiten der Vorkriegszeit, dass es vor dem Krieg einen Völkerbund und daher auch solche Organisationen nicht gab. Diese Arbeiten zielen vielfach auf einen sehr weitgehenden Ausbau des Völkerbundsgedankens ab und sind daher Träger eines neuen Geistes im internationalen und damit auch im innerstaatlichen Recht.

Als etwas ganz besonders Neues, eine durchaus eigenartige Schöpfung der Nachkriegszeit, sind die Genfer Nationalitätenkongresse hervorzuheben. Auch sie suchen das Völkerrecht in neuem Geiste umzugestalten und dadurch Einfluss auf das innerstaatliche Recht der mehrsprachigen Staaten zu üben. Von diesen Kongressen wird im zweiten Teil dieser Arbeit näher zu sprechen sein.

Zum Schlusse sei auf die *internationalen Hochschulen* hingewiesen. An erster Stelle ist das Werk der *Académie de Droit International* zu nennen. Diese Akademie, die Gelehrte der verschiedensten Länder zu internationaler Arbeit zusammenführt und eine internationale Hochschule von grosser Bedeutung geworden ist, wäre vor dem Kriege in dieser Art kaum denkbar gewesen. Auch sie ist daher ein Denkmal des neuen Geistes. Ihre zahlreichen Vorlesungen und Veröffentlichungen ([3]) stellen nicht nur eine höchst bemerkenswerte Bereicherung der Wissenschaft vom geltenden Völkerrecht dar, sondern bilden auch sehr wertvolle Vorarbeiten für dessen künftige Reformen. Zum grossen Teil sind sie auch für den Einfluss des internationalen Rechtes auf das innerstaatliche Recht de lege lata und de lege ferenda beachtlich.

Ebenso wie die Académie de Droit International war auch die *Académie Diplomatique Internationale* ([4]) eine internationale Hochschule neuartigen

Anm. ([1]) : Union Interparlementaire. Compte-rendu de la ... Conférence. Lausanne. Genève. Neuchâtel. Vevey. Montreux. Berne. 1923 ff.

Anm. ([2]) : Union Internationale des Associations pour la Société des Nations, Bulletin und Supplément au Bulletin, Brüssel, 1920 ff.

Anm. ([3]) : Recueil des Cours, I. Bd., (1923 ff.), Paris, 1925 ff.

Anm. ([4]) : Académie Diplomatique Internationale. Séances et travaux. I. Bd., Paris, 1927.

Charakters, die der wissenschaftlichen Erforschung völkerrechtlicher und rechtspolitischer Probleme gewidmet war. Sie hat insbesondere am 4. Oktober 1927 ein Komitee zur Kodifikation des Völkerrechtes eingesetzt, dem eine Reihe der bedeutendsten Gelehrten des Völkerrechtes aus den verschiedensten Staaten angehörten (1). Auch die Arbeiten dieser Akademie waren auf die Weiterentwicklung des Völkerrechtes und die Erhöhung seines Einflusses auf das innerstaatliche Recht gerichtet.

Auf die Einzelheiten all der in diesem Abschnitt aufgezählten Arbeiten, die zusammen Hunderte von Bänden füllen, einzugehen, wäre im Rahmen unserer Untersuchung nicht möglich. Aber da stets die Theorie und die Reformprojekte aller Art der Entwicklung des geltenden Rechtes vorauszueilen pflegen, so kann man zusammenfassend sagen : Der Wandel in den Ideen des Völkerrechtes, des Staates und, wie im zweiten Teil dieser Arbeit noch hervorzuheben ist, auch derjenigen des Volkes, und damit auch der neue Geist, der eine Erhöhung des Einflusses des internationalen auf das innerstaatliche Recht bedeutet, zeigt sich ganz besonders klar in vielen dieser Arbeiten.

Anm. (1) : Vgl. auch *Strupp* in seinem Wörterbuch des Völkerrechts und der Diplomatie, III. Bd., 1929 S. 730.

II. TEIL.

DIE VOLKSIDEE.

1. Die Entwicklung der Idee des Volkes in der Vorkriegszeit.

Für das Völkerrecht der Vorkriegszeit sind die Staaten mit ihrem bestimmten Gebiet und ihrem Staatsvolk gegeben. Sie waren bereits da, als das moderne Völkerrecht sich bildete und verdanken ihr Gebiet und ihr Volk geschichtlich nicht dem Völkerrecht. Im weiteren Verlaufe konnten sie kraft ihrer « Souveränität » frei durch ihre Willensentschlüsse ihr Gebiet verändern, Gebietsteile an andere Staaten abtreten oder von anderen Staaten übernehmen. Aber sie bleiben, je im gegenseitigen Einvernehmen, freie Herren über ihr Gebiet und ihr Volk. Das Völkerrecht der Vorkriegszeit hat keinerlei Regeln entwickelt, die eine Pflicht zur Veränderung enthielten. Das Völkerrecht findet seine Schranke an dem gegebenen Staatsgebiet und an dem gegebenen darauf wohnenden Staatsvolk des souveränen Staates.

In der Zeit, in der die souveränen Staaten das Völkerrecht schufen oder doch ausbauten, wurde ihre Allgewalt auf ihrem Gebiet auf die naturrechtliche Vorstellung einer vorstaatlichen Eigentumsordnung gegründet. Daher sah man die Herrschaft des Staates über sein Gebiet als Eigentum, dominium, des Staatsoberhauptes an. Das Gebiet des Staates ist ein patrimonium des souveränen Fürsten: Wir sprechen heute von dieser Staatsidee als von der des Patrimonialstaates. Ludwig XIV., der den Satz geprägt hat: «L'Etat c'est moi», betrachtete das ganze Staatsgebiet mit allen darauf lebenden Staatsangehörigen, wenn auch nicht gerade als sein Privateigentum etwa im Sinne des römischrechtlichen Eigentumsbegriffs (1), so doch als eine Art königlicher Domäne (2). Andere Fürsten sind ihm darin gefolgt. Bei einer derartigen Auffassung muss notwendigerweise das Gebiet als die Hauptsache erscheinen, die darauf wohnenden Menschen sind Nebensache, sie sind gewissermassen Pertinenz des Gebietes. Daher teilt die Bevölkerung das rechtliche Schicksal des Landes, das sie bewohnt, so wie nach manchem Recht das Vieh das rechtliche Schicksal des landwirtschaftlichen Grund-

Anm. (1): Literatur über diese Frage bei *Adalbert Wahl*, Politische Ansichten des offiziellen Frankreich im achtzehnten Jahrhundert, Tübingen und Leipzig, 1903, S. 35 ff.

Anm. (2): Mémoires historiques et instructions de Louis XIV, pour le Dauphin son fils, II. Teil, Oeuvres de Louis XIV, II. Bd., Paris, 1806, S. 93, 94, insb. 121.

stückes teilt, zu dem es gehört. Der Fürst kann demzufolge sein Gebiet oder Teile desselben verkaufen, verpfänden, einer Tochter zur Mitgift geben, er kann Erbverträge darüber schliessen, er kann sein Land letztwillig unter mehrere Erben teilen usw. Auf den Willen der Bevölkerung kommt es hierbei nicht an, sie wird als Zubehör, als Pertinenz des Landes behandelt.

Bei dieser Auffassung konnte kein Raum für eine besondere völkerrechtliche Behandlung der Bevölkerung oder der Bevölkerungsteile eines Landes sein. Der Staat hat nach der Auffassung der Zeit ein *absolutes*, von keinem Höheren abgeleitetes oder abhängiges Hoheitsrecht über seine Angehörigen. Allmählich tritt an die Stelle des Begriffs des dominium jener des imperium, man stellt nun die *Personalhoheit* der Gebietshoheit gegenüber. Das heisst, man nennt eine ungeteilte souveräne Staatsgewalt, wenn sie auf das Gebiet bezogen wird, Gebietshoheit oder Territorialgewalt, wenn sie auf die Angehörigen des Staates bezogen wird, Personalhoheit. Fragen wir aber, wer die Angehörigen des Staates sind, so zeigt sich, dass ihr Kreis immer *durch das Gebiet* bestimmt wird. Die weitaus grösste Zahl sind jene, die und deren Vorfahren seit altersher das Staatsgebiet bewohnen. Aber auch in den Fällen der Ein- und Auswanderung entscheidet das Gebiet : soweit das jus soli gilt, unmittelbar, soweit das jus sanguinis gilt, mittelbar, da letzteres schliesslich zu Vorfahren hinaufführt, die auf dem Staatsgebiet gewohnt haben.

Gegen die geschilderte Staatsauffassung hat sich im Laufe der Zeit eine immer stärker werdende Opposition geltend gemacht. Vielleicht darf man die berühmte « Esortazione a liberare l'Italia da' barbari », das letzte Kapitel von *Macchiavelli*'s Principe, als den Auftakt zu einer geistigen Bewegung betrachten, welche sich gegen den geschichtlich gewordenen herrschenden Staat im Namen des *natürlichen* Zusammenhanges des Volkes wendet. Denn « Italia » und « Italiano » sind hier offenbar nicht auf eine bloss geographische, sondern auf eine geistig-sittliche oder, wie wir es im modernen Sprachgebrauch ausdrücken würden, auf eine *nationale* Einheit der Bevölkerung der Halbinsel bezogen. Ausdrücke wie « illuvioni esterne » deuten auf einen nationalen, nicht bloss einen geographischen Gegensatz hin. Auch das an den Schluss gesetzte Zitat aus *Petrarca* erhält in diesem Zusammenhang eine auf geistig-sittliche, also nationale Einheit hinzielende Bedeutung :

> « Chè l'antico valore
> Nell' italici cor non è ancor morto ».

Doch es dauerte noch Jahrhunderte, bis solche Gedanken verallgemeinert und Gemeingut weiter Schichten werden konnten. Zunächst machte die Patrimonialstaatsidee, der Absolutismus und das Gottesgnadentum der Fürsten jede Kritik an den Staatsgrenzen und an der inneren Politik, auch dort, wo diese etwa nationale Vergewaltigung betrieb, unmöglich. Es fehlte aber auch noch jene allgemeine Bildung der Massen, aus der erst das voll entwickelte Nationalgefühl, das Bewusstsein eines geistig-sittlichen Verbundenseins der Volksgenossen, hervorgehen kann. Erst die Aufklärung, die Verbreitung der allgemeinen Schulbildung und schliesslich die Entwicklung des Zeitungswesens haben die Voraussetzungen geschaffen, aus denen das moderne Nationalbewusstsein entstanden ist.

Weitblickende Herrscher und Staatsmänner haben freilich schon frühzeitig das, was *Macchiavelli's* Genie bereits an der Wende vom Mittelalter zur Neuzeit für sein Vaterland Italien gewünscht und vorausgeahnt hatte, für ihr Land angestrebt und zum Teil erreicht : den *Nationalstaat.* Frankreich, Spanien, Portugal, England, wenn man von der irischen Frage absieht, und die skandinavischen Staaten waren schon im 18. Jahrhundert im grossen und ganzen national geeint, wenn diese Staaten auch zum Teil Gebiete beherrschten, die über das Wohngebiet ihres Hauptvolkes hinausgingen.

Aber das waren, wenn wir zunächst die geschichtlich gegebenen sozialen Tatsachen betrachten, doch nur einzelne Staaten, und auch hier war die nationale Abrundung noch unvollkommen. Der weit grössere Teil Europas war bis in die Mitte des 19. Jahrhunderts von Staaten bedeckt, deren Grenzen mit den ethnographischen Grenzen nichts zu tun hatten. Insbesondere waren Italien und Deutschland zerrissen, Polen geteilt, und im Osten beherrschten Russland, Oesterreich und die Türkei je eine Vielheit von Völkerschaften.

Diese geschichtlich gegebenen sozialen Tatsachen sind kein Zufall, sondern offenbar *die Folge zugrundeliegender Werturteile, die sich auf die Staatsbildung bezogen.* Die nationale Einheitlichkeit oder nationale Abrundung des Staates wurde bis in das Zeitalter der napoleonischen Kriege im allgemeinen nicht als ein anzustrebender sittlicher oder rechtlicher Wert empfunden, mögen auch einzelne ihrer Zeit vorauseilende Geister ein solches Werturteil bereits gefällt haben. Die Staaten, welche annähernd national geeint waren, waren es durch glückliche Fügung oder durch die Taten einzelner weitblickender Staatsmänner geworden, aber nicht kraft eines *allgemein* angestrebten Ideals des Nationalstaates oder einer *allgemein* anerkannten überstaatlichen — etwa naturrechtlichen — Rechtsnorm, welche den Nationalstaat vor anderen Staaten bevorzugt hätte. Daher lag es der Zeit auch ferne, an der geschichtlich gewordenen Gebietsverteilung und an den gegebenen Staatsgrenzen Kritik unter nationalen Gesichtspunkten zu üben. Man nahm die bestehende Gebietsverteilung so hin, wie sie durch willkürliche Eroberungen, willkürliche Staatenverträge, Erbgang und Heiraten von Fürsten geworden war. Die Bevölkerung hatte dabei stets das Schicksal des Gebietes geteilt. *Der Grundgedanke der älteren Staats-*

idee, die bis zum Beginn des 19. Jahrhunderts ausnahmslos und dann noch fast ausnahmslos geherrscht hat, war der, dass die Bevölkerung lediglich Pertinenz des Staatsgebietes ist.

Jedoch wurde dieser Gedanke seit dem 16. Jahrhundert durch den Schutz religiöser Minderheiten, seit dem 17. Jahrhundert durch das Institut der Option gemildert und so der Idee des nationalen Schutzes vorgearbeitet.

Der *Schutz religiöser Minderheiten* spielt bereits seit dem 16. Jahrhundert, insbesondere seit dem Nürnberger Religionsfrieden vom 23. Juli 1532 und seit der ersten Kapitulation zwischen Franz I. und Soliman II., eine Rolle, hat besonders seit dem Westfälischen Frieden grosse Bedeutung erlangt und führte im 19. Jahrhundert zu einer ganzen Reihe von Vertragsbestimmungen zugunsten religiöser Minderheiten, so vor allem in den Balkanstaaten (1). Ursprünglich umfasste der Schutz im allgemeinen bloss einzelne persönlich oder räumlich beschränkte Privilegien oder die Freiheit des Auswanderns, dehnte sich dann allmählich auf die Duldung der Minderheit und auf gewisse Gleichheits-, Freiheits- und kirchliche Vermögensrechte aus und entwickelte sich schliesslich zu vollkommener Gleichstellung verschiedener Bekenntnisse, Gewährung der Autononie an kirchliche Vertretungen und Verpflichtung der Staaten zu positiven fördernden Massregeln gegenüber den geschützten Religionsgesellschaften.

Die religiöse Gemeinschaft unterscheidet sich von der nationalen dadurch, dass sie lediglich von einem auf das *Jenseits,* auf *metaphysische* Fragen, gerichteten persönlichen Bekenntnis abhängig ist. Die nationale Gemeinschaft dagegen setzt, wie wir im dritten Teil dieser Arbeit näher zu erörtern haben werden, im allgemeinen ein Bekenntnis zu einer geschichtlich gegebenen Abstammungs- und Sprachgemeinschaft voraus, ein Bekenntnis, das durchaus *diesseitige,* der *Erfahrungswelt* angehörige politische oder kulturelle Ziele verfolgt. Immerhin gibt es enge Berührungspunkte zwischen beiden Arten von Gemeinschaften. Ja häufig bedeuten religiöse Trennungen auch nationale und umgekehrt. So ist es namentlich im Osten Europas, wo die Juden als besondere Nationalität gelten und wo auch sonst die nationalen Gegensätze meist zugleich religiöse sind, wie zum Beispiel jene zwischen den katholischen Polen und den orthodoxen Russen und Ukrainern. Daher kann religiöser Schutz zugleich nationalen Schutz bedeuten, so namentlich, sobald sich der Schutz auf den Sprachengebrauch beim Gottesdienst oder Religionsunterricht, auf das Erziehungswesen, auf Wohlfahrtseinrichtungen ausdehnt.

Ganz besonders lehrreich sind in dieser Hinsicht die Verhältnisse in Kanada, wo der Gegensatz von Franzosen und Engländern im allgemeinen

Anm. (1) : Vgl. über den Schutz religiöser Minderheiten insb. *Jacques Fouques Duparc,* La protection des minorités de race, de langue et de religion, Paris, 1922, S. 73-112; *Wintgens,* Der völkerrechtliche Schutz der nationalen, sprachlichen und religiösen Minderheiten, Stuttgart, 1930, S. 57-83; *Erler,* Das Recht der nationalen Minderheiten, Münster in Westfalen, 1931, S. 72-88 ; bei allen genannten Autoren weitere Zitate.

zugleich ein solcher von Katholiken und Protestanten ist. Hier hat sich seit den Kapitulationen von Quebec 1759 und dem Pariser Frieden von 1763 ein Minderheitenschutz entwickelt, der auch heute, abgesehen von einigen Bestimmungen über die Sprachenfrage, in erster Linie eine *religiöse* Minderheit betrifft, aber doch im wesentlichen als *nationaler* Schutz wirkt ([1]).

Ein eigenartiges Beispiel eines Ineinandergreifens von religiösem und nationalem Schutz bietet der « nationale Ausgleich » in der Bukowina vom Jahre 1910 ([2]). Hier sind die Juden entgegen den osteuropäischen Anschauungen und entgegen dem einhellig beschlossenen Entwurf des Landtags der Bukowina nicht als Nationalität behandelt, sondern den Deutschen zugerechnet worden, weil die in den westlichen Ländern Oesterreichs wohnenden Juden die Anerkennung einer besonderen jüdischen Nationalität nicht wünschten. Dafür erkennt das Gesetz neben den Nationalitäten der Rumänen, Ruthenen (Ukrainer), Deutschen, Polen und Magyaren noch eine « armenopolnische » und eine « lippowanische » Nationalität an ([3]). Die « Armenopolen » sind Polen armenischen Glaubens, die Lippowaner Ruthenen (Ukrainer), die eine besondere religiöse Sekte bilden. Man sieht hier deutlich das Ineinanderfliessen konfessionaler und nationaler Grenzen.

Erwägt man die im Vorstehenden kurz angedeuteten Zusammenhänge zwischen der religiösen und der nationalen Frage, so wird es mit Rücksicht auf die bis ins 16. Jahrhundert zurückreichende Geschichte des religiösen Schutzes schwer, den Anfang des Schutzes nationaler Minderheiten zu bezeichnen.

Jedenfalls aber darf man wohl die Anfänge eines unabhängig von konfessionellen Erwägungen gewährten Schutzes der Nationalität in der Einräumung des *Optionsrechtes* und der *Auswanderungsfreiheit* sehen.

Seit dem 17. Jahrhundert ist der Grundsatz der Pertinenzqualität der Bewohner eines abgetretenen Gebietes aus Gründen der Menschlichkeit von der Gewährung eines Optionsrechtes durchbrochen worden. Es wird den Bewohnern des abgetretenen Gebietes gestattet, zwischen der bisherigen Staatsangehörigkeit und der Zugehörigkeit zum erwerbenden Staate frei zu wählen. Dadurch können sie sich der etwa zu fürchtenden Entnationalisierungspolitik des annektierenden Staates entziehen und ihrem Volkstum treu bleiben. Jedoch erfolgte die Gewährung zunächst nur in der Form, dass den Bewohnern des abgetretenen Gebietes die Auswanderung freigestellt wird. Zum erstenmal ist die Auswanderungsfreiheit 1640 in dem Kapitulationsvertrag der Stadt Arras eingeräumt worden, allmählich mehren sich

Anm. ([1]) : Vgl. *Heck*, Das Minderheitenschulwesen in Kanada in der neueren Rechtsprechung des Privy Council, in *Bruns'* Zeitschrift für ausländisches öffentliches Recht und Völkerrecht, I. Bd. 1929, 1. Teil, S. 550 ff., insb. S. 565 ff. Daselbst Quellen und Literatur.

Anm. ([2]) : Materialien bei *Bernatzik*, Die österreichischen Verfassungsgesetze mit Erläuterungen, Wien, 2. Aufl., 1911, S. 938 ff.

Anm. ([3]) : Landesordnung für das Herzogtum Bukowina vom 26. Mai 1910, Landesgesetzblatt Nr. 26, § 3, c, I, § 10 a, Abs. 3 ; Landtagswahlordnung vom selben Tage, ebenda Nr. 27, § 2, Abs. 6, § 26, Abs. 5.

die Fälle (¹). Später hat das Recht der Option verschiedene Formulierungen erfahren und ist immer häufiger zur Anwendung gelangt, sodass es schliesslich nach Ansicht vieler Autoren Gewohnheitsrecht geworden ist. Aber der Grundcharakter ist derselbe geblieben.

Ein Rest der Pertinenzqualität der Menschen zeigt sich noch immer in der Regel darin, dass sie auswandern müssen, wenn sie von dem Recht der Option Gebrauch machen wollen. Sie haben dann gewissermassen nur die Wahl, Zubehör eines anderen Grundstückes zu werden, wenn sie nicht Zubehör des abgetretenen Gebietes bleiben wollen. Aber sie haben, auch wenn sie in noch so grossen Massen von dem Optionsrecht Gebrauch machen wollten, ja selbst wenn die ganze Bevölkerung eines abgetretenen Gebietes einmütig für die Zugehörigkeit zum abtretenden Staat optieren würde, keinen Einfluss auf das Schicksal des von ihnen bewohnten Gebietes, sie müssen dem neuen Herrn des Gebietes weichen, der unbekümmert um sie über das Gebiet verfügen darf. Das Optionsrecht allein bedeutet daher zunächst noch kaum einen Schutz des Volkstums. Zudem wurde die Option ja nicht nur demjenigen gewährt, der aus nationalen, sondern ebenso demjenigen, der aus irgendwelchen beliebigen persönlichen oder sonstigen Motiven auswandern wollte.

Man darf daher wohl behaupten, dass die Entwicklung des Optionsrechtes keine wesentliche Beeinträchtigung der Idee des souveränen Staates aus nationalen Gesichtspunkten zur Folge gehabt hat.

Allerdings sind dann viel später seit der Mitte des 19. Jahrhunderts auch einige Fälle vorgekommen, in denen das Optionsrecht ohne die Festsetzung einer Auswanderungspflicht gewährt worden ist (²). Aber sie betreffen durchweg nur die friedliche Abtretung kleinerer Gebiete, und zwar Abtretungen, bei denen ein Verbleiben von Massen mit nunmehr fremder Staatsangehörigkeit im abgetretenen Gebiet gar nicht in Frage kam. Ausserdem sind diese Fälle zu vereinzelt geblieben, um eine neue Praxis zu begründen. Abgesehen von diesen Ausnahmefällen hat das Optionsrecht seinen Charakter bis in die Gegenwart behalten. *Auch heute noch teilt die Bevölkerung das rechtliche Schicksal des Gebietes, das sie bewohnt.* Aus dem Optionsrecht hat sich das Recht des Volkstums und der nationalen Minderheiten nicht entwickelt.

Damit die modernen Forderungen, die unter nationalen Gesichtspunkten an den Staat gestellt werden, entstehen konnten, bedurfte es einer eingehenden Kritik am Staate. Es ist die naturrechtliche Theorie der Aufklärungszeit, von der aus die Erkenntnis von der Bedeutung des nationalen Gedankens langsam herangereift ist (³).

Anm. (¹) : Ausführliche Zitate bei *Kunz*, Die völkerrechtliche Option, Breslau, I. Bd., 1925, S. 33 ff. Dazu *Wintgens*, a. a. O., S. 83 ff.

Anm. (²) : Zitate bei *Kunz*, a. a. O., S. 134.

Anm. (³) : Vgl. insb. *Meinecke*, Weltbürgertum und Nationalstaat, München und Berlin, 7. Aufl., 1928.

Montesquieu hat bereits 1748 versucht, die Bedingungen zu untersuchen, von denen der Geist eines Volkes, « l'esprit général d'une nation » abhängig ist, und behandelt unter diesem Gesichtspunkt den Zusammenhang zwischen dem Recht und der Nationalität (1). Aber der Unterschied zwischen dem Staatsvolk und dem Volk im natürlichen Sinn ist ihm keineswegs klar. Bald ist nation das Volk im natürlichen Sinn, so wenn er von einer « nation naturellement gaie » spricht (2) oder wenn er sagt : « Les divers caractères des nations sont mêlés de vertus et de vices... » (3). Bald versteht er unter nation das Staatsvolk ; er nennt zum Beispiel das Russland *Peters des Grossen* « une nation d'Europe » (4), oder er stellt «une nation libre» und «une nation subjugée» einander gegenüber, und setzt die erstere einem « gouvernement libre » und die letztere einem « gouvernement absolu » oder « gouvernement despotique » gleich (5). Oft ist nation beides zugleich, Staatsvolk und Volk im natürlichen Sinn; so, wenn die Gesetze dem « législateur », die Sitten und Gebräuche der « nation en général » zugeschrieben werden (6) usw. In dem « esprit général d'une nation » fliessen also Volksidee und Staatsidee ineinander. Die staatsbildende Kraft des nationalen Gedankens musste daher *Montesquieu* noch unbekannt bleiben.

Auch *Voltaire* hat den « esprit des nations » zum Gegenstand seiner Studien gemacht, und zwar in dem dreibändigen Werk, welches in der Gesamtausgabe von 1769 den Titel führt : « Essai sur les moeurs et l'esprit des nations et sur les principaux faits de l'histoire, depuis Charlemagne jusqu'à Louis XIII » (7). Auch bei *Voltaire* werden Staatsvolk und Volk im natürlichen Sinn nicht klar unterschieden. Das letztere hat er zum Beispiel im Auge, wenn er von körperlichen Merkmalen einer nation spricht (8), oder wenn er die Griechen « une nation » nennt (9). Dagegen meint er Staaten und nicht Völker im natürlichen Sinn, wenn er bei der Erörterung des Einflusses des Glaubens auf den esprit des nations als Beispiele der Trennung von Rom « l'empire de Russie » und die protestantischen Staaten Nordeuropas aufzählt (10), oder wenn er fragt: « L'histoire de chaque nation ne commence-t-elle pas par des fables? » und auf *Romulus* und *Remus* und die *Konstantin*'sche Schenkungsurkunde verweist (11). Aber auch bei *Voltaire* ist nation oft gleichzeitig Staatsvolk und Volk im natürlichen Sinn, so wenn er die Voraussetzungen prüft, « pour qu'une nation soit rassemblée en corps de peuple » (12), usw.

Es ist kein Zufall, dass den beiden grossen französischen Denkern der

Anm. (1) : L'esprit des lois, XIX. Buch, insb. Kap. IV u. ff.
Anm. (2) : a. a. O., XIX. Buch, Kap. V, am Ende.
Anm. (3) : Ebenda, Kap. X, am Beginn.
Anm. (4) : Ebenda, Kap. XIV, drittletzter Absatz.
Anm. (5) : Ebenda, Kap. XXVII, passim.
Anm. (6) : Ebenda, Kap. XIV, am Beginn.
Anm. (7) : « Collection complette des oeuvres de Mr. de *Voltaire* », Bd. VIII-X, Genf, 1769.
Anm. (8) : a. a. O., Bd. I (VIII der Gesamtausgabe), S. 69.
Anm. (9) : Ebenda, passim, z. B. I. (VIII.) Bd., S. 153.
Anm. (10) : Ebenda, III. (X.) Bd., S. 446.
Anm. (11) : Ebenda, S. 482.
Anm. (12) : Ebenda, Bd. I (VIII), S. 6.

Unterschied zwischen den beiden Begriffen entgangen ist. Frankreich war eben im wesentlichen ein national einheitlicher Staat, die Sorge um die nationale Einigung ihres Volkes kannten die beiden Autoren nicht.

Anders dagegen lagen die Dinge in Deutschland. Hier tritt uns 1765 die anonym erschienene Schrift *Friedrich Karl von Moser's* : « Von dem Deutschen national-Geist» entgegen (1), welche die Vielstaaterei und den Separatismus in den schärfsten Worten bekämpft und ihnen den « deutschen Nationalgeist » gegenüberstellt. Auch in dieser Schrift zeigen sich noch Reste der Vermengung der beiden Begriffe Staatsvolk und Volk im natürlichen Sinn. So gleich in den Worten, mit denen der Autor beginnt : « Wir sind Ein Volck, von Einem Nahmen und Sprache, unter Einem gemeinsamen Oberhaupt, unter Einerley unsere Verfassung, Rechte und Pflichten bestimmenden Gesezen... ». Aber im folgenden tritt doch der Gegensatz zwischen den beiden Begriffen wenn auch nicht klar, so doch deutlicher zutage. *Moser* kagt, dass dem « gemeinen Deutschen » « eine solche national-Denkungs-Art, eine allgemeine Vaterlands-Liebe » fehle, « wie man sie bey einem Britten, Eydgenossen, Niederländer, oder Schweden etc antrifft » (2). Er tritt für eine einheitliche Verfassung Deutschlands ein und wendet sich dagegen, dass « das Band *zwischen* Haupt und Gliedern .. aufgelöset und dagegen eine beharrliche Vereinigung der Glieder *gegen* das Haupt zu stiften gesuchet wird » (3). Die grösste Kunst sei : « Die Herrn und Häupter unsers Vaterlands zu bewegen, *das zu wollen, was sie wollen sollten* » (4). Er fordert : « ... wir müssen... wieder *Ein* Vaterland glauben, so wie *Eine* christliche Kirche glauben... » (5). Am Schluss ruft er aus : « Wie glücklich, wie ruhig würde Deutschland alsdann seyn, wann... ein *Berliner Wien*, ein *Wiener Hannover*, ein *Hesse Maynz* als sein Vaterland achten, lieben und ehren lernte » (6).

Die Bedeutung der nationalen Idee für die Staatsbildung im allgemeinen erkannt zu haben, ist das Verdienst *Herder's*. In seinen Ideen zur Philosophie der Geschichte der Menschheit findet sich der folgende Ausspruch : « Die Natur erzieht Familien; der natürlichste Staat ist also auch Ein Volk, mit einem Nationalcharakter. Jahrtausende lang erhält sich dieser in ihm und kann, wenn seinem mitgebornen Fürsten daran liegt, am natürlichsten ausgebildet werden; denn ein Volk ist sowohl eine Pflanze der Natur, als eine Familie; nur jenes mit mehreren Zweigen. Nichts scheint also dem Zwecke der Regierungen so offenbar entgegen, als die unnatürliche Vergrösserung der Staaten, die wilde Vermischung der Menschen-Gattungen und Nationen unter einem Szepter. Der Menschenszepter ist viel zu schwach und klein, dass so widersinnige Teile in ihm eingeimpft werden könnten;

Anm. (1) : « Von dem Deutschen national-Geist » 1765, ohne Angabe des Verfassers, Verlegers und Druckortes (Frankfurt am Main).
Anm. (2) : a. a. O., S. 13.
Anm. (3) : a. a. O., S. 67, 68.
Anm. (4) : a. a. O., S. 74.
Anm. (5) : a. a. O., S. 75, 76.
Anm. (6) : a. a. O., S. 107.

zusammengeleimt werden sie also in eine brechliche Maschine, die man Staats-Maschine nennet, ohne inneres Leben und Sympathie der Theile gegen einander... Aber die Geschichte zeigt genugsam, dass diese Werkzeuge des menschlichen Stolzes von Thon sind und, wie aller Thon auf der Erde, zerbrechen oder zerfliessen» ([1]).

Allein die Verwirklichung solcher Gedanken konnte nur auf dem Boden der Ideen der Volkssouveränität, der Demokratie, nicht der Fürstensouveränität, erfolgen. In Amerika, dem Mutterland der demokratischen Verfassungsform, gab es nun keine Staatenkarte unter nationalen Gesichtspunkten zu korrigieren, wohl aber in Europa. Daher hat die erste grosse und erfolgreiche demokratische Bewegung Europas, die französische Revolution, den Anstoss gegeben. Sie hat zum erstenmal in der Geschichte die Idee, dass die Bevölkerung nur Pertinenz des Gebietes sei, durch das den demokratischen Ideen entsprechende *Prinzip der Selbstbestimmung* ersetzt. Mit Recht beginnt daher *Sarah Wambaugh* ihre auf Anregung von *James Brown Scott* für die Publikationen des *Carnegie Endowment* verfasste Geschichte des Selbstbestimmungsrechtes ([2]) mit der französischen Revolution und bemerkt: «The doctrine of national self-determination is based on and inseparable from that of popular sovereignty. Before the French Revolution sovereignty looked to the land, not to the inhabitants» ([3]).

In Uebereinstimmung mit einem Beschluss der Konstituante vom 22. bis 27. Mai 1790 ([4]) hat die Verfassung vom 3. bis 14. September 1791 im Titel VI ausgesprochen: «La Nation française renonce à entreprendre aucune guerre dans la vue de faire des conquêtes, et n'emploiera jamais ses forces contre la liberté d'aucun peuple» ([5]). Die Eingliederung von *Avignon* und *Venaissin* in das französische Reich ([6]) wurde am 14. September 1791 beschlossen: «Considérant que la majorité des communes et des citoyens a émis librement et solennellement son voeu pour la réunion d'Avignon et du comtat Venaissin à l'Empire français» ([7]). Die Grundsätze, die mit diesen Akten zum erstenmal proklamiert waren, sind noch einige Male ausgesprochen und angewendet worden ([8]).

Diese Erklärungen können hier nur mit Vorbehalt herangezogen werden. Denn in ihnen werden Staatsvolk und Volk im natürlichen Sinn vermengt. Die Bedeutung der Ausdrücke Volk (populus, peuple, people) und Nation hat eine lange und wechselvolle Gechichte. Der Unterschied zwischen den Bedeutungen der beiden Ausdrücke bezog sich im 16., 17. und 18. Jahrhundert

Anm. ([1]): Ideen zur Philosophie der Geschichte der Menschheit, II. Teil, 1785, IX. Buch, ¡VI. Kapitel (Sämtliche Werke, Stuttgart und Tübingen, 5. Teil, 1827, S. 220, 221).

Anm. ([2]): *Sarah Wambaugh*, A monograph on plebiscites, New York, 1920.

Anm. ([3]): a. a. O., S. 2.

Anm. ([4]): *Wambaugh*, a. a. O., S. 177, 178 (nach *Duvergier*, Collection Complète des Lois, I. Bd., S. 191).

Anm. ([5]): Lois et Actes du Gouvernement, Tome IV, Août à Octobre 1791, amtliche Ausg. Paris, 1806, S. 229.

Anm. ([6]): Materialien bei *Wambaugh*, a. a. O., S. 173 ff.

Anm. ([7]): Lois et Actes du Gouvernement, a. a. O., S. 233.

Anm. ([8]): Materialien bei *Wambaugh*, a. a. O., S. 269 ff.

auf soziale Differenzierungen verschiedenster Art ([1]), aber keineswegs auf unseren Gegensatz von Staatsvolk und Volk im natürlichen Sinn. Diese beiden zuletzt genannten Begriffe hielt man noch nicht klar auseinander. Daher stellen auch jene Erklärungen der französischen Revolution zwar staatliche Akte eines jungen revolutionären Staatswesens gegen die überkommene Machtverteilung dar, aber noch keineswegs das Erwachen einer bewusst *gegen* die Staatsidee gerichteten oder doch von dieser klar unterschiedenen Volksidee. Frankreich war eben im wesentlichen national geeint. Demzufolge führte der Gedanke der demokratischen Selbstbestimmung hier zu keinen speziell nationalen Forderungen und zu keiner weiteren Entwicklung der Volksidee. Bald hat sich denn auch Frankreich von der Gedankenwelt der Selbstbestimmung abgewendet und die Machtpolitik des souveränen Staates fortgesetzt.

Anders lagen die Dinge in national zerrissenen Ländern wie Italien und Deutschland. Hier musste der Gegensatz zwischen der Staatenkarte und der ethnographischen Karte neue Konflikte, neue Auseinandersetzungen und schliesslich neue Forderungen gegen den Staat mit sich bringen.

Schon 1803 hat *Ernst Moritz Arndt* in seiner Schrift: « Germanien und Europa » ([2]) die Einheit von Staat und Volk gefordert. Er beklagt die nationale Zerrissenheit und das daraus herrührende « harte Schicksal » Italiens, Deutschlands und Polens ([3]). « Ich bekenne » sagt er, « wie ich nicht sehe, wie mein Vaterland je zur Einheit eines Volks gelangen könnte, als durch ungeheure Revolutionen, durch Ueberschwemmung von Fremden... » oder durch « ein grosses Tyrannen- und Feldherrngenie », welches... « die Teutschen zu Einer Masse zusammenarbeitete, woraus endlich ein gesunder Leib würde » ([4]). Er wünscht « die Einheit des Volkes und des Staates » ([5]). Allerdings sollen die Staaten nicht nur nach den Sprachgrenzen, sondern zum Teil entgegen den Sprachgrenzen durch natürliche geographische Grenzen von einander geschieden werden ([6]).

Von grösster Bedeutung für die Idee des Nationalstaates ist insbesondere *Fichte* geworden. In seiner 1806 geschriebenen Schrift « Der Patriotismus und sein Gegenteil » stellt er den deutschen Patriotismus dem preussischen, sächsischen, bayrischen, österreichischen usw., wir dürfen sagen, das Nationalgefühl, das Volksbewusstsein, dem Staatsgedanken gegenüber ([7]) und in seinen Reden an die Deutsche Nation fordert er die Erziehung des deutschen Volkes, über die staatlichen Grenzen hinaus, zu einem «allgemei-

Anm. ([1]) : Vgl. insb. *Meinecke*, Weltbürgertum und Nationalstaat, München und Berlin, 7. Aufl., 1928, S. 24, 25 ; *Hertz*, Wesen und Werden der Nation, in : « Nation und Nationalität » (Jahrbuch für Soziologie, herausg. von *Gottfried Salomon*, I. Ergänzungsband), Karlsruhe, 1927, S. 1 ff., insb. 10 ff. ; *Ziegler*, Die moderne Nation, Tübingen, 1931, S. 24 ff.

Anm. ([2]) : Altona, 1803.

Anm. ([3]) : a. a. O., S. 410, 412.

Anm. ([4]) : a. a. O., S. 420.

Anm. ([5]) : a. a. O., S. 426.

Anm. ([6]) : S. a. a. O., 355 ff. 385 ff.

Anm. ([7]) : Nachgelassene Werke, III. Bd., S. 232 ff. Ausgabe von *Hans Schulz*, Leipzig 1918, S. 14 ff.

nen und nationalen Selbst » ([1]), eine « neue Nationalerziehung der Deutschen » ([2]). Er erklärte schon in der ersten Rede : « Ich rede für Deutsche schlechtweg, von Deutschen schlechtweg, nicht anerkennend, sondern durchaus beiseitesetzend und wegwerfend alle die trennenden Unterscheidungen, welche unselige Ereignisse seit Jahrhunderten in der einen Nation gemacht haben » ([3]). Damit war der Staatsgedanke von dem Volksgedanken klar unterschieden und als « unselig », als ein Unwert erklärt, sodass man mit *Gumplowicz* ([4]) sagen kann, diese Erklärung war « eine Art Hochverrat » gegen die deutschen Landesväter. *Fichte* betont denn auch folgerichtig, der Staat sei nichts Erstes und für sich selbst Seiendes, sondern bloss das *Mittel* für den höheren Zweck der ewig gleichmässig fortgehenden Ausbildung des rein Menschlichen in dieser Nation. Der Staat erscheint demnach bereits im Dienste des Volkstums, die Idee der Nationalität steht höher als die des Staates. Volk ist « das Ganze der in Gesellschaft miteinander fortlebenden und sich aus sich selbst heraus immerfort natürlich und geistig erzeugenden Menschen, das insgesamt unter einem gewissen besondern Gesetze der Entwicklung des Göttlichen aus ihm steht. Die Gemeinsamkeit dieses besondern Gesetzes ist es, was in der ewigen Welt, und eben darum auch in der zeitlichen diese Menge zu einem natürlichen und von sich selbst durchdrungenen Ganzen verbindet» ([5]). Dieses Gesetz « bestimmt durchaus und vollendet das, was man den Nationalcharakter eines Volkes genannt hat » ([6]).

Damit waren Gedanken ausgesprochen, die eine Revolution sowohl gegen die deutsche Kleinstaaterei als gegen die Willkür bedeuteten, mit der *Napoleon* über die eroberten Länder verfügte. *Die Volksidee tritt der überkommenen Idee des souveränen Machtstaates entgegen.*

Nun war der Boden, auf dem die Volksidee in weitere Kreise getragen werden konnte, inzwischen ganz anders vorbereitet als im 18. Jahrhundert. Die Aufklärung und die demokratischen Ideen, die Verbreitung der allgemeinen Schulbildung, der steigende Einfluss der Presse hatten in dieser Richtung gewirkt.

Die Willkür, mit der *Napoleon* die Staatenkarte Europas gestaltet hatte, rief eine Gegenströmung in den Gefühlen der betroffenen Völker hervor. All dies führte zu einer geistigen Bewegung, die man nicht anders als das *Erwachen des Nationalgefühls* bezeichnen kann ([7]).

Anm. ([1]) : Reden an die deutsche Nation, Erste Rede. Sämtliche Werke, VII. Bd., S. 274 ; Philos. Bibl., 131. Bd. (Werke, V. Bd.), S. 385.

Anm. ([2]) : Ebenda, passim, insb. Erste Rede, a. a. O., und Neunte und die folgenden Reden.

Anm. ([3]) : Ebenda, Erste Rede, Z. 1, Sämtl. Werke, VII. Bd., S. 266, Philos. Bibl., a. a. O., S. 377.

Anm. ([4]) : Geschichte der Staatstheorien, Innsbruck, 1926, S. 288.

Anm. ([5]) : Achte Rede ; Sämtliche Werke, VII. Bd., S. 381, Phil. Bibl., a. a. O., S. 492.

Anm. ([6]) : a. a. O., VII. Bd., S. 382 (Phil. Bibl., S. 493).

Anm. ([7]) : Vgl. unter anderen *Meinecke*, a. a. O., passim ; *Bernatzik*, Die Ausgestaltung des Nationalgefühls im 19. Jahrhundert, Hannover, 1912, S. 15 ff. ; *Otto Brandt*, Selbstbestimmungsrecht der Völker und Nationalitätsprinzip, Erlangen, 1930, und die Zitate daselbst, insb. S. 22, Anm. 6 ; meinen Aufsatz : « Das Nationalitätsprinzip in seinem Einfluss auf die Staatenbildung », im Handbuch der Politik, I. Bd. 1920, S. 59 ff., insb. S. 62, 63.

Der Wiener Kongress aber trug den neuen freiheitlichen Ideen und dem neu entstehenden Nationalgefühl der Völker nicht nur keine Rechnung, sondern er dekretierte eine Staatenkarte Europas, die lediglich mit Rücksicht auf die legitimen Rechte der Dynastien entworfen war und suchte diese Staatenkarte und die absolut- oder fast absolut monarchische Verfassungsform der so festgelegten Staaten zu verewigen.

Aber eine Konzession glaubten die Mächte doch den neuen Gedanken machen zu müssen, wenn auch nur in einer einzigen Frage, nämlich in der polnischen. Die Gewährung staatlicher Einheit und Selbständigkeit an das polnische Volk konnte allerdings gegenüber dem Souveränitätsdogma und dem Legitimitätsprinzip der drei beteiligten Monarchien nicht in Erwägung kommen. Aber demnoch beugten sich die Mächte bis zu einem gewissen Grad vor der Idee des Volkes. Eine Zirkularnote des Ersten Staatssekretärs Englands, *Lord Castlereagh* (1) bezeichnete die Versuche der Entnationalisierungspolitik als erfolglos: «On a tenté vainement de leur faire oublier, par des institutions étrangères à leurs habitudes et à leurs opinions, l'existence dont ils jouissent comme peuple, et même leur langage national» (2). Die Note forderte unter Hinweis auf die Einigkeit der Kabinette, dass die drei beteiligten Monarchen sich verpflichten sollten, « de traiter comme Polonais la partie de ce peuple qui pourra se trouver placée sous leur domination respective» (3). Alle drei Regierungen stimmten grundsätzlich zu (4).

Der Kongress beschloss demnach zwar eine Regelung, welche *Jacques Fouques Duparc* mit Recht als « un quatrième partage de la Pologne » bezeichnet (5), aber man suchte diese Massnahme durch Schutzbestimmungen zu mildern. Die Wiener Schlussakte vom 9. Juni 1815 hat den Polen, gewissermassen als Ersatz für den Verlust der staatlichen Selbständigkeit, einen besonderen nationalen Schutz zugesichert, indem sie im Art. I, Abs. II anordnet : « Les Polonais, sujets respectifs de la Russie, de l'Autriche et de la Prusse obtiendront une représentation et des institutions nationales, réglées d'après le mode d'existence politique, que chacun des gouvernements auxquels ils appartiennent, jugera util et convenable de leur accorder ».

Hier sehen wir *zum erstenmal einen völkerrechtlichen Schutz einer nationalen Minderheit ausgesprochen,* allerdings nur für ein einziges bestimmtes Volk, nicht als allgemeine Regel.

Abgesehen von dieser einen Konzession bedeutete das Werk des Wiener Kongresses den Triumph des Machtstaats- und Souveränitätsgedankens.

Aber die neuen Ideen liessen sich nicht aufhalten. Wenn sie sich auch in der Praxis noch nicht durchsetzen konnten, so gewannen sie doch in der Theorie immer mehr an Boden. Zunächst blieb freilich auch im Kampfe

Anm. (1) : Le Congrès de Vienne et les traités de 1815, Paris, 1864, II. Bd., S. 795 ff.
Anm. (2) : Ebenda, S. 796.
Anm. (3) : Ebenda, S. 796, 797.
Anm. (4) : a. a. O., S. 797, 800, 801.
Anm. (5) : La protection des minorités de race, de langue et de religion, Paris, 1922, S. 115.

der Geister manches ungeklärt. Die Lehren *Hegels* vom *objektiven Geist* und diejenigen der historischen Schule vom *Volksgeist* scheinen zunächst der konservativen Staats- und Rechtsidee zu Hilfe zu kommen. Sieht man aber näher zu, so wird man doch nicht leugnen können, dass sie *schon einen ganz bestimmten Staat und ein ganz bestimmtes Recht voraussetzen* und wir dürfen heute wohl behaupten, einen *nationalen* Staat und ein *nationales* Recht. Denn auf einen der deutschen Mittel- oder Kleinstaaten, für sich allein als « souveränes » Gebilde betrachtet, passen die Theorien *Hegels* vom objektiven Geist oder *Savigny's* vom Volksgeist nicht, ebensowenig aber auf ein Völkerkonglomerat wie etwa das der Habsburgermonarchie.

Die weitere Entwicklung der öffentlichen Meinung zeigt sich in der Begeisterung, die der griechische Freiheitskampf in Europa allenthalben auslöste. Nunmehr sehen wir auch, wenn auch wieder nur in einer einzigen konkreten Frage, zwei Mächte als Anwälte der nationalen Autonomie auftreten.

Nach dem englisch-russischen Protokoll von Petersburg vom 13. März-4. April 1826 ([1]) sollte Griechenland zwar eine « dépendance » des türkischen Reiches werden, aber es wurde ihm weitestgehende Selbstverwaltung zugesichert : « Ils (nämlich les Grecs) seraient exclusivement gouvernés par des autorités choisies et nommées par eux-mêmes, mais dans la nomination desquelles la Porte aurait une certaine influence. Dans cet Etat, les Grecs jouiraient d'une liberté publique complète de conscience et de commerce et dirigeraient exclusivement leur gouvernement intérieur». Die englisch-russische Intervention führte zu keinem Erfolg, die griechische Frage wurde anders gelöst. Wir begegnen aber hier zum ersten Mal der Forderung der *nationalen Autonomie,* wenn sie auch nicht als allgemeiner Grundsatz, sondern nur für einen Einzelfall geltend gemacht wird.

Der Gedanke der nationalen Autonomie ist im Frieden von Adrianopel vom 2.-14. September 1829 für die Fürstentümer Moldau und Walachei verwirklicht worden. Im Art. V wird ihnen « administration nationale indépendante » zugesichert. Der Pariser Friede vom 30. März 1856 hat diese Bestimmung wieder aufgenommen und hat im Art. 23 den beiden genannten Fürstentümern, ferner im Art. 28 auch Serbien, die « administration indépendante et nationale » gewährleistet.

Weit mehr als die Gewährung nationaler Autonomie bedeutet die Lösung der griechischen Frage. Gemäss dem Londoner Protokoll vom 3. Februar 1830 ist Griechenland als selbständiger Staat konstituiert worden. Hier sehen wir *den ersten Fall einer aus einer nationalen Freiheitsbewegung hervorgehenden planmässigen internationalen Errichtung eines Nationalstaates.* Sie erfolgte allerdings nicht durch die Völkerrechtsgemeinschaft, sondern nur durch die

Anm. ([1]) : *Strupp,* Documents pour servir à l'histoire du droit des gens, 2. Aufl., I. Bd. 1923, S. 223 (nach British and foreign State Papers 1829-30, S. 5.)

drei Signatarmächte Russland, Frankreich und Grossbritannien. Auch umfasste der neue Staat nur einen Teil des griechischen Volkes. Aber die nationale Befreiung Griechenlands war von den Sympathien und dem Jubel fast der ganzen zivilisierten Welt begleitet und *darin zeigt sich, wie weit der nationale Gedanke im Gewissen und Rechtsgefühl der Menschheit fortgeschritten war.*

Aber die erörterten Fälle bildeten zunächst nur ganz vereinzelte Ausnahmen und die Erfüllung nationaler Wünsche erfolgte nur auf Kosten eines einzigen Staates, der Türkei. In bezug auf das übrige Europa vermochte die vom Wiener Kongress geschaffene Ordnung bis in die Mitte des 19. Jahrhunderts das erstarkende Nationalgefühl der Völker niederzuhalten. Als jedoch die Revolution von 1848 über Europa dahinbrauste, da war sie bei allen Völkern, die noch nicht nationalstaatlich geeint und selbständig waren, eine *nationale* Revolution. Besonders zielte sie auf die nationale Einigung Italiens, Deutschlands und Polens und auf die nationale Befreiung der Völker Russlands und der Habsburgermonarchie ab. *So ist die Idee, dass das Volk im natürlichen Sinne Anspruch darauf habe, einen eigenen Staat, ein selbständiges Staatsvolk zu bilden, zuerst 1848 Allgemeingut eines grossen Teiles der zivilisierten Welt geworden.*

Die italienische Revolution ist in der Betonung des nationalen Gedankens vorangegangen ([1]). Der Aufruf der Mailänder Provisorischen Regierung vom 29. März 1848 ([2]) fordert : « Attendete che ogni terra italiana sia libera ». Die Proklamation König *Karl Alberts* vom 31. März 1848 ([3]) richtet sich an die « Italiani della Lombardia, della Venezia, di Piacenza e Reggio », bezeichnet also fremde Staatsangehörige als « Italiani » und schliesst mit dem Satze : « Italia sarà ». Bald häufen sich die Kundgebungen für die nationale Einigung Italiens.

Aber fast gleichzeitig wie in Italien taucht auch in anderen von der Revolution ergriffenen Ländern der Gedanke des Nationalstaates und der Selbstbestimmung auf. Die Adresse der Provisorischen Regierung von Schleswig-Holstein an das Dänische Volk vom 31. März 1848 ([4]) spricht aus : « Mag der Norden Schleswigs sich demnächst frei erklären, ob er als Provinz dem Dänischen Staate einverleibt werden oder dem Deutschen Vaterlande folgen wolle, wir werden seinem Willen keinen Zwang antun! ». Es sollte also dem überwiegend dänisch sprechenden Norden Schleswigs Selbstbestimmung gewährt werden. Diesen Standpunkt hat die Provisorische Regierung allerdings später zugunsten der Unteilbarkeit Schleswig-Holsteins aufgegeben ([5]).

Anm. ([1]) : Material bei *Sarah Wambaugh*, A monograph on plebiscites, New York, 1920, S. 370 ff.

Anm. ([2]) : *Wambaugh*, a. a. O. (nach Le Assemblee del Risorgimento, I, Bd. S. 120).

Anm. ([3]) : *Wambaugh*, a. a. O., S. 371 (nach Le Assemblee, I. Bd., S. 122).

Anm. ([4]) : *Martens*, Nouveau Recueil Général, XII. Bd., S. 252, 253 (nach : « Aktenstücke zur neuesten Schleswig-Holsteinschen Geschichte », Leipzig, 1851, II. u. III. Heft, Nr. 24, S. 68).

Anm. ([5]) : Schreiben der provisorischen Regierung an den preussischen Minister des Auswärtigen vom 17. Mai 1848, *Martens*, a. a. O., S. 285 ff.

Dagegen führte der Gedanke der Selbstbestimmung in Italien 1848 zur Abhaltung von Volksabstimmungen über die Vereinigung mit Sardinien in der Lombardei (1), in Parma und Piacenza (2), in Modena, Reggio und Guastalla (3), und in den Städten des venezianischen Festlandes (4), ferner für das ganze Gebiet von Venedig zu einem Beschluss einer gewählten Repräsentativ-Versammlung über die Vereinigung (5).

Wie in Italien brachte das Jahr 1848 auch in Deutschland Bestrebungen zur nationalen Einigung hervor. Sie erwiesen sich aber als nicht stark genug, um eine Verschmelzung der deutschen Länder durch Volksabstimmung herbeizuführen, was nur durch Beseitigung der Dynastieen möglich gewesen wäre. Immerhin kam es zur Gründung eines Deutschen Reichs mit einem Parlament und einer Zentralregierung in Frankfurt am Main. Dieses Reich umfasste nun auch nichtdeutsche Völker, nämlich einen Teil der nichtdeutschen Bewohner der Habsburgermonarchie, Polen im Osten Preussens und Dänen in Nordschleswig. Diesen Völkern gegenüber lehnte die deutsche Revolution jede Entnationalisierungspolitik ab. Die Frankfurter Nationalversammlung hat in ihrer X. Sitzung am 31. Mai 1848 mit einer an Einstimmigkeit grenzenden Mehrheit einen Beschluss gefasst, in welchem sie feierlich erklärt, « dass sie im vollen Maasse das Recht anerkenne, welches die nichtdeutschen Volksstämme auf deutschem Bundesboden haben, den Weg ihrer volkstümlichen Entwicklung ungehindert zu gehen, und in Hinsicht auf das Kirchenwesen, den Unterricht, die Literatur und die innere Verwaltung und Rechtspflege sich der Gleichberechtigung ihrer Sprache, soweit deren Gebiete reichen, zu erfreuen, wie es sich denn auch von selbst verstehe, dass jedes der Rechte, welche die im Bau begriffene Gesamtverfassung dem deutschen Volk gewährleisten wird, ihnen gleichmässig zusteht... niemals soll auf deutschem Boden weder der Slave, noch der dänisch redende Nordschleswiger, noch der italienisch redende Bewohner Süddeutschlands zu klagen haben, dass ihm seine Stammesart verkümmert werde, oder die deutsche Bruderhand sich ihm entziehe, wo es gilt » (6).

Dementsprechend hat die Verfassung der Paulskirche im § 188 angeordnet : « Den nicht deutsch redenden Volksstämmen Deutschlands ist ihre volkstümliche Entwicklung gewährleistet, namentlich die Gleichberechtigung ihrer Sprachen, soweit deren Gebiete reichen, in dem Kirchenwesen, dem Unterrichte, der inneren Verwaltung und der Rechtspflege » (7).

Anm. (1) : *Wambaugh*, a. a. O., S. 376, 387 (nach Le Assemblee, I, Bd. S. 196, 204).

Anm. (2) : *Wambaugh*, a. a. O., S. 411, 413, 419 (nach Le Assemblee, I. Bd., S. 598, 600, 602).

Anm. (3) : *Wambaugh*, a. a. O., S. 424, 426, 428, 432 (nach Le Assemblee, I. Bd., S. 481, 482, 483, 491).

Anm. (4) : *Wambaugh*, a. a. O., S. 396 (nach Le Assemblee, II. Bd. S. 46).

Anm. (5) : *Wambaugh*, a. a. O., S. 409 (nach Le Assemblee, II. Bd. S. 92-95).

Anm. (6) : Stenographischer Bericht über die Verhandlungen der deutschen constituierenden Nationalversammlung zu Frankfurt am Main, herausg. von *Wigard*. I. Bd., Frankfurt a. M., 1848, S. 183, 184.

Anm. (7) : Vgl. auch *Gerber* , Minderheitenrecht im Deutschen Reich, Berlin, 1929, S. 12 ; meinen Aufsatz : « Volk und Nation ; Selbstbestimmung ; nationale Minderheiten » im Handbuch des Deutschen Staatsrechts. herausg. von *Anschütz* und *Thoma*, Tübingen, I. Bd., 1930, S. 252.

Während die Bewegung des Jahres 1848 in Italien und in Deutschland auf die nationale Einigung gerichtet war, zielte sie in der Habsburgermonarchie auf nationale Zerteilung hin. Die Volksstämme forderten bereits wenige Tage nach dem Eintreffen der Nachricht vom Sieg der Pariser Revolution vom Staate nationale Freiheit und Gleichheit in selbständiges staatliches Dasein (1). Allerdings handelte es sich hierbei überwiegend nicht um Bestrebungen im Sinne der Selbstbestimmung der Völker. Die Magyaren und Tschechen standen auf dem Standpunkt der Unteilbarkeit der Länder der ungarischen, beziehungsweise der böhmischen Krone, obwohl beide Ländergruppen annähernd zur Hälfte von anderen Rassen bewohnt waren. Die Polen verlangten die « Garantierung der polnischen Nationalität », aber nicht die nationale Gleichberechtigung, die sie sonst unter Preisgabe ihrer bisherigen nationalen Vorherrschaft den Ruthenen (Ukrainern) in Galizien, die hier fast die Hälfte der Bevölkerung betrugen, hätten gewähren müssen (2).

Weder diese noch die weniger weitgehenden Wünsche der anderen Nationalitäten gingen restlos in Erfüllung. Aber die Erschütterungen des Jahres 1848 veranlassten doch zunächst die Staatsgewalt zu weitgehenden Konzessionen an den nationalen Gedanken (3). Insbesondere bestimmte § 4 der österreichischen Verfassung vom 25. April 1848 : « Allen Volksstämmen ist die Unverletzlichkeit ihrer Nationalität und Sprache gewährleistet ». Die Reichsverfassung vom 4. März 1849 ordnete im § 5 an : « Alle Volksstämme sind gleichberechtigt und jeder Volksstamm hat ein unverletzliches Recht auf Wahrung und Pflege seiner Nationalität und Sprache ». Hier handelt es sich demnach um mehr als um den Schutz nationaler Minderheiten. Diese Zugeständnisse wurden zwar nach Niederschlagung der Revolution und Wiederherstellung des Absolutismus zunächst gegenstandslos, sind aber dann die Grundlage des österreichischen Nationalitätenrechtes geworden, das wieder, wie wir sehen werden, auf den völkerrechtlichen Schutz nationaler Minderheiten und damit das innerstaatliche Recht von fünfzehn heute bestehenden Staaten Einfluss ausgeübt hat.

Mit den Ideen und Ereignissen von 1848-49 ist der Aufmarsch des nationalen Gedankens, wenn man diesen Ausdruck bildlich gebrauchen darf, beendigt. Demgegenüber ist fast alles spätere doch nur teils Nachahmung, teils Verallgemeinerung, teils nähere Präzisierung und Durchführung. Auch die Normen des heutigen Völkerrechtes und ihre Rückwirkung im heutigen innerstaatlichen Rechte gehen nicht über das hinaus, ja bleiben im allgemeinen weit hinter dem zurück, was bis 1848-49 bereits gefordert und in der Revolution

Anm. (1) : Materialien und Zitate bei *Fischel*, Nationalitäten, im Oesterreichischen Staatswörterbuch von *Mischler* und *Ulbrich*, 2. Aufl., III. Bd., Wien, 1907, S. 677 ff., 701, 702, und bei *Ulbrich*, Böhmen, ebenda, I. Bd., 1905, S. 539 ff., 611.

Anm. (2) : Vgl. *Fischel*, a. a. O., S. 679.

Anm. (3) : Zitate bei *Bernatzik*, Die österreichischen Verfassungsgesetze mit Erläuterungen, 2. Aufl., Wien, 1911, S. 881.

dieser Jahre an einigen Punkten Europas bereits verwirklicht worden ist.

Nur in einem Punkte stehen die Ideen von 1848-49 ebenso wie ihre Vorläufer in früheren Zeiten noch in der alten Gedankenwelt, die wir im ersten Teil dieser Arbeit kennen gelernt haben : in bezug auf die Dogmen von der Souveränität des Staates, von der Pertinenzqualität der Bevölkerung und der Nichtintervention. Wo ein Volk sich im Namen des nationalen Gedankens gegen den bisherigen souveränen Staat erhebt, wird es selbst ein eben solcher souveräner Staat oder will ein solcher werden. Sardinien-Italien unterscheidet sich in nichts von anderen « souveränen » Staaten Europas, Magyaren, Tschechen und Polen wünschen Staaten, in denen sie das Mehrheitsvolk, das Staatsvolk sind und in denen sie daher selbst bei Gewährung von Gleichheits- und Freiheitsrechten an alle Bürger ohne Unterschied der Nationalität dennoch kraft des demokratischen Mehrheitsprinzips die anderen in eine hoffnungslose Minderheitsstellung gedrängten Rassen national beherrschen können, wie es dann 1867 die Magyaren und 1918-19 die Polen und Tschechen auch verwirklicht haben. Die Idee dagegen, dass das Volkstum als ein selbständiges, wiewohl anders geartetes Rechtssubjekt des Völkerrechts und folglich des innerstaatlichen Rechts dem Staate gegenübertreten und dessen Souveränität im bisherigen Sinn grundsätzlich in Frage stellen könne, war auch den Jahren 1848-49 noch fremd. *Sie konnte erst im Zusammenhang mit jener Entwicklung des Gedankens eines überstaatlichen Völkerrechtes entstehen, die wir im ersten Teil dieser Arbeit kennen gelernt haben.* Wer die Materialien zur Geschichte der nationalen Frage 1848-49 durchstudiert, dem muss der Gegensatz zwischen der damaligen Gedankenwelt und der heutigen ohne weiteres klar werden : *die Revolution von* 1848-49 *hat, wenn es gestattet ist, dies so auszudrücken, im allgemeinen noch nicht in Völkern gedacht, sondern in Ländern.*

Die Revolution von 1848 ist im grossen und ganzen niedergeschlagen worden. Aber sie hatte gezeigt, wie verbreitet und mächtig der nationale Gedanke war. Die nationalen Ideale sind nicht mehr vergessen worden. Sie haben seitdem in immer steigendem Masse die öffentliche Meinung und das Rechtsgefühl der Völker beeinflusst.

Daher glaubte bereits *Mancini* in einer berühmten Rede vom 22. Januar 1851 : « Della nazionalità come fondamento del diritto delle genti » (1) das Völkerrecht auf der Nationalitätsidee aufbauen und als die « idea prima e cardinale » seiner Darstellung des Völkerrechtes verkünden zu können : « la *Nazionalità come base razionale del Diritto delle Genti* » (2). Zwar werde die Nationalitätsidee von den Politikern der alten Schule belächelt und Utopie gescholten, aber dies sei « l'anatema riserbato a tutte le grandi idee che fecero più tardi la conquista del mondo » (3). Das Recht sei nicht nackte

Anm. (1) : Turin, 1851.
Anm. (2) : a. a. O., S. 11, 12.
Anm. (3) : a. a. O., S. 9.

menschliche Willkür sondern stets « una necessità della morale natura (1). Das erste Faktum der Völkerrechtswissenschaft sei die « Coesistenza delle Nazionalità secondo la legge del Diritto (2). Die Nationalität beruhe nicht nur auf den äusseren Bedingungen des Gebietes, der Abstammung und Sprache, sondern ihr Prinzip sei das National*bewusstsein* « Coscienza della Nazionalità » (3). Die Bewahrung und Entwicklung der Nationalität sei daher für die Menschen nicht nur ein *Recht*, « diritto », sondern eine Rechts*pflicht* « dovere giuridico » (4). Das Recht der Nationalität, « il diritto di nazionalità » sei nichts anderes als die Freiheit des Individuums, ausgedehnt auf die Organisation der Nation (5). Die Pflicht beziehe sich auf die Treue gegenüber dem eigenen Volk und die Verteidigung der nationalen Unabhängigkeit (6). Diese Rechtsbeziehungen, « giuridici rapporti », des Rechtes und der Pflicht manifestieren sich doppelt: in der Freiheit der Nation nach innen und in ihrer Autonomie gegenüber anderen Nationen (7). Zu der inneren Freiheit gehöre auch « il possesso di tutto il territorio nazionale circoscritto da-suoi naturali confini » (8). Jedes Volk im natürlichen Sinn hat also nach *Mancini* ein *Recht auf einen eigenen Nationalstaat im Umfang des ganzen Gebietes seines Volkstums*: «ogni nazione deve comandare in casa sua» (9), Gleichgültig sei es, ob dieser Staat ein Einheitsstaat oder ein Bundesstaat ist (10). Ein Staat, welcher mehrere Nationalitäten durch Zwang vereinige, sei «un mostro incapace di vita» (11). Die Nationalität, nicht der Staat, sei die elementare Einheit, « l'unità elementare », des Völkerrechts (12).

An *Mancini* schloss sich eine Reihe anderer Schriftsteller an (13).

Für die weitere geschichtliche Entwicklung ist zunächst der Gedanke der *Volksabstimmung* von Bedeutung geworden. So haben insbesondere Napoleon III. und Cavour eine Reihe von Gebietsveränderungen auf Plebiszite zu gründen versucht (14).

Allein auch jetzt vermochte die Abhaltung von Volksabstimmungen den geschilderten Charakter des bisherigen Völkerrechtes nicht zu ändern. Das Plebiszit war nur ein seltener Ausnahmefall. Die herrschende Lehre bekämpfte den Plebiszitgedanken (15). Wie verschieden auch ihre Argumente im einzelnen waren (16), auf eines konnte sie jedenfalls mit Recht

Anm. (1) : a. a. O., S. 29.
Anm. (2) : Ebenda.
Anm. (3) : a. a. O., S. 39 ff.
Anm. (4) : S. 41 ff.
Anm. (5) : S. 41.
Anm. (6) : S. 42, 43.
Anm. (7) : S. 43.
Anm. (8) : Ebenda.
Anm. (9) : Ebenda.
Anm. (10) : S. 44.
Anm. (11) : S. 46.
Anm. (12) : S. 46 ff.
Anm. (13) : Vgl. *Sarah Wambaugh*, A monograph on plebiscites, New York, 1920, S. 27 ; *Trias de Bes*, El principi de les nacionalitats en el dret de gents, Miscel·lània *Patxot*, Barcelona, 1931, S. 140.
Anm. (14) : Materialien bei *Sarah Wambaugh*, a. a. O., S. 441 ff. ; vgl. auch *Kunz*, Die völkerrechtliche Option, Breslau, I. Bd., 1925, S. 91 ff. und in *Strupps* Wörterbuch des Völkerrechts und der Diplomatie, II. Bd., S. 272 ff.
Anm. (15) : Zitate bei *Wambaugh*, a. a. O., S. 20 ff. und *Kunz*, Die völkerrechtliche Option, Breslau, I. Bd., 1925, S. 93, Anm. 10.
Anm. (16) : vgl. *Wambaugh*, a. a. O., S. 27 ff.; *Kunz* in *Strupps* Wörterbuch des Völkerrechts und der Diplomatie, II. Bd., 1924, S. 273.

hinweisen : noch nie war das Votum *gegen* die vertragsmässige Uebertragung an den neuen Staat ausgefallen. Stets hatte es der Sieger oder der Stärkere in der Hand gehabt, die Entscheidung durch die Urne nur dann und nur dort anzurufen, wenn und wo er wollte, nur in so abgegrenzten Abstimmungsgebieten und unter solchen Modalitäten, dass das Ergebnis ihm günstig ausfallen musste. Daher wurde die Volksabstimmung vielfach als überflüssig, als juristisch wertlos, ja als Komödie bekämpft.

Alle diese Schwierigkeiten wären aber offenbar bei einer Leitung der Volksabstimmung durch unparteiische Neutrale leicht zu überwinden gewesen. Im Grunde steckt daher in dieser Kritik doch nur die Reaktion des alten Staats- und Souveränitätsgedankens gegen den neuen Volksgedanken. Der Staatsgedanke hat den Sieg davongetragen. Das Völkerrecht blieb unverändert. Auch die Anhänger des Plebiszits mussten anerkennen, dass die Volksabstimmung nicht Bedingung der völkerrechtlichen Gültigkeit einer Gebietsübertragung ist. So wurde das Plebiszit jener älteren Form immer seltener und ist seit den letzten Jahrzehnten des 19. Jahrhunderts kaum noch praktisch geworden (1).

Jedenfalls können die wenigen Fälle des Plebiszits im 19. Jahrhundert noch nicht als Vorboten eines grundsätzlich neuen Völkerrechtes gedeutet werden. Die Bewohner des abgetretenen Gebietes haben in allen Fällen, gleichgültig ob Auswanderungspflicht besteht oder nicht, kein *Recht* auf Option oder auf eine bestimmte Art der Abstimmung. Denn es gibt keinen Völkerrechtssatz, der ihnen solche Ansprüche verleihen würde, solche Ansprüche gegen den souveränen Staat wären nach dem Völkerrecht der Vorkriegszeit undenkbar gewesen. Der souveräne Staat gewährt oder akzeptiert die Volksabstimmung, wenn, wann und wo er will. Erst aus dem Abtretungsvertrag können die Bewohner des betroffenen Gebietes unter Umständen subjektive Rechtsansprüche geltend machen. *Dem Vertragsabschluss der souveränen Staaten gegenüber sind sie nur Objekt des Rechtsgeschäftes, also doch immer noch, trotz der Volksabstimmung, etwas wie Pertinenz des Staatsgebietes.* Allerdings haben sie nunmehr, gemeinsam mit den Organen des Gesamtstaates, eine Mitwirkung bei der Bestimmung über ein Stück Gebietes. *Aber dieses Gebiet ist entweder ohne ihr Zutun als geographisch-politische Einheit, z. B. als Provinz, als Bezirk, schon historisch gegeben oder es ist vom Gesamtstaat willkürlich abgegrenzt.* Ueberdies sind die Bedingungen der Abstimmung, insbesondere die Fragestellung, im allgemeinen ohne das Zutun der betroffenen Bevölkerung willkürlich festgesetzt.

Ist so der Gedanke der *Selbstbestimmung*, nach seinen ersten sehr mangelhaften Durchführungen, in der Vorkriegszeit unterlegen, so hat er doch als Idee weitergelebt, und bereits 1870 hat *E. Zeller* gegen die « deutschen Demokraten, denen die Demokratie mehr gilt als Deutschland », den Vor-

Anm. (1) : Materialien bei *Wambaugh*, a. a. O., in den späteren Abschnitten.

wurf erhoben, dass sie in der elsass-lothringischen Frage das « Selbstbestimmungsrecht der Völker » geltend machten (1).

Dagegen hat die Idee des *Nationalstaates*, nachdem sie einmal 1848 das Rechtsgefühl der Welt so mächtig aufgewühlt hatte, Wirkungen auf die europäische Politik hervorgebracht, die von dauerndem Bestand geblieben sind. Die zweite Hälfte des 19. Jahrhunderts brachte unter dem Einfluss des nationalen Gedankens eine fortschreitende Annäherung der Staatenkarte Europas an die ethnographische Karte. Italien und Deutschland haben sich national geeint, allerdings nur mit Ausnahme ihrer in Frankreich, der Schweiz und Oesterreich lebenden Volksgenossen. Aus dem Gebiete der Türkei wurden, nachdem schon früher Griechenland selbständig geworden war, eine Reihe mehr oder weniger national abgegrenzter Balkanstaaten losgelöst. Ungarn erhielt durch den Ausgleich von 1867 im Rahmen der Habsburgermonarchie staatliche Selbständigkeit, allerdings mit einem Gebiet, das nicht nur die Wohnsitze des magyarischen Volkes umfasste, und innerhalb Ungarns wurde den Kroaten nationale Autonomie gewährt.

In den letzten Jahrzehnten vor dem Weltkrieg gab es in Europa nur noch drei anationale oder übernationale Staaten, das heisst Staaten, in denen nicht ein Volk im natürlichen Sinne der Hauptträger des Staatsgedankens war und dem Staat das nationale Gepräge seines Volkstums aufdrückte, und in denen es auch keine Staatssprache gab. Diese drei Staaten waren die Schweiz, Belgien und Oesterreich, wobei unter letzterem die westliche Reichshälfte der Donaumonarchie, nicht auch Ungarn, zu verstehen ist. Es gibt keine schweizerische, keine belgische, keine österreichische Sprache. Diese drei Staaten waren genötigt, ihre Rechtsordnung und alle ihre kulturellen Bestrebungen auf einer Mehrheit von Sprachen aufzubauen, diesen Sprachen im grossen und ganzen Gleichberechtigung zu gewähren und auf diesem Grundsatz ein Sprachenrecht zu entwickeln. Analoge Probleme wiederholen sich im wesentlichen in den vier mehrsprachigen Kantonen der Schweiz, Bern, Freiburg, Wallis und Graubünden, und in den elf mehrsprachigen Kronländern des alten Oesterreich, Böhmen, Mähren, Schlesien, Galizien, Bukowina, Tirol, Kärnten, Steiermark, Krain, Küstenland und Dalmatien.

Ausser diesen drei übernationalen Staaten gab es bis zum Weltkrieg in Europa noch drei Staaten, die zwar das nationale Gepräge eines vorherrschenden Volkes trugen, eine Staatssprache hatten und dem Ausland gegenüber vielfach den Eindruck eines national einheitlichen Staates erweckten, aber doch von einer Mehrzahl von Völkern bewohnt waren: Russland, Ungarn und, bis zu ihrer Hinausdrängung aus Europa in den Balkankriegen, die Türkei.

Alle anderen Staaten Europas waren bereits vor dem Kriege im wesentlichen nationale Einheitsstaaten. Allerdings deckten sich die Staatsgrenzen

Anm. (1) : Das Recht der Nationalität und die freie Selbstbestimmung der Völker, in Preussische Jahrbücher, 26. Bd., Berlin, 1870, S. 628.

nicht genau mit den ethnographischen Grenzen und gab es sonst kleinere Abweichungen. So beherrschte das Deutsche Reich an seinen Grenzen erhebliche polnische, französische und dänische Minderheiten, Frankreich kleinere italienisch sprechende Gebiete. England hatte mit der irischen Frage zu schaffen, doch war sie dadurch gemildert, dass die Mehrzahl der Iren nicht die keltische Ursprache, sondern englisch spricht. In Spanien hat das katalanische Nationalbewusstsein, das seit der Einführung des einheitsstaatlichen Regimes mit dem Dekret von *Nueva Planta* vom 11. September 1714 bis in die erste Hälfte des 19. Jahrhunderts immer mehr zurückgedrängt worden war, seit der Mitte des 19. Jahrhunderts eine neue Blüte erlebt ([1]), sodass auch Spanien nicht zu den national einheitlichen Staaten gezählt werden kann.

Einzelne Staaten haben in ihrem innerstaatlichen Recht besondere nationalitätenrechtliche Normen ausgebildet.

Hervorzuheben ist das Recht der drei anationalen oder übernationalen Staaten: der Schweiz, Belgiens und Oesterreichs. Im schweizerischen Recht ist nicht nur das Bundesrecht, sondern auch das Recht der vier mehrsprachigen Kantone von Interesse ([2]), im österreichischen Recht neben dem Reichsrecht auch das Landesrecht der elf mehrsprachigen Kronländer ([3]). Ein besonders fortgeschrittenes Nationalitätenrecht enthielt der sogenannte nationale Ausgleich in Mähren 1905 ([4]) und in der Bukowina 1910 ([5]), der erstere abgeschlossen zwischen Tschechen und Deutschen, der letztere zwischen den fünf Nationalitäten der Bukowina.

Die wichtigsten Grundsätze, die das schweizerische und das ehemalige österreichische Recht auszeichnen, sind erstens jener der *Gleichheit mehrerer Nationalitäten und Sprachen* ([6]) *und zweitens das Fehlen von privilegierenden*

Anm. ([1]): Vgl. *Valenti Almirall*, Lo Catalanisme, Barcelona, 1886; *J. Torras y Bages*, La Tradició Catalana, Barcelona, 1892; Unió Catalanista, Assemblea de Manresa, Mars de 1892, Barcelona 1893; *E. Prat de la Riba*, La Nacionalitat Catalana, Barcelona, 1906; *Rovira i Virgili*, El nacionalismo catalán, Barcelona, 1917; *Xavier Regás*, Katalonien und das Problem seiner nationalen Freiheit, in Nation und Staat, II. Band, Wien, 1928-9, S. 173 ff.; *Cambó*, La concòrdia, Barcelona, 1929; *Plá*, Cambó, Barcelona, 1930; *Gamazo*, Bosquejo histórico de la dictadura, Madrid, 1930, I. Bd., S. 22 ff., 92 ff., 99 ff.; *Braunias*, Die nationale Autonomie in Spanien, in: Nation und Staat», IV. Bd., 1930-31, S. 515 ff.; *Salvador de Madariaga*, Spanien, Stuttgart und Berlin, 1930, S. 164 ff.

Anm. ([2]): *Fleiner*, Schweizerisches Bundesstaatsrecht, 1923, S. 25 ff.; derselbe, Le Droit des Minorités en Suisse, Paris, 1929; *Weilenmann*, Die vielsprachige Schweiz, Basel und Leipzig, 1925 insb. S. 203 ff.; 210 ff.; 215 ff.; 293 ff.

Anm. ([3]): *Bernatzik*, Die österreichischen Verfassungsgesetze mit Erläuterungen, 2. Aufl., Wien, 1911, S. 879 ff., 266 ff.; 846 ff., 889 ff., 989 ff.; daselbst sind die Materialien abgedruckt; *A. Fischel* Nationalitäten, im Oesterreichischen Staatswörterbuch von *Mischler* und *Ulbrich*, 2. Aufl., III. Band, Wien, 1907, insb. S. 689 ff.; daselbst Literatur, S. 701, 702; *Spiegel*, ebenda, Länder, C. Autonomie und Selbstverwaltung in der Gegenwart, S. 395 ff., daselbst Literatur S. 430; ausserdem Spezialartikel, z. B. *Ulbrich*, Böhmen, ebenda, I. Bd., 1905, insb. S. 546 ff., daselbst Literatur S. 611.

Anm. ([4]): *Bernatzik*, a. a. O., S. 890 ff., daselbst sind die Materialien abgedruckt; *Fischel*, Mähren, im Oesterreichischen Staatswörterbuch, III. Bd., S. 515 ff., daselbst S. 524 Literatur; *Lukas*, Territorialitäts- und Personalitätsprinzip im österreichischen Nationalitätenrecht, Jahrbuch des öffentlichen Rechts der Gegenwart, II. Bd., 1908, S. 333 ff.; *Herrnritt*, Die Ausgestaltung des österreichischen Nationalitätenrechtes durch den Ausgleich in Mähren und in der Bukowina, Oesterreichische Zeitschrift für öffentliches Recht, I. Bd., 1914, S. 583 ff. *Raschhofer*, Hauptprobleme des Nationalitätenrechts, Stuttgart, 1931, S. 134 ff.

Anm. ([5]): *Bernatzik*, a. a. O., S. 937 ff., daselbst sind die Materialien abgedruckt; *Herrnritt*, a. a. O.; *Raschhofer*, a. a. O.

Anm. ([6]): Bundesverfassung der Schweizerischen Eidgenossenschaft vom 29. Mai 1874, Art. 116, 107, Abs. 1, Satz 2, auch Art. 4; Kantonsverfassungen von Bern, 1893, Art. 17, Freiburg, 1857, Art. 21, Graubünden, 1894, Art. 46, Wallis, 1907 (jetzt 11. Nov. 1920), Art. 12; österreichisches Staatsgrundgesetz vom 21. Dezember 1867, Reichsgesetzblatt Nr. 142, Art. 19, auch Art. 2, 3 u. a.

Bestimmungen über die beherrschende Stellung einer Staatsnationalität und Staatssprache. Aus diesen Grundsätzen haben sich verschiedene geschriebene oder ungeschriebene Normen über die Gesetzessprache, über die Zusammensetzung und den Sprachengebrauch der Parlamente, Behörden und sonstigen öffentlichen Organe und über verschiedene Materien der Verwaltung und Rechtspflege entwickelt.

Das belgische Recht ist zwar auch auf der grundsätzlichen Gleichheit der beiden das Land hauptsächlich bewohnenden Volksstämme, der Wallonen und Flamen, und ihrer Sprachen aufgebaut worden (1). Aber da dem flämischen Volke zur Zeit der Staatsgründung 1830 im allgemeinen eine Oberschicht fehlte, oder, da diese Oberschicht, soweit sie vorhanden war, sich der herrschenden französisch-wallonischen Gesellschaftsschicht anpassen musste, trat dieser grundsätzlichen rechtlichen Gleichheit zum Teil ein tatsächliches Uebergewicht des französisch-wallonischen Volkstums und der französischen Sprache gegenüber, was sich in manchen Vorschriften und Einrichtungen des positiven Rechts, z. B. im Militärwesen, im Unterrichtsrecht, ausdrückte und erst in der Nachkriegszeit hat sich die Gleichheit mehr durchgesetzt (2).

Aus dem Rechte der Staaten und Länder, die nicht als anational oder übernational bezeichnet werden können, sondern die ein nationales Gepräge trugen, verdienen wohl nur wenige Einrichtungen hervorgehoben zu werden; so etwa der ungarisch-kroatische Ausgleich von 1868 (3) oder die Verfassung Bosniens und der Herzegowina vom 17. Februar 1910 (4). Der erstere erkannte Kroatien-Slawonien im Rahmen des ungarischen Staates eine sehr weitgehende nationale und sprachliche Autonomie zu, die bosnische Verfassung, gewährte einen sorgfältig durchgeführten religiösen Schutz, der zum Teil zugleich als nationaler Schutz wirkte. Im allgemeinen hielt sich der souveräne Staat der Vorkriegszeit für befugt, das Volkstum und die Sprache der Mehrheit seiner Bevölkerung, des «Staatsvolkes», nach Belieben zu bevorzugen, das Volkstum und die Sprache der Minderheiten nach Belieben zu benachteiligen, ja ganz zu unterdrücken.

Von den aufgezählten nationalitätenrechtlichen Normen hatten es jene der Schweiz und ihrer mehrsprachigen Kantone, Belgiens, Kroatiens und Bosniens im wesentlichen nur mit je zwei oder drei Nationalitäten, mit kleinen Gebieten und geringer Bevölkerungszahl zu tun. Das österreichische Nationalitätenrecht dagegen galt für ein Staatsgebiet, das sich von der

Anm. (1) : Art. 23 der Verfassung.

Anm. (2) : Vgl. *Errera*, Das Staatsrecht des Königreichs Belgien, Tübingen, 1909, S. 32 ff. ; *derselbe*, Droit public belge. Aperçu législatif, Jahrbuch des öffentlichen Rechts der Gegenwart, VIII. Bd. Tübingen, 1914, S. 229; *Bourquin*, ebenda, XVIII. Bd., 1930, S. 203 ff. ; *Jan Steen*, Die flämische Frage, in : « Nation und Staat », III. Bd., 1929-30, S. 236 ff. ; *derselbe*, Die vlämische Bewegung, ebenda, V. Bd., 1931-32, S. 53 ff.

Anm. (3) : *Bernatzik*, a. a. O., S. 717 ff., daselbst sind die Materialien abgedruckt; *Štefanič-Polič*, Kroatien, im Oesterreichischen Staatswörterbuch, III. Bd., S. 283 ff., daselbst Literatur, S. 306, 307.

Anm. (4) : *Bernatzik*, a. a. O., S. 1037 ff., daselbst sind die Materialien abgedruckt.

schweizerischen bis an die bessarabische und rumänische, von der preussischen und sächsischen bis an die albanische und türkische Grenze erstreckte, ein Gebiet mit etwa 28 Millionen Einwohnern und, ganz abgesehen von einigen kleineren nationalen Splittern, mit acht Nationalitäten, von denen keine für sich allein die Mehrheit bildete. Daher hat sich gerade dieses ehemalige österreichische Nationalitätenrecht, wie wir noch sehen werden, trotz vieler schwerer Mängel als geeignet erwiesen, den Reformarbeiten der Kriegs- und Nachkriegszeit Vorbilder zu liefern und hat so auf die Entwicklung des völkerrechtlichen Nationalitätenrechtes der Nachkriegszeit, des internationalen Schutzes der nationalen Minderheiten und damit auf dem Wege über das Völkerrecht auch auf das innere Recht anderer Staaten eingewirkt ([1]).

Ganz besonders verdient ein Grundgedanke hervorgehoben zu werden. Im österreichischen Nationalitätenrecht hat sich neben dem Territorialitätsprinzip das *Personalitätsprinzip*, das seinen Ursprung in altgermanischen Einrichtungen hat, in allmählich steigendem Masse durchgesetzt ([2]). Die Anfänge gehen schon auf die Arbeiten der Jahre 1848-49 zurück ([3]). Das Personalitätsprinzip führt in seiner weiteren Ausgestaltung zu dem Prinzip der sogenannten « *nationalen Autonomie* », dem Grundsatz, dass jede Nationalität von öffentlichen Organen der eigenen Nationalität regiert wird. Auch die nationale Autonomie ist bereits in einigen Materien des österreichischen Verwaltungsrechtes verwirklicht worden ([4]). Ganz besonders muss das österreichische Schulrecht hervorgehoben werden, in welchem seit 1873 der Grundsatz der *nationalen Teilung der Schulbehörden* und seit 1884 die Einrichtung von *Minoritätsschulen* in Gemeinden mit nationalen Minderheiten ([5]) entwickelt worden ist. Ferner sind die Wahlausgleiche und die Schaffung nationaler Wahlkataster in Mähren 1905 ([6]) und in der Bukowina 1910 ([7]) auf dem Personalitätsprinzip aufgebaut.

Die Umwälzungen der Nachkriegszeit auf dem Gebiete des Schutzes nationaler Minderheiten und die Ansätze zu einem künftigen weiteren Ausbau eines internationalen Nationalitätenrechtes sind demnach nicht ohne Vorläufer in der Vorkriegszeit. *Hier ist nicht der Einfluss des internationalen auf das staatliche, sondern umgekehrt jener des staatlichen auf das internationale Recht vorangegangen und der erstere nachgefolgt.*

Noch bedeutsamer vielleicht als die Entwicklung des positiven österreichischen Rechtes sind die politischen und literarischen Bestrebungen, die

Anm. ([1]) : Vgl. meinen Aufsatz: Zur Nationalitätenfrage, im Recueil de Rapports der Organisation Centrale pour une Paix durable, III. Bd., La Haye, 1917, S. 21 ff.; *Eugen Ehrlich*, The national problems in Austria, ebenda, IV. Bd., 1918, S. 19 ff.

Anm. ([2]) : Vgl. insb. *Lukas*, Territorialitäts- und Personalitätsprinzip im österreichischen Nationalitätenrecht, Jahrbuch des öffentlichen Rechts der Gegenwart, II. Bd., 1908, S. 333 ff.

Anm. ([3]) : *Lukas*, a. a. O., S. 367 ff., daselbst weitere Zitate.

Anm. ([4]) : *Bernatzik*, a. a. O., S. 989 ff.; daselbst sind die Materialien abgedruckt.

Anm. ([5]) : *Lukas*, a. a. O., S. 380 ff., 385 ff., daselbst weitere Zitate; *Bernatzik*, a. a. O., S. 983 ff., 989 ff.; daselbst sind die Materialien abgedruckt.

Anm. ([6]) : *Bernatzik*, a. a. O., S. 892 ff. und 902 ff.; *Hermann von Herrnritt* in der Oesterreichischen Zeitschrift für öffentliches Recht, I. Bd., 1914, S. 583 ff.; *Raschhofer*, a. a. O.

Anm. ([7]) : *Bernatzik*, a. a. O., S. 938 und 944 ff.; *Raschhofer*, a. a. O.

der österreichische Nationalitätenkampf ausgelöst hat. In Oesterreich war die nationale Frage seit 1848 nicht mehr zur Ruhe gekommen. Ganz besonders waren hier die Tschechen mit nationalen Forderungen vorangegangen und jahrzehntelang beherrschte der Kampf zwischen den Tschechen und den Deutschen Böhmens die österreichische Politik. In den letzten eineinhalb Jahrzehnten vor dem Weltkrieg traten dann die Führer der Sozialdemokratie Oesterreichs *Karl Renner* (1) und *Otto Bauer* (2) mit eigenen Ideen zur Lösung der nationalen Frage hervor. Insbesondere ist *Renner* in verschiedenen Schriften für den Aufbau eines Nationalitätenrechtes auf Grund des Personalitätsprinzips eingetreten. Auch die abseits der praktischen Politik stehende wissenschaftliche Theorie beteiligte sich lebhaft an den Vorschlägen zur Lösung des Problems (3). 1899 forderte *Hermann von Herrnritt* die allgemeine Schaffung *nationaler Matriken oder Kataster* in Verbindung mit der Volkszählung (4). 1910 trat *Bernatzik* für das *freie nationale Bekenntnis* des Individuums als Grundlage des Nationalitätenrechtes ein (5).

Trotz der geschilderten Ansätze vermochte das österreichische Nationalitätenrecht den Nationalitäten nicht die Befriedigung ihrer nationalen Wünsche zu gewähren, wie sich dann 1918 beim Zerfall des Reiches gezeigt hat. Immerhin hatte es ihnen doch bis 1914 ihre nationale Entwicklung und ein kulturelles und wirtschaftliches Aufblühen gesichert (6) und sie dadurch so sehr an den Staat gefesselt, dass sie ihm im allgemeinen, mit nur geringen Ausnahmen, durch fast vier Kriegsjahre bis in das Jahr 1918 hinein, die Treue bewahrten und in immer wieder neuen Kundgebungen ihre Loyalität bezeugten (7).

Wesentlich weniger kompliziert als im alten Oesterreich lagen die Verhältnisse in den beiden anderen übernationalen Staaten, in der Schweiz und in Belgien, und diese beiden Staaten haben dann auch den Krieg überdauert.

Derartige nationalitätenrechtliche Bestimmungen, wie sie in der Schweiz, in Oesterreich und in Belgien schon vor dem Kriege entwickelt worden sind, waren selbstherrliche Schöpfungen des souveränen Staates. Sie waren in gar keiner Weise vom Völkerrecht beeinflusst. Völkerrechtliche Regeln solchen Inhalts gab es im allgemeinen nicht und konnte es nicht geben.

Anm. (1) : *Synopticus* (Pseudonym), Staat und Nation, Wien, 1899; *Rudolf Springer* (Pseudonym), Der Kampf der österreichischen Nationen um den Staat, Wien, 1902; *Karl Renner*, Oesterreichs Erneuerung, Wien, 1915-1917.

Anm. (2) : Die Nationalitätenfrage und die Sozialdemokratie, Wien, 1907, 2. Aufl. 1924.

Anm. (3) : Zitate bei *Fischel*, Nationalitäten, im Oesterreichischen Staatswörterbuch von *Mischler* und *Ulbrich*, 2. Aufl., III. Bd., Wien, 1907, S. 701, 702.

Anm. (4) : Nationalität und Recht, 1899.

Anm. (5) : Ueber nationale Matriken, Rektoratsrede, Wien, 1910.

Anm. (6) : Vgl. z. B. *Zdenko von Tobolka*, Das böhmische Völk, Prag, 1916, ein Werk, welches im Winter 1918-19 plötzlich aus dem Buchhandel zurückgezogen worden ist, und meine Bemerkungen in « Deutschösterreich im Friedensvertrag von Versailles», Vorveröffentlichung aus dem Kommentar zum Friedensvertrage, herausg. von *Schücking*, Berlin, 1921, S. 9, Anm. 1.

Anm. (7) : Vgl. die Liste der Kundgebungen in der « Denkschrift der deutschösterreichischen Friedensdelegation über das Verhalten der Nationen des alten Oesterreich zum Staate und zum Kriege und über ihre Mitverantwortlichkeit für die Kriegsfolgen — Mémoire sur l'attitude des différents peuples de l'ancienne Autriche vis-à-vis de cet Etat avant et pendant la guerre en vue des responsabilités qui en découlent. Bericht über die Tätigkeit der deutschösterreichischen Friedensdelegation in St. Germain-en-Laye, 379 der Beilagen, Konstituierende Nationalversammlung, Wien, 1918, I. Bd., S. 218 ff.

Die souveränen Staaten der Vorkriegszeit rechneten das Verhältnis des Staates zu der nationalen Zusammensetzung und den nationalen Wünschen und Bestrebungen ihrer Bevölkerung, kurz ihre nationale Politik, zu jenen « inneren Angelegenheiten », in welche sie fremden Staaten keinerlei Einfluss gewährten (¹). Jeder, auch der bescheidenste Versuch eines anderen Staates, diesbezügliche Wünsche oder gar Beschwerden geltend zu machen, etwa die russische, preussische oder österreichische Nationalitätenpolitik offiziell durch diplomatisches Einschreiten beeinflussen zu wollen, wäre als unzulässige Einmischung in die inneren Angelegenheiten eines souveränen Staates aufs schärfste zurückgewiesen worden. Daher sind auch die alten Bestimmungen des Wiener Kongresses über die Polen in Vergessenheit geraten. Sie hätten die «Souveränität» Russlands, Preussens und Oesterreichs zu sehr verdunkelt.

Nur in einigen wenigen Fällen finden sich im Völkerrecht der Vorkriegszeit Vertragsbestimmungen, die eine Abweichung von den dargestellten Grundsätzen bedeuten und zwar zumeist nicht zu Zwecken des nationalen, sondern des religiösen Schutzes, also anknüpfend an die oben berührte Geschichte des Schutzes religiöser Minderheiten. So haben die Art. 27, 35 und 44 der Berliner Kongressakte Montenegro, Serbien und Rumänien verboten, in bestimmten Hinsichten einen Unterschied zwischen verschiedenen Religionen und Konfessionen (« distinction des croyances religieuses et des confessions ») zu machen. Art. 61 desselben Vertrags verpflichtet die Pforte zu Reformen « dans les provinces habitées par Arméniens » und zum Schutz der Sicherheit der Armenier gegen Circassier und Kurden.

Derartige Ausnahmen waren vertragsmässig übernommen, stellten daher die Souveränität im Sinne der Kompetenzhoheit des belasteten Staates nicht in Frage. Demgemäss zeigt sich gerade im Berliner Vertrag das Bestreben, trotz der neuen Beschränkungen den alten Staatsgedanken möglichst unberührt zu lassen. So wird im Art. 62 die Statuierung der Religionsfreiheit in der Türkei als Ausfluss einer spontanen Willenserklärung der Pforte hingestellt (« La Sublime Porte ayant exprimé la volonté... les parties contractantes prennent acte de cette déclaration spontanée »).

Trotzdem bedeuten die Bestimmungen zum Schutze irgendwelcher Nationalitäten und Konfessionen materiell eine im Völkerrecht der Vorkriegszeit ungewöhnliche Einengung der Freiheitssphäre des Staates, eine ungewöhnliche Einmischung in innere Angelegenheiten, daher im Sinn der alten Staatsidee eine gewisse capitis deminutio. Diese Bestimmungen waren auf ganz wenige schwächere Staaten und Staaten mit einer noch jungen oder irgendwie noch unvollkommenen Verwaltung beschränkt, standen daher als ganz vereinzelte Ausnahmen da und konnten der herrschenden Staatsidee nach der damaligen Auffassung grundsätzlich keinen Eintrag tun.

Anm. (¹) : Vgl. oben, S. 26 ff.

Man kann im ganzen die Staatsauffassung, die bis zum Weltkrieg das Völkerrecht und die Politik der Staaten beherrscht hat, etwa in dem folgenden Satze zusammenfassend ausdrücken : *der souveräne Staat ist oberster Herr über sein Staatsvolk in der Aussen- und Innenpolitik ohne Rücksicht auf dessen nationale Zusammensetzung, auf dessen Willen, diesem Staate anzugehören und auf dessen nationale Wünsche und Bestrebungen.*

Infolge dieser Staatsauffassung waren viele nationale Bestrebungen unverwirklicht. Vor dem Kriege lebten in Europa schätzungsweise etwa 120 Millionen Menschen unter nationaler Fremdherrschaft oder doch national unbefriedigt. Das Völkerrecht aber und das innerstaatliche Recht der meisten Staaten wusste von ihren Wünschen und Nöten nichts und wollte davon um der Souveränität des Staates willen nichts wissen. Ja, der Gegensatz zwischen dem Staatsgedanken und dem Volksgedanken verschärfte sich vielfach mehr und mehr. Die nationale Frage war nicht bloss die Frage der Freiheit oder des Schutzes des Volkstums, sondern sie war vielfach auch eine Frage der nationalen Eroberung und der Entnationalisierung geworden. Die letzte Zeit vor dem Kriege war ebensosehr wie die jetzige nicht nur ein Zeitalter des wirtschaftlichen, sondern auch des *nationalen Imperialismus.*

So war Europa 1914 reif geworden für eine grosse nationale Auseinandersetzung.

2. Der Krieg.

A) Die Bedeutung der nationalen Frage im allgemeinen.

Der Weltkrieg ist im Zeichen der nationalen Frage ausgebrochen. Das Attentat von Sarajevo war ein Symptom des erbittertsten nationalen Kampfes. Der Thronfolger des Reiches, das vier Fünftel aller Südslaven auf seinem Gebiete beherbergte, der Mann, von dem allgemein erwartet wurde, dass er nach seiner Thronbesteigung für diese vier Fünftel des südslavischen Volkes die nationale Frage innerhalb der Donaumonarchie durch Einführung des « Trialismus » an Stelle des « Dualismus » lösen würde, wurde von einem Anhänger der Richtung beseitigt, welche die Einigung des gesamten südslavischen Volkes nicht unter den *Habsburgern*, sondern unter den *Karageorgevic* anstrebte.

Aber auch wenn man von dem unmittelbaren Anlass absieht, kann man die grosse Bedeutung der nationalen Frage für den Ausbruch des Weltkriegs nicht verkennen. Die treibende Kraft, die in entscheidender Weise und mehr als alle wirtschaftlichen Beweggründe zum Weltkrieg geführt hat, war nationaler Imperialismus (1).

Der Ausbruch des Weltkriegs brachte eine ungeheure Aufrüttelung des

Anm. (1) : Vgl. meine Darlegungen in dem Artikel: Nationalitätenfrage einschliesslich des Minderheitsrechts, bei *Strupp*, Wörterbuch des Völkerrechts und der Diplomatie, II. Bd., 1923, S. 83, 84.

Nationalgefühls bei allen beteiligten Völkern mit sich. Wo Staat und Volkstum einander deckten, hatte dies eine ungeheure Steigerung des Staatsgefühls, des Patriotismus und vielfach eine ausserordentliche Kriegsbegeisterung zur Folge, wo beide aber einander nicht deckten, die schwersten sittlichen Konflikte und zum Teil Desertionen. Das bekannteste Faktum der letzteren Art ist der Uebergang mehrerer tschechischer Regimenter der österreichisch-ungarischen Armee zu den Russen. Diese Regimenter sind später durch Hinzufügung von Kriegsgefangenen tschechischer und slowakischer Nationalität zu den tschechoslowakischen Legionen ausgestaltet worden, deren Anerkennung, wie wir noch sehen werden, ein wichtiges Novum bei der Entwicklung des neuen Völkerrechtes gebildet hat (1).

Beide kriegführenden Parteien suchten nun die nationale Frage für ihre Interessen dienstbar zu machen. Die Zentralmächte versprachen die Befreiung der unter russischer Herrschaft lebenden Fremdvölker, die Entente erklärte, für die Befreiung und die Rechte der Nationalitäten in Mitteleuropa zu kämpfen.

Die entscheidende Bedeutung der nationalen Frage für den Ausbruch und voraussichtlich für den Ausgang des Krieges ist auch jenen Kreisen nicht entgangen, die sich für einen künftigen, auf allgemeiner Verständigung aufgebauten und daher Dauer verbürgenden Frieden ohne Sieger und Besiegte einsetzen wollten. Die Ende 1914 veröffentlichte *Charte Mondiale* der *Union des Associations Internationales* trat für verschiedene Grundrechte, insbesondere im Art. 2 für die Selbstbestimmung der Völker ein, doch gewann sie keinen grösseren Einfluss (2). Im Haag ist am 7.-10. April 1915 die schon zu wiederholten Malen erwähnte (3) « *Organisation Centrale pour une Paix durable* » gegründet worden, welche Pazifisten und Fachgelehrte aus den neutralen Staaten und aus beiden Lagern zur Ausarbeitung eines Programms eines dauerhaften Friedens vereinigte. Sie erkannte die entscheidende Bedeutung der nationalen Frage für den Krieg und nahm diese Frage nach den beiden Problemn ein Angriff, welche sie umfasst, jenem der Staats*grenzen* und jenem des Schutzes der Nationalitäten *innerhalb* gegebener Staatsgrenzen.

Die *Organisation Centrale pour une Paix durable* stellte daher an die Spitze ihres « Programme-Minimum » die folgenden beiden Forderungen :

« 1. Il n'y aura ni annexion ni transfert de territoire contraire aux intérêts et aux voeux de la population ; le consentement de celle-ci sera obtenu, si possible, par plébiscite ou autrement.

2. Les Etats garantiront aux nationalités comprises dans leur territoire l'égalité civile, la liberté religieuse et le libre usage de leur langue » (4).

Anm. (1) : Vgl. unten, S. 213 ff.
Anm. (2) : Vgl. oben, S. 40 ff.
Anm. (3) : Oben, S. 42, 43, 47 ff., 69.
Anm. (4) : *Organisation Centrale pour une Paix durable.* Recueil de Rapports sur les différents points du Programme-Minimum, La Haye, I. Bd., 1916, S. IV.

Die *Organisation Centrale pour une Paix durable* beauftragte zwei der von ihr gebildeten Studienkommissionen mit der Ausarbeitung von Entwürfen über diese Fragen. Die erste Kommission, unter dem Vorsitz des Schweden *Baron Theodor Adelswärd*, sollte den Gebietsübergang, die zweite unter dem Vorsitz des Norwegers Professor *Halvdan Koht* den Schutz nationaler Minderheiten behandeln. An den Arbeiten dieser zweiten Kommission habe ich mich von der Front aus brieflich beteiligt ([1]) und unter anderen auf verschiedene beachtenswerte Einrichtungen des alten Oesterreich hingewiesen.

Aber nicht nur von neutraler Seite, sondern auch von Seiten der Alliierten, und zwar in Frankreich, nahm man die Probleme in Angriff.

Am 26. und 27. Juni 1915 fand in Paris unter dem Vorsitz von *Paul Painlevé* und *Ch. Seignobos* eine Konferenz von Angehörigen verschiedener Nationalitäten statt ([2]). Es waren Personen versammelt, die allerdings keine Mandate von ihrem Volke erhalten hatten, also Privatpersonen, die der Zufall oder eine vom Zufall abhängige und jedenfalls mehr oder weniger willkürliche Auslese hier zusammentrug. Diese Konferenz setzte ein « Office central des nationalités » und eine permanente Kommission ein. Die Kommission arbeitete zuerst einen Fragebogen ([3]) aus, in welchem diejenigen, welche sich als Vertreter der Nationalitäten betrachteten, ihre Gebietsansprüche eintragen sollten. Die Hauptaufgabe dieser Kommission bildete, wie schon oben ([4]) erwähnt worden ist, die Abfassung einer « Déclaration des Droits des Nationalités », die offenbar als eine Art Ergänzung der Erklärung der Menschen- und Bürgerrechte von 1789 gedacht war. Den Text dieser Deklaration ([5]) hat die Kommission auf ihrer zweiten Tagung zu Lausanne am 12. November 1915 beschlossen. Diese Deklaration enthält eine Reihe von Leitsätzen in 6 Punkten. Eine Einleitung ist vorangeschickt, welche die Leitsätze zu begründen sucht.

Die Leitsätze fordern im Punkt I die Gleichheit der Individuen, Religionsfreiheit und Freiheit des Sprachgebrauchs.

Punkt II postuliert das Selbstbestimmungsrecht mit den Worten : « Les nationalités... ont droit à la libre disposition d'elles-mêmes » und fügt mit den Worten des Programme-Minimum der *Organisation Centrale pour une Paix durable*, hinzu : « Il n'y aura ni annexion, ni transfert de territoire contraire aux intérêts et aux voeux de la population ». Weiter wird betont, dass weder Eroberung, noch « possession antérieure », noch natürliche Grenzen Rechte auf ein Gebiet gewähren. Der Haager Schiedshof soll über die « frontières ethnographiques de la nationalité » entscheiden, und zwar « selon des bases scientifiques reconnues ». Wie eine wissenschaftliche Ent-

Anm. (1) : Vgl. oben, S. 42, Anm. 2.
Anm. (2) : Vgl. *Gabrys*, Le problème des nationalités, im Recueil de Rapports, ebenda, I. Bd., 1916, S. 67 ff. ; meine Bemerkungen bei *Strupp*, a. a. O., S. 86; oben, S. 46.
Anm. (3) : *Gabrys*, a. a. O., S. 68 ff.
Anm. (4) : Oben, S. 46.
Anm. (5) : Gabrys, a. a. O., S. 71 ff.

scheidung nach Rassemerkmalen mit der vorher geforderten Selbstbestimmung vereinbar sein soll, ist allerdings nicht gesagt. Zum Schlusse wird, im Widerspruch zu dem Satze, dass die possession antérieure kein Recht auf ein Gebiet gewähre, zugunsten der Nationalitäten das Legitimitätsprinzip angerufen : « Les nationalités qui ont joui de la liberté et de l'indépendance politique dans le passé auront droit, ipso facto, et nonobstant toute opposition contraire d'être replacée dans ce même état ». Anscheinend hat man schon damals daran gedacht, dass Polen, Tschechen und andere nach politischer Unabhängigkeit strebende Völker ihrem künftigen Staate nach Möglichkeit alle Gebiete der ehemaligen polnischen, böhmischen Krone usw. einverleiben würden, ohne Rücksicht darauf, ob diese Gebiete von Fremdvölkern, zum Beispiel Deutschen oder Ukrainern, bewohnt sind.

Punkt III verlangt nationale Autonomie : « A l'intérieur des États, les groupements nationaux ont le droit à la même autonomie que les individus eux-mêmes ». Sie soll durch Volksabstimmung ausgeübt werden. Ferner wird, offenbar unter dem Einfluss des österreichischen Rechtes und der österreichischen Literatur, das Personalitätsprinzip gefordert : « Dans les régions à populations mixtes, qui présentent de grandes différences de caractères et de moeurs, sera établi le régime de statut personnel, complété par des institutions collectives appropriées ».

Nach Punkt IV haben die Nationalitäten ein Recht (« ont droit ») auf die für ein zivilisiertes Volk notwendigen Lebens- und Entwicklungsbedingungen, insbesondere auf den Verkehr mit den Nachbarn, auf freien Zutritt zum Meer und auf Freiheit der Expansion in den Kolonien. Punkt V betrifft die Behandlung der Eingeborenen, Punkt VI die Internationalisierung von Wasserstrassen.

Die Einleitung betont die Rechtsstellung der Nationalitäten besonders durch naturrechtliche Wendungen. Im Punkt II nennt sie das Selbstbestimmungsrecht « un droit primordial qui repose sur les mêmes principes que les droits fondamentaux de l'homme lui-même ». Punkt VI spricht von den « droits inhérents aux nationalités » und teilt sie in drei Grade ein : Individualrechte, Rechte der nationalen Gruppen auf Selbstverwaltung und endlich das Recht der Nationalitäten auf Unabhängigkeit und « souveraineté nationale ». Man wird durch diese Ausführungen stark an *Mancini* (1) erinnert.

Bemerkenswert ist an der Deklaration im wesentlichen dreierlei : erstens die Einführung der *Nationalitäten als Rechtssubjekte*, zweitens die Forderung der *Selbstbestimmung*, drittens die Forderung der *nationalen Autonomie* im Innern des Staates. Jeder dieser drei Gedanken steht im radikalen Gegensatz zum Völkerrecht der Vorkriegszeit.

Anm. (1) : Oben, S. 183, 184.

Weiter ist die Internationale Sozialsitische Konferenz zu erwähnen, welche vom 2. bis 5. September 1915 zu Zimmerwald stattgefunden hat (1), zu dem Zweck, die Lücke auszufüllen, welche durch das Auseinanderfallen der II. sozialistischen Internationale zu Kriegsbeginn in der internationalen sozialistischen Bewegung entstanden war. Diese Konferenz beschloss ein Manifest an die Proletarier Europas (2), welches sich *gegen Annexionen* und *für das Selbstbestimmungsrecht* ausspricht : « Keine Annexion, weder eine offene, noch eine maskierte, auch keine zwangsweise wirtschaftliche Angliederung, die durch politische Entrechtung nur noch unerträglicher gemacht wird. Das Selbstbestimmungsrecht der Völker muss unerschütterlicher Grundsatz in der Ordnung der nationalen Verhältnisse sein » (3).

So weit derartige Gedanken auch vom bisherigen Völkerrecht entfernt sein mochten und so vereinzelt sie anfangs geäussert wurden, so sind sie doch allmählich in die offizielle Politik eingedrungen, ein Zeichen davon, wie sehr ihre Verbreitung in der internationalen öffentlichen Meinung Fortschritte machte.

Schon in der Note, welche Präsident *Wilson* als Oberhaupt eines damals noch neutralen Staates am 18. Dezember 1916 an die kriegführenden Mächte richtete (4), glaubte er feststellen zu können, dass die Ziele beider Parteien in gleicher Weise unter anderem auf die Sicherung der Freiheiten und der Rechte der kleinen und der grossen Völker gerichtet seien : « He takes the liberty of calling attention to the fact that the objects which the statesmen of the belligerents on both sides have in mind in this war are virtually the same, as stated in general terms to their own people and to the world. Each side desires to make the rights and privileges of weak peoples and small states as secure against oppression or denial in the future as the rights and privileges of the great and powerful states now at war ».

Die alliierten Regierungen erklärten sich in ihrer Kollektivnote vom 30. Dezember 1916 (5), mit welcher sie den Vorschlag der Mittelmächte vom 12. Dezember 1916, Friedensverhandlungen einzuleiten (6), ablehnten, unter anderem ausdrücklich für das *Nationalitätsprinzip* : « Ils affirment une fois de plus qu'il n'y a pas de paix possible tant que ne seront pas assurées la réparation des droits et des libertés violées, la reconnaissance du principe des nationalités et de la libre existence des petits États ». Die an die neutra-

Anm. (1) : Die Internationale und der Weltkrieg, Materialien, gesammelt von *Karl Grünberg*, 2. Abteilung, Die Zimmerwalder Bewegung 1914-1919, von *Angelica Balabanoff*, Leipzig, 1928, S. 9 ff. (nach Bulletin der I. S. K. zu Bern, Nr. 1, 21. November 1915, ff.).

Anm. (2) : a. a. O., S. 17 ff.

Anm. (3) : a. a. O., S. 20.

Anm (4) : 70th Congress, 2d Session, House Documents Nr. 618. Publications of the Department of State, Papers relating to the foreign relations of the United States, 1916, Supplement, The World War, S. 97. Auswärtiges Amt. Diplomatische Schriftstücke aus der Zeit vom 12. Dezember 1916 bis zum 19. März 1917, Nr. 3, S. 5 ff.

Anm. (5) : Auswärtiges Amt. Diplomatische Schriftstücke aus der Zeit vom 12. Dezember 1916 bis zum 19. März 1917, Nr. 8, S. 14 ff.

Anm. (6) : Ebenda, Nr. 1, S. 3, 4.

len Regierungen gerichtete Gegenerklärung der Mittelmächte vom 10. Januar 1917 (1) weist demgegenüber auf « das Geschick des irischen Volkes, die Vernichtung der Freiheit und Unabhängigkeit der Burenrepubliken, die Unterwerfung Nordafrikas durch England, Frankreich und Italien, die Unterdrückung der russischen Fremdvölker und schliesslich die ohne Vorgang in der Geschichte dastehende Vergewaltigung Griechenlands» hin.

In ihrer Note vom 10. Januar 1917, mit welcher sie die Friedensanregung des Präsidenten *Wilson* beantworteten (2), versicherten die Alliierten : « Les nations alliées ont conscience qu'elles ne combattent pas pour des intérêts égoistes, mais avant tout pour la sauvegarde de l'indépendance des peuples, du droit et de l'humanité ». Sie forderten unter anderem : « la réorganisation de l'Europe, garantie par un régime stable et fondé à la fois sur le respect des nationalités et sur le droit à la pleine sécurité et à la liberté de développement économique que possèdent tous les peuples, petits et grands... ; la restitution des provinces ou territoires autrefois arrachés aux Alliés par la force ou contre le voeu des populations ; la libération des Italiens, des Slaves, des Roumains et des Tchéco-Slovaques de la domination étrangère ; l'affranchissement des populations soumises à la sanglante tyrannie des Turcs... ». Hier wird mit der Forderung der Zurückgabe der provinces ou territoires autrefois arrachés aux alliés das *Legitimitätsprinzip*, im übrigen das *Nationalitätsprinzip* geltendgemacht.

Am 22. Januar 1917 richtete Präsident *Wilson* eine Botschaft an den Senat der Vereinigten Staaten (3), in welcher er sich bereits mit ziemlicher Bestimmtheit für die Selbstbestimmung der Völker ausgesprochen hat. Er spricht zuerst von der « equality of nations » im Sinn der Rechtsgleichheit der *Staaten*, und fährt dann fort : « And there is a deeper thing involved than even equality of right among organized nations. No peace can last or ought to last, which does not recognize and accept the principle that governments derive all their just powers from the consent of the governed, and that no right anywhere exists to hand peoples about from sovereignty to sovereignty as if they were property. I take it for granted, for instance, if I may venture upon a single example, that statesmen everywhere are agreed that there should be a united, independent and autonomous Poland,... ».

Präsident *Wilson* schlägt demgemäss vor : « that no nation should seek to extend its polity over any other nation or people, but that every people should be left free to determine its own polity, its own way of development,

Anm. (1) : Ebenda, Nr. 10, S. 22 ff.

Anm. (2) : *Niemeyer* und *Strupp*, Jahrbuch des Völkerrechts, VI. Bd., Die völkerrechtlichen Urkunden des Weltkrieges, München und Leipzig, 1920, Nr. 2028, S. 270 ff. (nach : « Miscellaneous Nr. 5 (1917) Reply of the Allied Governments to the Note communicated by the United States' Ambassador on December 20th, 1916. Presented to both Houses of Parliament by Command of His Majesty. February 1917) ; ferner in : 70th Congress, 2d Session, House Documents Nr. 618, a. a. O., 1917, Supplement 1, S. 6 ff. ; in Auswärtiges Amt, a. a. O., Nr. 11, S. 25 ff. u. a.

Anm. (3) : Congressional Record. 64. Congress. 2d Session. Vol. 54. Nr. 35, 22. Januar 1917, S. 1948.

unhindered, unthreatened, unafraid, the little along with the great and powerful ». Wenn man in diesem Vorschlag people nicht im Sinn von Staat, Staatsvolk nach der bisherigen Staatenkarte, sondern im Sinn von Volk als natürlicher soziologischer Einheit versteht, und dies muss man wohl nach dem Zusammenhang mit der früher zitierten Stelle, vor allem mit Rücksicht auf den Hinweis auf Polen, so liegt hier ein Bekenntnis zur *Selbstbestimmung der Völker* vor.

Von grösster Bedeutung für die weitere Entwicklung der Idee der Selbstbestimmung der Völker sind die Vorgänge in Russland geworden.

Schon die erste Revolution, welche am 14. (1.) März ausbrach, sah sich in nationaler Beziehung vor grosse und neue Probleme gestellt ([1]). Ein grosser Teil der Gebiete der Randvölker des russischen Reiches war von den Deutschen besetzt und die deutsche Regierung hatte wiederholt die nationale Befreiung der Randvölker in Aussicht gestellt und auch allerhand Massregeln nationaler Verwaltung eingeführt ([2]). In Finnland und in der Ukraine bestanden sehr starke national-separatistische Strömungen ([3]). Ja, was die Ukraine anlangt, so konstituierte sich bereits am 15. (2.) März die Ukrainische Nationale Rada in Kiew. Die vorläufige russische Regierung musste demnach von vornherein darauf bedacht sein, der nationalen Idee weitgehende Zugeständnisse zu machen. So erklärte sie in einem Aufruf an die Polen vom 30. (17.) März ([4]), sie halte die Schaffung eines polnischen Staates, gebildet aus allen jenen Gebieten, deren Bevölkerung in der Mehrzahl aus Polen besteht, für das Pfand eines dauerhaften Friedens. Ferner bekannte sich die Regierung in ihrer schon im ersten Teil dieser Arbeit erwähnten ([5]) Erklärung vom 10. April (28. März) ([6]) zum Grundsatz der Selbstbestimmung der Völker. Das freie Russland habe nicht das Ziel, andere Völker zu beherrschen, sie ihres nationalen Erbes zu berauben und fremde Gebiete gewaltsam zu besetzen, vielmehr wolle es einen dauerhaften Frieden auf Grund des Selbstbestimmungsrechtes der Völker herbeiführen. Am 11. April (29. März) wurde der finnische Landtag eröffnet.

Die Massregeln der neuen Regierung bedeuteten jedoch praktisch nur

Anm. ([1]) : Vgl. « Kommunističeskaja Akademija. Kommissija po izučeniju nacional'nogo voprosa. Revoljucija i nacional'ny vopros. III. Bd. (1917, Februar-Oktober), Moskau, 1930 (russisch); *Ključnikov* und *Sabanin*, Meždunarodnaja politika novejšego vremeni v dogovorach, notach i deklaracijach, Teil II, Moskau, 1926 (russisch); *Leo Zaitzeff*, Die Verfassungsentwicklung in Russland seit dem Sturz des Zarentums, in Jahrbuch des öffentlichen Rechts der Gegenwart, XI. Bd., Tübingen, S. 275 ff.; *Max Hildebert Boehm*, Europa irredenta, Berlin 1923, S. 202 ff. Eine Chronologie der Ereignisse vom 5. März (18. Februar) an, soweit diese Ereignisse für die spätere bolschewistische Regierung von Interesse gewesen sind, ist zusammengestellt in *W. I. Lenin*, Sämtliche Werke. Einzige vom Lenin-Institut in Moskau autorisierte Ausgabe, Wien und Berlin, XX. Bd., 2. Halbband, S. 383 ff.; daselbst sind S. 257 ff. Dokumente und Materialien abgedruckt, die zum Teil auch für die nationale Frage von Bedeutung sind. Vgl. auch *Frank Alfred Golder*, Documents of Russian History 1914-1917, New-York, London, 1927, S. 255 ff.

Anm. ([2]) : Vgl. *Erler*, Das Recht der nationalen Minderheiten, Münster in Westfalen, 1931, S. 262 ff.

Anm. ([3]) : Materialien in Revoljucija i nacional'ny vopros, ebenda, S. 121 ff. (Ukraine) und S. 204 ff. (Finnland).

Anm. ([4]) : *Ključnikov* und *Sabanin*, a. a. O., Nr. 54, S. 72, 73.

Anm. ([5]) : Oben S. 54.

Anm. ([6]) : *Golder*, a. a. O., S. 329 (nach « Reč », Nr. 73 vom 10. April 1917).

einen Mittelweg [1] und noch keineswegs die Selbstbestimmung der Völker. Im Gegenteil, die Provisorische Regierung beeilte sich, durch eine Note des Ministers des Auswärtigen *Miljukov* vom 1. Mai (18. April) 1917 [2] sich zwar grundsätzlich für die Deklaration des Präsidenten der Vereinigten Staaten und für die Selbstbestimmung der unterdrückten Völker, aber gleichzeitig auch für die Fortsetzung des Krieges bis zu einem entscheidenden Sieg auszusprechen und die Erklärung abzugeben, dass Russland seine Verpflichtungen gegenüber den Alliierten erfüllen werde. Damit hatte sich die Regierung an die Kriegsziele der Alliierten gebunden, gleichglütig, ob diese mit der Selbstbestimmung im Einklang standen oder nicht [3].

Das Verhalten der Provisorischen Regierung führte zu heftiger Kritik seitens der bolschewistischen Linken [4]. Die am 11. April (29. März) eröffnete allrussische Rätekonferenz hat, wie schon im ersten Teil dieser Arbeit erwähnt worden ist [5], am 15. (2.) April eine Resolution über den Frieden gefasst [6]. Hier wird ein Friede ohne Annexionen und Kriegsentschädigungen und auf der Grundlage der Brüderlichkeit und Gleichheit freier Nationen gefordert. Am 19. April haben die sozialdemokratischen Parteien Deutschlands, Oesterreichs und Ungarns diesem Beschluss zugestimmt [7]. Die bolschewistische Partei ging jedoch weiter. Vom 7. bis 12. Mai (24. bis 29. April) fand die Allrussische « Aprilkonferenz » der bolschewistischen Partei statt [8]. Referent über die nationale Frage war *Stalin* [9], Korreferent *Pjatakov* [10]. Diese Konferenz hat dem nationalen Programm der Provisorischen Regierung ein viel weitergehendes Programm entgegengesetzt. In einer Resolution über den Krieg [11] verurteilt sie diesen als einen Krieg der Kapitalisten. Sie wendet sich gegen die zitierte Note *Miljukov's*, welche den Eroberungscharakter der Regierungspolitik bestätige und warnt das Volk vor den leeren Versprechungen der Kapitalisten. Man müsse zwischen einem Verzicht auf Annexionen in Worten und einem solchen in der Tat unterscheiden. Der Verzicht in der Tat müsste die sofortige Veröffentlichung aller geheimen Annexionsverträge und die Gewährung des Rechtes an alle Völker bedeuten, durch freie Abstimmung zu entscheiden, ob sie unabhän-

Anm. (1) : Vgl. die Beschlüsse vom 15. (2.), das Regierungsprogramm vom 16. (3.) und die Regierungserklärung vom 19. (6.) März, *Golder*, a. a. O., S. 305, 309, 311, nach Izvestija Nr. 4 vom 16. (3.) März und Vestnik Vremennogo Pravitel'stva Nr. 2 (47) vom 20. (7.) März 1917.

Anm (2) : *Ključnikov* und *Sabanin*, a. a. O., Nr. 57, S. 74, 75. *Golder*, a. a. O., S. 333, 334.

Anm. (3) : Vgl. *Lenin*, Einer der Geheimverträge, Sämtliche Werke, XX. Bd., 1. Halbband, S. 477, 478, nach Pravda, Nr. 53, vom 23. (10.) Mai 1917.

Anm. (4) : Vgl. z. B. *Lenin*, Finnland und Russland, a. a. O., XX. Bd., 1. Halbband, S. 426 ff., nach Pravda, Nr. 46, vom 15. (2.) Mai 1917; *derselbe*, Das ist nicht demokratisch, Bürger Kerenski!, a. a. O., 2. Halbband, S. 99, 100, nach Pravda, Nr. 71, vom 15. (2.) Juni 1917.

Anm. (5) : Oben, S. 54, 55.

Anm. (6) : *Golder*, a. a. O., S. 331 ff., nach Izvestija Nr. 38 vom 25. April 1917.

Anm. (7) : *Kraus-Rödiger*, Chronik der Friedensverhandlungen, Berlin, 1920, S. 34, und die Zitate daselbst.

Anm. (8) : Revoljucija i naciona'lnyj vopros, a. a. O., S. 7 ff.; Resolutionen in *W. I. Lenin*, Sämtliche Werke, XX. Bd., 2. Halbband, S. 281 ff.; vgl. ebenda, 1. Halbband, S. 319 bis 379, 557, Anm. 133; *Golder*, a. a. O., S. 337 bis 339, nach Chrestomatija po Istorii Oktjabrskoj Revoljucii, S. 87 bis 90.

Anm. (9) : Revoljucija i nacional'nyj vopros, a. a. O., S. 7 ff., 23 ff.

Anm. (10) : Ebenda, S. 10 ff., 23 ff.

Anm. (11) : *Lenin*, a. a. O., 2. Halbband, S. 281, 282; *Golder*, a. a. O., S. 337 ff.

gige Staaten oder Teile eines anderen Staates bilden wollen. Eine besondere Resolution zur nationalen Frage (¹), von *Stalin* beantragt und mit grosser Mehrheit angenommen (²), bekämpft die Politik der nationalen Unterdrückung und *fordert für alle Völker Russlands das «Recht auf freie Lostrennung und Bildung eines selbständigen Staates»* («pravo na svobodnoe otdelenie i na obrazovanie samostojatel'nogo gosudarstva »). Die Leugnung dieses Rechts und die Unterlassung seiner Durchführung sei gleichbedeutend mit der Unterstützung der Eroberungs- und Annexionspolitik. Damit ist die letzte Konsequenz aus der Idee des Volkes gezogen worden.

Die Annahme der früher zitierten Friedensresolution des allrussischen Kongresses vom 15. (2.) April durch die Sozialdemokratien der Zentralmächte hat, wie bereits im ersten Teil dieser Arbeit erwähnt worden ist (³), die weitere Folge nach sich gezogen, dass vom Mai bis Juli Beratungen der sozialistischen Parteien verschiedener Länder über die Friedensfrage abgehalten wurden. Die bolschewistische Partei hielt sich jedoch fern, weil sie sich an keinem Kompromiss zwischen dem Grundsatz der Selbstbestimmung der Völker und der Rücksicht auf bestehende Machtverhältnisse beteiligen wollte (⁴).

Die Stockholmer Verhandlungen führten zu einem Manifest der Delegationen aus den neutralen Ländern an die der Internationale angeschlossenen Parteien vom 10. Oktober 1917 (⁵). Dieses Manifest forderte unter anderem : keine Annexionen ; Lösung der internationalen Fragen im Sinne der Freiheit der Nationalitäten ; Wiederherstellung Belgiens unter Gewährung der Kulturautonomie für Flandern und Wallonien ; Volksabstimmung in Elsass-Lothringen ; Wiederherstellung eines unabhängigen Serbien, das mit Montenegro vereinigt werden sollte ; Errichtung eines unabhängigen Polen, möglichst weitgehende Autonomie der Polen Deutschlands und Oesterreichs ; territoriale Autonomie der Nationalitäten Russlands, Unabhängigkeit Finnlands, das jedoch mit der russischen Republik vereinigt sein sollte; innerhalb der als Bundesstaat zu konstituierenden Donaumonarchie Errichtung eines tschechischen Staates, Vereinigung aller Südslaven in einem einzigen Verwaltungsgebiet und kulturelle Autonomie für die Italiener Oesterreichs ; Autonomie Irlands im Rahmen Grossbritanniens ; gütliche Lösung der nordschleswigschen Frage im Einvernehmen der beteiligten Staaten ; Unabhängigkeit und territoriale Wiederherstellung Türkisch-Armeniens.

In diesen Vorschlägen war demnach gewissermassen der Versuch gemacht, einen Mittelweg zwischen der folgerichtigen Durchführung der

Anm. (¹) : Revoljucija i nacional'ny vopros, S. 26, 27. *Lenin*, a. a. O., S. 291, 292.

Anm. (²) : Revoljucija i nacional'ny vopros, S. 24.

Anm. (³) : Oben, S. 55.

Anm. (⁴) : Vgl. *Lenin*, Zur Einberufung einer internationalen quasisozialistischen Konferenz mit Beteiligung der Sozial-Chauvinisten, a. a. O., 1. Halbband, S. 485, nach Pravda Nr. 55 vom 25. (12.) Mai 1917 ; *derselbe*, Die Stockholmer Konferenz, a. a. O., XXI. Bd., S. 124 ff., nach Rabočij, Nr. 2, v. 8. Sept. (26. Aug.) 1917.

Anm. (⁵) : *Kraus-Rödiger*, Chronik der Friedensverhandlungen, 1920, S. 50, 51 (nach Vorwärts vom 24. Oktober 1917.

Selbstbestimmung und der Aufrechterhaltung des status quo zu finden. Dieses Kompromiss erfuhr heftige Kritik seitens der Linken des internationalen Sozialismus (1).

Dem Versuch der Stockholmer Konferenz, im Namen von Millionen organisierter Sozialisten konkrete Vorschläge für die Lösung der wichtigsten nationalen Probleme zu erstatten, trat ungefähr gleichzeitig ein anderer Versuch eines kleinen Kreises von Theoretikern gegenüber, die nationale Frage grundsätzlich und abstrakt für das zukünftige, nach dem Krieg anzustrebende Völkerrecht zu lösen. Es sind dies die weiteren Arbeiten der *Organisation Centrale pour une Paix durable,* die in das Jahr 1917 fallen.

Die Vorsitzenden der beiden früher erwähnten Kommissionen legten 1917 je einen Entwurf eines allgemeinen internationalen Vertrages vor, *Adelswärd* einen solchen über Gebietsübertragungen (2), *Koht* einen solchen über die Rechte nationaler Minderheiten (3). Der erstgenannte Entwurf führte den bereits oben zitierten Punkt 1 des Programme-Minimum (4) näher aus, nach welchen Gebietsübertragungen nicht gegen die Interessen und die Wünsche der betroffenen Bevölkerung stattfinden dürfen und diese Wünsche « si possible, par plébiscite ou autrement » festzustellen sind. Die Modalitäten einer solchen Volksabstimmung wurden in dem Entwurf näher geregelt. Der Entwurf *Koht* stellte, unter ausdrücklichem Hinweis auf Art. XIX des österreichischen Staatsgrundgesetzes vom 21. Dezember 1867 über die allgemeinen Rechte der Staatsbürger (5), den folgenden Grundsatz auf :

« 1. Chaque race faisant partie d'un des États contractants a le droit inviolable de maintenir et de cultiver sa nationalité et sa langue.

(Suivant les termes de l'art. 19 de la loi constitutionnelle de l'Autriche de 1867, concernant les droits généraux des citoyens) ».

Art. 2 regelt die Gleichheit der Individuen. Die Art. 3 bis 5 betreffen die Rechtsstellung der nationalen Minderheiten, Kultus- und Unterrichtsangelegenheiten. Insbesondere hat jede nationale Minderheit nach Art. 3 und 4 das « Recht » (« droit »), ihren Kultus und ihre Unterrichtsanstalten bis hinauf zu den Universitäten autonom zu organisieren und das Recht auf staatliche Subventionen unter Bedingungen, die für alle Nationalitäten gleich sind. Art. 6 fordert die Einführung nationaler Kataster auf Grund des freien persönlichen nationalen Bekenntnisses. Art. 7 regelt das Sprachenrecht der Behörden und der Gesetze. Art. 8 fordert internationale Kontrollkommissionen, Art. 9 einen internationalen Nationalitätengerichtshof, nach beiden hat eine Minderheit, « qui est assez nombreuse pour organiser

Anm. (1) : Vgl. insbes. *Lenin,* Die Stockholmer Konferenz, a. a. O.

Anm. (2) : Avant-projet d'un traité général relatif aux transferts de territoires. Rapport présenté par *M. le Baron Theodor Adelswärd.* La Haye, septembre 1917.

Anm. (3) Avant-projet d'un traité général relatif aux droits des minorités nationales. Rapport présenté par *M. Halvdan Koht.* La Haye, mars 1917.

Anm. (4) : Oben, S. 193, 194; vgl. auch oben, S. 42, 43.

Anm. (5) : Reichsgesetzblatt Nr. 142 vgl. auch oben, S. 187 ff.

en propre une église ou une école primaire» völkerrechtliche Rechtspersönlichkeit und prozessuale Rechte.

Die Begründung dieser Vorschläge verweist unter anderem auf das österreichische Nationalitätenrecht : « On songe immédiatement à l'Autriche-Hongrie, cette Europe en miniature » (1). Dieses Recht sei zum Teil völlig unbefriedigend, zum Teil aber sei es zu befriedigenden Lösungen gelangt (2). Ganz besonders wird auf die Minoritätenschulen des österreichischen Rechtes (3) und auf den national getrennten Wahlkataster des mährischen Ausgleichs von 1905 (4) Bezug genommen.

Am 2. Juli 1917 fand in Oslo, damals Christiania, eine Konferenz der beiden Kommissionen statt, an welcher ich auf Grund besonderen militärischen Urlaubs teilgenommen habe. Diese Konferenz nahm, hauptsächlich auf Grund meiner Anträge, eine Neuredaktion dieser beiden Entwürfe vor (5) und vereinigte sie zu einem einzigen Entwurf (6). Eine sachliche Neuerung über dasjenige hinaus, was bisher in der Literatur, in praktisch-politischen Vorschlägen und im Nationalitätenrecht der mehrnationalen Staaten enthalten war, versuchte ich in diese Redaktion durch den Antrag zu bringen, es möge ausgesprochen werden, dass die Volksabstimmung vorgenommen werden sollte « séparément dans les unités territoriales aussi petites que possible (arrondissements, municipalités etc.) », um Willkürlichkeiten bei der Abgrenzung des Abstimmungsgebietes, sogenannte « Wahlkreisgeometrie », zu verhindern (7). Mein Antrag wurde angenommen und bildete den Art. 11 des revidierten Entwurfs. Im übrigen verfolgte die Redaktion hauptsächlich den Zweck, diejenigen Bestimmungen etwas zu mildern, welche als unvereinbar mit dem Souveränitätsdogma und daher als vorläufig unerreichbar betrachtet wurden (8). Daher wurde in dem umgearbeiteten Entwurf nicht von « Rechten » der Nationalitäten, sondern nur von Pflichten der Staaten gesprochen. Auch wurden die Bestimmungen über die Kontrollkommissionen und den Nationalitätengerichtshof bis zur allgemeinen Erörterung der internationalen Gerichtsbarkeit zurückgestellt (9). Man sieht, als wie unerschütterlich die Macht des Souveränitätsdogmas selbst in unsrem Kreise von – überwiegend neutralen – Pazifisten noch 1917 eingeschätzt wurde, die doch in der Verurteilung dieses Dogmas de lege ferenda einig waren, zu einer Zeit, als das Selbstbestimmungsrecht bereits von der russischen Provisorischen Regierung wenigstens theoretisch proklamiert worden

Anm. (1) : S. 18 des zitierten Berichtes. Vgl. *Lammasch*, Eine internationale Anerkennung für das österreichische Nationalitätenrecht, Die Zeit, Wien, vom 10. Juni 1917.

Anm. (2) : S. 18 ff. des zitierten Berichtes.

Anm. (3) : a. a. O., S. 20 ff.

Anm. (4) : a. a. O., S. 23.

Anm. (5) : Vgl. meinen Aufsatz: Das Nationalitätenrecht als internationales Problem, Oesterreichische Zeitschrift für öffentliches Recht, III. Bd., 1917, S. 397 ff., und als Separatabdruck, Wien, 1917.

Anm. (6) : *Adelswärd*, ebenda, S. 35 ff. ; *Koht*, Avant-projet d'un traité général relatif aux droits des minorités nationales, La Haye, octobre 1917, S. 38 ff.

Anm. (7) : Vgl. meinen Aufsatz: Das Nationalitätenrecht usw., a. a. O., S. 406, Separatabdruck S. 10.

Anm. (8) : Vgl. meinen Aufsatz, a. a. O., S. 402, 403, 404 und 407 ff. ; Separatabdruck S. 6, 7, 8 und 11 ff.

Anm. (9) : *Adelswärd*, a. a. O., S. 37 ; *Koht*, a. a. O., S. 40 ; vgl. meinen zitierten Aufsatz, S. 402, Separatabdruck, S. 6.

war und als *Wilson* seinen grossen Kampf für ein überstaatliches Völkerrecht und für die Selbstbestimmung der Völker bereits begonnen hatte.

Die Vorschläge der Kommissionen *Adelswärd* und *Koht* wurden von einer Versammlung der *Organisation Centrale pour une Paix durable*, welche in Bern vom 19.-22. November 1917 stattfand und mich zum Referenten für die nationale Frage bestellte, angenommen und mein Bericht als die Meinung der Versammlung erklärt ([1]). Die Vorschläge sind später die Grundlagen der Arbeiten und Beschlüsse der «Berner Völkerbundskonferenz» vom März 1919 geworden ([2]).

Der Gedanke der Selbstbestimmung der Völker, welcher bisher ein Ideal, eine Forderung de lege ferenda gewesen war, hat zum erstenmal in der Geschichte, wenn auch nur in bestimmten Grenzen, seine Verwirklichung durch die russische Revolution gefunden, welche mit dem Umsturz vom 6. und 7. November (24. und 25. Oktober) 1917 begonnen hat ([3]).

Am Tage nach der Ergreifung der Macht durch das Proletariat von Petrograd, am 8. November (26. Oktober), hat der 2. Allrussische Sowjetkongress ein Dekret über den Frieden an alle kriegführenden Regierungen gerichtet ([4]), welches bereits im ersten Teil dieser Arbeit erwähnt worden ist ([5]). In diesem Dekret schlägt die neue « russische Arbeiter- und Bauernregierung » « allen kriegführenden Völkern und ihren Regierungen vor, unverzüglich Unterhandlungen über einen gerechten, demokratischen Frieden einzuleiten ». Als einen solchen Frieden bezeichnet das Dekret « einen sofortigen Frieden ohne Annexionen (das heisst ohne Eroberungen fremder Gebiete, ohne die gewaltsame Einverleibung fremder Nationalitäten) und ohne Kontributionen ».

Was « Annexion » sei, wird nun noch näher ausgeführt :

« Unter Annexion oder Eroberung fremder Gebiete versteht die Regierung, gemäss dem Rechtsbewusstsein der Demokratie im allgemeinen und der werktätigen Klassen im besonderen, jede Vereinigung einer kleinen oder schwachen Nationalität mit einem grossen oder starken Staat, ohne

Anm. ([1]) : Berner Zusammenkunft zur Besprechung der künftigen Völkerbeziehungen, 19. bis 22. XI. 1917, Haag, 1917, S. 10 ff. mit S. 9, Anm.

Anm. ([2]) : Vgl. zum Vorhergehenden auch noch *Chr. Lange*, Exposé des travaux de l'organisation, Haag, September 1917, und meine Ausführungen bei *Strupp*, Wörterbuch des Völkerrechts und der Diplomatie, II. Bd., 1923, S. 87 ff.

Anm. ([3]) : Vgl. insbes. die Sammlung authentischer Dokumente : Der Kampf der Sowjetunion um den Frieden, Eine Dokumentensammlung, herausgegeben von dem Bund der Freunde der Sowjetunion, Berlin, 1929, S. 23 ff.; *Lenin's* Sämtliche Werke, Einzige vom Lenin-Institut in Moskau autorisierte Ausgabe, Wien-Berlin, passim; Literatur ist ausführlich zitiert bei *Erler*, Das Recht der nationalen Minderheiten, Münster in Westfalen, 1931, S. 305, Anm. 278; *Ključnikov* und *Sabanin*, a. a. O., Nr. 72 ff., S. 88 ff.; *Leo Zaitzeff*, Die Verfassungsentwicklung in Russland seit dem Sturz des Zarentums, im Jahrbuch des öffentlichen Rechts der Gegenwart, Bd. XI, Tübingen, 1922, S. 275 ff., insb. S. 279 ff., 284; *Dobranitzki*, Das Nationalitätenproblem in der Sowjetunion, in Das Neue Russland, III. Bd., Berlin-Pankow, 1926, Nr. 3-4, S. 16 ff.; *Jacobi*, Vom Nationalitätenkampf und seiner Ueberwindung in Sowjetrussland, ebenda, IV. Bd., 1927, Nr. 7-8, S. 41 ff., ferner eine Reihe weiterer Artikel in dieser Zeitschrift; *N. N. Alexejew* und *Leo Zaitzeff*, Sowjetstaat und Völkerrecht, Zeitschrift für Völkerrecht, XVI. Bd., 1931, S. 72, insb. S. 84 ff., auch als Separatabdruck, Breslau, 1931, insb. S. 13 ff.

Anm. ([4]) : *Ključnikov* und *Sabanin*, a. a. O., Nr. 72, S. 88 ff.; Der Kampf der Sowjetunion um den Frieden, S. 23 ff.

Anm. ([5]) : Oben, S. 55.

die klar und freiwillig ausgesprochene Zustimmung und den Wunsch dieser Nationalität, unabhängig davon, wann diese gewaltsame Vereinigung vollzogen worden ist... ».

« Wenn irgendeine Nation in den Grenzen des betreffenden Staates mit Gewalt zurückgehalten wird, wenn ihr, trotz des von ihrer Seite ausgedrückten Wunsches... das Recht nicht verliehen wird, durch freie Abstimmung, bei vollständigem Abzug des Militärs der den Anschluss vollziehenden oder überhaupt stärkeren Nation, ohne den geringsten Zwang die Frage der Formen ihrer staatlichen Existenz zu entscheiden, dann gilt dieser Anschluss als Annexion, das heisst, als gewaltsame Besitzergreifung.

Diesen Krieg darum fortzusetzen, wie unter den starken und reichen Nationen die von ihnen gewaltsam angeschlossenen schwachen Nationalitäten aufzuteilen sind, zählt die Regierung zu den grössten Verbrechen gegen die Menschlichkeit... ».

Dieses Dekret wurde am 21. (8.) November 1917 allen russischen Gesandschaften mit dem Bemerken übermittelt, dass es als formeller Vorschlag eines sofortigen Waffenstillstandes an allen Fronten und unverzüglicher Eröffnung von Friedensverhandlungen an alle kriegführenden Völker und deren Regierungen zu betrachten sei (1). Der Vorschlag ist von den anderen Staaten nicht angenommen worden. Dennoch ist er von geschichtlicher Bedeutung. Wir sehen hier die Selbstbestimmung insofern folgerichtig durchgeführt, als nicht nur die Unterwerfung eines Volkes gegen dessen Willen unter einen *neuen* Staat, sondern auch die Festhaltung im *bisherigen* Staatsverband verworfen, also auf den status quo ante keine Rücksicht genommen wird. *Damit war die Selbstbestimmung der Völker zum erstenmal von einem Staat als eine allgemeine, für und gegen alle gleichmässig wirkende Rechtsregel eines künftigen neuen Völkerrechts gefordert.*

Die Durchführung einer derartigen Norm wäre nicht denkbar ohne den tiefgreifendsten Einfluss der völkerrechtlichen Bestimmungen auf das innerstaatliche Recht.

Die russische Regierung hat jedoch die Idee der Selbstbestimmung nicht nur zum Gegenstand von Vorschlägen für die internationalen Beziehungen der Staaten gemacht, sondern sie hat auch im Innern die Durchführung dieser Idee in Angriff genommen. Am 15. (2.) November 1917 ist die « Deklaration der Rechte der Völker Russlands » (« Deklaracija prav narodov Rossii ») erlassen worden (2). In dieser wurden als Grundsätze (« načala ») des nationalen Programms die folgenden verkündet:

« 1. Gleichheit und Souveränität der Völker Russlands.

Anm. (1): Der Kampf der Sowjetunion um den Frieden, S. 25, 26.

Anm. (2): *Ključnikov* i *Sabanin*, Meždunarodnaja politika novejšego vremeni v dogovorach, notach i deklaracijach, Teil II, Moskau, 1926, Nr. 74, S. 90, 91 (russisch) eine Uebersetzung dieser Deklaration ins Deutsche findet sich bei *Klibanski*, Die Gesetzgebung der Bolschewiki, Leipzig und Berlin, 1920, S. 1 ff., eine kurze Inhaltsangabe bei *Dobranitzki*, a. a. O., S. 17, *Jacobi*, a. a. O., S. 41.

2. Das Recht der Völker Russlands auf freie Selbstbestimmung bis zur völligen Lostrennung und Bildung eines unabhängigen Staates.

3. Die Abschaffung aller und jeder nationalen und nationalreligiösen Privilegien und Beschränkungen.

4. Die freie Entwicklung der nationalen Minderheiten und ethnographischen Gruppen, welche auf dem Gebiet Russlands siedeln » (1).

In Russland ist in der Folge das Selbstbestimmungsrecht in weitem Umfang zur Verwirklichung gelangt. Davon soll später die Rede sein.

Am 28. November 1917 sandte die russische Regierung von Zarskoje Selo aus an die Völker der kriegführenden Länder einen Funkspruch mit der Aufforderung, in Verhandlungen über einen sofortigen Waffenstillstand und einen allgemeinen Frieden einzutreten (2). Dieser Friede müsse ein Friede aller Völker, ein ehrlicher Vertrag sein, der jedem Volke die Freiheit der wirtschaftlichen Entwicklung sichere. Die geheimen Annexionsverträge des Zaren mit der Bourgeoisie der Entente werden als ungültig für das russische Volk erklärt. Es wird der Abschluss eines neuen Vertrages mit allen Völkern auf der Grundlage der Einigkeit und der Zusammenarbeit beantragt. Die Führer der siegreichen Revolution seien der Anerkennung seitens der kapitalistischen Diplomatie nicht bedürftig. Aber sie fragen die Völker, ob die Ansicht der reaktionären Diplomatie ihren Ueberzeugungen entspricht.

In der ersten Vollsitzung der Friedenskonferenz von Brest-Litowsk (3); vom 22. Dezember 1917, legte die russische Delegation ein Programm (4) vor, welches unter anderen die folgenden Punkte umfasst :

1. Es wird keine gewaltsame Annexion von Gebieten, die während des Krieges in Besitz genommen worden sind, zugelassen.

2. Den Völkern, welche ihre politische Unabhängigkeit im gegenwärtigen Kriege verloren haben, wird diese in vollem Umfang wiederhergestellt.

3. Den Nationalitäten, die vor dem Kriege nicht politisch unabhängig waren, wird die Möglichkeit gewährleistet, über ihre Zugehörigkeit zu dem einen oder anderen Staate frei zu bestimmen, oder über ihre staatliche Unabhängigkeit durch eine Abstimmung zu entscheiden. Die Volksabstimmung muss unter vollständiger Freiheit aller Einwohner der betroffenen Gebiete, darunter der Auswanderer und Flüchtlinge, veranstaltet werden-

4. In Gebieten gemischter Nationalität werden die Rechte der Minder. heiten durch eine besondere Regelung geschützt werden, welche ihnen die

Anm. (1) : « 1. Ravenstvo i suverennost' narodov Rossii.

2. Pravo narodov Rossii na svobodnoe samoopredelenie vplot do otdelenija i obrazovanija samostojatel'nogo gosudarstva.

3. Otmena vsech i vsjakich nacional'nych i nacional'no-religioznych privilegij i ograničenij.

4. Svobodnoe razvitie nacional'nych men'šinstv i etnografičeskich grupp, naseljajuščich territoriju Rossii».

Anm. (2) : Der Kampf der Sowjet-Union um den Frieden, Eine Dokumentensammlung, Berlin, 1929, S. 26 ff. ; *Strupp*, Die Friedensverträge, I. Bd., Der Ostfrieden, Berlin, 1918, S. 1, 2 ; *Drahn*, Brest-Litowsk, Berlin, 1920, S. 12, 13.

Anm. (3) : Die Materialien von Brest-Litowsk sind zitiert bei *F. C. Zitelmann*, Russland im Friedensvertrag von Versailles, Berlin, 1920, S. 1, 2.

Anm. (4) : *Ključnikov* und *Sabanin*, a. a. O., Nr. 84, S. 102 ff. (russisch); Der Kampf der Sowjet-Union um den Frieden. S. 33 ff. ; *Strupp*, a. a. O., S. 11, 12 ; *Drahn*, a. a. O., S. 16, 17.

Selbständigkeit der nationalen Kultur und, falls dies praktisch durchführbar ist, autonome Verwaltung gewährt.

In diesen Punkten sehen wir bereits ein etwas eingehenderes Programm zur allgemeinen Lösung der nationalen Frage durch einen völkerrechtlichen Vertrag. Die beiden Hauptpunkte, die wir insbesondere im Programme-Minimum der *Organisation Centrale pour une Paix durable* kennen gelernt haben, sind hier klar als die wichtigsten Prinzipien des anzustrebenden Friedens in territorialer und nationaler Hinsicht hingestellt : Selbstbestimmung der Völker und Selbstverwaltung der übrigbleibenden nationalen Minderheiten. Von einer Rücksichtnahme auf das Souveränitätsdogma und den legitimen territorialen Besitzstand der bisherigen souveränen Staaten ist keine Rede mehr. Die Einzelheiten sind allerdings noch ganz unklar gelassen. Aber jedenfalls sind die Nationalitäten in diesem Programm als *Rechtssubjekte* gedacht, die entweder über ihr politisches Schicksal ganz frei bestimmen oder doch ein eigenes Recht gegen den Staat, dem sie angehören, auf nationale Unabhängigkeit der Kultur und auf autonome Verwaltung haben. Die Idee des Volkstums hat in diesen Vorschlägen über den alten Staatsgedanken der Vorkriegszeit, der die nationale Frage als innere Angelegenheit behandelte, diesbezüglich keinerlei völkerrechtliche Pflichten anerkannte und keinerlei Einmischung duldete, restlos gesiegt.

Dieses Programm ist umso bemerkenswerter, als die Delegationen der Mächte des Vierbundes, das Deutsche Reich, Oesterreich-Ungarn, Bulgarien und die Türkei, in Brest-Litowsk am 25. Dezember übereinstimmend erklärten, dass die Leitsätze des russischen Vorschlags eine diskutable Grundlage für einen Frieden bilden können. Die Mächte des Vierbundes seien mit einem sofortigen allgemeinen Frieden ohne gewaltsame Gebietserwerbungen einverstanden. Es liege nicht in ihrer Absicht, eines der Völker, die in diesem Krieg ihre politische Selbständigkeit verloren habe, dieser Selbständigkeit zu berauben. Dagegen könne die Frage der staatlichen Zugehörigkeit nationaler Gruppen, die keine staatliche Selbständigkeit besitzen, nicht zwischenstaatlich geregelt werden. Sie sei von jedem Staat mit seinen Völkern verfassungsmässig zu lösen. Desgleichen bilde der Schutz der Minderheiten einen wesentlichen Bestandteil des Selbstbestimmungsrechtes der Völker. Auch die Regierungen des Vierbundes erklären diesem Grundsatz, soweit er praktisch durchführbar erscheint, überall Geltung zu verschaffen.

Diese Kundgebung des Vierbundes war noch sehr unvollkommen. Insbesondere konnte ja auch Oesterreich-Ungarn kaum die in Punkt 3 der russischen Vorschläge geforderte Selbstbestimmung zugestehen, ohne sich der Möglichkeit der Selbstauflösung auszusetzen. Nun lagen zwar Loyalitätskundgebungen der Parlamentarier aller Nationalitäten Oesterreichs, ganz besonders auch der Tschechen, Polen und Südslawen, in Hülle und Fülle vor (1), und von der nationalen Revolution, durch welche die Habsburgermonarchie im Oktober 1918 zerfallen ist, traten im Dezember 1917 noch keine äusseren Voranzeichen zutage. Aber die Idee der Selbstbestimmung war doch eine grosse geistige Macht geworden und die Vierbundmächte wagten in Brest-Litowsk weder, sie völlig anzunehmen, noch, sie völlig abzulehnen. Jene Erklärung hat daher zwar eine Konzession an die Idee, aber keine Zustimmung zum Inhalt. Zugestimmt haben sie nur der Ablehnung gewaltsamer Annexionen.

Dazu kommt noch, dass die Vierbundmächte in ihrer Erklärung darauf hinwiesen, dass sämtliche am Krieg beteiligten Staaten sich innerhalb einer angemessenen Frist ausnahmslos und ohne jeden Rückhalt zur genauesten Beobachtung der alle Völker in gleicher Weise bindenden Bedingungen verpflichten müssten. Diese Voraussetzung aber war und blieb unerfüllt. Im Gegenteil, die militärischen Vertreter Grossbritanniens, Rumäniens, Italiens, Japans, Frankreichs und Serbiens hatten am 23. November 1917 an den russischen General *Duchonin* eine Note gerichtet, in welcher sie die von Russland im Vertrag vom 5. September 1914 übernommene Verpflichtung, nicht für sich allein einen Waffenstillstand zu schliessen oder die militärischen Operationen einzustellen, geltend gemacht hatten, und auch in der Folge lehnten die Alliierten jedes Eingehen auf die russischen Waffenstillstands- und Friedensvorschläge ab.

Trotz der dargestellten Einschränkungen der Erklärungen der Zentralmächte und trotz der ablehnenden Haltung der Alliierten kommt dem Ideenaustausch von Brest-Litowsk doch eine grosse symptomatische Bedeutung zu. *Der grösste Teil Ost- und Mitteleuropas, mithin der grössere Teil Europas überhaupt, war im Augenblick geneigt und entschlossen, die neuen Ideen bis zu einem gewissen Grade zu verwirklichen.* Das russische Volkskommissariat für auswärtige Angelegenheiten hat diese Bedeutung der Erklärungen von Brest-Litowsk in seiner Deklaration an die Völker und Regierungen der alliierten Länder vom 30. Dezember 1917 gewürdigt (2). Dort wird gesagt :

« Das Programm der russischen Republik ist sozialdemokratisch. Es hat zur Aufgabe, solche Bedingungen zu schaffen, dass... jede Völkerschaft die volle Freiheit der nationalen Entwicklung erhält... Das Programm der feindlichen Regierungen legt dar, dass es nicht in der Absicht der verbündeten Reiche... liegt, die während des Krieges eroberten Territorien Belgiens, der nördlichen Departements Frankreichs, Serbiens, Montenegros,

Anm. (1) : Vgl. das ausführliche Material der « Denkschrift der deutschösterreichischen Friedensdelegation über das Verhalten der Nationen des alten Oesterreich zum Staate und zum Kriege und über ihre Mitverantwortlichkeit für die Kriegsfolgen » — « Mémoire sur l'attitude des différents peuples de l'ancienne Autriche vis-à-vis de cet État avant et pendant la guerre en vue des responsabilités qui en découlent ». Bericht über die Tätigkeit der deutschösterreichischen Friedensdelegation in St. Germain-en-Laye, 379 der Beilagen, Konstituierende Nationalversammlung, Wien, 1918, I. Bd., S. 218 ff.

Anm. (2) : Der Kampf der Sowjetunion um den Frieden, S. 35 ff.

Rumäniens, Polens, Litauens und Kurlands besetzt zu behalten damit das weitere Schicksal der betroffenen Gebiete die daran beteiligte Bevölkerung selbst bestimmen kann. Ein Entgegenkommen der feindlichen Regierungen gegenüber dem Programm der Demokratie besteht in dem Willen, neuen gewaltsamen Annexionen und Kontributionen zu entsagen. Aber dieser Verzicht auf neue Annexionen geht von der Idee aus, dass die *früheren* Aneignungen und die *früheren* Gewalttaten der Mächtigen gegen die Schwächeren der geschichtlichen Verjährung anheimfallen das heisst, das Schicksal von Elsass-Lothringen, Siebenbürgen, Bosnien, der Herzegowina u. a. einerseits, von Irland, Aegypten, Indien, Indochina u. a. anderseits, unterliegt keiner neuen Durchsicht. Dennoch ist dieses Programm ein grosser Schritt vorwärts.....

Jetzt darf man nicht mehr wiederholen, dass der Krieg geführt wird um die Befreiung von Belgien, der nördlichen Gebiete Frankreichs, Serbiens usw., da Deutschland und seine Verbündeten sich bereit erklärt haben, im Falle des allgemeinen Friedens diese Gebiete zu räumen... Es muss nun klar und deutlich gesagt werden, welcher Art das Friedensprogramm von Frankreich, England, Italien und den Vereinigten Staaten ist. Verlangen sie gemeinsam mit uns die Freiheit der Selbstbestimmung für die Bevölkerung von Elsass-Lothringen, Galizien, Polen, Böhmen und der südslawischen Gebiete, so sind sie auch ihrerseits einverstanden, das Recht der Selbstbestimmung der Bevölkerung von Irland, Aegypten, Indien, Madagaskar, Indochina usw. zu geben, wie die russische Revolution dieses Recht der Bevölkerung Finnlands, der Ukraine, Weissrusslands usw. gegeben hat. Denn es ist klar, dass, die Selbstbestimmung für die Bevölkerung des feindlichen Reiches zu verlangen, der Bevölkerung des eignen Reiches oder der eigenen Kolonien aber dieses Recht zu versagen, so viel heissen würde, als unverhüllt für das Programm des brutalsten Imperialismus eintreten ».

So weit zu gehen waren die Alliierten und damals auch noch die Zentralmächte nicht bereit. Dennoch war dasjenige, worauf der grösste Teil Ost- und Mitteleuropas sich in Brest-Litowsk geeinigt hatte, ein Symptom der Verbreitung der neuen Ideen.

Eine wie grosse geistige Macht diese Ideen geworden waren, hat sich insbesondere beim nationalen Zerfall des alten Russland und dann beim nationalen Zerfall des alten Oesterreich gezeigt. *Wären die Vorschläge von Brest-Litowsk grundsätzlich realisiert worden, so wäre die Idee des Volkes zu grosser Bedeutung im neuen Völkerrecht emporgestiegen und neben sie wäre an Stelle der alten Staatsidee eine neue, durch Selbstbestimmung und nationale Selbstverwaltung der Völker wesentlich veränderte Staatsidee getreten. Der Einfluss des internationalen Rechtes auf das innerstaatliche wäre ein ausserordentlich tiefgreifender geworden. Die ganze Ordnung hätte wohl zu einer allgemeinen Anerkennung der Ueberordnung des Völkerrechts über das staatliche Recht führen müssen.* Der Sieg des Völkerrechtes und der Volksidee über das alte Dogma vom souveränen Machtstaat schien vor der Türe zu stehen. Nur ein uneingeschränkter militärischer Sieg einer Partei konnte die Machtstaatsidee und das Souveränitätsdogma vor den neuen geistigen Mächten retten. Einen solchen Sieg versuchten beide Parteien durch nochmalige äusserste Kraftanstrengung im Jahre 1918 zu erfechten, nachdem die Brester Vorschläge durch die Nichtteilnahme der Westmächte für die Zentralmächte bedeutungslos geworden waren.

Zunächst brachten die Zentralmächte nochmals den alten Machtstaatsgedanken gegen Russland und Rumänien zur Geltung (1). Die Friedensverträge von Brest-Litowsk und Bukarest enthalten nichts von Selbstbestimmung oder nationaler Selbstverwaltung zu Lasten der Vierbundmächte. Dagegen haben die Zentralmächte das Prinzip der Selbstbestimmung für das nunmehr national zerfallene oder in nationalem Zerfall begriffene Gebiet des ehemaligen russischen Kaiserreiches anerkannt und sich verpflichtet, dieses Prinzip hier durchzuführen. Deutschland und Oesterreich-Ungarn haben im Art. III Absatz 3 des Friedensvertrages von Brest-Litowsk für die ihnen abgetretenen Gebiete Polens, Litauens und Kurlands erklärt, dass sie beabsichtigen, « das künftige Schicksal dieser Gebiete im Benehmen mit deren Bevölkerung zu bestimmen ». Für die Bezirke Erdehan, Kars und Batum wird im Art. 4 Abs. 3 die Nichteinmischung Russlands festgesetzt; letzteres überlässt es der Bevölkerung dieser Bezirke, die Neuordnung der staats- und völkerrechtlichen Verhältnisse im Einvernehmen mit den Nachbarstaaten, namentlich der Türkei, durchzuführen. Mit der Ukrainischen Volksrepublik schlossen die Vierbundmächte einen besonderen Friedensvertrag (2). Ebenso schloss Deutschland einen besonderen Friedensvertrag mit Finnland (3). Der letztere verpflichtet im Art. 1 Abs. 2 Deutschland, dafür einzutreten, dass die Selbständigkeit und Unabhängigkeit Finnlands von allen Mächten anerkannt werde. Der Friede mit der Ukrainischen Volksrepublik normiert im Art. II, Z. 2, Abs. 2, dass die Grenze der Ukrainischen Volksrepublik in einem bestimmten Abschnitt « nach den ethnographischen Verhältnissen und unter Berücksichtigung der Wünsche der Bevölkerung » durch eine gemischte Kommission festgesetzt werden sollte. Wie es zu machen sei, wenn die Wünsche der Bevölkerung irgendwo nicht mit der ethnographischen Grenze übereinstimmen, dafür enthält der Vertrag keine Vorschrift.

Die Ordnung der osteuropäischen Verhältnisse durch diese Verträge ist jedoch ebenso gegenstandslos geworden wie die russischen Vorschläge.

Anm. (1): Zitate der Materialien von Brest-Litowsk bei *F. C. Zitelmann*, Russland im Friedensvertrag von Versailles, Berlin, 1920, S. 1, 2; der Materialien betreffend Rumänien ebenda, S. 1, 2, 88 ff.

Anm. (2): Reichsgesetzblatt 1918, S. 1009; vgl. *Zitelmann*, a. a. O., S. 8, 9, 19 ff. und die daselbst zitierten Materialien.

Anm. (3): Reichsgesetzblatt 1918, S. 701. Vgl. *Zitelmann*, a. a. O., S. 7, 8, 77, 78 und die daselbst zitierten Materialien.

Noch waren die neuen Ideen nicht stark genug, um über den alten Machtstaatsgedanken zu triumphieren. Der vollkommene militärische Sieg hat dann den alliierten und assoziierten Mächten gestattet, sich über die Ideen des Friedens ohne Annexionen, der Selbstbestimmung und der Selbstverwaltung der Nationalitäten mit der Selbstherrlichkeit des souveränen Staates hinwegzusetzen und dasjenige, was sie den neuen Ideen konzedierten, wie die nationale Emanzipation der Tschechen, Polen und Südslaven, die Schaffung Grossrumäniens und andere Korrekturen der Staatenkarte Europas, mittelst neuer gewaltsamer Annexionen in die Form neuer souveräner Staaten des alten Typus zu giessen.

Aber auch im Lager der Westmächte hatten die neuen Ideen Wurzel gefasst. Zu ihrem bedeutendsten Wortführer wurde Präsident *Wilson.*

Bereits in einigen der 14 Punkte seiner Kongressrede vom 8. Januar 1918 hat *Wilson* den Gedanken des Volkstums betont.

Im Punkt VI fordert er eine derartige Regelung aller Angelegenheiten, welche Russland betreffen (« all questions affecting Russia »), dass diesem Land « an unhampered and unembarrassed opportunity for the independent determination of her own political development and national policy » gewährt werde. Hier scheinen allerdings die Worte Russia und national zunächst im Sinne von Staatsvolk und nicht Volk im natürlichen Sinn gemeint zu sein, zumal das Wort nations hier für Staaten gebraucht wird und im folgenden Punkt betreffend Belgien zweifellos von einem *Staats*volk die Rede ist. Da aber der nationale Zerfall Russlands im Januar 1918 bereits eingesetzt hatte, konnten die zitierten Ausdrücke sich doch nicht auf die Einheit des alten russischen Staatsvolkes, das heisst die nationale Herrschaft der russischen Rasse über die übrigen, beziehen, sondern es musste etwas wie die Selbstbestimmung aller auf dem ehemaligen russischen Staatsgebiet wohnenden Völker gemeint sein, wenn dies auch nicht klar ausgedrückt ist.

Punkt VII bezeichnet die Belgier als eine einzige « nation » und erwähnt das Problem des Volks im natürlichen Sinne nicht, hat also nur das Staatsvolk vor Augen.

Im Punkt VIII betreffend Elsass-Lothringen wird ohne weitere Begründung die Wiederherstellung des Frankreich 1871 zugefügten « Unrechts » (wrong) ohne die Erwähnung einer Volksabstimmung gefordert, auch nicht einer Abstimmung über die Frage, ob die Elsass-Lothringer etwa die Bildung eines eigenen neutralen Staates oder den Anschluss an die Schweiz oder ein Mindestmass von Selbstverwaltung oder irgend eine Teilung des Landes wünschen. Dieser Punkt steht daher nicht auf dem Boden der Selbstbestimmung, aber auch nicht auf jenem des Nationalitätsprinzips, sondern auf dem des Legitimitätsprinzips und zwar nicht auf dem Boden der Legitimität des ursprünglichen Zustandes, sondern im wesentlichen der Legitimität des Friedens von Rijswick 1697. Im übrigen ist von der Frage des « Unrechts » bereits im ersten Teil dieser Arbeit (1) die Rede gewesen.

Punkt IX verlangt für Italien : « A readjustment of the frontiers of Italy should be effected along clearly recognizable lines of nationality ». Hier ist nicht die Selbstbestimmung, sondern das Nationalitätsprinzip ohne Rücksicht auf den Willen der Bevölkerung zur Grundlage gewählt.

Für Oesterreich-Ungarn enthält Punkt X den Vorschlag: «The peoples of Austria-Hungary, whose place among the nations we wish to see safeguarded and assured should be accorded the freest opportunity of autonomous development ». Ebenso wird im Punkt XII für die Völker der Türkei « absolutely unmolested opportunity of autonomous development » verlangt. Für beide Reiche wird mithin ein Mittelweg zwischen der Selbstbestimmung und dem territorialen status quo eingeschlagen, es wird zwar nicht Selbstbestimmung, aber doch Selbstverwaltung gefordert.

Punkt XI verlangt territoriale Regelung der Balkanfragen « along historically established lines of allegiance and nationality ». Damit wird gleichzeitig das Legitimitätsprinzip und das Nationalitätsprinzip angerufen. Wie beide zugleich realisierbar sein sollen, darüber hat sich *Wilson* nicht ausgesprochen.

Nach Punkt XIII soll ein polnischer Staat errichtet werden und « the territories inhabited by indisputably Polish populations » umfassen.

Nach Punkt XIV soll ein allgemeiner Völkerbund die «territoriale Integrität» («territorial integrity») der so geänderten Staatenwelt gewährleisten.

Wie man aus dieser Zusammenstellung sieht, ist diesem Programm kein einheitliches Prinzip zugrundegelegt. Frankreich wird nach dem Legitimitätsprinzip und zwar im Wesentlichen nach dem Zustand von 1697, Italien und Polen nach dem Nationalitätsprinzip, die Balkanstaaten nach beiden Prinzipien zugleich, Russland nach jenem der Selbstbestimmung behandelt, für Oesterreich-Ungarn und die Türkei wird zwar Legitimität für den Gebietsbestand, aber Selbstverwaltung der Nationalitäten gefordert (2). Immerhin ist doch in den 14 Punkten der Gedanke des Volkstums in viel weiterem Umfang berücksichtigt, als dies, abgesehen von der russischen Revolution, je von einem für die auswärtige Politik seines Staates verantwortlichen Staatsmann vorgeschlagen worden ist.

Präsident *Wilson* ist sehr bald weitergegangen. In der Kongressrede vom 11. Februar 1918 hat er versucht, das Selbstbestimmungsrecht ganz allgemein zu formulieren. Es geschieht dies in den folgenden Punkten :

« Second, that peoples and provinces are not to be bartered about from sovereignty to sovereignty as if they were mere chattels and pawns in a game... », « ... that,

Anm. (1) : Oben, S. 106 ff.

Anm. (2) : Vgl. meine Bemerkungen in *Strupps* Wörterbuch des Völkerrechts und der Diplomatie, II. Bd., 1925, S. 92.

Third, every territorial settlement involved in this war must be made in the interest and for the benefit of the populations concerned... »

« Fourth, that all well defined national aspirations shall be accorded the utmost satisfaction that can be accorded them without introducing new or perpetuating old elements of discord and antagonism... ».

Diese Punkte sind allerdings unklar. Insbesondere lässt Punkt 3 es offen, wer denn mit einer die streitenden Staaten bindenden Wirkung entscheiden könne, was das Interesse und der Vorteil der betroffenen Bevölkerung erheische. Solange dies aber nicht feststeht, kann jeder Staat behaupten, dass die von ihm gewünschte Regelung dem wahren Interesse und dem wahren Nutzen der Bevölkerung am besten entspreche. Ebenso unklar ist Punkt 4. Er gibt keinerlei Anhaltspunkte darüber, was « well defined national aspirations » sind und wer mit bindender Wirkung über sie zu judizieren habe, wenn sie bestritten sind. Die beiden Punkte reichen also nicht aus, die Verwirklichung des Selbstbestimmungsrechtes zu sichern. Dagegen hat Punkt 2, wie immer man ihn auslegen mag, doch offenbar auf jeden Fall die Bedeutung, dass gewaltsame Annexionen ausgeschlossen sein sollen. Das bisher selbstverständliche Recht des souveränen Staates, über sein Gebiet nach Belieben zu verfügen, wird in Abrede gestellt.

Dies ist nun allerdings bloss etwas Negatives. Wer soll über das Gebiet entscheiden, wenn nicht die souveränen Staaten? Die Kongressrede vom 11. Februar 1918 gibt hierauf keine Antwort. Wohl aber die Mount-Vernon-Rede vom 4. Juli 1918 in ihrem Punkt 2. Hier wird gefordert : « The settlement of every question, whether of territory, of sovereignty, of economic arrangement, or of political relationship, upon the bases of the free acceptance of that settlement by the people immediately concerned... ». Das « *Volk* » soll also *selbst* entscheiden. *Hier kann «people» aber nicht Staatsvolk sein,* sonst stünde ja wieder Staat gegen Staat und der Punkt würde entweder gar nichts oder höchstens die Forderung demokratischer Verfassung bedeuten. Aber es wird ganz im Gegenteil betont, dass nur das *unmittelbar* betroffene Volk entscheiden soll und diesem Volk wird im folgenden gegenübergestellt « any other nation or people which may desire a different settlement for the sake of its own exterior influence or mastery ». Wenn man nur mit dem Begriff des Staatsvolkes operierte wie das Völkerrecht der Vorkriegszeit, hätte das alles keinen Sinn. People ist also hier nicht nation, Staatsvolk, sondern die population concerned wie im Punkt 3 der Rede vom 11. Februar 1918. *Punkt 2 der Rede vom 4. Juli 1918 fordert demnach die Selbstbestimmung der von einer Gebietsveränderung betroffenen Bevölkerungsteile.*

Allerdings fehlt auch hier noch die nähere Durchführung. Insbesondere ist nicht gesagt, wie die Bevölkerung, die ja zunächst noch nicht rechtlich organisiert ist, die « freie Annahme » auszusprechen hat. Der Punkt kann entweder so verstanden werden, dass die Bevölkerung als völkerrechtliches Rechtssubjekt zu konstituieren ist oder so, dass nur Pflichten der Staaten begründet werden.

Bemerkenswert ist dann noch Punkt 1 der Rede in New York vom 27. September 1918. Dieser fordert « a justice that plays no favorites and knows no standards but the equal rights of the several peoples concerned ». « Gleiche Rechte » kann offenbar nicht materielle Gleichheit aller Staaten ohne Unterschied der Grösse bedeuten, was unrealisierbar wäre, aber auch nicht bloss die formale « Gleichheit vor dem Gesetz », das heisst vor dem Völkerrecht, was selbstverständlich und daher nichtssagend wäre, sondern *gleiche Rechte bedeutet offenbar volle Gegenseitigkeit* (1), was insbesondere für den Schutz der nationalen Minderheiten von Wichtigkeit ist.

Die grosse Bedeutung des *Wilson*'schen Programms für die Gestaltung der internationalen öffentlichen Meinung ist bereits im ersten Teile dieser Arbeit gewürdigt worden (2).

B) Die völkerrechtliche Anerkennung der « tschechoslowakischen Nation » vor dem Zusammenbruch Oesterreich-Ungarns als völkerrechtliches Novum.

Gegen Ende des Krieges zeigte sich der Gedanke des Volkstums so stark, dass die Alliierten und Assoziierten Mächte kein Bedenken trugen, ihm zuliebe ein *juristisches Novum* von einschneidendster Bedeutung in das Völkerrecht einzuführen, ein Novum, das *als Präzedenzfall nicht nur für das künftige Völkerrecht, sondern auch für dessen Einfluss auf das innerstaatliche Recht der Zukunft von der grössten Tragweite sein kann.* Denn in Zukunft werden sich Nationalitäten und nationale Minderheiten, die mit dem Staat, welchem sie angehören, in Widerstreit leben, unter Umständen auf diesen Präzedenzfall berufen können. Das Verdienst der geistigen Urheberschaft kommt zwei tschechischen Staatsmännern, *Masaryk* und *Beneš*, zu. Wenn künftig Nationalitäten oder nationale Minderheiten sich von ihrem bisherigen Staate loslösen und den Volksgedanken gegen den Gedanken des legitimen « souveränen » Staates geltend machen wollen, so werden sie in diesen beiden Männern, mögen diese sonst wie immer beurteilt werden, die Vorkämpfer ihrer Ideale sehen können.

Es handelt sich um *die Anerkennung der « tschechoslowakischen Nation » als kriegführender Partei und als eines neuartigen völkerrechtlichen Rechtssubjektes zu einer Zeit, als die österreichisch-ungarische Monarchie nach Völkerrecht noch unzweifelhaft bestand und die Tschechen und Slowaken in*

Anm. (1) : Vgl. meine Ausführungen bei *Strupp*, Wörterbuch des Völkerrechts und der Diplomatie, II. Bd., 1925, S. 92.

Anm. (2) : Oben, S. 54, 57 ff.

der Heimat ohne jegliches Anzeichen einer Revolution der österreichischen und ungarischen Staatsgewalt gehorchten. Die Tragweite dieser Anerkunenng kann nur an der Hand der Kenntnis der wesentlichen geschichtlichen Tatsachen beurteilt werden.

Bis in das Jahr 1918 waren die Pläne der alliierten und assoziierten Mächte gegenüber Oesterreich-Ungarn nicht auf volle Zertrümmerung dieses Staatsgebildes gerichtet, sondern nur auf nationale Autonomie der einzelnen Völkerschaften im Rahmen des Gesamtreiches ([1]). Noch im Punkt X seiner Kongressrede vom 8. Januar 1918 hatte Präsident *Wilson* für die Völker Oesterreich-Ungarns nur « the freest opportunity of autonomous development » gefordert.

Diese Pläne der alliierten und assoziierten Mächte entsprachen auch der tatsächlichen Haltung der Völker Oesterreich-Ungarns. Diese hatten zwar seit 1848 nie mehr aufgehört, weitgehende nationale Selbständigkeit und Selbstverwaltung im Rahmen der Monarchie anzustreben ([2]), und die Tschechen waren hierbei vorangegangen ([3]). Aber im Krieg verhielten sich alle Völker in der Monarchie im allgemeinen loyal, ja sie alle wurden zum grossen Teil in die allgemeine Kriegspsychose hineingerissen ([4]). Auch die Truppen aller Nationalitäten, mit Ausnahme von grossen Teilen mehrerer tschechischer Regimenter, die zu den Russen übergingen, erfüllten im allgemeinen vollkommen ihre militärischen Pflichten. Die politischen Führer und die Parlamentarier der verschiedenen Nationalitäten, aber auch Gemeinden, nationale Vereine und andere Körperschaften haben seit Kriegsbeginn in zahlreichen Kundgebungen und Reden die Loyalität und Staatstreue ihrer Völker bekundet. Die deutschösterreichische Friedensdelegation hat in St. Germain-en-Laye ein Verzeichnis dieser Kundgebungen, das an der Hand der Parlamentsprotokolle und Akten zusammengestellt war, überreicht ([5]).

Auch tschechische Kundgebungen lagen in grossen Zahl vor ([6]). So hat schon am 28. Juli 1914 der Verband der tschechischen nationalen Turnvereine (Sokolvereine), die stets einer der Hauptträger, ja vielleicht der Hauptträger der nationalen Bewegung der Tschechen gewesen waren, dem kaiserlich-königlichen Statthalter vom Böhmen seine Loyalität ausgedrückt. Ebenso haben am 5. August 1914 sämtliche Gemeinden und autonomen Bezirksvertretungen Böhmens spontan dem Statthalter ihre unbegrenzte

Anm. (1) : Vgl. *Kybal*, Les origines diplomatiques de l'état Tchécoslovaque, Prag, 1929, S. 19 ff., daselbst in den Anmerkungen Materialien und Literatur.

Anm. (2) : Vgl. insb. *Fischel*, Nationalitäten, im Oesterreichischen Staatswörterbuch von *Mischler* und *Ulbrich*, 2. Aufl. III. Bd., Wien, 1907, S. 677 ff., daselbst S. 701, 702 weitere Zitate; ferner *Otto Bauer*, Die österreichische Revolution, Wien, 1923, Erster Abschnitt, daselbst weitere Literatur S. 1, 20, 37.

Anm. (3) : Vgl. insb. *Ulbrich*, Böhmen, im Oesterreichischen Staatswörterbuch, I. Bd., 1905, S. 539 ff., daselbst S. 611 weitere Literatur dazu; insbes. noch *Otto Bauer*, a. a. O., S. 20 ff., und die daselbst S. 20 zitierte Literatur; *Fritz Weil*, Das Werden eines Volkes und der Weg eines Mannes; Eduard Beneš, Dresden, 1930, S. 13 ff.

Anm. (4) : Vgl. insb. *Otto Bauer*, a. a. O., S. 37 ff.

Anm. (5) : 379 der Beilagen, Konstituierende Nationalversammlung, Bericht über die Tätigkeit der deutschösterreichischen Friedensdelegation in St.Germain-en-Laye, Wien, 1918, I, S. 225 ff. (in der Beilage zur Note vom 2. Juli 1919, Nr. 617, a. a. O., S. 216 ff.)

Anm. (6) : Ebenda, S. 233 ff.

Loyalität zum Ausdruck gebracht und dem Staat ihre Mitwirkung zur Verfügung gestellt. Am 23. November 1914 erliess der Stadtrat von Prag aus eigener Initiative eine Loyalitätskundgebung, und am 6. Mai 1915 verurteilte er, ebenso aus eigener Initiative, den Uebergang von Teilen des Prager Infanterieregimentes Nr. 28 zu den Russen.

Aus den zahlreichen parlamentarischen Kundgebungen sind an erster Stelle jene des am 18. November 1916 gegründeten « Tschechischen Verbandes » (český Svaz), der Vereinigung der tschechischen Parlamentsabgeordneten aller Parteien im österreichischen Reichsrat (1), vom 24. und 31. Januar 1917 zu erwähnen. In diesen Kundgebungen wurde dagegen Protest erhoben, dass die Mächte der Entente in ihrer Antwort auf *Wilsons* Note vom 19. Dezember 1916 unter anderem die « Befreiung der Tschechen von der Fremdherrschaft » als Kriegsziel hingestellt hatten. Das Präsidium des Verbandes der tschechischen Abgeordneten richtete am 31. Januar 1917 an den österreichisch-ungarischen Minister des Aeussern ein Schreiben, in welchem es erklärt, es weist « diese Insinuation, welche auf gänzlich unrichtigen Voraussetzungen beruht, zurück und erklärt kategorisch, dass das tschechische Volk wie immer in der Vergangenheit so auch in der Gegenwart und in der Zukunft bloss unter dem habsburgischen Szepter seine Zukunft und die Grundlagen seiner Entwicklung erblickt» (2). Eine staatsrechtliche Erklärung des genannten Tschechischen Verbandes vom 30. Mai 1917 (3) forderte die Umwandlung der habsburg-lothringischen Monarchie «in einen Bundesstaat freier und gleichberechtigter nationaler Staaten» (4). Daran reihten sich bis in das Jahr 1918 hinein Kundgebungen tschechischer Parteien und einzelner Parlamentarier im Sinne dieser nationalen Forderungen und der Staatstreue gegenüber dem österreichischen Staatsverband (5).

Ohne Zweifel gab es von Anfang an viele Tschechen, welche die Gründung eines selbständigen tschechischen Nationalstaates unter völliger Losreissung von Oesterreich wünschten (6). Schon vom 28. Januar bis 5. Februar 1915 hatte in Paris eine Tagung im Auslande lebender Tschechen und Slowaken stattgefunden, die sich gegen die habsburgische Herrschaft aussprach (7). Aber in der Heimat traten solche Meinungen nicht an die Oeffentlichkeit. Sie waren anscheinend bis zum Winter 1917-1918 nur in der Minderheit und eroberten sich erst gegen das Kriegsende nach und nach die Mehrheit. Allein mag dem sein wie immer, sie haben jedenfalls niemals zu einer gewaltsamen revolutionären Erhebung von Tschechen oder Slowaken gegen die Habsburger und den Staatsverband geführt.

Dagegen haben einige Vertreter dieser Minderheit im Ausland eine Wirk-

Anm. (1) : Vgl. *Epstein*, Studienausgabe der Verfassungsgesetze der Tschechoslowakischen Republik, Reichenberg, 1923, Nr. XXIII, S. 36.
Anm. (2) : 379 der Beilagen usw., I. Bd., S. 236, 237.
Anm. (3) : *Epstein*, a. a. O., Nr. XXIV, S. 37.
Anm. (4) : Vgl. *Otto Bauer*, a. a. O., S. 29.
Anm. (5) : 379 der Beilagen usw., I. Bd., S. 237-240.
Anm. (6) : Vgl. *Otto Bauer*, a. a. O., S. 27 ff.
Anm. (7) : *Epstein*, a. a. O., Nr. VII, S. 15.

samkeit entfaltet, aus der sich neue Ideen für das Völkerrecht und dessen Einfluss auf das innerstaatliche Recht entwickelt haben.

Im Februar 1916 hatten drei Tschechen, Masaryk (1), *Dürich* und *Beneš* (2) und ein Slowake, *Štefánik*, vier in Paris weilende Persönlichkeiten, die keinerlei Vollmacht seitens der heimatlichen Bevölkerung besassen (3), ein Komitee unter dem Namen «Conseil National des Pays tchèques», eine Vertretung der tschechischen und slowakischen nationalen Interessen geschaffen, die nunmehr der Entente gegenüber so auftrat, als ob sie das tschechische und das slowakische Volk zu vertreten hätte (4). Dieser tschechisch-slowakische Nationalrat betrieb nach dem Zusammenbruch Russlands den Gedanken, dass aus den Slawen unter den österreichisch-ungarischen Gefangenen Russlands eine Armee zu bilden sei (5). Unterstützt wurde dieses Bestreben durch die Tatsache, dass Russland schon vorher aus Gründen panslawistischer Solidarität, also aus nationalen Beweggründen, Slawen unter den Kriegsgefangenen vielfach wesentlich besser behandelt hatte als die Deutschen und Magyaren. Ferner konnte sich der tschechisch-slowakische Nationalrat darauf stützen, dass, wie schon erwähnt worden ist, Teile einiger tschechischer Regimenter der österreichisch-ungarischen Armee zur russischen Armee übergegangen waren. Die Bemühungen *Masaryks* bei der russischen Regierung um die Organisierung einer tschechischen Armee waren von Erfolg gekrönt. Es gelang ihm, zu erwirken, dass am 6. April 1917 der Militärrat der Provisorischen Regierung ein « Reglement über die Organisation der tschechoslowakischen Armee » (« Pravidla o organisaci československého vojska ») bestätigte (6).

Der Plan des Nationalrates erweiterte sich bald dahin, dass die Tschechen und Slowaken aus den Gefangenenlagern *aller* alliierten Mächte zu einer tschechoslowakischen Armee zu vereinigen seien. Auch darin hatte er Erfolg. Am 13. Juni 1917 gab die französische Regierung zunächst ihre Einwilligung dazu, dass die Mehrzahl der tschechischen und slowakischen Freiwilligen mit Zustimmung der russischen Regierung aus Russland nach Frankreich transportiert würde (7). Nach langen Verhandlungen erging dann am 16. Dezember 1917 ein Dekret der französischen Regierung über die Anerkennung der tschechoslowakischen Armee in Frankreich (8). Dieses Dekret führt den Titel : « Décret relatif à la constitution de l'Armée tchécoslovaque en France, 16 décembre 1917 ». Es bestimmte, dass die tschecho-

Anm. (1) : Vgl. zum Folgenden auch dessen Memoirenwerk : Die Weltrevolution, Berlin, 1925, S. 94 ff.; Světová revoluce (Die Weltrevolution), Prag, 1930, S. 103 ff.

Anm. (2) : Vgl. zum Folgenden auch dessen Memoirenwerk Světová válka a naše revoluce (Der Weltkrieg und unsere Revolution), Prag, I. Bd., 1928, S. 108 ff. ; Der Aufstand der Nationen. Der Weltkrieg und die tschechoslowakische Revolution, Berlin, 1928, S. 61 ff.

Anm. (3) : *Kybal*, a. a. O., S. 17, 18.

Anm. (4) : *Kybal*, a. a. O., S. 16 ff., und die Zitate daselbst.

Anm. (5) : *Kybal*, a. a. O., S. 26 ff., und die Zitate daselbst.

Anm. (6) : *Masaryk*, Světová revoluce, 1930, S. 179; Die Weltrevolution, 1925, S. 162, woselbst als Datum der 24. April angegeben ist.

Anm. (7) : *Kybal*, a. a. O., S. 30.

Anm. (8) : *Beneš*, Světová válka, Nr. 116, Anm. 2, II. Bd., S. 17, Der Aufstand der Nationen, S. 352. *Kybal*, a. a. O., S. 31 und S. 95, Anm. 16.

slowakische Armee in Frankreich unter eigenen Fahnen gegen die Mittelmächte kämpfen und in politischer Beziehung dem Nationalrat unterstellt sein sollte. Ein diesem Dekret beigefügter « rapport » spricht die Bereitwilligkeit der französischen Regierung aus, « à soutenir de tout son pouvoir les revendications nationales des Tchèques et des Slovaques » (1).

Es tritt demnach hier bereits ganz klar hervor, dass die Beweggründe der Anerkennung *nationale* Bestrebungen der beiden genannten Völker waren. Zu dieser Zeit wohnte jedoch das tschechische und das slowakische Volk auf österreichischem und ungarischem Staatsgebiet und leistete den dortigen Regierungen unbestrittenermassen ohne den geringsten Versuch einer Revolution ebenso Gehorsam wie die anderen Völker der Donaumonarchie. Daher liegt in der Anerkennung der tschechoslowakischen Armee, wenn man den rapport zur Interpretation mit heranzieht, bereits die *Anerkennung der « revendications nationales », also von Rechten eines Volkstums, das kein Gebiet besass, auf dem es regierte und die Ordnung aufrechterhielt, das daher unbestrittenermassen weder einen Staat noch eine partie belligérante im Sinne des Völkerrechts bildete.*

Nun erfolgte allerdings diese Anerkennung nur in der Form eines Dekretes und eines Berichtes der französischen Regierung, also in der Form von Verwaltungsakten, die völkerrechtlich nicht verpflichteten und von der französischen Regierung jederzeit einseitig hätten zurückgenommen werden können. Daher waren nur « revendications », Rechtsansprüche, anerkannt, die völkerrechtlich relevante Organisation des Trägers dieser Ansprüche blieb noch dahingestellt.

Ein Statut der tschechoslowakischen Armee in Frankreich wurde am 7. Februar 1918 im Einvernehmen des französischen Kriegsministeriums mit dem Nationalrat erlassen (2). Danach stand die tschechoslowakische Armee unter dem Kommando eines von der französischen Regierung ernannten Generals und unter dem Befehl des französischen Oberkommandos (3).

Auch in Italien hatte der Nationalrat Erfolg. Am 21. April 1918 wurde zu Rom eine Konvention zwischen *Orlando* und *Štefánik* über die Konstituierung einer autonomen tschechoslowakischen Armee in Italien abgeschlossen (4). Sie nennt sich : « Convenzione fra il governo Italiano e il Consiglio Nazionale dei Paesi Czeco-slovachi, 21 Aprile 1918 ». Hier wird demnach der Nationalrat bereits als Vertreter eines *Gebietes* bezeichnet, das völkerrechtlich unbestrittenermassen österreichisches und ungarisches Staatsgebiet war. Nach dieser Konvention sollte die tschechoslowakische Armee in Italien in nationaler, politischer und juristischer Beziehung dem Natio-

Anm. (1) : *Kybal*, a. a. O., S. 30, 31.

Anm. (2) : *Beneš*, Světová válka, Nr. 116, II. Bd., S. 18, Der Aufstand der Nationen, S. 352 ; *Kybal*, a. a. O., S. 39, S. 96, Anm. 31.

Anm. (3) : Vgl. *Kybal*, a. a. O., S. 58, 59.

Anm. (4) : *Beneš*, Světová válka, Nr. 116, II. Bd. S. 19, Der Aufstand der Nationen, S. 352 ; *Kybal*, a. a, O., S. 35, 36, S. 95 Anm. 21 ; *Epstein*, a. a. O., Nr. XIII. S. 19.

nalrat der tschechoslowakischen Länder unterstehen, dessen Sitz sich in Paris befindet (Art. 1). Die Beziehungen zwischen dieser und der italienischen Armee wurden eingehend geregelt. Militärisch wurde das tschechoslowakische Korps in Italien dem italienischen Oberkommando unterstellt (Art. 4) (1). Ein Zusatzabkommen vom 30. Juni 1918 (2) erkannte die gesetzgebende Gewalt des Nationalrates und die Jurisdiktionsgewalt der tschechoslowakischen Kriegsgerichte an.

Der militätische Wert der tschechoslowakischen Legionen an der Westfront war gegenüber den ungeheuren Heeren der Westmächte zweifellos zahlenmässig von ganz untergeordneter Bedeutung und ist wohl mehr als ein politisch-symbolischer Akt, eben als Anerkennung einer völkerrechtlich selbständigen tschechoslowakischen Nationalität trotz des Bestehens Oesterreich-Ungarns, zu deuten. Dagegen spielten die tschechoslowakischen Legionen in Russland und Sibirien, seitdem es im Mai 1918 zu scharfen Konflikten und Zusammenstössen mit der Sowjetregierung und ihren Truppen gekommen war (3), mit ihren annähernd 50,000 Mann als Faktor der Gegenrevolution der Westmächte eine gewisse Rolle. Daraus sind wohl die später folgenden weitergehenden völkerrechtlichen Anerkennungsakte zu erklären.

Die bisher geschilderten Anerkennungsakte entbehrten der tatsächlichen Grundlage einer tschechischen und slowakischen revolutionären Bewegung in Oesterreich und Ungarn. Im gesamten Wohngebiet des tschechischen Volkes, nämlich in den zum grösseren Teil von Tschechen bewohnten Ländern Oesterreichs : Böhmen, Mähren und Schlesien, war alles ruhig, ebenso in der ungarischen Slowakei (4). Auf die russischen Proklamationen des Selbstbestimmungsrechtes hin (5) erliessen alle tschechischen Reichsrats- und Landtagsabgeordneten auf einem sogenannten Generallandtage am 6. Januar 1918 eine Deklaration (6), welche zwar unter schärfster Ablehnung der österreichischen und ungarischen Verfassung die Selbstbestimmung für Tschechen und Slowaken forderte, aber sich im schreienden Widerspruch zum Prinzip der Selbstbestimmung gleichzeitig auf das « historische Staatsrecht » berief (7). Allein auch weiterhin blieb alles vollkommen ruhig, die österreichischen und ungarischen Behörden fungierten unangefochten weiter, bis zur friedlichen Uebergabe der Gewalt an die neuen tschechoslowakischen Regierungsorgane im Oktober 1918, und ebenso kämpften die tschechischen und slowakischen Truppen im Verbande der österreichisch-ungarischen Armee weiter bis zum Waffenstillstandsvertrag.

Die von der Entente anerkannten tschechoslowakischen Truppen waren

Anm. (1) : Vgl. dazu die Bemerkungen bei *Kybal*, a. a. O., S. 95, Anm. 24.

Anm. (2) : *Kybal*, a. a. O., S. 37, S. 95, Anm. 26.

Anm. (3) : Vgl. unter anderen *Otto Bauer*, a. a. O., S. 32 ff., daselbst, S. 20, Literatur ; *Sakharow*, Die tschechischen Legionen in Sibirien, Berlin-Charlottenburg, 1930, S. 33 ff.

Anm. (4) : Vgl. auch *Otto Bauer*, a. a. O., S. 29.

Anm. (5) : Vgl. oben S. 203 ff.

Anm. (6) : *Epstein*, a. a. O., Nr. XXVI, S. 40 ; vgl. *Otto Bauer*, a. a. O., S. 30.

Anm. (7) : *Epstein*, a. a. O., S. 43.

weder die Truppen eines Staates noch diejenigen einer partie belligérante, die ein eigenes Gebiet besetzt hielt und dort die Ordnung aufrecht erhielt. Daher fehlte ihnen das « Hinterland », aus dem sie ihre Verpflegung und ihre Versorgung mit sonstigen Gütern bestreiten konnten. An der Westfront waren sie daher von der wirtschaftlichen Unterstützung durch die Alliierten abhängig, in Russland und Sibirien, wo ihnen diese Unterstützung nicht gewährt werden konnte, waren sie genötigt, sich das Erforderliche einfach « brevi manu », wie *Masaryk* sagt, das heisst mit Gewalt zu nehmen ([1]). Es fehlte daher dem neuen Rechtssubjekt nicht nur die Rechtsgrundlage im bisherigen Völkerrecht, sondern auch die wirtschaftliche Basis.

Trotz dieser Tatsache gelang es dem tschechoslowakischen Nationalrat in Paris, seine ausdrückliche formelle Anerkennung als de facto kriegführender Regierung, und zwar zunächst seitens der französischen Regierung, zu erwirken. Gelegentlich der Ueberreichung der Fahne an das erste tschechoslowakische Regiment veröffentlichte *Pichon* am 29. Juni 1918 einen Brief an *Beneš* als Generalsekretär des Nationalrates, in welchem die französische Regierung ausspricht : « le gouvernement de la République... considère comme équitable et nécessaire de proclamer les droits de votre nation à l'indépendance et de reconnaître publiquement et officiellement le Conseil National comme l'organe suprême des intérêts généraux et la première assise du futur gouvernement tchécoslovaque » ([2]).

Die englische Regierung dagegen erklärte zwar in einer Note *Balfours* vom 3. Juni 1918 ([3]), den Nationalrat als oberstes Organ der tschechoslowakischen Bewegung anzuerkennen, aber seiner Anerkennung als *Regierung* setzte sie in längeren Verhandlungen ([4]) sehr erhebliche Bedenken entgegen. *Balfour* wies gegenüber *Beneš* darauf hin, dass es keinen Präzedenzfall in der Geschichte gebe, in welchem man eine Regierung und damit einen Staat anerkannt habe, dessen ganzes Gebiet vom Feinde besetzt sei und diesem nach Völkerrecht rechtlich und faktisch gehöre ([5]); ausserdem sei es zweifelhaft, ob der Nationalrat die Meinung des tschechoslowakischen Volkes repräsentiere und ob er juristisch qualifiziert sei, in dessen Namen zu handeln und dessen künftige Regierung zu werden ([6]). Späterhin wollte *Lord Cecil* die Anerkennung der Tschechoslowaken als alliierter Nation und die Einheit der drei tschechoslowakischen Armeen unter der obersten Autorität des Nationalrates zugestehen. *Beneš* aber legte Wert auf die Worte «Regierung» und «Souveränität» ([7]).

Anm. ([1]) : *Masaryk*, Světová revoluce, 1930, Nr. 52, S. 189 ; Die Weltrevolution, S. 172 ; *Sakharow*, a. a. O., S. 42, 43.

Anm. ([2]) : *Beneš*, Světová válka, Nr. 157, II. Bd., S. 229, 300 ; Der Aufstand der Nationen, S. 499, 500 ; *Kybal*, a. a. O., S. 42.

Anm. ([3]) : *Beneš*, Světová válka, Nr. 153, II. Bd., S. 211 ; Der Aufstand der Nationen, S. 485, 486 ; *Kybal*, a. a. O., S. 45, 98, Anm. 48 ; *Epstein*, a. a. O., Nr. XIV, S. 21.

Anm. ([4]) : *Beneš*, Světová válka, Nr. 164 ff., II. Bd., S. 260 ff. ; Der Aufstand der Nationen, S. 521 ff. *Kybal*, a. a. O., S. 44 ff.

Anm. ([5]) : *Beneš*, Světová válka, Nr. 167, II. Bd., S. 275, Der Aufstand der Nationen, S. 532.

Anm. ([6]) : *Beneš*, Světová válka, Nr. 167, II. Bd, S. 276, Der Aufstand der Nationen, S. 533.

Anm. ([7]) : *Beneš*, Světová válka, Nr. 168, II. Bd., S. 279, 281, Der Aufstand der Nationen, S. 535, 536 ; *Kybal*, a. a. O., S. 48.

Beneš schlug am 3. August 1918 der britischen Regierung einen Geheimvertrag vor (1), nach welchem den tschechoslowakischen Ländern die gleiche Stellung unter den Alliierten eingeräumt werden sollte wie Serbien und Griechenland und der Nationalrat die Stellung einer souveränen alliierten Regierung erhalten hätte. Die tschechoslowakische Armee sollte aufhören, vom französischen und italienischen Kriegsministerium abhängig zu sein, und nur der tschechoslowakischen Verwaltung unterstehen. Die tschechoslowakischen Länder sollten an allen interalliierten Konferenzen teilnehmen, die nicht den Grossmächten vorbehalten wären, und einen eigenen Gesandtschafts-, Konsular-, Pass- und Kurierdienst haben. *Lord Cecil* wollte jedoch nur die Tschechoslowaken, nicht die tschechoslowakischen Länder als alliierte und kriegführende Nation anerkennen. Ebensowenig wollte die englische Regierung dem Nationalrat die Stellung einer provisorischen Regierung zubilligen. *Beneš* aber wollte keine Formel annehmen, die nicht vom tschechischen Staat und seiner Regierung spräche.

Schliesslich kam es zu einem Kompromiss. Am 9. August wurde beiderseits eine Deklaration (2) unterzeichnet, welche zwar den Wünschen *Beneš* nicht Rechnung trug, aber doch sehr weitgehende Zugeständnisse machte. England erkennt in Anbetracht dessen, dass das tschechoslowakische Volk sich « seit Beginn des Krieges » dem gemeinsamen Feind « mit allen ihm zu Gebote stehenden Mitteln » entgegengestellt habe, die Tschechoslowaken als « alliierte Nation » und die drei tschechoslowakischen Armeen als eine einheitliche « alliierte und kriegführende Armee », « an allied and belligerent army » an, welche einen regulären Krieg gegen die Mittelmächte führe. England erkennt ferner das Recht des Nationalrates als obersten Organs der tschechoslowakischen nationalen Interessen und als Treuhänder, « trustee », der künftigen tschechoslowakischen Regierung mit oberster Jurisdiktion über die Armee an.

Diese Erklärung der englischen Regierung ist von sehr grosser Bedeutung (3). Die tatsächliche Annahme der britischen Regierung, dass das tschechische und slowakische Volk von Beginn des Krieges gegen Oesterreich und Ungarn gekämpft habe, ist allerdings vollkommen irrig. Wenn man aber auch diese tatsächlichen Annahmen als richtig unterstellt, so stellen die an sie geknüpften rechtlichen Schlussfolgerungen doch ein völkerrechtliches Novum dar, das noch über die oben geschilderte französische Anerkennung hinausgeht. Politisch war jetzt das Schicksal der Habsburgermonarchie entschieden. Denn es konnte nicht mehr zweifelhaft sein, dass die Alliierten einen unabhängigen tschechoslowakischen Staat errichten würden. Juri-

Anm. (1) : Světová válka, Nr. 168, II. Bd., S. 281, 282, Der Aufstand der Nationen, S. 536, 537.

Anm. (2) : *Beneš*, Světová válka, Nr. 168, II. Bd., S. 283, Der Aufstand der Nationen, S. 538 ; *Kybal*, a. a. O., S. 49, S. 99, Anm. 61 ; *Epstein*, a. a. O., Nr. XVII, S. 23.

Anm. (3) : Vgl. insb. *Beneš*, Světová válka, Nr. 169 ff., II. Bd., S. 284 ff. ; Der Aufstand der Nationen, S. 538 ff.

stisch aber war, da die völkerrechtliche Existenz Oesterreich-Ungarns nicht zu leugnen war und die österreichische und ungarische Regierung im ganzen tschechischen und slowakischen Gebiet Gehorsam fanden und die Ordnung aufrecht erhielten, dreierlei ausgesprochen. Erstens war, wie in dem französischen rapport zum Dekret vom 16. Dezember 1917, *das Volk als ein neuartiges völkerrechtliches Rechtssubjekt anerkannt.* Zweitens wurde *dessen Recht auf einen künftigen Staat anerkannt,* entsprechend den revendications des französischen Berichtes. Drittens — und dies ist das völlig Neue — *wird der tschechoslowakische Nationalrat als völkerrechtlicher Repräsentant dieses Volkstums, als legitimiert zur Geltendmachung des Rechtes dieses Volkstums auf einen künftigen Staat und als « trustee » des künftigen tschechoslowakischen Staates anerkannt.*

Die Tschechen und Slowaken der Donaumonarchie waren nunmehr nach der Auffassung Englands folgerichtig *völkerrechtlich doppelt vertreten : als österreichische und ungarische Staatsangehörige durch die gemeinsame österreichisch-ungarische Regierung; als Angehörige ihres Volkstums durch den tschechoslowakischen Nationalrat.* Damit ist ein neuer Gedanke von unabsehbarer Tragweite zum Ausdruck gebracht worden. Der alten Staatsidee, der Idee des souveränen Staates, der allein kraft seiner Kompetenzhoheit, seiner Gebietshoheit und seiner Regeln über die Staatsangehörigkeit seine Bürger völkerrechtlich vertritt, war der denkbar schwerste Stoss versetzt.

Oesterreich-Ungarn liess die britische Deklaration nicht unwidersprochen. Ein Communiqué der Wiener Regierung vom 16. August 1918 ([1]) erklärte amtlich folgendes :

« Die Form und der Inhalt dieser neuesten englischen Regierungserklärung müssen auf das entschiedenste *zurückgewiesen* werden. Der tschechoslowakische Nationalrat ist ein Ausschuss von *Privatpersonen,* welche weder von dem tschechischen Volk, noch viel weniger aber von der nur in der Phantasie der Entente existierenden tschecho-slowakischen Nation irgend ein Mandat erhalten haben. Grade so widersinnig ist es, diesen Ausschuss als Bevollmächtigten der zukünftigen, also heute nicht existierenden Regierung hinzustellen. Was die sogenannte tschechoslowakische Armee betrifft, so kann dieselbe einen Bestandteil des Ententeheeres bilden, aber gewiss nicht als ein Verbündeter der Entente im völkerrechtlichen Sinne gelten. Es ist uns wohl bekannt, dass nur ein geringer Bruchteil der tschecho-slowakischen Armee österreichische oder ungarische Staatsangehörige slawischer Sprache sind. Diese Treu- und Eidbrüchigen werden trotz aller Anerkennung seitens der Entente von uns als *Hochverräter* betrachtet und behandelt werden. Es kann nicht geduldet werden, dass ganze Völker, die ihren Pflichten als österreichische oder ungarische Staatsbürger stets nachkamen und deren Söhne sich im Verbande der österreichischen-ungarischen Armee tapfer gegen

Anm. ([1]) : Meldung des Wiener Kaiserlich-Königlichen Telegraphen-Korrespondenzbüros vom 17. August 1918.

die Entente schlugen, durch ähnliche Mittel wie die amtliche englische Erklärung verdächtigt werden. Die österreichisch-ungarische Regierung behält sich weitere Schritte in dieser Angelegenheit vor ».

Diese Erklärung hatte jedoch keinen Erfolg.

Auf Grund der englischen Deklaration vom 9. August 1918 kam es auch in den dort noch offen gelassenen Fragen zu einer Lösung auf einer mittleren Linie. Am 3. September wurde eine Konvention zwischen der englischen Regierung und dem Nationalrat unterzeichnet ([1]), welche eine Reihe weiterer Zugeständnisse an den tschechoslowakischen Standpunkt bedeutet. Die englische Regierung erklärt, sie werde bis zu der Organisation der kommenden tschechoslowakischen Regierung Beziehungen mit dem Nationalrat unterhalten und mit ihm unmittelbar über alle zu seiner Zuständigkeit gehörenden Fragen verhandeln. Es ist die Rede von einer Anleihe an den Nationalrat « on behalf of the future czechoslovak government ». Ferner wird das Recht des Nationalrates anerkannt, in jeder Konferenz vertreten zu sein, in der Fragen behandelt werden, welche die Interessen der Tschechoslowakei betreffen. Die Bestellung eines diplomatischen Vertreters des Nationalretes in London wird in Aussicht genommen, Bestimmungen über die vom Nationalrat auszustellenden Pässe werden getroffen usw.

Im ganzen hat die englische Regierung in dieser Konvention zwar dem Nationalrat den Namen einer Provisorischen Regierung des beanspruchten tschechoslowakischen Gebietes verweigert, ihm aber tatsächlich diese Stellung gewährt ([2]).

Inzwischen hatte *Masaryk* es unternommen, auch die Anerkennung Amerikas zu erwirken ([3]). Er hatte Erfolg. Am 2. September 1918 veröffentlichten die Vereinigten Staaten auf Grund eines Memorandums *Masaryks* vom 31. August ([4]) eine Erklärung, in welcher sie die Anerkennung des Kriegszustandes zwischen den Tschechoslowaken und den Mittelmächten und die des Nationalrates als de facto kriegführender Regierung («a de facto belligerent government »), welche die politischen und militärischen Angelegenheiten des tschechoslowakischen Volkes leite, aussprachen ([5]). Als Motiv der Anerkennung akzeptierte *Lansing* in dieser Note weder historische noch naturrechtliche Rechtsansprüche, sondern die Tatsache, dass das tschechische Volk die Waffen gegen die Mittelmächte ergriffen habe, eine Annahme, die allerdings, wenn man nicht die von der Entente organisierten verhältnismässig kleinen Verbände, sondern das ganze tschechische und slowakische Volk in der Heimat und die zahlreichen tschechischen und slowaki-

Anm. (1) : *Kybal*, a. a. O., S. 51 ff., S. 99, Anm. 71 ; *Epstein*, a. a. O., Nr. XVIII, S. 25.

Anm. (2) : Vgl. auch *Beneš*, Světová válka, Nr. 169, II. Bd. S. 284, 285, Der Aufstand der Nationen, S. 538, 539 ; *Kybal*, a. a. O., S. 54.

Anm. (3) : *Masaryk*, Světová revoluce, Nr. 65 ff., S. 259 ff. ; Die Weltrevolution, S. 237 ff.

Anm. (4) : *Masaryk*, Světová revoluce, Nr. 79, S. 368, Die Weltrevolution, S. 311; *Kybal*, a. a. O.,S. 71, ff., S. 102, Anm. 106.

Anm. (5) : *Kybal*, a. a. O., S. 57, 74 ff., 102, Anm. 108 ; *Epstein*, a. a. O., Nr. XVII*a*, S. 24.

schen Truppen in der österreichisch-ungarischen Armee in Betracht zieht, vollkommen irrig war.

Zu den erwähnten Anerkennungen trat am 9. September eine Deklaration der japanischen Regierung, in welcher sie die Anerkennung der tschechoslowakischen Armee als alliierter Armee und des Nationalrats als Administrativorgans aussprach ([1]). Eine Anerkennung des Nationalrats als Regierung wie seitens Englands und der Vereinigten Staaten lag darin noch nicht.

Nunmehr liess *Beneš* am 11. September 1918 nach Prag, wo alles sich ruhig verhielt und die österreichische Staatsgewalt völlig unangefochten herrschte, eine Nachrischt über den Stand der Dinge gelangen, welche daselbst am 15. September eintraf ([2]). Sie war an den Nationalausschuss gerichtet, ein am 18. November 1916 gleichzeitig mit dem «Tschechischen Nationalverband» ([3]) von den tschechischen politischen Parteien gebildetes tschechisches National-Komitee ([4]). *Beneš* knüpfte daran die Weisung, unter keinen Umständen mit der österreichisch-ungarischen Regierung in Verhandlung zu treten und ohne ein Zeichen von Paris aus keine revolutionäre Erhebung zu veranlassen.

Es bestand nun ein Widerspruch zwischen der englischen Anerkennung, nach welcher die drei tschechoslowakischen Armeen eine Einheit unter dem interalliierten obersten Kommando bildeten, und der Unterstellung der tschechoslowakischen Armeen in Frankreich und Italien unter das französische und italienische Oberkommando ([5]). Unter Hinweis hierauf gelang es dem Nationalrat am 28. September 1918, ein neues Abkommen mit Frankreich abzuschliessen ([6]). Frankreich verzichtet nicht ganz auf die Verfügung über die tschechoslowakische Armee (Art. 1). Die tschechoslowakische Nation verspricht ihre militärische Hilfe auf Kriegsdauer (Art. 1). Dafür erkennt die französische Regierung die tschechoslowakische Nation als verbündete und kriegführende Nation an, deren Souveränität durch den Nationalrat als de facto-Regierung repräsentiert werde, und verspricht ihre Hilfe zur Erneuerung des unabhängigen tschechoslowakischen Staates in den Grenzen seiner ehemaligen historischen Länder (Art. 2), also nicht bloss zur Selbstbestimmung des tschechischen und des slowakischen Volkes, sondern auch zur Angliederung der deutsch sprechenden Teile der historischen «Länder der böhmischen Krone», Böhmen, Mähren und Oesterreichisch-Schlesien, ausserdem der Slowakei. *Beneš* hatte auf Anregung *Štefánik's* die Anerkennung der vollen Souveränität des beanspruchten tschechoslowakischen Territoriums verlangt, aber die französische Regierung

Anm. (1) : *Kybal*, a. a. O., S. 51, S. 99, Anm. 66.

Anm. (2) : *Beneš*, Světová válka, Nr. 177, II. Bd., S. 324 ff. Der Aufstand der Nationen, S. 566 ff.; *Kybal*, a. a. O., S. 62, S. 100, Anm. 81*a*.

Anm. (3) : S. oben S. 215.

Anm. (4) : *Epstein*, a. a. O., Nr. XXIII, S. 36.

Anm. (5) : Vgl. *Kybal*, a. a. O., S. 58, 59.

Anm. (6) : *Beneš*, Světová válka, Nr. 175, II. Bd., S. 318 ff., Der Aufstand der Nationen, S. 562, 563. *Kybal*, a. a. O., S. 59 ff., S. 100, Anm. 79.

hatte dies abgewiesen und nur zugestanden, dass die tschechoslowakischen Bürger in Frankreich die Rechte und Pflichten der Bürger eines befreundeten Landes haben sollten (Art. 4). Der Geldaufwand der französischen Regierung wird als ein Vorschuss erklärt, dessen Rückzahlung die tschechoslowakische Nation durch eine Anleihe sichert (Art. 6).

Ein Versuch *Beneš'*, nach der Unterzeichnung des Vertrags mit Frankreich vom 28. September einen Allianzvertrag des tschechoslowakischen Staates mit Italien zustandezubringen, schlug fehl, da *Orlando* das Uebereinkommen vom 21. April 1918 für ausreichend hielt und es bereits als Anerkennung einer de facto-Regierung betrachtete (1).

Nachdem am 15. September die erwähnte Nachricht *Beneš'* an den tschechischen Nationalausschuss in Prag gelangt war, erklärte am 2. Oktober der Vorsitzende des Tschechischen Verbandes, Abgeordneter *Staněk*, im Wiener Parlament, dass der tschechoslowakische Nationalrat in Paris berufen sei, die tschechoslowakische Nation gegenüber den Verbündeten und auf der Friedenskonferenz zu vertreten, und am 8. Oktober gab der Abgeordnete *Zahradník* namens desselben Verbandes bekannt, dass die Tschechoslowaken für die Dauer das Wiener Parlament verlassen und auf immer alle Bande mit Oesterreich-Ungarn lösen. Da die Angeordneten durch die Immunität gedeckt waren, erfolgten keine Schritte der österreichischen Behörden gegen sie.

Inzwischen war die Lage der Mittelmächte äusserst ungünstig geworden. Kaiser *Karl* entschloss sich zu einem verzweifelten Schritt, um sich die Herrschaft in seinem Reiche zu erhalten. Am 4. Oktober richtete der österreichisch-ungarische Minister des Aeussern an Präsident *Wilson* eine Note, in welcher die Monarchie unter Berufung auf das Programm der 27 Punkte *Wilsons* um einen sofortigen Waffenstillstand bat.

Beneš fürchtete nunmehr, dieser Versuch, die Herrschaft der Habsburger zu retten, könnte bei den alliierten und assoziierten Mächten Erfolg haben. Daher entschloss er sich, ein fait accompli zu schaffen. Während noch immer in den von Tschechen und Slowaken bewohnten Gebieten alles ruhig war und die österreichische und ungarische Staatsgewalt hier allein die Ruhe und Ordnung aufrecht erhielt, richtete *Beneš* am 14. Oktober an das französische Ministerium des Aeussern und an die diplomatischen Vertreter der alliierten und assoziierten Mächte in Paris eine Note (2). In dieser teilte er folgendes mit : Am 26. September habe sich eine provisorische tschechoslowakische Regierung, bestehend aus einem Präsidenten und drei Ministern, gebildet und sie habe diplomatische Vertreter in London, Paris, Rom, Washington, ferner in Omsk für Russland ernannt; diese Entscheidung

Anm. (1) : *Beneš*, Světová válka, Nr. 182, II. Bd., S. 353, Der Aufstand der Nationen, S. 584 ; *Kybal*, a. a. O., S. 62, 63, S. 100, Anm. 83.

Anm. (2) : *Beneš*, Světová válka, Nr. 185, II. Bd., S. 364, 365, Der Aufstand der Nationen, S. 592, 593. *Kybal*, a. a. O., S. 64, S. 100, Anm. 83*a*, 86 ; *Epstein*, a. a. O., Nr. XIX, S. 27.

sei im Einvernehmen mit den politischen Führern der tschechoslowakischen Länder erfolgt; die neugebildete Regierung übernehme die Leitung der tschechischen und slowakischen Länder durch den Willen des Volkes und der Armee.

Die Berufung auf den Willen des Volkes entsprach noch immer nicht ganz den Tatsachen. Das tschechische und das slowakische Volk wussten im allgemeinen infolge der Zeitungs- und Passzensur bis zu der eben erwähnten Erklärung des Abgeorchneten *Staněk* im Wiener Parlament am 2. Oktober von den Vorgängen nur wenig und seitdem wohl hauptsächlich dasjenige, was die Abgeordneten auf Grund ihrer Immunität erklärt hatten; es haben weder Wahlen noch eine Volksabstimmung stattgefunden, noch war eine gewaltsame Revolution ausgebrochen. Doch kam es am 14. Oktober zu grossen tschechischen Kundgebungen gegen die Ausfuhr von Lebensmitteln und Kohle aus reichen tschechischen in notleidende deutsche Sprachgebiete Oesterreichs, bei welcher Gelegenheit Arbeiterdemonstrationen für eine unabhängige tschechische Republik stattfanden. Dies war die erste ausgesprochen republikanische Kundgebung des tschechischen Volkes ([1]).

Am 15. Oktober 1918 erkannte die französische Regierung die proklamierte provisorische tschechoslowakische Regierung offiziell an ([2]). Ihr folgte die italienische am 24. Oktober ([3]). Die englische Regierung bestätigte am 23. Oktober lediglich den Empfang der Note ([4]). Daran reihten sich eine serbische, eine belgische und eine griechische Anerkennung ([5]).

Am 16. Oktober beantwortete Staatssekretär *Lansing* namens der Vereinigten Staaten die Bitte der Habsburgermonarchie um einen Sonderwaffenstillstand. Er könne auf die nunmehrigen Anträge nicht mehr eingehen. Denn seitdem in der Kongressrede vom 8. Januar für die Völker Oesterreichs die freieste Möglichkeit autonomer Entwicklung gefordert worden sei, habe die Regierung der Vereinigten Staaten anerkannt, dass der Kriegszustand zwischen den Tschechoslowaken und dem deutschen und dem österreichisch-ungarischen Kaiserreich bestehe und dass der tschechoslowakische Nationalrat eine de facto kriegführende Regierung sei.

Als die Zeitungen diese Antwortnote abdruckten, erfuhren die Millionen von Tschechen und Slowaken, dass sie, nach Auffassung der Gegner ihres bisherigen Staatsverbandes, im Kriegszustand mit dem Staate seien, in dem sie bis zum gegenwärtigen Zeitpunkt gelebt hatten, dem sie bisher gehorcht hatten, dem sie sich niemals gewaltsam widersetzt hatten und in dessen Armee noch immer bis jetzt viele Hunderttausende ihrer Söhne gekämpft hatten. Millionen von Deutschen in Oesterreich, besonders mehr als dreieinhalb Millionen Deutscher in Böhmen, Mähren und Schlesien, den histo-

Anm. (1): Vgl. *Otto Bauer*, Die österreichische Revolution, Wien, 1923, S. 75.
Anm. (2): *Kybal*, a. a. O., S. 64, S. 100, Anm. 87.
Anm. (3): *Kybal*, a. a. O., S. 64, 65, S. 100, Anm. 88.
Anm. (4): *Kybal*, a. a. O., S. 65, S. 100, Anm. 89.
Anm. (5): *Kybal*, a. a. O., S. 65, S. 100, Anm. 89*a*.

rischen Ländern der « böhmischen Krone », erfuhren, dass die Tschechen, mit denen sie bisher ein Staatsvolk gebildet hatten und mit denen sie durch tausend Bande der Nachbarschaft, der Verwandtschaft und Schwägerschaft, der Wirtschaft, der gemeinsamen Geschichte verbunden waren, ihre Feinde und mit ihnen im Kriege seien.

Trotz der ungeheuren moralischen und juristischen Verwirrung, welche diese Auffassung der Sieger in die Bevölkerung bringen musste, kam es doch auch jetzt zu keinem gewaltsamen Umsturz. So gross war der Glaube an die Macht des nationalen Gedankens, an die Idee der Selbstbestimmung und an die Versprechungen *Wilsons* in seinen 27 Punkten, dass beide Völker, Tschechen und Deutsche, der Entwicklung ruhig entgegensahen, die einen im Vertrauen darauf, dass ihr tschechischer Staat nun unmittelbar Wirklichkeit werden müsse, die anderen im Vertrauen darauf, dass sie sich nunmehr auf Grund der Selbstbestimmung mit dem Deutschen Reich würden vereinigen können.

Aber die Autorität der bisherigen Staatsbehörden liess sich nun nicht mehr länger aufrechterhalten. Zwar versuchte die Regierung *Hussarek* mit dem kaiserlichen Manifest « An meine getreuen österreichischen Völker » (1) durch Umwandlung Oesterreichs in einen Nationalitäten-Bundesstaat die Entwicklung aufzuhalten. Aber hinter der Regierung standen keine Völker mehr. Seit dem 2. Oktober hatten sich die Mitglieder des österreichischen Reichsrates nach Nationalitäten zusammenzuschliessen begonnen. So waren nationale Parlamente vorhanden, welche in der Lage waren, nach den Grundsätzen der parlamentarischen Demokratie verantwortliche Behörden zu bilden und die Macht von den alten österreichischen Behörden zu übernehmen (2). Die alten österreichischen Behörden waren in jedem Land und Bezirk überwiegend der hier wohnenden Nationalität entnommen. Es war dies eines der Mittel gewesen, durch welche die Politik des alten Oesterreich versucht hatte, die Nationalitäten an sich zu fesseln, für ihre Entwicklung zu sorgen und ihnen den Nationalstaat wenigstens zum Teil zu ersetzen. Diese schon zum grossen Teil bereits nationalisierten alten österreichischen Behörden konnten sich daher leicht in neue nationale Behörden verwandeln und sich den neuen nationalen Parlamenten unterordnen. So ist etwa zwischen dem 16. und dem 27. Oktober Oesterreich durch eine vollkommen unblutige und friedliche nationale «Revolution», richtiger würde man sagen : «Evolution», tatsächlich mehr und mehr zerfallen. Noch machte die kaiserliche Regierung *Lammasch* mit der Note vom 27. Oktober durch das Angebot eines Sonderfriedens und der Anerkennung der von Amerika geltendgemachten Rechte der Tschechoslowaken und Jugoslawen einen letzten Versuch, die Krone der Habsburger

Anm. (1) : Wiener Zeitung vom 15. Oktober 1918.

Anm. (2) : Vgl. unter anderen insb. *Otto Bauer*, a. a. O., S. 74 ff., daselbst S. 71 weitere Literatur ; ferner meine Arbeit: Deutschösterreich im Friedensvertrag von Versailles, Vorveröffentlichung aus dem Kommentar zum Friedensvertrage, herausg. von *Schücking*, Berlin, 1921, S. 4 ff. ; daselbst Zitate.

wenigstens für Deutschösterreich und Ungarn zu retten. Aber hinter dieser Regierung stand im Hinterlande fast niemand mehr als der Hof.

Als die Note am Vormittag des 28. Oktober in Prag bekannt wurde, also erst *nach* dem Verzicht der Habsburger auf die Herrschaft über die Tschechoslowaken, erklärte der Nationalausschuss (« Nazodni Vybor ») mit einem Manifest vom gleichen Tage (1), dass er die Verwaltung des Staates in seine Hand genommen habe. Er erliess am gleichen Tage ein Gesetz (2), in welchem er sich zum Organ des einmütigen Volkswillens und Vollstrecker der staatlichen Souveränität erklärte (Art. 1) und nach dem ihm alle bisherigen Behörden unterstellt wurden (Art. 3). Er fand im tschechischen und im slowakischen Sprachgebiet sogleich Gehorsam und keinerlei Widerstand. Daher ist auf diesen Gebieten der tschechoslowakische Staat am 28. Oktober 1918 konstituiert worden. Die tschechoslowakische Staatspraxis und staatsrechtliche Theorie nimmt auch diesen Tag als das Geburtsdatum des Staates an, allerdings für dessen *ganzes* heutiges Gebiet, auch für die nicht tschechischen und nicht slowakischen Gebietsteile. Das letztere widerspricht den Tatsachen. Deutschböhmen und die anderen deutschen Randgebiete der heutigen Tschechoslovakei organisierten sich zunächst national selbständig auf Grund des Selbstbestimmungsrechtes (3), wurden dann mit Hilfe alliierter Truppen militärisch besetzt und ohne Volksbefragung, also nur auf Grund des « Rechtes des Siegers », im Friedensvertrag von *St. Germain-en-Laye* der Tschechoslowakei zugesprochen.

Wie sich aus dieser geschichtlichen Darstellung ergibt, *ist die tschechoslowakische Nationalität von den Alliierten und Assoziierten Mächten als ein selbständiges Rechtssubjekt anerkannt worden, bevor der tschechoslowakische Staat entstanden ist.* Es kann kaum einem Zweifel unterworfen werden, dass dieser Staat im Sinne des damals und des heute geltenden Völkerrechtes sowie im Sinne der herrschenden Staatsrechtslehre erst am 28. Oktober 1918 entstanden ist. Dies ist auch der Standpunkt des Nationalausschusses gewesen, der sein Manifest von diesem Tage mit den Worten begann : « Tschechoslowakisches Volk ! Dein uralter Traum ist Wirklichkeit geworden. Der tschechoslowakische Staat ist am heutigen Tage in die Reihe der selbständigen freien Kulturstaaten der Welt getreten » (4). Die Führer des tschechischen Volkes mussten es doch am besten wissen, dass sie vorher keine Staatsgewalt ausgeübt haben. Die Annahme eines früheren Geburtsdatums des Staates als jenes des 28. Oktober ist unzulässig, denn vor diesem Tage fehlte jedenfalls ein Staatsgebiet, auf dem die Staatsregierung tatsächlich herrschte und tatsächlich die Ordnung aufrecht erhielt. Man kann daher *Masaryk* nicht beipflichten, der den 15. Oktober für den Tag der Entstehung des

Anm. (1) : *Epstein*, a. a. O., Nr. IV, S. 12.
Anm. (2) : *Epstein*, a. a. O., Nr. V, S. 13.
Anm. (3) : Vgl. meine Arbeit Deutschösterreich im Friedensvertrag von Versailles, S. 5 ff.
Anm. (4) : *Epstein*, a. a. O., Nr. IV, S. 12.

Staates hält, weil an diesem Tage die Vorläufige Regierung die erste Anerkennung durch eine alliierte, und zwar durch die französische Regierung, erlangt hat ([1]). Immerhin ist es bemerkenswert, dass selbst nach *Masaryk* der Staat nicht vor dem 15. Oktober bestanden hat, die früheren Anerkennungsakte daher *ein anderes Rechtssubjekt als einen Staat* betreffen müssen.

Aus den vorstehenden Erwägungen ergibt sich, dass bis zum 28. Oktober 1928, und selbst nach *Masaryk* bis zum 15. Oktober 1928, alle Tschechen und Slowaken österreichische oder ungarische Staatsangehörige waren. Wenn der Nationalrat schon vorher als de facto-Regierung anerkannt worden ist, so ist dies, wie *Balfour* mit Recht bei den Verhandlungen mit *Beneš* betont hat ([2]), ohne Präzedenz in der Geschichte. Denn diese Regierung regierte keinerlei Gebiet. Sie war demnach trotz der Anerkennung gar keine Regierung im Sinne des bisherigen Völkerrechtes. Die Anerkennung aufständischer Parteien als kriegführender Macht (partie belligérante) setzte bisher tatsächliche Besetzung und Beherrschung und geordnete Verwaltung eines Teiles des Staatsgebietes voraus. Die Provisorische Regierung repräsentierte daher kein Volk im Sinne der Bewohner eines Staatsgebietes, die mit der bisherigen Staatsgewalt im Kampf stehen, sondern im günstigsten Falle eine im Ausland befindliche Armee. Aber selbst dies ist im höchsten Grade fraglich. Die tschechoslowakischen Legionen waren von den Alliierten aufgestellt und ausgerüstet worden und bestanden im wesentlichen nicht aus Revolutionären, sondern aus Kriegsgefangenen, die nur zu einem kleinen Bruchteil freiwillig zu den Russen übergegangen waren, in ihrer Mehrheit aber regulär in der österreichisch-ungarischen Armee bis zu ihrer Gefangennahme gekämpft hatten ; diese Legionen standen im allgemeinen im Verband und unter der Führung der alliierten Armeen. Niemand kann sagen, ob diese Legionen gegen ihre ehemaligen Kameraden, unter denen noch hunderttausende von Tschechen und Slowaken waren, auch dann gekämpft hätten, wenn jeder Druck der Alliierten weggefallen wäre und ihnen niemand anderer den Kampf befohlen hätte als die vier Herren des Nationalrates, die sich auf kein Mandat des Volkes stützen konnten.

Auch der selbständige Kampf der tschechoslowakischen Legionen in Russland und Sibirien gegen Sowjettruppen, Deutsche und Magyaren kann nicht geltend gemacht werden, um die Anerkennung des Pariser Nationalrates zu begründen. Denn dieser Kampf war aus lokalen Gründen spontan ausgebrochen, ohne Verbindung mit dem Pariser Nationalrat und gegen die Vereinbarung der Moskauer Regierung mit dem Vertreter des Nationalrats in Moskau ([3]), es kann kaum behauptet werden, dass diese Legionen sich

Anm. ([1]) : Světová revoluce, Nr. 103, S. 465 ; Die Weltrevolution, S. 403.

Anm. ([2]) : Vgl. oben S. 219.

Anm. ([3]) : Vgl. *Otto Bauer*, a. a. O., S. 33 ff. ; *Sakharow*, a. a. O., S. 33 ff.

auch dann geschlagen hätten, wenn kein anderer Anlass vorgelegen hätte als ein Befehl des Pariser Nationalrates.

Man muss demnach *Masaryk* beipflichten, wenn er von der sogenannten tschechischen Revolution sagt, sie sei « eigentümlich » gewesen : « Ihre bewaffnete Form wurde nicht daheim auf unserem Gebiet durchgeführt, sondern jenseits der Grenzen auf fremden Gebieten » (1). Aber was draussen geschehen war, das hätte das tschechische Volk aus eigener Kraft niemals schaffen können, das haben die alliierten Mächte zustandegebracht. Das Wort Revolution ist daher selbst dann nicht am Platz, wenn man das Verhalten eines kleinen Teiles des Volkes im Ausland überhaupt als Revolution bezeichnen dürfte. *Die Anerkennung des tschechoslowakischen Nationalrates kann daher nicht als Anerkennung einer erfolgreichen Revolution gedeutet werden, sie ist vielmehr dem wirklichen Zerfall Oesterreichs und Ungarns vorausgeeilt.*

Die Behandlung des Nationalrates als de facto-Regierung zu einer Zeit, als er keinen Quadratmeter tschechoslowakischen Landes beherrschte und das ganze tschechische und slowakische Gebiet völkerrechtlich österreichisches und ungarisches Staatsgebiet war, ist umso auffallender, als die spätere Praxis in den alliierten und assoziierten Ländern an den damit ausgesprochenen allgemeinen Rechtsgedanken selbst nicht festgehalten hat.

So hat, um ein Beispiel hervorzuheben, das oberste Gericht des Staates New York 1927 (2) entschieden, dass die am 24. April 1916 in Dublin mit dem sogenannten « Easter uprising » durch die bewaffnete Organisation der « Irischen Freiwilligen » ausgerufene irische Republik keine de facto-Regierung gebildet habe, trotzdem nach ihrer militärischen Niederwerfung durch Grossbritannien die Organisation der « Irischen Freiwilligen » weiter existiert und politische Wirksamkeit entfaltet habe. Daher sei der jetzige Irische Freistaat Rechtsnachfolger von Grossbritannien und Irland und nicht der Irischen Republik. Nun ist allerdings die Geschichte der irischen Revolution, die in den Gründen des Erkenntnisses näher dargelegt wird, anders verlaufen als die revolutionslose Geschichte des tschechoslowakischen Staates. Aber wenn schon die «Irischen Freiwilligen», die *vorübergehend irisches Gebiet beherrscht hatten,* nach dem Gedankengang dieses Judikats keine de facto-Regierung bilden konnten, so konnten dies noch viel weniger die Freiwilligen und ehemaligen Kriegsgefangenen in den « tschechoslowakischen Legionen », die niemals tschechisches oder slowakisches Gebiet beherrscht hatten. Es ist auch unbestritten anerkannt, dass, ebenso wie hier der Irische Freistaat vom Tag seiner Konstituierung an als der Rechtsnachfolger Grossbritanniens und Irlands erscheint, die Tschechoslowakei vom Gründungstag, dem 28.

Anm. (1) : « Ta revoluce však byla zvláštní ; její branná forma nebyla provedena doma na našem území, nýbrž za hranicemi, na územích cizích ».
Světová revoluce, Nr. 100, S. 447 ; Die Weltrevolution, S. 386.

Anm. (2) : *Bruns*, Zeitschrift für ausländisches öffentliches Recht und Völkerrecht, I. Bd., 1929, 2. Teil, S. 236 (nach Supreme Court, New York Country, Irish Free State et al. v. Guaranty Safe Deposit Co. et al., May 11, 1927, 222 N. Y., S. 182).

Oktober 1918, der Rechtsnachfolger Oesterreichs und Ungarns ist, ebenso wie es die anderen «Nachfolgestaaten», sind, soweit die Friedensverträge nicht das heutige Oesterreich und das heutige Ungarn allein mit der Rechtsnachfolge belasten. Nirgends schiebt sich zwischen die alte österreichische bezw. ungarische und die neue tschechoslowakische Staatsgewalt auch nur ein Augenblick einer Zwischenherrschaft einer provisorischen de facto-Regierung.

Man könnte auf Grund dieser Betrachtungen geneigt sein, den Nationalrat und die Provisorische Regierung als blosse Fiktionen zu betrachten und die Anerkennung durch die Alliierten und Assoziierten als eine bewusst völkerrechtswidrige Kriegsmassnahme anzusehen, vergleichbar dem Einmarsch in Belgien, oder dem Zwang gegen Neutrale zur Teilnahme an der Hungerblockade, oder dem warnungslosen Unterseebootkrieg, oder dem Flaggenmissbrauch. Allein damit würde man doch den Absichten der handelnden Persönlichkeiten offenbar nicht ganz gerecht. Es steckte hinter dem de lege lata zweifellos völkerrechtswidrigen Vorgang ein *neuer Gedanke.* Was in Wahrheit von den Mächten anerkannt worden ist, war nicht ein Haufen ehemaliger Kriegsgefangener und Deserteure, auch nicht Millionen ahnungsloser österreichischer und ungarischer Staatsbürger, die die historischen « Länder der böhmischen Krone » bewohnten und übrigens nur zu 62 % Tschechen und Slowaken waren (1). Sondern was in Wahrheit als neuartiges Subjekt von Rechten anerkannt worden ist, das war das *Volkstum.*

Dies kommt zum Teil auch in den Anerkennungsakten, wiewohl undeutlich, zum Ausdruck. So erkennt die oben zitierte Note *Balfour's* vom 3. Juni 1918 den Nationalrat als oberstes *Organ* der tschechoslowakischen *Bewegung* an, ein neuer Begriff, der für das bisherige Völkerrecht vollkommen sinnlos war. Der Brief *Pichon's* vom 29. Juni spricht von dem *Recht* der *Nation* auf Unabhängigkeit und die englische Deklaration vom 9. August bezeichnet die Tschechoslowaken trotz ihrer völkerrechtlichen Zugehörigkeit zu Oesterreich-Ungarn als alliierte *Nation.* Beides ist undeutlich, da nation im Französischen und Englischen Staatsvolk bedeutet. Hier konnte der Ausdruck aber nicht den Sinn von Staatsvolk haben, da es einen tschechoslowakischen Staat noch nicht gab und da Oesterreich und Ungarn noch unbestritten souveräne Staaten und Rechtssubjekte des Völkerrechtes waren. Die Anerkennung bezog sich mithin auf ein *Volk im natürlichen Sinn.* Allerdings war es als der Träger eines *künftigen,* aber doch zweifellos nicht eines *gegenwärtigen* Staates gedacht.

Zum erstenmal in der Geschichte ist demnach hier das Volkstum als völkerrechtliches Rechtssubjekt behandelt worden, und zwar als ein Rechtssubjekt eigener Art. Es hat mit den Staaten ähnliche Rechtsbeziehungen wie ein Staat, es hat völkerrechtliche Rechte und Pflichten. Vor allem aber wird ihm ein neuartiges Recht, das *Recht auf Unabhängigkeit, droit à l'indépen-*

Anm. (1): Vgl. S. 231, Anm. 5 und 6.

dance zugesprochen ; wir können auch sagen : *ein Recht auf Staatsbildung,* wobei man sich der Thesen *Mancini's* (1) und des zweiten Punktes der Deklaration der Rechte der Völker Russlands vom 15. (2.) November 1917 (2) erinnern mag. Diejenigen, zu deren Gunsten und Lasten derartige Rechte und Pflichten bestehen, werden nicht durch gemeinsame Staatsangehörigkeit zusammengehalten, nicht durch das jus soli oder sanguinis, durch Eheschliessung, Adoption oder Naturalisation, sie sind vielmehr schon Angehörige eines bestehenden Staates. Was sie zum Volkstum vereinigt, ist unabhängig von all dem und kann offenbar nur eines sein : ihr *politischer Wille,* mit anderen Worten, ihr *nationales Bekenntnis.*

Nun wurde allerdings gerade dieser Gedanke durch die Urheber der Idee selbst verfälscht. Schon der sogenannte « Generallandtag » vom 6. Januar 1918 (3) hatte sich zwar für die Tschechen und Slowaken auf die « Selbstbestimmung » berufen, gegen die Deutschen und die anderen Rassen der beanspruchten Länder aber das « historische Staatsrecht » geltend gemacht. *Beneš* forderte in Paris, wie wir gesehen haben, die Wiederherstellung des tschechoslowakischen Staates in den Grenzen seiner *historischen* Provinzen und der Vertrag vom 28. September 1918 (4) sagte dies dem Nationalrat zu. Bei allen diesen Akten handelte es sich um Grenzen, die seit Jahrhunderten nicht mehr die Grenzen eines tschechischen Reiches gewesen waren und die, in der Gestalt, welche die Tschechoslowakei 1919 erhalten hat, neben etwa 48 % Tschechen und 14 % Slowaken annähernd 38 % anderer Rassen umfassten (5). Die — übrigens tatsächlich nicht zutreffende — Behauptung, dass das tschechische Volk im Namen des Volkstums und für seine nationale Unabhängigkeit gegen die Mittelmächte einen regulären Krieg führe, konnte die Geltendmachung ehemaliger Rechtsansprüche böhmischer Könige im Mittelalter nicht begründen. Auf jene Behauptung konnte man nicht das Legitimitätsprinzip und historische Rechte stützen, sondern nur die Forderung des Nationalitätsprinzips oder der Selbstbestimmung der Völker. Hätten dies die Vertreter des tschechischen Volkes damals getan, so wäre die neue Rechtsidee, die ihnen das Völkerrecht verdankt, wesentlich klarer und weniger anfechtbar hervorgetreten. Allerdings wäre der tschechoslowakische Staat bei Gewährung der Selbstbestimmung an die anderen Rassen um ungefähr ein Drittel kleiner ausgefallen (6).

Anm. (1) : Oben, S. 184.
Anm. (2) : Oben S. 204, 205.
Anm. (3) : Oben, S. 218.
Anm. (4) : Oben, S. 223.
Anm. (5) : Statistische Belege in 379 der Beilagen. Konstituierende Nationalversaumlung. Bericht über die Tätigkeit der deutschösterreichischen Friedensdelegation in St. Germain-en-Laye, Wien, 1919, I. Bd., Beilage 27, Subbeilage A., VII, S. 101, mit Subbeilage A. II, S. 106 bis 112, dazu die in der nächsten Anmerkung zitierten Materialien.
Anm. (6) : Vgl. den in der vorhergehenden Anmerkung zitierten Tätigkeitsbericht, I. Bd., Beilage 27, mit den Subbeilagen A dieser Beilage, S. 88 bis 122; Materialien und Literatur sind zitiert in meiner Arbeit Deutschösterreich im Friedensvertrag von Versailles, Vorveröffentlichung aus dem Kommentar zum Friedensvertrage, herausg. von *Schücking*, Berlin, 1921, S. 9, Anm. 1, dazu *Wilhelm Winkler*, Statistisches Handbuch des gesamten Deutschtums, Berlin, 1927, S. 75-90 ; *derselbe*, Statistisches Handbuch der europäischen Nationalitäten, Wien, Leipzig, 1931, S. 93-113, daselbst Materialien und Literatur in den Anmerkungen und am Schluss.

Ebenso unklar und anfechtbar wie gegenüber den fremden Rassen trat der nationale Gedanke in bezug auf das Verhältnis zwischen den Tschechen und den Slowaken hervor. Beide waren, seit vielen Jahrhunderten geographisch und staatsrechtlich im wesentlichen getrennt, stets als zwei verschiedene, wenn auch sehr nahe verwandte Völker betrachtet worden. Der Begriff und das Wort tschechoslowakisch waren bis 1918 der Welt, auch den Tschechen und Slowaken, vollständig unbekannt. So ist auch die Wendung des oben zitierten Communiqués der Wiener Regierung (1) vom 16. August 1918 erklärlich, dass die tschechoslowakische Nation nur « in der Phantasie der Entente » existiere. In Gegenwart *Masaryks* traten am 30. Mai 1918 Vertreter der in den Vereinigten Staaten von Amerika bestehenden Organisationen von Tschechen und Slowaken in *Pittsburg* zusammen und genehmigten ein Programm (2), welches einen gemeinsamen Staat fordert und diesen als « tschechoslowakisch » (genauer : « tschechoslawisch » « československý») bezeichnete. Trotzdem wird in dem Programm anerkannt, dass es ein tschechisches und ein slowakisches Volk gebe. Denn es wird erklärt, dass die Vereinigung der Tschechen und Slowaken angestrebt werde, und dass die Einzelbestimmungen über die Einrichtung des tschechoslowakischen Staates den befreiten Tschechen und Slowaken überlassen werden.

Dieser « Pittsburger Vertrag », geschlossen beiderseits von Personen ohne jeden Auftrag seitens des tschechischen und des slowakischen Volkes, bildet die einzige sogenannte oder vermeintliche Rechtsquelle der Vereinigung. Die oben zitierten Anerkennungsakte der alliierten und assoziierten Mächte haben das innere Verhältnis zwischen Tschechen und Slowaken keiner Prüfung unterzogen. *Beneš* feiert die englische Deklaration vom 9. August 1918 als die Anerkennung der Nation als einer einheitlichen, eingeschlossen die Slowaken (3). Eine Befragung des tschechischen und des slowakischen Volkes hat niemals stattgefunden. Beide Völker haben ihre beschlossene nationale Vereinigung ebenso aus den Händen der siegreichen Entente entgegengenommen wie den « tschechoslowakischen » Staat und dessen in Paris ohne Volksbefragung gezogene Grenzen. Noch heute erkennt § 4 des geltenden Gesetzes vom 29. Februar 1920 betreffend die Grundsätze des Sprachenrechts in der Tschechoslowakischen Republik (4) an, dass es zwei Sprachen gibt, eine tschechische und eine slowakische, indem er die Behörden anweist, in den Gebieten, die ehemals zu Oesterreich oder zu Preussen gehörten, « in der Regel tschechisch, in der Slowakei in der Regel slowakisch » zu amtieren. Ebenso ist das Gesetz vom 2. November 1918 über die Kundmachung der Gesetze und Verordnungen hier zu erwähnen (5),

Anm. (1) : Oben, S. 221, 222.
Anm. (2) : *Epstein*, a. a. O., Nr. XII, S. 18.
Anm. (3) : a. a. O., Nr. 170, II. Bd., S. 287.
Anm. (4) : Sammlung der Gesetze und Verordnungen des tschechoslowakischen Staates, Nr. 122 ; *Epstein* a. a. O., Nr. 26, S. 256.
Anm. (5) : Sammlung der Gesetze und Verordnungen Nr. 1 ; *Epstein*, a. a. O., Nr. 57, S. 516.

welches im § 1 anordnet, dass die « Sammlung der Gesetze und Verordnungen des tschechoslowakischen Staates » « in tschechischer Sprache » und überdies « im slowakischen Wortlaut » erscheint und dass der « tschechische Text » « authentisch » ist.

Auch die Konstituierung einer einheitlichen tschechoslowakischen Nationalität ist demnach kein Werk einer Revolution, sondern eine neuartige völkerrechtliche Schöpfung der alliierten und assoziierten Mächte. Im übrigen werden wir den Vorgang dieser Vereinigung wegen seiner grundsätzlichen Bedeutung im dritten Teil dieser Arbeit, und zwar im drittenn Abschnitt, zu würdigen haben.

Vollkommen ungeklärt blieb schliesslich die Frage der Vertretungsbefugnis, der Organe des Volkes im soziologischen Sinn. Im konkreten Fall fand sie eine Lösung durch nachträgliche Genehmigung der Akte des Nationalrates seitens der demokratisch gewählten Vertreter des tschechischen und slowakischen Volkes. Grundsätzlich aber muss das Vorgehen der Mächte die schwersten Bedenken hervorrufen, da jedem Missbrauch Tür und Tor geöffnet wäre. Unter diesem Gesichtspunkt dürfen die Anerkennungsakte durch die Mächte nur als de lege lata völkerrechtswidrige kriegerische Massnahmen und nicht als Ausdruck einer neuen Idee und Vorbild für die Zukunft gewertet werden.

Trotz aller der geschilderten Mängel und Schwierigkeiten kann man aber doch das folgende Ergebnis nicht verkennen. *Bei der Anerkennung der tschechoslowakischen Nationalität haben sich ganz neue Rechtsgedanken Bahn gebrochen : erstens die Anerkennung eines völkerrechtlichen Rechtsanspruches eines Volkes im soziologischen Sinn gegen den Staat, dem es nach Völkerrecht auf Grund der Regeln über die Gebietshoheit und die Staatsangehörigkeit zugehört, auf Unabhängigkeit und Bildung eines eigenen Staates, und zweitens die Anerkennung beschränkter völkerrechtlicher Rechtsfähigkeit des Volkes im soziologischen Sinn, um diesen Anspruch auf Unabhängigkeit geltend zu machen.* Die Anerkennung dieser Rechte hat die Bitte des letzten habsburgischen Herrschers um Sonderfrieden illusorisch gemacht und zur Zertrümmerung eines Fünfzigmillionenreiches geführt. Wenn jemals in der Geschichte ein völkerrechtlicher Akt in grösstem Umfang rechtsgestaltend und rechtsändernd auf innerstaatliches Recht von Einfluss gewesen ist, so ist es dieser. Daher musste diesem Vorgang hier besondere Beachtung geschenkt werden. Die Nachfolgestaaten Oesterreichs und Ungarns müssen ihren heutigen Bestand, ihre volle Unabhängigkeit und demgemäss ihre ganzen inneren rechtlichen Einrichtungen in erster Linie auf die Idee *Masaryk's* und *Beneš* zurückführen, das Volkstum zum völkerrechtlichen Rechtssubjekt zu machen und ihm das Recht auf Bildung eines Staates zuzuerkennen.

Wie wir bereits im ersten Teil dieser Arbeit gesehen haben, sind die 27 Punkte *Wilsons* in den Verhandlungen zum Waffenstillstandsvertrag von sämtlichen alliierten und assoziierten Mächten und von Deutschland als « terms of peace » des zu schliessenden Friedens rechtsverbindlich angenommen worden (1). Beide Parteien haben damit die völkerrechtliche Pflicht übernommen, das nationale Programm der 27 Punkte durchzuführen. Dieses Programm haben wir im Abschnitt 2 A) des zweiten Teils dieser Arbeit (2) kennen gelernt.

Durch den Waffenstillstandsvertrag ist demnach eine zwar nur partikulare, aber den grössten Teil der Völkerrechtsgemeinschaft verpflichtende Norm in Kraft getreten, nach welcher die Bevölkerung jedes umstrittenen Gebietes selbst durch « free acceptance » zu bestimmen hatte, welchem Staate sie zugehören wolle (3). *Das Selbstbestimmungsrecht war geltendes Völkerrecht geworden, die bisher uneingeschränkte Verfügungsgewalt des souveränen Staates über sein Gebiet beseitigt.*

Nun könnte man der Meinung sein, dass damit nur eine *Verpflichtung* des jeweils siegenden *Staates* ausgesprochen sei, keine Annexion ohne ein zustimmendes Plebiszit vorzunehmen, dass aber kein *Recht* der betroffenen *Bevölkerung* anerkannt sei. Dies wäre der Plebiszitgedanke von 1848, den wir oben kennen gelernt haben (4), aber noch keine «Selbstbestimmung der Völker ». Denn erstens hingen bei den älteren Volksabstimmungen die Abgrenzung des Abstimmungsgebietes, die Fragestellung und die Modalitäten der Abstimmung von dem Belieben des Siegers ab ; nun kann man aber durch diese Momente das Ergebnis von vornherein beeinflussen, ja, im Fall geschickter «Wahlkreisgeometrie» unter Umständen in sein Gegenteil verkehren. Zweitens wäre die Bevölkerung des betroffenen Gebietes nicht frei in der Entscheidung über ihre Heimat, sondern abhängig von der Ratifizierung des Vertrages über das Plebiszit durch die beiden Staaten. Die Entscheidung über das Schicksal des Gebietes läge in der Hand von Organen der *Gesamt*bevölkerung der beiden Staatsgebiete, nicht der Bevölkerung des betroffenen Gebietes *allein.* Gerade dies aber ist der Unterschied zwischen dem älteren Plebiszitgedanken, der mit seinen Volksabstimmungen nur Voraussetzungen für gesamtstaatliche Regelungen schaffen wollte, und den neuen Ideen der Selbstbestimmung.

Der Sinn der Selbstbestimmung, wie sie 1918 unter dem Einfluss des

Anm. (1) : Oben, S. 62 ff.
Anm. (2) : Oben, S. 210 ff.
Anm. (3) : Oben, S. 212, 213 ; vgl. meinen Artikel : « Nationalitätenfrage einschliesslich des Minderheitenschutzes » in *Strupp's* Wörterbuch des Völkerrechts und der Diplomatie, II.Bd., 1923, S. 91-93.
Anm. (4) : S. 181, 184, 185.

internationalen Pazifismus, der russischen Revolution und des Programms *Wilsons* von der internationalen öffentlichen Meinung in sehr weitem Umfang gefordert worden ist, ist doch gerade der, dass *nur die unmittelbar betroffene Bevölkerung, « the people immediately concerned », selbst* vollkommen frei über ihr eigenes Schicksal entscheiden sollte. Es war nicht der Sinn der Anerkennung der Tschechoslowaken als « alliierter Nation » zur Zeit des Bestehens der Habsburgermonarchie gewesen, dass das österreichische und ungarische Parlament und die österreichisch-ungarische Regierung verpflichtet sein sollten, den Tschechoslowaken einen unabhängigen Staat einzurichten. Der Sinn dieser Anerkennung war vielmehr der, dass besondere tschechoslowakische nationale Organe *das tschechoslowakische Volk repräsentieren und in seinem Namen über sein Schicksal frei entscheiden sollten.* Ebenso lag es ganz allgemein im Sinne des Prinzips der Selbstbestimmung der Völker, dass nicht der Siegerstaat und der besiegte Gesamtstaat als bisheriger Träger der Gebietshoheit, sondern *nur die abzutretende Bevölkerung als neuartiges völkerrechtliches Rechtssubjekt über die Gebietsfrage zu entscheiden habe.* Nach den Prinzipien der Selbstbestimmung hätten also beispielsweise über Elsass-Lothringen, Oberschlesein oder Schleswig-Holstein nicht das französische, polnische oder dänische und das deutsche Parlament, sondern nur die Bevölkerung der genannten Gebiete selbst zu bestimmen gehabt. Die Staaten hätten in den Friedensverträgen dasjenige, was die Bevölkerung kraft der Selbstbestimmung gewollt hat, nur durchzuführen, aber sie wären nicht berechtigt, es zu modifizieren. Sonst könnte man nicht von « free » acceptance sprechen.

Man kann demnach die aus den neuen Ideen geborene, im Waffenstillstandsvertrag als positives Völkerrecht anerkannte neue Norm nicht so verstehen, als ob nur der jeweilige Sieger, jetzt die alliierten und assoziierten Mächte, verpflichtet wäre, keine Gebietsübertragung ohne ein zustimmendes Plebiszit vorzunehmen. Die neue Norm bedeutet ungleich mehr. Es wurde dem Volk als «natürlicher», soziologischer Einheit durch einen Satz des allgemeinen Völkerrechtes gestattet, was bisher nur dem « tschechoslowakischen » Volk zugestanden worden war, nämlich *sich unabhängig von dem bisherigen Staatsverband und der bisherigen Staatenkarte und im Gegensatz zu den bisher in Geltung befindlichen Verträgen der souveränen Staaten über die Staatsgebiete und die Staatsangehörigkeit zu neuem selbständigem rechtlichem Dasein zu erheben und sich als neues Völkerrechtssubjekt zu konstituieren. Die Idee des Volkes hatte in der Rechtsordnung des Waffenstillstandsvertrags über das Dogma vom souveränen Staate gesiegt.*

Ausser den Sätzen über die Selbstbestimmung war nach dem Programm *Wilsons* in dem neuen, durch den Waffenstillstandsvertrag geschaffenen Völkerrecht, wie wir gesehen haben, auch der Satz als positive Norm anerkannt, dass *der Schutz der nach Ausübung des Selbstbestimmungsrechtes noch übrigbleibenden nationalen Minderheiten nach dem Grundsatz der « equal rights », der vollen Gegenseitigkeit, zu regeln war* (1). In dem Ausdruck «equal rights » steckt noch nicht die Anerkennung der Rechtspersönlichkeit der nationalen Minderheiten. Denn die « rights » müssten nicht notwendig solche der Minderheiten, sie konnten bloss solche konnationaler oder sonstiger die Minderheiten schützender Staaten sein. Immerhin bedeutet schon der Grundsatz der Gegenseitigkeit für sich allein den Sieg materiell neuer Gedanken über das Souveränitätsdogma, welches dem Sieger kraft des Prinzips der Nichteinmengung in die inneren Angelegenheiten beliebige einseitige Regelungen gestattet hatte. Aber es lag darüber hinaus in der Logik der neuen Rechtsgedanken, dass man die *Rechtspersönlichkeit,* die man dem Volkstum als einem Ganzen zuerkannte, abgesprengten Teilen nicht verwehren konnte, dass man also beispielsweise nicht nur die Polen oder Dänen als Ganzes, sondern auch die Polen Schlesiens allein oder die Dänen Schleswig-Holsteins allein als neuartige Rechtssubjekte anerkannte. Neben die *Nationalitäten* traten somit im Geiste des Rechtssystems der 27 Punkte und des Waffenstillstandsvertrags nach der Natur der Sache die *nationalen Minderheiten als neuartige Rechtssubjekte des Völkerrechtes.*

Die Rechtslage, welche durch die Anerkennung des Selbstbestimmungsrechtes und des Rechtes der nationalen Minderheiten im positiven Völkerrecht des Waffenstillstandsvertrags geschaffen worden war, war nun allerdings noch sehr unklar. Sie bedurfte, wie die übrigen « terms of peace » des *Wilson*'schen Programms, erst der weiteren Durchführung.

Vor allem fehlte eine Bestimmung über den *Begriff des Volkes.* Welche Völker oder sozialen Einheiten hatten ein Recht auf Selbstbestimmung? Welche hatten ein Recht darauf, als nationale Minderheiten geschützt zu werden? Sollte jede, auch die kleinste oder irgendeine ganz willkürlich gebildete Gruppe zu einer Art « Volksinitiative » zugelassen werden und solche Rechte in Anspruch nehmen können? Wonach sollte die *Volkszugehörigkeit* beurteilt werden, das heisst die Frage, welche Individuen einer Nationalität oder nationalen Minderheit zuzurechnen seien? Sollte die Abstammung entscheidend sein, oder die Sprache, oder kulturelle Momente oder etwa das freie nationale Bekenntnis? Bekanntlich gibt es viele Theorien über den Begriff der Nationalität und die Zugehörigkeit zu ihr (2). Welche Anschauung lag nun dem neuen Völkerrecht zugrunde? Diese Frage war in den 27 Punkten nicht gelöst.

Weiter mangelte es an Normen über die *Organe* des Volkes. Man erinnere sich der Zweifel und Bedenken, die sich gelegentlich der Frage der Legitimation des tschechoslowakischen Nationalrates in Paris zur Vertretung des tschechoslowakischen Volkes vor dem 28. Oktober 1918 ergeben (3).

Anm. (1) : Oben, S. 213.; vgl. meinen S. 234, Anmerkung 3, zitierten Artikel, ebenda.

Anm. (2) : Vgl. unten, III. Teil, Abschnitt 3.

Anm. (3) : Vgl. oben, S. 216 ff., 233.

Dieselben Schwierigkeiten bestehen ganz allgemein bei der Anerkennung jedes Volkstums als Rechtssubjekt, solange Rechtsnormen über die Organe fehlen. In den 27 Punkten finden sich aber solche Rechtsnormen nicht.

Aber auch die *materielle Rechtsstellung* der Völker im soziologischen Sinn war noch ganz unklar. Was sollte «Selbstbestimmung», was «Schutz der nationalen Minderheiten» materiellrechtlich bedeuten? Auch darüber schweigen die 27 Punkte.

Man kann den ungeheuren Wandel der Ideen, den die Welt seit 1914 durchgemacht hatte, nicht erfassen, wenn man nicht versucht, sich die Tragweite dieser Fragen im Geiste der durch den Waffenstillstandsvertrag geschaffenen Rechtsordnung klarzumachen. Die neuen Grundsätze bedeuteten eine *Umwälzung des bisherigen internationalen und dadurch auch des innerstaatlichen Rechtes* und hätten eine ungeheure Verstärkung des Einflusses des ersteren auf das letztere nach sich gezogen. Neben die Staaten wären Völker — nach Art des tschechoslowakischen vor dem 28. Oktober 1918 — und nationale Minderheiten als handelnde Personen und Träger von Rechten und Pflichten getreten. Ganz besonders wäre das Verfassungs- und Verwaltungsrecht der mehrsprachigen Staaten durch die Rechte der nationalen Minderheiten wesentlich umgestaltet worden. Zum Ausbau und zur Durchführung dieser neuen Rechtsordnung hatten sich die Staaten, die den Waffenstillstandsvertrag unterzeichnet hatten, verpflichtet.

Wie dieses neue Recht nun in allen Einzelheiten legislativ-technisch hätte durchgeführt werden können, wie etwa die Fragestellung und das Verfahren bei Volksabstimmungen zu gestalten oder der Minderheitenschutz in allen Zweigen der Verwaltung und Justiz einzurichten gewesen wäre, dies hier untersuchen zu wollen, würde weit über den Rahmen unseres Themas hinausgehen. Nur Grundsätzliches kann hier hervorgehoben werden.

Die Regierungen und damaligen Mehrheiten jener Völker, die erwarten konnten, durch die Friedensverträge national voll befriedigt zu werden, hatten, sobald ihre nationale Saturierung gesichert war, an der weiteren Auswirkung des Gedankens der Selbstbestimmung und des Schutzes der nationalen Minderheiten kein Interesse. Im Gegenteil, soweit diese Völker über die eigenen Wohnsitze hinaus fremdsprachige, fremdem Volkstum zugehörige Gebiete erworben hatten oder zu erwerben wünschten, musste ihnen der Gedanke der Selbstbestimmung, aber auch jener des Schutzes nationaler Minderheiten, hindernd entgegentreten. Gegenüber der Forderung der Selbstbestimmung stützte man sich nun vielfach auf historische, geographische, wirtschaftliche, militärische, verkehrstechnische oder sonstige Gründe, um die eroberten Gebiete oder die neuen Staaten auf Kosten fremden Volkstums abzurunden. Gegenüber der Forderung des Schutzes nationaler Minderheiten machte man die Unantastbarkeit der inneren Angelegenheiten des Staates und sein Recht geltend, sich kraft seiner Gebiets- und

Personalhoheit seine auf seinem Staatsgebiet wohnenden Staatsangehörigen national zu assimilieren.

So wurden die Regierungen und die Mehrheiten der Siegervölker und der ihnen verbündeten neukonstituierten Völker, sobald der Gegner entwaffnet war, auf den Boden des *Souveränitätsdogmas* gedrängt. Sie wandten sich zum Teil mit äusserster Härte und Schärfe gegen die widerstrebenden nationalen Minderheiten ihres beanspruchten Staatsgebietes und behandelten es als Hochverrat, wenn auch diese die Selbstbestimmung für sich in Anspruch nahmen.

Eine solche Beherrschung fremdnationaler Gebiete war aber nur mittelst der alten Staatsidee und der alten Rechtsbegriffe der Gebietshoheit, der Staatsangehörigkeit und der Option mit Auswanderungszwang möglich. Sobald man sich aber auf diese berief, konnte man die Rolle des eben erst neugeschaffenen Rechtssubjektes Volk nur als eine vorübergehende auffassen. Das Volk wäre dann nur als ein Provisorium, als eine Art Uebergangsstadium vom Nichtstaat zum Staat anerkannt worden. Die Anerkennungen des tschechoslowakischen Volkes durch die Mächte vor der Konstituierung des tschechoslowakischen Staates haben ja, wie wir gesehen haben, in ihren späteren Stadien diese Tendenz deutlich gezeigt. Ja noch mehr. Das Volk wäre nur als *einmaliges* Uebergangsstadium in der Weltgeschichte, nur in der Zeit von 1918-19 als Rechtssubjekt anerkannt worden. Nach der definitiven Festsetzung der Staatenkarte durch die Friedensverträge wäre die Idee des Volkes endgültig abgetan gewesen und die Idee des souveränen Staates der Vorkriegszeit wieder die alles Beherrschende.

Allein diese Auffassung entsprach zweifellos den Grundgedanken der 27 Punkte *Wilsons* und daher auch dem positiven Recht des Waffenstillstandsvertrags nicht.

Weder die Pazifisten, die schon früher für ähnliche Programme eingetreten waren, noch die Führer der russischen Revolution, noch Präsident *Wilson* bei der Verkündung der 27 Punkte, noch die deutsche Regierung bei der Annahme dieser 27 Punkte als « terms of peace », noch all die vielen Millionen, die im Augenblick des Waffenstillstandsvertrags in allen Ländern für die Selbstbestimmung der Völker eintraten und das Weltgewissen (1) zu repräsentieren behaupten konnten, waren der Meinung gewesen, dass die Selbstbestimmung bloss einseitig für den Sieger oder den Stärkeren zu gelten habe. Im Gegenteil, dieser hat es ja gar nicht nötig, sich auf sie zu berufen. Daher konnte das Recht der Selbstbestimmung nicht bloss für die Sieger und ihre Verbündeten gelten, auch nicht bloss für grosse Völker von soundsoviel Millionen Angehörigen aufwärts, sondern es musste *allgemein zu allen künftigen Zeiten auf alle Völker und Volksteile Anwendung finden, und zwar auch auf kleinere, wenn diese nur geschlossen in örtlicher Mehr-*

Anm. (1) : Vgl. unten, III. Teil, Abschnitt 4.

heit beieinander wohnten und wenn sie die Selbstbestimmung geltend machten. Daher konnte das Prinzip nicht nur einmalig 1918-19 und nicht nur nach dem Willen der Sieger massgebend sein, sondern es musste stets eine Revision der einmal gezogenen Staatsgrenzen entsprechend späteren Wünschen der Bevölkerung gestatten. Auf keinen Fall aber konnten im Sinne des Rechtsgedankens der Selbstbestimmung Annexionen von Gebieten gegen den Willen der Bewohner gerechtfertigt werden, um im Dienste der Idee des souveränen Staates historische oder etwa geographisch, wirtschaftlich, militärisch usw. günstige Grenzen zu erzwingen und für immer festzuhalten.

Der Gedanke der Selbstbestimmung fordert, dass nicht nur mit grossen Ländern, sondern auch mit den kleineren Gebieten bis hinab zu kleinsten selbständigen Einheiten, den Gemeinden, nicht verfügt werde « wie mit Steinen in einem Spiel ». Er setzt dabei voraus, dass die von der Bevölkerung selbst gewollten Grenzen die besten, das heisst die im Sinne des überwiegenden Rechtsgefühls der Menschen « gerechtesten » und daher die natürlichsten und die dauerhaftesten seien. Er setzt voraus, dass diese Grenzen selbst besser als Gebirgszüge seien, die die heutige Technik durch Tunnels, Flugzeuge, Telegraphendrähte und drahtlose Nachrichtenvermittlung leicht überwindet, und dass Wirtschaft und Verkehr sich jeder künftigen neuen Grenze ebenso, ja leichter anpassen würden, wie sie sich bisher stets jeder noch so gewaltsam gezogenen Grenze haben anpassen müssen. Der Gedanke der Selbstbestimmung setzt endlich voraus, dass eine besondere militärische Eignung bei einer Grenze, die auf dem beiderseits freien Willen der Völker beruht, nicht mehr in Frage käme, zumal in einem Zeitalter, in welchem 28 Staaten, darunter sämtliche Grossmächte, die Abrüstung feierlich versprochen hatten.

Wenn man diese Tragweite des Gedankens der Selbstbestimmung erwägt, so kann man ihn nicht darauf reduzieren, dass er bloss ein einmaliges völkerrechtliches Uebergangsstadium für die 1917 und 1918 neu emanzipierten grösseren Völker begründen sollte. Die 27 Punkte *Wilsons*, die durch den Waffenstillstandsvertrag positives Recht geworden waren, wollten keineswegs Provisorien schaffen, sondern einen Zustand *dauernder* Befriedung der Welt. Daher musste das Recht des Waffenstillstandsvertrags die Möglichkeit in sich enthalten, sich künftigen Aenderungen in den Tatsachen, vor allem in den Wünschen der Bevölkerung, anzupassen.

In der Tat zeigt sich aus der Geschichte des *Wilson*'schen Völkerbundentwurfs, dass die Selbstbestimmung als dauernde Einrichtung gedacht war.

Am 16. Juli 1918 übersandte Oberst *E. M. House* an Präsident *Wilson* einen Entwurf einer Völkerbundssatzung (¹), welcher der geschichtliche Ausgangspunkt für die Entstehung der jetzt geltenden Satzung geworden ist. Dieser Entwurf sieht im Artikel 20 die gegenseitige Garantie der Staaten

Anm. (¹) : *Ray Stannard Baker*, Woodrow Wilson and World Settlement, London, 1923, III. Bd., document 9, S. 81 ff.

für ihren territorialen Besitzstand vor, gestattet aber künftige Gebietsveränderungen « as may become necessary in the future by reason of changes in present racial conditions and aspirations, pursuant to the principle of self-determination and as shall also be regarded by three fourths of the Delegates as necessary and proper for the welfare of peoples concerned ». Dem Entwurf war ein Begleitschreiben [1] beigegeben, welches eine Begründung enthält. Hier sagt *House*, er habe Artikel 20 mit dem Gedanken geschrieben, dass es nicht anginge, starre territoriale Garantien zu schaffen. Denn die Verhältnisse könnten sich im Lauf der Zeit so ändern « as to make it a serious hardship for certain portions of one nation to continue under the government of that nation ». Beispielsweise sei es denkbar, dass Kanada, Chihuahua, Coahuila oder Niederkalifornien einmal den Wunsch hätten, sich mit Zustimmung des Mutterlandes den Vereinigten Staaten anzuschliessen. Der Zusammenhang mit der neuen Gedankenwelt ergibt sich ganz besonders aus den ersten drei Artikeln des Entwurfs, welche allgemeine ethische Grundsätze über die Ehrenhaftigkeit, Sittlichkeit und Wahrhaftigkeit des Staatenverkehrs aufstellen und der Erklärung des Begleitbriefes: « It is absolutely essential for the peoples of the world to realize that they can never have international peace and order if they permit their representatives to sanction the unmoral practices of the past. Every large nation, as you know, has been guilty... » [2].

Präsident *Wilson* versah eine Anzahl der vorgeschlagenen Artikel mit einem Zeichen, darunter die Artikel 1 bis 3 und 20 [3]. Er hat dann den Artikel 20 in nur unwesentlich veränderter Form als Artikel III in seinen ersten Entwurf eines Völkerbundvertrages [4] aufgenommen. Auch hier wird zuerst die Gebietsgarantie ausgesprochen, sodann wird gesagt: « but it is understood between them (nämlich den vertragschliessenden Mächten) that such territorial readjustments, if any, as may in the future become necessary by reason of changes in present racial conditions and aspirations or present social and political relationships, pursuant to the principle of self-determination, and also such territorial readjustments as may in the judgment of threefourths of the Delegates be demanded by the welfare and manifest interest of the peoples concerned, may be effected, if agreable to those peoples ».

Dieser Artikel ist wörtlich in den zweiten Entwurf *Wilson*'s übergegangen, den dieser am 10. Januar 1919 verteilen liess [5]. Diesem Entwurf sind Vorschläge zu ergänzenden Vereinbarungen, « supplementary agreements », angeschlossen. Hier wird im Punkt I nochmals besonders für die Völker und Gebiete Oesterreich-Ungarns, der Türkei und der deutschen Kolonien

Anm. [1]: Ebenda, S. 79 ff.
Anm. [2]: Ebenda, S. 79.
Anm. [3]: Ebenda, S. 82, Anmerkung.
Anm. [4]: Ebenda, document 10, S. 88 ff.
Anm. [5]: Ebenda, document 12, S. 100 ff.

die Selbstbestimmung, «the rule of self-determination, or the consent of the governed to their form of government» als eines der «fundamental principles» anerkannt, welche der Völkerbund als trustee durchzuführen hätte. Ferner soll der Völkerbund nach Punkt VI von allen neuen Staaten als Bedingung ihrer Anerkennung die Verpflichtung verlangen «to accord to all racial or national minorities within their several jurisdictions exactly the same treatment and security, both in law and in fact, that is accorded to the racial or national majority of their people».

Auch in seinem dritten Entwurf (1), den zu vollenden er nicht mehr die Zeit fand, hat Präsident *Wilson* an dem Artikel 3 und den supplementary agreements festgehalten. Gegenüber den sich erhebenden Schwierigkeiten hat er in einem Entwurf vom 20. Januar 1919 den Artikel nach den beiden Grundgedanken: Territorialgarantie und Selbstbestimmung, geteilt (2). Doch hat der Druck der Widerstände *Wilson* bewogen, den Entwurf *Hurst-Miller* als Diskussionsgrundlage anzunehmen (3). Dieser spricht im Artikel 7, wie die jetzt geltende Satzung des Völkerbundes im Artikel 10, nur mehr von der Territorialgarantie und nicht mehr von der Selbstbestimmung. Die Anordnungen des Art. III über die Selbstbestimmung hat *Wilson* aus seinem Entwurf gestrichen (4).

Auf Grund dieser geschichtlichen Tatsachen liegen die Absichten, die *Wilson* 1918 und anfangs 1919 geleitet haben, klar zutage. Er wollte eine *dauernde* Befriedung der Welt und zu diesem Zweck die Selbstbestimmung als *dauerndes* Rechtsinstitut des neuen überstaatlichen Völkerrechtes. Seine aus dem Jahre 1918 stammenden 27 Punkte und sein aus demselben Jahre stammender Völkerbundentwurf bildeten ohne Zweifel nach seiner Absicht eine Einheit, umsomehr, als die 27 Punkte von allen kriegführenden Staaten beider Lager als «terms of peace» angenommen waren. Daher können die 27 Punkte nur im Zusammenhang mit *Wilson's* Gesamtauffassung ausgelegt werden (5).

Wann nun im Sinne jenes Artikels 3 die Grenzänderung aus ethnischen, sozialen oder politischen Gründen notwendig wäre und *wie* die neue Grenze zu laufen hätte, dies hätten im Sinn des Selbstbestimmungsrechtes der 27 Punkte und des Waffenstillstandsvertrags, abgesehen von dem Fall der Dreiviertelmehrheit im Völkerbund nach Artikel 3, nur *die Betroffenen selbst* zu entscheiden gehabt. Aber auch der Beschluss der qualifizierten Mehrheit des Völkerbundes wäre zufolge des Vorbehaltes: «if agreeable to those peoples» nur *mit Zustimmung der «peoples concerned»* wirksam ge-

Anm. (1): Ebenda, document 14, S. 119 ff., Bd. I, S. 230.

Anm. (2): *H. A. Rolin*, L'article 10 du pacte de la Société des Nations, in: «Les origines et l'oeuvre de la Société des Nations», herausg. von Rask-Oerstedfonden, Kopenhagen, II. Bd., 1924, S. 457, 458.

Anm. (3): *Ray Stannard Baker*, a. a. O., III. Bd., document 16, S. 144 ff.

Anm. (4): *Baker*, a. a. O., I. Bd., S. 220.

Anm. (5): Vgl. auch *Baker*, a. a. O., I. Bd. S. 223.

worden. Auf jeden Fall wollte demnach *Wilson* die wirkliche « *Selbst* »-bestimmung von Völkern und Volksteilen.

Allein auch wenn man von der Heranziehung von *Wilsons* ursprünglichem Völkerbundentwurf absieht und nur den Text der 27 Punkte allein in Betracht zieht, kommt man zu dem gleichen Ergebnis. Es wird ausdrücklich gefordert, dass in Hinkunft die Betroffenen *selbst*, « the people immediately concerned », über Gebietsveränderungen zu bestimmen haben. Ob und wann eine Grenzveränderung Platz greifen soll und wie die neue Grenze gezogen werden soll, können weder die einzelnen streitenden Staaten noch die Sieger in ihrer Gesamtheit festsetzen, sondern the people immediately concerned, sonst hiesse dies ja, mit der betroffenen Bevölkerung schalten wie mit Steinen in einem Spiel. Dies gilt auch dann, wenn ein Staat freiwillig bereit ist, ein Gebiet seiner eigenen Nationalität abzutreten. Man denke etwa an den Fall, dass er dies gegen wirtschaftliche Konzessionen tun will, die Bevölkerung dieses Gebietes dem aber widerstrebt.

In dem Sinne von Selbstbestimmung, wie er eben entwickelt worden ist, hat die internationale öffentliche Meinung 1918 *Wilson* verstanden, insbesondere auch die Völker der Zentralmächte, als sie die Waffen niederlegten, und allgemein erwartete man von *Wilson*, dass er sein ungeheures Ansehen für dieses Programm in die Wagschale werfen würde.

Wie wäre nun die Durchführung des Selbstbestimmungsrechtes in der Praxis etwa zu denken gewesen?

Offenbar kann das Programm *Wilsons* und daher auch das Völkerrecht des Waffenstillstandsvertrags nur so verstanden werden, dass Gebietsfragen nur durch *Volksabstimmung auf Grund einer Volksinitiative* zu entscheiden sind. Die Modalitäten der Initiative und der Abstimmung hätte aber nicht der Sieger festzustellen gehabt, sondern eine neutrale Instanz, und zwar ausschliesslich mit Rücksicht auf die Wünsche und Interessen der unmittelbar betroffenen Bevölkerung. Das Nähere hierüber hätten allerdings zunächst die Völkerbundssatzung und andere Verträge der Staaten regeln müssen, aber Verträge, die auf dem Boden der Gleichberechtigung der Staaten geschlossen worden wären, auf dem es « keinen Sieger und keinen Besiegten » gibt. Soweit solche Verträge nicht zustandegekommen wären oder Streit aus ihnen entstanden wäre, hätte nicht eine Macht oder Mächtegruppe zu entscheiden gehabt sondern ein internationales, mit Rücksicht auf die Parität zusammengesetztes und mit allen Garantien der Unparteilichkeit umgebenes Gericht.

Nach analogen Grundsätzen wäre für die nach den Volksabstimmungen beiderseits der Grenzen übrigbleibenden nationalen Minderheiten ein Schutz auszubauen gewesen, der für beide Seiten equal rights bedeutete, der also bei gleichen Voraussetzungen in gleicher Weise für und gegen alle wirkte und der letztlich gleichfalls der Rechtskontrolle eines mit Rücksicht auf die

Parität zusammengesetzten unparteiischen internationalen Gerichtshofes hätte unterworfen sein müssen.

Dies etwa ist die neue Gedankenwelt, die aus den Ereignissen von 1917 und 1918 entstanden, im Augenblick des Zusammenbruchs und des Waffenstillstandvertrags den überwiegenden Teil der internationationalen öffentlichen Meinung beherrschte und in der das von beiden kriegführenden Teilen angenommene Programm *Wilsons*, wenn die Mächte daran festgehalten hätten, zu verstehen und durchzuführen war. Mit dem Waffenstillstandsvertrag ist nicht nur, wie wir im ersten Teil dieser Arbeit gesehen haben, die « Souveränität », die Kompetenzhoheit des Staates durch ein überstaatliches Völkerrecht beseitigt worden, sondern es wurde auch neben den Staat ein *neues handelndes Rechtssubjekt in das Völkerrecht eingeführt*, das *Volk* als «natürliche», vorstaatliche, soziologische Einheit, oder der innerhalb eines gegebenen Staates siedelnde *Teil* eines Volkes im soziologischen Sinn. Damit hatte das Recht des Waffenstillstandsvertrags einen neuen Rechtsgedanken zur Anerkennung gebracht, mag auch die Organisation dieser neuen Art von Rechtssubjekten in den allgemeinen Leitsätzen, aus denen das neue Völkerrecht bestand, noch so unklar und die Durchführung der Leitsätze noch so schwierig gewesen sein.

Die vertragschliessenden Staaten waren nun völkerrechtlich verpflichtet, die neue Ordnung auszuführen. Eine Flut von Literatur aller Art, von Resolutionen wissenschaftlicher Gesellschaften und pazifistischer und sonstiger interessierter politischer Vereinigungen, von Petitionen und Hilferufen aus den besiegten Staaten und den militärisch besetzten oder irgendwie bedrohten strittigen Gebieten ergoss sich über die Welt und wollte auf die Neugestaltung Europas und den Ausbau des Selbstbestimmungsrechtes Einfluss gewinnen (1).

Hier können nur einige wenige charakteristische Beispiele ausgewählt werden.

So hat die *Société genevoise de la Paix* im Dezember 1918 unter besonderer Mitarbeit von *Paul Moriaud* eine « Charte de la Société des Nations » beschlossen, die im Abschnitt VI « Droit de libre disposition des peuples » (Punkte 12-19) die Selbstbestimmung und im Abschnitt VII « Protection des minorités nationales » (Punkt 20) den Schutz nationaler Minderheiten regelt (2). Insbesondere wird hier gefordert, dass jedes Gebiet, « tout territoire», eine Volksabstimmung herbeiführen könne, wenn sein «corps électoral» sie verlangt. Die Lösung aus dem bisherigen Staatsverband soll erfolgen, wenn drei Viertel der Abgeordneten des «corps électoral» an der Abstimmung teilnehmen und drei Viertel der Anwesenden dafür stimmen. Der Entwurf

Anm. (1) : Vgl. beispielsweise die Zitate in meinem mehrfach erwähnten Artikel in *Strupps* Wörterbuch des Völkerrechts und der Diplomatie, II. Bd., 1924, S. 107, 108. Weitere Beispiele bei *Bordihn*, Das positive Recht der nationalen Minderheit, Berlin, 1921, S. 68 ff.

Anm. (2) : Le mouvement pacifiste, Bern, Sept.-Dezember 1918, S. 99 ff.

sagt nicht, was unter einem Gebiet als Einheit zu verstehen sei, Willkürlichkeiten, Zufälligkeiten, Wahlkreisgeometrie oder Vergewaltigung unter dem Gesichtspunkt des Legitimitätsprinzips und der Einheit « historischer » Länder wären daher nicht ausgeschlossen.

Die Selbstbestimmung wird ferner nach den Genfer Vorschlägen dadurch stark eingeschränkt, dass ein « Weltrat », « Conseil mondial », gegen Loslösungsbeschlüsse sein Voto einlegen kann, und zwar aus sehr allgemein formulierten Gründen. Insbesondere kann er von dieser Befugnis Gebrauch machen, wenn das Gebiet « est incapable de se suffire économiquement » oder « si la conservation de ce territoire est indispensable à la nation à laquelle il appartient ». Durch die Allgemeinheit dieser Vorbehalte wird die Selbstbestimmung im höchsten Grad in Frage gestellt. Ganz besonders der Begriff « indispensable » entspricht der Gedankenwelt des imperialistischen Machtstaates, der seine Teile nicht freigeben will, und nicht jener der Selbstbestimmung ([1]).

Der Minderheitenschutz des Genfer Programms umfasst nur bürgerliche und politische Gleichheit, freien Sprachgebrauch und Kultusfreiheit.

Als ein zweites Beispiel seien die Beschlüsse der *Deutschen Gesellschaft für Völkerrecht* genannt. Diese ernannte auf Grund von Vorarbeiten, die im Februar 1918 begonnen worden waren, am 21. November 1918 eine Studienkommission zur Beratung eines Völkerbundentwurfes. Diese Kommission setzte für die einzelnen Fragen Sonderausschüsse ein, darunter einen für das Selbstbestimmungsrecht und den Schutz nationaler Minderheiten. Der Ausschuss arbeitete auf Grund eines Referates von *Mendelssohn Bartholdy* eine Reihe von Leitsätzen nebst einer Denkschrift aus ([2]). Nach Punkt 1 dieser Leitsätze ist das Selbstbestimmungsrecht im Völkerbund zu verwirklichen. Der Völkerbund hat Bestimmungen darüber zu treffen, welche Gemeinschaften dieses Recht haben sollen. Punkt 2 regelt die Modalitäten der Volksabstimmung und die Fragestellung. Insbesondere wird hier gefordert : « Einem mit dem Recht der Selbstbestimmung ausgestatteten Volk ist ein Gebiet seiner zusammenhängenden Siedlung vorläufig abzugrenzen, damit in diesem Gebiet die grundlegende Volksabstimmung oder Volksvertreterwahl zur Willensäusserung über die Selbständigkeit oder den Anschluss an einen anderen Staat stattfinden kann ». Nach diesem Vorschlag wäre demnach das richtige Funktionieren des Apparates der Selbstbestimmung in die Hand der Vorentscheidungen des Völkerbundes gelegt, mithin wäre dessen Organisation entscheidend.

Im Punkt 4 der Vorschläge des Ausschusses ist ein Schutz nationaler Minderheiten vorgesehen. Danach sind Minderheiten « Personengruppen,

Anm. ([1]) : Vgl. auch meine Bemerkungen in *Strupp's* Wörterbuch, a. a. O., S. 90.

Anm. ([2]) : Mitteilungen der Deutschen Gesellschaft für Völkerrecht, Beilage zu Heft 2, Berlin, 1919, S. 6 ff. und 17.

die die Staatsangehörigkeit besitzen, oder doch dauernd im Staatsgebiet wohnen, nach ihrer Volkseigenart aber nicht zu dem Gesamtvolk des Staates gehören». Der Schutz umfasst ausser der Gleichheit der Individuen den Anspruch der Minderheit auf proportionale parlamentarische Vertretung und den Anspruch der Gemeinden, «in denen die nationale Minderheit in genügender Zahl vertreten ist», Schule, Gottesdienst und Amtsbetrieb in der Sprache der Minderheit einzurichten. Der Völkerbundentwurf der Gesellschaft (1) hat diese Vorschläge über den Minderheiten schutz (Artikel 33), nicht auch jene über die Selbstbestimmung aufgenommen.

Ein weiteres Beispiel bietet die «*Berner Völkerbundkonferenz März* 1919», die, als eine Fortsetzung der früher erwähnten Konferenzen der *Organisation Centrale pour une Paix durable*, von *de Jong van Beek en Donk* einberufen wurde und sich aus Völkerrechtsgelehrten und Pazifisten aus beiden Lagern und aus den Kreisen der Neutralen zusammensetzte. Sie bestellte mich zum Referenten für die nationale Frage und fasste auf Antrag und auf Grund eines von mir erstatteten Referates eine Reihe von Beschlüssen über das Recht der Selbstbestimmung und den Schutz nationaler Minderheiten (2). Punkt I dieser Beschlüsse spricht aus: «Il n'y aura ni création d'un nouvel État ni transfert de territoire sans un plébiscite général dans le territoire en cause». Das Gebiet, die Fragestellung und das Verfahren der Volksabstimmung soll das—nach anderweitigen Beschlüssen der Konferenz von den Völkern, nicht etwa von den Regierungen zu wählende — Parlament des Völkerbundes, und solange kein solches Weltparlament besteht, eine neutrale Kommission bestimmen (Punkt II und Zusatzantrag zu Punkt III). Die Volksabstimmung soll nach einzelnen Gemeinden oder kleinsten Verwaltungseinheiten erfolgen (Punkt VI). Würden sich dadurch Enklaven ergeben, so gilt der Satz: «la frontière sera choisie de manière à ce que les sacrifices nationaux soient égaux des deux côtés» (Punkt VII). Ich habe das Prinzip, welches ich in dem zuletzt zitierten Satz zu formulieren versucht habe, später die «*Linie der gleichen nationalen Opfer*» oder die «*Linie der gleichen nationalen Verluste*» genannt (3). Der Minderheitenschutz erstreckt sich auf folgende Gebiete: Gleichheit der Individuen, Freiheit, sich in «groupes nationaux» zu organisieren; kulturelle Selbstverwaltung der «groupes nationaux», die mindestens hundert Staatsbürger umfassen; obrigkeitliche Selbstverwaltung der Gemeinden; Proportionalwahlen; verhältnismässiger Anteil an gewissen öffentlichen Ausgaben; Minderheitenschu-

Anm. (1): a. a. O., S. 3 ff.; ferner: Monographien zum Völkerbund, herausgegeben von der Deutschen Liga für Völkerbund, Heft 1, S. 3 ff.; *Niemeyer*, Der Völkerbundentwurf der Deutschen Gesellschaft für Völkerrecht, Berlin 1919.

Anm. (2): «Schriften über Minderheitenschutz», herausg. vom Deutschen Schutzbund für die Grenz- und Auslandsdeutschen. Heft 2, enthaltend meinen Entwurf eines internationalen Vertrages über den Schutz nationaler Minderheiten, Berlin, 1920, S. 20 ff. Ferner: «Die Menschheit», «La voix de l'Humanité», vom 27. April 1919, VI, Nr. 33, S. 3.

Anm. (3): Vgl. meinen zitierten Artikel in *Strupp*'s Wörterbuch des Völkerrechts und der Diplomatie, II. Bd., 1924, S. 89; ferner meinen Artikel: «Nation und Nationalitätenrecht» im Handwörterbuch der Rechtswissenschaft, herausg. von *Stier-Somlo* und *Elster*, IV. Bd., 1927, S. 185.

len bei mindestens 40 schulpflichtigen Kindern; Schutz gegen nationalen Boykott und nationale Intoleranz. Alle diese Bestimmungen sollen den Inhalt subjektiver Rechte bilden, welche vom Völkerbund garantiert werden: «Les minorités nationales ont le droit de faire valoir auprès des organes de la Ligue des Nations leurs droits garantis par la Ligue des Nations».

Die Konferenz legte ihre Beschlüsse, wie oben erwähnt worden ist (1), der Friedenskonferenz vor, nachdem sie ihr einen Auszug auf telegraphischem Wege übermittelt hatte (2).

Sehr beachtenswerte Vorschläge sind von jüdischer Seite gemacht worden (3). Das *Comité des Délégations Juives auprès de la Conférence de la Paix* in Paris, welches insgesamt etwa 12 Millionen Juden vertrat, überreichte am 12. Juni 1919 namens zahlreicher jüdischer Organisationen der verschiedensten Länder und im Namen von 9 Millionen Juden eine an den Präsidenten und die Delegierten der Friedenskonferenz gerichtete Denkschrift (4), welche einen Schutz der Individuen und nationalen Minderheiten durch den Völkerbund fordert. Der dieser Denkschrift beigelegte Entwurf behandelt nebst Fragen der Staatsangehörigkeit die Gleichheit und Rechtsstellung der Individuen; den Sprachengebrauch im Privatleben, in Versammlungen und in der Presse, vor Gerichten und in Schulen; die Anerkennung der Minderheiten als autonomer Organisationen mit dem Recht, Schulen, Erziehungs-, Wohltätigkeits- und soziale Institutionen zu gründen; verhältnismässigen Anteil der Minderheiten an gewissen öffentlichen Ausgaben; Proportionalwahlrecht; Verbot des Zwanges zur Arbeit an religiösen Ruhetagen und Erlaubnis der Sonntagsarbeit für Personen, welche einen anderen Tag als den Sonntag zum Ruhetag haben. Nach § 9 des Entwurfes werden diese Verpflichtungen in die Verfassung des Staates aufgenommen, kein Gesetz, keine Verfügung oder amtliche Handlung darf sie beschränken oder mit ihnen in Widerspruch stehen und sie dürfen ohne Genehmigung des Völkerbundes nicht geändert werden. § 10 gewährt den Minderheiten ein Recht der Beschwerde an den Völkerbund.

Die *Vertreter der deutschen Siedlungsgebiete im früheren Russland* legten der Friedenskonferenz ein Programm über den Schutz der nationalen Minderheiten dieses Gebietes vor (5). Es fordert Vertretung der nationalen Minderheiten vor der Friedenskonferenz; das Recht dieser Minderheiten, den Völkerbund anzurufen; proportionale parlamentarische und kommunale

Anm. (1): Oben S. 70.

Anm. (2): Stimmen der Vernunft, Bern, vom 20. März 1919; Pour mieux se connaître, Bern, vom 21. März 1919; Die Versöhnung, Bern, Nr. 83, vom 22. März 1919, S. 3; Vgl. auch meinen Aufsatz: « Die nationale Frage im künftigen Völkerrecht », in der Zeitschrift « Deutsche Arbeit in Oesterreich », 18. Jahrgang, 1919, 7.-8. Heft, S. 203; ferner meine Veröffentlichung: « Entwurf eines Vertrages über den Schutz nationaler Minderheiten, Berlin, 1920, S. 19, 20.

Anm. (3): Vgl. *Erler*, Das Recht der nationalen Minderheiten, Münster in Westfalen, 1931, S. 124 ff., daselbst weitere Zitate.

Anm. (4): *Bordihn*, Das positive Recht der nationalen Minderheit, Berlin, 1921, S. 85 ff. (nach einem Sonderdruck, veröffentlicht von der Korrespondenz des Komitees für den Osten).

Anm. (5): *Bordihn*, a. a. O., S. 83, 84.

Vertretung; nationale Kataster für verstreute Minderheiten; Gleichheit der Individuen; volle Selbstverwaltung der nationalen Minderheiten in Schule, Kirche, Justiz und Verwaltung; Gleichberechtigung der Minderheitensprache in den Gebieten der Minderheiten mit der Reichssprache; Recht des Zusammenschlusses der Minderheiten zu nationalen Verbänden in ihren Siedlungsgebieten zur Wahrung ihrer wirtschaftlichen und kulturellen Interessen; demokratische Wahlen in den nationalen Verwaltungsorganen; Recht auf Zusammenschluss jeder nationalen Minderheit zu einer einheitlichen kulturellen Gemeinschaft für das ganze Reich; Freiheit der Um- und Auswanderung; Ersatz des den Minderheiten durch Ausnahmebehandlung zugefügten Schadens durch den Staat.

Diese Beispiele liessen sich leicht vermehren (1). Aber die Forderungen der im Vorstehenden erwähnten Programme und Entwürfe wiederholen sich im Wesentlichen auch in anderen Resolutionen und Arbeiten immer wieder. Daher dürften die angeführten Beispiele wohl genügen, um zu zeigen, was damals weiteste Kreise von der Durchführung des Programms *Wilsons* und der im Waffenstillstandsvertrag von den Mächten übernommenen Verpflichtungen erwarteten.

Die deutsche Friedensdelegation hat in der Note vom 29. Mai 1919 (2) den folgenden Standpunkt vertreten:

« In territorialen Fragen stellt sich Deutschland rückhaltlos auf den Boden des Wilson-Programms. Es verzichtet auf seine Staatshoheit in Elsass-Lothringen, wünscht aber dort eine freie Volksabstimmung. Es tritt den grössten Teil der Provinz Posen, die unbestreitbar polnisch besiedelten Gebiete nebst der Hauptstadt Posen an Polen ab. Es ist bereit, den Polen durch Einräumung von Freihäfen in Danzig, Königsberg und Memel, durch eine Weichsel-Schiffahrtsakte und durch besondere Eisenbahnverträge freien und sicheren Zugang zum Meere unter internationaler Garantie zu gewähren. Deutschland ist bereit, die wirtschaftliche Versorgung Frankreichs mit Kohlen, besonders aus dem Saargebiet, bis zur Wiederherstellung der französischen Bergwerke zu sichern. Die vorwiegend dänischen Gebiete Schleswigs werden auf Grund einer Volksabstimmung Dänemark überlassen. Deutschland verlangt, dass das Selbstbestimmungsrecht auch zugunsten der Deutschen in Oesterreich und Böhmen geachtet wird » (3).

In der Anlage a zu der genannten Note, « Bemerkungen der Deutschen Friedensdelegation zu den Friedensbedingungen », hat die deutsche Delegation im ersten Teil Bemerkungen zu den Friedensbedingungen der Gegner gemacht und im zweiten Teil der Friedenskonferenz einen Gegenvorschlag

Anm. (1): Andere Beispiele bei *Bordihn*, a. a. O., Teil II.

Anm. (2): Auswärtiges Amt. Geschäftsstelle für die Friedensverhaudlungen. Materialien, betreffend die Friedensverhandlungen, III. Teil, S. 5 ff.; *Kraus* und *Rödiger*, Urkunden zum Friedensvertrage von Versailles vom 28. Juni 1919, I. Bd., Berlin, 1920, Nr. 60, S. 433 ff.

Anm. (3): Auswärtiges Amt, a. a. O., S. 7; *Kraus* und *Rödiger*, a. a. O., S. 435.

unterbreitet. In beiden Teilen hat die deutsche Delegation je einen Abschnitt dem «Selbstbestimmungsrecht der Völker» gewidmet (1).

Im ersten dieser Abschnitte bezeichnet die Delegation das Recht der Selbstbestimmung als ein neues «Grundrecht», das zu den alten Grundrechten im Kriege dazugetreten sei und «das die Staatsmänner aller kriegsführenden Völker immer wieder als Ziel anerkannt haben» und führt als Beweis für die zuletzt erwähnte Behauptung eine grosse Zahl von Aeusserungen von verantwortlichen Staatsmännern der Alliierten seit 1914 an. Weiter wird geltend gemacht, dass weder die Behandlung der Bewohner des Saargebiets «als Zubehör der Bergwerke», noch die öffentliche Form der Befragung der Bevölkerung in den Bezirken Eupen, Malmedy und Preussisch-Moresnet nach deren Unterstellung unter belgische Souveränität der Selbstbestimmung entspreche. Für Elsass-Lothringen wird Befragung der Bevölkerung gefordert: «Wenn Deutschland sich verpflichtet hat, das Unrecht von 1871 wieder gutzumachen', so bedeutet das keinen Verzicht auf das Selbstbestimmungsrecht der Elsass-Lothringer. Die Abtretung dieses Landes ohne Befragung der Bevölkerung wäre ein neues Unrecht, schon weil sie im Widerspruch zu einer anerkannten Grundlage des Friedens stände». Die Denkschrift fährt fort: «Andererseits ist es mit der Idee der nationalen Selbstbestimmung unvereinbar, wenn 2 1/2 Millionen Deutsche gegen ihren Willen von ihrem Heimatstaate losgerissen werden». Dies wird nun näher ausgeführt. Anschliessend bezeichnet die Denkschrift als mit dem Selbstbestimmungsrecht unvereinbar die «Tatsache, dass Millionen von Deutschen in Deutsch-Oesterreich der von ihnen erstrebte Anschluss an Deutschland verweigert wird und weitere Millionen an unseren Grenzen wohnender Deutscher gezwungen werden sollen, beim neugebildeten Tschecho-Slowakischen Staate zu bleiben».

Die Vorschläge des zweiten Teiles über das Selbstbestimmungsrecht stellen zuerst die Forderung auf: «Kein Gebiet darf von Deutschland abgetrennt werden, dessen nationale Zugehörigkeit durch jahrhundertelange konfliktlose Vereinigung mit dem deutschen Staatswesen unbestreitbar bewiesen ist, oder, soweit dies nicht zutrifft, dessen Bevölkerung sich nicht mit der Abtrennung einverstanden erklärt hat». Hier wird in der ersten Alternative gewissermassen das gleichzeitige Zusammentreffen der Gründe des Nationalitäts- und des Legitimitätsprinzips geltend gemacht, um zwecklose Volksabstimmungen zu ersparen, in der zweiten Alternative die Selbstbestimmung. Die Denkschrift stützt sich zur Begründung auf das Programm *Wilson's*. Sie folgert, dass Oberschlesien, von dem sie annahm, dass dessen Mehrheit trotz nationaler Mischung nicht im Gegensatz zum deutschen Nationalbewusstsein stehe und aus historischen, wirtschaftlichen und an-

Anm. (1): I. Teil, II, Z. 5, II. Teil, II, Z. 1, Auswärtiges Amt, a. a. O., S. 21 ff. bezw. 27 ff., *Kraus* und *Rödiger*, a. a. O., S. 449 ff., bezw. 456 ff.

deren Gründen gegebenenfalls für Deutschland stimmen würde ([1]), und das Saargebiet nicht abgetreten werden dürften. Weiter macht sich die Denkschrift die von mir 1917 in der *Organisation Centrale pour une Paix durable* vorgeschlagene Forderung der Abstimmung nach einzelnen Gemeinden ([2]) zu eigen, indem sie fordert, dass « in Fällen, wo Deutschland in Gebietsabtretungen willigen kann, mindestens eine Volksabstimmung nach Gemeinden vorausgehen muss ». Es folgen einige Vorschläge über die Durchführung, so zum Beispiel, dass Enklaven, die sich ergeben, gegeneinander auszutauschen sind. Auch das Prinzip der « Linie der gleichen nationalen Verluste », das ich auf der *Berner Völkerbundkonferenz* 1919 vorgeschlagen hatte ([3]), hat die Denkschrift zu übernehmen gesucht, indem sie sagt : « Bei der Grenzfestsetzung ist darauf Bedacht zu nehmen, dass aus dem Abstimmungsgebiet nicht mehr deutsche Angehörige unter die Herrschaft des erwerbenden Staates gelangen, als Angehörige dieses Staates unter deutsche Herrschaft ». Allerdings ist die Formulierung hier irrig, denn es handelt sich bei der Volksabstimmung nicht um eine Zählung der Staatsangehörigen nach *derzeitigem* Rechte, sondern um eine Zählung der Wünsche nach *künftiger* Staatsangehörigkeit, Wünsche, welche zumeist von der *Volks*zugehörigkeit der Abstimmenden abhängen würden.

Weiter wendet sich die deutsche Denkschrift dem Schutz der nationalen Minderheiten zu ([4]) und erklärt: «Deutschland tritt allgemein für den Schutz der nationalen Minderheiten ein. Dieser Schutz wird am zweckmässigsten im Rahmen des Völkerbundes zu regeln sein. Jedoch müssen deutscherseits bereits im Friedensvertrag bestimmte Zusicherungen für diejenigen deutschen Minderheiten verlangt werden, die durch Abtretung unter fremde Staatshoheit gelangen. Diesen Minderheiten ist die Pflege ihrer deutschen Art zu ermöglichen, insbesondere durch Einräumung des Rechts, deutsche Schulen und Kirchen zu unterhalten und zu besuchen, sowie deutsche Zeitungen erscheinen zu lassen. Erwünscht wäre es, wenn noch weitergehend eine kulturelle Autonomie, auf Grund nationaler Kataster, geschaffen würde. Deutschland ist seinerseits entschlossen, fremdstämmige Minderheiten auf seinem Gebiet nach den gleichen Grundsätzen zu behandeln ».

Die folgenden Abschnitte der Denkschrift ([5]) suchen die dargelegten Grundsätze auf die einzelnen Gebiete anzuwenden. So wird, um ein Beispiel herauszugreifen, bei der Abstimmung in Elsass-Lothringen eine Fragestellung gefordert, welche drei Möglichkeiten vorzusehen hätte : « *a*) Vereinigung mit Frankreich oder *b*) Vereinigung mit dem Deutschen Reiche als

Anm. ([1]) : Auswärtiges Amt, a. a. O., S. 37, 38 ; *Kraus* und *Rödiger*, a. a. O., S. 465 ff.
Anm. ([2]) : Oben, S. 202.
Anm. ([3]) : Oben, S. 245.
Anm. ([4]) : Auswärtiges Amt, a. a. O., S. 29; Kraus und Rödiger, a. a. O., 457.
Anm. ([5]) : Auswärtiges Amt, a. a. O., S. 29 ff.; *Kraus* und *Rödiger*, a. a. O., 458 ff.

Freistaat oder *c*) volle Unabhängigkeit, insbesondere Freiheit des wirtschaftlichen Anschlusses an einen der Nachbarn » ([1]).

In ähnlicher Weise wie Deutschland haben sich auch die bisherigen Verbündeten Deutschlands bei den Friedensverhandlungen zum Teil auf den Boden der neuen Gedanken gestellt, wenn auch in verschieden weitem Grade, da sie zum Teil ihren bisherigen territorialen Besitzstand mit historischen, geographischen, wirtschaftlichen und anderen Gründen zu verteidigen suchten.

Ganz besonders sei hier auf drei Noten der deutsch-österreichischen Friedensdelegation in St.-Germain-en-Laye hingewiesen, nämlich die Noten vom 15. ([2]) und 16. Juni ([3]) und vom 6. August ([4]) 1919, sowie auf die zum Teil sehr umfangreichen Beilagen dieser Noten. In diesen Noten und Beilagen tritt die Delegation auf Grund sehr eingehender Vorarbeiten und mit ausgearbeiteten Vorschlägen für die Selbstbestimmung und den Schutz der nationalen Minderheiten ein.

Der zweiten der genannten Noten liegt ein ausführlicher Entwurf eines Abkommens über die Volksabstimmung zur Durchführung des Selbstbestimmungsrechtes bei ([5]).

Auch hier ist das Prinzip der Volksabstimmung nach einzelnen Gemeinden angenommen, indem Artikel IX, Absatz 1, anordnet : «Chaque commune fera partie du territoire de l'État dont elle aura professé la nationalité ». Doch wird im folgenden nicht die Linie der gleichen nationalen Verluste zur Beseitigung von Enklaven und zu der etwa notwendig werdenden Abrundung der Grenze herangezogen, sondern eine im wesentlichen vom Völkerbund zusammengesetzte Kommission « tâchera d'établir un connexe territorial par un nombre aussi restreint que possible de communes limitrophes, soumises au plébiscite, où les minorités relativement les plus importantes auront professé leur nationalité de la même façon que les habitants des communes séparées ». Art. VIII sieht die nationale Teilung von Grenzgemeinden auf Grund der Stimmenabgabe, Art. X die Bildung von Enklaven im Staatsgebiet vor, wenn mehr als 10,000 Stimmen sich nicht für den Staat aussprechen, von dessen Gebiet die Enklave umgeben ist.

Mit der dritten der zitierten deutschösterreichischen Noten wurde ein Text von Gegenvorschlägen zum Friedensvertrag überreicht ([6]). Hier sind die Regeln über die Volksabstimmung in der nunmehr proponierten Form als IX. Abschnitt eingefügt ([7]). Die zitierten Artikel VIII bis X finden sich hier als Art. X bis XII wieder. Ferner sind hier Gegenvorschläge über den Schutz der Minderheiten erstattet, und zwar als Abschnitt VI ([8]). Diese

Anm. ([1]) : Auswärtiges Amt, a. a. O., S. 34 ; *Kraus* und *Rödiger*, a. a. O., S. 463.

Anm. ([2]) : 379 der Beilagen — Konstituierende Nationalversammlung, Bericht über die Tätigkeit der deutschösterreichischen Friedensdelegation in St. Germain-en-Laye, Wien, 1919, I. Band, Beil. 27, S. 88 ff.

Anm. ([3]) : Ebenda, Beil. 28, S. 128 ff.

Anm. ([4]) : Ebenda, II. Bd., Beil. 68, S. 78 ff.

Anm. ([5]) : Ebenda, I. Bd., S. 145 ff.

Anm. ([6]) : Ebenda, II. Bd., S. 254 ff.

Anm. ([7]) : Ebenda, II. Bd., S. 276 ff.

Anm. ([8]) : Ebenda, S. 273 ff.

Vorschläge unterscheiden sich nicht sehr wesentlich von den Schutzbestimmungen der Alliierten.

Die Forderungen Deutschlands und seiner Verbündeten beruhten noch im wesentlichen auf dem Programm des Präsidenten *Wilson* und auf der Gedankenwelt des Waffenstillstandsvertrages. Aber schon während diese Elaborate vorbereitet worden waren, hatten sich andere Kräfte durchgesetzt, welche entscheidenden Einfluss auf das Friedenswerk gewannen.

Wir haben uns nunmehr dem Werk der Friedensverträge zuzuwenden.

4. Die Friedensverträge.

Wie in der Frage des überstaatlichen Völkerrechts haben sich auch in jener der Anerkennung des Volkes als Rechtssubjekt und der Selbstbestimmung der Völker die neuen Gedanken als zu schwach gegenüber dem Beharrungsvermögen des Souveränitätsdogmas und der alten Staatsidee erwiesen.

Kaum hatten die neu emanzipierten Völker das Joch des alten Staates abgeschüttelt, wollten sie selbst einen Staat der *alten* Art errichten. Das Neue war für sie nur, dass es ein Nationalstaat sein sollte. Aber sie forderten einen « souveränen » Staat wie jenen der Vorkriegszeit, folglich einen Staat, keinem überstaatlichen Völkerrecht unterworfen, ausgestattet mit unbeschränkter Gebietshoheit und unbeschränkter Gewalt über seine Staatsangehörigen, gleichgültig welcher Nationalität, frei von jeder Einmischung in « innere », ganz besonders in nationale Angelegenheiten.

Weiter wünschten die neu emanzipierten Völker im allgemeinen, dass die Abgrenzung des neuen Staates nicht durch Volksabstimmung festgestellt, sondern kraft des Rechtes des Siegers nach ihren Wünschen und Interessen gemäss irgendwelchen historischen, geographischen, wirtschaftlichen, militärischen oder sonstigen Gesichtspunkten gezogen und den besiegten Staaten diktiert würde.

Endlich verlangten diese Völker, dass die so geschaffene neue Ordnung für die Dauer gewährleistet werde. Nachdem sie selbst die Selbstbestimmung ausgeübt hatten, sollten die von ihnen annektierten fremdnationalen Gebietsteile sich künftig nicht unter Berufung auf die Selbstbestimmung von dem neuen Nationalstaate loslösen dürfen.

Nicht nur die neu emanzipierten Völker wurden so, indem sie Verbündete der Sieger wurden, aus Revolutionären sehr rasch zu Anhängern des Souveräntitätsdogmas und, sobald ihnen die gewünschte Staatenkarte gesichert war, zu heftigen Gegnern der neuen Ideen. Auch in den siegreichen Staaten selbst änderte sich die überwiegende Meinung. Man hatte für die « Gerechtigkeit » und damit für die Selbstbestimmung, ebenso wie für ein überstaatliches Völkerrecht zu kämpfen geglaubt, solange man sich einem mächtigen Gegner gegenübersah, der gegen die neuen Ziele seinen historischen Besitzstand und seine militärischen Eroberungen verteidigte. Als man aber einen vollen Sieg in Händen hatte und der Gegner sich nach völligem innerem Umsturz vorbehaltlos zu den neuen Zielen bekannt hatte, da zeigte es sich, dass es viel leichter war, sich zur Festhaltung der eroberten Position auf das « Recht des Siegers », das heisst auf die Gewalt seiner Waffen und auf das Souveränitätsdogma zu stützen, als eine vollständig neue und neuartige Völkerrechtsordnung aufzubauen.

So geriet die Verteidigung der Idee der Selbstbestimmung in den siegreichen Staaten immer mehr in die Hände der Opposition, während die führenden Mehrheiten für das Diktat einer Staatenkarte zu gewinnen waren. Man wollte den Sieg ausnutzen und den Weltfrieden gegen die Wiedererhebung der besiegten Gewalten für die Dauer schützen, indem man die eigene augenblicklich durch den Sieg erfochtene Machtstellung für immer festhalten wollte. Dazu glaubte man die Souveränitätsidee nicht entbehren zu können. Kraft der Souveränität der Siegerstaaten hoffte man die neue Staatenkarte nicht nur gegen die Wiederkehr der besiegten Gewalten, sondern zugleich gegen künftige Selbstbestimmungsbestrebungen sichern zu können.

Charakteristisch für den Umschwung ist, um ein Beispiel hervorzuheben, ein Vorfall in der Sitzung der französischen Kammer vom 29. Dezember 1918 (1). Der Minister des Auswärtigen, *Pichon*, verteidigte das Verbot der Vereinigung Deutschösterreichs mit dem Deutschen Reich mit den Worten : «Il faudra pour cela, en premier lieu, que cette victoire se traduise par toutes ses justes conséquences et par l'exercice des droits qu'elle nous donne sur les vaincus pour leur enlever la possibilité de remettre en péril la sécurité et la liberté du monde ». Das Protokoll fügt hinzu : « (Applaudissements) » und verzeichnet nun folgenden Zwischenruf :

M. Pierre Renaudel. —« Si les Autrichiens allemands la proclament eux-mêmes ! ».

Hierauf entgegnete der Minister nichts anderes als :
« Est-ce que vous croyez que la victoire ne nous donne pas ces droits sur les vaincus? ». Das Protokoll fährt fort :

« (Applaudissements. Vives interruptions à l'extrême gauche).

M. Pierre Renaudel. —« Pas ceux-là ! »

A l'extrême gauche : —« Ce n'est pas la doctrine wilsonienne ! »

M. *Marcel Cachin.* —« La Chambre n'a pas applaudi à ces paroles bismarckiennes ».

M. *Jean Longuet.* —« M. Clemenceau vous avait pourtant dit : Soyons forts pour être justes ».

Anm. (1) : Chambre des Députés. Débats Parlementaires, 2.e Séance du 29 décembre 1918, S. 3715, 3716.

M. *Charles Meunier.* — « Il faut être justes pour être forts ».

Der Minister erachtete es nicht für nötig, die in diesen Zwischenrufen zum Ausdruck gebrachte grundsätzliche Kritik zu widerlegen, er setzte seine Rede nach seinem Konzept fort, indem er über Bulgarien sprach.

Die Kritik der Opposition hatte keine weiteren Folgen für die Regierung, diese behielt das Vertrauen der Mehrheit trotz Ersetzung des Rechtes der Selbstbestimmung durch das Recht des Siegers. Die Kammer hatte also doch den «paroles bismarckiennes», der Berufung auf Blut und Eisen, applaudiert und damit die Selbstbestimmung preisgegeben, nicht nur für Deutschösterreich, sondern allgemein, denn was für den einen Fall galt, musste auch für alle anderen gelten.

Auch *Clemenceau* war vergeblich angerufen worden. Er verwandte die scharfen Waffen seines Geistes nicht für, sondern gegen die Selbstbestimmung (1).

So schrieb er am 28. März 1919 an *Lloyd George* : « La Conférence a décidé d'appeler à la vie un certain nombre d'États nouveaux. Peut-elle, sans commettre une injustice, les sacrifier en leur imposant, par égard pour l'Allemagne, d'inacceptables frontières? Si ces peuples — Pologne, Bohème, notamment, — ont résisté jusqu'ici au bolchevisme, c'est par le sentiment national. Si on fait violence à ce sentiment, le bolchevisme trouvera en eux des proies et la seule barrière, qui existe présentement entre le bolchevisme russe et le bolchevisme allemand, sera brisée ». « ... Si, en donnant à ces peuples jeunes les frontières sans lesquelles ils ne peuvent pas vivre, on est obligé de transférer sous leur souveraineté des Allemands, fils de ceux qui les ont asservis, on peut le regretter et on doit ne le faire qu'avec mesure ; mais on ne peut pas l'éviter » (2). Hier ist unter « sentiment national » nicht Nationalgefühl und Wunsch nach Selbstbestimmung für das eigene Volkstum, sondern der Wunsch nach einem Staat verstanden, welcher auf Grund historischer Grenzen die Siedlungsgebiete mehrerer Millionen fremder Rassen umfassen sollte. Die Selbstbestimmung wird hier geleugnet (3).

Am 31. März übermittelte *Clemenceau* eine Kopie dieses Schreibens an *Lloyd George* dem Präsidenten *Wilson* (4).

Es würde zu weit führen und wäre für die Zwecke der vorliegenden Arbeit nicht von Belang, wenn alle Etappen untersucht werden sollten, in denen sich in allen siegreichen Staaten der Umschwung vom Recht der

Anm. (1) : Vgl. insb. *André Tardieu*, La Paix, Paris, 1921, passim, bes. S. 128 ff., 201 ff., 215 ff. ; ferner unter anderen noch *John Maynard Keynes*, Die wirtschaftlichen Folgen des Friedensvertrags, übersetzt von *Bonn* und *Brinkmann*, München und Leipzig, 1920, S. 39, 40, 41 ; *Allyn Abbott Young*, The economic settlement, bei *Edward Mandell House* und *Charles Seymour*, What really happened at Paris, New York, 1921, S. 298 ; *Robert Lansing*, The big Four, London, 1922, S. 22 ff. ; *E. I. Dillon*, The Peace Conference, London, S. 58, 59, 171 ff. ; *Ray Stannard Baker*, Woodrow Wilson and World Settlement, II. Bd., London, New York, 1923, S. 33 ff. ; *Guglielmo Ferrero*, Die Tragödie des Friedens von Versailles bis zur Ruhr, Jena, 1923, S. 11 ff.

Anm. (2) : *André Tardieu*, La Paix, Paris 1921, S. 130 ff.

Anm. (3) : Vgl. unten S. 256.

Anm. (4) : *Ray Stannard Baker*, a. a. O., III. Bd., document 28, S. 249 ff.

Selbstbestimmung zum Rechte des Siegers vollzog (1). Als die Friedenskonferenz das Wesentliche ihrer Arbeiten begann, war die Haltung der Grossmächte entscheidend und diese war bereits fest umschrieben. Die Bestimmung des Art. 3 aus *Wilsons* ursprünglichem Völkerbundentwurf über künftige Grenzänderungen und das Selbstbestimmungsrecht der Völker (2) war, wie wir gesehen haben, gestrichen. Es blieb aus dem ursprünglichen Entwurf nur die gegenseitige Garantie der territorialen Unversehrtheit übrig. Diese aber bedeutete, ohne die Korrektur möglicher künftiger Grenzänderungen, das gerade Gegenteil der Selbstbestimmung, nämlich die Festlegung der diktierten Grenzen für die Dauer.

In dieser Form ist der Gedanke in die Völkerbundssatzung und die Friedensverträge übergegangen. Nach Art. 10 der Völkerbundssatzung verpflichten sich die Bundesmitglieder «à respecter et à maintenir contre toute agression extérieure l'intégrité territoriale et l'indépendance politique présente de tous les Membres de la Société», «to respect and preserve as against external agression the territorial integrity and existing political independance of all Members of the League». Die Selbstbestimmung ist gefallen. *An ihre Stelle tritt die Gewährleistung der Staatenkarte von 1919 für die Dauer.* Darum ist der Völkerbund von der Kritik oft mit der «Heiligen Allianz» verglichen worden. *Das Volk im natürlichen Sinne als Rechtssubjekt ist verschwunden.* Ueber die politischen Schicksale der Völker entscheiden bei einmal gegebener Staatenkarte die Regeln des alten Völkerrechtes über die Gebietshoheit und die Staatsangehörigkeit. *Der Gedanke des Volkstums ist ebenso unterlegen, wie jener des überstaatlichen Völkerrechtes, der alte Staatsgedanke hat gesiegt.*

Man kann nun allerdings darauf hinweisen, dass Art. 10 dennoch «keine Verewigung des status quo» bedeute, wie dies zum Beispiel *Schücking* und *Wehberg* tun (3). Gewiss kann niemand daran denken oder gedacht haben, dass Staatsgrenzen überhaupt niemals mehr geändert werden dürfen, auch dann nicht, wenn beide beteiligten Staaten es einverständlich wollen. Auch die Heilige Allianz war nicht dagegen gerichtet, dass zwei souveräne Monarchen einverständlich die Grenzen ihrer Gebiete neu bestimmen. Aber ein derartiger Gebietsübergang setzt, ebenso damals wie jetzt nach Art. 10, Zustimmung des abtretenden Staates, *freiwilligen* Verzicht voraus. Strebt also ein Volk oder eine nationale Minderheit die Loslösung aus dem gegenwärtigen Staatsverband an, so haben sie nach allen bisherigen geschichtlichen Erfahrungen nur sehr geringe Hoffnung. Denn der freiwillige Verzicht ist

Anm. (1): Vgl. insb. *Robert Lansing*, The Peace negotiations, Boston und New York, 1921, VII. Kapitel: «Self-Determination», S. 93 ff.; *André Tardieu*, a. a. O., S. 127 ff.; *Edward Mandell House* und *Charles Seymour*, a. a. O., passim; *E. J. Dillon*, a. a. O., S. 124 ff.; *Temperley*, A history of the Peace Conference of Paris, I. Bd., London, 1920, passim, insb. S. 249, 257, 264 ff., 269, 270, 272 u. a.

Anm. (2): Oben S. 239 ff.

Anm. (3): Die Satzung des Völkerbundes, Berlin, 2. Aufl. 1924, S. 458.

von der «Staatsräson» des souveränen Staates im allgemeinen kaum zu erwarten. Was die Kritik durch den Ausdruck «Verewigung» oder durch den Vergleich mit der Heiligen Allianz zum Ausdruck bringen will, ist nicht das Verbot künftiger Eroberungskriege, sondern das *Verbot der Selbstbestimmung*. Wünscht irgendwo ein Volk oder eine volkliche Minderheit nationale Unabhängigkeit zu erringen und sich aus dem bisherigen Staatsverband zu lösen, wie vor 1917 und 1918 die Völker und Volksteile Russlands und Oesterreichs, so ist der bisherige Heimatstaat dieser Minderheit berechtigt, sie als eine Schar von Hochverrätern mit den gewaltsamsten Mitteln zu unterdrücken. Es darf ihr kein Mitgliedsstaat des Völkerbundes bei einem noch so heroischen Widerstand auch nur mit geistigen Waffen helfen. Denn das wäre nicht mehr «respecter l'intégrité territoriale», «to respect the territorial integrity». Jeder Mitgliedsstaat ist im Gegenteil verpflichtet, die bedrohte Staatsgewalt in ihrer Herrschaft zu erhalten, wenn dem aufständischen Volke von aussen, zum Beispiel durch einen Nichtmitgliedsstaat oder durch Freischaren, Hilfe gebracht wird. Der Völkerbund erscheint daher der Kritik zwar nicht als eine «Heilige Allianz» gegen *demokratische* Revolutionen, die das *monarchische Prinzip* gefährden, aber als eine «Heilige Allianz» gegen *nationale* Revolutionen, die die *Staatenkarte von 1919* gefährden, und dies, obwohl doch diese Staatenkarte zum Teil selbst aus nationalen Revolutionen hervorgegangen ist.

Die Friedenskonferenz hat demnach ein Werk geschaffen, das zwar in der Konstituierung der neu emanzipierten Völker zu neuen Nationalstaaten und in einigen Korrekturen der bisherigen Staatenkarte den neuen Ideen Rechnung getragen hat, im übrigen aber auf dem Souveränitätsdogma und dem Rechte des Siegers aufgebaut ist. Ohne Wahrung eines einheitlichen Prinzips bei der Grenzziehung ist grossen Gebieten mit vielen Millionen von Einwohnern ohne Volksbefragung und vielfach gegen ihren klar erkennbaren Willen ihre Staatsangehörigkeit durch Diktat zuerteilt worden (1).

Allein die neuen Ideen hatten doch so fest in der internationalen öffentlichen Meinung Wurzel gefasst, dass selbst die mächtigste Staatenkoalition, die es je in der Weltgeschichte gegeben hat, sich wenigstens bis zu einem gewissen Grade vor ihnen hat beugen müssen. *Darin zeigt sich der neue Geist und ein gewaltiger Unterschied gegenüber allen früheren Friedensdiktaten der Geschichte.* Die Mächte haben es nicht gewagt, es offen auszusprechen, dass sie von den neuen Gedanken und den im Waffenstillstandsvertrag übernommenen Verpflichtungen wesentlich abgewichen waren. Im Gegenteil, sie hielten formell daran fest, dass sie noch immer auf dem glei-

Anm. (1): Vgl. meine Bemerkungen in dem Artikel: «Nationalitätenfrage einschliesslich des Minderheitsrechts», in *Strupp*'s Wörterbuch des Völkerrechts und der Diplomatie, Berlin und Leipzig, II. Bd., 1923, S. 97; ferner die oben S. 253, Anm. 1, und S. 254, Anm. 1, zitierte Literatur.

chen Boden stünden. Die Note des Präsidenten *Clemenceau* vom 10. Mai 1919 (¹), mit welcher die deutsche Note vom 9. Mai (²) über den allgemeinen Inhalt der Friedensbedingungen beantwortet wurde, erklärt ausdrücklich : « Les Représentants des Puissances alliées et associées désirent rappeler à la Délégation allemande qu'en arrêtant les conditions du Traité, ils se sont constamment inspirés des principes d'après lesquels l'armistice et les négociations de paix ont été proposés » (³).

Ausführlicher haben sich dann die Mächte gegen den deutschen Vorwurf, die Selbstbestimmung und die Rechtspflichten aus dem Waffenstillstandsvertrag verletzt zu haben, in ihrer Antwort auf die Bemerkungen der Deutschen Delegation (⁴) und in der Mantelnote (Lettre d'Envoi) des Präsidenten Clemenceau vom 16. Juni 1919 (⁵) geäussert. Die Mantelnote versucht zunächst in einem ersten Teil ausführlich die Notwendigkeit einer Bestrafung des deutschen Volkes im Namen der Gerechtigkeit durch die Gewalt des Siegers zu begründen und erklärt im Anschluss hieran in ihrem II. Teil : « Les Puissances alliées et associées croient donc que la Paix qu'elles ont proposée est fondamentalement une Paix de justice. Elles sont non moins certaines que c'est une paix de droit conforme aux principes admis au moment de l'armistice. On ne peut douter de l'intention des Puissances alliées et associées de prendre pour base du règlement européen le principe de libérer les peuples opprimés et de retracer les frontières nationales autant que possible conformément à la volonté des peuples intéressées, tout en donnant à chaque peuple toutes facilités pour vivre, nationalement et économiquement, une vie indépendante ».

Die Note versucht nun, die territorialen Bestimmungen des Friedensvertrages in einigen Punkten zu rechtfertigen. Die deutsche Grenze gegen *Polen* wird im wesentlichen mit dem Nationalitätsprinzip und der Notwendigkeit eines freien und sicheren Zugangs zum Meer für Polen begründet und es wird behauptet : « Tous les territoires habités par une majorité d'Allemands, hormis quelques villes isolées et des colonies établies sur des terres récemment expropriées par la force et situées au milien de terres indubitablement polonaises, ont été laissés à l'Allemagne ». Daran schliesst sich die weitere Behauptung : «Partout où la volonté du peuple est en doute, un plébiscite a été prévu ». Die Abtrennung *Danzigs* wird mit der Behauptung, dass es keine andere Möglichkeit gebe, Polen einen freien und sicheren Zugang zum Meere zu verschaffen, und mit der Autonomie, die Danzig zugedacht sei, gewissermassen entschuldigt. In Oberschlesien wird eine

Anm. (¹) : Auswärtiges Amt. Geschäftsstelle für die Friedensverhandlungen. Materialien, betreffend die Friedensverhandlungen. II. Teil, S. 26 ; *Kraus* und *Rödiger*, Urkunden zum Friedensvertrage von Versailles vom 28. Juni 1919, I. Bd., Berlin, 1920, Nr. 34, S. 222.

Anm. (²) : Auswärtiges Amt, a. a. O., III. Teil, S. 5 ff. ; *Kraus* und *Rödiger*, a. a. O., Nr. 60, S. 433 ff.

Anm. (³) : Vgl. oben S. 253.

Anm. (⁴) : Auswärtiges Amt, a. a. O., IV. Teil, S. 26 ff. ; *Kraus* und *Rödiger*, a. a. O., Nr. 64, *b*), I. Bd., S. 574 ff.

Anm. (⁵) : Auswärtiges Amt, a. a. O., S. 5 ff. ; *Kraus* und *Rödiger*, a. a. O., Nr. 64, *a*), S. 555 ff.

Abstimmung zugestanden. Die Behandlung des Saargebietes wird auf Reparationsnotwendigkeiten zurückgeführt, doch solle die Bevölkerung nach 15 Jahren frei zwischen drei Möglichkeiten, Vereinigung mit Deutschland, Vereinigung mit Frankreich oder Fortsetzung des nunmehrigen Regimes, entscheiden. Die Uebertragung von Gebieten an Dänemark und Belgien wird mit früherer « vive force » Preussens begründet, doch solle die Bevölkerung Gelegenheit zur Entscheidung haben : « cette décision sera prise avec de telles précautions que la liberté du vote sera entière ». Ueber sonstige Gebietsfragen in Europa, zum Beispiel über Deutschösterreich oder Deutschböhmen, und über die Frage, warum denn nicht die Selbstbestimmung als allgemeines Prinzip allen territorialen Regelungen zugrunde gelegt worden ist, wird nichts gesagt.

In der mit der Mantelnote überreichten Denkschrift selbst kommen die Mächte nochmals auf das Thema zurück und suchen sich gegen den Vorwurf zu verteidigen, dass sie die Gebietsfragen bald nach historischen Rechten, bald nach ethnographischen Grundsätzen, bald nach wirtschaftlichen Interessen stets zum Nachteil Deutschlands geregelt hätten. Die getroffene Entscheidung sei die unvermeidliche Folge davon, dass die bisherigen Grenzen Deutschlands ungerecht gewesen seien. « C'est pour les Puissances alliées et associées un devoir capital de rectifier ces injustices ». Weiter weisen die Mächte den anderen Vorwurf zurück, dass sie entgegen *Wilsons* Kongressrede vom 11. Februar 1918 mit den Völkern schalten wie mit Steinen in einem Spiel : « Les Puissances alliées et associées repoussent énergiquement l'allégation d'après laquelle il y aurait eu un « marchandage » de peuples et de provinces. Tous les règlements territoriaux du Traité de Paix ont été établis après la plus minutieuse et la plus consciencieuse étude de tous les facteurs ethniques, religieux ou linguistiques dans chaque pays en particulier. Les espoirs légitimes de peuples soumis longtemps au joug étranger ont été entendus, et dans chaque cas, les décisions ont eu pour base le principe explicitement énoncé dans ce même discours, à savoir que : ...« Nun wird Punkt 4 der Kongressrede *Wilson's* vom 11. Februar 1918 zitiert, welcher die Befriedigung der « well defined national aspirations » so weit gefordert hatte, als dadurch nicht der Friede bedroht würde. Welche der verschiedenen einander oft entgegengesetzten Hoffnungen die Mächte bei ihren Grenzregulierungen für « légitimes », welche nationalen Aspirationen sie für « well defined » und für den Frieden ungefährlich hielten, wird nicht gesagt. Ebenso fehlt auch hier eine Motivierung dafür, warum man nicht, statt der erwähnten minutiösen und gewissenhaften Prüfungen von Paris aus, die unter Ausschluss der Oeffentlichkeit stattgefunden hatte, die beteiligten Völker selbst an Ort und Stelle und in voller Oeffentlichkeit ganz allgemein alle neuen und alle bestrittenen Grenzen durch Volksabstimmungen ziehen liess.

Im weiteren Verlauf der Note (1) wird dann die territoriale Regelung nochmals im einzelnen verteidigt.

Die Abtrennung von Eupen und Malmédy wird damit begründet, dass die Uebertragung an Preussen 1814 und 1815 ohne Rücksicht auf die Wünsche der Bevölkerung, der geographischen und der Sprachgrenzen erfolgt sei, ausserdem mit militärischen Erwägungen. Ueberdies sehe der Vertrag eine Befragung der Bevölkerung unter den Auspizien des Völkerbundes vor.

Die Regelung der Saarfrage wird abermals auf Reparationsnotwendigkeiten und auf die Notwendigkeit einer Bestrafung Deutschlands zurückgeführt.

Die Vereinigung Elsass-Lothringens mit Frankreich wird im Sinne des Punktes 8 der 14 Punkte *Wilsons* mit dem 1871 begangenen « Unrecht » (« wrong », « injustice ») (2) erklärt. Dieses Unrecht habe darin bestanden, dass die Annexion 1871 gegen den Willen der Bevölkerung stattgefunden habe, und dieser Wille sei damals zu Bordeaux von den Abgeordneten des Landes einstimmig zum Ausdruck gebracht worden, ebenso 1874 und später wiederholt im Reichstag. « Réparer une injustice, c'est, autant que possible, remettre les choses dans l'état où elles se trouvaient avant qu'elles eussent été bouleversées par l'injustice ». Ausserdem habe Elsass-Lothringen für Deutschland nur als militärisches Glacis und als ein Mittel gedient, um das Reich zusammenzukitten. « Les Puissances alliées et associées ne sauraient, en conséquence, admettre un plébiscite pour ces provinces ». Die Bevölkerung von Elsass-Lothringen habe ein Plebiszit auch niemals verlangt. Im Gegenteil, sie habe während der 50 Jahre ihrer Zugehörigkeit zum Reich gegen den Missbrauch der Gewalt von 1871 protestiert. « Sa volonté ne fait donc pas de doute et les Puissances alliées et associées entendent en assurer le respect. » Die von Deutschland geltend gemachten historischen und sprachlichen Argumente « sont formellement contestés » und seien nicht imstande, den Gesichtspunkt der Mächte zu modifizieren. Auch die Einwendungen gegen die Vordatierung der Abtretung des Landes seien unzulässig. Deutschland habe diese im Waffenstillstand anerkannt. « Au surplus, l'Alsace et la Lorraine en se jetant dans les bras de la France, comme aux bras d'une mère retrouvée, ont elles-mêmes daté le jour de leur délivrance. Un traité fondé sur le droit des peuples à disposer d'eux-mêmes ne peut que prendre acte d'une volonté aussi solennellement proclamée ».

Die Mächte berufen sich demnach gleichzeitig auf ihre Stellung als Strafrichter, auf das Legitimitätsprinzip, bezogen auf den Stand von 1697 (3), und auf einen behaupteten Akt der Selbstbestimmung.

Das Verbot der Vereinigung Deutschösterreichs mit dem Deutschen Reich wird überhaupt nicht begründet, die Mächte erklären nur, von der

Anm. (1) : Parties II et III, Frontières de l'Allemagne et Clauses Politiques Européennes ; Auswärtiges Amt, a. a. O., S. 31 ff. ; *Kraus* und *Rödiger*, a. a. O., S. 585 ff.

Anm. (2) : Vgl. oben S. 106 ff, 210, 211.

Anm. (3) : Vgl. oben, S. 210, 211.

Versicherung Deutschlands Kenntnis zu nehmen, dass es niemals seine Grenze gegen Oesterreich gewaltsam ändern wolle.

Bezüglich Polens berufen sich die Mächte auf « deux principes fondamentaux ». Erstens werden die Teilungen dieses Landes als Verbrechen, « crime » bezeichnet : « Le premier devoir des Alliés est de réparer cette injustice ». Die Art der Grenzziehung wird also als Strafmassregel und gleichzeitig als Wiedergutmachung vom Standpunkt des Legitimitätsprinzips gerechtfertigt. Als zweiter Fundamentalgrundsatz wird das Nationalitätsprinzip bezeichnet: «Le second principe, proclamé par les Alliés et formellement accepté par l'Allemagne, est que seront rendues à la Pologne restaurée les régions aujourd'hui habitées par une population indiscutablement polonaise ». Die Denkschrift sucht nun diese beiden an sich einander widersprechenden Grundsätze, das Legitimitätsprinzip und das Nationalitätsprinzip, miteinander in Einklang zu bringen und so die gewählte Grenze näher zu begründen.

Bezüglich Oberschlesiens wird zugegeben, dass Polen kein « droit juridique » aus den historischen Grenzen des Königreichs Polen habe. Aber Polen habe Rechte, «droits», im Sinne des *Wilson*'schen Programms. Denn die Mehrheit der Bevölkerung sei «indiscutablement polonaise». Da aber Deutschland behaupte, dass die Trennung nicht den Wünschen und Interessen der Bevölkerung entspreche, solle daselbst eine Volksabstimmung stattfinden.

Die räumliche Trennung Ostpreussens vom Reich, also die Schaffung des sogenannten « polnischen Korridors », wird noch besonders damit begründet, dass Ostpreussen nicht zum alten Deutschen Reich und bis 1866 nicht zum Deutschen Bund gehört habe und dass es kein ursprünglich deutsches Land, sondern eine deutsche « Kolonie » sei. Es wäre zwar für Deutschland bequem, wenn Ostpreussen in direkter Verbindung mit dem wahren Deutschland, «avec la vraie Allemagne», stände : «mais la commodité de l'Allemagne ne constitue pas une raison suffisante pour justifier la continuation du démembrement et du morcellement d'une autre nation ». Die Interessen der kaum 2 Millionen Ostpreussen an einer bequemen Landverbindung mit Deutschland « sont beaucoup moins vitaux » als das Interesse des ganzen polnischen Volkes an einem unmittelbaren Zugang zum Meer. Im übrigen sei der Grundsatz befolgt : « Là où les affinités de la population ne sont pas douteuses, un plébiscite n'est pas nécessaire ; là où il y a doute, un plébiscite s'impose ». Die Grenze sei also — offenbar abgesehen von dem Zugang zum Meer durch das teilweise überwiegend deutsche Sprachgebiet des sogenannten polnischen Korridors — nach dem Nationalitätsprinzip gezogen und nur, wo die Alliierten zweifeln, sei sie nach dem Prinzip der Selbstbestimmung durch eine Volksabstimmung zu ziehen.

Für das Memelgebiet wird das Nationalitätsprinzip angerufen: « la majorité de la population est lithuanienne d'origine et de langue ».

Von Danzig wird geltend gemacht, dass dieses durch Jahrhunderte zu Polen gehört habe, bis es mit Gewalt und gegen den Willen der Bevölkerung von Preussen annektiert worden sei. Weil es aber von einer grossen Mehrheit von Deutschen bewohnt sei, solle es eine Stellung ähnlich wie früher als Hansestadt ausserhalb der Grenzen des Deutschen Reiches erhalten. Polen habe ein Recht auf einen Zugang zum Meer. Hafenrechte in deutschen Häfen seien aber für Polen nicht genügend. Polen verlange « à juste titre », dass die Leitung und Entwicklung des Hafens, der seinen einzigen Zugang zum Meere darstelle, in seinen Händen und die Verbindungen dahin keiner fremden Herrschaft unterworfen seien. Der « juste titre » kann hier, da ausdrücklich hervorgehoben wird, dass Danzig von Deutschen bewohnt wird und da auch der später von Polen ausgebaute Konkurrenzhafen von Gdingen einen Zugang zum Meer ermöglichte, nur das Legitimitätsprinzip sein.

Bezüglich Schleswigs wird auf das Versprechen der Abhaltung einer Volksabstimmung durch Preussen im Prager Frieden von 1866 hingewiesen. Auf Wunsch der dänischen Regierung und der Bevölkerung Schleswigs habe der Vertrag eine Volksabstimmung vorgesehen. Das Abstimmungsgebiet sei entsprechend den Wünschen der dänischen Regierung begrenzt worden. Auf Grund des Plebiszits werde die Grenze festgesetzt werden « en tenant compte des conditions géographiques et économiques ».

Ueber die Grenze des Deutschen Reiches gegen die Tschechoslowakei sagt die Denkschrift nichts. Sie hätte jedoch Anlass gehabt, es zu tun. Denn die weit mehr als drei Millionen von Deutschen, welche die an Deutschland angrenzenden deutsch sprechenden Randgebiete Böhmens, Mährens und Oesterreichisch-Schlesiens, der späteren Tschechoslowakei, bewohnen (1), hatten sich beim Zusammenbruch des alten Oesterreich im Oktober 1918 auf Grund der Selbstbestimmung der Völker an Deutschösterreich angeschlossen (2) und dieses hatte mit dem einstimmig angenommenen Gesetz vom 12. November 1918, Artikel 2, beschlossen : « Deutschösterreich ist ein Bestandteil der Deutschen Republik » (3). Die Bewohner jener von der Tschechoslowakei beanspruchten und inzwischen von ihr besetzten Gebiete waren daher in der am 2. Mai nach *St. Germain-en-Laye* eingeladenen deutschösterreichischen Friedensdelegation mit Zustimmung der alliierten und assoziierten Mächte vertreten (4). Die Note der deutschösterreichischen Delegation vom 15. Juni 1919 (5) hat das Selbstbestimmungsrecht dieser Deutschen gefordert und unter anderen Beilagen ein Memoran-

Anm. (1) : Materialien und Literatur oben, S. 231, Anm. 5 und 6.

Anm. (2) : 379 der Beilagen. Konstituierende Nationalversammlung. Bericht über die Tätigkeit der deutschösterreichischen Friedensdelegation in St. Germain-en-Laye, Wien, 1919, I. Bd., Beilage 27, Beilage A, Nr.II, S. 95.

Anm. (3) : Staatsgesetzblatt, Nr. 5; *Kelsen*, Die Verfassungsgesetze der Republik Deutschösterreich, Wien und Leipzig, 1919, S. 29. Vgl. meine Arbeit: Deutschösterreich im Friedensvertrag vom Versailles, Berlin, 1921, S. 7 ff.

Anm. (4) : 379 der Beilagen. Konstituierende Nationalversammlung usw. I. Bd., S. 2 und Beilage 3, S. 19.

Anm. (5) : Nr. 304 ; a. a. O., I. Bd., Beilage 27, S. 88 ff.

dum ihrer gewählten Vertreter vorgelegt (1), in welchen diese selbst die Selbstbestimmung geltend machten und die Volksabstimmung nach Gemeinden verlangten mit dem Antrag : « Il sera établi par un plébiscite, qui aura lieu sur les territoires allemands des Sudètes, par commune, sous un contrôle neutre, en l'absence des troupes tchèques et d'après un procédé à fixer, de quel État ces populations allemandes désirent faire partie » (2).

Warum die an das Deutsche Reich gerichtete Denkschrift der alliierten und assoziierten Mächte vom 16. Juni 1919 auf das Schicksal dieser Gebiete nicht einging und die lange Grenze des Deutschen Reiches gegenüber der Tschechoslowakei unerwähnt liess, ist daraus zu erklären, dass die Mächte die Begründung ihres Vorgehens später der deutschösterreichischen Delegation in der unten zu erwähnenden Denkschrift vom 2. September 1919 mitgeteilt haben. Es sind die alten geschichtlichen Grenzen aufrechterhalten worden, es ist also nicht die Selbstbestimmung, sondern das Legitimitätsprinzip verwirklicht worden, und zwar mit der Motivierung, dass die Bestrafung des deutschen Volkes dies rechtfertige.

Ueberblickt man die territorialen Bestimmungen des Friedensvertrages von Versailles und die eben dargestellten Argumentationen der alliierten und assoziierten Mächte, so muss man zugeben, dass *die Idee des Selbstbestimmungsrechtes doch von wesentlichem Einfluss auf die Bildung eines Teiles der neuen Staatenkarte und damit auf das innerstaatliche Recht der beteiligten Staaten geworden ist.* Allerdings in den positiven Anordnungen des Friedensvertrages tritt das Selbstbestimmungsrecht fast gar nicht zutage. Volksabstimmungen sind nur in wenigen kleinen Gebieten angeordnet worden, deren Schicksal die Machtstellung der siegreichen Staaten nicht berührte, und auch in diesen Gebieten nur in diktierten Abstimmungsbezirken, unter diktierter Fragestellung und nach diktiertem Verfahren. Alle übrigen Grenzen sind ohne Volksbefragung kraft des Rechtes des Siegers festgelegt worden und die Kritik konnte den alliierten und assoziierten Mächten dasselbe entgegenhalten, was diese in der Denkschrift vom 16. Juni 1919 in der Frage der Volksabstimmung in Ostpreussen Deutschland vorgeworfen hatten : « On remarque avec surprise que les Allemands, au moment même où ils prétendent adopter le principe de libre disposition, refusent d'accepter les moyens les plus évidents de l'appliquer » (3).

Aber die erörterten Ausführungen der Mantelnote und der Denkschrift vom 16. Juni 1919 zeigen doch eines ganz klar : *selbst die mächtigste siegreiche Staatenkoalition der bisherigen Weltgeschichte hat sich verpflichtet gefühlt, sich für ihre Taten gewissermassen vor der öffentlichen Meinung der Welt zu rechtfertigen und sich mit der Idee der Selbstbestimmung der Völker ernstlich*

Anm. (1) : Beilage A zu der vorhergehend zitierten Note, a. a. O., S. 93 ff.

Anm. (2) : a. a. O., S. 102.

Anm. (3) : Auswärtiges Amt, a. a. O., IV. Teil, S. 39 ; *Kraus* und *Rödiger*, a. a. O., I. Bd., S. 600.

auseinanderzusetzen. Diese Auseinandersetzung ist nicht bloss Theorie. Die Mächte haben sich auch praktisch der neuen Idee bis zu einem gewissen Grad gebeugt. Dies ergibt sich nicht so sehr aus demjenigen, was der Vertrag von Versailles enthält, als aus demjenigen, was er nicht enthält. In früheren Zeiten hatten die Sieger in einem analogen Fall dem Besiegten willkürlich alle Gebiete entrissen, die sie aus machtpolitischen Interessen zu besitzen wünschten. 1919 aber haben die siegreichen Mächte, abgesehen von Elsass-Lothringen und einigen Teilen des polnischen Korridors, kein grösseres Stück geschlossenen deutschen Sprachgebietes vom Deutschen Reich getrennt. Selbst das Saargebiet und Danzig hat man nur unter ein internationales Regime gestellt und eine Annexion vermieden. Deutschösterreich und Deutschböhmen mit den anderen deutschen Randgebieten der Tschechoslowakei. ein zusammenhängendes und an Deutschland grenzendes deutsches Sprachgebiet mit insgesamt nicht viel weniger als zehn Millionen Einwohnern, darf man hier insofern nicht heranziehen, als diese Gebiete vor dem Krieg nicht zum Deutschen Reiche gehört und erst am 12. November 1918 den «Anschluss» an dieses Reich beschlossen haben. Hier kam also den Siegern die bisherige Gewohnheit der Welt zu Hilfe, in Staaten und nicht in Völkern zu denken.

Die Idee der Selbstbestimmung hat sich also, wenngleich sie in sehr grossem Umfang verletzt worden ist, in einer gewissen Mässigung, die sich die Sieger im Vergleich zu manchen Annexionsdiktaten früherer Zeiten auferlegt haben, als eine politisch wirksame Kraft gezeigt. Dadurch ist sie auf das innerstaatliche Recht der besiegten und der neugebildeten Staaten von Einfluss geworden.

Die Note vom 16. Juni stellte ein Ultimatum und Deutschland hat sich zur Unterzeichnung des Vertrags gezwungen gesehen. Die Grenzen des Vertrags von Versailles sind demnach im wesentlichen diktiert und zwar teils nach dem Legitimitäts-, teils nach dem Nationalitätsprinzip, teils nach wirtschaftlichen, teils nach geographischen, teils nach militärischen Gesichtspunkten, teils nach dem mutmasslichen Willen der Bevölkerung ohne deren Befragung. Volksabstimmungen sind unter den diktierten Bedingungen in bestimmten Gebieten Ostpreussens, in Schleswig und in Oberschlesien abgehalten worden, eine weitere ist für das Saargebiet vorgesehen. Auch in Eupen und Malmédy hat eine «consultation populaire» gemäss Art. 34 des Friedensvertrags stattgefunden, allerdings ohne internationale Kontrolle und unter solchen Modalitäten, dass man von einer Volksabstimmung im Sinne der Idee der Selbstbestimmung der Völker wohl kaum noch sprechen kann (1).

Als den Grundzug des Vertrags von Versailles kann man nach der dargestellten Sachlage etwa den folgenden bezeichnen: Der Vertrag ist ein

Anm. (1): Vgl. *Kunz*, Plebiszite, in *Strupps* Wörterbuch des Völkerrechts und der Diplomatie, II. Bd., 1924, S. 275.

Diktat, das auf der Idee des souveränen Staates und des Rechtes des Siegers und nicht auf der Idee der Selbstbestimmung der Völker aufgebaut ist; aber der Inhalt seiner Normen ist doch von der Idee des Volkes beeinflusst und im Vergleich zu Friedensdiktaten früherer Zeiten durch sie gemildert (1).

Analoges wie vom Versailler Vertrag lässt sich im grossen und ganzen auch von den Friedensverträgen von St. Germain-en-Laye, Trianon, Neuilly-sur-Seine und dem nicht ratifizierten Vertrag von Sèvres (2) sagen: diese Verträge stellen ebenfalls Diktate dar, die durch die Idee des Volkes beeinflusst und gemildert sind. Dies gilt auch vom Friedensvertrag von Lausanne (3), obwohl dieser, im Gegensatz zu jenem von Sèvres und zu den anderen Friedensverträgen, in der Einleitung die Worte enthält «Et considérant que ces relations doivent être basées sur le respect de l'indépendance et de la souveraineté des ÉTATS» und obwohl er, wie sich aus einem Vergleich mit dem Vertrag von Sèvres ergibt, der Türkei bedeutende territoriale Zugeständnisse gegenüber den ursprünglichen Absichten der Mächte gewährt hat.

Wie in jenem von Versailles sind auch in den vier anderen Friedensverträgen Volksabstimmungen nur vereinzelt in ganz kleinen Gebieten zugelassen worden, deren Schicksal für die Machtpolitik der siegreichen Staaten ohne Belang war, so im Becken von Klagenfurt nach Art. 49 ff. des Friedensvertrags von St. Germain-en-Laye, und auf Grund des Protokolls von Venedig vom 13. Oktober 1921 (4) im Gebiet von Sopron (Oedenburg). Im Friedensvertrag von Sèvres war die Ausübung des Selbstbestimmungsrechtes seitens Kurdistans unter Mitwirkung des Völkerbundes vorgesehen (Art. 64), doch ist diese Bestimmung im Friedensvertrag von Lausanne fortgefallen. Im übrigen sind die Grenzen in den genannten vier Verträgen ohne Befragung der betroffenen Bevölkerung diktiert worden.

Ein ganz besonderes Interesse bietet der *nationale Zerfall der Donaumonarchie*. Denn die Idee des Volkes war die treibende Kraft dieses Ereignisses und hat den grössten Einfluss des Völkerrechtes auf die Gestaltung des innerstaatlichen Rechtes in den Nachfolgestaaten zur Folge gehabt.

Die Monarchie der Habsburger bestand aus zwei durch eine Realunion verbundenen Staaten, Oesterreich und Ungarn. In beiden Staaten wurde die Ordnung bis in den Oktober 1918 aufrechterhalten und die verschiedenen Nationalitäten gehorchten den bisherigen Regierungen und Behörden. Erst als nach dem Zusammenbruch der bulgarischen Front eine Armee der Alliierten unter General *Franchet d'Esperay* durch die Balkanhalbinsel

Anm. (1): Vgl. auch die Bemerkungen und Zitate bei *Raschhofer*, Hauptprobleme des Nationalitätenrechts, Stuttgart, 1931, S. 85, 86.

Anm. (2): In allen vier genannten Verträgen Art. 27.

Anm. (3): Art. 2 und 3.

Anm. (4): Protocole et article additionnel relatifs au règlement de la question de la Hongrie occidentale, signés à Venise le 13 Octobre 1921, Société des Nations, Récueil des Traités, Bd. 9, 1922, S. 204 ff.

gegen den Süden Ungarns vorrückte, trennten sich die Schicksale Ungarns von Oesterreich.

In Oesterreich hatten die Tschechen, gestützt auf die Anerkennung ihres Volkstums und ihres Nationalrates durch die alliierten und assoziierten Mächte, das Signal zum nationalen Zerfall des Staates gegeben. Diese Vorgänge haben wir bereits kennen gelernt (1). Die anderen Nationalitäten folgten ihnen und schritten an die Bildung neuer nationaler Parlamente, Regierungen und Behörden (2). Die alliierten und assoziierten Mächte hatten nun zwar, wie wir gesehen haben (3), die tschechoslowakische Nation als eine kriegführende Partei auf Seite der Gegner Oesterreich-Ungarns anerkannt und in der Note des Staatssekretärs *Lansing* vom 16. Oktober 1918, der Antwort auf die Bitte Oesterreich-Ungarns um einen Waffenstillstand, war ausdrücklich ausgesprochen worden, dass die Tschechoslowaken sich mit Oesterreich-Ungarn im Kriege befinden. Demnoch haben die Mächte bei den Waffenstillstandsverhandlungen und dem Waffenstillstandsvertrag, geschlossen zu Padua am 3. November 1918 (4) mit Bevollmächtigten der kaiserlichen und königlichen österreichisch-ungarischen Regierung, diese Regierung noch immer als Repräsentanten des Gesamtreiches einschliesslich der tschechischen und slowakischen Teile behandelt. So setzte dieser Vertrag im Punkt 2 Abs. 2 die zulässigen Streitkräfte « sur le territoire austro-hongrois » fest und gab im Punkt 4 Abs. 1 den assoziierten Mächten das Recht « de se mouvoir librement par l'ensemble des routes, chemins de fer et voies fluviales des territoires austro-hongrois ». Punkt 4 Abs. 2 sagt : « Occupation par les armées des Puissances associées de tous points stratégiques en Autriche-Hongrie... ». Ebenso sprechen die Punkte 5 und 6 von den « territoires austro-hongrois ».

In Ungarn hatte die revolutionäre Regierung des Grafen *Michael Karolyi* selbständig Verhandlungen mit General *Franchet d'Esperay* eingeleitet und dieser schloss mit ihr am 13. November 1918 einen besonderen Waffenstillstandsvertrag zu Belgrad ab (5). Dadurch kam es zu einer Besetzung Ungarns, bevor die Bevölkerung dieses Landes Gelegenheit gefunden hatte, dem Beispiel der Nationalitäten Oesterreichs zu folgen und von der Selbstbestimmung Gebrauch zu machen (6).

Nach Punkt 4 Abs. 1 des österreichisch-ungarischen Waffenstillstandsvertrags hatten die alliierten und assoziierten Mächte das Recht, das ganze

Anm. (1) : Oben, S. 224 ff.

Anm. (2) : Vgl. *Otto Bauer*, Die österreichische Revolution Wien, 1923, S. 71 ff., daselbst S. 71 Materialien und Literatur.

Anm. (3) : Oben, S. 219.

Anm. (4) : *Niemeyer* und *Strupp*, Jahrbuch des Völkerrechts, VIII. Bd., Die völkerrechtlichen Urkunden des Weltkriegs, VI. Bd., S. 706 ff. (nach Bulletin de l'Institut Intermédiaire International, I. Bd., Haag, 1919 S. 65 ff.)

Anm. (5) : *Niemeyer* und *Strupp*. a. a. O., S. 709 ff. (nach Bulletin de l'Institut Intermédiaire International, I. Bd., S. 81 ff.)

Anm. (6) : Vgl. *Hajnal* in *Strupps* Wörterbuch des Völkerrechts und der Diplomatie, II. Bd., 1924, S. 721, 722; *Horvath*, Diplomatic history of the Treaty of Trianon, in dem Sammelwerk : Justice for Hungary, herausg. von *Apponyi* u. a., London, Bombay, Calcutta, Madras, 1928, S. 80 ff. ; Ullein, La nature juridique des clauses territoriales du Traité de Trianon, Paris, 1929, S. 85 ff.

Gebiet Oesterreich-Ungarns, nach Punkt III des Vertrags mit Ungarn, das ganze Gebiet Ungarns zu besetzen. Die Mächte verfolgten nun nicht die Politik, die Selbstbestimmung der Völker, Volksabstimmungen, über alle neuen Grenzen entscheiden zu lassen. Vielmehr sind die Grenzen von der Pariser Konferenz diktiert worden. Die Mächte haben dieses Vorgehen in einer Denkschrift mit Mantelnote an die deutschösterreichische Friedensdelegation vom 2. September 1919 (1) zu rechtfertigen versucht.

Sie erklären in der Mantelnote, dass das österreichische wie das ungarische Volk für den Krieg verantwortlich sei (2), ja, die Politik der Habsburger, die Hegemonie der Deutschen und Magyaren über die anderen Völker zu erhalten, sei « une des causes les plus profondes de la guerre » gewesen (3). Dennoch seien die Mächte bemüht gewesen, sich bei der Zerteilung der österreichisch-ungarischen Monarchie von der « équité propre » und der Rücksicht auf einen dauernden Frieden leiten zu lassen. Daher haben sie für die Tschechoslowakei « les frontières historiques de la Couronne de Bohême » akzeptiert und seien nur in zwei Fällen von minderer Bedeutung aus wirtschaftlichen Gründen zu Ungunsten Oesterreichs davon abgewichen. Bezüglich der Grenze Oesterreichs gegen Jugoslawien beruft sich die Mantelnote ganz kurz auf « la frontière linguistique reconnue ». Von Ungarn seien deutsche Grenzgebiete Oesterreich zuerkannt — eine Regelung, die dann später durch die Abhaltung einer Volksabstimmung in Oedenburg unter diktierten Bedingungen auf Grund des Protokolls von Venedig vom 13. Oktober 1921 (4) etwas modifiziert worden ist. Weiter bezeichnet die Mantelnote für Italien aus militärischen Gründen « la frontière naturelle des Alpes », welche von Italien seit langem gefordert werde, als die beste Lösung (5).

Die mit der Mantelnote überreichte Denkschrift (6) führt nun diese Gesichtspunkte näher aus. Die Mächte nennen hier die Art und Weise, wie sie das Donaureich zerteilt haben, ein « oeuvre de reconstruction », welchem sie die beste « garantie de justice et de durée » gegeben haben (7). Die Einsetzung der tschechischen Nation in alte historische Rechte, « dans la plénitude de ses droits », wird mit den Verletzungen und Bedrohungen, denen die Tschechen ausgesetzt gewesen seien, begründet. Die Annexion von deutschsprechenden Gebieten mit weit mehr als 3 Millionen durch die Tschechoslowakei wird also als eine Art Strafmassregel begründet. Die Mächte fügen hinzu : « C'est pourquoi elles ont entendu conserver aux anciennes provinces tchèques de la Couronne de Bohême, leurs frontières his-

Anm. (1) : 379 der Beilagen. Konstituierende Nationalversammlung. Bericht über die Tätigkeit der deutschösterreichischen Friedensdelegation in St. Germain-en-Laye. Wien, 1919, II. Bd., Beilage 73, S. 310 ff.

Anm. (2) : a. a. O., S. 310.

Anm. (3) : a. a. O., S. 312.

Anm. (4) : Vgl. oben, S. 263; *Kunz*, Plebiszite, in *Strupps* Wörterbuch des Völkerrechts und der Diplomatie, II, 1924, S. 274, 275 ; *Hajnal*, a. a. O., S. 723.

Anm. (5) : 379 der Beilagen, a. a. O., S. 315.

Anm. (6) : a. a. O., Beilage 74, S. 318 ff.

Anm. (7) : a. a. O., S. 318.

toriques dans la mesure du possible. Elles ont pensé que les populations de langue germanique habitant les confins de ces provinces devaient rester associées aux populations tchèques pour collaborer avec elles au développement de l'unité nationale dont l'histoire les a rendus solidaires». Also nicht nur als Strafe für das deutsche Volk, sondern auch aus historischen Gründen, mit Rücksicht auf die aus dem Mittelalter stammenden Grenzen der ehemaligen Länder der böhmischen Krone, sollen jene Deutschen, sehr viel mehr als drei Millionen ([1]), dem Aufgehen in einer tschechoslowakischen «unité nationale», also der Entnationalisierung, überantwortet werden. Man sieht, hier haben sich die Mächte ganz offen und ganz besonders weit von dem Grundsatz der Selbstbestimmung entfernt.

Ja die Mächte gehen noch weiter. Die Denkschrift erklärt nunmehr, das beste Pfand dieser nationalen Einheit, « le meilleur gage de cette unité nationale » sei eine wirtschaftliche Abrundung. Daher werden die historischen Grenzen aus Verkehrsrücksichten an zwei Punkten «leicht», «légèrement», auf Kosten Deutschösterreichs noch weiter in das deutsche Sprachgebiet hineingeschoben ([2]).

Die Zuweisung Pressburgs an die Tschechoslowakei und die Grenze Oesterreichs gegen Ungarn, die « très près la limite ethnographique » verlaufe, werden mit wirtschaftlichen und Verkehrsrücksichten begründet. Tatsächlich hat die Grenze einen kleinen Teil des deutschen Sprachgebietes bei Ungarn gelassen. Innerhalb der gezogenen Grenze empfehle « le caractère ethnique et le sentiment national des populations » derart den Anschluss an Oesterreich, dass eine Volksabstimmung überflüssig sei ([3]). Wie schon erwähnt, hat eine solche später auf Betreiben Ungarns und Italiens in einem Teile des Gebietes, in dem Gebiet von Oedenburg, doch stattgefunden.

Zur Begründung der Grenze Oesterreichs gegenüber dem südslawischen Staat wird der österreichischen Verwaltung « politique d'assimilation » gegenüber der « race slovène » vorgeworfen. Diese Assimilierungspolitik sei einer der Hauptgründe gewesen, « qui ont empêché l'unité morale de se former au sein de l'ancienne monarchie » ([4]). Es ist hierbei interessant, dass *das Volkstum als « unité morale » bezeichnet wird, worin sich der neue Volksgedanke im Gegensatz zum Staatsgedanken ganz besonders deutlich ausprägt.* Worin allerdings bei dem österreichischen Nationalitätenrecht ([5]) und der weitgehenden Autonomie der Länder und Gemeinden im alten Oesterreich die Assimilationspolitik und die Verhinderung der Bildung der « moralischen Einheit » bestanden habe, wird nicht ausgeführt ; ja, im Widerspruch zu dem eben erhobenen Vorwurf der Assimilierungspolitik wird gesagt : « Les Slovènes ont cependant conservé intactes leurs aspirations nationales ».

Anm. (1) : Vgl. oben, S. 231, Anm. 5 und 6.
Anm. (2) : 379 der Beilagen, a. a. O., S. 319.
Anm. (3) : a. a. O., S. 320.
Anm. (4) : a. a. O., S. 320, 321.
Anm. (5) : Oben, S. 187 ff.

Ebensowenig wird eine Aufklärung darüber gegeben, warum eine Assimilierungspolitik hier getadelt wird, da doch eben den Tschechen die Assimilation von weit mehr als drei Millionen Deutschen zu einer « unité nationale » gestattet worden war.

Man muss demnach die Abweichungen von der ethnographischen Karte oder dem Prinzip der Selbstbestimmung als Massregeln der Bestrafung des deutschen Volkes betrachten.

Es folgt nun in der Denkschrift eine eingehendere Begründung der Grenzen in Steiermark und Kärnten und des Abstimmungsgebiets im Becken von Klagenfurt. Vom Becken von Marburg wird gesagt, dass es « dans son unité géographique, ethnographique et économique » als « région naturelle » aus geographischen und wirtschaftlichen Gründen dem südslawischen Königreich angegliedert werden solle (1). Das Klagenfurter Becken bilde gleichfalls eine « unité géographique », sei aber durch « une ligne de démarcation ethnique très nette » geteilt, daher solle hier eine Volksabstimmung platzgreifen, und zwar in zwei Zonen mit je fast homogener Bevölkerung (2). Bekanntlich hat dann die in Wahrheit zum erheblichen Teile deutsche Bevölkerung der slowenischen I. Zone für Deutschösterreich gestimmt, sodass die Abstimmung in der ganz deutschen II. Zone überflüssig wurde (3).

Bezüglich der Grenze gegenüber Italien wird keine Begründung gegeben. Jedoch wird erklärt : « Ainsi qu'il résulte des déclarations très nettes faites par le Président du Conseil des Ministres d'Italie au Parlement de Rome, le Gouvernement italien se propose adopter une politique largement libérale envers ses nouveaux sujets de race allemande, pour ce qui concerne leur langue, leur culture et leurs intérêts économiques ». Immerhin beugen sich die Mächte durch diese Erklärung auch hier bis zu einem gewissen, allerdings sehr bescheidenen Grade der nationalen Idee.

Zusammenfassend muss gesagt werden, dass die Mächte sich bei der Zerteilung Oesterreichs weniger von ethnographischen Rücksichten und vom Prinzip der Selbstbestimmung haben leiten lassen, als bei der Festsetzung der deutschen Grenzen.

In noch geringerem Masse haben sie dem Nationalitätsprinzip und der Selbstbestimmung bei der Anordnung der neuen Grenzen Ungarns Rechnung getragen. Die Grenzen Ungarns gegen die Tschechoslowakei, Rumänien und den südslawischen Staat liegen zum Teil sehr weit von der Sprachgrenze zu ungunsten Ungarns. Etwa drei Millionen Magyaren sind unter die umliegenden Staaten verteilt worden, und zwar kann man, um den Kontroversen der Statistiker auszuweichen, in ganz runden Ziffern sagen, dass nicht viel weniger als eine Million (nach tschechoslowakischer Zählung

Anm. (1) : a. a. O., S. 321.
Anm. (2) : a. a. O., S. 322.
Anm. (3) : Vgl. *Kunz*, a. a. O., S. 277.

drei Viertel Millionen) an den tschechoslowakischen, eine halbe an den südslawischen und ein einhalb bis eine und zwei Drittel Millionen Magyaren an den rumänischen Staat gefallen sind (1).

Es ist für die Zwecke der vorliegenden Arbeit nicht erforderlich, noch weiter auf die Einzelheiten der Grenzziehung durch die Friedensverträge und die Versuche der Mächte einzugehen, diese Grenzziehung zu begründen. Das bisher Gesagte genügt wohl, um dasjenige zu bestätigen, was oben zum Vertrag von Versailles bemerkt worden ist: die Friedensverträge sind Diktate und beruhen nicht auf der Selbstbestimmung der Völker, aber die Idee des Volkes ist doch im Gegensatz zu Friedensdiktaten früherer Zeiten bei der Bildung der neuen Staatenkarte von Einfluss, wenigstens auf einen Teil der neuen Grenzen und dadurch auch auf das innerstaatliche Recht gewesen.

In einem Gebiete aber hat die Tendenz zur Bildung national einheitlicher Territorien zu einer Massregel geführt, die völkerrechtlich eine völlige Neuheit bedeutet und in der sich auch der Einfluss völkerrechtlicher Abmachungen auf innerstaatliche Rechtsverhältnisse in einer völlig neuen Art zeigt. Es ist dies der Bevölkerungsaustausch (2).

Die Idee eines Austausches von Bevölkerungsteilen ist bereits 1913 gelegentlich der Verhandlungen der vier alliierten Balkanstaaten mit der Türkei von *Veniselos* ausgesprochen worden. Sie betraf einen Austausch als Erfolg *gegenseitiger freiwilliger Auswanderung* (3). Es kam erstmalig zu vertragsmässigen Bestimmungen über einen Austausch ganzer Dörfer auf Grund einer solchen freiwilligen Auswanderung in einem 15 km breiten Grenzgebiet in dem Friedensvertrag von Konstantinopel zwischen Bulgarien und der Türkei vom 16.-29. September 1913 (4). Hier wird in einem Protokoll, welches nach Art. 18 einen integrierenden Teil des Vertrages bildet, bestimmt: « Les deux Gouvernements sont d'accord pour faciliter l'échange facultatif mutuel des populations bulgare et musulmane de part et d'autre ainsi que de leurs propriétés dans une zône de 15 kilomètres au plus, le long de toute la frontière commune. L'échange aura lieu par des villages entiers » (5). In dieser Bestimmung kann man einen Vorläufer der im folgenden zu besprechenden Normen erblicken.

1919 wurde in den Friedensvertrag mit Bulgarien von Neuilly-sur-Seine, und zwar in den Artikel 56, Absatz 2, eine Bestimmung aufgenommen,

Anm. (1): Vgl. The Hungarian Peace Negotiations. An Account of the work of the Hungarian Peace Delegation at Neuilly-s/S from January to March 1920, Budapest, 1920 ff., passim, insb. Vol. I, S. 396 ff., Vol. II, S. 36 ff. und die Kartenbeilagen in Vol. III B. Vgl. *Hajnal* in *Strupp's* Wörterbuch des Völkerrechts und der Diplomatie, II. Bd., Berlin und Leipzig, 1925, S. 723; *Nagy* und *Fenyö*, Le Traité de Trianon et ses conséquences, Budapest, 1927, insb. S. 6, daselbst S. 41 weitere Literatur; *Lajos Steier*, Ungarns Vergewaltigung, Zürich, Leipzig, Wien, 1929, S. 285 bis 288; *Wilhelm Winkler*, Statistisches Handbuch der europäischen Nationalitäten, Wien, Leipzig, 1931, S. 93 ff., 114 ff., 206 ff., 227 ff., daselbst überall Materialien und Literatur.

Anm. (2): Zitate der Materialien bei *Streit*, Der Lausanner Vertrag und der griechisch-türkische Bevölkerungsaustausch, Berlin, 1929, S. 65, Anm. 3 u. ff.; *Kraus*, Das Recht der Minderheiten, Berlin, 1927, S. 165.

Anm. (3): Vgl. *Streit*, a. a. O., S. 20 ff.

Anm. (4): *Martens-Triepel*, Nouveau Recueil général des Traités, 3. Serie, Bd. VIII, S. 78 ff.

Anm. (5): Annexe I, Protokole Nr. 1, C., a. a. O., S. 86. Vgl. auch *Streit*, a. a. O., S. 20, 21.

welche lautet : « La Bulgarie s'engage à reconnaître les dispositions que les Principales Puissances alliées et associées jugeront opportunes relativement à l'émigration réciproque et volontaire des minorités ethniques ». Also auch hier handelt es sich um freiwillige Auswanderung. Es ist bemerkenswert, dass hier nur von ethnischen, nicht auch von religiösen Minderheiten die Rede ist. Die Ausführung erfolgte in einer Konvention zwischen Griechenland und Bulgarien, unterzeichnet zu Neuilly-sur-Seine am 27. November 1919 (1). Hier ist jedoch nicht mehr bloss von ethnischen Minderheiten die Rede, sondern es wird die allgemeine Formel der Minderheitenschutzverträge, von denen noch zu sprechen ist, gebraucht. Artikel 1 des Vertrags sagt : « Les Hautes Parties Contractantes reconnaissent à leurs ressortissants appartenant à des minorités ethniques, de religion ou de langue, le droit d'émigrer librement dans leurs territoires respectifs ». Dies wird nun in einer Reihe von Bestimmungen durchgeführt, welche tief in das innerstaatliche Recht eingreifen, so in bezug auf den Schutz der « droits pécuniaires » (Art. 2, Abs. 2), Strafsachen (Art. 3), die Staatsangehörigkeit (Art. 5), die Mitnahme und den Transport von beweglichen Sachen (Art. 6), Rechtsverhältnisse an Grundstücken (Art. 7), weitgehende Befugnisse einer gemischten Kommission (Art. 9 ff.) Der Einfluss des internationalen auf das innerstaatliche Recht ist also hier ein sehr einschneidender.

Die bisher erörterten Bestimmungen betrafen den Austausch von Bevölkerung auf Grund freiwilliger Auswanderung. Der Vertrag von Lausanne vom 30. Januar 1923 enthält nun Bestimmungen, welche über das Dargestellte weit hinausgehen, indem sie einen *Zwang* zur Auswanderung zum Zweck des Bevölkerungsaustausches vorsehen (2) und damit etwas geschaffen haben, was in der Geschichte des Völkerrechtes und des innerstaatlichen Rechtes völlig neu ist.

Noch vor dem Abschluss des Friedensvertrags von *Lausanne* vom 24. Juli 1923 wurde eine Konvention und ein Protokoll unterzeichnet, welche den Titel führen : « Convention concernant l'échange des populations grecques et turques, et Protocole, signés le 30 janvier 1923 (3). Dieser Vertrag stellt im Art. 1 Abs. 1 die grundlegende Norm auf : « Il sera procédé dès le 1er mai 1923 à l'échange obligatoire des ressortissants turcs de religion grecque orthodoxe établis sur les territoires turcs et des ressortissants grecs de religion musulmane établis sur les territoires grecs ». Der hier niedergelegte Grundsatz wurde dann in den weiteren Bestimmungen des Vertrags näher ausgeführt und von Ausnahmen durchbrochen.

Der Vertrag betrifft seinem Wortlaut nach den Austausch religiöser und nicht nationaler Minderheiten. Aber im Osten Europas und im Orient wer-

Anm. (1) : Société des Nations, Recueil des Traités, 1. Bd., 1920, S. 68 ff.

Anm. (2) : Vgl. insbes. *Streit*, a. a. O., S. 17 ff., 59 ff.

Anm. (3) : Société des Nations, Recueil des Traités, 32. Bd., 1925, S. 76 ff.

den die religiösen Gegensätze fast durchweg zugleich als nationale empfunden, sie fallen in der Regel zusammen. Der Zweck des Vertrages ist eine nationale Bereinigung des eigenen Staatsgebietes (1), selbst gegen den Willen der Bewohner. Es ist also ein nationales Staatsideal, mithin die Idee des Volkes im Spiel : *der Staat erscheint hier nicht wie sonst als der Verband aller Bewohner eines Gebietes, ohne Rücksicht auf deren Nationalität, als Gebietskörperschaft, sondern als Personalverband der Volksgenossen.* Von den willkürlichen Vertreibungen Andersdenkender in früheren Zeiten unterscheidet sich die Massregel durch die eingehende vertragsmässige Regelung auf der Grundlage der Gegenseitigkeit. Auch in diesem Vertrag sind, ähnlich wie in jenem zwischen Bulgarien und Griechenland, weitgehende zivil-, straf- und verwaltungsrechtliche Eingriffe in das innerstaatliche Recht zugunsten der Emigranten vorgesehen. So sind insbesondere geregelt die Wahrung von Vermögensrechten (Art. 5), Strafsachen (Art. 6), Staatsangehörigkeitsfragen (Art. 7), die Mitnahme und der Transport beweglicher Sachen (Art. 8, Abs. 1 bis 3), die Aufbewahrung der zurückgelassenen Güter durch öffentliche Organe (Art. 8 Abs. 4), Rechtsverhältnisse an Grundstücken (Art. 9), Liquidation von Vermögenswerten (Art. 10), weitgehende Befugnisse einer internationalen Kommission (Art. 12 ff.). Die zahlreichen Durchführungsbestimmungen greifen infolge des Zwangscharakters des Vertrags ganz besonders tief in das innerstaatliche Privatrecht und Verwaltungsrecht der beiden vertragschliessenden Staaten ein, so insbesondere in bezug auf Fragen des Eigentums, der Enteignungen und der Ansiedlung (2).

5. Der Schutz der nationalen Minderheiten im Werk der Friedensverträge.

Der Einfluss der Idee des Volkes auf das Völkerrecht und von da auf das innerstaatliche Recht der Nachkriegszeit zeigt sich ganz besonders in einem weiteren Punkte : in den *Bestimmungen zum Schutze der nationalen Minderheiten* (3).

Die Friedensverträge von St. Germain-en-Laye, Trianon, Neuilly-sur-Seine und Lausanne enthalten eine Reihe von Artikeln über den Schutz der ethnischen, religiösen und sprachlichen Minderheiten ; ferner haben die alliierten und assoziierten Hauptmächte im Zusammenhang mit den Friedensverträgen mit Polen, der Tschechoslowakei, dem Südslawischen Staat, Rumänien und Griechenland besondere Verträge über den gleichen Gegen-

Anm. (1) : Vgl. auch *Streit*, a. a. O., S. 58, 59.

Anm. (2) : Vgl. *Streit*, a. a. O., S. 37 ff., 45 ff.

Anm. (3) : Sehr ausführliche Literaturangaben bei *Robinson*, Das Minoritätenproblem und seine Literatur, Berlin, 1928, bis Sommer 1927 ; seitdem fortlaufende sachliche und bibliographische Berichte in der Zeitschrift Nation und Staat, Wien, 1927-28 ff. ; *Wintgens*, Der völkerrechtliche Schutz der nationalen, sprachlichen und religiösen Minderheiten, Stuttgart, 1930, daselbst S. 466 ff. ausführliches Literaturverzeichnis ; *Erler*, Das Recht der nationalen Minderheiten, Münster in Westfalen, 1931, daselbst S. XVII ff. ausführliches Literaturverzeichnis ; *Raschhofer*, Hauptprobleme des Nationalitätenrechts, Stuttgart, 1931, S. 85 ff.

stand abgeschlossen ([1]). Auch ein nicht ratifizierter Vertrag mit Armenien von Sèvres vom 10. August 1920 hatte im wesentlichen den gleichen Inhalt ([2]). Zu den genannten Verträgen tritt die mit Note der Botschafterkonferenz vom 20. Oktober 1921 dem Deutschen Reiche mitgeteilte Entscheidung (« décision ») der vier damals im Völkerbund vertretenen Hauptmächte über Oberschlesien ([3]), welche auch dem Deutschen Reich einen Minderheitenschutz auferlegte und dementsprechend ein Vertrag zwischen Deutschland und Polen vom 15. Mai 1922 ([4]). Dazu kommt Art. 33 des Vertrags zwischen Polen und Danzig vom 9. November 1920 ([5]), nach welchem sich Danzig verpflichtet hat, zur Durchführung des Art. 104, Z. 5, des Vertrags von Versailles ähnliche Bestimmungen einzuführen, wie jene des polnischen Minderheitenschutzvertrags. Ferner wurden Albanien, Esthland, Lettland und Litauen gelegentlich ihres Beitrittes zum Völkerbund veranlasst, einseitige Erklärungen über dieselbe Materie abzugeben ([6]).

Von den aufgezählten Verträgen und Erklärungen sind demnach im ganzen fünfzehn Staaten betroffen : Deutschland, Polen, Danzig, Litauen, Lettland, Esthland, die Tschechoslowakei, Oesterreich, Ungarn, der südslawische Staat, Rumänien, Bulgarien, Albanien, Griechenland und die Türkei. Alle diese Verträge und Erklärungen stehen im engsten Zusammenhang mit der durch die grossen Friedensverträge geschaffenen territorialen Neuregelung und bilden einen Teil des gesamten Friedenswerkes.

Grundlegend sind die Regelungen der Friedensverträge mit Deutschösterreich, Ungarn, Bulgarien und der Türkei und jene der Minderheitenschutzverträge der alliierten und assoziierten Hauptmächte mit Polen, der Tschechoslowakei, Rumänien, dem südslawischen Staat und Griechenland.

Die Bestimmungen der genannten neun Vertragswerke sind inhaltlich im wesentlichen gleich, zum Teil wörtlich gleichlautend und weichen im allgemeinen nur in bezug auf Fragen von einander ab, die sich auf ganz besondere Verhältnisse des einen oder anderen Staates beziehen. Eine Ausnahme machte ursprünglich der Vertrag von Sèvres, der in den Art. 141 bis 151 viel weitergehende-Normen enthielt, als die anderen Verträge. Dagegen sind die einschlägigen Artikel 37 bis 45 des Vertrags von Lausanne im allgemeinen den anderen genannten Verträgen nachgebildet.

Der Inhalt der Verträge, soweit er im wesentlichen gleich ist, betrifft zwei Gebiete : die Staatsangehörigkeit und den Schutz der Minderheiten.

Anm. ([1]) : Eine Aufzählung beider Arten von Verträgen findet sich bei *Kraus*, Das Recht der Minderheiten, Berlin, 1927, S. 19; Quellenangaben und Zitate von Materialien, und Literatur ebenda im Text zu jedem einzelnen Vertrag auf den auf S. 19 angegebenen Seiten.

Anm. ([2]) : *Martens*, Nouveau Recueil général, III. Serie, XII. Bd., S. 795 ff. ; *Strupp*, Documents pour servir à l'histoire du droit des gens, 2. Aufl., V. Bd., S. 167 ff.

Anm. ([3]) : Société des Nations, Journal Officiel, 1921, Nr.. 11/12, S. 1226 ff.

Anm. ([4]) : Quellenangaben, Materialien und Literatur bei *Kraus*, a. a. O., S. 126 ff.

Anm. ([5]) : Quellenangaben, Materialien und Literatur bei *Kraus*, a. a. O., S. 110 ff.

Anm. ([6]) : Aufzählung bei *Kraus*, a. a. O., S. 21, Quellenangaben, Materialien und Literatur ebenda im Text auf den auf S. 21 angegebenen Seiten.

Von der ersteren ist in diesem Zusammenhang nicht zu sprechen. Hier haben wir es nur mit dem Schutz der Minderheiten zu tun.

Dieser Schutz wird den « minorités ethniques, de religion et de langue » oder « minorités de race, de religion et de langue », im Vertrag von Lausanne im allgemeinen den « minorités non-musulmanes » gewährt. Manche Normen betreffen nur sprachliche Minderheiten. So spricht beispielsweise Art. 7 Abs. 4 des Vertrags mit Polen, von den « ressortissants polonais de langue autre que le polonais », der Vertrag von Lausanne im Art. 39 Abs. 4 von « ressortissants turcs de langue autre que le turc » usw. Soweit sich die Bestimmungen des letztgenannten Vertrags auf die « ressortissants non-musulmanes » beziehen, ist für die Türkei, entsprechend der orientalischen Auffassung, ausschliesslich das religiöse Bekenntnis für die Zugehörigkeit zu einer geschützten Minderheit entscheidend. Im übrigen ist es zweifelhaft, was unter den « minorités ethniques » und den « minorités de langue » zu verstehen sei. Definitionen dieser Begriffe enthalten die Verträge nicht, ebensowenig Normen über die Zugehörigkeit des Individuums zu einer dieser Gruppen. Es bleibt also offen, ob die Abstammung, ob die Sprache und zwar wieder die Muttersprache, die bestbeherrsche Sprache, die Umgangssprache oder welche Sprache sonst, ob vielleicht innerhalb irgendwelcher objektiver Grenzen das freie nationale Bekenntnis oder welches andere Merkmal für die Zugehörigkeit des Individuums zu einem Volkstum bestimmend sein soll (1).

In diesem Punkt greifen die Verträge, soweit nicht Spezialregelungen wie Art. 74 des noch zu erwähnenden deutsch-polnischen Vertrags vom 15. Mai 1922 oder Art. 13 Abs. 1 des gleichfalls noch zu erörternden polnisch-tschechoslowakischen Vertrags vom 23. Mai 1925 vorliegen, der Gesetzgebung des Staates nicht vor. Nicht die Selbstbestimmung der nationalen *Minderheiten* entscheidet, was die Minderheiten sind und wer zu ihnen gehört, sondern die staatliche Gesetzgebung, bei der das *Mehrheits*volk den Ausschlag gibt. Das Volk, eine natürliche vorstaatliche Einheit, ist hier in seinen Grundlagen von Anordnungen des « souveränen » staatlichen Gesetzgebers abhängig gemacht. Die Idee des souveränen Staates hat in diesem Punkte über die Idee des Volkes gesiegt.

Die Begriffe des Volkes und der Volkszugehörigkeit sind jedoch präjudiziell für die materielle Ausgestaltung des Minderheitenschutzes im innerstaatlichen Recht. Man denke etwa an die Frage, welche Kinder die Schule der einen und die der anderen Nationalität besuchen sollen. Ja sogar die bloss statistische Zählung der Nationalitäten kann von Relevanz für das

Anm. (1) : Vgl. meinen Bericht : Die Volkszugehörigkeit und die völkerrechtliche Vertretung der nationalen Minderheiten, erstattet am 15. März 1923 in der Deutschen Gesellschaft für Völkerrecht, Mitteilungen der Deutschen Gesellschaft für Völkerrecht, Heft 4, Kiel, 1924, S. 16 ff. und *Niemeyer's* Zeitschrift für internationales Recht, Bd. 31, S. 255 ff. ; *Wintgens*, a. a. O., S. 14 ff., daselbst ausführliche Literaturangaben ; *Erler*, a. a. O., S. 332 ff. ; *Raschhofer*, a. a. O., S. 53 ff. ; *Ziegler*, Die moderne Nation, Tübingen, 1931, S. 19 ff. ; ferner unten, III. Teil, 3. Abschnitt dieser Arbeit.

positive Recht der Minderheiten sein, zum Beispiel für die Frage, ob in einem Gebiet eine « proportion considérable » von Angehörigen einer Minderheit wohnt, wie dies die Verträge in gewissen Bestimmungen voraussetzen. Diese Bedeutung der Statistik zeigt sich, um ein besonders anschauliches Beispiel hervorzuheben, an dem Streit der Statistiker über die tschechoslowakischen Volkszählungen von 1921 und 1930, welch letzteren von vielen Seiten vorgeworfen wird, dass sie eine sehr grosse Zahl von Deutschen und Angehörigen anderer Minderheiten als Tschechen gezählt hätten (1). Diese Vorwürfe stützen sich hauptsächlich darauf, dass nach § 20, Abs. 3, der Verordnung vom 30. Oktober 1920 (2) und nach § 23 der Verordnung vom 26. Juni 1930 (3) die dem zählenden amtlichen Organ vorgesetzten politischen Behörden Unrichtigkeiten im Zählbogen von Amts wegen ändern, also das nationale Bekenntnis des Gezählten mit der Behauptung, dass es unrichtig sei, korrigieren durften. Die Zählung ist nun rechtlich darum besonders wichtig, weil nach dem tschechoslowakischen Gesetz vom 29. Februar 1920 über die Grundsätze des Sprachenrechtes (4) und anderen Bestimmungen der Minderheitenschutz in vieler Hinsicht daran geknüpft ist, dass in einem Bezirk 20 % der Bewohner einer Minderheit angehören.

Die Staaten haben infolge des Stillschweigens der Verträge einen gewissen Spielraum, wie sie den Begriff der Minderheit und der Zugehörigkeit zur Minderheit im inneren Recht gestalten wollen. Allein schon in der Tatsache, dass internationale Verträge mit dem Begriff des Volkes im natürlichen Sinn operieren, liegt ein auf eine überstaatliche Regelung hinweisendes Moment. Wäre dem nicht so, wäre der staatliche Gesetzgeber hier wirklich « souverän », so könnte er die Minderheiten oder grosse Teile von ihnen willkürlich hinwegdekretieren und dadurch den ganzen Vertrag oder doch manche Bestimmungen desselben illusorisch machen (5). Dies kann nicht als der Wille der Kontrahenten angenommen werden. *Folglich sind doch irgendwelche Begriffe des Volkstums und der Volkszugehörigkeit vorausgesetzt, mit denen sich der staatliche Gesetzgeber nicht in Widerspruch setzen kann, ohne völkerrechtswidrig zu handeln. Die Idee des Volkes ist demnach implicite als eine ausserstaatliche, überstaatliche Idee anerkannt.*

Dies ergibt sich deutlich aus gewissen Spezialregelungen. So ordnet Artikel 74 des deutsch-polnischen Vertrags über Oberschlesien vom 15. Mai

Anm. (1) : Vgl. die Auseinandersetzung zwischen dem Deutschösterreicher *Winkler* und dem Tschechen *Mildschuh* im Deutschen statistischen Zentralblatt, XIII. Bd., 1921, Nr. 1-2 und 5-6, Spalten 13 ff., 71 ff., 75 ff.; *Winkler*, Der Wert der tschechischen Nationalitätenstatistik, Böhmerland-Jahrbuch 1923, Eger und Leipzig, 1923. Weitere Literatur des beiderseitigen Standpunktes ist zitiert bei *Winkler*, Statistisches Handbuch der europäischen Nationalitäten, Wien, Leipzig, 1931, S. 95, Anm. 1 ; vgl. unter anderen noch Glasul Minoritătilor, Lugoj (Rumänien), VIII. Bd., 1930, S. 240 ff., 299 ff., IX. Bd., 1931, S. 21 ff. ; *Kundt*, Die Rechtsgrundlagen, Durchführungsmethoden und Lehren der tschechoslowakischen Volkszählung, in Nation und Staat, IV. Bd., 1931, S. 449 ff.

Anm. (2) : Sammlung der Gesetze und Verordnungen des tschechoslowakischen Staates, 1920, Nr. 592.

Anm. (3) : Ebenda, 1930, Nr. 86.

Anm. (4) : Sammlung der Gesetze und Verordnungen des tschechoslowakischen Staates, Nr. 122 ; *Epstein*, a. a. O., S. 256 ff.

Anm. (5) : Vgl. auch meine Bemerkungen in *Strupps* Wörterbuch des Völkerrechts und der Diplomatie, II. Bd., 1925, S. 103, und die Zitate daselbst.

1922 an : « La question de savoir si une personne appartient ou non à une minorité de race, de langue ou de religion, ne peut faire l'objet d'aucune vérification ni d'aucune contestation par les autorités ». Das staatliche Recht hat demgemäss kraft völkerrechtlicher Norm die Volkszugehörigkeit der Individuen, folglich auch die Zusammensetzung des ganzen Volkes aus seinen Angehörigen, als eine tatsächliche Gegebenheit hinzunehmen. Hierher kann man auch jene Bestimmungen zählen, welche, wie Art. 13, Abs. 1 des Vertrags zwischen Polen und der Tschechoslowakei vom 23. April 1925 (1), das persönliche nationale Bekenntnis des Individuums über die Volkszugehörigkeit, oder, wie Art. 131 des zitierten deutsch-polnischen Vertrags, die Erklärung des Erziehungsberechtigten über die Unterrichtssprache des Kindes entscheiden lassen. Denn hier ist die volkliche oder sprachliche Gemeinschaft, zu der man sich bekennen darf — zum Unterschied etwa von politischen Parteien und beliebigen gesellschaftlichen Gebilden, welche das staatliche Recht verbieten oder beschränken kann — vom Völkerrecht als etwas dem staatlichen Recht Gegebenes und Unantastbares vorausgesetzt.

Es tritt demnach schon in dem heute allgemein als positiv anerkannten Völkerrecht und dem von ihm beeinflussten innerstaatlichen Recht ganz deutlich hervor, dass Volkstum und Volkszugehörigkeit, als Rechtsbegriffe des innerstaatlichen Rechtes, nicht Geschöpfe eines « souveränen » staatlichen Gesetzgebers sind, sondern *dass in diesen Begriffen irgendwelche Normen, irgendwelche Werte vorausgesetzt sind, die über dem staatlichen Recht stehen und von diesem nicht verletzt werden dürfen*. Wie dies alles zusammenhängt, und wie die Begriffe des Volkstums und der Volkszugehörigkeit zu verstehen seien, kann erst im dritten Teil dieser Arbeit erörtert werden (2).

Wenden wir uns nun dem *Inhalt der Schutzmassregeln* zu.

Zunächst haben wir jene Bestimmungen kurz zu überblicken, welche den Verträgen im allgemeinen gemeinsam sind.

Allen Einwohnern ohne Unterschied der Geburt, Staatsangehörigkeit, Sprache, Rasse oder Religion wird der Schutz des Lebens und der Freiheit und öffentliche und private Religionsübung, ferner allen Staatsangehörigen ohne Unterschied der Rasse, Sprache oder Religion Gleichheit vor dem Gesetz, gleicher Genuss der bürgerlichen und politischen Rechte und Freiheit des Sprachgebrauchs im privaten und Geschäftsverkehr, in Angelegenheiten der Religion, der Presse, irgendwelcher Art von Veröffentlichungen und in öffentlichen Versammlungen zugesichert. Unbeschadet der Einführung einer Staatssprache (langage officiel, langue officielle), sollen den sprachlichen Minderheiten « angemessene Erleichterungen » (« facilités appropriées ») oder « vernünftige Erleichterungen » (« facilités raisonnables ») im

Anm. (1) : Société des Nations, Recueil des Traités, 48. Bd., S. 334 ff.

Anm. (2) : Unten, III. Teil, 3. Abschnitt.

mündlichen und schriftlichen Sprachgebrauch vor Gericht geboten werden. Staatsangehörige, die einer Minderheit angehören, sollen « rechtlich und faktisch » dieselbe Behandlung und dieselben Garantien geniessen (« jouiront du même traitement et des mêmes garanties en droit et en fait ») wie die anderen Staatsangehörigen ; insbesondere haben die Angehörigen der Minderheiten das Recht, auf ihre eigenen Kosten Wohltätigkeits-, religiöse oder soziale Einrichtungen, Schulen und andere Erziehungsanstalten zu errichten, zu verwalten und zu beaufsichtigen und ihre Sprache daselbst frei zu gebrauchen. Demnach können die Minderheiten Privatschulen errichten, aber eine öffentliche Anerkennung dieser Schulen oder deren Gleichstellung mit öffentlichen ist darin noch nicht ausgesprochen. Was das öffentliche Unterrichtswesen anbelangt, so sollen den sprachlichen Minderheiten dort, « wo eine verhältnismässig beträchtliche Anzahl wohnt » (« où réside une proportion considérable ») « angemessene Erleichterungen » (« facilités appropriées ») gewährt werden, um sicherzustellen, dass den Kindern dieser Minderheiten der Unterricht in den Volksschulen (« écoles primaires ») in der eigenen Sprache erteilt wird. Den ethnischen, religiösen und sprachlichen Minderheiten soll dort, wo eine verhältnismässig beträchtliche Anzahl wohnt (« où réside une proportion considérable »), ein « billiger Anteil » «(une part équitable ») an den öffentlichen budgetären Mitteln zu Erziehungs-, Religions- oder Wohltätigkeitszwecken zugesichert werden.

Ein im wesentlichen inhaltlich gleicher Schutz wie der eben skizzierte bildet auch den Gegenstand der einseitigen Erklärungen Albaniens, Litauens, Lettlands und Estlands (1).

Ausser dieser Regelung, die allen Verträgen gemeinsam ist, enthalten einige derselben noch Besonderheiten, so jener mit Polen, Rumänien, Griechenland über die Juden (Polen, Art. 10, 11 ; Rumänien, Art. 7 ; Griechenland, Art. 10), jener mit der Tschechoslowakei über die Autonomie der Ruthenen südlich der Karpathen (Art. 10-13), jener mit Rumänien über die Autonomie der magyarischen Szekler und der Sachsen in Siebenbürgen (Art. 11), jener mit Griechenland über die Wallachen des Pindusgebietes (Art. 12), die Mönche vom Berge Athos (Art. 13), die Muselmanen (Art. 14), ferner eine durch das Protokoll vom 24. Juli 1923, Z. 2 (2), wieder aufgehobene Bestimmung über die Selbstverwaltung von Adrianopel (Art. 15). Die Erklärung Albaniens fügt eine besondere Bestimmung über Personen- und Familienrechte der Muselmanen (Art. 2, Abs. 3) und eine über das Wahlrecht (Art. 4, Abs. 2) hinzu.

Eine grössere Zahl von Eigentümlichkeiten weist der Vertrag von Lausanne mit der Türkei auf, so zum Beispiel in bezug auf die Bewegungs-

Anm. (1) : Materialien bei *Kraus*, a. a. O., Nr. XXII, XXV, XXVI, XXX und XXXIV, S. 114, 119 ff., 121, ff., 174 ff., und 188 ff.

Anm. (2) : Société des Nations, Recueil des Traités; 28. Bd., S. 222.

und Auswanderungs freiheit (Art. 38 Abs. 3), die Beschränkung des sprachlichen Schutzes vor den Gerichten auf den mündlichen Sprachgebrauch (Art. 39, Abs. 5), das Personen- und Familienrecht und den Schutz der religiösen Angelegenheiten der Nicht-Muselmanen (Art. 42, 43).

Gewisse Schutzbestimmungen sind für Griechenland auf das neuerworbene Gebiet (Art. 7, Abs. 2, wieder beseitigt durch das Protokoll vom 24. Juli 1923, Z. 2, ferner Art. 9, Art. 11), für Polen auf das ehemals deutsche Gebiet beschränkt (Art. 9).

Bezüglich Oberschlesiens ([1]) hat die mit Note der Botschafterkonferenz vom 20. Oktober 1921 Deutschland mitgeteilte « Entscheidung » (« décision ») der vier im Völkerbund vertretenen Hauptmächte ([2]) im Abschnitt II, Punkt K, Absatz 5, angeordnet: Der mit Polen abgeschlossene Minderheitenschutzvertrag vom 28. Juni 1919 findet auch auf den endgiltig an Polen gelangenden Teil Oberschlesiens Anwendung. Die Billigkeit und die Aufrechterhaltung der Wirtschaft fordere jedoch, dass die deutsche Regierung verpflichtet wird, mindestens für die Uebergangszeit von 15 Jahren die Minderheitenschutzbestimmungen des Vertrages vom 28. Juni 1919 für den an Deutschland endgiltig gelangenden Teil des oberschlesischen Abstimmungsgebietes anzunehmen.

Auf dieser Entscheidung beruht das deutsch-polnische Abkommen über Oberschlesien vom 15. Mai 1922, welches die Bestimmungen des polnischen Minderheitenschutzvertrages in den Art. 65 bis 72 rezipiert und in den sehr ausführlichen Artikeln 73 bis 158 in ganz besonders weitgehenden Einzelheiten durchgeführt hat. Wie weit dieser Vertrag im allgemeinen in innerstaatliches Recht eingreift, ist bereits oben ([3]) kurz skizziert worden. Was das Minderheitenrecht im besonderen anlangt, enthält er detaillierte Vorschriften über bürgerliche und staatsbürgerliche Rechte (Art. 75-83), Religion (Art. 84-96), Unterricht und Schulen (Art. 97-133), den Sprachengebrauch der Verwaltungsbehörden und Gerichte (Art. 135-146), das Petitions- und Beschwerderecht (Art. 147-158). Nach Art. 64 ist dieses Abkommen für das Deutsche Reich, dem ja bei der territorialen Neuregelung im Gegensatz zu Polen keine grössere Minderheit zugeteilt worden ist, nur für eine Uebergangszeit von 15 Jahren bindend. Die Durchführungsvorschriften der Art. 73 bis 158 gelten nach dem Einleitungssatz zu Teil III, Titel II, des Abkommens für beide Teile nur für 15 Jahre.

Nach dem Wortlaut der Verträge sollen deren Stipulationen als Grundgesetze (« lois fondamentales ») anerkannt werden, kein Gesetz, keine Verordnung, keine Amtshandlung (« action officielle ») darf ihnen widersprechen oder prävalieren. In dieser Bestimmung sehen wir einen ganz beson-

Anm. ([1]) : Materialien bei *Kraus*, a. a. O., S. 126, Anm. 2.

Anm. ([2]) : Journal Officiel, 1921, Nr. 10-12, S. 1226 ff. oben, S. 139.

Anm. ([3]) : Oben, S. 139, 140.

deren Versuch, Einfluss auf innerstaatliches Recht zu gewinnen, ja sogar die oberste innerstaatliche Rechtsquelle, die Verfassung, sachlich zu erweitern. Aber eine materielle juristische Bedeutung hat dies alles nicht. Entweder ist, wie wir im ersten Teil dieser Arbeit gesehen haben, die Kompetenzhoheit beim Völkerrecht oder sie ist beim staatlichen Gesetzgeber. Im ersteren Fall bedarf es der ganzen Bestimmung nicht, weil das Völkerrecht über der Verfassung steht, im zweiten Fall nützt die Bestimmung doch nichts, wenn es dem staatlichen Verfassungsgesetzgeber beliebt, sie nicht zu befolgen. Weiter erklären die Verträge ihre Stipulationen zu Verpflichtungen von internationalem Interesse (« obligations d'intérêt international ») und stellen sie unter die Garantie des Völkerbundes. Diese Stipulationen können ohne die Zustimmung der Mehrheit des Völkerbundrates nicht abgeändert werden ; dagegen verpflichten sich die Hauptmächte, sich keiner Abänderung zu widersetzen, die von der Mehrheit des Rates angenommen worden ist. Diesem Satz zufolge soll die im Art. 5 der Völkerbundssatzung vorgeschriebene Einstimmigkeit dem Mehrheitsprinzip weichen, vorausgesetzt, dass die Mächte die Verpflichtung einhalten. Die Garantie des Völkerbundes gilt nach der zitierten Note der Botschafterkonferenz vom 20. Oktober 1921, Abschnitt II, K, Abs. 6, auch für den Deutschland zuerkannten Teil des oberschlesischen Abstimmungsgebietes.

Jedes Mitglied des Völkerbundrates soll nach den Verträgen das Recht haben, die Aufmerksamkeit des Rates auf jede Verletzung oder Gefahr einer Verletzung der Bestimmungen über den Minderheitenschutz zu lenken und der Rat soll befugt sein, jene Weisungen zu geben, die unter den gegebenen Umständen geeignet und wirksam erscheinen werden (« qui paraîtront appropriées et efficaces dans la circonstance »). Streitigkeiten über Rechts- und Tatfragen betreffend den Minderheitenschutz sollen nach den allgemeinen Regeln vor dem internationalen Gerichtshof des Völkerbundes entschieden werden.

Die Entscheidung über Oberschlesien enthält im Abschnitt II, K, Abs. 7, die Bestimmung, dass jede Einzel- oder Sammeleingabe (« toute pétition individuelle ou collective ») der Bewohner Oberschlesiens an den Völkerbundsrat in Angelegenheiten des Minderheitenschutzes der Regierung übersandt werden soll, in deren Gebiet die Antragsteller ihren Wohnsitz haben. Diese Regierung ist verpflichtet, die Eingabe mit oder ohne Stellungnahme dem Völkerbundsrat zur Prüfung zu übersenden. Ausserdem wird eine gemischte Kommission zur Durchführung der Ueberwachung der Massnahmen des Vertrags und ein Schiedsgericht zur Entscheidung aller Streitigkeiten privater Natur errichtet.

Die geforderte Garantie des Völkerbundes ist in der Form gewährt worden, dass der Völkerbundrat sie für jeden einzelnen Vertrag beschlossen hat (1). Die Beschlüsse bezüglich der einzelnen Staaten stimmen im wesent-

Anm. (1) : Quellennachweise bei *Kraus*, a. a. O., zu jedem einzelnen Vertrag.

lichen miteinander überein und besagen : « Le Conseil de la Société des Nations décide que : Les stipulations contenues dans les articles... dans la mesure où elles affectent des personnes appartenant à des minorités de race, de religion ou de langue, seront, par le présent Acte, placées sous la garantie de la Société des Nations » (1). Die Garantie bedeutet nach dem vom Völkerbund angenommenen Bericht *Tittoni*'s vom 22. Oktober 1920 (2), dass die Stipulationen « intangibles » sind ; darunter sei zu verstehen, dass sie ohne die Zustimmung der Mehrheit des Rates nicht im Sinne der Verletzung anerkannter Rechte abgeändert werden dürfen und dass der Rat sich der ständigen Durchführung der Verträge zu versichern habe. In der Bindung an den Beschluss des Völkerbundrates und in der Ueberwachung durch den letzteren zeigt sich eine gewisse Ueberordnung der Volksidee über die Staatsidee im neuen Recht, allerdings nur gegenüber den genannten fünfzehn Staaten.

Von den dargestellten Normen bilden jene, die sich auf die Freiheitsrechte der Individuen und die Gleichheit vor dem Gesetz beziehen, inhaltlich im allgemeinen nichts Neues für die zivilisierten Staaten Europas, sie sind Errungenschaften des 19. Jahrhunderts. Die neuen Ideen zeigen sich hier nur darin, dass die Normen Bestandteile eines internationalen Vertrags geworden und unter die Garantie des Völkerbundes gestellt worden sind, während die von ihnen geregelten Materien vor dem Kriege als innere Angelegenheiten jeder Einmischung von aussen entzogen waren. Die übrigen Bestimmungen der Verträge, so namentlich jene über das Schul- und Sprachenrecht, bedeuten ausserhalb des Gebietes des ehemaligen Oesterreich einen gewissen, zum Teil sehr erheblichen Fortschritt; gegenüber dem Nationalitätenrecht des alten Oesterreich (3) bleiben sie weit zurück, da dieses keine Staatssprache kannte, den Ländern und Gemeinden eine sehr weitgehende Selbstverwaltung einräumte und in den wichtigsten Gebieten national geteilte Schulbehörden hatte. Immerhin zeigen sich auch hier die neuen Ideen in der internationalen Regelung und in der Garantie des Völkerbundes.

Von der Gedankenwelt der Selbstbestimmung der Völker, von den Reformwünschen des internationalen Pazifismus und der russischen Revolution, von dem Programm des Präsidenten *Wilson* und dem Recht des Waffenstillstandsvertrages haben sich die Verträge weit entfernt.

Zunächst gewähren sie den Minderheiten keine Rechtsgrundlage, sich zu konstituieren. Die Minderheiten sind gar nicht als Organisationen behandelt, sie haben nach den Verträgen keine Organe. Eine Minderheit von mehreren Millionen, vertreten durch ihre gewählten Parlamentarier, hat, wenn sie in der wichtigsten Lebensfrage an den Völkerbund petitioniert,

Anm. (1) : z. B. Journal Officiel, 1920, Nr. 2, S. 56, Nr. 8, S. 10 u. a.

Anm. (2) : Journal Officiel, 1920, Nr. 8, S. 8.

Anm. (3) : Vgl. oben, S. 187 ff.

nicht mehr Parteilegitimation, als irgend ein privater Querulant in der nichtigsten Lappalie. Dies wirkt wie eine Sabotage des Schutzes.

Der Idee der Selbstbestimmung der Völker hätte es weiter entsprochen, dass nationale Minderheiten, die geschlossen beieinander wohnen, sich durch Volksabstimmung aus dem bisherigen Staatsverbande lösen dürfen. Ihr wäre es ferner angemessen, dass jenen Volksteilen, welche davon keinen Gebrauch machen oder welchen wegen der zerstreuten Lage ihrer Siedlungsgebiete die Selbstbestimmung, die Gründung eines eigenen Nationalstaates oder die Vereinigung mit einem Staate der eigenen Nationalität, verwehrt ist, wenigstens an Stelle der Selbst*bestimmung* die Selbst*verwaltung* gewährt werde. Diese Postulate erscheinen in den Ideen und Reformprojekten, die wir bereits kennen gelernt haben, immer wieder, ebenso in den späteren, die wir noch kennen lernen werden. Aber die Friedens- und Minderheitenschutzverträge sind nicht so weit gegangen. Sie erwähnen die Selbstbestimmung überhaupt nicht und stellen den territorialen Bestand des Staates nicht in Frage. Sie hindern den Staat nicht, diejenigen wegen Hochverrats zu verfolgen, welche Selbstbestimmung oder auch nur Selbstverwaltung für ihr Volkstum begehren. Sie gewähren den Minderheiten keinerlei Autonomie und stehen einer noch so zentralistischen Verfassung und Verwaltung des Staates nicht im Wege. In diesen Punkten hat die bisherige Staatsidee restlos über die Idee des Volkes gesiegt.

Da eine Organisation der Minderheiten nicht vorgesehen ist, beschränkt sich der ganze Schutz der Verträge darauf, dem souveränen staatlichen Gesetzgeber *Pflichten* aufzuerlegen. Von *Rechten* der Minderheiten ist keine Rede. Die Staaten haben sich völkerrechtlich verpflichtet, gewisse Individualrechte zu gewähren und gewisse Einrichtungen in der staatlichen Justiz und Verwaltung zu treffen. Alles hängt davon ab, ob der « souveräne » staatliche Gesetzgeber diese völkerrechtlichen Pflichten erfüllt oder nicht. Tut er es nicht, so finden weder die Minderheiten noch die Individuen in den Verträgen eine Grundlage, die anderen Vertragstaaten, den Völkerbund, den Internationalen Gerichtshof oder sonst eine internationale Instanz anrufen zu dürfen. Sie sind auf die Rolle des Petenten beschränkt, dessen Bitte der Angerufene ignorieren darf, ohne rechtswidrig zu handeln. Auch in diesem Punkte hat die Idee des Staates völlig über jene des Volkes geseigt.

Die Minderheitenschutzbestimmungen, die wir bisher erörtert haben, verpflichten, wie wir gesehen haben, die betroffenen Staaten zu einer ganzen Reihe weitgehender gesetzgeberischer und administrativer Massregeln. Diese sind im wesentlichen auch überwiegend durchgeführt worden, mögen auch manche der sehr zahlreichen Klagen der Minderheiten über Verletzung oder mangelhafte Durchführung der Verträge noch so berechtigt sein. *Das Recht des Minderheitenschutzes ist daher ein Gebiet, auf dem der Einfluss neuartigen internationalen Rechtes auf das innerstaatliche ganz besonders intensiv und umfassend ist. Auf diesem Gebiet ist die alte Staatsidee vielleicht am meisten zugunsten der neuen Gedanken zurückgedrängt worden.* Die Idee des Volkes aber hat, nachdem die Selbstbestimmung der Völker dem Souveränitätsdogma und der Staatsrason unterlegen ist, wenigstens in der Gestalt des Minderheitenschutzes einen bescheidenen Platz im neuen Völkerrecht und im innerstaatlichen Recht von fünfzehn Staaten erobert.

6. Das Völkerrecht der Nachkriegszeit.

Das Völkerrecht hat sich seit den Friedens- und Minderheitenschutzverträgen nur wenig geändert. Die Charakterzüge dieses Rechtes, soweit es die Idee des Volkes betrifft, sind dieselben geblieben : die *Selbstbestimmung* ist zugunsten des Souveränitätsdogmas unterdrückt, dagegen hat die Idee des Volkes als einer ausserstaatlichen und in gewissem Sinne überstaatlichen Einheit in dem geltenden *Minderheitenschutzrecht* völkerrechtliche Anerkennung gefunden.

Was zunächst die Idee der *Selbstbestimmung* anlangt, so hat der Völkerbund bereits 1920-21 Gelegenheit gehabt, sie zu verwirklichen, und zwar in der Frage der *Ålandsinseln*, hat sie aber gegenüber anderen Rücksichten preisgegeben (1). Die Åländer sind ihrem Volkstum nach in ihrer Mehrzahl Schweden, die Inseln gehörten aber seit dem Frieden von Frederiksham vom 17. September 1809 zu Finnland bezw. Russland. Nachdem Finnland 1917 seine Unabhängigkeit von Russland erklärt hatte und am 24. Januar 1918 von Schweden anerkannt worden war, forderte die schwedische Regierung unter Berufung auf die ethnographische Zugehörigkeit der Åländer zum schwedischen Volk eine Volksabstimmung auf den Inseln. Finnland dagegen erklärte, die Angelegenheit sei eine landesrechtliche und die Frage durch Erlass einer weitgehenden Autonomie gelöst (2). Wir sehen hier deutlich die Idee des Volkes im Kampfe mit der Idee des souveränen Staates.

Als der Konflikt sich verschärfte, lenkte Grossbritannien am 19. Juni 1920 die Aufmerksamkeit des Völkerbundrates auf den Fall (3). Der Völkerbund griff auf Grund des Art. 11 des Paktes ein (4). Er setzte eine Juristenkommission ein, welche sich darüber äussern sollte, ob die Frage im Sinne des Art. 15, Abs. 8, des Paktes (5) eine innere Angelegenheit Finnlands sei. Nach dem Gutachten dieser Kommission handelte es sich nicht um eine Ange-

Anm. (1) : Ausführliche Zitate der Quellen, der Materialien und der Literatur bei *Strupp* in seinem Wörterbuch des Völkerrechts und der Diplomatie, I. Bd., 1922, S. 22, ferner bei *Kraus*, a. a. O., S. 116, Anm. 1 und 2.

Anm. (2) : Vgl. Société des Nations, Journal Officiel, 1920, S. 248, 249, 392, 393.

Anm. (3) : Journal Officiel, 1920, Nr. 5, S. 250.

Anm. (4) : a. a. O., S. 247 ff.

Anm. (5) : Vgl. Oben S. 88 ff.

legenheit der «compétence exclusive» Finnlands, sie erklärte daher, der Völkerbundrat sei gemäss Art. 15, Abs. 4, des Paktes zuständig (1).

Dieser hat jedoch, ohne eine Volksabstimmung abhalten zu lassen, am 24. Juni 1921 beschlossen: «La souveraineté des Iles d'Alande est reconnue comme appartenant à la Finlande» (2).

Ein anderer Fall, in welchem sich eine besondere Gelegenheit zur Verwirklichung des Prinzips der Selbstbestimmung der Völker geboten hätte, betrifft das Gebiet von *Wilna*, welches Gegenstand eines Streites zwischen Polen und Litauen war (3). Am 5. September 1920 wurde der Völkerbundrat von Polen angerufen (4). Er beschloss zwar am 28. Oktober 1920 die Abhaltung einer Volksabstimmung in diesem Gebiet und gab am 1. Dezember einer mit der Durchführung beauftragten Kommission nähere Instruktionen (5), widerrief aber seinen Beschluss am 3. März 1921 infolge wiederholter Vorbehalte und Einwendungen seitens Litauens und der Langsamkeit der Räumung des Gebietes seitens Polens (6). Schliesslich wurde die Frage durch die Entscheidung der Botschafterkonferenz über die Festsetzung der Grenze zwischen Polen und Litauen vom 15. März 1923 ohne Volksbefragung gelöst (7).

Der Völkerbund hat ferner die Idee der Selbstbestimmung in seiner Minderheitenpolitik aufs schärfste verurteilt. Den Anlass hierzu boten insbesondere Anträge Polens und der Tschechoslowakei, da diese beiden Staaten grosse, von mehreren Millionen bewohnte fremdnationale Gebiete beherrschen und daher von der Verwirklichung des Selbstbestimmungsrechtes eine bedeutende Verkleinerung ihres Gebietes zu erwarten hätten. Auf Grund eines Mémoires der polnischen Regierung vom 16. Januar 1923 (8) und einer Note der tschechoslowakischen Regierung vom 5. April 1923 (9) hat der Völkerbundrat am 5. September 1923 einen Beschluss (10) gefasst, welcher die Annahme von Petitionen in Sachen des Minderheitenschutzes an folgende Bedingung knüpft:

«... *b*) En particulier, elles ne doivent pas être présentées sous la forme d'une demande de rupture des liens politiques entre la minorité en question et l'État dont elle fait partie...».

Eine Petition um die Gewährung der Selbstbestimmung wird also nicht gehört.

Der Grundsatz, dass die Minderheiten das Verlangen nach Selbstbestimmung nicht geltend machen dürfen, ist seitdem vom Völkerbund stets

Anm. (1): Journal Officiel, 1920, Nr. 8, S. 29.
Anm. (2): Journal Officiel, Nr. 7, S. 699.
Anm. (3): Quellen, Materialien und Literatur sind zitiert bei *v. Twardowski* in *Strupps* Wörterbuch des Völkerrechts und der Diplomatie, III. Bd., 1927, S. 529. Dazu *Grauzinis*, La question de Vilna, Paris, 1927, insb. S. 140 ff.; Question de Vilna (Gutachten von *A. de Lapradelle, Louis Le Fur* und *André N. Mandelstam*), Paris, 1928.
Anm. (4): Journal Officiel, 1920, Nr. 7, S. 397.
Anm. (5): Journal Officiel, 1921, Nr. 1, S. 7.
Anm. (6): Journal Officiel, 1921, Nr. 2, S. 181, 182.
Anm. (7): Journal Officiel, 1921, Nr. 5, S. 490.
Anm. (8): Journal Officiel, 1923, Nr. 5, S. 480 ff.
Anm. (9): Journal Officiel, 1923, Nr. 7, S. 717 ff.
Anm. (10): Journal Officiel, 1923, Nr. 11, S. 1293 ff.

festgehalten worden. Auch ausserhalb des Völkerbundrechtes ist eine Entwicklung des Gedankens der Selbstbestimmung nicht zu verzeichnen, wie sich besonders beim Einschreiten einiger Mächte gegen die Volksabstimmungen in Oesterreich über den Anschluss an das Deutsche Reich 1921 und gegen die österreichisch-deutsche Zollunion 1931 gezeigt hat.

Dagegen darf auf dem Gebiet des *Minderheitenschutzes* von einer Entwicklung gesprochen werden.

Allerdings geht diese Entwicklung im wesentlichen nicht vom Völkerbund aus. Dieser sah sich vielmehr vor schwierige Aufgaben gestellt.

Vor allem betrachteten und betrachten die mit dem Minderheitenschutz belasteten Staaten diesen vielfach als eine capitis deminutio, und ihr Gegenzug ist, die Ausdehnung dieses Schutzes auf *alle* Staaten zu verlangen (1). Auch sonst sind allerhand Reformwünsche an den Völkerbund herangetreten, von denen wir einige noch kennen lernen werden. Der Völkerbund aber ist, wie wir im ersten Teil dieser Arbeit gesehen haben, im wesentlichen ein Bund souveräner Staaten ohne obrigkeitliche Gewalt über diese Staaten. Er ist bei der Einführung neuer Beschränkungen für die Staaten an die Einwilligung der zu belastenden Staaten, und überdies, wenn auch die Minderheitenschutzverträge Mehrheitsbeschlüsse bei der Zustimmung des Rates zu Aenderungen vorsehen, doch bei allen darüber hinausgehenden Neuerungen im allgemeinen an das Prinzip der Einstimmigkeit gebunden. Daher ist er notwendig konservativ und kein geeignetes Forum für die Geltendmachung weitgehender Wünsche de lege ferenda.

Immerhin hat er wenigstens sein eigenes Verfahren zum Schutze der Minderheiten in einigen Punkten fortgebildet. Allein auch diesen Bestrebungen sind sehr enge Grenzen gezogen. Denn dieses Verfahren betrifft nur Petitionen aus den Kreisen der Minderheiten oder Anträge von Staaten. Die Minderheiten sind, wie wir gesehen haben, nicht als Rechtssubjekte anerkannt. Dieses Verfahren ist daher eine interne Angelegenheit des Völkerbundes, eine Frage seiner Geschäftsführung. Mag es auch nach und nach etwas verbessert worden sein, mit der Idee des Volkes im Völkerrecht und deren Einfluss auf innerstaatliches Recht hat es unmittelbar wenig zu tun, es ist jedenfalls nicht geeignet, die Idee des Volkes in ihrem Kampfe gegen das Souveränitätsdogma irgendwie zu fördern.

Ja, der Völkerbund hat sogar ausdrücklich den grössten Wert darauf gelegt, den Minderheitenschutz seines nationalen Charakters tunlichst zu entkleiden und ihn als eine administrative Angelegenheit wie viele andere hinzustellen, vergleichbar etwa Schutzmassregeln der internationalen Hygiene oder solchen gegen den Mädchenhandel. Am 25. Oktober 1920 hatte

Anm. (1): Vgl. insb. *Mandelstam*, Internationaler Schutz der Menschenrechte und die New-Yorker Erklärung des Instituts für Völkerrecht, Zeitschrift für ausländisches öffentliches Recht und Völkerrecht, II. Bd., 1. Teil, S. 350 ff.

der Völkerbundrat beschlossen, dass Petitionen und Mitteilungen in Minderheitensachen von einem Dreierkomitee geprüft werden sollen ([1]). Dieses Komitee soll aus dem Präsidenten des Rates und zwei von ihm designierten Mitgliedern des Rates bestehen. Am 10. Juni 1925 hat der Rat einen weiteren Beschluss hinzugefügt ([2]). Danach ist der Präsident des Völkerbundrates von der Mitgliedschaft in dem Dreierkomitee ausgeschlossen, wenn er einen Staat vertritt, « dont la majorité de la population appartient au point de vue ethnique au même peuple que les personnes faisant partie de ladite minorité ». Ebenso darf der Präsident nicht zum Mitglied des Dreierkomitees designieren den Repräsentanten eines Staates « dont la majorité de la population appartient au point de vue ethnique au même peuple que lesdites personnes ». Der Völkerbund will also nicht, dass das Volk im natürlichen Sinn, hier « le peuple » genannt, handelnd auftritt, indem ein Staat sich seiner konnationalen Minderheiten im Ausland annimmt. *Die Idee des Volkes als eines natürlichen Ganzen wird also aus dem Verfahren des Völkerbundes geradezu verbannt.* Allein durch dieses Verbot ist ein neuer Begriff, der Begriff des «même peuple», ist das nationale Band, welches auswärtige Minderheiten mit ihrem Mutterland verbindet, anerkannt ([3]). *Gerade dadurch hat der Völkerbund die Idee des Volkes als eines über die Staatsgrenzen hinausragenden natürlichen Ganzen in das geltende Völkerrecht und damit auch in das innerstaatliche Recht der jeweils beteiligten Staaten eingeführt.*

Da das Verfahren des Völkerbundes in Minderheitensachen nur Regeln eines internen Geschäftsgangs darstellt und überdies die Idee des Volkes als überstaatlicher Einheit ausdrücklich nicht zur Geltung kommen lassen will, kann hier von einer Untersuchung dieses Verfahrens abgesehen werden.

Was das *materielle* Minderheitenrecht anlangt, so sind im Völkerbund sehr bemerkenswerte Tendenzen laut geworden, die Idee des Volkes aus dem geltenden Völkerrecht wieder zu eliminieren.

Auf der 37. Tagung des Völkerbundrates gab der brasilianische Delegierte *Mello Franco* am 9. Dezember 1925 als Berichterstatter eine längere Erklärung ([4]) ab, welche folgende Stelle enthält : « Il me semble irrécusable que ceux qui ont conçu ce système de protection ne songeaient pas à créer, dans le sein de certains États, une masse d'habitants se considérant perpétuellement étrangers à l'organisme général de la nation ; mais, au contraire, qu'ils voulaient, pour les éléments de cette masse, le statut de protection juridique capable d'assurer le respect à l'inviolabilité des personnes, sous

Anm. ([1]) : Vgl. die Zitate und Bemerkungen bei *Kraus*, a. a. O., S. 109, 110.

Anm. ([2]) : Journal Officiel, 1925, Nr. 7, S. 879.

Anm. ([3]) : Vgl. *Hasselblatt*, Das europäische Nationalitätenproblem und die Forderung der Kulturautonomie, in *Miscel·lània Patxot*, Barcelona, 1931, S. 80, 81, und die daselbst zitierte Literatur.

Anm. ([4]) : Journal Officiel, 1926, Nr. 2, S. 139 ff.

tous les aspects, et de préparer, peu à peu, les conditions nécessaires à l'établissement de la complète unité nationale » (1).

Diese Erklärung erfuhr im Völkerbundrat keinen Widerspruch.

In diesen Ausführungen *Mello Francos* werden offensichtlich « nation » als Staatsvolk und « nation » als Volk im natürlichen Sinn identifiziert. Das *Staatsvolk* soll zur « complète unité nationale », zur einheitlichen Nationalität im *soziologischen* Sinn werden und der Minderheitenschutz soll zwar das Individuum vor allzu gewaltsamen Formen der staatlichen Entnationalisierungspolitik schützen, diese selbst aber nicht hindern. Die ganze geschichtliche Entwicklung der Idee des Volkes, die wir bis jetzt kennen gelernt haben, soll rückgängig gemacht, ausgelöscht werden zugunsten der Allgewalt des souveränen Staates über alle Bewohner seines Gebietes, über ihre Sprache und ihr nationales Empfinden, und zugunsten der Staatenkarte von 1919. Der Minderheitenschutz würde mit fortschreitender Entnationalisierung der Minderheiten nach und nach überflüssig werden und jeder Einfluss des internationalen Rechtes auf innerstaatliches Recht in nationalen Angelegenheiten würde aufhören.

Die Aeusserung *Mello Francos* hat grosses Aufsehen erregt und ist vielfach, besonders aus den Kreisen der Minderheiten und der ihnen konnationalen Völker, sehr scharf kritisiert worden. Der Völkerbund hat jedoch niemals etwas beschlossen, was mit den von *Mello Franco* gekennzeichneten Entnationalisierungstendenzen nicht im Einklang stünde, auch nichts, was geeignet wäre, den Eindruck jener Erklärung irgendwie abzuschwächen.

Die Entwicklung im Völkerbund zeigt demnach bisher kein nennenswertes Fortschreiten der Idee des Volkes; hier hat bis jetzt die Idee des souveränen Staates gesiegt.

Dagegen ist eine gewisse Weiterbildung der Idee des Volkes in dem *Ausbau des Minderheitenschutzes durch einige Verträge* zu verzeichnen.

Hier ist zunächst ein *Vertrag zwischen der tschechoslowakischen und der österreichischen Republik*, geschlossen zu Brünn am 7. Juni 1920, zu erwähnen (2). Dieser Vertrag hat in den Art. 17 ff. den Schutz der Minderheiten, den, wie oben erwähnt worden ist (3), Oesterreich im Friedensvertrag von St. Germain-en-Laye und die Tschechoslowakei in einem besonderen Vertrag übernommen hatten, weiter ausgebaut. Insbesondere ist hier im Art. 19 den privaten Volksschulen der Minderheiten unter gewissen Voraussetzungen das Oeffentlichkeitsrecht, das heisst die Gleichstellung mit öffentlichen Schulen, gewährt.

Wesentliche Neuerungen gegenüber dem Minderheitenrecht von 1919 bringt der Vertrag nicht. Sein Hauptzweck war, die tschechische Minderheit

Anm. (1) : a. a. O., S. 142.
Anm. (2) : Société des Nations, Recueil des Traités, 3. Bd., S. 190 ff.
Anm. (3) : Oben S. 270.

in Wien, die einzige tschechische Minderheit Oesterreichs, die rund 100,000 Personen oder 5 % der Bevölkerung der Stadt zählte ([1]), mit den weit mehr als 3 Millionen Deutschen, die einen grossen Teil der Tschechoslowakei als ein geschlossenes deutsches Sprachgebiet bewohnen, nach allen Richtungen vollkommen gleichzustellen. Nun entspricht eine solche Gleichstellung den neuen Ideen zwar nicht ganz. Denn viele grosse Städte auch in sonst einsprachigen Staaten beherbergen verstreute nationale Minderheiten von 5 und mehr Prozent. Wollte man für diese verstreuten Minderheiten überall die gleichen Rechte fordern wie für ganze Länder, oder wollte man umgekehrt diesen nicht mehr einräumen, als jenen verstreuten kleineren Minderheiten gewährt werden kann, so würde man in beiden Fällen den Schutz der Minderheiten und damit die Pflege des Volkstums eher sabotieren als fördern. Nur eine proportionale Gleichheit, nicht eine arithmetische, die grosse Völker und kleinste Volkssplitter gleichstellt, kann den Bestrebungen gerecht werden, die sich im Namen der nationalen Idee gegen das Souveränitätsdogma der Vorkriegszeit erhoben haben.

Immerhin liegt doch in dem Vertrag insofern ein Fortschritt, als er in einigen Punkten über die Verträge von 1919 hinausgegangen ist. Er bewirkt auch einen wesentlichen Einfluss des internationalen Rechtes auf innerstaatliches Recht, da er weitgehende Einzelheiten, so insbesondere auf dem Gebiete des Schulrechtes, regelt. So ist beispielsweise auf Grund des Vertrages in Wien eine Anzahl neuer tschechischer Volksschulen in geeigneten Lokalitäten unter Verwendung geeigneter Lehrkräfte bei Zugrundelegung eines Mindestdurchschnitts von 42 Schülern errichtet worden, wie es der Vertrag vorschrieb.

Bemerkenswert ist ferner die Regelung der nationalen Frage auf den *Ålandsinseln* ([2]), die, wie wir gesehen haben, trotz einer zur Mehrheit schwedischen Bevölkerung ohne Volksbefragung Finnland zugesprochen worden sind ([3]). Finnland verpflichtete sich in der 17. Sitzung des Völkerbundrats vom 27. Juni 1921, in das Autonomiegesetz für die Ålandsinseln vom 7. Mai 1920 eine Reihe von Garantieen aufzunehmen ([4]). Die für die Idee des Volkes wichtigste dieser Garantieen betrifft die Schulfrage : « Le Landsting et les Communes d'Åland ne sont, dans aucun cas, obligés d'entretenir ou de subventionner d'autres écoles que celles où la langue d'enseignement est le suédois. Dans les établissements scolaires de l'État, l'enseignement se fera également dans la langue suédoise. Sans le consentement de la commune intéressée, la langue finnoise ne peut être enseignée dans les écoles primaires entretenues ou subventionnées par l'État ou par la commune ». Weiter werden den Einwohnern der Inseln, dem Provinzialrat

Anm. ([1]) : Vgl. *Wilhelm Winkler*, Die Tschechen in Wien, Flugblätter für Deutschösterreichs Recht, Wien, 1919.

Anm. ([2]) : Vgl. Oben, S. 280, 281.

Anm. ([3]) : Vgl. Oben S. 281.

Anm. ([4]) : Journal Officiel, 1921, Nr. 7, S. 701, 702.

und den Gemeinden Vorkaufsrechte an solchen Immobilien eingeräumt, welche an Personen verkauft werden, die nicht auf den Inseln wohnen. Einwandernde finnische Staatsangehörige erwerben das Gemeinde- und Provinzialwahlrecht erst nach 5 Jahren ordentlichen Wohnsitzes auf den Inseln. Der Gouverneur der Inseln wird vom Präsidenten der Republik im Einvernehmen mit dem Präsidenten des Landsting der Inseln, eventuell aus einer vom Landsting präsentierten Liste, entnommen Die Provinz. Åland kann über gewisse Steuereinkünfte verfügen. Dieser Schutz geht in materiellrechtlicher Beziehung sehr weit über die Verträge von 1919 hinaus, da er eine weitgehende Selbstverwaltung gewährt. Ebensoweit überragt er jene Verträge in formalrechtlicher Hinsicht: « Le Conseil de la Société des Nations veillera à l'application des garanties prévues. La Finlande transmettra au Conseil de la Société des Nations, avec observations, toutes plaintes ou réclamations du Landsting d'Åland au sujet de l'application des garanties susdites, et le Conseil pourra, au cas où la question serait de nature juridique, consulter la Cour permanente de Justice internationale ». Das Landsting hat demnach prozessuale Rechtsschutzansprüche zugunsten von Konnationalen, es kann die Interessen des schwedischen Volkstums auf den Inseln in der Gestalt subjektiver Rechte der autonomen Provinz Åland vertreten. *Hier ist die Idee des Volkes zu ganz besonderer Bedeutung im internationalen Recht gelangt und zugleich von ganz besondres weitgehendem Einfluss auf das innerstaatliche Recht geworden.*

Weiter sei hier ein Vertrag genannt, welcher zwischen *Polen und der Tschechoslowakei* am 23. April 1925 zu Warschau abgeschlossen worden ist (1) und dessen III. Kapitel (Art. 11 ff.) der « Protection des Minorités » gewidmet ist.

Dieser Vertrag bezieht sich jedoch nicht auf alle Minderheiten der beiden genannten Staaten, sondern nur auf « les ressortissants de la République tchécoslovaque, de nationalité polonaise », und « les ressortissants de la République polonaise, de nationalité tchécoslovaque » (Art. 11, Abs. 1), wobei bemerkenswert ist, dass hier « nationalité » nicht in dem üblichen Sinne von Staatsangehörigkeit, sondern in jenem von Volkszugehörigkeit gebraucht wird. Da beide Staaten sehr grosse andere Minderheiten beherbergen, insbesondere Polen mehrere Millionen Ukrainer und Deutscher, die Tschechoslowakei mehrere Millionen Deutscher und Magyaren, ist die Beschränkung auf Polen und Tschechoslowaken auffällig. Hier zeigt sich der Staat als Anwalt nur der *konnationalen* Minderheiten im Ausland, als *Träger der Idee des Volkstums.* Was der Völkerbund, wie wir gesehen haben, grundsätzlich perhorresziert, haben hier Polen und die Tschechoslowakei im gegenseitigen Verhältnis durchgeführt. Unter diesem Gesichtspunkt bedeutet der polnisch-tschechoslowakische Vertrag einen Fortschritt gegenüber

Anm. (1) : Société des Nations, Recueil des Traités, 48. Bd., S. 334. ff.

dem von der Rücksicht auf die Souveränität und die Assimilierungspolitik beherrschten Völkerbundrecht, mag der Vertrag auch in der einseitigen Bevorzugung einer kleinen Minderheit gegenüber den viel grösseren anderen Minderheiten der beiden Staaten Anlass zur Kritik bieten.

Interessant ist die Bestimmung der Volkszugehörigkeit im Warschauer Vertrag : « Pour établir quelle est la nationalité ou la langue maternelle d'une personne, il sera uniquement tenu compte de la déclaration de la personne intéressée ou de son représentant légal, conformément aux lois de l'État » (Art. 13, Abs. 1). Es entscheidet also ausschliesslich das freie nationale Bekenntnis des Individuums. Damit trägt der Warschauer Vertrag, wenn wir nur den Begriff der nationalité und nicht auch den von subjektiven Willensentschlüssen unabhängigen Begriff der langue maternelle ins Auge fassen, den neuen Ideen viel besser Rechnung, als die Minderheitenschutzverträge der Hauptmächte. Denn der Selbstbestimmung der Völker entspricht auch die Selbstbestimmung der Individuen. Wir haben oben am Beispiel der tschechoslowakischen Volkszählungen und des tschechoslowakischen Sprachengesetzes gesehen (1), wie die Handhabung der Begriffe des Volkstums und der Volkszugehörigkeit den Gesetzen und Behörden des Staates gestatten, den Minderheitenschutz materiell zu beeinflussen. Durch die Definition des Art. 13 Abs. 1 des Warschauer Vertrags sind die Polen in der Tschechoslowakei und die Tschechen und Slowaken in Polen vor derartigen Massnahmen geschützt, sie können ihre Minderheit auf das freie Bekenntnis der Individuen aufbauen und die amtlichen Organe sind an dieses Bekenntnis gebunden. Die Idee des Volkes hat hier gegenüber den Verträgen von 1919 einen wesentlichen Fortschritt gemacht. Ja, der Artikel schiesst sogar über das Ziel, indem er die Behörden an objektiv unrichtige Angaben über die langue maternelle bindet.

Was nun den Inhalt des Schutzes anlangt, den der polnisch-tschechoslowakische Vertrag gewährt, so sichern die beiden Staaten einander zunächst wohlwollende Behandlung der beiden ihnen konnationalen Minderheiten zu (Art. 12, Abs. 1), eine Bestimmung, die in den Verträgen von 1919 fehlt. Allerdings wird von den beiderseitigen Minderheiten « une attitude loyale à l'égard de l'État sur le territoire duquel elles sont établies » gefordert (Art. 12, Abs. 2). Allein dies bedeutet hier im wesentlichen keinen Verzicht auf Selbstbestimmung. Denn es handelt sich um verstreute Minderheiten von geringer Zahl und kleine gemischte Gebiete (2), für die eine Loslösung vom gegenwärtigen Staatsverband ohnedies nicht in Frage käme.

Weiter enthält der Vertrag den Satz : « Toute dénationalisation forcée est interdite » (Art. 13, Abs. 2). Dies wird noch weiter ausgeführt : « Les

Anm. (1) : Oben, S. 273.
Anm. (2) : *Wilhelm Winkler*, Statistisches Handbuch der europäischen Nationalitäten, Wien und Leipzig, 1931, S. 93 ff., 180 ff.; daselbst Quellenangaben.

deux Parties contractantes déclarent tout particulièrement qu'elles considèrent comme illégale toute pression exercée sur les parents en vue de les persuader d'envoyer leurs enfants aux écoles donnant leur enseignement dans une langue autre que la langue maternelle de ces enfants ». Die Verträge von 1919 enthalten nichts dergleichen. Gerade Massregeln zur gewaltsamen Entnationalisierung und Pressionen der bezeichneten Art auf die Eltern schulpflichtiger Kinder bilden einen immer wiederkehrenden Gegenstand der Beschwerden jener Minderheiten, die unter dem Schutz der Verträge von 1919 stehen. Hier bedeutet demnach der polnisch-tschechoslowakische Vertrag einen sehr wesentlichen Schritt in der Entwicklung der Idee des Volkes.

Der Vertrag enthält ferner Normen über den Sprachengebrauch, die über die Bestimmungen der Verträge von 1919 weit hinausgehen (Art. 14 und 15). Dabei wird sogar den ganz sporadisch verstreuten Tschechoslowaken in Wolhynien und anderen Gebieten Polens weitgehende Berücksichtigung zuteil (Art. 14, Abs. 2), während beispielsweise die Tschechoslowakei, wie schon erwähnt worden ist, den Deutschen und Magyaren den viel weniger weitgehenden sprachlichen Schutz des Vertrags von 1919 nur dort gewährt, wo die Angehörigen der deutschen oder der magyarischen Minderheit mindestens 20 % der Bevölkerung des Bezirks betragen.

Bei der Erteilung von Konzessionen, Autorisationen, Subventionen sollen die tschechoslowakischen Staatsbürger polnischer Nationalität denen tschechoslowakischer Nationalität, die polnischen Staatsbürger tschechoslowakischer Nationalität denen polnischer Nationalität gleichgestellt werden (Art. 16). Es bildet sonst im allgemeinen einen der hauptsächlichsten Beschwerdepunkte der Minderheiten, dass sie in diesen Dingen gegenüber dem « Staatsvolk » empfindlich zurückgesetzt werden, obwohl sie die gleichen Steuern zu zahlen haben wie das « Staatsvolk ». Hier bedeutet der Vertrag daher auch einen grossen Fortschritt in der Durchsetzung der Idee des Volkes, der Minderheit, gegen den Gedanken der Vorherrschaft des Mehrheitsvolkes im Staate.

Es folgen sodann sehr eingehende Bestimmungen über die Schulen (Art. 17 ff.). Der Vertrag betrifft nicht nur die Volksschulen wie die Verträge von 1919, sondern auch höhere Schulen. Er stellt den Minderheitenschulen Subventionen « dans la mesure des possibilités » in Aussicht, wovon in den Verträgen von 1919 keine Rede ist. Den tschechoslowakischen Schulen in Wolhynien sichert die polnische Regierung besondere Erleichterungen zu (Art. 17). Das Lehrpersonal und das Personal der unmittelbar vorgesetzten Aufsichtsbehörde in den Minderheitenschulen muss der Minderheit entnommen werden (Art. 18). Dies ist vielleicht der bedeutendste unter allen Fortschritten des Vertrags. Denn die Verträge von 1919 schützen die Minderheiten nicht davor, dass der Lehrer zwar ihre Sprache beherrscht, aber seiner Gesinnung nach dem Staatsvolk angehört und im Unterricht an der Entnationalisierung der Kinder arbeitet. Die Qualifikation der Lehrer, die Bestellung von Organen der Unterrichtsverwaltung und die Sorge für Bücher und Unterrichtsmaterial werden sodann näher geregelt.

Zur Schlichtung eventueller Streitigkeiten aus dem Vertrag wird eine gemischte Kommission und ein Schiedsgericht eingesetzt (9. Kapitel, Art. 73 ff.). Dem Völkerbund und dem Ständigen Internationalen Gerichtshof weicht der Vertrag aus. Diese kämen ja auch in eine unerfreuliche Lage. Denn sie wären durch den Wortlaut der Vereinbarungen genötigt, hier zwei kleine und verstreute Minderheiten mit einem anderen und viel günstigeren Masse zu messen, als die grossen Minderheiten nach den allgemeinen Verträgen.

Im ganzen bedeutet das polnisch-tschechoslowakische Uebereinkommen einen *ausserordentlichen Fortschritt gegenüber den Verträgen von* 1919 *und zugleich ein Gebiet, auf dem internationales Recht von weitestgehendem Einfluss auf innerstaatliches Recht geworden ist.*

Zusammenfassend dürfen wir sagen: die Idee des Volkes hat im Völkerrecht der Nachkriegszeit eine Entwicklung erfahren, die über die Verträge von 1919 in zwei Fällen wesentlich hinausführt. Der eine Fall betrifft die Alandsinseln, der zweite den polnisch-tschechoslowakischen Vertrag vom 23. April 1925. Der erste hat die Selbstverwaltung einer geschlossen beieinanderwohnenden Minderheit, der zweite den Schutz verstreuter Minderheiten zum Gegenstand. In beiden Fällen wird im grossen und ganzen dasjenige gewährt, was die Minderheiten, die unter dem Schutz der Verträge von 1919 oder unter gar keinem internationalen Schutz stehen, bisher vergeblich angestrebt haben. Beide Regelungen sind daher geeignet, für die weitere Entwicklung der Idee des Volkes im internationalen Recht und ihren Einfluss auf das innerstaatliche Recht vorbildlich zu wirken.

7. Rückwirkungen im innerstaatlichen Recht.

Die Durchführung der bisher erwähnten Verträge und Erklärungen über den Minderheitenschutz hat zur Folge gehabt, dass die Gesetzgebung und Verwaltung der betroffenen Staaten in wesentlichen Punkten umgestaltet worden ist. Da die Staaten sich in den Verträgen von 1919 verpflichtet haben, die Vertragsbestimmungen « comme lois fondamentales » anzuerkennen, bedeutete das Inkrafttreten dieser Verträge eine Verfassungsänderung. Auch in den anderen Fällen hat der Minderheitenschutz die Verfassung tangiert. Zum mindesten hat er den Katalog der Grundrechte bereichert, indem er für die Auslegung des Begriffs der Gleichheit von Bedeutung geworden ist. Die sprachenrechtlichen Bestimmungen haben das Verfahren der Gerichte und der Verwaltungsbehörden, vor allem das Zivil-

und Strafprozessrecht beeinflusst. Zahlreiche Verwaltungsmaterien, wie das Press-, Vereins-, Versammlungsrecht und vor allen anderen das Schulrecht sind wesentlich betroffen. Obwohl die Verträge keine nationale Autonomie gewähren, ist doch die ganze im Staate bestehende Selbstverwaltung in Gemeinden, Bezirken und Berufskörperschaften tangiert, weil in den von Minderheiten bewohnten Gegenden die Frage des Sprachengebrauchs der autonomen Organe geregelt werden muss. Die Finanzverwaltung ist wegen der Zuwendungen an die Erziehungs-, Religions- und Wohltätigkeitseinrichtungen der Minderheiten und wegen der Kosten des gesamten Schutzes in Mitleidenschaft gezogen. Kurz, der Einfluss der neuen völkerrechtlichen Normen auf das innerstaatliche Recht zeigt sich auf den verschiedensten Gebieten.

Dies für alle Zweige der Rechtsordnung in all den vielen beteiligten Staaten ausführen zu wollen, würde einen ausserordentlich grossen Raum in Anspruch nehmen. Um zu veranschaulichen, wie ungeheuer der Stoff ist, sei auf die Sammlung der Normen eines einzigen Spezialgebietes hingewiesen, nämlich das von *Rühlmann* herausgegebene Sammelwerk: «Das Schulrecht der europäischen Minderheiten» (1). Der erste Band dieses Werkes behandelt allein das Schulrecht der deutschen Minderheit in Polnisch-Oberschlesien (2). Die nächsten Bände betreffen das Schulrecht von Eupen-Malmedy, das allerdings nicht in den Rahmen der Verträge von 1919 fällt, das Schulrecht der deutschen Minderheiten in Ungarn, im südslawischen Staat und in der Tschechoslowakei. Um in ähnlicher Weise das gesamte vom Minderheitenschutz beeinflusste innerstaatliche Recht — nicht bloss das Schulrecht — nur jener 15 Staaten darzustellen, die durch die Friedens- und Minderheitenschutzverträge oder durch entsprechende Erklärungen vor dem Völkerbund gebunden sind, würden schätzungsweise weit über hundert Bände erforderlich sein.

Die Rückwirkung, welche die Entwicklung des internationalen Rechtes im innerstaatlichen Recht ausgelöst hat, ist also auf diesem Gebiet eine immense.

Ebenso ungeheuer wie das Material ist auch die Literatur. Es sei hier namentlich auf die grosse Bibliographie von *F. Robinson,* Das Minoritätenproblem und seine Literatur, 1928, hingewiesen. Dieses Werk hat der Verfasser durch weitere Literaturberichte in der Zeitschrift «Nation und Staat» fortgesetzt (3).

Anm. (1): Berlin, 1930 ff.

Anm. (2): *Junckerstorff,* Das Schulrecht der deutschen Minderheit in Polnisch-Oberschlesien nach dem Genfer Abkommen, Berlin 1930.

Anm. (3): Weitere Literaturangaben unter anderen bei *Strupp,* Wörterbuch des Völkerrechts und der Diplomatie, II. Bd., S. 107, 108 (bis 1921); *Jacques Fouques Duparc,* La protection des minorités de race, de langue et de religion, Paris, 1922, S. 357 ff.; *St. Ruyssen,* Les minorités nationales d'Europe et la guerre mondiale, Paris 1923, S. 401 ff.; *Camillo Morocutti,* Europa und die völkischen Minderheiten, Jena 1925, S. 63, 64; *A. Mandelstam,* La protection des minorités, Académie de Droit International, Recueil des Cours, 1925, S. 148, 149; *Ischerland,* Die Rechtslage der deutschen Minderheiten in der Tschechoslowakei, Diss. Marburg, 1926, S. IX ff.; *Herbert Kraus,* Das Recht der Minderheiten, Berlin 1927, S. 24 ff.; *Plettner,* Das Problem des Schutzes der nationalen Minderheiten, Diss. Jena, 1927, S. III ff.; *Ettlinger* Nation und nationale Minderheit, Diss. Hamburg, 1928,

Auf all diese Fülle des Stoffes hier näher einzugehen, würde zu weit führen. Für die Zwecke dieser Arbeit genügt es, festgestellt zu haben, dass hier *ein ausserordentlich weitgehender Einfluss neuer Ideen des internationalen Rechtes auf innerstaatliches Recht zu beobachten ist.*

Die Idee des Volkes hat jedoch noch weiter gewirkt. Einige Staaten haben Einrichtungen zum Schutze und zur Pflege des Volkstums geschaffen, zu denen sie nicht völkerrechtlich verpflichtet waren, oder die über das Minimum der Verträge von 1919 hinausgingen, das man von inhen bei ihrem Eintritt in den Völkerbund forderte. In diesen Fällen hat das innerstaatliche Recht die Initiative ergriffen und ist bei der Durchführung der aus dem internationalen Recht stammenden Idee diesem vorausgeeilt.

Zeitlich an erster Stelle steht unter diesen Staaten Russland. Es ist aber auch darum an erster Stelle zu nennen, weil es in der Gewährung der Selbstbestimmung am weitesten gegangen ist.

Wie schon oben dargestellt worden ist (1), hat die russische Revolution vom 6.-7. November (24.-25. Oktober) 1917 sich vom Anbeginn an auf den Boden des uneingeschränkten Rechtes der Selbstbestimmung gestellt (2). Am 15. (2.) November 1917 wurde die erwähnte « Deklaration der Völker Russlands » erlassen (3). Sie proklamierte, wie wir bereits wissen, die Gleichheit aller Völker Russlands, die Selbstbestimmung, die Abschaffung aller nationalen Privilegien und Beschränkungen und die freie Entwicklung der nationalen Minderheiten und ethnographischen Gruppen auf russischem Gebiete. Der Loslösung der Randstaaten auf Grund des Selbstbestimmungsrechtes wurde kein Hindernis in den Weg gelegt. Der übrigbleibende Teil des ehemaligen russischen Reiches, noch immer ein ungeheures Gebiet mit einer grossen Zahl von Nationalitäten und Stämmen — nach *Bogajewski* 156 (4) — die den verschiedensten Kulturstufen angehören, hat sich eine Gliederung auf im wesentlichen nationaler Grundlage gegeben (5).

Teildruck, S. 26 ff.; *Kurt Trampler*, Staaten und nationale Gemeinschaften, München-Berlin 1929, S. 139 ff.; *Hans Gerber*, Minderheitenrecht im Deutschen Reich (erweiterter Sonderdruck aus *Nipperdey*, Grundrechte und Grundpflichten der Reichsverfassung, Berlin 1929, S. 81 ff.; *Wetz*, Selbstbestimmungsrecht der Völker und völkerrechtlicher Schutz nationaler Minderheiten in den Friedensverträgen von Versailles und St. Germain-en-Laye, Diss. Freiburg i. Br. 1929, S. V ff.; *Wintgens*, Der völkerrechtliche Schutz der nationalen, sprachlichen und religiösen Minderheiten, Stuttgart, 1930, S. 466 ff.; *Erler*, Das Recht der nationalen Minderheiten, Münster in Westfalen, 1931, S. XVII ff. Fortlaufende Literaturberichte insb. in der Zeitschrift Nation und Staat, Wien, 1927-28 ff.

Anm. (1) : Oben S. 203 ff.

Anm. (2) : Vgl. zum Folgenden die oben S. 203, Anm. 3, und in den folgenden Anmerkungen zitierten Materialien und literarischen Werke.

Anm. (3) : Vgl. Oben S. 204, 205.

Anm. (4) : « 156 Völkerschaften » in : Das neue Russland, 5. Bd., 1928, S. 63 ff.

Anm. (5) : Vgl. zum Folgenden ausser den unten zitierten russischen Materialien insb.: *Klibanski*, Die Gesetzgebung der Bolschewiki, Leipzig und Berlin, 1920; *Freytagh-Loringhoven*, Die Gesetzgebung der russischen Revolution, Halle a. S., 1920, S. 127 ff.; *Zaitzeff*, Die Verfassungsentwicklung in Russland seit dem Sturz des Zarentums, im Jahrbuch des öffentlichen Rechts der Gegenwart, XI. Bd., 1922, S. 275 ff.; *Timaschew*, Grundzüge des sowjetrussischen Staatsrechts, Mannheim, Berlin, Leipzig, 1925; *Derselbe*, Die Sowjetverfassung, in : « Der Staat, das Recht und die Wirtschaft des Bolschewismus », herausg. v. *Wieser*, *Wenger* und *Klein*, Berlin, 1925, S. 107 ff.; *Bogelepoff*, Der Föderalismus in Sowjetrussland, ebenda, S. 119 ff.; *Nicholas Makeev* und *Valentine O'hara*, Russia, London, 1925, S. 220 ff.; *Langhans*, Die staatsrechtliche Entwicklung der auf russischem Boden lebenden kleineren Nationalitäten, Archiv des öffentlichen Rechts, Neue Folge, IX. Bd., S. 173 ff.; *Alexejew*, Die Entwicklung des russischen Staates in den Jahren 1923-1925, im Jahrbuch des öffentlichen Rechts der Gegenwart, XIV. Bd., 1926, S. 322 ff.; *Semenoff* Die neue Verfassung der RSFSR, in der Zeit-

Das Gesamtreich ist als ein *Bund*, später die «Union der Sozialistischen Sowjetrepubliken» genannt, konstituiert worden, wodurch der Beitritt und die Loslösung national-staatlicher Gebilde auf Grund der Selbstbestimmung zu jeder Zeit ohne eine grundsätzliche Verfassungsänderung des Ganzen ermöglicht wird. Zunächst bildeten sich nach den Wirren und Kämpfen der Revolutions- und Uebergangszeit auf überwiegend nationaler Grundlage mehrere Sowjet-(Räte-) republiken, von denen drei im wesentlichen den drei Zweigen der russischen Rassengemeinschaft, dem grossrussischen, dem ukrainischen (kleinrussischen) und dem weissrussischen Volk, entsprachen, während einige andere Völker besondere Republiken bildeten. Alle diese Staaten traten zu einander in ein Bundesverhältnis, in dem der grösste und führende unter ihnen, die das grossrussischen Sprachgebiet umfassende «russische» Republik, mit den einzelnen anderen Republiken Bündnisverträge abschloss. Die Zentralorgane Russlands waren zunächst gleichzeitig die Zentralorgane des Bundes.

Die russische Republik, welcher neben dem grossrussischen Volk eine erhebliche Anzahl kleinerer Völker und nationaler Minderheiten angehörte, war selbst wieder als ein Bund von Gebietskörperschaften gedacht, welche auf Grund des Nationalitätsprinzips gebildet werden sollten. Daher hat sie sich den Namen: «Russische Sozialistische Föderative Sowjetrepublik», Rossijskaja Socialističeskaja Federativnaja Sovjetskaja Respublika» («RSFSR») gegeben.

Diese russische Republik hat nun dem Bunde mit den anderen Republiken nicht nur die gemeinsamen Zentralorgane, sondern auch ein Vorbild einer für alle gleichartigen Verfassung und damit ein gemeinsames nationales Programm gegeben.

Der dritte «Allrussische Kongress» («Vserossijskij S'ezd») dieser russischen Republik hat, noch bevor er zur Ausarbeitung einer Verfassung gelangte, im Januar 1918 eine «Erklärung der Rechte der Werktätigen und des ausgebeuteten Volkes», «Deklaracija prav trudjaščichsja i eksplua-tiruemogo naroda», beschlossen ([1]). Diese Erklärung führt die mehrfach erwähnte Deklaration der Völker Russlands durch, indem sie in Punkt I, Z. 2, den Grundsatz aufstellt: «Die Russische Sowjetrepublik wird errichtet auf der Grundlage eines freien Bündnisses der freien Nationen als Föderation der nationalen Republiken». Die Erklärung begrüsst im Punkt III, Z. 3, die Unabhängigkeit Finnlands, den Abzug des Heeres aus Persien und die Selbstbestimmung Armeniens und schliesst im Punkt IV mit der Erklä-

schrift: «Ostrecht», Berlin, II. Bd., 1926, S. 489 ff.; *Schlesinger*, Das bolschewistische Russland, Breslau, 1926, insb. S. 32 ff., 39 ff.. Fortlaufende Berichte über die Verfassungsentwicklung der Union und ihrer Glieder unter anderem in den Zeitschriften: Das neue Russland, Berlin, 1924 ff., Ostrecht, Berlin, I. Bd., 1925 bis III. Bd., 1927, Zeitschrift für osteuropäisches Recht, Berlin und Breslau, I. Bd., 1925, bis III. Bd., 1927, Zeitschrift für Ostrecht, Berlin, 1927 ff., Zeitschrift für ausländisches öffentliches Recht und Völkerrecht, Berlin, 1929, ff., Nation und Staat, Wien, 1927 ff.

Anm. ([1]): *Klibanski*, a. a. O., S. 3 ff. (nach Gesetzsammlung 1918, Nr. 15, Art. 215); *Schlesinger*, a. a. O., S. 75 ff.

rung, der dritte Sowjetkongress beschränke sich darauf, « die Grundlagen der Föderation der Sowjetrepubliken Russlands festzustellen, den Arbeitern und Bauern jeder Nation überlassend, selbständig in ihrer eigenen bevollmächtigten Sowjetversammlung den Beschluss zu fassen : ob und auf welcher Grundlage sie an der föderativen Sowjetinstitution teilnehmen will ».

Der fünfte Allrussische Sowjetkongress nahm am 10. Juli 1918 eine Verfassung für Russland an und bestimmte, dass die vom dritten Kongress im Januar 1918 beschlossene Erklärung der Rechte der Werktätigen und des ausgebeuteten Volkes mit dieser Verfassung ein einheitliches Grundgesetz bilden solle (1). Diese Erklärung bildete nunmehr den ersten Teil der russischen Verfassung vom 10. Juli 1918 (2). Die Verfassungsurkunde selbst verfügte im Punkt 11 :

« Die Sowjets (Räte) solcher Gebiete, welche sich durch eine besondere Lebensweise und nationale Zusammensetzung auszeichnen, können sich zu autonomen Gebietsverbänden zusammenschliessen, an deren Spitze... die Gebietssowjetversammlungen und deren Vollzugsorgane stehen.

Diese autonomen Gebietsverbände treten auf der Grundlage der Föderation in die Russische Föderative Sowjetrepublik ein ».

Diese Verfassung der neuen russischen Republik ist dann für die andere Sowjetrepubliken, die sich auf dem Gebiet des ehemaligen russischen Kaiserreiches gebildet haben, vorbildlich geworden (3).

Am 11. Mai 1925 hat sich die russische Sowjetrepublik eine neue Verfassung gegeben (4). Die «Erklärung der Rechte der Werktätigen und des ausgebeuteten Volkes », deren Aufnahme in die Verfassung 1918 auch propagandistischen Zwecken gedient hatte, wurde nun fortgelassen (5). Doch beruft sich die Verfassung im Artikel 1 auf die Erklärung als auf ihre Grundlage. Daher ist die Erklärung offenbar auch jetzt noch als Teil der Verfassung zu betrachten. Die Behandlung der nationalen Frage ist daher die gleiche geblieben wie nach der ersten Verfassung. Art. 2 der neuen Verfassung sagt :

« Die russische Republik ist ein sozialistischer Staat der Arbeiter und Bauern, aufgebaut auf den Grundlagen der Föderation der nationalen Sowjetrepubliken ».

Art. 13 fügt hinzu :

« Die Russische Sozialistische Föderative Sowjetrepublik, ausgehend von der Gleichberechtigung der Bürger ohne Rücksicht auf ihre Rassen- und nationale Zugehörigkeit, erkennt als mit den Grundgesetzen unverein-

Anm. (1) : Rossijskaja socialističeskaja federativnaja sovjetskaja Respublika. Pjatyj vsjerossijskij S'ezd. Stenografičeskij otčet. Moskva, 4-10 ijulja 1918 g., Protokoll der 4. Sitzung vom 10. Juli 1918, S. 214.

Anm. (2) : *Klibanski*, a. a. O., S. 71 ff. (nach Gesetzsammlung 1918, Nr. 51, Art. 582) ; Jahrbuch des öffentlichen Rechts der Gegenwart, XI. Bd., 1922, S. 297 ff.

Anm. (3) : Vgl. *Timaschew*, a. a. O., S. 8, 9.

Anm. (4) : Izvestija Nr. 118 vom 25. Mai 1925 ; deutsch: Zeitschrift für osteuropäisches Recht, I. Bd., S. 156 ff. ; *Schlesinger*, a. a. O., S. 77 ff. Vgl. *Semenoff*, « Die neue Verfassung der RSFSR, in der Zeitschrift « Ostrecht », II. Bd., S. 489 ff.

Anm. (5) : Vgl. auch *Mirkin-Getzewitsch*, Die rechtstheoretischen Grundlagen des Sowjetstaates, deutsch von *Dr. Rita Willfort*, Leipzig und Wien, 1929, S. 25, 26, 86 ff.

bar an jegliche Bedrückung nationaler Minderheiten oder die Beschränkung ihrer Gleichberechtigung und umsomehr die Festsetzung oder Zulassung irgendwelcher (unmittelbarer oder mittelbarer) Vorrechte für einzelne Nationalitäten und erkennt das Recht der einzelnen Nationalitäten auf Aussonderung durch Beschluss ihrer Sowjetkongresse und unter Bestätigung durch die obersten Organe der Russischen Sozialistischen Föderativen Sowjetrepublik zu Autonomen Sozialistischen Sowjetrepubliken und Gebieten an.

Den Bürgern der Russischen Sozialistischen Föderativen Sowjetrepublik wird das Recht des freien Gebrauchs der Muttersprache auf den Kongressen, im Gericht, in der Verwaltung und im öffentlichen Leben zuerkannt. Den nationalen Minderheiten wird das Recht, in der Schule in der Muttersprache unterrichtet zu werden, gewährleistet ».

Innerhalb der russischen Räterepublik ist den einzelnen Völkern und Minderheiten die Möglichkeit gegeben worden, sich Selbstverwaltungskörperschaften auf nationaler Grundlage zu schaffen, also gewissermassen eine Selbstbestimmung geringeren Grades geltend zu machen. Jedoch haben die nationalen Teilgebiete nur die Initiative zur Errichtung des autonomen Verbandes; diese selbst erfolgt durch Dekret der russischen Zentralregierung. Diese Körperschaften haben gegenüber der russischen Republik zum Teil annähernd die Stellung von Gliedstaaten (1), doch ist diese Stellung im einzelnen sehr verschieden und sie werden danach in « Republiken » und « Gebiete » eingeteilt. Das erste Land, welches auf Grund der « Deklaration der Völker Russlands » den Antrag auf eine solche beschränkte Eigenstaatlichkeit gestellt und sie durch Beschluss des Rates der Volkskommissäre vom 19. Oktober 1918 erhalten hat, war die « Arbeitskommune der Wolgadeutschen », später « Autonome Sozialistische Sowjetrepublik der Wolgadeutschen » (2). Allmählich ist eine ganze Reihe nationaler Gliedrepubliken und Gebiete entstanden. Im Vergleich zum Gesamtbund sind sie Glieder zweiten Grades, sodass man hier gewissermassen drei Stufen von Staatlichkeit unterscheiden kann. Dennoch haben einzelne Teilrepubliken eine weitgehende Selbständigkeit erlangt. So ist der Wolgadeutschen Sowjetrepublik 1926 die Entsendung eines besonderen Handelsvertreters nach Berlin gestattet worden (3). Kleinere nationale Minderheiten können auf Grund der bestehenden Dezentralisation lokale nationale Sowjets und Behörden errichten, selbst in den Dörfern.

Auch abgesehen von der Selbstverwaltung trägt der Staat den nationalen Bedürfnissen der Bevölkerung in weitem Umfang Rechnung. In der

Anm. (1): Verfassung vom 11. Mai 1925, Kap. 4, Art. 44-48.

Anm. (2): Vgl. *Jacobi*, Vom Nationalitätenkampf und seiner Ueberwindung in Sowjetrussland, Das neue Russland, IV. Bd., Nr. 7-8, S. 41.; *H. R.*, Die wolgadeutsche Autonomie, ebenda, VIII. Bd., Nr. 8-9, S. 82.

Anm. (3): *Harry Richter*, Die deutsch-wolgadeutschen Beziehungen, in: Das neue Russland, III. Bd., Nr. 5-6, S. 15.

Zusammensetzung der Gerichte sind die nationalen Minderheiten mit starken Prozentsätzen vertreten und die Gerichtssprache ist in den Republiken und autonomen Gebieten im allgemeinen die Landessprache (1). Auch im Schulwesen, das im allgemeinen im russischen Staate noch sehr mangelhaft entwickelt ist (2), sind die nationalen Interessen der einzelnen Völker unter Bedachtnahme auf ihre sehr verschiedene Kulturstufe in weitem Masse berücksichtigt (3). Für manche Volksstämme mussten erstmalig Schulen geschaffen werden. Der Unterricht wird in den Schulen im allgemeinen in der Muttersprache der Kinder und durch Lehrer der eigenen Nationalität erteilt. Für die grösseren und fortgeschritteneren Nationalitäten gilt dies auch in bezug auf die höheren Schulen (4). An den Hochschulen sind Nationalitätenabteilungen gebildet worden, welche die Lehrer für die höheren Schulen der nationalen Minderheiten auszubilden haben (5).

Die anderen Bundesrepubliken der Union haben das russische Recht im wesentlichen rezipiert. Es ist eine weitgehende Gliederung nach nationalen Gesichtspunkten und ein entsprechendes Sprachenrecht ausgebildet worden. So berichtet *Dobranitzki*, dass es im Februar 1926 in der Ukraine bereits 600 nationale Sowjets gegeben habe (6). Am 6. Juli 1927 ist ein Reglement über die Sicherstellung der Sprachen und die Förderung der Entwicklung der ukrainischen Kultur erlassen worden (7). Es beginnt seinen Abschnitt I, Allgemeine Bestimmungen, mit folgenden Normen:

« 1. Die Sprachen aller Nationalitäten, die das Gebiet der Ukrainischen Sozialistischen Sowjetrepublik (UkrSSR) bewohnen, sind gleichberechtigt.

2. Jeder Bürger irgend einer Nationalität ist berechtigt, bei seinem Verkehr mit den Staatsorganen sich seiner Muttersprache zu bedienen; die Staatsorgane sind verpflichtet, auf Verlangen eines jeden Bürgers den Verkehr mit ihm in seiner Muttersprache zu führen ».

Nach Art. 5 gilt in den ausgesonderten national-territorialen Einheiten als Hauptsprache die Sprache der Mehrheitsnationalität. Art. 7 bestimmt: « Die Interessen der nationalen Minderheiten der UkrSSR werden durch deren Aussonderung in national-territoriale Verwaltungseinheiten sichergestellt ». Doch haben die Behörden besonders für jene Minderheiten zu sorgen, die nicht ausgesondert sind.

Diese Grundsätze werden nun in bezug auf die Gesetzgebung, die Ver-

Anm. (1): Vgl. den redaktionellen Artikel: Die Nationalpolitik im Gerichtswesen der RSFSR, in: Das neue Russland, V. Bd., 1928, Nr. 11-12. S. 24 ff.

Anm. (2): Vgl. *Gumbel*. Russisches Schulwesen, in: Das neue Russland, III. Bd., 1926, Nr. 9-10, S. 19, 20.

Anm. (3): Darüber mehrfache Aufsätze in Das neue Russland.

Anm. (4): Vgl. z. B. *Richter*, Das Schulwesen der Deutschen in der Sowjetunion, in: Das neue Russland, III. Bd., 1926, Nr. 7-8, S. 8, 9; *Hansen*, Das höhere deutsche Schulwesen in Russland, ebenda, V. Bd., 1928, Nr. 5, S. 41 ff.

Anm. (5): Vgl. *Manssurow*, Die Studentenschaft der nationalen Hochschule, ebenda, V. Bd., 1928, Nr. 2, S. 48.

Anm. (6): Das neue Russland, III. Bd., S. 17.

Anm. (7): Zeitschrift für Ostrecht, II. Bd., 1928, S. 1713 ff. (nach Gesetzsammlung der Ukrainischen Sozialistischen Sowjetrepublik 1927, Abt. I, Nr. 33-34, Art. 157); vgl. *Evtichiev*, ebenda, S. 1708 ff.

waltung, die Gerichte, den Unterricht und die Schulen und verschiedene Durchführungsmassregeln weiter ausgebaut.

Nach Art. 54 sind analoge Massnahmen für die Gleichberechtigung der Sprachen und die Entwicklung der moldauischen Kultur in der autonomen Moldauischen Sozialistischen Sowjetrepublik vorgesehen.

Wir haben nunmehr die Einrichtungen des Bundes zu betrachten.

Wie wir bereits gesehen haben, hat sich der grossrussische Volksstamm in der Russischen, der ukrainische in der Ukrainischen und der weissrussische in der Weissrussischen Sozialistischen Sowjetrepublick je einen neuen, überwiegend nationalen Staat geschaffen. Ein vierter Staat ist die Transkaukasische Sozialistische Föderative Sowjetrepublik, die wieder aus drei Teilrepubliken gebildet worden ist.

Die vier genannten Grundrepubliken standen mit einander in den schon erwähnten besonderen Vertragsverhältnissen und bildeten auf Grund derselben eine Art Staatenbund (1). Durch einen Vertrag zwischen diesen vier Republiken vom 30. Dezember 1922 (2), genehmigt am 6. Juli 1923 vom gemeinsamen Zentralexekutivausschuss (3), ist jener Staatenbund durch einen neuen, engeren Bund ersetzt worden, welcher den Namen: « Union Sozialistischer Sowjetrepubliken » (« UdSSR »), « Sojuz Sovjetskich Sozialističeskich Respublik » (« SSSR ») trägt. Er ist, abgesehen von dem den Gliedstaaten vorbehaltenen freien Austrittsrecht, eher einem Bundesstaat als einem Staatenbund vergleichbar (4). Zu den genannten vier Grundrepubliken sind laut Beschlusses des Dritten Sowjetkongresses der Union vom 20. Mai 1925 noch zwei weitere Gliedstaaten getreten, die Turkmenische und die Usbekische Sozialistische Sowjetrepublik, gebildet teils aus Gebieten, welche bis dahin zur russischen Republik, teils aus solchen, welche noch gar nicht zur Union gehört hatten (5).

Die Verfassung der Union der Sozialistischen Sowjetrepubliken vom 6. Juli 1923 besteht sowohl in der ursprünglichen (6), als in der novellierten (7) Form, welche sie gelegentlich des Beitritts der Turkmenischen und der Usbekischen Sowjetrepublik erhalten hat, aus einer bereits am 31. Dezember 1922 beschlossenen (8) « Deklaration über die Gründung der Union

Anm. (1) : Vgl. unter anderen *Alexejew*, a. a. O., S. 318; *Schlesinger*, a. a. O., S. 34 ff.

Anm. (2) : Izvestija, Nr. 298, vom 31. Dezember 1922.

Anm. (3) : Vestnik Pravitel'stva Sojuza SSR, 1923 g., Nr. 2, statja 45.

Anm. (4) : Vgl. *Alexejew*, a. a. O.; *Schlesinger*, a. a. O., S. 36.

Anm. (5) : Sobranie Zakonov SSSR, 1925 g., Nr. 35, statja 245; Jahrbuch des öffentlichen Rechtes der Gegenwart, XIV. Bd., 1926, S. 408. Vgl. *Alexejew*, a. a. O., S. 317, 318; *Timaschew*, a. a. O., S. 7, 8.

Anm. (6) : Vestnik Pravitel'stva Sojuza SSR, 1923 g., Nr. 2, statja 45; Materialien in: Narodnyj Komissariat po inostrannym delam, Sbornik dejstvujuščich dogovor, soglašenij i konvencij zaključennych s innostrannymi gosudarstvami (Volkskommissariat für auswärtige Angelegenheiten, Sammlung der geltenden, mit auswärtigen Mächten abgeschlossenen Verträge, Vereinbarungen und Konventionen), Moskau, I. Ausgabe, 1924, S. 5 ff.; daselbst S. 11 ff. der Text der Verfassung.

Anm. (7) : Sobranie Zakonov SSSR, 1925 g., Nr. 35, statja 245; abgedruckt in Sistematičeskoe Sobranie dejstvujuščich Zakonov Sojuza Sovjetskich Socialističeskich Respublik (Systematische Sammlung geltender Gesetze der Union Sozialistischer Sowjetrepubliken), Moskau, I. Bd., 1926, S. 3 ff.; deutsch: Jahrbuch des öffentlichen Rechtes der Gegenwart, XIV. Bd., 1926, S. 402 ff.; *Schlesinger* a. a. O., S. 92 ff.

Anm. (8) : Izvestija, Nr. 298, vom 31. Dezember 1922.

sozialistischer Sowjetrepubliken» («Deklaracija ob obrazovanii Sojuza Sovetskich Socialističeskich Respublik») und aus einem Vertrag der vier, später sechs Grundrepubliken.

Die zuerst genannte Deklaration sagt über die nationale Frage:

«Die während vieler Jahrzehnte wiederholten Versuche der kapitalistischen Welt, die nationale Frage auf dem Wege der freien Entwicklung der Völker zu lösen, die jedoch unter dem System der Ausbeutung des einen Menschen durch den anderen leben, haben sich nicht als fruchtbar erwiesen. Im Gegenteil, der Knoten der nationalen Widersprüche verknüpft sich immer mehr und bedroht die Existenz des Kapitalismus selbst. Die Bourgeoisie erwies sich unfähig, die internationale Solidarität der Völker herbeizuführen.

Nur im Lager der Sowjets, nur unter den Bedingungen der proletarischen Diktatur, um die sich die Mehrheit der Bevölkerung schart, war es möglich, die nationale Unterdrückung im Keime zu ersticken, eine Atmosphäre gegenseitigen Vertrauens zu schaffen und die Grundlage zu einem brüderlichen Zusammenwirken der Völker zu legen».

Der Vertrag, welcher den zweiten Teil der Unionsverfassung bildet, enthält im 2. Kapitel, Art. 4, den Satz:

«Jeder Unionsrepublik bleibt das Recht des freien Austrittes aus der Union vorbehalten» (1).

Die Union hat demnach an dem Recht der uneingeschränkten Selbstbestimmung ihrer nationalen Gliedstaaten festgehalten. Aber die hier gewährte Selbstbestimmung bezieht sich nicht auf Gemeinden oder kleinste Verwaltungseinheiten und daher nicht unmittelbar auf Völker im natürlichen Sinn oder deren Teile, sondern nur auf die einzelnen Republiken als gliedstaatliche Ganzheiten. Eine Losreissung von Teilen der Republiken ist nicht vorgesehen. Dasselbe gilt im Verhältnis der Republiken untereinander. Diesbezüglich bestimmt Art. 6:

«Das Gebiet der Unionsrepubliken kann nicht ohne ihre Zustimmung geändert werden, ebenso ist zur Aenderung, Einschränkung oder Aufhebung des Art. 4 die Zustimmung aller Republiken der Union der Sozialistischen Sowjetrepubliken notwendig».

Anscheinend hielt man das Problem der Loslösung von Teilen, nachdem die Gebiete einmal im allgemeinen national abgegrenzt waren, nicht für praktisch. Immerhin bedeutet Artikel 6 doch eine wesentliche Einschränkung der Selbstbestimmung.

Jedoch ist in der Organisation des Zentralapparates der Union ihrer nationalen Zusammensetzung Rechnung getragen worden. Nach Art. 13 der Verfassung besteht der Zentral-Vollzugsausschuss der Union aus dem Unionsrat und dem Nationalitätenrat «Rat der Nationalitäten», «Sovet

Anm. (1): «Za každoj iz Sojuznych Respublik sochranjaetsja pravo svobodnogo vychoda iz Sojuza».

Nacional'nostej »). Der erstere wird vom Rätekongress der Union gewählt (Art. 14). Der Nationalitätenrat wird aus Vertretern der nationalen Teilgebiete der Glieder der Union gebildet, und zwar entsendet jede autonome « Republik » je fünf, jedes autonome « Gebiet » je einen Vertreter (Art. 15). Dieser Nationalitätenrat kann demnach nicht mit einem Staatenhaus auf eine Stufe gestellt werden, wie ein solches in manchen bundesstaatlichen Verfassungen vorgesehen ist. Nicht die Grundrepubliken werden repräsentiert, sondern deren einzelne autonome Teile, die innerhalb des Staatsverbandes auf Grund eines gewissen Masses von nationaler Selbstbestimmung gebildet worden sind.

Was das Verhältnis der Kompetenz der Union zu jener der Grundrepubliken anlangt (1), so bestimmt Kap. 2, Art. 3, des Vertrages der Verfassung : « Die Souveränität der Unionsrepubliken ist nur innerhalb der durch diese Verfassung bestimmten Grenzen beschränkt und nur bezüglich jener Kompetenzen, für die die Union zuständig ist. Innerhalb dieser Grenzen gebraucht jede Republik ihre Staatsmacht selbständig ; die USSR. schützt die Souveränitätsrechte der einzelnen Republiken ». Die nationalen Republiken haben demnach die generelle Kompetenz. Was nicht als Sache der Union bezeichnet ist, fällt in die Zuständigkeit der Gliedstaaten. Die Kompetenzen der Union sind im 1. Kapitel des Vertrages taxativ aufgezählt. Hier ist in 24 Punkten eine Reihe der wichtigsten und umfangreichsten Materien genannt. Immerhin bleibt den Gliedstaaten ein grosses Gebiet. Jedenfalls haben sie die Möglichkeit, ihren Nationalitäten und nationalen Minderheiten dasjenige, was man die kulturelle Autonomie nennt, in weitem Umfang zu gewähren.

Bereits bei der Bildung der Union ist im Art. 7 der Verfassung ein einheitliches Staatsbürgerrecht für die Union festgesetzt worden. Jeder Staatsangehörige einer Bundesrepublik ist zugleich Staatsangehöriger der Union. Diese Grundsätze sind in mehreren Gesetzen über die Staatsangehörigkeit durchgeführt worden (2). Doch hat man damit in eigenartiger Weise den Grundsatz der nationalen Selbstbestimmung des Individuums innerhalb der Union verbunden. Das jetzt geltende Gesetz über die Staatsangehörigkeit vom 22. April 1931 (3) bestimmt im Art. 2 : « Ein Staatsangehöriger der Union der Sozialistischen Sowjetrepubliken ist Staatsangehöriger derjenigen Bundesrepublik, in deren Grenzen er ständig lebt. Wenn er sich indes nach seiner Nationalität oder Herkunft mit anderen

Anm. (1) : Vgl. insb. *Bogolepoff*, a. a. O., S. 130 ff. ; *Durdenewski*, Die Staatsverträge im Verfassungsrecht der Union der sozialistischen Sowjetrepubliken, in der Zeitschrift : « Ostrecht », I. Bd., 1925, S. 201 ff.

Anm. (2) : Vgl. *Durdenewski*, Die Sowjetstaatsangehörigkeit und ihre Neuregelung im Jahre 1930, Zeitschrift für Ostrecht, 5. Bd., S. 334, Literatur ebenda, S. 518. Anm. 1.

Anm. (3) : Sobranie Zakonov i Rasporjaženij SSSR, 1931, I. Teil, Nr. 24, vom 5.Mai 1931, Art. 196 ; deutsch: Zeitschrift für ausländisches öffentliches Recht und Völkerrecht, II. Bd., 2. Teil, S. 739 ff.; Zeitschrift für Ostrecht, 5. Bd., S. 520 ff. ; vgl. *Durdenewski*, Das Staatsangehörigkeitsgesetz der UdSSR von 1931, ebenda, S. 518 ff.

Bundesrepubliken für verbunden hält ([1]), kann er die Staatsangehörigkeit jener Republik wählen ».

Damit haben wir die wichtigsten Grundgedanken des Rechtes der Sowjetunion in bezug auf die nationale Frage kennen gelernt. In der Praxis ist — so weit stimmen die Berichten von Freunden und Gegnern überein — nicht alles verwirklicht und das Verwirklichte nicht gleichmässig durchgeführt worden. Insbesondere muss das ganze dargestellte Recht im Zusammenhang mit Art. 14 der jetzigen, Art. 23 der ersten Verfassung Russlands verstanden werden. Danach können einzelnen Personen und Gruppen die Rechte entzogen werden, die sie « zum Schaden der Interessen der sozialistischen Revolution » geniessen. Es gibt also auch in der nationalen Selbstverwaitung keine subjektiven Rechte, sondern nur eine Art precarium, Reflexe des freien Ermessens derjenigen obersten Organe, welche zu bestimmen haben, was die « Interessen der sozialistischen Revolution » sind ([2]). Ganz besonders hat sich eine Tendenz zur Zentralisierung gegenüber der von der Unionsverfassung und den gliedstaatlichen Verfassungen gewährten Selbstverwaltung gezeigt ([3]). Dies alles hat dazu geführt, dass das Sowjetrecht mitunter selbst unter nationalen Gesichtspunkten scharf kritisiert wird ([4]).

Es ist nicht Aufgabe dieser Arbeit, auf die Sowjetverfassung im allgemeinen, auf die dieser Verfassung zugrundeliegenden Theorien und Weltanschauungen und auf die Tendenzen der russischen Politik einzugehen. Insbesondere würde eine Stellungnahme zu den Thesen des I. Teils der Unionsverfassung über die nationale Politik der Staaten der «Bourgeoisie» zu weit führen. Ebensowenig kann hier untersucht werden, wie die «Diktatur» und die Ablehnung der Demokratie mit der Selbstbestimmung vereinbar sei. Hier haben wir uns auf die Frage zu beschränken, wie weit die neuen aus der Idee des Volkes entspringenden Gedanken der Selbstbestimmung der Völker und des Schutzes der nationalen Minderheiten das innerstaatliche Recht beeinflusst haben. In dieser Beziehung kann, welche Kritik sonst immer an den Verhältnissen im gegenwärtigen Russland geübt werden mag, zusammenfassend festgestellt werden, dass jene Gedanken im russischen Recht eine weitgehende Verwirklichung gefunden haben.

An zweiter Stelle ist das *Deutsche Reich* zu nennen.

Die deutsche Revolution vom 9. November 1918 stand, wie die russische vom November 1917, vom ersten Augenblick an vorbehaltios auf dem Bo-

Anm. ([1]) : « esli on po nacional'nosti ili po proizchoždeniju sčitaet sebja svjazannym s drugoj sojuznoj respublikoj ».

Anm. ([2]) : Vgl. meine Arbeit : Das freie Ermessen und seine Grenzen, Leipzig und Wien, 1910, S. 61 ff., insb. S. 70 ff. und 94 ff., mit meinen Ausführungen in den Aufsätzen « Kategorische und disjunktive Normen » im Archiv des öffentlichen Rechts, 34. Bd., S. 162 ff. und « Zur Lehre vom freien Ermessen der öffentlichen Organe » in : « Juristische Blätter », Wien, 60. Jahrgang, 1931, Nr. 16, 17.

Anm. ([3]) : Vgl. *Timaschew*, a. a. O., S. 184 ff. ; *Bogolepoff*, a. a. O., S. 137 ff. ; *Semenoff*, a. a. O., S. 495, 496; *Alexejew*, a. a. O., S. 318, 319.

Anm. ([4]) : Vgl. z. B. den Protest russischer kultureller Organisationen und Institutionen gegen die nationale Politik in der Sowjetunion, abgedruckt in der Zeitschrift Nation und Staat, 4. Jahrgang, 1930-31, S. 578, 579.

den der Selbstbestimmung der Völker und des Schutzes der nationalen Minderheiten. Wie wir bereits gesehen haben (1), hatte die deutsche Sozialdemokratie sich das nationale Programm des allrussischen Kongresses vom 15. (2.) April 1917 zu eigen gemacht. Die neue Regierung, die am 10. November gebildet wurde (2), bestand aus je drei Mitgliedern der Sozialdemokratischen Partei («Mehrheitssozialisten») und der Unabhängigen Sozialdemokratischen Partei. Beide Parteien standen auf der Grundlage jenes nationalen Programms. Das erste Grundgesetz der Revolution, der Aufruf des Rates der Volksbeauftragten vom 12. November 1918 (3), erwähnt jene Prinzipien allerdings nicht ausdrücklich, da es nur innerpolitische Fragen betrifft. Die Regelung der auswärtigen Fragen lag ja in der Hand der siegreichen Mächte. Aber implicite sind die neuen Ideen auch in den Aufruf vom 12. November aufgenommen. Denn er beginnt mit dem Satze: «Die aus der Revolution hervorgegangene Regierung, deren politische Leitung rein sozialistisch ist, setzt sich die Aufgabe, das sozialistische Programm zu verwirklichen». Dieses letztere umfasste eben auch die Ablehnung jeder Art des nationalen Imperialismus und die Selbstbestimmung der Völker.

Uebrigens war eine ausdrückliche Stellungnahme der neuen Gewalten zu den neuen nationalen Ideen gar nicht erforderlich. Denn schon die alte Regierung hatte in letzter Stunde diese Ideen akzeptiert. Wie wir schon gesehen haben (4), hatte die deutsche Regierung bereits in der Note, in der die Vereinigten Staaten gebeten wurden, die Herstellung des Friedens in die Hand zu nehmen und die am 7. Oktober 1918 in Washington überreicht wurde, erklärt, dass sie die bekannten Grundsätze des Präsidenten *Wilson* als «Grundlage für die Friedensverhandlungen» annehme. Diesen Schritt des ersten parlamentarischen Reichskanzlers hatte der Reichstag, der doch auch schon im alten Kaiserreich eine Volksvertretung im wesentlichen auf Grund des allgemeinen, gleichen und direkten Wahlrechtes war, am 5. Oktober durch eine Erklärung seines Präsidenten *Fehrenbach* ausdrücklich gebilligt. Die revolutionären Gewalten waren also in diesem Punkt lediglich die Nachfolger der alten und haben das von diesen begonnene Werk fortgeführt.

Nach einer Richtung ergab sich jedoch Gelegenheit, die Idee der Selbstbestimmung praktisch werden zu lassen: gegenüber den Deutschen des bisherigen Oesterreich (5). Der Staatsrat der neukonstituierten Republik Deutsch-Oesterreich richtete am 9. November an den Reichskanzler ein

Anm. (1): Vgl. oben S. 54, 55, 200.
Anm. (2): Materialien bei *Walter Jellinek*, Revolution und Reichsverfassung, im Jahrbuch des öffentlichen Rechts der Gegenwart, IX. Bd., 1920, S. 4 ff.
Anm. (3): Reichsgesetzblatt 1918, S. 1303 ff.
Anm. (4): Vgl. oben S. 62.
Anm. (5): Vgl. zum Folgenden meine Schrift: Deutschösterreich im Friedensvertrag von Versailles, Vorveröffentlichung aus dem Kommentar zum Friedensvertrage, herausg. von *Schücking*, Berlin, 1921, daselbst Materialien und Literatur; ferner das Sammelwerk: *Kleinwaechter-Paller*, Die Anschlussfrage in ihrer kulturellen, politischen und wirtschaftlichen Bedeutung, Wien und Leipzig, 1932, daselbst Materialien und Literatur.

Telegramm ([1]) in welchem die Teilnahme der Deutschen Oesterreichs an den Wahlen zur Verfassunggebenden Deutschen Nationalversammlung gefordert wurde. Das deutschösterreichische Parlament beschloss am 12. November 1918 in allen drei Lesungen einstimmig ([2]) ein Gesetz, welches den Anschluss an Deutschland mit den Worten proklamierte: «Deutschösterreich ist ein Bestandteil der Deutschen Republik» ([3]). Am 16. November übernahm *Dr. Otto Bauer* die Leitung des Staatsamts für Aeusseres in Wien. Er richtete an den Volksbeauftragten *Haase* in Berlin ein Telegramm, in welchem unter anderem gesagt wird: «Wir bitten Sie und die deutsche Regierung, die Bestrebungen des deutschen Volkes zu unterstützen und in direkte Verhandlungen mit uns über die Vereinigung Deutschösterreichs mit der deutschen Republik und über die Teilnahme an der Gesetzgebung und Verwaltung des deutschen Reiches einzutreten». ([4]) Die Antwort des Volksbeauftragten *Haase* auf das Telegramm des Staatssekretärs *Bauer* ersuchte um die Entsendung eines Vertreters Deutschösterreichs nach Berlin. Der verlangte Vertreter Deutschösterreichs in Berlin, *Dr. Ludo Hartmann,* der am 25. November daselbst eintraf, wurde zu der Versammlung der Vertreter der revolutionären Regierungen der bisherigen deutschen Einzeistaaten zugelassen, welche am selben Tage unter der Bezeichnung «Konferenz der deutschen Bundesstaaten» in Berlin zusammentrat ([5]). Am 28. November überreichte er dem Staatssekretär des Auswärtigen Amtes *Dr. Solf* sein Beglaubigungsschreiben. Dabei betonte dieser, die Anschlusserklärung Deutschösterreichs habe beim Volke und in den leitenden Kreisen Deutschlands einen tiefen Eindruck hervorgerufen und freudige Begeisterung erweckt. Die Vereinigung bedeute für Deutschland die Erfüllung eines lang gehegten, wenn auch nicht immer laut ausgesprochenen Wunsches. Das Auswärtige Amt wolle an der Vereinigung und Verschmelzung beider Länder tätig mitwirken ([6]). Die Verordnung des Rates der Volksbeauftragten vom 30. November über die Wahlen zur verfassunggebenden deutschen Nationalversammlung (Reichswahlgesetz) ([7]) sah im § 25 den Anschluss Deutschösterreichs vor, in dem bestimmt wurde:

«Beschliesst die deutsche Nationalversammlung, dass Deutsch-Oesterreich seinem Wunsche entsprechend in das Deutsche Reich aufgenommen wird, so treten die deutsch-österreichischen Abgeordneten ihr als gleichberechtigte Mitglieder bei».

Der Vertreter Deutschösterreichs, *Dr. Hartmann,* wurde dann weiter

Anm. ([1]): Abgedruckt in meiner S. 300, Anm. 5, zitierten Schrift, S. 10, 11.

Anm. ([2]): Stenographische Protokolle über die Sitzungen der Provisorischen Nationalversammlung für Deutschösterreich, 1918 und 1919, I. Bd., S. 68.

Anm. ([3]): Gesetz über die Staats-und Regierungsform von Deutschösterreich vom 12. November 1918, Staatsgesetzblatt Nr. 5, Art. 2.

Anm. ([4]): Abgedruckt in meiner S. 300, Anm. 5, zitierten Schrift, S. 11.

Anm. ([5]): *Walter Jellinek*, a. a. O., S. 28, daselbst Quellenangaben.

Anm. ([6]): Wolffsches Telegraphenbüro, Berlin, 29. November 1918.

Anm. ([7]): Reichsgesetzblatt 1918, S. 1345.

auch der vorberatenden Verfassungskommission, später dem Verfassungsausschuss der Verfassunggebenden Nationalversammlung und auf Grund des Gesetzes über die vorläufige Reichsgewalt vom 10. Februar 1919 (1), § 2, Abs. 3, dem Staatenausschuss mit beratender Stimme zugezogen. Ebenso nahm er, wie die anderen Mitglieder des Staatenausschusses, auf der sogenannten Bundesratstribüne an den Debatten des Plenums der Nationalversammlung teil, gleichfalls mit beratender Stimme. Weiter jedoch wagte man aus Furcht vor Repressalien der alliierten und assoziierten Mächte nicht zu gehen.

In der ersten Sitzung der Nationalversammlung vom 6. Februar 1919 erfolgte eine Antwort der deutschen Volksvertretung auf die Anschlusskundgebung Deutschösterreichs. Der Volksbeauftragte *Ebert*, welcher die Versammlung namens der Reichsregierung begrüsste, erklärte unter lebhaftem Beifall, das deutsche Volk könne die Selbstbestimmung auch nach aussen nicht preisgeben und « nicht darauf verzichten, die ganze deutsche Nation im Rahmen eines Reichs zu einigen ». Er sei sicher, im Sinne der gesamten Nationalversammlung zu sprechen, wenn er die Kundgebung der deutschösterreichischen Nationalversammlung für den Anschluss an Deutschland mit gleicher, herzlicher Brüderlichkeit erwidere (2).

Die beiden Regierungen wagten es angesichts der Haltung der alliierten und assoziierten Mächte nicht, den Anschluss zu vollziehen. Jedoch wurde im § 2 Abs. 3 des Gesetzes über die vorläufige Reichsgewalt vom 10. Februar 1919 (3), die folgende Bestimmung erlassen :

« Wenn Deutsch-Oesterreich sich dem Deutschen Reiche anschliesst, erhält es das Recht der Teilnahme am Staatenausschusse mit einer dem Abs. 2 entsprechenden Stimmenzahl. Bis dahin nimmt es mit beratender Stimme teil ».

Die neuen Reichsfarben schwarz-rot-gold (4) wurden vom Reichsminister des Innern *Preuss* gelegentlich seiner Begründung des Entwurfs der neuen Verfassung am 24. Februar 1919 mit dem ausdrücklichen Hinweise auf Deutschösterreich motiviert (5).

Die deutsche Regierung hat dann die Forderungen der Selbstbestimmung und des Schutzes der nationalen Minderheiten, wie schon erwähnt worden ist (6), in den Friedensverhandlungen, und zwar in der Note vom 29. Mai 1919 geltend gemacht.

Die Weimarer Verfassung vom 11. August 1919 hat den Gedanken der nationalen Einigung zum Ausdruck gebracht (7), indem sie im Vorspruch

Anm. (1) : Reichsgesetzblatt 1919, S. 169.

Anm. (2) : Verhandlungen der Verfassunggebenden deutschen Nationalversammlung, Bd. 326. Stenographische Berichte, S. 2.

Anm. (3) : Reichsgesetzblatt 1919, S. 169.

Anm. (4) : Art. 1 des Entwurfs der Reichsregierung, Art. 3 der Verfassung vom 11. August 1919.

Anm. (5) : Verhandlungen der Verfassunggebenden Deutschen Nationalversammlung, ebenda, S. 285.

Anm. (6) : Oben S. 247 ff.

Anm. (7) : Vgl. zum Folgenden meinen Artikel : « Volk und Nation; Selbstbestimmung; nationale Minderheiten » im Handbuch des Deutschen Staatsrechts, herausg. v. *Anschütz* und *Thoma*, Tübingen, I. Bd., 1930, S. 244 ff.

betont, dass das « Deutsche Volk », um « *sein* Reich » zu erneuern, sich diese Verfassung gegeben habe. Der letzte Artikel, Art. 181, nimmt den Gedanken nochmals auf, indem er feststellt, dass das « deutsche Volk » « durch *seine* Nationalversammlung » die Verfassung beschlossen habe. Das der Reichsverfassung zugrundeliegende, im Vorspruch und im Art. 181 zum Ausdruck gebrachte politische Programm bedeutet nicht bloss Demokratie, Ersetzung der Fürstensouveränität durch die Volkssouveränität, sondern auch: *nationale Selbstbestimmung*. Dies zeigt sich klar im Art. 2, Satz 2, der sich ausdrücklich auf das « Selbstbestimmungsrecht » stützt, im Art. 18 betreffend Gebietsveränderungen der Länder und im Art. 61, Abs. 2, über Deutschösterreich.

Art. 2 ordnet an: « Das Reichsgebiet besteht aus den Gebieten der deutschen Länder. Andere Gebiete können durch Reichsgesetz in das Reich aufgenommen werden, wenn es ihre Bevölkerung kraft des Selbstbestimmungsrechts begehrt ». Allerdings fehlt in der Verfassung der in der russischen Verfassung enthaltene Satz, dass Teile sich auf Grund des Selbstbestimmungsrechtes vom Reiche lösen dürfen. Aber Deutschland verlor ja durch den Vertrag von Versailles alle nicht deutsch sprechenden und national stärker gemischten Gebiete und behielt nur solche, von denen es nicht zweifelhaft war, dass sie bei Deutschland zu verbleiben wünschten.

Nach Art. 2, Abs. 2, genügt zum Gebietserwerb einfaches Reichsgesetz, während anderer Gebietserwerb eines verfassungsändernden Gesetzes bedürfte. Annexionen gegen den Willen der Bevölkerung des aufzunehmenden Gebietes sind demnach verfassungswidrig. Dies muss wohl auch, was vielfach geleugnet wird (1), gelten, wenn das Gebiet durch einen Friedensschluss (Art. 45 Abs. 2) annektiert werden soll. Denn Friedensverträge sind ja bisher der praktisch weitaus wichtigste Fall von Annexionsverträgen gewesen und die Verfassung beruht ganz grundsätzlich auf dem Gedanken der Selbstbestimmung, sie kann im Zweifel nicht so verstanden werden, dass sie die Selbstbestimmung für den Regelfall ausschliessen wollte (2).

Art. 18 der Reichsverfassung gestattet Aenderungen des Gebietes von Ländern und die Neubildung von Ländern durch einfaches Reichsgesetz, also ohne Verfassungsänderung, wenn entweder beide unmittelbar beteiligten Länder zustimmen oder, wenn zwar eines dieser Länder nicht zustimmt, die Aenderung aber durch den Willen der Bevölkerung gefordert wird. Dieser Wille ist durch Volksabstimmung festzustellen, wenn ein Drittel der zum Reichstag wahlberechtigten Einwohner des abzutretenden Gebietes es verlangt. Die kleinste Einheit, welche auf diese Weise die Selbstbestimmung innerhalb des Reiches ausüben darf, ist ein preussischer Regierungsbezirk, ein bayrischer Kreis oder in anderen Ländern ein entsprechender Verwal-

Anm. (1): Zitate bei *Anschütz*, Die Verfassung des Deutschen Reiches, Berlin, 10. Aufl., 1929, S. 45, 234.

Anm. (2): Vgl. meine Bemerkungen in dem S. 302, Anm. 7, zitierten Artikel bei *Anschütz-Thoma*, S. 251.

tungsbezirk. Das Selbstbestimmungsrecht reicht also nicht bis zur Gemeinde hinab.

Art. 61, Abs. 2, ordnet an: «Deutschösterreich erhält nach seinem Anschluss an das Deutsche Reich das Recht der Teilnahme am Reichsrat mit der seiner Bevölkerung entsprechenden Stimmenzahl. Bis dahin haben die Vertreter Deutschösterreichs beratende Stimme». Gemäss Art. 178, Abs. 2, Satz 2 der Verfassung, wonach die Bestimmungen des Versailler Vertrags vom 28. Juni 1919 durch die Verfassung nicht berührt werden, und gemäss Art. 80 des Versailler Vertrags ist der Anschluss Deutschösterreichs an das Reich nur mit Zustimmung des Völkerbundsrates zulässig (1). Dennoch haben die alliierten und assoziierten Mächte nach einem Notenwechsel (2) die Unterzeichnung eines Protokolls verlangt, nach welchem die Deutsche Regierung anerkennt, dass Art. 61, Abs. 2, ungültig ist (französisch « nul », englisch « nul and void ») (3). Dieses Protokoll sollte innerhalb vierzehn Tagen von den zuständigen deutschen gesetzgebenden Gewalten gebilligt werden. Die Billigung ist auch, allerdings erst in der Sitzung vom 18. Dezember 1919, durch einen Beschluss der Nationalversammlung erfolgt (4). Aber dieser Beschluss ist nicht im Reichsgesetzblatt verkündet worden, Art. 61, Abs. 2, ist daher nicht formell aufgehoben. Sein Verbleiben im Verfassungstext bedeutet ein Bekenntnis des deutschen Volkes zur Selbstbestimmung oder, wie *Anschütz* sagt: « zu einem unverrückbaren Ziel unserer nationalen Weiterentwicklung » (5). Aber es bedeutet auch, dass im Falle der Zustimmung des Völkerbundsrates eine Verfassungsänderung nicht erforderlich wäre, um Deutschösterreich die in Art. 61, Abs. 2, zugedachte Stellung zu gewähren. Denn dann würde Art. 80 des Friedensvertrags durch Art. 61, Abs. 2, « nicht berührt » (Art. 178, Abs. 2, Satz 2).

Die deutsche Reichsverfassung hat also der Idee der Selbstbestimmung, soweit dies innerhalb der Schranken des Friedensvertrags möglich war, Rechnung getragen.

Ebenso hat sie die Forderung des Schutzes der nationalen Minderheiten verwirklicht. Durch den Vertrag von Versailles hat das Deutsche Reich seine früheren fremdsprachigen Feile im wesentlichen verloren. Es beherbergt heute auf seinem Gebiet nur zahlenmässig geringe nationale Minderheiten (6). Aber es entspricht dem Geiste der Selbstbestimmung, von dem die

Anm. (1): Vgl. meine Arbeit: Deutschösterreich im Friedensvertrag von Versailles, Vorveröffentlichung aus dem Kommentar zum Friedensvertrage, herausg. von *Schücking*, Berlin, 1921, S. 27 ff.

Anm. (2): Verhandlungen der Verfassunggebenden Deutschen Nationalversammlung, Bd. 340, Anlagen zu den stenographischen Berichten, Nr. 1793.

Anm. (3): Ebenda, S. 14.

Anm. (4): Verhandlungen der Verfassunggebenden Deutschen Nationalversammlung, Bd. 331, Stenographische Berichte, S. 4152, 4153.

Anm. (5): Die Verfassung des Deutschen Reichs, 10. Aufl., S. 295.

Anm. (6): Ueber die zahlenmässige Stärke und die Verbreitung der Minderheiten im Deutschen Reich vgl. das Statistische Jahrbuch für das Deutsche Reich, und zwar in der Tabelle: « Die Bevölkerung des Deutschen Reichs mit fremder Muttersprache 1925 » (in den letzten Bänden Abschnitt I, Tabelle 13, z. B. Bd. 1931, S. 16) und im Abschnitt: « Wahlen und Abstimmungen » (früher XIX., in den letzten Bänden XX. Abschnitt), Tabelle 2, unter: « andere Parteien », z. B. Bd. 1926, S. 449, Anm.

Revolution getragen war und der der Reichsverfassung zugrunde gelegt worden ist, dass auch den fremdnationalen Bevölkerungsteilen des Reiches ein freies nationales Eigenleben verfassungsmässig zugesichert worden ist.

Hierbei hat die Reichsverfassung an die schon erörterten Beschlüsse der Frankfurter Nationalversammlung (1) angeknüpft (2). Bereits der nicht veröffentlichte Vorentwurf des Reichsministers *Preuss* vom 3. Januar 1919 enthielt eine Norm, welche jener der geltenden Verfassung im wesentlichen entspricht, es sind also nicht erst die Friedensbedingungen oder die Minderheitenschutzverträge von Einfluss gewesen.

Nach verschiedenen Vorarbeiten kam es zur Festsetzung des Art. 113 der geltenden Reichsverfassung. Dieser ordnet an : « Die fremdsprachigen Volksteile des Reichs dürfen durch die Gesetzgebung und Verwaltung nicht in ihrer freien, volkstümlichen Entwicklung, besonders nicht im Gebrauch ihrer Muttersprache beim Unterricht, sowie bei der inneren Verwaltung und der Rechtspflege beeinträchtigt werden ».

Damit ist eine Norm ausgesprochen, welche nach ihrem ausdrücklichen Wortlaut sowohl die Gesetzgebung — die einfache Reichs- und die Landesgesetzgebung —, als auch die Verwaltung, also die Verordnungen und Verfügungen der Reichs- und Landesbehörden, bindet.

Was danach im einzelnen den Minderheiten gewährt ist, ist nicht klar ausgedrückt und bildet den Gegenstand eines literarischen Streites (3). Doch muss man meines Erachtens mit Rücksicht auf den Verfassungsgrundsatz der Selbstbestimmung und auf die Erklärungen Deutschlands in der Note vom 29. Mai 1919 annehmen, dass Art. 113 der Verfassung, wie immer er sonst auszulegen sein mag, den Minderheiten wirksamen *Schutz vor Entnationalisierung,* mithin irgend eine Form der *Kulturautonomie* gewähren will (4). Wenn diese Auslegung zutrifft, geht die Reichsverfassung über die Minderheitenschutzverträge von 1919 grundsätzlich weit hinaus. Bisher ist allerdings diese Kulturautonomie in der Gesetzgebung des Reiches und der beiden beteiligten Länder, Preussen und Sachsen, nicht ausgebaut worden. Aber die Minderheiten des Deutschen Reiches, die ja gering an Zahl, vielfach verstreut und zum Teil wirtschaftlich nicht von sehr grosser Leistungsfähigkeit, auch stark an der Pflege der deutschen Sprache interessiert sind, wünschen zum Teil die Kulturautonomie nicht (5). Auch hat das gleich

16, Bd. 1928, S. 580-581, Anm. 38, Bd., 1931, S. 547, Anm. 12 ; *Karl Keller,* Die fremdsprachige Bevölkerung in den Grenzgebieten des Deutschen Reiches, Berlin 1929, S. 42 ff., 46 ff. ; Sprachenatlas der Grenzgebiete des Deutschen Reiches, herausg. von der Reichszentrale für Heimatdienst, Berlin 1929 ; *Winkler,* Statistisches Handbuch der Europäischen Nationalitäten, Wien und Leipzig, 1931, S. 63 ff. ; ferner ist Literatur zitiert bei *Gerber,* Minderheitenrecht im Deutschen Reich, 1929, S. 52-55, in den Anmerkungen, und bei *Winkler,* a. a. O., S. 75.

Anm. (1) : Oben S. 181.

Anm. (2) : Vgl. *Gerber* Minderheitenrecht im Deutschen Reich, Berlin, 1929, S. 17 ff. mit 11 ff., daselbst Zitate.

Anm. (3) : Vgl. *Gerber,* a. a. O., S. 55 ff. und die Zitate daselbst.

Anm. (4) : Vgl. meinen zitierten Aufsatz im Handbuch des Deutschen Staatsrechts von *Anschütz* und *Thoma,* I. Bd., Tübingen 1929, S. 255, 266.

Anm. (5) : Vgl. z. B. die Eingabe des Zentralverbandes wendischer Vereine an die Reichsregierung vom 28. Februar 1929, Kulturwehr, V. Bd., 1929, S. 140 ff.; ferner die Angaben bei *Erler,* Das Recht der nationalen Minderheiten, Münster in Westfalen, 1931, S. 193.

zu erwähnende preussische Schulrecht den Minderheiten das Wichtigste, nämlich Schutz vor Entnationalisierung, bereits gesichert. Jedenfalls aber gibt Art. 113 die Rechtsgrundlage, auf der die Kulturautonomie aufzubauen ist, wenn eine genügend grosse, tragfähige Gruppe sie fordert.

Was das deutsche Recht bis jetzt im einzelnen gewährt hat, betrifft hauptsächlich den Sprachengebrauch der Behörden, die Unterrichtssprache und die Bestellung konnationaler Lehrer in den Schulen und Staatsunterstützungen für Schulen (1).

Vor allem kommt hier Art. 73 der preussischen Verfassung in Frage. Danach können die Provinziallandtage durch Provinzialgesetz neben der deutschen Sprache eine andere Unterrichts- und eine andere Amtssprache zulassen (2). Ferner sei der Ausbau des Minderheitenschulwesens in Preussen (3) und Sachsen (4) hervorgehoben.

Von besonderem Interesse ist die Entwicklung des Schulrechtes in Preussen.

Der Erlass des Preussischen Staatsministeriums zur Regelung der Schulverhältnisse der Minderheiten im Grenzgebiet des Regierungsbezirks Schleswig vom 9. Februar 1926 (5) hat die Errichtung und Verwaltung von dänischen Minderheitenschulen in den drei Kreisen Deutschlands, welche dänische Minderheiten besitzen, nämlich Südtondern, Flensburg-Stadt und Flensburg-Land, geregelt. Bei 10 zur dänischen Minderheit gehörigen schulpflichtigen Kindern sollte das Bedürfnis nach Errichtung einer privaten, bei 24 einer öffentlichen Minderheitenvolksschule anerkannt werden. Für die Gewährung von Staatsbeihilfen an private dänische Volksschulen sollten die gleichen Vorschriften wie für die deutschen privaten Volksschulen gelten. Die öffentlichen Minderheitenschulen sollten wie alle anderen Schulen, also vom Staate, nicht von autonomen Organen der dänischen Minderheit, verwaltet werden, ein Zustand, welcher den internationalen Minderheitenschutzverträgen entspricht, aber von dänischer und zum Teil auch von deutscher Seite als unzureichend kritisiert worden ist. Die Frage der Zugehörigkeit eines Kindes zur dänischen Minderheit war nach dem Geburtsort wenigstens eines Elternteils zu beurteilen, also unzureichend geregelt: der Geburtsort wenigstens eines Elternteils sollte in einem der drei genannten Kreise oder im Königreich Dänemark liegen. Mit dem Hinweis auf dieses letztere greift der Begriff des Volkstums über die Staatsgrenzen hinaus.

Eine Verordnung vom 31. Dezember 1928 (6) hat den ersten Erlass

Anm. (1): Vgl. die ausführliche Darstellung bei *Gerber*, Minderheitenrecht im Deutschen Reich, S. 55 ff.

Anm. (2): Materialien bei *Kraus*, Das Recht der Minderheiten S. 269, Anm. 1; vgl. insb. *Erler*, Das Recht der nationalen Minderheiten, Münster in Westfalen, S. 188, 189.

Anm. (3): Erlasse d. Staatsmin. vom 9. Februar 1926, Ministerialblatt für die innere Verwaltung, 1926, S. 269, und vom 31. Dezember 1928, ebenda, 1929, S. 71 und 74; vgl. insb. *Erler*, a. a. O., S. 190 ff.

Anm. (4): Gesetz vom 22. Juli 1919, Gesetz und Verordnungsblatt, S. 164; vgl. insb. *Erler*, a. a. O., S. 195, 196.

Anm. (5): Ministerialblatt für die innere Verwaltung, 1926, S. 269.

Anm. (6): Ebenda, 1929, S. 74.

abgeändert und ergänzt. Die Mindestzahl von 10 Kindern für dänische Privatschulen wurde gestrichen, solche Schulen sind also unbeschränkt zulässig. Schulen mit wenigstens 10 Kindern erhalten eine besondere Staatsunterstützung, im allgemeinen 60 % der Lehrerbesoldung. Die Zugehörigkeit zur Minderheit wird nunmehr nach dem freien Bekenntnis beurteilt, indem der Erlass im § 4, Nr. 8, verfügt :

« Unter dänischer Minderheit im Sinne der vorstehenden Bestimmungen werden diejenigen Volksteile des Reiches verstanden, die sich zum dänischen Volkstume bekennen.

Das Bekenntnis, zur Minderheit zu gehören, darf weder nachgeprüft noch bestritten werden ».

In Nr. 9 ist hinzugefügt, dass die Anmeldung eines Kindes zur Minderheitenschule als ausreichendes Bekenntnis gilt. Der Wunsch der Dänen nach autonomer Verwaltung der öffentlichen Schulen ist auch hier noch nicht erfüllt. Aber die Lehrer werden dem dänischen Volkstum, sehr häufig sogar dänischen Staatsangehörigen, entnommen. Die Schule ist also kein Instrument der Entnationalisierung. Schliesslich wird für das übrige Staatsgebiet ausserhalb der genannten drei Kreise die Errichtung von dänischen Minderheitenschulen gestattet, und zwar nach den Vorschriften des gleich zu erwähnenden Erlasses über die polnischen Minderheitenschulen,

Am gleichen Tage wie die zweite Verordnung über die dänischen Schulen, am 31. Dezember 1928, ist auch eine Verordnung des Preussischen Staatsministeriums betreffend die Ordnung zur Regelung des Schulwesens für die polnische Minderheit ergangen ([1]).

Die Zugehörigkeit ist hier in den §§ 1 und 2 auf Grund des freien Bekenntnisses geregelt, wie in der anderen Verordnung vom gleichen Tage. Bemerkenswert ist ferner, dass nach § 4 auch Lehrer, die die Befähigung nicht im reichsdeutschen, sondern im polnischen Schuldienst besitzen, ohne weiteren Befähigungsnachweis zugelassen sind. Hier zeigt sich wieder, wie der Gedanke des Volkstums, wenn es einmal anerkannt ist, die Tendenz hat, *über die Grenzen des Staates hinauszugreifen.* Den internationalen Minderheitsschutzverträgen ist ein derartiger Satz fremd. § 7 gestattet Abweichungen vom Lehrplan der deutschen Schulen, um « die Kenntnisse des polnischen Volkstums im Unterricht angemessen zu vermitteln », erkennt also das Volkstum als rechtlich relevanten Wert an. Dagegen die internationalen Minderheitenschutzverträge stipulieren nur « angemessene Erleichterungen » im Gebrauch der Muttersprache, regeln also nur die Sprachenfrage, hindern aber nicht, dass den Kindern in ihrer Muttersprache ein inhaltlich ihrem Volkstum feindlich gesinnter Unterricht erteilt wird. Weiter sieht die Verordnung polnische Minderheitenschulen vor, deren Unterrichtsziele über diejenigen der Volksschule hinausgehen, sowie Kurse für polnische Lehrer.

Anm. ([1]) : Zentralblatt für die gesamte Unterrichts-Verwaltung in Preussen, 1929, S. 39.

Beides ist den internationalen Verträgen unbekannt, diese sprechen nur von « écoles primaires ». Bei grösserer Schülerzahl, die nach dem Verhältnis der Einwohnerzahl abgestuft ist, haben die polnischen Privatvolksschulen Preussens Anspruch auf Staatsunterstützung, im allgemeinen im Betrage von 60 % der Lehrerbesoldung. Unter näher geregelten Voraussetzungen, im allgemeinen für mindestens 40 schulpflichtige Kinder, sind diese Schulen in öffentliche mit Polnisch als Unterrichtssprache umzuwandeln. Autonome Verwaltung der öffentlichen Schulen ist auch hier nicht gewährt, doch sind die Elternbeiräte vor Anstellung von Lehrkräften und vor Einführung besonderer Lehrbücher zu hören. Analog zu demjenigen, was über die dänischen Schulen Preussens gesagt worden ist, verdient hervorgehoben zu werden, dass in den polnischen Schulen dieses Landes die polnische Nationalität des Lehrers, ja sehr häufig sogar seine polnische Staatsangehörigkeit, Schutz gegen Entnationalisierung gewährt.

Jedenfalls kann von den Minderheitenschulen Preussens nicht, wie von jenen der Minderheitenschutzverträge, gesagt werden, ihr Zweck sei, « de préparer, peu à peu, les conditions nécessaires à l'établissement de la complète unité nationale » (1).

Zusammenfassend kann gesagt werden, dass auch das deutsche Recht den Ideen der Selbstbestimmung und des Schutzes nationaler Minderheiten in weitem Masse Rechnung getragen hat.

Weiter ist die nationale Autonomie in *Esthland* zu erwähnen.

Schon die Verfassung vom 9. August 1920 (2) enthält Bestimmungen, die weit über den Schutz der Minderheitenverträge hinausgehen. Nach § 20 ist jeder Bürger «frei in der Bestimmung seiner Nationalität». Gemäss § 21 können die nationalen Minderheiten « zur Wahrung ihrer volklichen Kultur- und Fürsorgeinteressen, soweit diese nicht den Staatsinteressen zuwiderlaufen, entsprechende autonome Institutionen ins Leben rufen ». § 22 fügt noch sprachenrechtliche Bestimmungen hinzu und ordnet insbesondere an, dass die Geschäftssprache der örtlichen Selbstverwaltungsinstitutionen die Sprache der Minderheiten sein kann.

Der weitere Ausbau der in der Verfassung gewährten nationalen Autonomie ist mit dem Autonomiegesetz vom 5. Februar 1925 (3) erfolgt. Dieses

Anm. (1) : Vgl. oben, S. 284.

Anm. (2) : Jahrbuch des öffentlichen Rechts der Gegenwart, XII. Bd., 1924, S. 202 ff. Vgl. *Berendts*, Die Verfassungsentwicklung Esthlands, ebenda, S. 195, 196; *Erler*, Das Recht der nationalen Minderheiten, Münster in Westfalen, 1931, S. 277, 278.

Anm. (3) : *Kraus*, Das Recht der Minderheiten, Berlin, 1927, S. 191 ff. (nach Sonderausgabe des Revaler Boten vom 23. Februar 1925) ; daselbst Materialien und Literatur S. 191, Anm. 1, und S. 192, Anm. 2; dazu ferner : *Plettner*, Das Problem des Schutzes nationaler Minderheiten, Berlin, 1927, S. 97 ff. ; *Koch*, Fünf Jahre deutsche Kulturselbstverwaltung in Esthland, Nation und Staat, IV. Bd., S. 239 ff. ; *Maddison*, Die Erfahrungen mit der Kulturautonomie in Esthland, ebenda, S. 385 ff. ; *Hasselblatt*, Hat sich die Kulturautonomie in Esthland bewährt?, ebenda, S. 441 ff. ; *derselbe*, Das europäische Nationalitätenproblem und die Forderung der Kulturautonomie, in *Miscel·lania Patxot*, Barcelona, 1931, S. 83 ff. ; *Kurtschinsky*, Kulturautonomie und die russische Minderheiten in Esthland, Nation und Staat, IV. Bd., S. 775 ff. ; *Raschhofer*, Hauptprobleme des Nationalitätenrechts, Stuttgart, 1931, S. 146 ff. ; *Erler*, Das Recht der nationalen Minderheiten, Münster in Westfalen, 1931, S. 279 ff.

hat den nationalen Minderheiten Esthlands eine sehr weitgehende Selbstverwaltung gewährt. Der Motivenbericht betont, dass Esthland «hier als erster Staat in der Welt einen neuen staatsrechtlichen Weg beschreitet, auf welchem kein einziges Vorbild zu finden ist, an welches man sich halten könnte» (1).

Als Minderheiten im Sinne dieses Gesetzes gelten nach § 8 « das deutsche, russische und schwedische Volk, sowie diejenigen auf esthländischem Territorium lebenden Minderheiten, deren Gesamtzahl nicht kleiner als 3,000 ist».

Die Grundlage der nationalen Autonomie bildet die Kreisselbstverwaltung (§ 1). Der Motivenbericht führt hierzu aus, dass die Kreisselbstverwaltung durch ihren Aufbau, ihre grössere Elastizität und ihren territorialen Umfang zur Organisation des Kulturwesens der volklichen Minderheiten geeigneter sei, als z. B. die städtische Selbstverwaltung (2).

Die Organisation ist jedoch keine rein territoriale. Vielmehr ist das Minderheitenrecht nach dem *Personalitätsprinzip* (3) geregelt, das heisst, die nationalen Selbstverwaltungskörper umfassen alle auf dem ganzen Staatsgebiet wohnenden Angehörigen der Minderheit (4). Die Grundlage ist das Nationalregister (§ 9 ff.) und die Aufnahme in dieses erfolgt auf Grund des freien nationalen Bekenntnisses (5). Doch ist dem Territorialprinzip insofern Rechnung getragen, als die Wahlen der Organe der nationalen Selbstverwaltung nach territorialen Wahlkreisen stattfinden (§§ 23 und 24) und dass zur Vertretung örtlicher Minderheitsinteressen örtliche Kulturkuratorien errichtet werden können (§ 5, Abs. 2). Der Motivenbericht spricht daher davon, dass das Gesetz unter Beibehaltung der personenrechtlichen Grundlage einen « Mittelweg » zwischen dem Personal- und dem Territorialprinzip gewählt habe (6).

Das Gesetz hat Institutionen der nationalen Selbstverwaltung geschaffen, welche juristische Personen (7) sind, ihre Organe selbst bestellen und die Rechtsstellung der Körperschaften der öffentlichen Ve waltung geniessen.

Zur Kompetenz der nationalen Selbstverwaltungsorganisationen gehören nach § 2 :

« *a*) Die Organisation, Verwaltung und Ueberwachung der öffentlichen und privaten Lehranstalten der entsprechenden nationalen Minderheit ;

b) die Fürsorge für die übrigen Kulturaufgaben der entsprechenden Minderheit und die Verwaltung der hierzu ins Leben gerufenen Anstalten und Unternehmungen ».

Anm. (1) : *Kraus*, a. a. O., S. 201.

Anm. (2) : *Kraus*, a. a. O., S. 202.

Anm. (3) : Vgl. oben S. 189, 190. Vgl. hierzu insbesondere *Gerber*, Kulturautonomie als Eigenart minderheitenrechtlicher Ordnung und ihre Verwirklichung nach der esthnischen Verfassung, Sonderabdruck aus der Festschrift für Professor Träger, Berlin, 1926, S. 60 ff.; *Plettner*, a. a. O., S. 98 ff.

Anm. (4) : Vgl. den Motivenbericht, *Kraus*, a. a. O., S. 204.

Anm. (5) : Vgl. den Motivenbericht, a. a. O., S. 205, 206.

Anm. (6) : Motivenbericht, a. a. O., S. 204.

Anm. (7) : Vgl. Motivenbericht, a. a. O., S. 203 ; § 2 der Ausführungsverordnung, *Gerber*, a. a. O., S. 68 ff.

Die Organe der nationalen Selbstverwaltung sind der « Kulturrat » und die « Kulturverwaltung » jeder einzelnen Nationalität (§ 5, Abs. 1, Satz 1). Der Kulturrat ist das beschliessende, die Kulturverwaltung das ausführende Organ. Der Kulturrat geht aus nationalen Wahlen auf der Grundlage des Personalitätsprinzips hervor. Diese Wahlen sind im Gesetz eingehend geregelt (§§ 17 ff.). Die Mitglieder der Kulturverwaltung werden vom Kulturrate gewählt. Der Kulturrat und die Kulturverwaltung sind vermöge des Personalitätsprinzips Organe je einer Minderheit des ganzen Staatsgebietes und haben daher ihren Sitz in der Landeshauptstadt (§ 5, Abs. 1, Satz 2); im übrigen kann man den Kulturrat mit einem Kreis-, Bezirks- oder Provinzialtag, die Kulturverwaltung mit der kollegialen Regierung eines autonomen Kreises oder Bezirkes oder derjenigen einer autonomen Provinz vergleichen ([1]). Neben diese zentralen Organe jeder Nationalität treten die erwähnten örtlichen Kulturkuratorien, deren lokales Zuständigkeitsgebiet der Kreis bildet (§ 5, Abs. 2); doch kann auch für mehrere Kreise ein solches Kuratorium gebildet werden (§ 5, Abs. 3). Die finanziellen Mittel der nationalen Selbstverwaltung werden zum Teil vom Staate, zum Teil von den örtlichen Selbstverwaltungskörperschaften, zum Teil durch besondere nationale Steuern aufgebracht, welche der Volksrat den Angehörigen der Minderheiten auferlegt (§ 6).

Das Gesetz regelt auch einen entsprechenden Schutz der esthnischen Nationalität dort, wo sie die örtliche Minderheit bildet (§ 31).

Der Schutz der nationalen Minderheiten in Esthland nach dem Gesetz vom 5. Februar 1925 ist gegenwärtig, wenn man von der oben geschilderten Eigenart der nationalen Republiken Sowjetrusslands absieht, der am weitesten fortgeschrittene unter allen. Er beruht auf der vollen Freiheit des persönlichen nationalen Bekenntnisses und gibt den auf dieser Grundlage frei organisierten Minderheiten die weitestgehende Selbstverwaltung. Insbesondere hat er das Schulwesen der Selbstverwaltung der Minderheiten überlassen und sie so wirksam vor Entnationalisierung geschützt. Damit geht er weit über dasjenige hinaus, was das Deutsche Reich, und noch sehr viel weiter über dasjenige, was die Minderheitenschutzverträge gewähren. Im Vergleich zum russischen Recht fehlt das Recht der Selbstbestimmung der Völker, der Loslösung. Aber dieses wäre in Esthland, ebenso wie im Deutschen Reich, nicht von praktischer Bedeutung.

Das esthnische Recht ist also von der Idee des Volkes in sehr hohem Masse beeinflusst worden. Hier zeigt sich der Minderheitenschutz als ein ganz besonders klarer Ausdruck einer Idee des Volkes, die jener des Staates als selbständiger und eigenartiger Wert gegenübertritt und Einrichtungen des innerstaatlichen Rechts gestaltet ([2]). Die Kulturautonomie des esthnischen Rechtes hat auf dem VII. Kongress der organisierten Nationalitäten in

Anm. ([1]) : Vgl. auch *Gerber*, a. a. O., S. 72 ff.

Anm. ([2]) : Vgl. auch *Gerber*, a. a. O., S. 97 ff.

Europa, der in Genf vom 29. bis 31. August 1931 getagt hat, eine überaus günstige Beurteilung erfahren, wovon unten noch zu sprechen ist.

Weiter darf in der Reihe der hier zu besprechenden Staaten *Lettland* nicht übergangen werden. Zwar enthält die lettische Verfassung vom 15. Februar 1922 (1) keine besonderen minderheitenrechtlichen Bestimmungen. Aber schon die sogenannte « politische Plattform des Volksstaates Lettland », die mit der Selbständigkeitserklärung vom 18. November 1918 als vorläufiges Regierungsprogramm verkündet wurde (2), regelte im Abschnitt IV die « Rechte der Andersvölkischen ». Nach Punkt 1 sollten die Minderheiten auf Grund des Verhältniswahlrechts Vertreter in die verfassunggebende Versammlung und in die gesetzgebenden Körperschaften stellen. Gemäss Punkt 2 sollten sie Anteil an der Provisorischen Regierung haben. Punkt 3 endlich ordnet an : « Die kulturellen und nationalen Rechte der nationalen Gruppen sind durch die Grundgesetze zu verbürgen » (3). Auf Grund dieses politischen Programms wurden am 8. Dezember 1919 zwei Gesetze erlassen, welche das Schulwesen der nationalen Minderheiten betreffen. Es sind dies das Gesetz über das Schulwesen der nationalen Minderheiten in der Republik Lettland (4) und das Gesetz über die Bildungsanstalten Lettland, insbesondere dessen § 41 (5). Auf Grund dieser Gesetze ist ein fortgeschrittenes Schulrecht mit weitgehender Schulselbstverwaltung der Minderheiten geschaffen worden (6).

Nach § 41 des zuletzt genannten Gesetzes haben der Staat und die kommunalen Institutionen für jede Nationalität so viel obligatorische Schulen zu unterhalten, als zur Ausbildung der Kinder dieser Nationalität gemäss dem Gesetze notwendig sind. Das Gesetz über das Schulwesen der nationalen Minderheiten spricht im § 1 den Grundsatz aus : « Das Schulwesen der Minderheiten in Lettland ist in seiner Organisation autonom innerhalb der Grenzen der nachfolgenden Bestimmungen ». Für die « Mittelschulen » aller Typen fällt den Minderheiten ein der Einwohnerzahl proportionaler Teil der für solche Schulen bewilligten öffentlichen Mittel zu (§ 2). Privatschulen mit der Unterrichtssprache der Minderheiten dürfen errichtet werden (§ 3).

Zur Verwaltung der Minderheitenschulen ist im Bildungsministerium ein besonderes Minderheitendepartement geschaffen worden (§ 6, Satz 1).

Anm. (1) : Jahrbuch des öffentlichen Rechts der Gegenwart, XII. Bd., 1924, S. 265 ff. (nach Gesetz und Verordnungsblatt vom 7. August 1922) ; Vgl. *Laserson*, Die Verfassungsentwicklung Lettlands, im Jahrbuch des öffentlichen Rechts der Gegenwart, XI. Bd., 1922, S. 225, 226 ; derselbe, Das Verfassungsrecht Lettlands, ebenda, XII. Bd., 1924, S. 258 ff. ; *Schiemann*, Acht Jahre lettländische Verfassung, ebenda, XVIII. Bd. 1930, S. 261 ff.

Anm. (2) : Jahrbuch des öffentlichen Rechts der Gegenwart, XI. Bd., 1922, S. 222.

Anm. (3) : Vgl. *Mintz*, Die nationale Autonomie im System des Minderheitenrechts, Riga, 1927, S. 110 ; *Laserson*, a. a. O., XII. Bd., S. 263 ff.

Anm. (4) : *Bordihn*, Das positive Recht der nationalen Minderheit, Berlin, 1921, S. 15 ff. (nach « Waldibas Wehstnesis », 2. Jahrg., Nr. 89 vom 18. Dezember 1919).

Anm. (5) : a. a. O., S. 15, Anm. 2.

Anm. (6) : Vgl. *Plettner*, a. a. O., S. 95 ff. ; *Mintz*, a. a. O., S. 110 ff.; *Vockrodt*, Die deutsche Schulautonomie in Lettland, in Nation und Staat, III. Bd., 1930, S. 218 ff. *Wachtsmuth*, Zur Entstehungs- und Entwicklungsgeschichte der Verwaltung des deutschen Bildungswesens Lettlands, ebenda, V. Bd., S. 164 ff., 237 ff.; daselbst S. 252 Quellen und Literatur ; *Erler*, a. a. O., S. 295 ff.

Für jede der Minderheiten besteht eine besondere Departementsabteilung, deren Chef dem Minister unmittelbar unterstellt ist (§ 6, Satz 2). Im ganzen sind fünf solche Bildungsverwaltungen errichtet worden, nämlich für die Deutschen, Russen, Juden, Polen und Weissrussen. Diese Bildungsverwaltungen ersetzen in gewissem Sinne die fehlende Kulturautonomie (1). Die Chefs der Bildungsverwaltung werden von den Minderheiten vorgeschlagen (§ 8). Von der Stellung dieser Chefs sagt § 7 : « Der Chef der Schulverwaltung der Minderheit vertritt seine Nationalität in allen Kulturfragen mit dem Recht, mit allen Departements des Bildungsministeriums in Verbindung zu treten, sowie auch mit beratender Stimme an den Sitzungen des Ministerkabinetts in allen Fragen teilzunehmen, die das kulturelle Leben der von ihm vertretenen Nationalität berühren ». Die Beamten der Schuldepartements sind aus den von den Minderheiten aufgestellten Kandidaten zu entnehmen (§ 9). Bei der Schulabteilung jeder Minderheit besteht ein « Schulkonseil », welcher aus dem Chef, den Abteilungsleitern, drei Delegierten der Minderheit und drei Delegierten des Lehrerverbandes der Minderheit besteht (§§ 10 ff.). Die Bildungsverwaltung bestellt die Lehrer an den Minderheitenschulen und setzt die Lehrpläne und Prüfungsordnungen fest (2).

Was das Hochschulwesen anlangt, so hat das Gesetz vom 24. Mai 1927 das *Herderinstitut* in Riga, eine Anstalt zur Pflege deutscher Wissenschaft in Forschung und Lehre, als private deutsche Hochschule anerkannt und « unter Vermittlung des Chefs der Verwaltung des deutschen Bildungswesens » (§ 4) dem Bildungsminister unterstellt (3). Das oberste Selbstverwaltungsorgan der Anstalt ist der Rat des Herderinstitutes (4).

Einen weiteren Ausbau hat die Selbstverwaltung des nationalen Schulwesens in Lettland durch das Gesetz vom 30. Dezember 1930 über die Verfassung des Bildungsministeriums erhalten (5). Dieses Gesetz bestimmt insbesondere :

§ 22. « Beim Bildungsministerium bestehen Verwaltungen des Bildungswesens der Russen, Juden, Deutschen, Polen und Weissrussen, welche alle Angelegenheiten der Kultur und Bildung ihres Volkstums leiten (verwalten) (6) und für die Bildung und die Schulen ihres Volkstums Sorge tragen ».

§ 23. « Jede Verwaltung des Bildungswesens einer Minderheit wird von einem Chef geleitet (jeder Verwaltung... steht ein Chef vor (7), der in seiner Arbeit unmittelbar dem Bildungsminister unterstellt ist ».

§ 24. « Bei den Verwaltungen des Bildungswesens können besondere Schulabteilungen bestehen, aber nicht mehr als zwei bei jeder Verwaltung ».

Anm. (1) : Vgl. *Plettner*, a. a. O., S. 95, 96.
Anm. (2) : Vgl. *Vockrodt*, a. a. O., S. 220.
Anm. (3) : Materialien bei *Erler*, a. a. O., S. 296, Anm. 253 ; vgl. ferner *Wachtsmuth*, a. a. O., S. 244, 245.
Anm. (4) : § 19 der Satzung des Herderinstituts, bestätigt vom Ministerkabinett am 13. September 1927, abgedruckt bei *Wachtsmuth*, a. a. O., S. 245, Anm. 26.
Anm. (5) : *Wachtsmuth*, a. a. O., S. 242, 243.
Anm. (6) : *Wachtsmuth*, a. a. O., S. 243, Anm. 25.
Anm. (7) : Ebenda.

Die nationale Autonomie in Lettland erstreckt sich im wesentlichen nur auf Schule, Unterricht und Bildung, damit aber doch auf den für die Minderheiten wichtigsten Zweig der öffentlichen Verwaltung. Denn dieses ist das Gebiet, auf welchem sich in vielen anderen Staaten der Kampf um die Entnationalisierung abspielt.

Nun hat sich allerdings in der letzten Zeit in Lettland eine rückläufige Bewegung gezeigt (1). Die neue Politik hat mit der Enteignung des deutschen Domes in Riga begonnen (2). Ein in der Budgetkommission des lettischen Parlaments gestellter Antrag, die im Gesetz über die Autonomie der Schulen vorgesehenen nationalen Bildungsverwaltungen aufzulösen, ist jedoch mit grosser Mehrheit abgelehnt worden (3). Immerhin ist durch verschiedene Verwaltungsmassregeln innerhalb des Gesetzes, das eine Anzahl von Unklarheiten aufweist (4), das Schulwesen der nationalen Minderheiten geschädigt worden (5).

Am 18. Februar 1932 sind Bestimmungen über die Staatssprache erlassen worden (6), welche weitgehende Einschränkungen der Minderheitensprachen zugunsten der lettischen Staatssprache, besonders in der Selbstverwaltung der Städte und Gemeinden, enthalten. *Schiemann* hat in der Sitzung des lettischen Parlaments vom 23. Februar 1932 das neue Sprachenrecht mit den Worten charakterisiert: « Der Beamtenapparat steht heute nur noch denen zur Verfügung, die lettisch können » (7).

Ueberblickt man das lettische Recht, so muss man feststellen, dass, wenn es auch den Minderheiten keine umfassende Kulturautonomie einräum wie das esthnische und wenn es auch durch sein neues Sprachenrecht ein Stück des Weges, den es bereits beschritten hatte, wieder zurückgegangen ist, es doch immer noch seinen Minderheiten auf dem wichtigsten Gebiete, dem der Schule und des Unterrichtes, eine sehr weitgehende Selbstverwaltung und damit Schutz vor Entnationalisierung gewährt hat. Auch das lettische Recht gehört demnach zu jenen Rechten, die von der Idee des Volkes stark beeinflusst worden sind.

Es könnte hier noch eine Reihe von Gebieten genannt werden, auf deren Recht die Idee des Volkes besonders eingewickt hat (8). Doch hätte eine Häufung von Einzelheiten keinen Zweck.

Anm. (1): Vgl. *Vockrodt*, Lettland, in Staat und Nation, V. Bd., S. 328 ff.

Anm. (2): Vgl. *Vockrodt*, Ein Anschlag auf die deutsche Domkirche in Riga, ebenda, IV. Bd., S. 382 ff.; mehrfache weitere Aufsätze und Mitteilungen in derselben Zeitschrift, so von *Vockrodt*, IV. Bd., S. 819 ff. und V. Bd., S. 74 ff.

Anm. (3): *Vockrodt*, ebenda, IV. Bd., S. 329.

Anm. (4): *Wachtsmuth*, a. a. O., S. 237 ff.

Anm. (5): *Vockrodt*, Lettland, Nation und Staat, V. Bd., S. 330 ff.

Anm. (6): Nation und Staat, V. Bd., S. 420 (nach Rigasche Rundschau).

Anm. (7): ebenda, S. 424.

Anm. (8): Vgl. z. B. *Braunias*, Autonome Gebiete kraft internationalen Rechtes, Nation und Staat, III. Bd., S. 347 ff.

8. Bestrebungen de lege ferenda über die Ausgestaltung der Idee des Volkes.

Wir haben im ersten Teil dieser Arbeit Bestrebungen über den Ausbau des internationalen Rechtes und dessen Einfluss auf das innerstaatliche Recht kennen gelernt (1), die sich auf die verschiedensten Rechtsgebiete bezogen. Ein grosser Teil der neueren Reformbestrebungen hat nun die nationale Frage, die Geltendmachung der Ideen des Volkes, zum Gegenstand. Daher könnte vieles von dem, was oben vorgebracht worden ist, zum Beispiel über die Arbeiten wissenschaftlicher Gesellschaften, hier mit besonderer Beziehung auf die nationale Frage nochmals erwähnt werden, zumal sich viele solcher Gesellschaften wiederholt und eingehend mit dem Schutz nationaler Minderheiten befasst haben. Es sollen jedoch Wiederholungen hier tunlichst vermieden werden. Aber auch sonst nötigt die ungeheure Fülle des Stoffes zur Auswahl. Es kann daher auch hier nur einiges Wichtige herausgehoben werden.

Wie wir schon im ersten Teile gesehen haben, sind die Mächte und der Völkerbund selbst in Fragen der blossen Kodifizierung des bestehenden Rechtes, umsomehr in Fragen der Reform, der Fortentwicklung dieses Rechtes, im allgemeinen sehr zurückhaltend gewesen (2). In noch viel höherem Grade gilt dies von dem besonderen Gebiet der nationalen Frage.

Die Arbeiten des Völkerbundes, soweit sie nicht dem geltenden Minderheitenschutz, sondern der Weiterbildung des Rechtes gewidmet waren, betreffen nur Verfahrensfragen und zwar, da eine Verleihung von Parteirechten an die Minderheiten wegen des Prinzips der Souveränität der Staaten bisher nicht ernstlich in Erwägung kommen konnte, nur Verfahrensfragen von verhältnismässig untergeordneter Bedeutung, Angelegenheiten des internen Geschäftsganges des Völkerbundes.

Auch die immer wieder auftauchende Frage der Ausdehnung des Minderheitenschutzes auf andere Staaten hat stets zu negativen Ergebnis geführt. Allerdings hat die Völkerbundversammlung bereits in einer Resolution vom 21. September 1922 (3) die Hoffnung, «l'espoir», ausgeprochen, dass auch die nicht durch Minderheitenschutzverträge gebundenen Staaten ihren Minderheiten wenigstens, «au moins», eine den Schutzverträgen entsprechende Behandlung zuteil werden lassen werden. Aber einem Einfluss des Völkerbundes auf die Verwirklichung dieser Hoffnung steht das Souveränitätsdogma im Weg.

Anm. (1) : Oben S. 155 ff.
Anm. (2) : Oben S. 156 ff.
Anm. (3) : Journal officiel, Supplément spécial, Nr. 9, S. 35 ff.

Ebenso reserviert haben sich im allgemeinen die Mächte ausserhalb ihrer Völkerbundspolitik und die dem Völkerbund nicht angehörenden Staaten verhalten. Mit Ausnahme weniger Staaten, wie Russland, Deutschland, Esthland, Lettland, von denen im letzten Abschnitt die Rede gewesen ist und die, wie wir gesehen haben, in ihrem innerstaatlichen Recht der Idee des Volkes gewisse Konzessionen gemacht haben, fürchteten die Staaten im allgemeinen offenbar von einem Fortschreiten der Idee des Volkes eine zu starke Beeinträchtigung der Idee des Staates, eine Gefährdung seiner Souveränität und eine Untergrabung seiner Macht.

Aber je passiver sich die offizielle Politik der Staaten im allgemeinen verhalten hat, desto mehr meldeten sich private Vereinigungen und einzelne Schriftsteller als Wortführer der Idee des Volkes.

Vor allem haben die nationalen Minderheiten Europas versucht, ihr Schicksal selbst in die Hand zu nehmen.

Am 26. August 1925 beriefen drei Führer verschiedener nationaler Minderheiten Europas, *Wilfan,* Slowene aus Italien, *Schiemann,* Deutscher aus Lettland, und *von Szüllö,* Magyare aus der Tschechoslowakei, einen Kongress der organisierten nationalen Gruppen in den europäischen Staaten nach Genf, um hier ein Forum für die Besprechung der Minderheitenfragen zu schaffen und die öffentliche Meinung Europas für die Angelegenheiten der Minderheiten zu interessieren (¹). Am 15. Oktober versammelten sich unter dem Vorsitz *Wilfans* 50 Delegierte, entsendet von 27 nationalen Gruppen. Diese Gruppen gehörten 11 verschiedenen Nationalitäten an und verteilten sich auf 12 Staaten. Die elf auf der ersten Tagung repräsentierten Nationaliäten waren: Deutsche, Juden, Polen, Magyaren, Ukrainer, Lausitzer Serben (Wenden), Slowenen, Dänen, Weissrussen, Karpathorussen und Litauer. Wenn man den Vertreter der Karpathorussen den Ukrainern zuzählt, waren 10 Nationalitäten beteiligt. Die vertretenen Minderheiten umfassten etwa 30 Millionen Menschen. Zu diesen nationalen Gruppen traten dann noch die grossrussische und die schwedische Gruppe aus Esthland, welche ihr Einverständnis mit den Prinzipien der Konferenz schriftlich erklärten.

Die Konferenz fasste vier Resolutionen (²). Die erste fordert, dass die « national-kulturelle Freiheit » als ein « ethisches Prinzip für die Völkerbeziehungen » anerkannt und in positiven Rechtsnormen durchgeführt werde. Die zweite Resolution verlangt, dass jede nationale Volksgruppe berechtigt sein solle, in eigenen öffentlich-rechtlichen Körperschaften territorial oder personell organisiert, ihr Volkstum zu pflegen und zu entwickeln. In dieser

Anm. (¹): Vgl. *Ammende*, Gründe, Richtlinien und Programme für eine Tagung aller organisierten nationalen Gruppen in den Staaten Europas, 1925 (nicht veröffentlicht, zit. nach *Kraus*, Das Recht der Minderheiten, Berlin, 1927, S. 223, Anm. 1); vgl. auch *Levy*, Der Stand der europäischen Minderheitenpolitik, in *Roeseler's* Vierteljahrsschrift für Politik und Geschichte, 1929, S. 119 ff.

Anm. (²): Vgl. die als Manuskript gedruckten Sitzungsberichte, Compte-rendu, S. 78 ff., *Kraus*, a. a. O., S. 224 ff.

Selbstverwaltung sei der Weg zu erblicken, um die loyale Zusammenarbeit von Minderheiten und Mehrheiten reibungslos zu gestalten. Eine dritte Resolution fordert vom Völkerbund die Durchsetzung der in den ersten beiden Resolutionen formulierten Ansprüche, eine vierte dankt allen internationalen Organisationen, die sich mit Minderheitenfragen befassen, und bittet um ihre Mitarbeit für die Zukunft.

Der Inhalt der ersten beiden Resolutionen lässt sich kurz zusammenfassen in den Worten : *Kulturautonomie* und *Loyalität.* Loyalität heisst hier nicht formeller Verzicht auf die Selbstbestimmung, der von keiner Minderheit verlangt oder ausgesprochen wurde und der hier gar nicht rechtswirksam hätte erklärt werden können, sondern Uebereinkunft, dass die Selbstbestimmung nicht Gegenstand der Beschlüsse der Konferenz sein sollte.

Immerhin haben gleich am 15. Oktober 1925 die Delegierten der Ukrainer und der Weissrussen Polens eine Deklaration abgegeben, in welcher sie das freie Selbstbestimmungsrecht und dessen Erörterung durch den Kongress fordern und erklären, bis zur Verwirklichung dieses Wunsches nur als Beobachter am Kongress teilzunehmen ([1]). Aehnliche Deklarationen haben sie auf späteren Konferenzen wiederholt. Auch der Delegierte der litauischen Gruppe in Polen gab eine analoge Erklärung ab. Die grosse Mehrheit der Delegierten vertrat aber kleine oder verstreute Minderheiten, für welche die Selbstbestimmung, die Loslösung aus ihrem derzeitigen Staatsverband, nicht in Frage kommt, während sie an freundschaftlicher Zusammenarbeit mit dem Mehrheitsvolk das grösste Interesse haben. Daher musste auf dieser Konferenz der Gesichtspunkt der Loyalität über jenen der Selbstbestimmung die Oberhand gewinnen und hat sie auch in der Folge stets behalten. Dem haben die Vertreter einiger anderer grosser Minderheiten, zum Beispiel der Deutschen und der Magyaren in der Tschechoslowakei und der Deutschen in Polen, Rechnung getragen, indem sie damals und auf den folgenden Konferenzen ihre Forderung nach Selbstbestimmung zurückstellten und sich an den Arbeiten der Konferenzen beteiligten.

Trotz des Verzichtes der Konferenz auf die Erörterung der Selbstbestimmung nahm der Völkerbund von der an seinem Sitze tagenden ersten Versammlung der Minderheiten keine Notiz und er hielt an dieser Politik auch in der nächsten Zeit fest.

Eine zweite Konferenz hat am 25. und 26. August 1926 in Genf stattgefunden ([2]). Es waren 31 Gruppen aus 14 Staaten vertreten. Bemerkenswert ist besonders das Erscheinen einer katalanischen Gruppe aus Spanien. Der Kongress wiederholte, nachdem er Vorbehalte über die Selbstbestimmung angehört hatte, die zweite Resolution des Vorjahres betreffend Selbstverwaltung und Loyalität und fügte eine Reihe von Beschlüssen zur Durch-

Anm. ([1]) : *Kraus*, a. a. O., S. 224, Anm., (nach Compte rendu, S. 21 ff.)

Anm. ([2]) : Vgl. *Kraus*, a. a. O., S. 248 ff., daselbst weitere Zitate.

führung der Kulturautonomie hinzu. So verlangte er, dass das freie nationale Bekenntnis des Einzelnen die Grundlage der national-kulturellen Selbstverwaltung sein solle. Ferner solle der Staat zu den Kosten dieser Selbstverwaltung im selben Verhältnis wie zum Kulturleben des Mehrheitsvolkes beitragen. Der Kongress fasste eingehende Beschlüsse über die Sprachenfrage, über die Sicherung der wirtschaftlichen Gleichberechtigung der Minderheiten mit dem Mehrheitsvolk, über das Recht auf Staatsbürgerschaft und das Wahlrecht. Weiter behandelte er die Entscheidung von Streitigkeiten zwischen Regierungen und nationalen Gruppen. In dieser Hinsicht bezeichnete er die Regelung durch den Völkerbund als ungenügend und verwies auf die wiederholt von der Interparlamentarischen Union gegebene Anregung auf Einsetzung paritätischer Kommissionen. Der Kongress erinnerte auch an den Beschluss der Völkerbundversammlung vom 21. September 1922 (1) und die darin ausgesprochene moralische Verpflichtung jener Staaten, welche nicht durch Minderheitenschutzverträge gebunden sind, zur Beobachtung der in diesen enthaltenen Grundsätze. Endlich wurde die Abhaltung eines dritten Kongresses beschlossen.

Seitdem sind die Kongresse eine ständige Einrichtung geworden und haben alljährlich in Genf stattgefunden (2). Sie haben sich auf jenen Grundlinien weiterbewegt, welche die ersten beiden Konferenzen vorgezeichnet haben.

Zunächst hatte die Konferenz eine Krise durchzumachen, welche sich an die grundsätzliche Frage der Zulassung kleiner und kleinster Gruppen knüpfte. Da die Delegationen der grossen Minderheiten, von denen einige, wie die Ukrainer Polens und die Deutschen der Tschechoslowakei, mehrere Millionen umfassen, ebenso viel Stimme auf der Konferenz haben, wie die kleinsten, so lag es ganz besonders nahe, die Zulassung zur Konferenz durch Festsetzung einer Mindestzahl der vertretenen Minderheit nach unten zu begrenzen. Dies war jedoch nicht geschehen.

Nun fasste der «Gesamtvorstand des friesisch-schleswigschen Vereins» am 8. Oktober 1926 eine Resolution, in welcher er namens der Nordfriesen «Anerkennung als Minderheit im Deutschen Reichsgebiet und Vertretung auf dem Minderheitenkongress» verlangte (3). Der Verein umfasste mehrere hundert Friesen, jedenfalls nur eine kleine Minderheit des friesischen Vol-

Anm. (1) : Journal Officiel, Supplément spécial. Nr. 9, S. 35 ff., oben, S. 314.

Anm. (2) : Vgl. die Publikation : Ausschuss der Europäischen Nationalitätenkongresse. Mitteilungen der Geschäftsführung. Wien, IV, Wiedner Hauptstrasse 16. Ferner jährlich eingehende Berichte in den Zeitschriften: Nation und Staat, Wien, Glasul Minoritätilor, Lugoy (Rumänien), und Die Friedenswarte, Berlin. Insbesondere Nation und Staat, I. Bd., S. 52 ff., 976 ff.; II. Bd., S. 583 ff.; Kulturwehr I. Bd., 1925, S. 321, ff.; II. Bd.. S. 1 ff., 289 ff., 373 ff., 517 ff.; III. Bd., S. 393 ff.; IV. Bd., 475 ff., u. s. w.; vgl. *Wertheimer*, Deutschland, die Minderheiten und der Völkerbund, 1926, S. 104 ff.; *Schiemann*, Die Spaltung im Nationalitätenkongress, Nation und Staat, I. Bd., S. 158 ff.; *Carl Georg Bruns*, Grundlagen und Entwicklung des internationalen Minderheitenrechts, 1929, S. 40 ff.; *Wilfan*, Les minorités ethniques et la paix en Europe, Wien und Leipzig, 1929; derselbe in Glasul minoritätilor, Lugoy (Rumänien), 5. Bd., 1927, S. 341 ff.

Anm. (3) : Vgl. die Zeitschrift: Die Kulturwehr, Berlin, II. Bd, 1926, S. 421, daselbst S. 421-455 eine Reihe von Artikeln zu der Frage.

kes. Die Mehrheit der Friesen protestierte, da sie sich in der Majorität als zur deutschen Kultur gehörig und dem deutschen Volkstum eingeordnet empfinde und lehnte es ausdrücklich ab, als nationale Minderheit betrachtet zu werden (1). Es kam zu sehr heftigen Auseinandersetzungen auf der III. Konferenz, welche vom 22. bis 24 August 1927 tagte. Diese beschloss, dass die Friesen im Sinne der Zulassung zum Kongress nicht als Nationalität zu betrachten seien (2). Damit hat die Konferenz implicite wohl auch einen Beitrag zum Begriff der Nationalität im Sinne des von ihr angestrebten allgemeinen Minderheitenschutzes geliefert. Erinnern wir uns hierbei des bereits erörterten (3) esthnischen Autonomiegesetzes vom 5. Februar 1925. Dieses setzt im § 8 als Mindestzahl der Minderheit, welche Anspruch auf Selbstverwaltung hat, die Gesamtzahl von 3,000 fest. Der Beschluss der Konferenz ist allerdings von manchen Seiten bekämpft worden (4). Er hat jedoch bald darauf, bei den preussischen Landtagswahlen vom 20. Mai 1928, eine Bestätigung erfahren. Bei diesen Wahlen haben von 8522 Friesen, unter denen sich 5539 Wahlberechtigte befanden, nur 311 oder 5,6 % der Wahlberechtigten für die nationale Minderheitengruppe gestimmt (5).

Diese Vorgänge sind für den Begriff des Volkes im natürlichen Sinn von grundsätzlicher Bedeutung. Die friesische Sprache ist ohne Zweifel kein Dialekt des Deutschen, sondern eine besondere Sprache. Wir haben hier einen jener Fälle vor uns, in denen eine ethnische und sprachliche Gemeinschaft durch Selbstbestimmung in einer anderen aufgehen will und damit gewissermassen auch auf den Einfluss verzichtet, den sie als nationale Minderheit auf das innerstaatliche Recht gewinnen könnte.

Aus den Verhandlungen der späteren Konferenzen ist vor allem die Kritik hervorzuheben, welche die vierte Konferenz, die vom 29. bis 31. August 1928 tagte, mit bemerkenswerter Einmütigkeit am Versagen des Völkerbundes übte und welche eine nachhaltige Resonanz in der Oeffentlichkeit erfuhr (6). Der Kongress brachte zum Ausdruck, dass das Vertrauen der nationalen Minderheiten, welche 40 Millionen Seelen umfassen, zum Völkerbund als dem Garanten der Minderheitenrechte schwer erschüttert sei. Das weitere Ergebnis war die Ausarbeitung einer Denkschrift an den Völkerbund durch den Ausschuss des Kongresses (7). Diese Schrift ist dem japanischen Botschafter in Paris *Adatci* in seiner Eigenschaft als Berichterstatter des Völkerbundrates am 27. April 1929 überreicht worden (8).

Anm. (1) : Materialien bei *Erler*, Das Recht der nationalen Minderheiten, Münster in Westfalen, 1931, S. 193 ; *Schiemann*, Europäische Gespräche, IV. Bd., 1926, S. 7.

Anm. (2) : Zitate bei *Gerber*, Minderheitenrecht im Deutschen Reich, Berlin, 1929, S. 83 und 54, Anm. 94.

Anm. (3) : Oben, S. 308 ff.

Anm. (4) : z. B. von *Andresen*, Kulturwehr, Berlin, 1929, S. 31 ff.

Anm. (5) : Vgl. die Tabelle bei *Keller*, Die fremdsprachige Bevölkerung in den Grenzgebieten des Deutschen Reiches, Berlin, 1929, S. 46. Vgl. ferner die oben S. 304, Anm. 6, zitierten Angaben im Statistischen Jahrbuch für das Deutsche Reich, Abschnitt XX, Tabelle 2, unter « andere Parteien ».

Anm. (6) : Mitteilungen der Geschäftsführung, September-Oktober 1928, S. 1, 2.

Anm. (7) : Mitteilungen der Geschäftsführung, Sonderausgabe April 1929.

Anm. (8) : Vgl. Mitteilungen der Geschäftsführung, Mai-Juni 1929, S. 7, 8.

Sie beruft sich darauf, dass der Kongress 34 Minderheiten, die zu 12 Volksstämmen und zu 14 Staaten gehören, vertrete. In der Einleitung wird unter anderem betont, dass die Kongressverhandlungen die Erörterung von Grenzveränderungen ausgeschlossen haben. Die Denkschrift stellt die Wichtigkeit und den Ernst des Problems dar, erörtert die Wege zu seiner Lösung und kritisiert eingehend das in Kraft stehende Verfahren. Sie mündet in eine Reihe von Vorschlägen zur Verbesserung des bestehenden Zustandes. Unter anderem fordert sie Oeffentlichkeit des Verfahrens, regelmässige Befragung des Haager ständigen Gerichtshofes und Einsetzung eines besonderen Sachverständigenausschusses beim Völkerbund. Endlich verlangt sie Erfüllung der moralischen Verpflichtung aus dem Völkerbundbeschluss von 1922, wonach auch die vertraglich nicht gebundenen Staaten den Minderheiten den in den Verträgen vorgesehenen Schutz gewähren sollen.

Auf dem V. Kongress (26.-28. August 1929) wiederholte sich die scharfe Kritik am Völkerbund. Der Kongress forderte unter anderem insbesondere die Sicherung der nationalkulturellen und staatsbürgerlichen Rechte der nationalen Minderheiten durch einen verpflichtenden Grundsatz der europäischen Rechtssatzung und die Schaffung einer ständigen Institution für Minderheitenschutz beim Völkerbund nach Analogie des internationalen Arbeitsamtes.

Während der Vorbereitungen zur VI. Konferenz wurde die Kongressleitung neuerlich vor die prinzipielle Frage der Selbstbestimmung gestellt. Es meldeten sich bei ihr je ein Vertreter der Wallonen und der Flamen in Belgien und legten ihr eine von den Führern ihrer beiderseitigen Organisationen unterzeichnete Vereinbarung über gemeinsame Richtlinien ihrer beiden Bewegungen vor (1). Es handelte sich um Bestrebungen mit weitgesteckten Zielen, die über den Minderheitenschutz hinausgingen und in ihren Konsequenzen zu einer nationalen Teilung Belgiens irgendwelcher Art führen würden. Die Kongressleitung gab daher dem Wunsche, diese Erklärung vor den Teilnehmern der Konferenz bekanntzugeben, nicht nach, weil sie nicht zum Verhandlungsgegenstand gehöre. Aber der Schritt der beiden Organisationen ist dennoch von Bedeutung. Hier zeigt sich eine friedliche, nicht auf gewaltsame Revolution oder Krieg gestützte Bewegung gleichberechtigter, nicht unterdrückter Volksstämme, welche die natürliche Volksgemeinschaft ganz besonders stark betont. Jedenfalls beweist das Vorgehen der beiderseitigen belgischen nationalen, Führer, dass die Genfer Konferenz nicht nur als Schützer von Minderheiten, sondern als das Forum zur Erörterung der nationalen Frage betrachtet wurde. In der Tat wird die Genfer Konferenz nach und nach immer mehr zu einem Kongress

Anm. (1) : Vgl. *Otto Kayser*, Der 6. Europäische Nationalitätenkongress, in Grenzdeutsche Rundschau, Hamburg, VII. Bd., 1930, S. 253.

von Völkern, der den völkerrechtlichen Kongressen von Staaten, wenn auch nicht mit gleicher Macht, doch als selbständiger moralischer Faktor zur Seite tritt.

Von grosser Bedeutung ist gerade unter diesem, wie unter anderen Gesichtspunkten der VI. Kongress, der vom 3. bis 6. September 1930 getagt hat. Ein inoffizieller Vertreter des Völkerbundsekretariats war als Beobachter zugegen. Es waren einige neue Gruppen vertreten, darunter die Basken aus Spanien. Schon in der Eröffnungsrede betonte der Vorsitzende *Wilfan*, dass es Aufgabe der Konferenz sei, zur Idee von Paneuropa Stellung zu nehmen. Die Zusammenfassung des Kontinentes sei aber nur durch geistige Annäherung möglich. Diese könne nicht nur das Werk von Staaten, sie müsse auch das von Völkern sein. Die Völker als solche müssten Gelegenheit haben, wenigstens in einer kulturellen Organisation als solche hervorzutreten und nicht einfach die anonyme Masse zu bilden. Hier zeigt sich deutlich das Bestreben, die Minderheitenkonferenz zu einem Völkerkongress auszugestalten, der neben die Staatenkongresse träte. Weiter führte der Vorsitzende aus, die überspitzte Auffassung vom Nationalstaat sei überholt und das Nationalitätenproblem lasse sich nicht durch Grenzrevisionen allein lösen.

Sehr beachtet wurde in der breitesten Oeffentlichkeit ein Bericht des Generalsekretärs *Ammende* über die Lage der Minderheiten. In diesem Bericht wurde an der Politik der Staaten und des Völkerbundes sehr scharfe Kritik geübt. Drei Arten von Beeinträchtigungen der Minderheiten seien zu unterscheiden: 1. die offen zugegebene Entnationalisierungspolitik; 2. die praktische Umgehung der Minderheitenrechte bei theoretischer Anerkennung derselben; 3. die Ableugnung einer Volksgruppe. In bezug auf die Praxis des Völkerbundes sprach der Bericht von einem Martyrium der Minderheiten, die von einer verständnislosen Bürokratie als unangenehme Querulanten behandelt werden. Der Bericht über das letzte Jahr verschweige, dass von 57 Petitionen auch nicht eine einzige an den Völkerbundrat gelangt sei.

Bemerkenswert ist ferner eine Rede des Führers der deutschen Minderheit in Polnisch-Oberschlesien, *Ulitz*, über Paneuropa und die Nationalitätenfrage (1). Nach Würdigung der Verdienste *Briands* kritisierte er an dessen Projekt, dass *Briand* sich nicht an die « Völker als Völker » wende, sondern an sie « als Bewohner territorialer Einheiten, als Staaten » (2). Die Vertreter von 35 Millionen Minderheiten wollen die grossen Lücken ausfüllen, die das *Briand*sche Memorandum aufweise. Der bisherige Fehler im Denken der europäischen Staatsmänner liege darin, « dass sie nur an die Staatsgrenzen denken können, während wir, wenn wir heute überhaupt an

Anm. (1): Abgedruckt in Nation und Staat, IV. Bd., 1930, S. 10 ff.

Anm. (2): a. a. O., S. 12.

Europa denken, an Volksgemeinschaften denken müssen» (1). Wenn ein Teil der Bevölkerung eines Staates dauernd in einen Abwehrkampf gezwungen wird, dann müsse auf die Dauer die Staatsidee leiden. Die Konferenz rufe daher den Staatsmännern zu: «auch der Staat und die Auffassungen vom Staate sind von Menschen geschaffene Begriffe und haben deshalb keinen Anspruch auf ewige Geltung und Erhaltung in alle Ewigkeit» (2). Der Kampf der Volksidee gegen die Staatsidee tritt in dieser Rede ganz besonders deutlich in Erscheinung.

Die Konferenz billigte einstimmig einen von einer Kommission ausgearbeiteten Brief an *Briand*. In diesem Brief wird das Interesse der Minderheiten an einer Verständigung der europäischen Staaten betont. Aber da als Träger der Einheit in den Plänen nur *Staaten* betrachtet würden, könnten Millionen von Europäern an der Bewegung nicht teilnehmen. Wolle man Frieden und unzerstörbare Verbindungen schaffen, so müsse jeder Europäer das nationale Leben frei über die Landesgrenzen hinaus mit seinen Volksgenossen pflegen können. Es wird gefordert, dass die europäische Union nicht einzig auf wirtschaftlichen Ueberlegungen und staatlichen Interessen, sondern auf der innigen Zusammenarbeit der Völker beruhen solle.

Der Kongress hat eine Reihe von Resolutionen gefasst. In der III. Resolution fordert er eine zielbewusste Organisierung des kulturellen Wirkens der einzelnen Völker und der internationalen kulturellen Zusammenarbeit. Die IV. Resolution verlangt, «*dass diese Organisation sich auf den Volksgemeinschaften als solchen, also auf den Völkern, jedem in seiner Totalität, ohne Rücksicht auf seine politische Lage, aufbaue*». Die V. Resolution begrüsst es, «*dass bei verschiedenen Völkern sich bereits Ansätze zu einer solchen Organisation zeigen*». Nach der VI. Resolution soll mit der Organisierung der einzelnen Volksgemeinschaften «*eine sie alle umrahmende Organisation entstehen, um das kulturelle Wirken der Völker und ihre Zusammenarbeit auf eine natürliche Grundlage im Geiste wirklicher Gleichberechtigung und gegenseitiger Achtung zu stellen*». Die VII. Resolution gibt der Ueberzeugung Ausdruck, «dass das Nationalitätenprinzip, dem durch die Bildung und Abgrenzung der Staaten nie voll Genüge getan werden kann, *erst durch die Organisierung der Volksgemeinschaften wenigstens in kultureller Beziehung seine Verwirklichung findet*». Erst damit werde die Bedingung für die Versöhnung der Völker und die Vereinigung Europas gegeben sein.

Diese Forderungen, besonders jene der IV. Resolution, bedeuten nichts Geringeres, als *die grundsätzliche Gleichstellung der Volksidee mit der Staatsidee.*

Der VII. Kongress der organisierten Nationalitäten in Europa, welcher vom 29. bis 31. August. 1931 tagte, begrüsste in seiner Eröffnungssitzung mit

Anm. (1): a. a. O., S. 15.

Anm. (2): a. a. O.

besonderem Beifall die katalonische Gruppe; der Präsident Dr. *Wilfan* führte aus, ihr gebühre besondere Anerkennung, weil sie an der gemeinsamen Arbeit festhalte, obwohl sie am Ziel ihrer Bestrebungen angelangt sei. Der Führer der katalonischen Delegation, *Maspons i Anglasell*, erklärte in seiner Antwort, die Delegation werde sich stets an die Seite des Kongresses stellen, um das herrliche Werk zu verfolgen, welches darin bestehe, den Frieden Europas durch die Anerkennung der Rechte der nationalen Gemeinschaften zu sichern. In der weiteren Debatte wies der Katalonier *Masferrer* die zuweilen von Gegnern des Minderheitenschutzes vorgebrachte Behauptung zurück, dass die Arbeit des Kongresses eine « pangermanische » Angelegenheit sei. Sie lasse sich nicht vom Interesse eines bestimmten Staates oder Volkes leiten, sondern von dem der Menschheit und des allgemeinen Friedens.

Der Kongress fasste drei Entschliessungen. In der ersten weist er unter anderem darauf hin, dass den Staaten, mit wenigen Ausnahmen, das Verständnis für das Nationalitätenproblem fehle. Schärfer als je werde die Assimilierungspolitik betrieben. Die Behandlung der Petitionen an den Völkerbund über schwerste Angriffe gegen Leben und Eigentum habe bei den Betroffenen das Vertrauen in seinen Schutz erschüttert. Das Präsidium werde daher beauftragt, dem Völkerbund den Ernst der Lage vorzustellen. Die zweite Resolution fordert auf Grund eingehender Berichte der verschiedenen Minderheiten aus Esthland über die günstigen Erfahrungen, die mit dem Gesetz über die Kulturautonomie gemacht worden sind, der Völkerbund möge die Anwendbarkeit der in Esthland bewährten Kulturautonomie in anderen Staaten prüfen und die geeigneten Schritte unternehmen, um die Erfahrungen Esthlands für die Lösung des gesamten europäischen Nationalitätenproblems fruchtbar zu machen. Die dritte Resolution spricht aus, die materielle Abrüstung könne nicht ohne gleichzeitige moralische Abrüstung durchgeführt werden, diese aber müsste vor allem in einer befriedigenden Lösung der Nationalitätenfrage bestehen. Erst diese Lösung wäre eine wirkliche Sicherung des Friedens.

Die Stimme, die der Kongress erhoben hat, ist von sehr grossem Gewicht. Etwa 30 bis 35 Millionen waren auf seinen letzten Tagungen vertreten. Aber noch viel grösser ist bei vielen Völkern die Zahl der Volksgenossen im Mutterland, die sich mit den Wünschen ihrer konnationalen Minderheiten draussen solidarisch fühlen. *Durch den Kongress spricht demnach ein erheblicher Teil Europas.* Man kann sagen, in seinen grundsätzlichen Aussprüchen, wie der Forderung der Kulturautonomie, der Verurteilung der Assimilationspolitik, der Kritik am Völkerbund, der Forderung nach Organisation der Völker ohne Rücksicht auf den Staatsverband, dem Hinweis auf die Abhängigkeit der Abrüstung von der Lösung der nationalen Frage, *regt sich das Gewissen eines grossen Teils von Europa.*

Neben dieser grossen Bedeutung des Genfer Nationalitätenkongresses tritt alles andere, über das hier noch zu berichten ist, verhältnismässig weit zurück. Dennoch sind auch viele andere Stimmen, die sich für die Idee des Volkes erhoben haben, von Interesse.

In erster Linie seien hier die *wissenschaftlichen Gesellschaften* genannt. Die oben im ersten Teil dieser Arbeit bereits erwähnten Gesellschaften ([1]) haben sich überwiegend auch mit der Idee des Volkes und der nationalen Frage befasst.

So hat vor allem das *Institut de Droit International* den Schutz der Minderheiten zum Gegenstand sehr eingehender und wertvoller Arbeiten gemacht ([2]). Insbesondere hat *Mandelstam* als Berichterstatter der 19., später 22. Kommission einen Entwurf eines Vertrags ausgearbeitet, der die bestehenden Minderheitenschutzverträge so wesentlich erweitert, dass er als « Déclaration des États sur l'autonomie personnelle des minorités de race, de langue ou de religion » bezeichnet wird ([3]). Der Entwurf gewährt den Angehörigen der Minderheiten im Art. 7 ein Recht auf Kulturautonomie mit den Worten : « Les ressortissants de l'État appartenant à des minorités ethniques, de religion ou de langue ont le droit de gérer leurs intérêts culturels, confessionnels et sociaux, sur la base de l'autonomie personnelle, par des organes représentatifs, dans les limites fixées par les lois de l'État ». Auch im übrigen geht er über die Minderheitenschutzverträge weit hinaus, so in ausführlichen Bestimmungen über die Gleichheit in verschiedenen Richtungen (Art. 3), über das Sprachenrecht (Art. 4), über das Schulrecht (Art. 5, 6) u. a. Auch enthält der Entwurf eine Bestimmung über ein Recht für jedermann («toute personne physique ou morale»), an den Völkerbund Petitionen zu richten (Art. 12) und über das Verfahren des Völkerbundes (Art. 12 ff.).

Auf Grund dieses Entwurfes hat die XXII. Kommission einen Vertragsentwurf ausgearbeitet, und dem Institut vorgelegt ([4]), welcher zwar gegenüber jenem *Mandelstam's* abgeschwächt ist, aber doch weit über die Minderheitenverträge hinausgeht. So ist es nach Art. 5 den Angehörigen der Minderheiten gestattet, « de gérer leurs intérêts par des organes représentatifs dans les limites fixées par les lois de l'État ». Die so organisierten Minderheiten haben ein direktes Besteuerungsrecht gegenüber ihren Angehörigen (Art. 6). Ferner gewährt Art. 10 jeder «association de personnes» ein Recht, an den Völkerbund in Minderheitensachen zu petitionieren. Weiter enthält der Entwurf Verfahrensvorschriften für den Völkerbund (Art. 10 ff.).

Ausserdem hat die Kommission dem Institut vorgeschlagen, dieses möge allen Staaten empfehlen :

Anm. ([1]) : Oben S. 163 ff.
Anm. ([2]) : Annuaire de l'Institut de Droit International, 1925, S. 246 ff., 1928, S. 275 ff., 1929, I. Bd., S. 715 ff., II. Bd., S. 110 ff., 1931, I. Bd., S. 514 ff., II. Bd., S. 94 ff.
Anm. ([3]) : a. a. O., 1928, S. 298 ff.
Anm. ([4]) : a. a. O., 1929, I. Bd., S. 718 ff.

« De reconnaître le principe de la protection des minorités comme un principe juridique liant toutes les nations civilisées et faisant partie du droit international positif,

De régler la protection des minorités respectives par la voie d'une convention générale ».

Das Institut hat ferner auf seiner Tagung in New York, gleichfalls auf Grund eines von *Mandelstam* herrührenden Entwurfs (1), eine «Déclaration des droits internationaux de l'homme » angenommen (2), die im Art. 3 die Freiheit des Sprachgebrauchs für das Individuum und im Art. 4 die Gleichheit der Individuen ohne Unterschied der Rasse und Sprache fordert.

Auf der Tagung des Instituts zu Cambridge, Juli und August 1931, lag abermals ein Bericht *Mandelstam's*, diesmal über die Prinzipienfragen, vor (3). Denn das Büro des Instituts war der Meinung, « qu'il serait préférable que la discussion se portât d'abord sur l'établissement des grands principes qui devraient régir la matière—une discussion qui—vu le caractère extrêmement délicat du sujet — ne serait suivie d'aucun vote » (4). Diesem Beschluss gemäss fand in der Plenarsitzung vom 30. Juli auf Grund eines Referates des Berichterstatters eine Debatte über die Prinzipienfragen statt (5). Sowohl der Bericht *Mandelstam's*, als die Debatte sind sehr beachtenswert.

Auch die *International Law Association* hat die Minderheitenfrage wiederholt zum Gegenstand ihres Studiums gemacht (6). Bemerkenswert sind namentlich fünf Resolutionen der Wiener Tagung 1926, welche sich auf eine Verbesserung des Verfahrens des Völkerbundes beziehen und deren vierte dem Völkerbundrat vorhält, er habe « insuffisamment fait usage de la Cour Permanente de Justice » (7).

Die *Interparlamentarische Union* hat sich mehrfach eingehend mit der nationalen Frage befasst (8). Insbesondere hat sie auf ihrer 21. Konferenz zu Kopenhagen am 17. August 1923 eine « Déclaration des droits et devoirs des minorités» angenommen (9), die sich zwar an die bestehenden Schutzverträge anschliesst, aber doch in einigen Punkten über sie hinausgeht. So wird im Punkt II freies nationales Bekenntnis gefordert und im Punkt IV die Schaffung paritätischer, aus Vertretern der Mehrheit und der Minderheit

Anm. (1) : a. a. O., 1928, S. 275 ff., insb. S. 291, 292; 1929, I. Bd., S. 716 ff.

Anm. (2) : a. a. O., 1929, II. Bd., S. 110 ff.; Vgl. insb. *Mandelstam*, Der internationale Schutz der Menschenrechte und die New Yorker Erklärung des Instituts für Völkerrecht, in der Zeitschrift für ausländisches öffentliches Recht und Völkerrecht, II. Bd., 1. Teil, S. 368 ff.

Anm. (3) : Annuaire de l'Institut de Droit International, 1931, I. Bd., S. 514 ff.

Anm. (4) : a. a. O., II. Bd., S. 94.

Anm. (5) : a. a. O., S. 94 ff.

Anm. (6) : Vgl. insb. The International Law Association, Report of the thirty-fourth Conference, Wien 1926, S. 311 ff. und Report of the thirty-sixth Conference, New York, 1930, S. 287 ff. Vgl. ferner insb. *Loewenfeld*, Die Behandlung des Minderheitenschutzes auf der Konferenz der International Law Association in New York 1930, in Nation und Staat, 4. Bd., S. 246 ff.

Anm. (7) : Ebenda, 34. Konferenz, S. 348, 349, 36. Konferenz, S. 291.

Anm. (8) : Union Interparlamentaire. Compte rendu de la .....ème Conférence etc., Genf, insb. 1922, S. 454 ff., 1923, S. 376 ff., 1926, S. 259 ff. u. s. w.

Anm. (9) : Compte rendu de la XXI. Conférence interparlamentaire tenue à Copenhague du 15 au 17 août 1923, S. 367.

bestehender Kommissionen im Verwaltungssystem. Eine beigefügte Resolution verlangt die Verallgemeinerung des Minderheitenschutzes.

Auf ihrer Tagung in Washington-Ottawa 1925 hat die Union nochmals das Institut der paritätischen Kommissionen empfohlen. Hier lag ihr ferner eine ausführliche, namens der Subkommission für Minderheitenfragen von *Studer* verfasste Denkschrift (1) vor, welche in einem Resolutionsentwurf gipfelt. Dieser wurde 1929 von der Plenarkommission angenommen und führte zu drei Entschliessungen der Interparlamentarischen Union auf ihrer XXVI. Konferenz zu London, 16. bis 22. Juli 1930. Die erste Entschliessung erinnert an die Resolution von Kopenhagen und befürwortet die Ausdehnung des Minderheitenschutzes auf alle Staaten. Die zweite tritt für eine Verbesserung des Verfahrens des Völkerbundes ein. In der dritten Resolution erklärt die Union, ihren ganzen Einfluss ausüben zu wollen, damit durch die staatliche Gesetzgebung die Gleichheit und die freie nationale und kulturelle Entwicklung der Minderheiten im Sinn der Resolution von Kopenhagen gesichert werde.

Die *Union Internationale des Associations pour la Société des Nations* (2) hat sich zuerst auf ihrer III. Konferenz, die in Brüssel vom 1. bis 3. Dezember 1919 tagte, und dann seit der V. Konferenz, die vom 6. bis 10. Juni 1921 in Genf abgehalten wurde, regelmässig mit dem Minderheitenproblem befasst (3) und viele wertvolle Verbesserungsvorschläge beschlossen. Zum Studium der Minderheitenfragen besteht eine ständige Kommission. In der I. Resolution der VII. Konferenz, Wien, 23. bis 27. Juni 1923, forderte die *Union Internationale des Associations pour la Société des Nations* Ausdehnung des Minderheitenschutzes durch weitere partikulare Verträge. Diesen Wunsch hat sie später mehrfach wiederholt, so auch auf der vierzehnten Konferenz, 5. bis 9. Juni 1930, in Genf, durch Berufung auf den Völkerbundratsbeschluss vom 21. September 1922 (4). Hervorzuheben ist die III. Resolution der zehnten Tagung zu *Aberystwyth*, 29. Juni bis 3. Juli 1926 (5). Hier wendet sich die Union scharf gegen die Versuche der Assimilation (« traitements dont l'objet serait de les absorber contre leur gré dans la nationalité de la majorité »).

Am 20. Februar 1929 wurde in Berlin die « *Deutsche Gesellschaft für Nationalitätenrecht* » gegründet, welche sich nach § 2 ihrer Satzung « die Förderung von Forschungen und Veröffentlichungen auf dem Gebiete des Rechts der nationalen Minderheiten » zur Aufgabe macht und bereits eine Reihe wertvoller Publikationen herausgegeben hat.

Bemerkenswert ist ferner eine Konferenz, welche das *Royal Institute of International Affairs* im Juni 1930 in London unter dem Vorsitz von

Anm. (1) : Quellenangaben in Staat und Nation., II. Bd., S. 763.

Anm. (2) : Oben S. 165; ausführliche Zitate bei *Kraus*, a. a. O., S. 245, Anm. 1.

Anm. (3) : Zitate bei *Kraus*, a. a. O., S. 246, 247, Anm.

Anm. (4) : XIVe Assemblée Plénière, 1930, S. 98.

Anm. (5) : Dixième Assemblée, Aberystwyth, 29 juin-3 juillet 1926, S. 57.

Dickinson veranstaltet hat. An einen Vortrag des Generalsekretärs des Genfer Nationalitätenkongresses, *Dr. Ammende,* knüpfte sich eine Diskussion, die auch im Ausland sehr beachtet und in der internationalen Presse kommentiert worden ist (1).

Zu den Studien dieser und anderer Gesellschaften tritt noch eine sehr reiche und immer rascher anwachsende Literatur (2), die sich überwiegend nicht auf juristische Deduktionen de lege lata beschränkt, sondern die an der Fortbildung des internationalen und innerstaatlichen Nationalitätenrechtes und so an der Entwicklung der Idee des Volkes und an dem Einfluss des internationalen auf das innerstaatliche Recht mitarbeitet.

Versuchen wir das Gesagte abschliessend zu überblicken, so können wir feststellen, dass sich die Idee des Volkes seit dem Weltkrieg in der öffentlichen Meinung nach und nach immer mehr Verständnis, Interesse und Sympathie erobert hat. Ohne Zweifel ist ein Umwälzungsprozess im Rechtsgefühl der Menschen im Gange, und es sind alle Anzeichen dafür vorhanden, dass er noch lange nicht beendet ist. *Je mehr Geltung sich aber die Idee des Volkes im Rechtsgefühl und Gewissen der Welt erobert und demgemäss die Idee der Staatssouveränität zurücktritt, desto stärker muss auch in allen Gebieten, die irgendwie mit der nationalen Frage zusammenhängen, der Einfluss des internationalen auf das innerstaatliche Recht werden.*

Anm. (1) : Nation und Staat, 3. Bd., S. 732. *Anm.* (2) : Oben S. 270.

III. TEIL.

DAS WELTGEWISSEN.

1. Die Grundlagen des Rechts.

In den ersten beiden Teilen dieser Arbeit haben wir die *Tatsachen,* insbesondere die tatsächlich vertretenen Anschauungen über den Staat und das Volk kennen gelernt, aus denen sich ein Wandel der Ideen und ein Einfluss des internationalen auf das innerstaatliche Recht ergibt. Dagegen ist es die Aufgabe dieses dritten Teiles, das dort gesammelte Material an Tatsachen zu *deuten* und die gewonnene Erkenntnis in das Ganze einer philosophisch-juristischen *Weltanschauung* hineinzuarbeiten, soweit dies in der Sphäre objektiver wissenschaftlicher — wenn auch in gewissen letzten Voraussetzungen hypothetischer — Erkenntnis ohne dogmatische Hereinziehung subjektiv bedingter, metaphysischer oder religiöser Glaubenssätze über Wert und Unwert der Staats und Volksidee möglich ist.

Um in bezug auf so schwierige, so komplizierte und so oft politisch missbrauchte Begriffe wie Recht, Staat, Volk, Souveränität, vor allem aber in der Frage nach einem Weltgewissen, auf dem der Wandel der Ideen beruht, Klarheit zu gewinnen, ist es unerlässlich, *bis zu den letzten obersten Voraussetzungen unseres Denkens zurückzugehen.* Sonst besteht die Gefahr, dass Unklarheit in den Prämissen zu Unklarheiten in den Schlussfolgerungen führt und die Ergebnisse, um derentwillen das ganze Tatsachenmaterial gesammelt worden ist, in Frage gestellt werden. Ich muss daher hier etwas weiter auf allgemeinste und letzte Grundprobleme zurückgehen, als es vielleicht auf den ersten Blick für die Beantwortung der gestellten Fragen notwendig erscheinen könnte. Erst das weitere Fortschreiten der Untersuchung, besonders die Zusammenfassung im letzten, vierten Abschnitt: «Das Weltgewissen», wird dieses Vorgehen rechtfertigen.

Die letzten, obersten Denkvoraussetzungen, deren Erörterung wir bei einer Untersuchung, die es mit Staat, Volk, Recht, Sittlichkeit, individuellem und Weltgewissen zu tun hat, nicht umgehen können, sind: erstens, die Unterscheidung zwischen *formaler* und *materialer* Erkenntnis und zweitens, innerhalb der materialen Erkenntnis, jene zwischen *Wirklichkeit* und *Wert* oder *Sein* und *Sollen.* Die Arten der Erkenntnis, die sich aus diesen Unterscheidungen ergeben, die erkenntnistheoretisch-logische, die wirklichkeits- (seins-) wissenschaftliche und die wertwissenschaftliche (imperativische, normative), müssen scharf auseinandergehalten werden, sonst sind die schwersten Fehler der Vermengung der Methoden unvermeidlich. Man muss aber auch die Punkte zu finden trachten, wo die getrennten Gebiete zusammenhängen, sonst hat man «die Teile in seiner Hand, fehlt, leider! nur das geistige Band».

Jene beiden Paare von Gegensätzen sind der Menschheit seit dem Altertum geläufig, wenn auch nicht in voller Klarheit und Folgerichtigkeit. Schon die griechische Philosophie baute auf sie ihre Dreiteilung der Wissenschaften in «Logik», «Physik» und «Ethik» auf und zwar auf den ersten jener Gegensätze die Gegenüberstellung von «Logik» einerseits und «Physik» und «Ethik» anderseits, auf den zweiten Gegensatz die Gegenüberstellung von «Physik» und «Ethik». Doch stimmten die Abgrenzungen nicht mit den heute üblichen überein, waren auch zum Teil nicht klar und folgerichtig. So umfasste zum Beispiel die «Ethik» auch soziologische, also wirklichkeits-, nicht wertwissenschaftliche Ueberlegungen über Sittlichkeit, Recht und Staat, und die Erkenntnistheorie als besondere Formalwissenschaft hat sich erst in der Neuzeit von der Metaphysik und den materialen Naturwissenschaften abgegrenzt.

Es würde zu weit führen, wenn hier auf das Problem der Einteilung der Wissenschaften ausführlich eingegangen werden sollte. Hier genügt uns das Folgende als Ausgangspunkt.

Wir pflegen die Wissenschaften in «*formale*» und «*materiale*» einzuteilen. Die ersteren haben das Erkennen und Denken selbst zum Gegenstand, umfassen also die Erkenntnistheorie und die Logik. Alle übrigen Wissenschaften, die materialen, haben einen anderen Gegenstand. Sie werden nach diesem Gegenstand wieder eingeteilt in «*Wirklichkeits*»- und «*Wertwissenschaften*».

Hierbei sind die Worte Wirklichkeit und Wert nicht in ihrem weitesten, sondern in einem engeren Sinn gebraucht. Denn «Wirklichkeit» im weitesten Sinn umfasst alles, auch die Welt des Formalen und jene der Werte. Ebenso spricht man von einem Wahrheits-«Wert», obwohl dieser in den Formalwissenschaften seinen Platz findet, und Naturwissenschaften und Wirtschaftswissenschaften behandeln in verschiedener Bedeutung «Werte» als Ergebnisse kausalen Geschehens, als Gegebenheiten der «Wirklichkeit».

Bei der Gegenüberstellung von Wirklichkeit und Wert oder Sein und Sollen bedeutet «Wert» oder «Sollen» eine letzte, uns gegebene und nicht weiter ableitbare Form unseres Erkennens, einen eigenartigen Inhalt subjektiven Erlebens, wonach etwas als «wertvoll» erscheint oder sein «soll». «Wirklichkeit» oder «Sein» ist dann alles, was *ausserhalb* dieses besonderen Erlebnisinhaltes existiert. Die «Wirklichkeit» oder das «Sein» in diesem Sinn umfasst also *Tatsachen* und *Kausalzusammenhänge.* Dagegen

« Wert » oder « Sollen » sind ein mit nichts weiter vergleichbarer und nicht weiter erklärbarer Inhalt unseres tatsächlichen seelischen Erlebens, und dieser Inhalt besteht eben darin, dass wir irgendwelchen wirklichen oder gedachten Tatsachen und Kausalzusammenhängen, irgend einem « Sein », irgendeiner Wirklichkeit der äusseren oder inneren Erfahrung, die Form des Wertes oder Unwertes, des Sollens oder Nichtsollens geben.

Staat, Volk, Recht, Sittlichkeit, die Probleme, mit denen wir es hier zu tun haben, gehören sowohl der Welt der Wirklichkeit, als jener der Werte in dem erörterten Sinn an. Daher ist die Vermengung der beiden Betrachtungsweisen eine stete Quelle wissenschaftlicher Irrtümer und politischen Missbrauchs gewesen.

Schon die Ethik der alten Griechen, welche Sittlichkeit, Recht und Staat behandelte, hat bei der Untersuchung dieser ihrer Objekte die Trennung zwischen dem Sein und dem Sollen nicht scharf durchgeführt. Die Ethik stellte zwar Werte dar, sie betraf etwas, was sein « soll »; aber sie wurde im allgemeinen eudaimonistisch begründet, mithin in der Regel auf Tatsachen und Kausalzusammenhänge zurückgeführt. In der Unterscheidung zwischen dem φυσει und dem νομῳ δικαιον, dem natürlich Gerechten und dem Gesetzmässigen, wurden zumeist sowohl auf der Seite der φυσις als auf jener des νομος Tatsachen und Kausalgesetze zu obersten Prämissen der Deduktion gemacht. Die Ethik der Alten war also gleichzeitig und ungetrennt *wirklichkeits*wissenschaftliche (soziologische) und *wert*wissenschaftliche (imperativische, normative) Ethik, Rechts- und Staatsphilosophie. Sie glaubte aus der Wirklichkeit Werte, aus dem Sein ein Sollen ableiten zu können, ohne im allgemeinen die erkenntnistheoretische Berechtigung einer solchen Ableitung zu prüfen, jedenfalls, ohne diese Berechtigung erweisen zu können.

Die Gesichtspunkte der Griechen sind zwei Jahrtausende hindurch für das Denken der Menschen entscheidend geblieben. Zwar haben die römischen Juristen die Technik der Jurisprudenz als einer *normativen* Disziplin ausgebaut. Aber zu einer klaren Erkenntnis des Gegensatzes von Sein und Sollen und zu einer Auseinanderhaltung der wirklichkeitswissenschaftlichen und der wertwissenschaftlichen Methode konnten sie nicht gelangen, weil ihnen das philosophische Interesse fehlte. So begnügten sie sich damit, positives römisches Recht zu treiben und warfen das Problem seiner Geltung, die Frage, *warum* es verbindlich sei, im allgemeinen gar nicht oder doch in unzureichender Weise auf. Letztlich ruhte es für sie auf der Macht des Imperium Romanum, also auf Tatsachen, auf einem Sein, und die Frage, wie man aus einem Sein ein Sollen ableiten könne, lag ganz ausserhalb ihres Gesichtskreises. Für das römische Recht, im Verhältnis zu den Rechtsanschauungen anderer Völker, galt einfach der Satz: sic volo, sic jubeo, was andere dazu sagten, kümmerte die römischen Juristen nicht. Sie haben damit die Grundlage zum modernen juristischen Positivismus und zum Dogma von der Souveränität des Staates gelegt.

Das philosophische Denken des Mittelalters war viel zu sehr dogmatisch gebunden und viel zu wenig erkenntnistheoretisch interessiert, um den Unterscheidungen zwischen formaler und materialer Erkenntnis und zwischen Wirklichkeit und Wert gerecht werden zu können. Die Frage nach der Berechtigung der Erkenntnis trat gegenüber dem Glauben zurück. Wenn alles, Erkennen, Sein und Sollen, auf dem göttlichen Willen im Sinne des christlichen Dogmenglaubens und die Erkenntnis des Seins und des Sollens in ersten Linie auf der Offenbarung beruht, so sind jene Unterscheidungen ja auch nicht von so grundlegender Bedeutung, wie für ein von Glaubensdogmen nicht abhängiges Denken.

Auch die Ethik und Rechtsphilosophie der Neuzeit stand zunächst auf den Fundamenten des antiken und mittelalterlichen Denkens. Vielleicht darf man *Shaftesbury* als den ersten bezeichnen, der die Eigenart des sittlichen Werturteils im Gegensatz zum Urteil über das Sein oder Geschehen erfasst hat, so schon in seinem Jugendwerk An Inquiry concerning virtue ([1]). Aber er gelangt sofort zum Problem des harmonischen Weltganzen und meint, wenn das Weltall ein Ganzes, ein System aller Dinge darstelle, so könne es kein einzelnes Wesen oder System geben, das in diesem allgemeinen System des Universums nicht entweder gut oder böse wäre ([2]). Gut und böse sind die Triebe je nach ihrer Zweckmässigkeit oder Zweckwidrigkeit für das Universum ([3]). So rinnen Sein und Sollen doch wieder überall ineinander, vermöge eines Begriffs der Harmonie, der Zweckmässigkeit für das Weltganze, der beides zugleich ist.

Erst *Kant* hat klar erkannt, dass die Gegensätze zwischen dem Formalen und dem Materialen und innerhalb des Materialen zwischen dem Sein und dem Sollen *nicht weiter ableitbare Gegensätze von ursprünglichen, obersten Formen unseres Denkens sind.* Er hat dem Sollen insbesondere einen Abschnitt in seinem theoretischen Hauptwerk, der Kritik der reinen Vernunft, gewidmet ([4]) und hier den Gegensatz zwischen den Kausalgesetzen der Natur und den Gesetzen des Sollens klargelegt. «Das Sollen» sagt er hier «drückt eine Art von Notwendigkeit und Verknüpfung mit Gründen aus, die in der ganzen Natur sonst nicht vorkommt» ... «Es ist unmöglich, dass etwas darin anders *sein soll,* als es... in der Tat ist ; ja das Sollen, wenn man bloss den Lauf der Natur vor Augen hat, hat ganz und gar keine Bedeutung. Wir können gar nicht fragen : was in der Natur geschehen soll ; ebenso wenig als : was für Eigenschaften ein Zirkel haben soll, sondern, was darin ge-

Anm. ([1]) : An Inquiry concerning virtue, in two discourses, London, 1699, insb. I. Buch, II. Teil.

Anm. ([2]) : Insb. ebenda, Abschnitt 1.

Anm. ([3]) : Ebenda, Abschnitt 1 ff.

Anm. ([4]) : Kritik der reinen Vernunft, Riga, 1781, 2. Aufl., Riga, 1787, I., Transzendentale Elementarlehre, II. Teil, II. Abt., II. Buch, II. Hauptstück, IX. Abschnitt, Erläuterung der kosmologischen Idee einer Freiheit in Verbindung mit der allgemeinen Naturnotwendigkeit, Originalausgabe, S. 570 ff.

schieht, oder welche Eigenschaften der letztere hat. Dieses Sollen nun drückt eine mögliche Handlung aus, davon der Grund nichts anderes, als ein blosser Begriff ist ... » ([1]). Diese Abgrenzung zwischen dem Sein und dem Sollen hat *Kant* zur Grundlage seines ganzen Systems und insbesondere seiner Unterscheidung zwischen der theoretischen und der praktischen Philosophie gemacht ([2]). Die « theoretische Erkenntnis » erkennt, « was *da ist* », vermöge der « praktischen » stelle ich mir vor, « *was da sein soll* » ([3]). Das Gebiet des Praktischen, des Sollens, umfasst danach die «Tugendlehre» und die «Rechtslehre » ([4]).

Kant hat mit der scharfen Auseinanderhaltung der kausalen und der imperativischen Betrachtungsweise, des Seinsurteils und des Werturteils, die Basis geschaffen, von der allein Klarheit in den Problemen gewonnen werden kann, mit denen es die Geistes- oder Kulturwissenschaften zu tun haben. Der Gegensatz zwischen den beiden Arten von Urteilen ist für unser Denken grundlegend. Er beherrscht daher in steigendem Masse unsere oberste Einteilung der Wissenschaften. Wir unterscheiden heute innerhalb der materialen Wissenschaften die Wirklichkeits- und die Wert-, Norm- oder imperativischen Wissenschaften. Die ersteren fragen, was ist, die letzteren, was soll sein.

Ethik und Rechtswissenschaft gehören beiden Gebieten an. Zum Teil behandeln sie die bestehenden Sitten und Rechtseinrichtungen kausal, beschreibend und erklärend, historisch, psychologisch, soziologisch. Zum Teil aber fragen sie : was soll ich tun, was bin ich verpflichtet zu tun? Wir sprechen dann von imperativischer oder normativer Ethik und Rechtswissenschaft. Die Juristen nennen die imperativische Behandlung des Rechtes mit Vorliebe die dogmatische. Imperativisch oder dogmatisch arbeitet im allgemeinen die Praxis der Gerichte und Behörden im internationalen und innerstaatlichen Recht, ebenso argumentieren in der Regel die rechtsuchenden Parteien, die Rechtsanwälte und die juristische Literatur, soweit die letztere auf praktische Anwendung abzielt. Denn in allen diesen Fällen will man meist nicht Tatsachen beschreiben oder kausal erklären, sondern die Frage beantworten : was soll geschehen, was ist recht oder unrecht?

Auch die Probleme, die wir in den ersten beiden Teilen dieser Arbeit kennen gelernt haben, gehören, wie alle ethischen und rechtlichen Probleme, beiden Welten, jener der Wirklichkeit und jener der Werte, an. Das Recht, der Staat, die Souveränität sind, je nach ihren verschiedenen Bedeutungen, ihrem Inhalt nach bald soziologische, bald juristische Begriffe, sie gehören bald der Welt der gesellschaftlichen Tatsachen und Kausalzusam-

Anm. ([1]) : a. a. O., S. 575.

Anm. ([2]) : Vgl. insb. Grundlegung zur Metaphysik der Sitten, Riga 1785, 4. Aufl. 1797, passim ; Kritik der praktischen Vernunft, Riga 1788, passim ; Metaphysik der Sitten, Königsberg 1797, 2. Aufl., 1798 - 1803, passim.

Anm. ([3]) : Kritik der reinen Vernunft, a. a. O., III. Hauptst., VII. Abschnitt, Originalausg., S. 661,

Anm. ([4]) : Vgl. insbesondere Metaphysik der Sitten. Erster Teil, Metaphysische Anfangsgründe der Rechtslehre, Vorrede und Einleitung in die Metaphysik der Sitten, III.

menhänge, bald der Welt der Normen, der Imperative an, sehr oft wird auch beides unklar miteinander vermengt. Aber auch der Begriff des Volkes im « natürlichen », « soziologischen » Sinn, nicht bloss jener des Staatsvolkes, wird seinem *Inhalt* nach zu einem *ethischen* oder *Rechts*begriff, zu einem Begriff aus dem Reich des *Sollens*, zu einem *Wert*, sobald sittliche Forderungen oder Rechtsnormen sich in seinen Dienst stellen. So ist das Volkstum ein Wert im Sinn der Forderung der Selbstbestimmung oder im Sinn der Verträge über den Schutz nationaler Minderheiten.

Alle Begriffe, die ihrem *Inhalt* nach ein Sollen bedeuten, gehören nach ihrer *Entstehung* und ihrer *Wirkung* der *Kausalwelt* an. Sie sind geschichtlich bedingt und nur aus dem Zusammenhang der Geschichte verständlich. Sie beeinflussen das Denken und Handeln der Menschen und sind dadurch wieder, als psychologische Motive, Ursache weiteren geschichtlichen Geschehens. Sie treten ganz besonders sinnfällig als soziale Kräfte auf, wo *Gewalt* zu ihrer Verwirklichung geübt wird, sei es der Zwang zur Durchsetzung des positiven Rechtes, sei es die gewaltsame Verwirklichung eines Ideals, einer Forderung de lege ferenda.

Wir haben in den ersten beiden Teilen einen *Wandel der Ideen* kennen gelernt. Ein solcher Wandel ist ein geschichtlich bedingter *kausaler* Vorgang und daher ohne wirklichkeitswissenschaftliche, historisch-soziologische Betrachtung unverständlich. Aber jener Wandel betrifft Ideen aus der Welt des *Sollens*. Mit wirklichkeitswissenschaftlicher Betrachtungsweise allein kann man das Sollen nicht erfassen, man kann stets nur zu dem Ergebnis kommen, dass etwas *ist* oder *geschieht*, und nie dartun, dass etwas geschehen *soll*. Wenn wir daher den Versuch machen wollen, jene Ideen in ihrem *Inhalt als Sollen*, ihren *wertenden Inhalt*, zu begreifen und gleichzeitig doch ihren in Tatsachen und Kausalzusammenhängen geschichtlich bedingten Wandel zu verstehen, so müssen wir die letzten, nicht mehr weiter ableitbaren Beziehungen zwischen dem Sein und dem Sollen klarzustellen suchen. Sonst bleiben Begriffe wie Recht, Staat, Volk, stets Quellen von methodischen Fehlern und laden zu politischem Missbrauch ein, der Begriff Weltgewissen vollends wird, wie früher einmal der Begriff Naturrecht, zu einem leeren Blankett, das jeder ausfüllen kann, wie er will.

Das grundlegende Problem, zu dem man zurückgehen muss, ist nun das folgende : *Wie beantworten wir die Frage : was soll ich?* Das heisst, mit welchem erkenntnistheoretisch-logischen Recht sagen wir, eine Handlung ist « gut » oder « böse », « recht » oder « unrecht »? Aus welcher ursprünglichen Quelle schöpfen wir das Werturteil, das wir fällen? Welches ist der letzte Grund der Verpflichtung, das Gute oder Rechtsgemässe zu tun und das Böse oder Rechtswidrige zu unterlassen? Wir können kurz sagen : wir suchen den « *Verpflichtungsgrund* », den « *Geltungsgrund* » der Gebote der Sittlichkeit und des Rechtes.

Seitdem die griechischen Philosophen zwischen dem *φυσει* und dem *νομῳ δικαιον*, dem natürlich Gerechten und dem Gesetzmässigen, unterschieden hat, wurde auf die Frage nach dem Geltungsgrund der Normen meist zweierlei Antwort erteilt : man stützte die verbindende Kraft der Normen zum Teil auf allgemein-menschliche Erwägungen der Sittlichkeit und des Naturrechtes, zum Teil auf das nach Zeit und Ort wechselnde gewillkürte, oder, wie man heute sagt, « positive » Recht. Manche Denker suchten nach noch mehr Antworten. Es trat zum Beispiel bei christlichen Autoren das göttliche Recht der Offenbarung neben das Naturrecht und das positive Recht. Später suchte man dann das Naturrecht von der Sittlichkeit, die Naturrechtslehre von der Ethik zu trennen. Man hatte nun, auch abgesehen von allen religiösen Dogmen, drei Sphären des Sollens nebeneinander : die ethische, die naturrechtliche und die positiv-rechtliche. Seit dem Dahinfallen des Glaubens an ein allen Völkern und Zeiten gemeinsames unmittelbar verbindliches Naturrecht ist die Antwort, welche die Wissenschaft auf die Grundfrage nach dem Verpflichtungsgrund des Sollens erteilt, wieder eine *doppelte*: eine *ethische* und eine *juristische*, das heisst nun «positiv»- rechtliche.

Die *Ethik* hat bisher im ganzen dreierlei Antworten auf die Frage nach dem Verpflichtungsgrund sittlicher Normen, also auf die Frage, warum etwas gut oder böse sei, gegeben.

Die *erste* und älteste Antwort geht dahin : gut ist das, was dem *Willen einer Gottheit* entspricht, böse, was ihm widerspricht. Es ist notwendig, sich diesem Willen zu beugen, weil die Gottheit ihm im Diesseits oder im Jenseits mit Belohnungen und Strafen Achtung verschafft. Als Verpflichtungsgrund wird also der Wille der Gottheit und ihre Macht, zu belohnen und zu strafen, betrachtet. Man kann dies die *theologische* Ethik nennen. Sie bildet einen Bestandteil aller Religionen und der Religionsphilosophie aller Konfessionen und wird auch in der Gegenwart von religiös gerichteten Denkern der verschiedensten Konfessionen vertreten. Die theologische Ethik beherrscht auch heute noch die grossen Massen der Menschen, mag der Inhalt dieser Ethik für die verschiedenen Konfessionen auch noch so verschieden sein.

Sobald das Denken der Menschen sich von religiösen Dogmen emanzipierte, und dies war zum erstenmal bei den griechischen Philosophen der Fall, musste es eine *andere* Antwort suchen. Man fand eine solche zunächst in dem Hinweis auf das *Glück*, sei es des Einzelnen, sei es irgend einer Gesamtheit. Gut sei dasjenige, was letztlich für das Glück förderlich oder nützlich ist. Diese Meinung hat auch in späteren Zeitaltern immer wieder Vertreter gefunden. Man spricht von einer *eudaimonistischen* oder *utilitaristischen* Ethik. Die Nützlichkeit oder Schädlichkeit einer Handlung kommt auch in der biologischen Entwicklung der Individuen und der Gattung zum Ausdruck. So gelangte man zu einer *biologischen* und *evolutioni-*

stischen Ethik. Alle diese ethischen Anschauungen mit ihren verschiedenen Spielarten und Kombinationen beruhen auf einer gemeinsamen Grundauffassung. Nützlich und schädlich sind Begriffe aus der Welt der Wirklichkeit, der Tatsachen und Kausalzusammenhänge. Die ethischen Werte werden daher bei allen diesen Ansichten aus Tatsachen und Kausalverknüpfungen, das Sollen aus dem Sein abgeleitet. Oberste Prämisse der ethischen Deduktion bildet nun nicht mehr der Wille einer Gottheit, sondern die Tatsächlichkeit des sozialen Zusammenlebens und die kausale Gesetzmässigkeit, welche dieses Zusammenleben beherrscht. Man kann daher alle Arten dieser Ethik unter dem Namen der *wirklichkeitswissenschaftlichen, kausalwissenschaftlichen* oder *soziologischen Ethik* zusammenfassen. Die meisten von religiöser Dogmatik unabhängigen ethischen Theorien der Gegenwart und wohl auch die grosse Mehrzahl aller Menschen, die sich nicht an Glaubenssätze gebunden fühlen, suchen ihre sittlichen Forderungen soziologisch-eudaimonistisch zu begründen.

Eine *dritte* Antwort, die weder theologisch noch soziologisch ist, hat *Kant* gegeben. Er führt aus, es sei kein Wunder, wenn alle bisherigen Versuche, das Prinzip der Sittlichkeit ausfindig zu machen, haben fehlschlagen müssen : « Man sah den Menschen durch seine Pflicht an Gesetze gebunden, man liess es sich aber nicht einfallen, dass er nur *seiner eigenen* und dennoch *allgemeinen Gesetzgebung* unterworfen sei ». Alle bisherige Ethik musste sich auf ein « Interesse als Reiz oder Zwang » stützen. Damit war « alle Arbeit, einen obersten Grund der Pflicht zu finden, unwiederbringlich verloren. Denn man bekam niemals Pflicht, sondern Notwendigkeit der Handlung aus einem gewissen Interesse heraus » (1). Nach *Kant* tragen wir ein unabhängig von aller Erfahrung gültiges Sittengesetz in uns, das uns unbedingt, kategorisch, seine Befehle erteilt (2). Von diesem Gesetz gilt der Satz, dass wir es «uns selbst und doch als an sich notwendig auferlegen » (3). *Kant* nennt den Grundsatz seiner Ethik « das Prinzip der *Autonomie* des Willens, im Gegensatz mit jedem anderen, das ich deshalb zur *Heteronomie* zähle » (4). Im Sinne dieser Anschauung war alle vorkantische Ethik heteronom.

Die Autonomie unterscheidet nach Kant die Gesetze der Sittlichkeit von jenen des Rechts. Beide sind Gesetze des Sollens, *Kant* nennt beide zusammen « Gesetze der Freiheit » und « zum Unterschied von Naturgesetzen *moralisch* » (5). Er bezeichnet die Rechtsgesetze als « äussere Gesetze (leges

Anm. (1) : Grundlegung zur Metaphysik der Sitten, Akademie-Ausgabe, S. 432, 433.

Anm. (2) : Grundlegung zur Metaphysik der Sitten, passim, insb. 1. Abschnitt, Akademie-Ausg., S. 402 ff., 2. Abschnitt, ebenda, S. 426 ff.; Kritik der praktischen Vernunft, passim, insb. I. Buch, 1. Hauptstück, § 7, Akademie-Ausg., S. 30 ff.; Metaphysik der Sitten, Erster Teil, Einleitung in die Metaphysik der Sitten, II., Akademie-Ausg., S. 215 ff.

Anm. (3) : Grundlegung zur Metaphysik der Sitten, 1. Abschn., S. 401, Anm.

Anm. (4) : Grundlegung, 2. Abschn., S. 433. Vgl. Kritik der praktischen Vernunft, a. a. O., § 8, S. 33 ff., 42 ff. u. a.

Anm. (5) : Metaphysik der Sitten, Erster Teil, Einleitung, I., Akademie-Ausg., S. 214.

externae)». Sie seien entweder natürliche oder positive Gesetze; die ersteren werden «a priori durch die Vernunft», das heisst unabhängig von der Erfahrung, erkannt, positive Gesetze dagegen seien jene, «die ohne wirkliche äussere Gesetzgebung gar nicht verbinden, also ohne die letztere nicht Gesetze sein würden» (1). Im Gegensatz zur Autonomie des Sittengesetzes sind demnach die Rechtsgesetze *heteronom*, hier verpflichtet uns nicht der eigene, sondern ein fremder Wille, jener des Gesetzgebers. Die autonome Ethik grenzt sich demzufolge durch ein neues, der vorkantischen Ethik unbekanntes Merkmal von dem Recht und der Rechtswissenschaft ab.

Die Ethik *Kants* hat sich unter den seitherigen Denkern eine grosse Zahl, wenn auch wohl schwerlich die Mehrzahl, erobert und sie hat, namentlich durch Beeinflussung der protestantischen Theologie, auch auf breitere Massen eingewirkt.

Die Antworten, welche die Ethik auf die Frage nach dem Verpflichtungsgrund gibt, sind demnach drei: die Verpflichtung wird entweder *theologisch* oder *wirklichkeitswissenschaftlich* (*eudaimonistisch-soziologisch*), oder mit der *Autonomie des Sittengesetzes* begründet.

Wie steht es nun mit den Antworten der Rechtswissenschaft?

Solange man ein allgemeinverbindliches *Naturrecht* dem positiven Recht gegenüberstellte, hat man das erstere theologisch oder «rational» begründet. Man verstand unter «rational» die Deduktion mittelst Vernunftspekulation «a priori», unabhängig von der Erfahrung. Aber man entnahm dabei, ohne dass man es merkte, doch irgendwelche Prämissen der Erfahrung, den bedingt allgemeingültig feststehenden Tatsachen und Kausalzusammenhängen des gesellschaftlichen Geschehens. Sonst hätte man ja nie die «Vernünftigkeit», das heisst die Zweckmässigkeit, Nützlichkeit, Angemessenheit u. s. w. des behaupteten Vernunftrechtes allgemeingültig begründen können; denn was für den Menschen oder die menschliche Gesellschaft zweckmässig, nützlich u. dgl. ist, kann nur die Erfahrung lehren. *Die scheinbar «rationale» Begründung des Naturrechtes war daher in Wahrheit eine empirische, wirklichkeitswissenschaftliche, soziologisch-eudaimonistische.* Man kann sagen: *das Naturrecht wurde wie die vorkantische Ethik entweder theologisch oder wirklichkeitswissenschaftlich* (*eudaimonistisch-soziologisch*) *fundiert.* Auch bei *Kant* wird der Inhalt des Naturrechtes, da es heteronom ist, nicht mittelst der Autonomie des Willens, sondern «rational», das heisst vermeintlich «a priori», in Wahrheit aus der Erfahrung abgeleitet.

Was nun das «*positive*» Recht anlangt, so war seine Begründung so lange sehr leicht, als man an ein Naturrecht glaubte. Man stützte das positive Recht auf das Naturrecht. So sagt *Kant*: «Es kann also eine äussere Gesetzgebung gedacht werden, die lauter positive Gesetze enthielte; alsdann aber müsste doch ein natürliches Gesetz vorausgehen, welches die

Anm. (1): Ebenda, IV, S. 224.

Autorität des Gesetzgebers (d. i. die Befugnis, durch seine blosse Willkür andere zu verbinden) begründete» (1). Man kann diese Norm, auf der die Verbindlichkeit des positiven Rechtes beruht, etwa die *Grundnorm* nennen.

Als nun seit dem Beginn des 19. Jahrhunderts, insbesondere unter dem Einfluss der historischen Rechtsschule, die überaus grosse Mehrheit der Juristen den Glauben an ein allgemeingültiges Naturrecht aufgab, fiel die Grundlage fort, auf die man bisher die Verbindlichkeit des positiven Rechtes gestützt hatte. Aber es fehlte auch das philosophische Interesse, um die Frage nach der Verbindlichkeit des Rechtes zu beantworten. Die historische Rechtsschule selbst führte das Recht auf den *Volksgeist* zurück. *Savigny* sagt, was das Recht zu einem Ganzen verknüpft, «ist die gemeinsame Ueberzeugung des Volkes, das gleiche Gefühl innerer Notwendigkeit, welches allen Gedanken an zufällige oder willkürliche Entstehung ausschliesst» (2). Was der Volksgeist sei, das untersuchte man nicht näher, ganz besonders auch nicht, ob er der Geist eines Staats-«volkes» oder eines Volkes im natürlichen Sinn sei. Noch weniger warf man die Frage auf, wieso der Volksgeist dem Einzelnen Pflichten auferlegen könne. An die Stelle der Frage, warum das Recht verbindlich sei, trat die Frage, wie es geschichtlich entstanden sei, an die Stelle des Interesses für den Geltungsgrund das Interesse für den Entstehungsgrund des Rechtes. Man betrieb zur wissenschaftlichen Begründung und Vertiefung des positiven Rechtes nicht Rechtsphilosophie sondern Rechtsgeschichte.

Vor allem stützte sich nun die Rechtswissenschaft auf die römischen Juristen. Auch diese hatten die Frage nach der Verbindlichkeit des Rechtes ignoriert. Sie nahmen die gegebenen Quellen des römischen Rechtes hin, ohne deren verbindliche Kraft zum Gegenstand einer Untersuchung oder gar einer Kritik zu machen.

Nun zeigt sowohl die Rechtsgeschichte als das Studium der jeweiligen Gegenwart, dass dasjenige, was man als positives, als geltendes, als tatsächlich gehandhabtes Recht zu bezeichnen pflegt, im allgemeinen aus zwei Quellen geschöpft wird : aus Gewohnheit und aus gewillkürter Satzung eines staatlichen Gesetzgebers. So unterscheidet die auch heute noch herrschende Lehre der Juristen zwei grundsätzlich koordinierte Rechtsquellen und demgemäss zwei Arten grundsätzlich koordinierten positiven Rechtes : *Gewohnheitsrecht* und *gesetztes Recht.*

Das gesetzte Recht ist im Staate das Gesetz. Im Völkerrecht treten an die Stelle der Staatsgesetze Staatsverträge, im autonomen Kirchenrecht Kirchengesetze. Dazu kommen noch Verträge zwischen Staat und Kirche. Alle diese Quellen sind im Sinne der positivistischen Rechtswissenschaft

Anm. (1) : Metaphysik der Sitten, Erster Teil, Einleitung, IV., Akademie-Ausg., S. 224.

Anm. (2) : Vom Beruf unserer Zeit für Rechtswissenschaft und Gesetzgebung, Heidelberg, 1814, 3. Aufl. 1840, S. 8.

oberste, letzte, nicht weiter ableitbare Quellen, ihre Autorität ist schlechthin gegeben, sie sind Ausfluss der «Kompetenzhoheit», sie sind «souverän».

Manche Autoren wollen das Gewohnheitsrecht auf gesetzliche Gestattung oder Ermächtigung zurückführen, also als selbständige Rechtsquelle nicht anerkennen. Auf Grund dieser Theorie verbieten oder beschränken manche Gesetze die Bildung von Gewohnheitsrecht. Allein die Lehre, welche die verbindliche Kraft des Gewohnheitsrechtes aus dem Gesetz ableiten will, lässt sich nicht aufrechterhalten und ist überwiegend verlassen worden. Jedenfalls kann sie auf frühere Epochen der Rechtsgeschichte keine Anwendung finden. Aber auch gegenüber dem Recht der neueren Zeit und der Gegenwart versagt sie. So wird sie zum Beispiel gewissen Entwicklungen im Staatsrecht, den sogenannten « Verfassungswandlungen », und analogen Vorgängen in anderen Gebieten des Rechtslebens nicht gerecht. Besonders auffällig treten ihre Mängel im Völkerrecht hervor. Denn sie zwingt hier, das anerkannte allgemeine Gewohnheitsrecht, zum Beispiel die Regeln über die Freiheit der Meere oder die Heiligkeit des Gesandten, auf eine Fiktion, nämlich auf stillschweigende Verträge aller Staaten, zurückzuführen. Eine *allgemeine* Betrachtung muss daher das Gewohnheitsrecht als koordinierte Rechtsquelle im Sinne der herrschenden Lehre neben dem gesetzten Recht voraussetzen.

Neben dem Gewohnheitsrecht und dem gesetzten Recht muss aber notwendigerweise noch eine dritte Rechtsquelle angenommen werden. Denn es ist herrschende Meinung, dass in gewissen Fällen Befehle, die sich weder auf Gewohnheit noch auf die Einhaltung der bisher gültigen Gesetzes- oder Vertragsform, sondern lediglich auf die physische Macht des Befehlenden stützen, rechtsverbindlich seien. Es sind die Fälle der Revolution, des Staatsstreichs und des einseitigen zwischenstaatlichen Diktats. Da hier die Ausdrücke Gewohnheitsrecht, Gesetzesrecht, Vertragsrecht nicht passen, spricht man in der Regel von der *normativen Kraft des Faktischen.*

Gewohnheitsrecht, Staatsgesetz, Staatsvertrag, Kirchengesetz, Vertrag zwischen Staat und Kirche und normative Kraft des Faktischen sind demnach die « Quellen » des Rechtes im Sinne der herrschenden positivistischen Rechtswissenschaft. Ebenso sind sie es im Sinne der herrschenden Praxis.

Warum es gerade alle diese und nur diese sind, warum sie verbindlich sind und warum sie sich nicht auf ein einheitliches Prinzip zurückführen lassen, betrachtet der Positivismus als philosophische, als « metajuridische » oder « metajuristische » Fragen, die er nicht lösen kann. Die Frage nach der Verbindlichkeit der Befehle des Verfassungsgesetzgebers in Staat und Kirche oder der vertragschliessenden Staaten (der pacta servanda) im Völkerrecht pflegt die Mehrzahl der Juristen zu ignorieren. Wenn diese Frage dennoch von modernen Positivisten aufgeworfen wird, so bleibt kein anderer Ausweg, als in der Grundnorm, da ihr nun die naturrechtliche Basis fehlt, eine *wissenschaftliche Hypothese* zu sehen, die der Jurist hinnehmen müsse, aber nicht prüfen könne (1). So sagt *Kelsen* : « Die das System der Rechtsordnung begründende Grund- oder Ursprungsnorm hat zu ihrem typischen Inhalt, dass eine Autorität, eine Rechtsquelle eingesetzt wird, deren Aeusserungen als rechtsverbindlich zu gelten haben : Verhaltet euch so wie die Rechtsautorität : der Monarch, die Volksversammlung, das Parlament etc., befiehlt, so lautet — der Deutlichkeit halber vereinfacht — die Grundnorm » (2). « Ueber diese Grundnorm, über diesen Ursprungsrechtssatz kann — voraussetzungsgemäss — nicht weiter hinaus gefragt werden. Gerade in dieser Voraussetzung liegt dasjenige, was man Souveränität der durch die Grundnorm konstituierten staatlichen Rechtsordnung nennt » (3). *Verdross* führt aus : « Der Rechtspositivismus wird also zwar, um sich selbst zu ermöglichen, zur Voraussetzung einer nichtgesetzten Norm gedrängt, diese Norm ist aber für ihn eine bloss zur Begründung des positiven Rechtes nötige *hypothetische Grundlegung*, eine Ursetzung, über die er weiter nichts aussagen kann» (4). Die so vorausgesetzte Grundnorm sei für das Völkerrecht der Satz : pacta sunt servanda (5). *Anzilotti* bezeichnet den Satz pacta sunt servanda als « ipotesi prima e indimostrabile » (6).

Allein kann man denn nun mit dem Hinweis auf die Grundnorm die Frage nach der Verbindlichkeit des positiven Rechtes, wenn auch nur hypothetisch, beantworten? Unter der Voraussetzung der Geltung eines rationalen Naturrechts war diese Frage für das positive Recht zu bejahen. Denn die Grundnorm, wie immer man sie formulierte, bedeutete nichts anderes, als dass das positive Recht sich auf das Naturrecht stütze und von diesem seine verbindliche Kraft ableite. Was bedeutet die Grundnorm aber nach dem Wegfall des Naturrechts?

Zunächst müssen wir fragen, ob die behauptete Grundnorm eine notwendige Denkvoraussetzung, eine unausweichliche Form unseres Denkens darstelle.

Gewiss muss die positivistische Rechtswissenschaft wie jede Wissenschaft mit allgemeinen Denkvoraussetzungen arbeiten, so mit den Anschauungen von Raum, Zeit und Zahl, mit den Denkformen des Unbedingten und Bedingten, des Kategorischen und Disjunktiven (7), des Seins, des Sollens

Anm. (1) : Vgl. *Verdross*, Zum Problem der Rechtsunterworfenheit des Gesetzgebers, Juristische Blätter, Wien, 1916 ; derselbe, Die Verfassung der Völkerrechtsgemeinschaft, Wien und Berlin, 1926, S. 22 und passim ; *Sander*, Die transzendentale Methode und der Begriff des Rechtsverfahrens, Zeitschrift für öffentliches Recht, I. Band, Leipzig und Wien 1919, S. 468 ff. ; *Kelsen*, Das Problem der Souveränität und die Theorie des Völkerrechts, Tübingen 1920, 2., unveränderte Auflage 1928, passim ; derselbe, Allgemeine Staatslehre, Berlin, 1925, S. 99, 104, 105 ; *Anzilotti*, Corso di diritto internazionale, Rom, I. Bd., 3. Aufl., 1928, S. 42, 65 ; derselbe, Lehrbuch des Völkerrechts, Berlin und Leipzig, I. Bd., 1929, S. 32, 50. Vgl. über *Verdross* oben S. 121 ff., über *Anzilotti* oben S. 123, 124, über *Kelsen* oben S. 125, 126.

Anm. (2) : Allgemeine Staatslehre, Berlin, 1925, S. 99.

Anm. (3) : a. a. O., S. 104.

Anm. (4) : Die Verfassung der Völkerrechtsgemeinschaft, S. 22.

Anm. (5) : Vgl. oben, S. 122, 123.

Anm. (6) : Vgl. oben, S. 124.

Anm. (7) : Vgl. meine Aufsätze : « Kategorische und disjunktive Normen », Archiv des öffentlichen Rechts, 34. Bd., S. 162 ff. ; « L'autonomia del diritto », in Studi di diritto pubblico in onore di *Oreste Ranelletti*, Padua, 1931, II. Bd., S. 112 ff. ; « Zur Lehre vom freien Ermessen der öffentlichen Organe », Juristische Blätter, Wien, 60. Bd., 1931, Nr. 16-17.

u. s. w. Aber der Satz, dass im staatlichen Recht die Befehle des Verfassungsgesetzgebers oder im Völkerrecht die pacta der Staaten zu befolgen sind, ist keine blosse Denkform. Er ist ein *Satz,* eine Verknüpfung von Subjekt und Prädikat. Erst die *Art der Verknüpfung* von Subjekt und Prädikat ist eine nicht weiter ableitbare Form unseres Erkennens und Denkens. Es ist die Form des Sollens oder des Wertes. Der Satz ist eine Aussage über ein *Sollen,* ein *Werturteil* oder ein *Imperativ.* Diese drei Arten von Sätzen sind nur sprachlich verschieden, logisch sind sie identisch. Denn die Sätze: « A soll B sein », « Nur ein A, welches B ist, hat Wert » und « Verknüpfe B mit A » drücken in bezug auf das Verhältnis von A und B dasselbe aus. Aber diese Form der Verknüpfung eines beliebigen Subjektes A mit einem beliebigen Prädikat B ist noch nicht die Grundnorm. Die vermeintlichen Grundnormen verknüpfen *bestimmte* Subjekte mit *bestimmten* Prädikaten. Diese Subjekte und Prädikate sind keine Denkformen, nichts Formales, sondern etwas Materiales, aus der Erfahrung Entnommenes.

Daher ist die vermeintliche Grundnorm oder Ursprungsnorm in Wahrheit keine « Grund »-norm, kein « Ursprung », sondern etwas Abgeleitetes, in welchem eine Menge empirisch bedingter Voraussetzungen mitgedacht sind. Wenn *Kelsen* für das staatliche Recht und, auf ihm fussend, *Verdross* für das Völkerrecht, die « Ursprungsnorm » oder Grundnorm als die nicht weiter ableitbare Basis der Rechtsordnung betrachten, so verwechseln sie Materiales mit Formalem, den Erkenntnisgrund mit dem Verpflichtungsgrund. Daher ist es nicht verwunderlich, wenn *Kelsen* die Grundnorm bald als « juristische », bald als « erkenntnistheoretische » Hypothese bezeichnet (1). Was er seiner gesamten Theorie als den Gegensatz von Sollen und Sein zugrundelegt, ist bald die Unterscheidung von Sollen und Sein innerhalb des Materialen, bald jene von Sollen und Erkennen, also von Materialem und Formalem. Daher erklärt *Kelsen,* der « Gesetzgebungstatbestand » sei der « Erkenntnisgrund » des Rechts (2), und *Verdross,* die staatliche Rechtsordnung sei der « Erkenntnisgrund » dafür, ob eine Handlung Staatshandlung sei (3). Es gäbe also eine Erkenntnis, der ein Monarch oder ein Parlament zu befehlen hätte! In Wahrheit handelt es sich um einen *Verpflichtungsgrund,* als welchen die heteronome Rechtslehre den Befehl der im Staate gesetzgebenden Personen auffasst. Ob und wie ich diesen Befehl in seinem wahren Inhalt *erkennen* kann, ist ein ganz anderes Problem; dieses aber haben beide Autoren gar nicht aufgeworfen, sondern sie haben bei ihrer Theorie vorausgesetzt, dass der Inhalt des Befehls erkannt worden sei und schon vollkommen eindeutig und zweifelsfrei feststehe. Aber auch die Frage, woher die gesetzgebenden Personen die Kraft schöpfen, durch ihre

Anm. (1): Vgl. oben, S. 125.
Anm. (2): Hauptprobleme der Staatsrechtslehre, Tübingen, 1911 (2. Aufl., 1923 unverändert), S. 408 mit 406 und mit 97 ff.
Anm. (3): Vgl. oben, S. 121.

Befehle andere Personen zu verpflichten, also die Frage nach dem Geltungsgrund des Rechts, wird, wie bei den anderen Positivisten, nicht geprüft, *Kelsen* lehnt ihre Prüfung ausdrücklich ab (1). Die stete Verwechslung von Erkenntnisgrund und Geltungsgrund hat eine durchgehende Unklarheit und Unfruchtbarkeit des ganzen Lehrgebäudes *Kelsen's* zur Folge, an der auch die Theorie von der Grundnorm krankt. Eine Fülle empirisch bedingter materialer Voraussetzungen hat sich in die vermeintlich oberste formale Denkvoraussetzung eingeschlichen.

Betrachten wir zuerst die Grundnorm des innerstaatlichen Rechtes, jene Norm, welche mir befiehlt, die Gesetze des Monarchen, des Parlamentes u. s. w., kurz desjenigen Organs zu befolgen, welches nach « positivem » staatlichem Recht der Träger der obersten, verfassungsändernden gesetzgebenden Gewalt ist.

Wer ist der Verfassungsgesetzgeber? *Welches* sind seine Befehle? Je nach der Staatsverfassung sind die Erbfolgeordnung der Dynastie, die Bestimmungen über die Grossjährigkeit des Monarchen, das gesamte Wahlrecht für die Wahlen des Staatsoberhauptes und des Parlamentes sowie die Bestimmungen über die Wählbarkeit und über die Annahme, Prüfung, Anfechtung und Nichtigerklärung der Wahl, die Normen über die Ministerernennung und die Kontrasignatur, über die Einberufung und Auflösung des Parlamentes, über die Resignation und die Abberufung all der genannten Organe, über die Geschäftsordnung des Parlaments, über Volksinitiative und Volksabstimmung, über die Gesetzespublikation, über das richterliche Prüfungsrecht in bezug auf die Verfassungsmässigkeit von Gesetzen und vieles andere *schon in dem Begriff : « Gesetze des Verfassungsgesetzgebers » vorausgesetzt und mitgedacht.* Aber die Grundnorm hat auch ein Prädikat : den Gesetzen des Verfassungsgesetzgebers ist *« zu gehorchen »*. Was heisst nun gehorchen? Die ganze Frage der delegierten Gesetzes-, Verordnungs- und Verfügungsgewalt, der Interpretation und der praktischen Durchführung der Rechtsnormen ist hier inbegriffen. Alle diese mitgedachten Voraussetzungen sind der *Erfahrung* entnommen. Den Inhalt eines Wahlrechts, einer Erbfolgeordnung oder eines Gesetzes über die Exekution staatlicher Befehle kann man nicht a priori, durch reine Vernunftspekulaton ermitteln.

Die Normen über die Kompetenz des obersten Gesetzgebers sind demnach ein *kompliziertes System von Imperativen* und nicht nur ein Satz, sie sind *empirisch bedingt* und keine apriorische Denkform.

Analoges wie vom Staats-, gilt vom autonomen Kirchenrecht. Doch ist von diesem hier nicht weiter zu sprechen.

Nicht anders steht es mit der völkerrechtlichen Grundnorm pacta sunt servanda. *Was* sind pacta? *Wer* kann pacta schliessen? Die Normen über

Anm. (1) : a. a. O., S. 352, 353.

das Rechtssubjekt im Völkerrecht mit allen Streitfragen, die sich daran knüpfen, zum Beispiel über die Subjektsqualität völkerrechtlicher Vereinigungen und Zweckverbände von Staaten, kriegführender oder aufständischer Parteien, des Papstes, religiöser Gemeinschaften, privater Individuen, u. s. w., ferner die Regeln über die Voraussetzungen und die Form der Verträge, die Handlungsfähigkeit der Staaten, die völkerrechtlichen Vollmachten der Staatsorgane, die Ratifikation u. s. w. sind im Begriff pacta schon vorausgesetzt. Was heisst sunt servanda? Hier erhebt sich die Frage der Interpretation und der Erfüllung von Verträgen im Völkerrecht, der rechtmässigen Kündigung, der Ehren- und Interessenklausel, der clausula rebus sic stantibus, aber auch die der Anfechtbarkeit und Nichtigkeit einer eingegangenen Verpflichtung und vieles andere. All dies ist in dem Satz pacta sunt servanda enthalten.

Wir gelangen demnach zu dem Ergebnis: die Lehre, dass sich die Geltung des « positiven » Rechtes auf die Grundnorm als auf eine hypothetische allgemeine Denkvoraussetzung stütze, ist abzulehnen. Erstens ist eine Hypothese keine Denkform, sondern etwas Materiales, durch die Erfahrung Bedingtes. Zweitens ist das « positive » Recht nicht von einem einzigen Satz als dem alleinigen Ausgangspunkt der « rechtsdogmatischen» Deduktion der Juristen, als der « Spitze der Rechtspyramide » abhängig, sondern ein Teil der «positiven» Rechtsordnung bedingt den andern; es wäre nicht *eine* Hypothese, sondern ein ganzes kompliziertes System von Hypothesen erforderlich, um die Rechtsordnung hypothetisch zu fundieren.

Allein man muss noch viel weiter gehen. Wenn die Grundlegung bloss hypothetisch ist, so ist alles darauf Erbaute auch nur hypothetisch. Ich behaupte dagegen: *alles Sollen ist unbedingt oder gar nicht.* Dieser Satz, kann in seiner Allgemeinheit erst später dargetan werden. Hier beschränken wir uns zunächst auf dasjenige, was die positivistische Jurisprudenz als die Quelle des Gesolltseins des « positiven » Rechtes betrachtet, mit anderen Worten, auf die verbindliche Kraft der heteronomen Befehle staatlicher und völkerrechtlicher Gesetzgeber. Auch wenn man diesen Gesetzgebern die Fähigkeit zuschreibt, andere aus eigener Kraft heteronom zu verpflichten, wenn man also den Boden des Positivismus gar nicht verlässt, muss behauptet werden:

Eine Rechtsordnung kann nicht hypothetisch bedingt gelten. Entweder sie gilt unbedingt oder sie gilt gar nicht. Die positivistische Rechtswissenschaft geht davon aus, dass die Rechtsordnung, die sie behandelt, *unbedingt* gilt. Die römischen Juristen nahmen dies von den Befehlen des römischen Kaisers an, sonst hätten sie sich des crimen laesae majestatis schuldig gemacht. Die Katholiken sind bei Höllenstrafe verpflichtet, es vom jus divinum und von den Befehlen des Papstes und der Kirche zu glauben. Die gleiche Unbedingtheit kommt *jeder* Rechtsordnung zu, selbst der freiesten, die ihren

Untertanen Selbstbestimmung, also die Möglichkeit des Ausscheidens, gewährt. *Es handelt sich daher nicht um eine letztlich überprüfbare Hypothese, wie solche in den Naturwissenschaften aufgestellt werden, sondern um eine letztlich unüberprüfbare Annahme in der Art jener der Religion oder Metaphysik, um ein unüberprüfbares Glaubensdogma.* Der positivistische Jurist muss *glauben*, dass die Befehle des obersten, « souveränen » heteronomen Gesetzgebers, des Trägers der Kompetenzhoheit, zum Beispiel des Monarchen, des Parlamentes, des Papstes, der vertragschliessenden Staaten, verbindlich sind, sonst stürzte seine ganze Jurisprudenz in nichts zusammen. Aber *beweisen* kann er diesen Glauben nicht, hier verlässt ihn die positivistische Rechtswissenschaft.

Dass es sich um nichts anderes als um ein Glaubensdogma handelt, wird im Kirchenrecht der verschiedenen Konfessionen am klarsten, so zum Beispiel in bezug auf die Lehren der katholischen Kirche über die Stellung des Papstes als Stellvertreters Christi und in bezug auf das imperium, dessen Träger Christus als Mensch gewesen sei (1). Jeder muss, zum mindesten für alle anderen Konfessionen als seine eigene, anerkennen, dass es sich hier nicht um Wissen und voraussetzungslose Wissenschaft, sondern um einen unüberprüfbaren, über die Erfahrungswelt hinausgehenden, also *metaphysischen Glauben* handelt. Aber nach unerbittlichen Gesetzen der Logik kann vom weltlichen Recht und vom Kirchenrecht der eigenen Konfession, nichts anderes gelten als vom Kirchenrecht der fremden Konfessionen. *Alles Recht im Sinne der positivistischen Rechtswissenschaft beruht daher auf einem unbewiesenen metaphysischen Glauben.*

So hat es einen, allerdings zumeist nicht beabsichtigten, tieferen Sinn, wenn man für alles Recht, nicht bloss für das kirchliche, von Rechts-«*dogmatik*» spricht. Man spricht auch in bezug auf das staatliche und das Völkerrecht vom Souveränitäts-«*dogma*». Dieses bedeutet nichts anderes, als den *Glauben*, dass bestimmte Personen, zum Beispiel der Monarch oder die Parlamentsmehrheit, die Träger der Kompetenzhoheit seien. Nach manchem Recht beruht übrigens die Kompetenzhoheit des obersten staatlichen Gesetzgebers ganz offenkundig auf religiösen Glaubenssätzen, so zum Beispiel, wenn die Stellung des absoluten Monarchen — oder diejenige des konstitutionellen Monarchen als Mitgesetzgebers — auf das Gottesgnadentum gegründet wird.

Das Ergebnis der bisherigen Betrachtungen ist : *um die Verbindlichkeit des positiven Rechtes behaupten zu können, muss die positivistische Rechtswissenschaft zu einem komplizierten System von unüberprüfbaren Glaubenssätzen ihre Zuflucht nehmen.*

Bereits auf der jetzigen Stufe unserer Erkenntnis sind wir in der Lage, etwas von den Konsequenzen zu überblicken, die sich an unsere Erwägungen

Anm. (1) : Vgl. oben, S. 7, 8.

knüpfen. Die positivistische Rechtswissenschaft kann eine gestellte Frage nur *statisch*, für einen gegebenen Zustand, also nur entweder mit ja oder nein beantworten. Sie kann beispielsweise nur sagen, dass der Staat, oder nur, dass die Völkerrechtsgemeinschaft der Träger der Kompetenzhoheit sei, dass ein Volk im natürlichen Sinn ein von der staatlichen Gesetzgebung unabhängiges Rechtssubjekt sei, oder, dass es dies nicht sei. Beides *zugleich* als Inhalt geltender Normen für dieselben Tatbestände in demselben Zeitpunkt, also in einem und demselben « System », zu erfassen, ist ihr unmöglich. Daher kann sie einen *Wandel* der Anschauungen, wie jede *Veränderung* in den Grundlagen des Rechts, nicht « juristisch konstruieren ». *Dynamisch* kann sie nicht denken.

Wenn wir uns dagegen klarmachen, dass *jedem* Rechtspositivismus ein Element des Glaubens zugrunde liegt, nämlich des Glaubens an die Kompetenzhoheit des Gesetzgebers und an all die vielen hierbei vorausgesetzten und mitgedachten Rechtssätze, so entfallen alle Schwierigkeiten. Es ist dann verständlich, warum im Recht, wie in der Religion, für die einen richtig ist, was für die anderen falsch ist. Es ist dann durchaus möglich, dass ein Teil der Menschen an die Souveränität des Staates, der andere an die Ueberordnung des Völkerrechtes glaubt, der eine Teil die Rechtspersönlichkeit des Volkes annimmt, der andere sie verwirft. *Ein Wandel der Anschauungen ist dann wissenschaftlich durchaus « konstruierbar ». Er besteht darin, dass eine Anschauung Anhänger gewinnt, die andere Anhänger verliert.* Dieser Prozess lässt sich in jedem beliebigen Grad von Schnelligkeit und quantitativer Ausdehnung vorstellen, sodass jedes beliebige Stadium wissenschaftlich gleich « konstruierbar » ist.

Es scheint nun allerdings bei diesen Ueberlegungen auf den ersten Blick, als würde die Wissenschaft vom Recht ihren Anspruch auf Allgemeingültigkeit und Voraussetzungslosigkeit verlieren, als wäre die Gültigkeit aller ihrer Deduktionen letztlich von den subjektiven Anschauungen und Wünschen jedes Einzelnen abhängig. Allein dabei darf sich die Wissenschaft nicht beruhigen. Es ist ihre Aufgabe, bis zu den äussersten Grenzen der Möglichkeit allgemeingültige und voraussetzungslose Erkenntnis zu ermitteln. Im Rahmen dieser Arbeit kann nicht die Frage untersucht werden, ob und wie weit die theologischen Disziplinen als Wissenschaft bezeichnet werden dürfen. Der Lehre vom *Recht* würden wir jedenfalls den Namen Wissenschaft *nicht* zuerkennen, wenn sie sich kritiklos damit zufrieden geben wollte, dass alle Gehorsamspflicht der Menschen von einem subjektiven, unüberprüfbaren, der wissenschaftlichen Erforschung unzugänglichen Glauben abhängig sei, ohne den Versuch, den Dingen auf den Grund zu gehen. Es kann daher nicht gebilligt werden, wenn *Kelsen*, wie wir oben gesehen haben ([1]), es ablehnt, zwischen der « erkenntnistheoretischen Hypothese »

Anm. ([1]) : Oben, S. 125.

vom Primat der staatlichen Rechtsordnung und jener vom Primat des Völkerrechtes zu entscheiden. *Die Wissenschaft vom Recht muss vielmehr für dieses Problem, wie jede Wissenschaft für jedes ihr gestellte Problem, trachten, entweder eine allgemeingültige Lösung zu finden oder allgemein gültig darzutun, warum eine allgemeingültige Lösung nicht gefunden werden kann.*

Unsere Untersuchung hat daher weiter fortzuschreiten.

Gibt es nun wirklich kein Merkmal, welches allen früher aufgezählten Rechtsquellen im Sinne der positivistischen Rechtswissenschaft, Gewohnheitsrecht, Gesetz, Staatsvertrag u. s. w. gemeinsam ist? Ist die Aufzählung der Rechtsquellen, welche Träger der Kompetenzhoheit sind, wirklich das Letzte, Oberste, was die Wissenschaft vom Recht auszusagen vermag?

Gewiss gibt es ein Merkmal, das allen jenen Quellen des « positiven » Rechtes gemeinsam ist. Es ist die *Macht, die Befehle zu erzwingen,* also letztlich die *physische Gewalt.*

Das göttlich-kirchliche und das staatliche gesetzte Recht werden auf die *Macht des Gesetzgebers* gestützt, der seine Befehle erzwingt oder ihre Nichtbefolgung, sei es im Diesseits, sei es im Jenseits, bestraft. Ein Gleiches gilt vom kirchlichen und staatlichen Gewohnheitsrecht. Denn ein solches kann nur durch kirchliche oder staatliche *Organe* gebildet werden und diese müssen ihre Funktion letztlich vom Träger der kirchlichen oder staatlichen Kompetenzhoheit ableiten. Von Verträgen zwischen Staat und Kirche gilt dasselbe wie vom Kirchenrecht, wenn dieses, dasselbe wie vom Staatsrecht, wenn dieses übergeordnet ist. Die « normative Kraft des Faktischen », die rechtserzeugende Kraft einer Revolution, eines Staatsstreichs oder eines einseitigen zwischenstaatlichen Diktats gründet sich auf den Sieg einer neuen *Gewalt* über die bisherige.

Es bleibt nur noch das Völkerrecht übrig und, falls man auf dem Boden der Koordination von Staat und Kirche steht, das Gebiet der Verträge zwischen Staat und Kirche, ein Gebiet, das auf dem Boden der Koordinationstheorie als « Völkerrecht » oder « Quasi-Völkerrecht » konstruiert wird. Nun haben viele, wie wir wissen, die Rechtsnatur des Völkerrechtes geleugnet, weil hier der *Zwang* zur Durchsetzung fehle. Dasselbe Argument müsste dazu führen, dass auch Verträge zwischen Staat und Kirche auf dem Boden der Koordinationstheorie nicht als Recht zu betrachten seien. Indem man die Rechtsnatur des Völkerrechtes leugnet, hat man das Prinzip gerettet, dass alles Recht letztlich auf der Macht, auf der physischen Gewalt beruhe. Diejenigen Vertreter der positivistischen Rechtswissenschaft aber, welche die Rechtsnatur des Völkerrechtes bejahen, stützen es auf die Souveränität und diese auf die *Macht* des Staates. Auch die Anerkennung neuer Staaten oder kriegführender oder aufständischer Parteien als Rechtssubjekte des Völkerrechtes wird an die Voraussetzung geknüpft, dass sie die *tatsächliche Gewalt* besitzen, um auf ihrem Gebiet die Ordnung aufrechtzuerhalten. Ebenso wie bei Verträgen zwischen koordinierten Staaten kann man die Rechtsnatur von Verträgen zwischen Staat und Kirche nach der Koordinationstheorie auf die *Macht* der beiden Vertragsteile, beziehungsweise auf die Macht der hinter der Kirche stehenden Gottheit stützen. Was endlich das völkerrechtliche Gewohnheitsrecht — oder ein Gewohnheitsrecht zwischen Staat und Kirche auf dem Boden der Koordinationstheorie — anlangt, so kann auch dieses Recht nur von *Organen* der Staaten, beziehungsweise Kirchen, geschaffen werden und gründet sich daher, wie das innerstaatliche und innerkirchliche Gewohnheitsrecht, auf die Kompetenzhoheit der staatlichen und kirchlichen Gesetzgeber und damit letztlich auch auf die Macht.

Damit sind alle denkbaren Rechtsquellen im Sinne der positivistischen Rechtswissenschaft erschöpft. Sie stützen sich demnach alle letztlich auf *physischen Zwang, auf Gewalt.* Auch die Strafen im Jenseits sind ein dem Individuum angedrohter physischer Zwang.

Alles Recht ist demzufolge nach der bisher herrschenden Lehre *heteronom* im Sinn der *Kant*'schen Unterscheidung von Heteronomie und Autonomie. Das Individuum ist zum Gehorsam deshalb verpflichtet, weil ein *fremder* Wille, jener des Gesetzgebers, es zum Gehorsam zwingt. Dies gilt für *alles* Recht im Sinne *aller* Theorien der positivistischen Rechtswissenschaft. Die meisten bezeichnen ausdrücklich den Zwang als das Wesensmerkmal des Rechtes. Aber auch jene, welche nach anderen Merkmalen suchen oder die Geltung unerzwingbarer Rechtssätze behaupten, können doch die Verbindlichkeit des Rechtes nicht anders begründen, als indem sie es auf einen fremden Willen, jenen des Gesetzgebers, zurückführen und zwar eines Gesetzgebers, dessen Autorität letztlich nur in seiner *Macht* wurzelt. Sonst wäre jedes beliebige, willkürlich erdachte System von Regeln ebenso verbindlich, wie das «positiv» geltende.

Das Recht im Sinn der positivistischen Rechtswissenschaft wird also immer aus Zwang in irgend einer Form, aus der tatsächlichen Machtverteilung und den Kausalzusammenhängen des gesellschaftlichen Geschehens abgeleitet. Es steht unter diesem Gesichtspunkt auf einer Stufe mit der theologischen und der eudaimonistisch-soziologischen Ethik. Auch diese fordern vom Individuum, dass es sich einem von aussen kommenden Zwang beuge, sei es, dass dieser von einer als tatsächlich existierend vorausgesetzten Gottheit und deren Macht, sei es, dass er von einem biologischen, sozialen oder sonstigen Naturgesetz ausgeht. Das Recht des Positivismus und die heteronome Ethik leiten demnach ihre Geltung aus Tatsachen und Kausalzusammenhängen ab.

Für das Gebiet der Sittlichkeit im engeren Sinn, ohne jenes des Rechtes, hat nun, wie wir gesehen haben, *Kant* mit seiner Lehre von der Autonomie des Sittengesetzes eine neue Grundlage zu schaffen gesucht. Die Heteronomie des Rechtes hat er nicht angezweifelt und ebensowenig haben dies seine Nachfolger getan.

Ich habe 1924 in meiner Rektoratsrede: « Recht und Sittlichkeit » (1) der herrschenden Lehre von der Heteronomie des Rechtes eine neue Lehre von der *Autonomie des Rechtes* gegenübergestellt. Dort hat mich die Kürze der für eine Rektoratsrede zur Verfügung stehenden Zeit genötigt, mich auf eine Skizze der Grundgedanken der Theorie zu beschränken und die Ausführung einem späteren grösseren Werk zu überlassen. Hier kann ich von einer solchen Ausführung nur so viel in Angriff nehmen, als dies der Rahmen und der Zusammenhang der vorliegenden Arbeit rechtfertigt. Den systematischen Ausbau meiner Lehre nach all den verschiedenen Richtungen, auf die sich ihre Tragweite erstreckt, und die Auseinandersetzung mit der inzwischen erschienenen Literatur muss ich auch jetzt einem späteren Werk vorbehalten.

Den Ausgangspunkt bildet der oben bereits erörterte Gegensatz von Wirklichkeit und Wert, von Sein und Sollen. Ich behaupte, dass — abgesehen von der Anschauung radikaler Skeptiker und Anarchisten, welche alles und jegliches Sollen vollständig leugnen und für welche daher folgerichtig keine ethischen und normativ-juristischen Probleme existieren können — dieser Gegensatz von Wirklichkeit und Wert mit der einzigen Ausnahme der Ethik *Kant's* noch nie zu Ende gedacht worden ist. *Kant* hat jedoch mit der sonst so rücksichtslosen Konsequenz seines Denkens vor dem Recht Halt gemacht, weil er das positive Recht mittelst der Grundnorm aus dem rationalen Naturrecht und diese aus dem Sittengesetz ableiten zu können glaubte. Allein der Inhalt des positiven Rechtes wurde dabei doch nur aus der tatsächlichen Anordnung des Gesetzgebers und damit aus dessen tatsächlicher Macht gewonnen. Ja, auch der Inhalt des rationalen Naturrechtes war, wie wir bereits gesehen haben, bei *Kant* wie bei allen Vertretern des rationalen Naturrechtes nur scheinbar apriorisch aus reiner Vernunftspekulation deduziert, in Wahrheit aus der Erfahrung, aus Tatsachen und Kausalgesetzen.

Wenden wir nun den Gegensatz von Wirklichkeit und Wert, von Sein und Sollen folgerichtig auf das Recht an, so ergiebt sich: *Auch auf dem Gebiet des Rechtes kann man aus der Wirklichkeit keinen Wert, aus dem Sein kein Sollen ableiten.* Daraus, dass die Kausalwelt irgendwie abläuft, folgt noch nicht, dass irgendjemand irgend etwas soll. Daraus, dass der eine etwas befiehlt oder erzwingt, sei es ein Monarch, ein Parlament, ein proletarischer oder faschistischer Diktator, eine völkerrechtliche Staatenge-

Anm. (1): Hamburg, 1924, 2. Aufl., 1927. Vgl. ferner meinen Aufsatz: « L'autonomia del diritto », übersetzt von Professor *Carlo Girola*, in: « Studi di diritto pubblico in onore di *Orest Ranelletti* », Padua, 1931, II. Bd., S. 107 ff.

meinschaft oder wer immer, ergibt sich noch nicht der Schluss, dass der andere *verpflichtet* ist, zu gehorchen.

Für das Gebiet der Sittlichkeit im engeren Sinn haben *Kant* und alle auf ihm weiterbauende imperativische Ethik die Schwierigkeit vermieden. Nach *Kant* ist, wie bereits erwähnt worden ist ([1]), das Sittengesetz autonom, jeder Mensch ist « nur seiner eigenen und dennoch allgemeinen Gesetzgebung unterworfen ». Das heisst, wer eine sittliche Pflicht erfüllt, gehorcht einem Gesetz, das er sich, wenngleich in der Ueberzeugung von dessen Allgemeingültigkeit, selbst gegeben hat.

Dagegen sind in bezug auf das Recht die Juristen, Theoretiker und Praktiker, und die Philosophen seit jeher darin einig gewesen, dass das Recht *heteronom* sei, das heisst, dass uns im Recht nicht der eigene, sondern ein fremder Wille, jener des sogenannten Gesetzgebers, binde. Gleichzeitig gelangen alle, die den Gegensatz von Wirklichkeit und Wert, von Sein und Sollen einmal erfasst haben, mit unausweichlicher Notwendigkeit zu der Schlussfolgerung, dass das Recht seinem *Inhalt* nach ein *Sollen* sei. Das Recht galt also bisher als *heteronomes Sollen*, das heisst, als ein System von Geboten, Imperativen, Pflichten, deren Inhalt uns ein fremder Wille, eben jener des Gesetzgebers, auferlegt. Ich behaupte dagegen, dass der Begriff des heteronomen Sollens einen Widerspruch in sich birgt.

Kant, der auf dem Gebiet der Ethik diesen Widerspruch entdeckt und mit seiner Lehre von der Autonomie auf diesem Gebiet die grösste Umwälzung der Geschichte hervorgebracht hat, hat auf dem Gebiet der Rechtswissenschaft an der allgemeinen Ueberzeugung der Juristen, dass das Recht heteronomes Sollen sei, nicht gerüttelt. Er führt den Gegensatz zwischen dem Sittengesetz und dem Recht auf jenen zwischen dem kategorischen und dem hypothetischen Imperativ zurück. Nach seiner Lehre vom Imperativ ([2]) sind alle Imperative entweder hypothetisch oder kategorisch. Die hypothetischen Imperative gebieten eine Handlung als Mittel zu einem Zweck, der kategorische dagegen ohne Beziehung auf einen andern Zweck, als an sich gut. Kategorisch sei daher nur das Sittengesetz, das uns als ein höchster Zweck, als ein Zweck an sich selbst, unmittelbar verpflichte. Alle andern Imperative seien hypothetisch, sie seien Imperative der Geschicklichkeit oder der Klugheit. Ob der Zweck sittlich sei, dem sie als Mittel dienen, darauf komme es gar nicht an. Beispielsweise befolgen der Arzt und der Giftmischer beide dieselben Vorschriften, der eine, um seinen Patienten auf gründliche Art gesund zu machen, der andere, um sein Opfer sicher zu töten ([3]).

Anm. ([1]) : Oben, S. 334.
Anm. ([2]) : Grundlegung zur Metaphysik der Sitten, 2. Abschnitt, Akad. Ausg., S. 413 ff. ; Kritik der praktischen Vernunft I. Teil, I. Buch, I. Hauptstück, § I, Akad. Ausg., S. 20, 21, § 7, ebenda, S. 32, 33 ; Metaphysik der Sitten, Erster Teil, Einleitung, IV., Akad. Ausg., S. 221 ff.
Anm. ([3]) : Grundlegung zur Metaphysik der Sitten, a. a. O., S. 414, 415.

Hypothetische Imperative sind nach *Kant* auch die Rechtsgesetze, die, im Gegensatz zum autonomen Sittengesetz, als heteronome Gesetze erfasst werden. Das Sittengesetz ist im Sinne *Kants* kategorisches Sollen, die Rechtsgesetze sind hypothetisches Sollen.

Aber ist denn nun der Gegensatz zwischen der autonomen Sittlichkeit und dem heteronomen Recht der bisherigen juristischen Anschauungen gleichbedeutend mit dem Gegensatz zwischen unbedingten und bedingten Imperativen? Dies hat man bisher angenommen. Ich muss es jedoch bestreiten.

Kant selbst hat wohl gefühlt, dass die hypothetischen Imperative zum kategorischen Imperativ noch in einem andern Gegensatz stehen als in jenem des Bedingten zum Unbedingten. Er hat dies mehrfach angedeutet, so, wenn er sagt, dass die Imperative der Klugheit « genau zu reden, gar nicht gebieten », dass sie « eher für Anratungen (consilia) als Gebote (praecepta) der Vernunft » zu halten seien (1). Aber er hat sie doch als Imperative, als Sollen behandelt. Insbesondere hat er die rechtlichen Imperative, obwohl sie doch nach ihm nur hypothetische sind, mit den Imperativen der Sittlichkeit zu dem Begriff der « Gesetze der Freiheit » vereinigt und beide zusammen als Gesetze des Sollens, als « moralische » Gesetze den Naturgesetzen, den Gesetzen des Müssens, gegenübergestellt (2).

Allein da man aus dem Sein kein Sollen ableiten kann, ist es auch nicht möglich, aus Zwang und Strafen, die ein kausales Geschehen in der Welt des Seins darstellen, das Recht zu deduzieren. Aus der gewaltsamen Wegnahme von Sachen, aus Bajonetten und Kanonen, aus Zuchthäusern und Galgen, aus den Martereinrichtungen der *Dante*schen Hölle kann man zwar ein *Müssen*, aber kein *Sollen*, keine *Pflichten* ableiten. Wir *müssen* uns diesen Gewaltmitteln vielleicht beugen, wenn wir ihre Anwendung gegen uns vermeiden wollen, aber dass wir uns ihnen beugen *sollen*, geht aus diesen Einrichtungen der kausalen Welt nicht hervor und lässt sich aus ihnen niemals dartun. *Den Beweis, dass und warum von einem « Sollen », einer « Pflicht » gesprochen werden dürfe, haben weder die heteronome Ethik, noch das Naturrecht, noch der juristische Positivismus erbracht.*

Im staatlichen und im kirchlichen Recht pflegen wir diesen Mangel nicht als solchen zu empfinden. Denn wir sind gewohnt, Staat und Kirche mit einer Autorität umkleidet zu sehen, die wir für gewöhnlich kritiklos und gläubig hinzunehmen pflegen. Man muss sich in den Augenblick einer Revolution oder etwa der Reformation versetzt denken, um die Tragweite der hier vertretenen Gedanken zu überblicken. In der Revolution oder Reformation wanken für einen Teil der Menschen die bisherigen Autoritäten und stürzen zusammen. Was jetzt für die einen « positives Recht » ist, ist für die anderen nichts als nackte Gewalt und umgekehrt. Nun ist die Frage

Anm. (1) : a. a. O., S. 418.

Anm. (2) : Metaphysik der Sitten, a. a. O., I., S. 214.

auf einmal sehr verständlich, woher denn das « positive » Recht, sei es das alte, sei es das neue, seine verbindliche Kraft nehme, wieso aus Gewalt ein Sollen abgeleitet werden könne.

Eine ganz besondere Bestätigung erfahren die bisherigen Betrachtungen im Völkerrecht. Hier fehlt eine Zwangsgewalt zur Durchsetzung des Rechtes. Zwar hat man den Krieg als das Exekutionsmittel hingestellt. Aber im Krieg siegt nicht derjenige, der das *Recht* auf seiner Seite hat, sondern derjenige, der über die grössere *Gewalt* verfügt, und die Geschichte ist voll von den grössten, als solchen allgemein anerkannten Scheusslichkeiten und Willkürlichkeiten, die sich Sieger erlauben konnten. *Der Krieg hat daher grundsätzlich mit der Durchsetzung des Rechtes nichts zu tun, mag er auch in manchen Fällen, wenn es dem Sieger beliebt, das Recht verwirklichen.*

Da nun das Völkerrecht der Zwangsgewalt entbehrt, so musste die Rechtswissenschaft zu der Konsequenz gedrängt werden, dass es gar kein Recht sei. Wir haben gesehen, dass diese Auffassung in der Tat von vielen Denkern vertreten worden ist. Sie haben die Anschauung, dass das Recht heteronom sei und auf Zwang beruhe, folgerichtig zu Ende gedacht.

Allein die Leugnung des Völkerrechtes steht mit Erfahrungstatsachen in Widerspruch. Ungezählte Menschen erkennen es an und fordern seine Verwirklichung. Die Staaten, selbst die mächtigsten, gehorchen dem Völkerrecht, wenn auch nicht immer, so doch zumeist. Wenn sie es aber einmal missachten, so geben sie fast nie zu, dass sie nackte rechtswidrige Gewalt üben, sondern suchen ihr Verhalten mit scheinbaren Rechtsgründen zu bemänteln und *beugen sich so vor der Idee des Rechtes selbst in dem Augenblick, in dem sie sie verletzen. Die Anerkennung des Völkerrechts durch die weit überwiegende internationale öffentliche Meinung der zivilisierten Welt ist also eine unleugbare soziale Tatsache auch für denjenigen, der es in der Welt des Sollens negieren möchte.* Zu dieser Tatsache muss der Jurist Stellung nehmen, ebenso wie zu der Gewalt des Staates oder zu dem Faktum einer Revolution.

Will man nun das Völkerrecht trotz des Mangels seiner Durchsetzung durch Zwang als Recht begreifen, so bleiben nur zwei Möglichkeiten: entweder man opfert die Vorstellung, dass das Recht heteronom sei und seine verpflichtende Kraft dem Zwang verdanke, oder man opfert die Folgerichtigkeit.

So stark ist die Ueberzeugung der Juristen der verschiedensten Richtungen von der Heteronomie und dem Zwangscharakter des Rechts, dass sie ohne Bedenken die Folgerichtigkeit geopfert haben, um jene Ueberzeugung zu retten.

So ist insbesondere die Lehre von der Selbstverpflichtung des Staates entstanden, die wir bereits kennen gelernt haben (1). Sie besteht in dem Gedanken, dass der Staat, der ja Machtorganisation ist, und daher ein

Anm. (1) : Oben S. 19, 20, 71, 72.

« Recht » im Sinne der herrschenden Lehre schaffen kann, Grundlage und Träger auch des Völkerrechtes sei, indem er sich freiwillig selbst bindet. Aber diese Lehre kann über folgende Alternative nicht hinwegkommen; entweder es stehen Normen über dem Staate, die ihm den einseitigen Rücktritt von der übernommenen Verpflichtung verbieten, oder er darf sich jederzeit ebenso frei von der Bindung losmachen wie er sie eingegangen hat. Ueberstaatliche heteronome Normen kann man aber im Sinne des herrschenden positivistischen Rechtsbegriffs nicht behaupten, weil keine überstaatliche Zwangsgewalt da ist. Folglich darf der Staat, wenn das Völkerrecht nur auf seiner Selbstverpflichtung ruht, frei zurücktreten. Damit ist das Völkerrecht in Wahrheit auch hier geleugnet.

Nun hat man allerdings noch andere Versuche gemacht, die bisherige Auffassung von der Heteronomie und dem Zwangscharakter des Rechtes und gleichzeitig die Rechtsnatur des Völkerrechtes zu behaupten.

Vor allem ist an die Anschauung *Triepels* (1) zu erinnern, nach welcher das Völkerrecht und das staatliche Recht zwei völlig getrennt nebeneinanderstehende koordinierte Rechtsordnungen sind. Als Grundlage des Völkerrechtes erscheint hier der « Gemeinwille » mehrerer oder vieler Staaten. Entstehe das Völkerrecht durch Gemeinwillen, so könne es auch nur durch Gemeinwillen, nicht durch Einzelwillen, geändert werden, der freie Rücktritt sei also unerlaubt.

Allein diese Theorie setzt einen völkerrechtlichen Rechtssatz voraus, welche den Gemeinwillen organisiert und den freien Rücktritt verbietet (2). Dieser Rechtssatz müsste *überstaatlich* gedacht werden, denn eine dem staatlichen Recht koordinierte und neben, nicht über diesem stehende Norm könnte den Staat nicht verpflichten. Hinter diesem Rechtssatz stünde aber keine Zwangsgewalt, er wäre also gar kein Recht im Sinne der herrschenden Lehre. *Triepel* meint denn ja auch, von einer Selbstverpflichtung des Staates — gemeint ist eine bindende — könne nur auf dem Boden der *Ethik* gesprochen werden (3). Wir sind also um nichts weitergekommen. Die Rechtsnatur des Völkerrechtes und die Bindung des Staates an dieses Recht ist auch auf dem Boden dieser Theorie nicht gerettet.

Die Lehre *Triepels* vom Nebeneinanderbestehen des Völkerrechtes und des staatlichen Rechtes ohne Ueber- und Unterordnung dürfte im wesentlichen die Art und Weise zum Ausdruck bringen, wie die meisten positivistischen Juristen denken, welche sich weder mit der Leugnung des Völkerrechtes noch mit der Selbstverpflichtungslehre zufrieden geben. Wir haben die drei verbreitetsten Anschauungen kennen gelernt und gesehen, dass keine von ihnen die Rechtsnatur des Völkerrechtes

Anm. (1) : Oben S. 20 ff.
Anm. (2) : Vgl. *Verdross*, Die Verfassung der Völkerrechtsgemeinschaft, Wien und Berlin, 1926, S. 20, 21.
Anm. (3) : *Triepel*, Völkerrecht und Landesrecht, Leipzig, 1899, S. 77.

mit der Lehre, dass das Recht heteronom sei und auf Zwang beruhe, vereinigen kaan.

In neuerer Zeit ist nun eine Theorie aufgestellt worden, welche dieses Ziel von einem neuen Gedanken aus anstrebt. Es ist die uns bereits bekannte Lehre von *Verdross* und *Anzilotti* (1). Beide Autoren nehmen, wie wir wissen, für das Völkerrecht eine überpositive Grundnorm: « pacta sunt servanda » an. Dieser Satz wird als eine Denknotwendigkeit und als absoluter Werts daher als nicht weiter ableitbar vorausgesetzt und wird scheinbar nicht auf die Macht zurückgeführt.

Fragen wir jedoch, was pacta im Sinne dieser Theorien sind, so ergibt sich, dass es Verträge von *Staaten* sind. Der Unterschied zwischen dem Staat und dem Nichtstaat im Sinne des Völkerrechtes beruht auf der Anerkennung durch die Völkerrechtsgemeinschaft. Voraussetzung der Anerkennung einer Organisation als Staat ist, dass diese die *Macht* hat, die Ordnung auf ihrem Gebiet aufrechtzuerhalten. Auch *Anzilotti* und *Verdross* stützen daher das Völkerrecht auf die Macht des Staates und müssen demnach der positivistischen Rechtswissenschaft zugerechnet werden. Auch für sie ist das Völkerrecht, wie alles Recht, eine Ordnung von *heteronomen* Regeln, und der Grund der Verbindlichkeit dieser Regeln ist letztlich die *Macht* der Staaten, welche die pacta abgeschlossen haben. Denn Denkgesetze als solche können nicht verpflichten. Damit muss sich aber auch hier die Frage erheben, warum denn der Staat, der kraft seiner Macht frei das pactum geschaffen hat, es nicht ebenso frei wieder beseitigen, sich also lossagen kann. Denn das pactum ist doch nur solange servandum, als es als *rechtsgültiges* pactum fortbesteht. Es wäre eben kein pactum im Sinne des Satzes pacta sunt servanda mehr, sobald der Staat es *erlaubterweise* frei zurückgenommen hätte. Warum *darf* nun der Staat nicht frei zurücktreten? Auch die Theorie von *Anzilotti* und *Verdross* beantwortet diese Frage nicht. Es zeigt sich auch hier, dass aus dem Sein, aus der Macht des Staates, nicht auf ein Sollen geschlossen werden kann.

Die Unmöglichkeit, einen Wert aus der Wirklichkeit, ein Sollen aus dem Sein und daher das Recht heteronom aus der Macht des Staates oder den Befehlen des staatlichen Gesetzgebers abzuleiten, ist in der Geschichte der Wissenschaften gelegentlich mehr oder weniger klar erkannt worden. Aber man hat bisher entweder gar keine Folgerung aus dieser Erkenntnis gezogen, oder die der völligen Leugnung des Rechtes. Man konnte also nur zu absoluter ethisch-juristischer Skepsis gelangen oder zu einem Anarchismus, der keine Schranken für das Belieben des Individuums kennen kann. Eine Rechtstheorie positiven Inhaltes, welche Wert und Wirklichkeit folgerichtig trennte und daher das Recht als Norm nicht unmittelbar oder mittelbar auf heteronome Befehle irgenwelcher Machthaber oder auf die heteronom

Anm. (1) : Oben S. 121 ff. und 123, 124.

wirkende Macht sozialer Tatsachen und Kausalzusammenhänge gegründet hätte, ist bisher nicht entworfen worden.

Dass man das Recht nicht ohne weiteres aus der Macht des Staates deduzieren könne, wie dies der heutige juristische Positivismus, sei es kritiklos, sei es « hypothetisch », tut, ist schon den Griechen nicht entgangen. So haben insbesondere alle jene Denker, welche nur das φυσει, nicht auch das νομῳ oder θεσει δικαιον als Recht betrachteten, damit implicite einen Trennungsstrich zwischen der staatlichen Macht und dem Recht gezogen. Die verbindliche Kraft der Befehle staatlicher Machthaber ist aber auch ausdrücklich in Zweifel gezogen worden. *Xenophon* berichtet uns in seinen Erinnerungen an *Sokrates* (¹) gelegentlich von einer solchen Anschauung, die er dem noch nicht zwanzigjährigen *Alkibiades* in dem Mund legt. Es ist das Verdienst *Menzel's*, auf diese Stelle hingewiesen zu haben (²). *Xenophon* gibt hier ein kurzes Gespräch zwischen *Perikles* und dem jungen *Alkibiades* über das Wesen des Rechtes wieder.

Alkibiades fragt den *Perikles*, was ein Gesetz sei («τι εστι νομος»). Dieser definiert das Gesetz als den Beschluss des Volkes oder der Oligarchen oder des Alleinherrschers. Darauf äussert *Alkibiades* den Gedanken, es sei Gewalt und Gesetzlosigkeit, wenn der Stärkere den Schwächeren nicht durch *Ueberzeugung*, sondern mit *Gewalt* («μη πεισας, αλλα βιασαμενος») nötigt, das zu tun, was ihm selbst gefällt. *Perikles* stimmt zu. *Alkibiades* wendet den Satz nun auf alle drei Staatsformen an. Wenn der Alleinherrscher, oder die Oligarchen, oder das Volk, welches in der Demokratie die Wohlhabenden beherrsche, auf Grund ihrer Macht Gesetze dekretieren und erzwingen, statt durch Ueberzeugung zu herrschen, so sei dies eher Gewalt als Gesetz. («βια μαλλον η νομος αν ειη»). Auch dem stimmt *Perikles* zu. Er fügt hinzu, auch er habe sich, als er in *Alkibiades'* jetzigem Alter stand, mit den gleichen Dingen abgegeben. *Alkibiades* drückt darauf den Wunsch aus, dass er damals mit *Perikles* zusammengekommen wäre. Damit ist das Gespräch zu Ende.

Hier wird demnach die Rechtsnatur des positiven Rechts in Frage gestellt und gesagt, die innere Ueberzeugung der Normadressaten von der Gerechtigkeit des Befehls bilde «eher», μαλλον, ein Merkmal des wahren Rechtes als die positive Anordnung des staatlichen Machthabers. Das Sollen wird also in erster Linie nicht aus der Gewalt, sondern «eher» aus der inneren Ueberzeugung der Unterworfenen abgeleitet. Aber die Stelle bildet keinen Anhaltspunkt, um die kurzen, abgerissenen und ohne Begündung vorgebrachten Bemerkungen des *Alkibiades* als eine « Lehre von der Autonomie des menschlichen Willens » — im *Kant*'schen Sinn von Autonomie — zu

Anm. (¹) : I. Buch, 2. Kapitel, 40 ff.

Anm. (²) : *Kallikles*, eine Studie zur Geschichte vom Rechte des Stärkeren, 1922, S. 51 ff.; Beiträge zur Geschichte der Staatslehre, Akademie der Wissenschaften in Wien, 1929, S. 76, 77, 259, 260.

bezeichnen, wie dies *Menzel* tut [1]. Denn über das Wesen der inneren Ueberzeugung und des positiven staatlichen Gesetzesbefehls und über den Konflikt zwischen beiden ist in den wenigen dem *Alkibiades* in den Mund gelegten Sätzen gar nichts gesagt ; die Schule des *Sokrates,* in der auch *Alkibiades* seine Bildung erhalten hatte, hielt aber an der Idee eines objektiv Guten, das auch als solches für alle in gleicher Weise erkennbar sei, fest und war daher von *Kants* Lehre von der Autonomie des Willen weit entfernt. Die Stelle bezeugt nur, dass bereits damals Zweifel an der Ableitung des Sollens aus dem Sein der Staatsmacht auftauchten, mehr nicht.

Solange man nun das positive auf göttliches oder natürliches Recht stützte, trat die Unmöglichkeit, ein Sollen aus dem Sein abzuleiten, nicht klar hervor. Denn es konnte scheinen, als ob in der Gottheit oder in ewigen unabänderlichen Naturgesetzen, die gleichzeitig Kausalgesetze und Rechtssätze wären, Sein und Sollen in eins zusammenfliessen wollten. Erst eine Wissenschaft, die sich von religiösen Dogmen unabhängig fühlte und gleichzeitig an das rationale Naturrecht nicht mehr glaubte, musste die Ableitung des Sollens aus dem Sein als Problem empfinden. Während nun für die Ethik, wie wir gesehen haben, *Kants* Lehre von der Autonomie des Sittengesetzes die Schwierigkeit vollkommen beseitigt hat, blieb das Problem für die Rechtslehre ungelöst. Wie kann man aus heteronomen Befehlen eines Machthabers ein Sollen, Pflichten ableiten?

Die grosse Mehrzahl der positivistisch eingestellten Juristen hat sich um diese Frage nie gekümmert und steht ihr auch heute gleichgültig gegenüber. Sie nimmt die gegebenen Machtverhältnisse hin und betrachtet die Jurisprudenz als die blosse Dienerin der jeweiligen Machthaber, welche deren Befehle « de lege lata » « rechtsdogmatisch » zu interpretieren und auszuführen, aber nicht zu kritisieren oder in Zweifel zu ziehen habe. Immerhin gibt es doch Theoretiker, welche, wie *Alkibiades* in jenem Gespräch, die Frage aufwerfen, ob denn aus den Befehlen der Machthaber ein *νομος*, ein wahres Recht, ein verbindliches Sollen hervorgehen könne.

Nun hatte schon die Naturrechtslehre versucht, das positive Recht, das ja trotz vorausgesetzter Gleichheit des Naturrechtes zweifellos in verschiedenen Staaten und zu verschiedenen Zeiten sehr verschieden war, seinem Inhalt nach durch die *Lehre vom Staatsvertrag* zu rechtfertigen und so seine Verbindlichkeit im Naturrecht zu verankern. Nachdem man den Glauben an das rationale Naturrecht aufgegeben und eingesehen hatte, dass der Staatsvertrag, wenigstens im allgemeinen, kein historisches Faktum sei, lag es nahe, an Stelle des Vertrags die durch konkludente Handlungen ausgedrückte *stillschweigende Anerkennung der Rechtsunterworfenen* zur Rechtfertigung des positiven Rechtes und zur Erklärung seiner Verbind-

Anm. [1] : Beiträge zur Geschichte der Staatslehre, S. 76, 77.

lichkeit heranzuziehen. So trat an die Stelle der naturrechtlichen Vertragstheorie die positivistische *Anerkennungstheorie*.

Dabei musste, wenn man die Verbindlichkeit des *ganzen* positiven Rechtes für *alle* dem Recht Unterworfenen begründen wollte, angenommen werden, dass *jeder einzelne* die *gesamte* Rechtsordnung anerkannt habe.

So sagt schon *Kirchmann*, der die Frage nach der Verbindlichkeit der sittlichen und rechtlichen Normen eingehend untersucht hat ([1]) und das Recht aus den beiden Prinzipien der « Lust » und der Sittlichkeit ableiten will ([2]), von den « Achtungsgefühlen » auf welche er die Sittlichkeit zurückführt ([3]) : « die Achtung ist der Zustand des *Ich*, welcher aus der Anschauung der unermesslichen, erhabenen Kraft entstanden, den eigenen Willen unmittelbar dem erhabeneren Willen unterwirft und so dem Gebote desselben die Wirksamkeit auf das Handeln des Ich's gewährt » ([4]). « Indem der sittlich Handelnde sich selbst achtet und sich *eins* fühlt mit der gebietenden Autorität, verschwindet das Gefühl des Druckes, der eigenen Erniedrigung, mit welchem zunächst die Achtung beginnt. Das Gebot der Autorität ist durch seine Vollziehung kein fremdes mehr ; der sittlich Handelnde ist auch in seinem Wollen eins mit dem Willen jener » ([5]). Hier liegt in der Unterwerfung des Willens und in dem Sich-Eins-Fühlen mit der Autorität der Akt der Anerkennung und in diesem als einem psychischen Faktum der Grund der Verbindlichkeit des Rechtes.

Schlossmann führt aus : « Zu dem Urteil, es *solle* etwas geschehen, gelangen wir auf zweierlei Wegen : entweder, wenn eine äussere Macht das wovon wir sagen, es solle geschehen, regelmässig erzwingt, ... oder : wenn das Geschehen dessen, was geschehen soll, in uns das Gefühl der Befriedigung, das Unterbleiben dagegen das Gefühl der Missbilligung erweckt. Gar bald aber zeigt sich, dass dieses zweite Moment das in letzter Instanz entscheidende ist. Denn aus ihm allein erfahren wir, ob die zwingende und strafende Macht zwingen und strafen dürfe » ([6]). Sobald sich erweisen lasse, dass im Recht Billigung und Missbilligung erregt werden und dass eine äussere Macht nicht regelmässig zwingend und strafend eingreift, « so würde dies den Beweis einschliessen, dass die angeblichen Imperative in Wahrheit nur unter bestimmten Voraussetzungen oder gar nicht existieren, m. a. W., dass die vorgebliche Rechtsquelle gar keine solche ist... » ([7]). Vielfach werden nun Gesetz und Gewohnheit missbilligt und « mit der Ueberzeugung, dass es so sein solle und müsse », ignoriert ([8]). Es gebe daher ein « den Vorrang vor allen sog. Rechtsquellen behauptendes Prinzip », welches die Wahl der im konkreten Fall anzuwendenden Quelle leite ([9]), die « Gerech-

Anm. ([1]) : Die Grundbegriffe des Rechts und der Moral als Einleitung in das Studium rechtsphilosophischer Werke, Berlin, 1869.
Anm. ([2]) : a. a. O., S. 104 ff., insb. S. 112.
Anm. ([3]) : a. a. O., S. 48 ff.
Anm. ([4]) : a. a. O., S. 52.
Anm. ([5]) : a. a. O., S. 73.
Anm. ([6]) : Der Vertrag, Leipzig, 1876, S. 177.
Anm. ([7]) : Ebenda.
Anm. ([8]) : a. a. O., S. 178, 179.
Anm. ([9]) : a. a. O., S. 180.

tigkeit » [1]. Es ergebe sich demnach die Erkenntnis, dass das Gefühl der Billigung oder Missbilligung, « m. a. W. das *Rechtsgefühl* oder das *Rechtsbewusstsein* die Macht ist, welche das sog. positive Recht in letzter Instanz reguliert » [2]. Auch hier sehen wir, dass die *gesamte* Rechtsordnung als einheitliche, heteronome, unter Zwang gestellte Ordnung auf die *allgemeine* Billigung oder Anerkennung gegründet wird.

Der hauptsächlichste und hervorragendste Vertreter der Anerkennungstheorie, *Bierling*, definiert das Recht in der folgenden Weise : « Von allen anderen Arten von Normen des menschlichen Zusammenlebens unterscheiden sich die Rechtsnormen dadurch — und nur dadurch —, dass sie als Norm und Regel des äusseren Zusammenlebens anerkannt werden innerhalb eines bestimmten Kreises von Menschen und zwar von den zu diesem Kreise Gehörigen als von Genossen gegenüber Genossen » [3]. Ueber den hier vorausgesetzten Begriff der Anerkennung führt er aus : « Die Rechts-Anerkennung ist durchaus *nicht notwendig* und allgemein als eine *freiwillige* zu denken. Auch diejenige Normen-Anerkennung, die dem einen Teile der Genossen, und selbst wenn es der nach der Zahl weitaus überwiegende Teil wäre, mit Gewalt abgerungen ist, muss als wahre Rechtsanerkennung erachtet werden... » [4]. « Die Anerkennung braucht ferner *nicht immer* eine *direkte*, d. h. unmittelbar auf jede einzelne Rechtsnorm gerichtete zu sein. Vielmehr ist auch eine *bloss indirekte* Anerkennung ausreichend, diejenige Anerkennung nämlich, welche nichts anderes ist, als die schlechthin notwendige logische Konsequenz einer anderen, natürlich im letzten Grunde notwendig einer direkten Rechtsnormen-Anerkennung. So erscheinen alle Normen, die sich in verfassungsgemäss zustande gekommenen Gesetzen finden, darum allein schon als indirekt anerkannte Rechtsnormen » ... » [5]. ... « Damit ist endlich auch schon ausgesprochen, dass die Rechtsanerkennung *nicht notwendig* eine *bewusste* ist. Die indirekte Anerkennung wird regelmässig, ja soweit es sich um *künftige* Folgenormen handelt, stets eine bloss unbewusste sein. Aber auch die direkte Anerkennung wird wenigstens eine mehr oder weniger unbewusste sein können... » [6].

Der Geltungsgrund des Rechtes [7] liege daher bei den Normen erster Ordnung « in der unmittelbaren Anerkennung seitens der Rechtsgenossen », bei Normen niederer Ordnung in ihrer Zurückführbarkeit auf andere Rechtsnormen [8]. Bei den Normen der letzteren Art genüge daher die indirekte Anerkennung « oder, was so ziemlich dasselbe besagt, die Anerkennung der Rechtsordnung als Ganzes, genauer : der den fraglichen Einzelrechtssätzen superordinierten Rechtsnormen » [9].

Anm. (1) : a. a. O., S. 181 ff.
Anm. (2) : a. a. O., S. 193.
Anm. (3) : Juristische Prinzipienlehre, Freiburg i. B. und Leipzig, I. Bd., 1894, S. 40.
Anm. (4) : a. a. O., S. 45, 46.
Anm. (5) : a. a. O., S. 46.
Anm. (6) : a. a. O., S. 46, 47.
Anm. (7) : a. a. O., S. 47, 107 ff.
Anm. (8) : a. a. O., S. 107 ff., V. Bd., 1917, S. 195, 196.
Anm. (9) : a. a. O., V. Bd., S. 195.

Die Anerkennungstheorie ist demnach genötigt, eine *Blankettvollmacht* anzunehmen, welche *jeder* dem Recht Unterworfene dem obersten Gesetzgeber, dem Träger der Kompetenzhoheit, erteilt und vermöge deren er sich der *gesamten* Rechtsordnung unterwirft.

Die Annahme einer solchen allgemeinen Blankettvollmacht als psychischen Faktums steht jedoch mit der gegebenen Erfahrung in schroffem Widerspruch. Dies bedarf keiner Ausführung.

Es bedeutet keinen Ausweg, wenn man die fehlende psychische Tatsache durch eine logische Konsequenz ersetzen zu können glaubt. So meint *Bierling*, die indirekte Anerkennung sei eine bloss « ideale », sie sei ein « Gebundensein des normal organisierten Geistes an das logische Verhältnis von Grund und Folge, welches zwischen der direkt anerkannten allgemeineren und der in Frage befangenen besonderen Norm besteht » ([1]). Aber in Wahrheit ist hier das Anerkennen in ein Anerkennen*sollen* verwandelt ; es ist nicht eine logische Konsequenz gezogen, sondern die *Forderung* erhoben, dass alle dem Recht Unterworfenen die ganze Rechtsordnung ohne Rücksicht auf deren — mit logischer Eindeutigkeit gar nicht im voraus berechenbaren — materiellen Inhalt befolgen *sollen*. Damit stehen wir wieder vor einem Sollen. Wie dieses aus dem Sein, aus der tatsächlichen Macht und Zwangsgewalt des Staates abgeleitet werden könne, warum wir Befehle eines Machthabers, der die Kompetenzhoheit für sich beansprucht, zu befolgen *verpflichtet* seien, auch wenn wir diese Befehle missbilligen oder nicht kennen und daher nicht wirklich psychisch « anerkennen », bleibt nach wie vor ungeklärt.

Einen eigenartigen Versuch, die verpflichtende Kraft des positiven Rechts zu begründen, hat *Krabbe* 1906 unternommen ([2]). Er stellt, wie schon erwähnt worden ist ([3]), der herrschenden Lehre von der Souveränität des Staates die Lehre von der Souveränität des Rechtes gegenüber. Sie gipfelt in dem Satz : « Für das Recht gilt also das Prinzip der Autonomie, nicht das der Heteronomie, wie es in der Lehre von der Staatssouveränität zutage tritt, da diese Lehre die Gewalt des Rechts aus einer dem Staate ursprünglich eignen Gewalt herleitet, oder doch für die Handhabung des Rechts einer nicht aus dem Recht hergeleiteten Autorität des Staates bedarf » ([4]). *Krabbe* fügt hinzu, der Gegensatz zwischen der Rechts- und der Staatssouveränität sei « gleicher Art wie der zwischen autonomer und heteronomer Moral in der Ethik ». « Die Lehre von der Rechtssouveränität steht auf dem Boden der Autonomie. Die Verbindlichkeit des Rechts findet sie im Rechtsbewusstsein des Menschen, das wiederum Ergebnis eines

Anm. ([1]) : a. a. O., I. Bd., S. 108.

Anm. ([2]) : Die Lehre von der Rechtssouveränität, Groningen, 1906; de moderne Staatsidee, s'Gravenhage, 1915 ; Kritische Darstellung der Staatslehre, Haag, 1930, insb. S. 272 ff.

Anm. ([3]) : Oben, S. 6.

Anm. ([4]) : Die Lehre von der Rechtssouveränität, S. 187.

Zwecks (nämlich des Gemeinschaftszwecks) ist, der Realisierungswert hat und diesen Wert offenbart in den Schätzungen, denen wir faktisch die Gemeinschaftsinteressen der Menschen unterziehen » ([1]).

Allein wenn *Krabbe* auch meint, dass dasjenige, was er Autonomie des Rechtes nennt, « gleicher » Art sei, wie *Kants* Autonomie des Sittengesetzes, so ist es doch jedenfalls nicht dasselbe. *Krabbe*, der, wie *Kant*, an der herrschenden Unterscheidung zwischen der Sittlichkeit und dem Rechte festhält, betrachtet den Zwang als für das Recht wesentlich : « Auf der Innehaltung der Rechtsnormen beruht die Gemeinschaft, und weil die Gemeinschaft, durch welche Ordnung sie auch bestimmt wird, eine unbedingte Notwendigkeit ist, ohne welche jedes, auch das niedrigste Kulturleben unmöglich wird, so kann nicht dem individuellen Ermessen anheimgestellt werden, ob man den Normen Folge leisten soll oder nicht, sondern fordert das Recht für deren Durchsetzung Zwang » ([2]). Indem die Ausübung des Zwanges durch die Organe des Staates « die Erfüllung einer *Rechtspflicht* ist », könne man sagen, « *das Recht handhabe sich selbst* » ([3]). Das Recht ist also doch nicht autonom, jedenfalls nicht für die Organe des Staates, die es durchzusetzen verpflichtet sind ohne Rücksicht darauf, ob sie es billigen oder nicht, und deren Sollen eine « Rechtspflicht » darstellt, die der Staat geschaffen hat, indem er diese Personen zu Organen bestellt hat. Die Annahme einer solchen heteronomen Rechtspflicht der Staatsorgane zur Durchsetzung des Rechtes mittelst Zwanges entspricht der positivistischen Auffassung, nach welcher die Macht des Staates heteronom ein Sollen erzeugt. Aber auch den Untertanen gegenüber ist die Autonomie des Rechtes nicht festgehalten, denn « ob man den Normen Folge leisten *soll* », wird heteronom auch gegen sie im Sinne des vom Recht « geforderten » Zwanges festgesetzt.

Letzter Grund des Rechtes ist also doch auch bei *Krabbe* die Fähigkeit des Staates, heteronome Befehle zu erteilen und seine Macht, sie zu erzwingen. Wir sind trotz der Lehre von der Rechtssouveränität in den entscheidenden Punkten vom Boden des juristischen Positivismus nicht losgekommen.

In höchst bemerkenswerter Weise hat *Radbruch* in seinen « Grundzügen der Rechtsphilosophie », 1914, versucht, die Geltung des positiven Rechtes zu begründen ([4]). *Radbruch* betont, eine heteronome Verpflichtung, eine Verpflichtung durch einen fremden Willen, sei ein « Widerspruch in sich ». Ein Wollen könne höchstens ein Müssen, niemals ein Sollen hervorbringen ([5]). « Der Geltungsquelle des Rechts kommt also die gleiche Autonomie zu, wie

Anm. ([1]) : a. a. O.; vgl. auch Die moderne Staatsidee, S. 45 ff., « Recht als Gemeinschasftsnorm », u. a. und Kritische Darstellung der Staatslehre, S. 272, 273.

Anm. ([2]) : Die Lehre von der Rechtssouveränität, S. 185.

Anm. ([3]) : a. a. O., S. 186.

Anm. ([4]) : Grundzüge der Rechtsphilosophie, Leipzig, 1914, S. 54 ff. mit 159 ff. ; 3. Aufl., 1932, S. 42 ff. mit 76 ff.

Anm. ([5]) : a. a. O., 1. Aufl., S. 54, ebenso 3. Aufl., S. 42.

derjenigen der Sittlichkeit, genauer : beide haben überhaupt nur eine und dieselbe Geltungsquelle, noch genauer : das Recht kann seine Geltung nur aus der Geltung der Sittlichkeit ableiten, die Vorschriften des Rechts gelangen nur dadurch zur Geltung, dass die sittliche Persönlichkeit sie sich als ethische Normen aneignet » (1). So weit stimme ich mit *Radbruch* überein. Aber *Radbruch* macht in seiner 1914 entwickelten Lehre sofort eine scharfe Wendung, die ihn wieder zur Heteronomie zurückführt. Er fährt fort, durch diese Erkenntnis werde die mühsam gewonnene Unterscheidung zwischen Recht und Sittlichkeit keineswegs zerstört. Es wäre ein « schweres Missverständnis », das Recht als blosses Teilgebiet der Sittlichkeit zu betrachten. Das Recht stehe « zunächst genau so ausserhalb der Sittlichkeit, genau so fremd neben der Sittlichkeit, wie stets das Mittel neben dem Zweck » (2). Es ergebe sich vielmehr die Möglichkeit, « den Unterschied zwischen Autonomie und Heteronomie in etwas umgeprägter Form wieder aufleben zu lassen, wenn man ihn nämlich als einen Unterschied nicht der verpflichtenden, sondern der den Inhalt der Verpflichtung bestimmenden Instanz auffasst » (3). Im Recht « unterwirft sich die Sittlichkeit einer fremden Gesetzgebung, überlässt sie sich der spezifischen Dialektik eines andern Vernunftgebiets, signiert sie gleichsam durch Blankoakzept einen erst von anderer Seite festzustellenden Pflichtinhalt » (4). Im Recht sei also das Individuum im Gegensatz zur Sittlichkeit, nicht « schöpferisch » tätig, die « indirekt-sittlichen Pflichten » des Rechts gestatten « die Aufnahme eines nicht in der eigenen Brust erzeugten Pflichtinhalts ». « Hier ist also der Punkt, wo die Heteronomie, wo die Autorität mitten im Reiche der Autonomie ihre Stelle hat » (5).

Das positive Recht wird hier demnach zwar auf die autonome Sittlichkeit gegründet. Aber dies geschieht, indem *alle* Rechtsgenossen die *ganze* Rechtsordnung durch ein allgemeines « Blankoakzept » sich zu eigen machen. Wir stehen daher im wesentlichen wieder da, wo wir bei *Bierlings* Anerkennungstheorie standen. Die Rechtspflicht der Dissentierenden und mindestens eines Teiles derer, die das Recht nicht kennen, kann auch durch *Radbruchs* Blankoakzept nicht erklärt werden, weil ein solches in der Erfahrung nicht gegeben ist. Hier kann wieder nur an Stelle des Akzeptierens ein Akzeptieren*sollen* in die Lücke einspringen. Dieses Sollen wäre dann wieder streng heteronom und hätte mit Autonomie nichts zu tun. Das Recht, das auch dem Säugling oder dem Verbrecher Pflichten auferlegt, ist also nach *Radbruchs* Lehre von 1914 im letzten Grunde doch heteronom. Um die Geltung dieses heteronomen Rechtes zu begründen, bleibt auch dieser Theorie nichts übrig, als auf die Macht zurückzukommen: « Soll

Anm. (1) : a. a. O., 1. Aufl., S. 55.
Anm. (2) : a. a. O.
Anm. (3) : a. a. O., S. 56.
Anm. (4) : a. a. O., S. 57.
Anm. (5) : a. a. O., S. 58.

das gesetzte Recht », sagt *Radbruch* 1914, « jener Aufgabe genügen, den Widerstreit entgegengesetzter Rechtsanschauungen durch einen autoritativen Machtspruch zu beenden, so muss die Setzung des Rechts einem Willen zustehen, dem auch seine Durchsetzung gegenüber jeder widerstrebenden Rechtsanschauung möglich ist. Die früher als soziologische Tatsache festgestellte Verknüpfung von Macht und Recht... erhält also nunmehr ihre philosophische Rechtfertigung. Die Rechtsphilosophie marschiert, wie der liebe Gott, mit den stärkeren Bataillonen » (1).

Später hat *Radbruch* den Gedanken, dass die Moral sich im Gebiet des Rechts « der spezifischen Dialektik eines anderen Vernunftgebiets » überlässt und « gleichsam durch Blankoakzept einen erst in einem andern Normengebiet festzustellenden Pflichtgehalt » signiert, mit dem Hinweis auf *Kant* zu stützen gesucht (2) und zwar auf den Ausspruch : « dass alle Pflichten bloss darum, weil sie Pflichten sind, mit zur Ethik gehören ; aber ihre Gesetzgebung ist darum nicht allemal in der Ethik enthalten, sondern von vielen derselben ausserhalb derselben » (3). Was *Kant* hier « Gesetzgebung » ausserhalb der Ethik nennt, sind die schon erwähnten (4) hypothetischen « Imperative der Geschicklichkeit » oder der « Klugheit ». Allein diese « Imperative » bedeuten, wie ich in meiner zitierten Rektoratsrede 1924 dargelegt habe und wie gleich im folgenden nochmals ausgeführt werden soll, kein Sollen, sondern ein bedingtes Müssen. Daher bildet diese « Gesetzgebung » ausserhalb der Ethik, gegenüber dem Sollen, den Pflichten der Ethik, nur die *Voraussetzung an Tatsachen und Kausalzusammenhängen*, den *Tatbestand*, an den das ethische Sollen sich knüpft. *Radbruchs* Blankoakzept bleibt demnach trotz des Hinweises auf *Kant* dasselbe, was es in seiner Theorie von 1914 und was es schon bei *Bierling* gewesen ist. Es könnte die Geltung des Rechtes nur erklären, wenn *alle* dem Recht Unterworfenen die *ganze* Rechtsordnung anerkannt hätten.

Lässt sich aber die Geltung des Rechts gegenüber denen, die es nicht kennen oder nicht billigen, nicht durch das Blankoakzept, durch die Anerkennung begründen, so bleibt *Radbruch* auch in der jetzigen Gestalt seiner Lehre nichts übrig, als der Rekurs an die Macht. Allerdings sucht *Radbruch* die Abhängigkeit des Rechtes von der Macht in ein milderes Licht zu rücken. Er betont stark den Gedanken : Macht ist Geist, Macht über Seelen (5). Allein auch die Erregung von Furcht durch Drohung mit Galgen und Zuchthaus verleiht Macht über Seelen. Auch das brutalste Diktat des Siegers ist ein Erzeugnis des Geistes, das Macht über Geister bedeutet. Weiter erklärt *Radbruch* : « Das Recht gilt nicht, *weil* es sich wirksam durchzusetzen vermag, sondern es gilt, *wenn* es sich wirksam durchzusetzen vermag,

Anm. (1) : a. a. O., 1. Aufl., S. 173.
Anm. (2) : Rechtsphilosophie, 3. Aufl., 1932, S. 44.
Anm. (3) : Metaphysik der Sitten, Rechtslehre, Einleitung, III, Akademieausgabe, S. 219.
Anm. (4) : Oben S. 347.
Anm. (5) : Rechtsphilosophie, 3. Aufl., 1932, S. 79.

weil es nur dann Rechtssicherheit zu gewähren vermag. Die Geltung des positiven Rechts wird also gegründet auf die Sicherheit, die ihm allein zukommt, oder... auf den Frieden, den es... stiftet, auf die Ordnung, die dem Kampfe aller gegen alle ein Ende setzt» (1). Folglich ist das Recht nach *Radbruch* gar nicht autonom, sondern leitet seine verbindliche Kraft aus dem heteronomen obersten Wert der Rechtssicherheit, das heisst doch: der voraussichtlichen *tatsächlichen* Durchsetzung ab. So kommt denn Radbruch zu dem Ergebnis : « Die restlose Geltung alles positiven Rechtes ist also jedem Einzelnen gegenüber nicht zu erweisen. Es wäre auch ein Wunder, wenn ein Wirkliches durch und durch Wert und Geltung hätte » (2). Allein die Logik duldet keine Halbheit. Entweder ist die Geltung des Rechtes restlos erklärt oder gar nicht. *Radbruchs* Lehre, die am juristischen Positivismus, am Blankoakzept, an der Heteronomie des Inhalts des positiven Rechtes und an der Ableitung des Inhalts des Sollens aus der Macht festhält, vermag auch in ihrer neuesten Gestalt die verbindliche Kraft des Rechtes nicht zu erklären.

Letzten Endes ist demnach auch bei *Radbruch* der Geltungsgrund des Rechtes die Macht des Staates, seine heteronomen Befehle zu erzwingen und damit die Rechtssicherheit, den Frieden und die Ordnung aufrechtzuerhalten. Die Rechtsphilosophie marschiert noch immer mit den stärkeren Bataillonen desjenigen, der die Ordnung tatsächlich herstellt und schützt.

Alle Theorien, die wir bisher kennen gelernt haben, kommen demnach im allerletzten Grunde doch irgendwie darauf hinaus, dass die *Macht des Staates*, die physische Gewalt des staatlichen Zwangsapparates, ein *heteronomes* Sollen, *heteronome* Rechtspflichten erzeuge, trotzdem doch der Gedanke, dass aus dem Sein kein Sollen abgeleitet werden könne, öfters erkannt worden ist. Solange man aber an der Heteronomie des Rechtes und daher an der Macht des souveränen Staates als der letzten Quelle des Rechtes oder doch des Rechtsinhalts festhält, ist ein Wandel der Ideen, wie wir ihn in den ersten beiden Teilen dieser Arbeit kennen gelernt haben, unverständlich, juristisch « unkonstruierbar ». Der Einfluss des internationalen Rechtes auf das innerstaatliche Recht ist auf dem Boden der Heteronomie des Rechtes nur erklärbar, wenn und soweit der heteronome staatliche Gesetzgeber völkerrechtliche Normen bewusst und, abgesehen vom Kriegsfall, freiwillig in das innerstaatliche Recht übernimmt. Dass die Idee eines — gleichfalls heteronomen — überstaatlichen Völkerrechtes oder die Idee des Volkes als eines vom Staate unabhängigen Rechtssubjektes des heteronomen Völkerrechtes in einen Kampf mit der Idee des souveränen Staates treten und sich vielleicht gar einmal als die stärkere erweisen könnte, kann nicht erfasst werden. Denn wie sollte eine Quelle heteronomen Rechtes

Anm. (1): a. a. O., S. 82. *Anm.* (2) : a. a. O., S. 83.

sich ändern? Sie bleibt immer die eine und dieselbe und kann nur mit der tatsächlichen Macht, von der sie hergeleitet ist, zusammenbrechen und verschwinden. Erst wenn das letztere bereits der Fall wäre, wenn etwa die Idee des Volkes oder des überstaatlichen Völkerrechtes sich gegenüber der bisherigen Staatsidee mit Hilfe stärkerer Bataillone bereits tatsächlich durchgesetzt hätte, dann käme die bisherige Lehre von der Heteronomie des Rechtes und die positivistische dogmatische Jurisprudenz hinterher im Train der stärkeren Bataillone mitgelaufen und würde aus ihrer vermeintlichen Grundnorm deduzieren, dass die Quelle alles Rechtes die Macht des Volkes oder der Völkerrechtsgemeinschaft sei. Aber dass und wie und warum die tatsächliche Macht vom Staat auf das Volk oder die Völkerrechtsgemeinschaft übergegangen wäre, dass ein solcher Wechsel der Macht einen Wandel der Rechtsideen, einen Wandel des Sollens bereits voraussetzte und dass folglich das Sollen das prius und die Macht das posterius ist, das muss aller Philosophie vom heteronomen Recht und aller positivistischen Jurisprudenz von ihren Voraussetzungen aus folgerichtig unfasslich bleiben.

Wir müssen daher, um den Wandel der Ideen Staat und Volk und den Einfluss des internationalen auf das innerstaatliche Recht verstehen, als notwendiges Geschehen im Weltprozess begreifen zu können, noch weiter gehen als die bisherigen Theorien gegangen sind und müssen alle Konsequenzen aus dem Satz ziehen, dass aus der Wirklichkeit kein Wert, aus dem Sein kein Sollen abgeleitet werden kann.

Zunächst muss völlige Klarheit in der Ausdrucksweise geschaffen werden.

Die Ausdrücke Sollen, Befehl, Imperativ, Wert und die imperative Form als eine Verbalform der Sprache werden in sehr verschiedenen Bedeutungen gebraucht. Diese alle hier zu erörtern hätte für die vorliegende Arbeit keinen Zweck. Insbesondere kann hier von dem Gegensatz abstrakt-konkret abgesehen werden. Für den Charakter des Sollens ist es gleichgiltig, ob es sich auf einen individuellen Fall oder auf eine abstrakt bezeichnete Mehrheit von Fällen bezieht. Nach dieser Richtung können wir alle vier oben genannten Worte in einem Sinn gebrauchen, welcher auch die lex individualis, die Individualnorm, mitumfasst. Dagegen muss man zwei grundsätzlich verschiedene Bedeutungen scharf trennen, die bisher nicht klar genug auseinandergehalten worden sind. *Man muss das Sollen, den Wert, den Imperativ als eine oberste, nicht weiter ableitbare Form unseres Denkens scharf unterscheiden von dem Sollen, dem Wert, dem Imperativ als einem bloss sprachlichen Ausdrucksmittel für ein Müssen, für einen angedrohten Zwang, einen Wunsch, einen technischen oder wirtschaftlichen Vorgang oder für sonstige Tatsachen und Kausalzusammenhänge der Wirklichkeit.*

Bereits oben (1) habe ich die Frage aufgeworfen, ob denn der Gegensatz zwischen der autonomen Sittlichkeit und dem heteronomen Recht als einem

Anm. (1) : Oben, S. 348.

Sollen im Sinn der bisherigen juristischen Anschauungen gleichbedeutend sei mit dem Gegensatz zwischen unbedingten und bedingten Imperativen, wie dies *Kant* und alle von ihm beeinflusste Ethik und Rechtswissenschaft annehmen. Wir sind nun in der Lage, darauf zu antworten.

In der Sprache ist die imperative Verbalform ein Ausdrucksmittel nicht nur für autonome Normen, sondern für sehr verschiedene Gedanken, zum Beispiel für Aufforderungen eines Stärkeren an einen Schwächeren, Gehorsam zu leisten, widrigens Gewalt angewendet würde, oder für blosse Ratschläge der Nützlichkeit. Alle diese und anderen Arten von imperativischen Verbalformen kann die Sprache oft nach Wahl bedingt oder unbedingt ausdrücken. So kann man einen unbedingt geltenden Satz in der Form eines Konditionalsatzes, eines bedingten Satzes wiedergeben, indem man den Tatbestand in die Form einer Bedingung kleidet. Umgekehrt kann man eine Bedingung durch ein Substantiv oder Partizip ausdrücken usw. Dies alles hat mit unseren Problemen nichts zu tun.

Sieht man aber nicht auf die sprachliche Form sondern auf den logischen Inhalt eines Satzes, so zeigt sich, dass die auf *Kant* zurückgehende Lehre von der Autonomie des Sittengesetzes sich durch die Unterscheidung der kategorischen und der hypothetischen Imperative ([1]) hat verleiten lassen, die Grenze zwischen dem Sollen und dem Sein nicht an der richtigen Stelle zu ziehen.

Wie wir bereits gesehen haben, unterscheidet *Kant* den kategorischen und den hypothetischen Imperativ. Kategorisch, unbedingt zu befolgen, ist nur das Sittengesetz. Hypothetisch, bedingt durch einen angestrebten Zweck, sind die Imperative der Geschicklichkeit und der Klugheit, zum Beispiel die Regeln der Arzneikunde, welche dem Arzt und dem Giftmischer in gleicher Weise dienen, dem einen, um seinen Patienten zu retten, dem anderen, um sein Opfer zu töten. Hypothetische Imperative sind für *Kant* — und ebenso für die gesamte bisherige Rechtswissenschaft, welche das Recht als heteronomes Sollen betrachtet — auch die Rechtssätze,

Allein die hypothetischen Imperative *Kants* drücken, im Gegensatz zum Sittengesetz, das Selbstzweck ist, das Verhältnis des *Mittels zum Zweck* aus. Wenn ich den *Zweck* erreichen, zum Beispiel den Patienten heilen oder mein Opfer töten will, so ist das *Mittel* die Befolgung der Regeln der Arzneikunde. Das Verhältnis des Mittels zum Zweck ist aber ein *kausales.* Folglich sind die hypothetischen Imperative, mögen sie auch oft von der Sprache in der Form eines Befehlssatzes ausgedrückt werden, in Wahrheit *Aussagen über ein kausales Geschehen.* Aus dem kausalen Geschehen kann aber kein Sollen abgeleitet werden. Folglich bedeuten die hypothetischen Imperative nach *Kants* eigener Unterscheidung des Sollens vom Geschehen *kein Sollen, sondern ein Geschehen.*

Anm. ([1]) : Oben S. 347, 348.

Erinnern wir uns nun, dass *Kant* von den Imperativen der Klugheit sagt, dass sie « genau zu reden, gar nicht gebieten », dass sie « eher für Anratungen (consilia) als Gebote (praecepta) der Vernunft » zu halten seien (1). Wenn sie dies sind, durfte er sie nicht als Imperative behandeln. Er hat sie aber doch als solche, als ein Sollen betrachtet. Er hat die heteronomen Imperative des Rechtes ausdrücklich mit den autonomen Imperativen der Sittlichkeit zu dem Begriff der « Gesetze der Freiheit » vereinigt und beide zusammen den Naturgesetzen, den Gesetzen des Müssens, gegenübergestellt. Seine « Metaphysik der Sitten » umfasst beides, Rechtslehre und Tugendlehre, und zwar beide Zweige als Wissenschaft vom Sollen, nicht vom Sein. Soweit die Rechtswissenschaft *Kants* Lehre von der Autonomie des Sittengesetzes übernommen hat, um das Recht von der Sittlichkeit abzugrenzen, ist sie *Kant* bei seiner Beurteilung der Rechtsgesetze als hypothetischer Imperative gefolgt. Daher erscheinen auch ihr die Rechtsgesetze als ein heteronomes Sollen. Soweit die Rechtswissenschaft *Kants* Lehre verworfen oder ignoriert hat, hatte sie keinen Anlass, die Frage Autonomie oder Heteronomie aufzuwerfen und zweifelte, wie die vorkantische Ethik und Rechtswissenschaft, nicht an der Heteronomie alles Sollens.

Demgegenüber ergibt sich aus unseren Erwägungen das Folgende : die sprachliche Form der Rechtssätze ist von deren Inhalt zu unterscheiden ; die hypothetischen Imperative des Rechtes sind wie alle hypothetischen Imperative trotz ihrer sprachlichen Formulierung Aussagen über Kausalbeziehungen ; daher *sind sie gar nicht Ausdruck eines Sollens, daher auch keines bedingten Sollens, sondern Aussagen über ein bedingtes Müssen.*

Dies zeigt uns *Kants* eigenes Beispiel. Die Kunstregeln über die Mischungsverhältnisse von Arzneien und Giften sagen mir nicht, dass ich ein bestimmtes Mischungsverhältnis anwenden *soll,* sondern, dass ich es zufolge kausaler Notwendigkeit anwenden *muss,* wenn ich eine Krankheit heilen oder einen Menschen töten will. Das ist kein bedingtes Sollen, sondern bedingtes Müssen.

Ein anderes Beispiel : Die Regeln der englischen Grammatik sagen mir nicht, dass ich in bestimmten Formen sprechen *soll,* sondern dass ich kraft kausaler Notwendigkeit so sprechen *muss,* wenn ich wie ein Engländer sprechen und verstanden werden will. Ist mir dies dagegen gleichgültig, will ich zum Beispiel gar nicht englisch lernen, so fällt die Bedingung des Müssens weg, die Regeln der Grammatik gehen mich nichts an. Ein Sollen, eine Verpflichtung enthalten sie nicht.

Nun kann allerdings auch dasjenige Verhalten, welches der sogenannte hypothetische Imperativ zum Gegenstand seiner Aussage macht, ebenso wie jedes andere kausale Verhalten zum Inhalt eines Sollens werden. Zum Beispiel : wir nehmen an, der Arzt sei — sittlich oder rechtlich — durch

Anm. (1) : Oben S. 348.

seinen Beruf verpflichtet, einen Kranken nach bestem Wissen zu heilen, oder jemand sei vermöge seines Amtes oder Berufes ebenso — sittlich oder rechtlich — verpflichtet, englisch zu sprechen. Dann werden die Kunstregeln, die «hypothetischen Imperative» der Therapie oder der englischen Grammatik mittelbar zum Gegenstand eines Sollens. Aber auch dann ist das bedingte kausale Müssen von dem Sollen zu trennen. Die Kunstregeln der Therapie oder der englischen Gramatik verbinden mich nicht unmittelbar als solche, sondern meine Verpflichtung hat einen ganz ausserhalb dieser Regeln gelegenen besonderen rechtlichen oder sittlichen Grund. Fällt dieser weg, so zeigt sich, dass jene Regeln kein Sollen, keine Pflicht zum Gegenstand haben.

Wir sind demnach zu dem Ergebnis gelangt : Ein Imperativ im sprachlichen Sinne ist entweder heteronom, dann kann er kein Sollen bedeuten ; oder er bedeutet ein Sollen, dann kann er nicht heteronom sein. Mit anderen Worten : *Ein Satz, der mir etwas befiehlt, ist entweder der Ausdruck eines mir fremden Willens, dann kann er mich nicht verpflichten; oder er verpflichtet mich, dann kann er nicht Ausdruck eines fremden Willens sein.*

Wenn wir nun im Recht *Pflichten*, ein *Sollen*, suchen, so kommen wir zu der Schlussfolgerung : *Die Gebote des Rechtes, wenn dieses als ein Sollen verstanden wird, können nicht Ausdruck eines fremden, sondern nur des eigenen Willens sein, die Gebote des Rechtes sind autonom.*

Damit ist aber die gestellte Frage noch nicht erledigt. Im gesellschaftlichen Geschehen gibt es zweifellos eine Menge von Befehlen im sprachlichen Sinn, welche die einen tatsächlich erlassen und die andern tatsächlich befolgen, also von Befehlen, welche uns als heteronom entgegentreten. Es sind dies die Vorschriften des sogenannten «positiven Rechts». Im positiven Recht will ein fremder Wille, jener der Gesetzgeber, Behörden oder sonstiger an der Macht befindlicher Personen, sich die andern unterwerfen.

Aber alle jene an der Macht befindlichen Personen mögen tun, was sie wollen, Gesetze beschliessen, unterschreiben, im Gesetzblatt abdrucken, Gewalt zu ihrer Durchsetzung anwenden, aus dem allem ergibt sich nicht, dass irgend jemand gehorchen *soll*. Aus Reden, Unterschriften, bedrucktem Papier und Bajonetten folgt noch immer keine *Pflicht. Das sogenannte positive Recht im Sinne der positivistischen Rechtswissenschaft hat demnach gar kein Sollen zum Inhalt, sondern nur gegebenenfalls ein bedingtes Müssen.*

Ein Müssen bedeutet es, wenn und soweit der Gehorsam oder Ungehorsam sogenannte «Rechtsfolgen» nach sich zieht.

Solche Rechtsfolgen sind in erster Linie für alle irgendwie religiös fundierten Rechtsordnungen Belohnungen und Strafen im Jenseits, an welche die Rechtsunterworfenen glauben und um derentwillen sie auch die Gebote irdischer Obrigkeiten befolgen. Abgesehen von allen metaphysischen Annahmen, wenn wir im Bereich der sogenannten Erfahrungswelt bleiben, sind die Rechtsfolgen Belohnungen, Strafen und Zwang. Um diese Rechtsfolgen durchzusetzen, ist ein planmässiges Zusammenwirken von Menschen notwendig. Die Gesamtheit der Vorgänge dieses Zusammenwirkens, als gesellschaftliche Einheit und Ganzheit betrachtet, nennen wir zumeist Staat, ohne damit ausdrücken zu wollen, dass das gesellschaftliche Gebilde Staat keine andere Tätigkeit entfalte als die der Verwirklichung von Rechtsfolgen. Alle Rechtsfolgen, welche der Staat vollzieht, lassen sich, wie aus dem bereits Erörterten hervorgeht, auf einen *Zwang* zurückführen. Auch die Belohnung mündet letztlich in einen Zwang gegen dasjenige Organ, welches die Belohnung zu gewähren hat, und gegen diejenigen, auf deren Kosten oder zu deren Lasten die Belohnung erteilt wird.

Die sogenannte « Rechtsfolge » des positiven Rechtes ist demnach in Wahrheit die Anwendung von Gewalt seitens des Stärkeren gegen den Schwächeren. Am klarsten ist dies im zwischenstaatlichen Verkehr, im Völkerrecht, wo jedes beliebige Willkürdiktat des Siegers, dem der Besiegte sich zu fügen gezwungen ist, ohne weiteres « positives » Recht wird. Aber ein Gleiches gilt auch im innerstaatlichen Recht vom Diktat der staatlichen Machthaber, so besonders deutlich in den Fällen der Revolution, des Staatsstreichs, der Neubildung von Gewohnheitsrecht durch behördliche Aussprüche praeter oder contra legem wie in allen Fällen, in denen man die unmittelbar « normative Kraft des Faktischen » anzuerkennen pflegt. Auch die staatliche Zwangsgewalt ist, wie die des Siegers im zwischenstaatlichen Verkehr, nichts anderes als die tatsächliche Gewalt desjenigen, der zu einem bestimmten Zeitpunkt in einem bestimmten Raum der Stärkste, der am besten Organisierte ist. *Das sogenannte «positive» Recht ist demnach schlechthin Gewalt, physische Macht, der sich die Unterworfenen tatsächlich beugen. Es ist das auf Gewalt und Gewaltandrohung gestützte tatsächliche Befehlen und Gehorchen. Von einem Sollen, einer Pflicht enthält es als solches nichts. Denn aus den blossen Tatsachen des Befehlens, Gehorchens und Zwingens kann ebensowenig wie aus irgenwelchen Tatsachen und Kausalzusammenhängen ein Sollen gefolgert werden.*

Die sogenannte « Positivität » des Rechtes ist also Tatsächlichkeit. « Positives » Recht sind daher diejenigen Befehle, welche bisher *tatsächlich* gehandhabt, befolgt und erzwungen worden sind, und, auf die Zukunft angewendet, diejenigen, von welchen auf Grund des bisherigen *tatsächlichen* Geschehens zu erwarten ist, dass sie künftig *tatsächlich* gehandhabt, befolgt und erzwungen werden. Das positive « Recht » als Tatsächlichkeit grenzt sich von anderem, nicht « rechtlichem » Geschehen durch die Art der Motivierung, des Gehorsams ab, doch würde es zu weit führen, wenn wir hier auf diese Frage eingehen wollten. Für die Zwecke der vorliegenden Arbeit genügt das Ergebnis : die « Positivität » des Rechtes ist Tatsächlichkeit und bedeutet als solche in gar keiner Weise ein Sollen.

Die bisherige Wissenschaft und Jurisprudenz, welche das heteronome « positive » Recht als ein Sollen behandeln, wandeln demnach für die theoretische Betrachtung einen Irrweg; ihre praktischen Ziele und Ergebnisse werden dadurch nicht in Frage gestellt, soweit ihre Aussagen nicht auf ein Sollen, sondern auf ein bedingtes Müssen bezogen werden, zum Beispiel auf die voraussichtliche Praxis staatlicher Organe. Diese meine Behauptungen nach allen Richtungen auszuführen muss ich einer anderen Arbeit vorbehalten ([1]).

Woher das Sollen stammt, an das wir häufig denken, wenn wir vom « positiven » Recht sprechen, ist eine ganz andere Frage, als die nach der « Positivität » des Rechtes, eine Frage, die mit dem Hinweis auf die Tatsächlichkeit, auf die Macht, nicht beantwortet werden kann. Dieses Problem des Sollens wird im Folgenden untersucht werden.

Sehen wir nun zunächst, wohin jener Irrweg die herrschende Auffassung, welche das positive Recht heteronom aus den Tatsachen des Befehlens, Gehorchens und Zwingens ableiten will, folgerichtig führen müsste.

Wenn sich aus diesen Tatsachen ein Sollen ergäbe, so wäre das, was geschieht, zugleich das, was geschehen soll. Die Rechtswissenschaft, der Richter und der Verwaltungsbeamte könnten nur feststellen, was geschehen ist, vielleicht versuchen, vorauszusagen, was künftig geschehen wird, zum Beispiel, dass der Ungehorsame wahrscheinlich gezwungen werden wird, sich zu fügen, aber sie könnten niemals die Forderung erheben, dass etwas im Gegensatz zu dem, was ist, geschehen *soll*. Sie könnten der Wirklichkeit *niemals ein Werturteil gegenüberstellen*.

Ohne ein Werturteil aber müsste man beispielsweise den Dieb, dem seine Tat nicht nachgewiesen werden kann, dem ehrlichen Mann gleichstellen, der eine sichere und gefahrlose Gelegenheit zum Stehlen nicht ausnützt. Ohne ein Werturteil gäbe es keinen Unterschied zwischen dem Staat und einer Räuberbande, als lediglich einen technischen und quantitativen. Diese Auffassung dürfte folgerichtig nichts anderes kennen als die Gewalt. Alles Recht ist dann nur das sogenannte Recht des Stärkeren oder des Siegers, genauer gesagt, die Gewalt des Stärkeren oder des Siegers. Unter den Menschen gilt dasselbe « Recht » wie unter den Tieren : der Stärkere frisst — soweit ihn nicht ein noch Stärkerer daran hindert — den Schwächeren nach Belieben auf, ohne damit eine « Pflicht » zu verletzen, ohne dadurch ein « Unrecht » zu begehen. Das Wort « Recht » wird überflüssig. Wir sprechen auch nicht vom « Recht » des Wolfes, das Lamm zu zerreissen.

Die praktischen Lehren, die sich aus dieser Anschauung ergeben, wenn man metaphysische Glaubensdogmen beiseitelässt, wie es die « voraussetzungslose » Rechtswissenschaft ja will, hat mit absoluter Folgerichtigkeit *Max Stirner* in seinem Buch : « Der Einzige und sein Eigentum » gezogen.

Anm. ([1]) : Vgl. auch meine oben zitierte Rektoratsrede, Recht und Sittlichkeit, S. 19, 20, und meinen Aufsatz : Der Staatsrechtslehrer und die Politik, im Archiv des öffentlichen Rechts, 43. Bd., 1922, S. 151 ff.

Er hat den Satz, dass es nur ein Müssen und kein davon verschiedenes Sollen gibt, nach allen Richtungen zu Ende gedacht : « ... Was gut, was böse ! Ich bin ja selber Meine Sache, und Ich bin weder gut noch böse. Beides hat für Mich keinen Sinn... Meine Sache ist weder das Göttliche noch das Menschliche, ist nicht das Wahre, Gute, Rechte, Freie, etc., sondern allein das *Meinige,* und sie ist keine allgemeine, sondern ist — *einzig,* wie Ich einzig bin. Mir geht nichts über Mich ! » (1). « ... Darum sind Wir beide, der Staat und Ich, Feinde. Mir, dem Egoisten, liegt das Wohl dieser « menschlichen Gesellschaft » nicht am Herzen, Ich opfere Ihr nichts, Ich benutze sie nur... » (2). Ob Ich Recht habe oder nicht, darüber gibt es keinen andern Richter als Mich selbst » (3). « ... was Du zu sein die *Macht* hast, dazu hast Du das *Recht.* Ich leite alles Recht und alle Berechtigung aus *Mir* her ; Ich bin zu allem *berechtigt,* dessen Ich mächtig bin » (4). « Was, bin Ich dazu in der Welt, um Ideen zu realisieren? Um etwa zur Verwirklichung der Idee «Staat» durch mein Bürgertum das Meinige zu tun...? Was ficht Mich ein solcher Beruf an ! Ich lebe so wenig nach einem Berufe, als die Blume nach einem Berufe wächst und duftet ». « *Eigner* bin Ich meiner Gewalt, und Ich bin es dann, wenn Ich Mich als *Einzigen* weiss... Stell' Ich auf Mich, den Einzigen, meine Sache, dann steht sie auf dem vergänglichen, dem sterblichen Schöpfer seiner, der sich selbst verzehrt, und Ich darf sagen : Ich hab' mein' Sach, auf Nichts gestellt » (5). « Auf Nichts gestellt » heisst hier etwa : keinem anderen Zweck unterworfen als « Mir » selbst. *Stirners* Werk ist das Bekenntnis zum absolut schrankenlosen *Egoismus* und damit zum absolut schrankenlosen *Anarchismus.*

Die Begründung des positiven Rechtes als eines heteronomen Sollens auf die Macht führt also zur Leugnung alles Rechtes, zum *Anarchismus.* Es würde dann unter den Menschen, genau so wie im allgemeinen unter den Tieren, nichts herrschen, als die nackte Gewalt.

Allein in Wahrheit steht es doch mit dem Rechte ganz anders. Die blosse kausale Betrachtungsweise, die im Recht nur den künftigen Zwang sieht, kann uns nicht genügen. Denn da sie uns nicht gestattet ein Werturteil zu fällen, macht sie es uns unmöglich, ein abgeschlossenes Weltbild, eine Weltanschauung zu gewinnen, die doch auch Antwort auf die Frage geben muss : was *soll* ich? Ebensowenig befriedigt jene bloss kausale Betrachtung die Praxis des politischen und des Rechtslebens, die gleichfalls stets Werturteile fällen und fragen muss : was *soll* geschehen?

Nun gab und gibt es zwar immer viele Egoisten, die keine Pflicht kennen und sich nur dem Zwang fügen. Aber eine sehr viel grössere Zahl von

Anm. (1) : Der Einzige und sein Eigentum, 1844, Vorrede : « Ich hab' Mein' Sach' auf Nichts gestellt », am Ende (Ausg. Reclam, S. 14).

Anm. (2) : Ebenda, II. Abteilung : « Ich », II., « Der Eigner », (Reclam, S. 210).

Anm. (3) : Ebenda, I., «Meine Macht», (Reclam, S. 219).

Anm. (4) : Ebenda, (Reclam, S. 221).

Anm. (5) : Ebenda, II. Abteilung : « Ich », III., « Der Einzige », am Ende (Reclam, S. 428, 429).

Menschen — bei den zivilisierten Völkern anscheinend die mit steigender Kultur allmählich noch weiter wachsende überwiegende Mehrzahl — verabscheut diese Denkungsweise und lehnt es damit implicite ab, das Recht *nur* kausal, *nur* als Gewalt zu betrachten. Allerdings denken die meisten nicht theoretisch über diese Dinge nach. Aber sie *handeln* danach. Wir stehlen — wohl in unserer Mehrheit — auch dann nicht, wenn wir dies ganz sicher und gefahrlos tun könnten. Wir machen auch zwischen dem Staat und einer Räuberbande einen andern Unterschied, als einen bloss technischen und quantitativen, nämlich einen *Wert*unterschied. So sind zum Beispiel Hunderttausende aus Pflichtgefühl in den Krieg gezogen oder haben draussen im Namen der Pflicht freiwillig Schwerstes erduldet. Ja, viele haben den Tod der Pflichtverletzung auch dort vorgezogen, wo sie ungestraft die Pflicht verletzen konnten. Mögen nun auch die Beispiele eines solchen Heroismus nur eine Minderzahl darstellen, ein Pflichtgefühl weniger hohen, weniger heroischen Grades ist jedenfalls in einer überaus grossen Zahl von Fällen tatsächlich beobachtet worden.

Das Sollen, die Pflicht, sind also da. Sie sind *Gegenstand eines Erlebens.* Wir erleben inmitten all der Erwägungen der Selbsterhaltung und des Egoismus, die nun einmal den grössten Teil unseres Lebens füllen, immer wieder die an uns selbst gestellte Frage: was soll ich tun? was ist meine Pflicht? Der Sprachgebrauch nennt dies Regungen des *Gewissens* oder *Rechtsgefühls.*

Menschen, die dieser Regungen nicht fähig sind, nennen wir gewissenlos. Mögen sie auch noch so zahlreich sein, so können wir doch auf ihnen allein, wenigstens auf unserer Stufe der Entwicklung, auf der die Furcht vor Höllenstrafen nicht mehr alles beherrscht, Recht und Staat nicht aufbauen. Denn, wenn jeder nur unter Zwang gehorchte, so müsste hinter jeden Gendarmen ein zweiter gestellt werden, um den ersten anzutreiben, hinter den zweiten ein dritter und so fort.

Recht und Staat beruhen also unleugbar auf der Tatsache, dass ein grosser Teil der Menschen das Sollen, die Pflicht wirklich erlebt.

Wie beantworten sich nun diese Menschen die Frage : was soll ich tun?, was ist meine Pflicht? Woher schöpfen sie den Inhalt ihres Werturteils?

Aus der Betrachtung der gegebenen Wirklichkeit können sie die Antwort nie gewinnen. Denn aus dem Sein folgt kein Sollen. Zwar sprechen viele von Pflicht und denken nur an Gerichtsvollzieher, Zuchthaus oder Höllenstrafen, also an bedingtes Müssen, nicht an Sollen. Aber im Sinne des bisher Ausgeführten ist klar, dass eine Handlung aus Furcht etwas wesentlich anderes ist als eine Handlung aus Pflicht, aus innerer Nötigung des Rechtsgefühls oder Gewissens. Aeusseres Verhalten kann allerdings zumeist durch Drohung oder Gewalt abgenötigt werden. *Dagegen die billigende Zustimmung des Gewissens oder Rechtsgefühls auch des Letzten, des Geringsten, kann keine Macht der Erde erzwingen.*

Aus der Kausalwelt einschliesslich aller Gesetzgeber und aller Henker und Kerkermeister kann demnach der Inhalt dessen, was ich soll, nicht gewonnen werden. *Dessen, was wir sollen, des Inhalts unserer Pflicht, können wir nur durch unmittelbares eigenes Erleben gewahr werden.* Dieses Erlebnis kann jeder nur durch eigene Erfahrung kennen. Wer eines solchen Erlebnisses, der Regung des Gewissens oder Rechtsgefühls, nicht fähig ist, dem kann man es auch nicht beschreiben, noch kann man es ihn lehren.

Aber nicht alles, was wir als unseren Willen erleben, ist ein Sollen; das Erlebnis des Sollens, der Pflicht, ist nicht bloss das Erleben eines beliebigen Interesses, einer beliebigen selbstsüchtigen Neigung. Sonst wäre alles, was jemand will, zugleich das, was er soll, jedes Verbrechen wäre ebenso Pflicht wie die selbstloseste Handlung. Ich will und ich soll sind zweierlei Erlebnisse. Beide können verschiedene Stufen der Intensität und der Klarheit durchlaufen. Dort, wo das Sollen, das Erlebnis der Pflicht, klar ins Bewusstsein tritt, umfasst es, im Gegensatz zum Wollen, die Ueberzeugung, *dass jeder Mensch in der gleichen Lage verpflichtet wäre, ebenso zu handeln. Das Sollen begreift demnach ein Werturteil nicht bloss über eigenes, sondern über allgemein menschliches Verhalten in sich.*

Daher können wir bei Tieren von einem sittlichen oder rechtlichen Sollen, einer Pflicht, nicht oder für höhere Tiere nur in vager Analogie sprechen und bei primitiven Menschen und Völkern nur in bezug auf primitive Dinge. Aber auch auf den höheren Stufen menschlicher Entwicklung ist der Kreis, innerhalb dessen ein Sollen erlebt wird, individuell sehr verschieden. Offenbar ist er von vielen empirisch bedingten Faktoren der Wirklichkeit, besonders von der politischen Bildung des einzelnen und des Volkes, mitbestimmt.

Restlos aber können die Erlebnisse des Sollens nach ihrem Inhalt, nach ihrer Eigengesetzlichkeit als höchster, souveräner Wertmasstab, nicht aus der gegebenen Erfahrung erklärt werden, sondern *sie enthüllen uns in jedem Augenblick, in dem sie sich ereignen, ein Stück eines nur noch metaphysisch erfassbaren Charakters des einzelnen, des Volkes und der Menschheit.*

Das Erlebnis des Sollens ist daher eine wissenschaftlich nicht weiter ableitbare und erklärbare, *in ihrem jedesmaligen konkreten Inhalt unmittelbar erfasste Urgegebenheit.* Es ist zugleich Wirklichkeit und Wertinhalt. *Hier sind wir an jenem Angelpunkt all unseres Wissens von der Welt angelangt, in welchem Sein und Sollen zusammenfallen.*

Die Urerlebnisse des Sollens sind, wie die des Geschehens, *unbedingt.* Ich kann nicht bedingt weiss sehen, sondern, entweder ich sehe es oder ich sehe es nicht. Ebenso kann ich in bezug auf einen konkreten, das heisst mir unbedingt gegebenen Tatbestand kein bedingtes Erlebnis: «du sollst» haben. Entweder ich habe es oder ich habe es nicht.

Während also die heteronomen Regeln alle bedingt sind, nämlich ein bedingtes Müssen darstellen, ist das autonome Sollen unbedingt. Ich *muss* mich nur dann des Diebstahls enthalten, *wenn* ich Zuchthaus und Hölle vermeiden will. Wen diese nicht abschrecken, der ist in der Welt der Wirklichkeit nicht gehindert, zu stehlen. Dagegen das Erlebnis: du *sollst* nicht stehlen, ist im einzelnen Fall, in bezug auf einen eindeutig gegebenen Tatbestand, wenn ich es überhaupt habe, *unbedingt.*

Man darf sich auch hier wieder durch die sprachliche Ausdrucksweise nicht täuschen lassen, die auch bei logisch unbedingten Sätzen den Tatbestand gern in der Form einer Bedingung wiedergibt.

Das Erlebnis des Sollens ist nicht nur unbedingt, sondern auch *unausweichlich,* mit Notwendigkeit gegeben. Ich kann zwar der sogenannten Stimme meines Gewissens oder Rechtsgefühls entgegenhandeln, aber hinwegdekretieren kann ich sie nicht, wenn sie da ist. Ebensowenig kann ich sie herbeibefehlen, wenn sie nicht da ist.

Wie verhält sich nun das autonome zu dem sogenannten «positiven» Recht?

Der Forderung, die ein Stärkerer an einen Schwächeren richtet, sich ihm zu fügen, kann dieser in doppelter Weise gegenüberstehen. Entweder er billigt sie, er empfindet sie als Sollen, auch wenn sie nicht in das sprachliche Gewand eines Imperativs gekleidet ist, er erlebt die Vorstellung der Pflicht zum Gehorsam als einer inneren Nötigung des Gewissens oder Rechtsgefühls. Dann ist die Forderung für ihn *Recht* als Norm, als Imperativ, unbedingtes autonomes Sollen, auch wenn er der Stimme seines Gefühls entgegen tatsächlich nicht Folge leistet. Oder es fehlt diese innere Billigung. Dann ist jene Forderung für ihn, mag sie auch sprachlich durch einen Imperativ ausgedrückt sein, nur *Gewalt,* bedingtes Müssen, heteronomer Zwang, auch dann, wenn er sich tatsächlich beugt. Etwas Drittes neben Autonomie und Heteronomie, Sollen und Müssen, Recht und Gewalt, gibt es nicht.

Da es etwas Drittes nicht gibt, dürfen wir sagen: *eine Unterscheidung zwischen der Sittlichkeit und dem Recht, wenn beide als Sollen im Gegensatz zum Geschehen erfasst werden, ist für unsere Betrachtung ohne Bedeutung,* mag eine solche Unterscheidung auch von anderen Gesichtspunkten aus zum Zwecke einer systematischen Einteilung des Stoffs, also der Objekte der Werturteile, versucht werden. Ebenso ist auch eine Unterscheidung zwischen dem Gewissen und dem Rechtsgefühl für uns belanglos. Wer die Objekte der Werturteile in Objekte der sittlichen und solche der rechtlichen Werturteile einteilen will, kann auch das Gefühl der Billigung und Missbilligung einmal Gewissen, einmal Rechtsgefühl nennen. Aber in dem Sinne, in dem wir sie hier kennen gelernt haben, in dem Sinne der schöpferischen Quelle der höchsten autonomen Werte *sind Gewissen und Rechtsgefühl das-*

selbe: die uns unmittelbar gegebene, nicht weiter ableitbare, restlos nur noch metaphysisch erfassbare Fähigkeit des Individuums, ein Sollen zu erleben. Es ist daher für die folgenden Ausführungen nicht von Belang, ob wir den Staat, das Volk und die Völkerrechtsgemeinschaft auf das «Gewissen» oder auf das «Rechtsgefühl» zu gründen versuchen und *ob wir schliesslich von einem «Weltgewissen» oder einem «Weltrechtsgefühl» sprechen.*

Mit den vorstehenden Erwägungen *haben wir das Recht in seine letzten, nicht weiter ableitbaren Elemente aufgelöst,* die unserer Erkenntnis zugänglich sind. Woher die individuellen Erlebnisse des Sollens stammen, warum bei gleichem Tatbestand der eine sie so, der andere so, der dritte gar nicht erlebt, worin also der Charakter der Individuen, der Völker und der Menschheit im letzten Grunde wurzelt, das ist eine Frage, vergleichbar jener, woher die Welt oder woher das organische Leben in der Welt stammt. Es sind Fragen, deren Beantwortung wohl immer unser Erkenntnisvermögen übersteigen wird und die wir daher als metaphysische bezeichnen dürfen. Sie können im Rahmen dieser Arbeit nicht weiter behandelt werden.

Aber indem wir das Recht in seine letzten unserer Erkenntnis zugänglichen Elemente zerlegt haben, haben wir die uns gestellte Aufgabe noch nicht gelöst. Denn nun scheint es, als ob sich das Recht aus einer Summe einzelner subjektiver unüberprüfbarer Erlebnisse der Individuen zusammensetzte, als ob kein objektiv gültiger Rechtssatz, keine objektive Pflicht zum Gehorsam begründet werden könnte und als ob so der Anarchismus, den wir eben zum Haupteingang hinausgetrieben haben, durch eine Hintertüre wieder hereinschlüpfte.

Wir müssen daher sehen, wie sich aus den gewonnenen letzten Elementen des Rechtes die Staatsidee und das staatliche Recht, die Idee des Volkes und schliesslich das Völkerrecht, die Idee der Menschheit und das Weltgewissen aufbauen. *Erst dann werden wir in der Lage sein, den Wandel der Ideen in seinem Wesen zu erfassen und den Einfluss des internationalen auf das innerstaatliche Recht zu verstehen.* Daher sollen die folgenden und zugleich letzten drei Abschnitte dieser Arbeit den Staat, das Volk und das Weltgewissen behandeln.

2. Der Staat.

Der Staat ist eine unter vielen Arten und Formen des gesellschaftlichen Zusammenlebens, eine gesellschaftliche Ganzheit, und als solche Gegenstand wirklichkeitswissenschaftlicher, soziologischer Betrachtung. Die Tatsachen, von denen er abhängt, und die soziale Gesetzmässigkeit, unter der er steht, beeinflussen das innerstaatliche Recht, das er schafft und das Völkerrecht, an dessen Schöpfung er teilnimmt. Der Inhalt und der Wandel des Rechtes und der Einfluss des internationalen auf das innerstaatliche Recht sind daher nur verständlich auf dem Hintergrund der Tatsachen und Kausalzusammenhänge, die das Staatsleben bedingen und ausfüllen.

So kann vor allem das Souveränitätsdogma und dessen Kampf gegen die Idee des überstaatlichen Völkerrechtes, den wir im ersten Teil dieser Arbeit kennen gelernt haben, ohne Einblick in die gesellschaftliche Struktur des Staates nicht verstanden werden. Zu *behaupten*, dass der « Primat» dem staatlichen Recht oder dass er dem Völkerrecht zustehe oder dass die Frage des « Primates » eine wissenschaftlich unentscheidbare Weltanschauungsfrage sei, ist leicht. Aber dogmatische Behauptungen sind noch keine wissenschaftliche Erkenntnis, und sie werden es auch nicht dadurch, dass sie Hypothesen genannt werden. Wie dagegen in der Wirklichkeit des gesellschaftlichen Geschehens ein Kampf um Werte, um den «Primat», möglich ist, wie in diesem Kampf Wirklichkeit und Wert ineinandergreifen, wer da kämpft, wie sich dieser Kampf abspielt und wovon seine Entscheidung und damit der Einfluss des internationalen auf das innerstaatliche Recht abhängt, sind Fragen, die sich nicht mit der Behauptung einer Grundnorm oder eines sonstigen juristischen Dogmas abtun lassen, sondern eine Untersuchung der Verknüpfung von Wirklichkeit und Wert, von Sein und Sollen in den kämpfenden gesellschaftlichen Realitäten voraussetzen. Wir müssen daher zunächst versuchen, nach dieser Richtung das Wesen des Staates kennen zu lernen, jenes gesellschaftlichen Gebildes, das zugleich der Schöpfer des « positiven » innerstaatlichen und des « positiven » internationalen Rechtes ist. Damit lernen wir auch die Völkerrechtsgemeinschaft kennen, die sich aus Staaten zusammenensetzt. Ein besonderer Abschnitt wird dann das Volk in den Kreis der Erörterung einzubeziehen haben.

Es kann jedoch nicht die Aufgabe dieser Arbeit sein, eine systematische Soziologie des Staates zu entwickeln. Ich hoffe, eine solche in einem späteren Werke in Angriff nehmen zu können. Vorläufig sei mir gestattet, auf den soziologischen Teil meiner Arbeit : « La Démocratie » zu verweisen, welche in nicht zu ferner Zeit in den Veröffentlichungen des *Institut International de Droit Public* in Paris und sodann in deutscher Sprache erscheinen soll und in welcher ich auf die grundlegenden Probleme der soziologischen Staatslehre, so auf das Problem des Kollektivbewusstseins, eingegangen bin. In der vorliegenden Arbeit dagegen haben wir es nur mit Rechtsideen, Ideen aus der Welt des Sollens zu tun, und nicht mit Soziologie. Ich muss mich daher hier auf dasjenige beschränken, was für das Verständnis des Wandels der Ideen und des Einflusses des Völkerrechtes auf das innerstaatliche Recht wesentlich ist. Mit anderen Worten, wir haben den Staat hier nur als den Schöpfer und den Vollzieher des « positiven » staatlichen und internationalen Rechtes und die Beziehungen dieses « positiven » Rechtes zum autonomen Recht zu betrachten.

Der Staat ist ein gesellschaftliches Gebilde. Er besteht in der Welt der Wirklichkeit im wesentlichen in der Tatsache, dass die einen befehlen und die anderen gehorchen. Darin liegt noch kein Sollen, keine « Autorität », kein sittlicher Wert, kein « Recht », zu befehlen und keine « Pflicht », zu gehorchen, keine « Idee » des Staates als eines Trägers von Kompetenzhoheit oder als eines Subjektes völkerrechtlicher Rechte und Pflichten. Denn Tatsachen und Kausalverknüpfungen bedeuten noch kein Sollen.

Die soziologische Betrachtung des Staates und des Rechtes ist freilich immer wieder der Versuchung erlegen, aus gesellschaftlichem Sein und Geschehen Werturteile deduzieren zu wollen.

Schon der Begründer der modernen Soziologie und daher auch der soziologischen Staatslehre der Gegenwart, *Comte*, hat diesen Weg eingeschlagen. Er hat bereits in seinem Hauptwerk, Cours de Philosophie positive, im Widerspruch mit seinen streng « positiven », wirklichkeitswissenschaftlichen Prämissen eine « philosophie politique » angekündigt, der er wertwissenschaftliche Aufgaben zuweist (1), und er hat in seinen späteren Werken eine normative Ethik und Politik entwickelt. Ja, er spricht von der « superiorité, logique et scientifique, de la science morale, envers laquelle toutes les autres ne constituent que des préparations nécessaires » (2) und bezeichnet die « méthode subjective » als eine der Moral eigentümliche Methode (3). Dieses Vorgehen *Comte's* ist oft als nicht folgerichtig kritisiert worden und strenge Anhänger der positivistischen Philosophie lehnen es ab. Dass sie damit konsequenter sind als der Meister, bedarf nach dem, was im vorhergehenden Abschnitt dargelegt worden ist, keiner Ausführung.

Spencer, der eine Ethik, Rechtsphilosphie und Staatslehre auf biologischer Grundlage aufbauen will (4) und insbesondere seine Formel der Gerechtigkeit als biologisches Gesetz hinstellt, hat verzweifelte Versuche gemacht, das Sollen aus dem Sein abzuleiten, indem er vom Uebergang eines Naturgesetzes in eine ethische Norm spricht : « Clearly the conception of « natural rights » originates in recognition of the truth that if life is justifiable, there must be a justification for the performance of acts essential to its preservation ; and, therefore, a justification for those liberties and claims which make such acts possible ». Dieser Satz nehme für Menschen ethischen Charakter an ; « ... in the absence of proof that some may do what they will without limit, while others may not, mutual limitation is necessitated. The non-ethical form of the right to pursue ends, passes into the ethical form, when there is recognized the difference between acts which can be performed without transgressing the limits, and others which

Anm. (1) : Cours de Philosophie positive, Paris, 1830-1842, insb. IV. Bd., 1839, S. 3, VI. Bd., 1842, S. 842 ff.

Anm. (2) : Système de Politique positive ou Traité de Sociologie instituant la Réligion de l'Humanité, Paris, 1851 ff., IV. Bd., 1851, S. 231.

Anm. (3) : Ebenda.

Anm. (4) : The Man versus the State, 1884; A System of synthetic Philosophy, XI. Bd., II. Halbband, IV. Teil, Justice, 1891.

cannot be so performed ». ([1]). Ja, *Spencer* spricht sogar von einer *Verpflichtung* der Tiere, die Gesetze über die Erhaltung der Art, also Naturgesetze, zu befolgen und er nennt diese Gesetze ethische Gesetze ([2]). Allein nach dem früher Ausgeführten ist es uns ohne weiteres klar, dass derartige Deduktionen des Sollens aus dem Sein unzulässig sind, und *Menzel* bezeichnet sie mit Recht als ein « Wunder » ([3]).

Ebenso muss jeder andere Versuch scheitern, die Staatsidee, die der Welt der Werte angehört, mit Soziologie allein zu begründen. Will man es dennoch, so legt man notwendig, bewusst oder unbewusst, eigene autonome Werturteile in die scheinbar wirklichkeitswissenschaftlichen Prämissen oder in deren Auswahl und kann dann jedes beliebige ethische, juristische oder politische Werturteil, das man vorher hineingelegt hat, mit vermeintlicher naturwissenschaftlicher Allgemeingiltigkeit und Präzision dartun. Mit logischen « Wundern » kann man eben alles Mögliche beweisen. *Menzel* hat in seiner höchst lehrreichen Studie : « Naturrecht und Soziologie » ([4]) gezeigt, wie die Soziologie immer wieder politische Werturteile mit Hilfe soziologischer Tatsachen und Kausalzusammenhänge als vermeintlich allgemeingiltige Wahrheiten zu erweisen trachtet, und zwar im Sinne der verschiedensten politischen Richtungen. Man könnte die Beispiele leicht vermehren. So glauben *Spann* ([5]), *Hertwig* ([6]) und andere, aus biologischen und soziologischen Gesetzen die naturgesetzliche Ueberlegenheit und Höherwertigkeit ihres Ideals eines organischen Berufs- oder Ständestaates beweisen zu können. Umgekehrt sind die Anhänger der materialistischen Geschichtsauffassung überzeugt, dass sie die Ueberlegenheit und Höherwertigkeit eines ganz entgegengesetzten Ideals mit ebensolcher naturgesetzlicher Notwendigkeit dartun können, da im Sinne der marxistischen Dialektik, wie *Max Adler* es ausdrückt ([7]), « die Theorie nur die kausale Bewusstseinsseite ist, in der sich *ebendasselbe* als kausalgesetzlicher Prozess darstellt, was dem wollenden Erlebnis und der wertenden Betrachtung als Politik erscheint ». Ebensowenig nun, wie man ein bestimmtes Staatsideal oder bestimmte Idealrechtssätze allein aus soziologischen Prämissen als die wertvollsten erweisen kann, ist es auf Grund solcher Prämissen möglich, im Kampf der Ideen Staat und Völkerrechtsgemeinschaft, Staat und Volk inhaltlich Stellung zu nehmen und eine wertende Entscheidung zu fällen. Würden etwa die Anhänger des Souveränitätsdogmas und jene des « Primats » des Völkerrechts ihre beiderseitigen Ideale als unaus-

Anm. ([1]) : The Man versus the State, Ausg. London, 1910, S. 96.

Anm. ([2]) : Justice, § 4.

Anm. ([3]) : *Menzel*, Zeitschrift für öffentliches Recht, Wien und Leipzig, II. Bd., 1921, S. 399, Anm. 1, und Beiträge zur Geschichte der Staatslehre, Wien und Leipzig, 1929, S. 497, Anm. 1.

Anm. ([4]) : Naturrecht und Soziologie, Wien und Leipzig, 1912.

Anm. ([5]) : Der wahre Staat. Vorlesungen über Abbruch und Neubau der Gesellschaft. 3. Aufl., Jena, 1931, S. 9 ff., 23 ff., 151 ff. u. a. mit S. 59 ff., 158 ff., 163 ff.

Anm. ([6]) : Der Staat als Organismus. Gedanken zur Entwicklung der Menschheit. Jena, 1922, S. 47 ff. mit S. 204 ff.

Anm. ([7]) : Lehrbuch der materialistischen Geschichtsauffassung, Berlin, 1930, S. 19, Anm. 3 zu S. 18.

weichlich notwendige Wirkungen einer naturgesetzlich-soziologischen Kausalität hinstellen, so würden sie damit einander ebensowenig überzeugen können, wie Marxisten und Parteigänger eines organisch-faschistischen Ständestaates einander von der naturgesetzlichen Notwendigkeit ihrer Bewertungen überzeugen können.

Nun ist es zwar nicht der Zweck dieser Arbeit, eigene Werturteile zu fällen und in dem Kampf zwischen den Ideen, die wir hier behandeln, politisch Stellung zu nehmen. Aber den Kampf der Werte, den Kampf der Ideen kann nur verstehen, wer sich in den Inhalt der Ideen hineindenken, wer die Werturteile miterleben kann. Das ist auf dem Boden der bloss soziologischen Staats- und Rechtslehre nicht möglich. Für die wertfreie Betrachtung des Soziologen ist der abscheulichste Verbrecher ein ebensolches Studienobjekt wie der edelste Held. Auch die sogenannte «wertbezogene» Betrachtung muss in Wahrheit entweder wertfrei oder wertend sein, wie ich in meiner zitierten Arbeit «La Démocratie» darzulegen versucht habe und in einer späteren Arbeit näher ausführen zu können hoffe. Der Staat besteht nun aber nicht bloss in der wertfreien Tatsache des Befehlens und Gehorchens, er ist auch ein Wert in der Welt der Werte und kann nur von demjenigen verstanden werden, der auch werten kann. Die bloss soziologische Staatslehre, die systematische Beschränkung der gesamten Staatslehre auf Wirklichkeitswissenschaft, kann den Staat als Wert nicht erfassen. Sie ist daher abzulehnen. Sie kann uns hier wie bei jeder juristischen und ethisch-politischen Betrachtung des Staates nicht weiterhelfen.

Den meisten Juristen ist das Unzureichende der bloss soziologischen Betrachtung des Staates klar. Viele verfallen nun in das entgegengesetzte Extrem.

Wenn, wie wir gesehen haben, Sein und Sollen zwei ursprüngliche, nicht weiter ableitbare Formen unseres Denkens darstellen, so liegt die Forderung nahe, sich methodisch auf das Sollen zu beschränken und von allem Sein und Geschehen der Wirklichkeit zu abstrahieren. Der Staat könnte dann auf den ersten Blick als identisch, zwar nicht mit dem Recht überhaupt, aber mit dem staatlichen Recht erscheinen.

Ein grosser Teil der positivistischen Juristen neigt einer derartigen Staatsauffassung zu und sieht im Staat nur den Gesetzgeber und den Vollzieher der eigenen, selbstgeschaffenen Rechtsordnung. Allein im allgemeinen werden hierbei doch unbemerkt Sein und Sollen in unklarer Weise durcheinandergemengt, da die Autorität des Staates und damit der Inhalt aller staatlichen Gesetze und aller Befehle der Staatsorgane letztlich aus seiner tatsächlichen Macht abgeleitet wird. Eine folgerichtige Trennung des Sollens vom Sein, wie *Kant* sie gefordert hatte, konnte daher vom Boden des juristischen Positivismus nur erreicht werden, wenn man vom Inhalt des positiven Rechtes absah. Die neukantische Richtung in der positivistischen

Rechtswissenschaft, vor allen *Stammler*, hat auf *Kant*'scher Grundlage eine solche Trennung des Sollens vom Sein angestrebt. Daher konnte auch erst hier der Versuch gemacht werden, eine Staatslehre zu entwickeln, welche den Staat nur als Sollen und gar nicht als Sein begreifen will.

Stammler will eine « reine Rechtslehre » geben (1), das heisst eine Lehre von demjenigen, « was sich in rechtlichen Erörterungen *mit unbedingter Allgemeingültigkeit* aufstellen lässt » (2). Die « reine » Rechtslehre will von allem Erfahrungsinhalt der positiven Normen abstrahieren. Rechtsordnung und Staat sind für sie nichts als « besondere Anwendungen des allgemeinen Begriffes von *dem Rechte* » (3). « ... der Begriff *des Staates* besagt ja nur einen besonderen Inhalt von rechtlichem Wollen..., so dass die Klarstellung seines Begriffes und seiner Grundaufgaben von einer kritisch begründeten, *reinen Rechtslehre* gänzlich abhängig ist » (4).

Allein es ist *Stammler* nicht geglückt, von seinem Standpunkt des Positivismus und der Heteronomie des Rechtes aus den Staatsbegriff vom Sein zu lösen und ausschliesslich als einen Begriff des Sollens, der reinen Rechtslehre zu erfassen. *Stammler* schreibt dem Recht « Selbstherrlichkeit » zu (5). Selbstherrliches Wollen bedeute « ein Verbinden verschiedener Willensinhalte mit dem diese Vorstellung bedingenden Gedanken, dass die genannte Verknüpfung eine so *allgemein* festgestellte nun sei, *dass die als Mittel eingefügten Willensinhalte an jener Verbindung nichts zu ändern vermögen* » (6). Das Recht ist « selbstherrlich verbindendes Wollen », « es erscheint als ein eigener Willensinhalt dem einzelnen Unterstellten beherrschend und bestimmend gegenüber » (7). Das Recht ist also heteronom. Wenn nun auch *Stammler* im Begriffe des selbstherrlichen Wollens « nichts von physischer Kraft und von überwältigender Verursachung » finden will (8), so besteht doch das Recht nach ihm in der gewollten Verbindung von Mittel und Zweck, die Verknüpfung von Mittel und Zweck aber ist eine kausale. Zwang im sozialen Sinn ist nach *Stammler* « das *selbstherrliche* Einfügen eines Willensinhaltes in die Reihe der Mittel für ein anderes Wollen » (9). Aber mag er auch betonen, dass der soziale Zwang « seinem Begriffe nach eine eigene Art der Verbindung von Willensinhalten nach *finaler* Betrachtung » sei (10), so ist eben doch die finale Betrachtung in Wahrheit die kausale. Das heteronome « selbstherrlich verbindende Wollen » und damit auch der Staat *Stammlers* ist in Wahrheit *bedingtes Müssen und kein Sollen.*

Anm. (1) : Theorie der Rechtswissenschaft, Halle a. d. Saale, 1911, 2. Aufl., 1923, unverändert, vgl. auch oben, S. 117 ff.

Anm. (2) : a. a. O., 1. Aufl., S. 3.

Anm. (3) : a. a. O., S. 252.

Anm. (4) : a. a. O., S. 703.

Anm. (5) : Theorie der Rechtswissenschaft, Erster Abschnitt, C. ; Lehrbuch der Rechtsphilosophie, Berlin und Leipzig, 1922, 3. Aufl., 1928, Erstes Buch, Vierter Abschnitt.

Anm. (6) : Theorie der Rechtswissenschaft, 1. Aufl., S. 96.

Anm. (7) : a. a. O., S. 101.

Anm. (8) : a. a. O., S. 102.

Anm. (9) : a. a. O., S. 98.

Anm. (10) : a. a. O., S. 98.

Im wesentlichen den gleichen Weg hat *Kelsen* eingeschlagen. Er übernimmt die Trennung des Sollens vom Sein, den Gedanken der « reinen » Rechtslehre und den Begriff des Staates als eines Sollens. Neu ist, dass er vom ausserstaatlichen Recht, dem Recht vorstaatlicher oder sonstiger primitiver Verbände, dem Kirchenrecht und zunächst auch dem Völkerrecht absieht und auf diese Weise den Staat und das Recht vollständig identifizieren zu können glaubt (1). Der Staat sei demnach « ein System von Normen » (2), seine Existenz ruhe « nicht im Bereiche der Naturwirklichkeit, sondern geistiger Werte » (3). « Ist erkannt, dass die Existenzsphäre des Staates normative Geltung und nicht kausale Wirksamkeit, dass jene spezifische Einheit, die wir in dem Begriff des Staates setzen, nicht in der Welt der Naturwirklichkeit, sondern in jener der Normen oder des Wertes liegt, dass der Staat seinem Wesen nach ein System von Normen oder der Ausdruck für die Einheit eines solchen Systems ist, dann ist damit die Erkenntnis, dass der Staat als Ordnung nur die *Rechts*ordnung oder der Ausdruck ihrer Einheit sein kann, eigentlich schon erreicht » (4). Diese Identifizierung von Recht und Staat hat *Kelsen* allerdings an anderer Stelle mit Rücksicht auf das Völkerrecht preisgegeben und will sich nicht darüber entscheiden, ob dem staatlichen oder dem Völkerrecht der Primat zukomme (5), das heisst doch, ob denn nun das Recht mit dem Staat oder mit der Völkerrechtsgemeinschaft identisch sei. Zu dieser Ablehnung der Entscheidung habe ich bereits oben Stellung genommen (6). Hier brauchen wir auf diese Frage nicht mehr einzugehen. Im Fall der zweiten Alternative träte die Völkerrechtsgemeinschaft an die Stelle des Staates, das grundsätzliche Verhältnis zwischen Sein und Sollen bleibt in beiden Alternativen das gleiche, Staat und Völkerrechtsgemeinschaft wären in beiden Fällen nur ein Sollen.

Aber nicht nur das ausserstaatliche Recht muss der Lehre von der Identität von Staat und Recht unüberwindliche Schwierigkeiten bereiten, sondern auch alles wirkliche Geschehen im Staat, die Wirklichkeit des Staates als eines gesellschaftlichen Gebildes. *Kelsen* baut seine Lehre auf den Gegensatz «Naturwirklichkeit»—«geistige Werte» auf, als ob alles Geistige ein Sollen, ja, ein juristisches positivrechtliches heteronomes Sollen wäre. Dass es auch ein geistiges *Sein* gibt, ein Geistiges ausserhalb des Inhalts von Werturteilen, zum Beispiel dasjenige, was die neuere Psychologie das Kollektivbewusstsein nennt, wird ebenso ignoriert wie das Kirchenrecht oder, in der ersten Fassung der Lehre, das Völkerrecht.

Die Gleichung : Staat gleich Recht hat demnach nur terminologische Bedeutung. Sie führt dazu, dass das Wort Staat in keinem anderen Sinn gebraucht werden dürfte, als in dem Sinn von positivem staatlichem oder

Anm. (1) : Vgl. oben, S. 18, 19.
Anm. (2) : Allgemeine Staatslehre, Berlin, 1925, S. 14.
Anm. (3) : a. a. O., S. 15.
Anm. (4) : a. a. O., S. 16.
Anm. (5) : Vgl. oben, S. 125, 126.
Anm. (6) : Vgl. oben, S. 343, 344.

vom Staate geschaffenem Recht. Auch alle Folgesätze aus jener Gleichung haben daher nur terminologischen Charakter, so die « Erkenntnis », « dass alles Recht Staatsrecht ist » (1), der Satz : « der Staat kann kein Unrecht tun » (2) oder die « Erkenntnis », welche « den sogenannten Unrechtstatbestand » « selbst als Rechtsfunktion begreifen » muss (3), also zwischen dem Verbrecher und dem Staatsorgan nicht zu unterscheiden vermag. Das alles lässt sich leicht erweisen, wenn man die eine Definition in die andere einsetzt, und bedarf keiner näheren Ausführung.

Im übrigen beruht die Lehre *Kelsens* auf einer Verwechslung des Erkenntnisgrundes mit dem Geltungsgrund. Davon ist bereits oben die Rede gewesen (4).

Allein auch wenn man von den besonderen Angriffspunkten ganz absieht, welche die neukantische Lehre in ihrer Gestalt bei *Kelsen* bietet, so muss doch ihr Grundgedanke, dass der Staat nur ein Sollen, ein Wert sei, ebenso abgelehnt werden wie die ihres Antipoden, der positivistischen Philosophie, welche den Staat nur als ein Sein betrachtet.

Die « reine Rechtslehre » will vom heteronomen Recht Allgemeingültiges aussagen, das heisst etwas, was von dem Erfahrungsinhalt des Rechtes unabhängig ist, und sie glaubt so zu einer Reihe von Begriffen und Sätzen zu gelangen, welche für jedes positive Recht, welches Inhaltes immer, gelten müssten. Allein auf Grund dessen, was oben im ersten Abschnitt dieses Teils ausgeführt worden ist, müssen wir ihr die Frage entgegenstellen: auf welches Recht bezieht sich diese Rechtslehre? Auf das positive, tatsächlich geübte Recht oder auf das Recht als Sollen? Das positive Recht ist tatsächliches Befehlen und Gehorchen, letztlich Gewalt, es ist bedingtes Müssen und, insofern es als « *positives* » Recht betrachtet wird, überhaupt kein Sollen. In bezug auf das positive Recht ist also jede reine Rechtslehre als Normwissenschaft gegenstandslos und es kann Allgemeines nur auf dem Boden der Wirklichkeitswissenschaft, der Soziologie, die ja auch Recht und Staat zum Gegenstand hat, ausgesagt werden. Versteht man aber unter dem Recht ein Sollen, dann ist es autonom, wie *Kants* Sittengesetz, und die reine Rechtslehre schrumpft zusammen auf eine Reihe von Sätzen der allgemeinen Logik, angewandt auf imperativische Ethik und Rechtslehre. *Alle Rechtswissenschaft und juristische Staatslehre, bezogen auf « positives » Recht, kann allen Inhalt der Subjekte und der Prädikate aller ihrer normativen Sätze einzig und allein aus der Erfahrung, das heisst aus Tatsachen und Kausalzusammenhängen, entnehmen.* Solche Tatsachen sind zum Beispiel die, dass irgendein Gesetzeswortlaut von Personen, denen erfahrungsgemäss im

Anm. (1) : Hauptprobleme der Staatsrechtslehre, S. 269 und passim.

Anm. (2) : Allgemeine Staatslehre, S. 79, dazu Hauptprobleme der Staatsrechtslehre, S. 249 und den Aufsatz : Ueber Staatsunrecht, in *Grünhuts* Zeitschrift für das gesamte öffentliche und Privatrecht der Gegenwart, 40. Bd., 1914, S. 1 ff.

Anm. (3) : Allgemeine Staatslehre, S. 265, mit S. 51 ff.

Anm. (4) : Vgl. oben, S. 339, 340.

Staate gehorcht wird, zum Gegenstand eines Willensentschlusses gemacht worden ist. *Was die Wissenschaft dazutut, wenn sie als normativ auftritt, ist die Denk- oder Verknüpfungsform des Sollens, derzufolge sie einen bestimmten in der Tatsachenwelt vorhandenen Willen über menschliches Verhalten, zum Beispiel jenen Gesetzesbeschluss, als verbindlichen Befehl gelten lässt.* Sie fügt also zu dem von einem staatlichen Machthaber ausgesprochenen Imperativ im sprachlichen Sinn oder zu der Androhung eines Zwanges die Behauptung der *Pflicht* zum Gehorsam dazu.

Der gesamte Inhalt aller Wissenschaft vom positiven Recht ist demnach durch die Erfahrung bedingt und ohne diese unvorstellbar. Dies gilt auch von der sogenannten Grundnorm. Ich habe bereits oben ([1]) darzulegen versucht, dass die sogenannte Grundnorm kein erster Ausgangspunkt der juristischen Deduktion, sondern etwas Abgeleitetes ist, in welchem eine Menge empirisch bedingter Voraussetzungen mitgedacht sind. Will die « reine Rechtslehre » etwas Allgemeingültiges vom Staat aussagen, so muss sie sich auf eine inhaltsleere Denkform beschränken. Sie dürfte also den Staat nicht mit seinem positiven Recht oder sonst irgend einem Inhalt eines Sollens identifizieren, sondern mit der kategorialen Denkform des Sollens an sich. Dann wäre aber alles, was als Inhalt eines Sollens vorgestellt werden kann, jedes Zukunftsprogramm einer politischen Partei oder eines Theoretikers, jeder Befehl einer Räuberbande, jedes müssige Gedankenspiel eines Phantasten dasselbe wie der Staat und sein Recht, der Staat könnte von einem beliebigen Hirngespinst nicht unterschieden werden, das in der Gestalt des Sollens vorgestellt wird. Was den Staat von einem solchen Hirngespinst unterscheidet, ist eben die « Faktizität », die Tatsächlichkeit, die Posivität. Die « reine Rechtslehre » kann also über den Staat ohne die Zuhilfenahme empirischer Momente überhaupt gar nichts aussagen.

In Wahrheit ist die sogenannte « reine Rechtslehre » und ihre Anwendung auf den Staat, die man « reine Staatslehre » nennen müsste, weder Rechtswissenschaft noch Staatslehre, auch nicht Ethik oder Metaphysik oder sonst eine materiale Wissenschaft. Sie ist auch nicht Erkenntnistheorie, denn sie setzt unser Erkenntnisvermögen voraus, ohne es zu untersuchen oder zu bezweifeln. Vielmehr ist sie ein Kapitel der allgemeinen angewandten Logik. Aber diese Logik wird angewandt *auf ein heteronomes, aus Zwang, mithin logisch unrichtig abgeleitetes Sollen,* sie ist also eine *Logik des Unlogischen,* ein Gegenstück zu dem oben ([2]) erörterten logischen « Wunder » ihrer soziologisch-positivistischen Antipoden. Von der « reinen Rechtslehre » kann daher die Theorie vom Staat und seinem positiven Recht ebensowenig etwas lernen wie die Praxis.

Wir gelangen zu dem Ergebnis : weder die Beschränkung auf Wirklichkeits-, noch auf Wertwissenschaft, weder die nur soziologische, noch die nur

Anm. ([1]) : S. 388 ff. *Anm.* ([2]) : S. 374.

normative Rechts- und Staatslehre vermag den Staat und sein positives Recht, daher auch nicht die Völkerrechtsgemeinschaft und deren positives Recht, zu verstehen und zu erklären. Wir müssen uns in *beiden* Welten bewegen, in jener der Wirklichkeit und in jener der Werte.

Die grosse Mehrzahl aller, die sich, von welcher theoretischen oder praktischen Seite immer, mit dem Staat und dem positiven Recht befassen, hat dies auch erkannt und lehnt die methodische Einseitigkeit ab.

Aber dasjenige, was von *Kant* und dem strengen philosophischen Positivismus zu lernen war, die Trennung von Wirklichkeit und Wert, haben sie im allgemeinen nicht gelernt. Die herrschende Lehre vom Staat und vom positiven Recht, soweit sie sich von der Beschränkung auf Soziologie oder auf « reine Rechtslehre » freihält, beruht auf einer Vermengung von Sein und Sollen, da sie das positive Recht, das, wie wir gesehen haben, bedingtes Müssen ist, als heteronomes Sollen auffasst; sie identifiziert Recht und Macht. Nun sind die mächtigsten Gebilde, die uns in der gesellschaftlichen Wirklichkeit gegeben sind, die Staaten. Daher führt die Gleichsetzung von Macht und Recht zur Gleichsetzung von grösster Macht mit höchstem Recht : zum *Souveränitätsdogma*.

Wir sind jedoch nun auf Grund des früher Ausgeführten in der Lage, das Souveränitätsdogma zu verstehen. Dieses Dogma bedeutet nichts anderes als die *Identifizierung des Staates als der jeweils auf einem Gebiete mächtigsten sozialen Gemeinschaft mit dem Träger der Kompetenzhoheit des auf diesem Gebiete geltenden Rechtes.* Weil der Staat hier die grösste physische Macht ist, wird er als der Träger der Kompetenzhoheit betrachtet, denn Recht ist ja nach der herrschenden Lehre heteronome, auf Zwang beruhende Norm. Weil der Staat Träger der Kompetenzhoheit ist, darf er hier verfügen, was er will und darf von seinen Untertanen, mögen sie ihn und seine Massregeln auch noch so sehr verurteilen, völlig schrankenlosen Gehorsam bis zur Selbstaufopferung verlangen in allem, was er will. Damit wieder stützt der Staat, genauer der ihn beherrschende Kreis von Personen, seine physische Macht. Mit anderen Worten : weil der Staat physisch der Mächtigste ist, ist er nach der Lehre von der Heteronomie des Rechts juristisch allmächtig, und weil er juristisch allmächtig ist, erhält er sich, genauer der ihn beherrschende Kreis von Personen, an der physischen Macht. Die Souveränitätslehre ist demnach eine besondere Ausprägung der Lehre vom Recht des Stärkeren auf Grund einer Vermengung von Sein und Sollen. Es sind die Gedanken *Stirners*, vom Egoismus des Einzigen, angewendet zugunsten der jeweiligen Machthaber im Staat. Im Sinne des Souveränitätsdogmas ist der Unterschied zwischen dem Staat und einer Räuberbande in der Tat nur ein technischer und quantitativer.

Die bisherige wissenschaftliche Behandlung von Staat und Recht musste dies hinnehmen. Infolgedessen musste sie die Autorität von Recht und

Staat durch eine Inkonsequenz retten. Denn die *wirklichkeitswissenschaftliche* Betrachtung kann, wenn sie konsequent sein und einen logisch unzulässigen Sprung vermeiden will, überhaupt zu keinem Werturteil, zu keinem Sollen gelangen. Sie kann den Wolf nicht verurteilen, weil er das Lamm frisst, und sie kann ebensowenig die Mächtigen verurteilen, wie immer sie mit den Machtlosen verfahren. Sie hat die gegebenen Tatsachen und Kausalverknüpfungen lediglich zu nehmen, wie sie sind. Die *juristische* Betrachtungsweise aber kann vom Standpunkt der Heteronomie des Rechtes aus an dem Inhaber der höchsten physischen Macht keine Kritik üben, weil sie ja in dieser seiner Macht die Quelle des heteronomen Rechtes sieht. Sie kann voraussetzungsgemäss niemals etwas anderes als die Dienerin, die Sklavin des jeweiligen Inhabers der grössten physischen Macht sein und kann ihm nur jene Schranken zeigen, die ihm Denkgesetze, Tatsachen und Kausalgesetze ziehen, wenn er etwas logisch Widersprechendes oder kausal Unmögliches befiehlt.

Weder die soziologische noch die dogmatische Wissenschaft von Recht und Staat besitzen daher die Grundlagen, von denen aus sie das Souveränitätsdogma prüfen können.

Dagegen sind wir auf Grund dessen, was über den Gegensatz des Seins und des Sollens und über die Autonomie des Rechtes gesagt worden ist, in der Lage, die Begriffe der Souveränität des Staates und der Souveränität des positiven Rechts einer Untersuchung zu unterziehen.

Aus dem Sein folgt kein Sollen. Daher ist *die Identifizierung von Macht und Recht, die in dem Dogma von der Souveränität des Staates oder des positiven staatlichen Rechtes enthalten ist, unzulässig und dieses Dogma abzulehnen.* Das Gleiche würde auch in bezug auf das Dogma von der Souveränität einer etwa künftig staatlich organisierten Völkerrechtsgemeinschaft gelten, wenn deren Souveränität aus der Macht abgeleitet würde.

Wenn auf einem Gebiet die soziale Organisation des Staates, genauer die Machthaber dieses Staates, *tatsächlich* eine unabhängige Gewalt ausüben und die anderen hier befindlichen Menschen ihnen *tatsächlich* gehorchen, so ist dies ein Sein, ein Geschehen, aus dem noch kein Befehlen*dürfen* und kein Gehorchen*sollen* folgt. Wenn trotzdem die Mehrzahl der Menschen überzeugt sind, die einen, dass sie mit verbindlicher Kraft befehlen *dürfen*, die anderen, dass sie gehorchem *sollen*, so hat dies das autonome Gewissen und Rechtsgefühl der Betroffenen zu den Gegebenheiten der Wirklichkeit dazugefügt. *Der Staat als Sollen besteht darin, dass die Bürger oder eine grosse Zahl derselben zu den ihnen erteilten Befehlen im sprachlichen Sinn des sogenannten positiven staatlichen Rechtes und den ihnen angedrohten Zwangsmassregeln in ihrem Gewissen und Rechtsgefühl das Erlebnis des Gehorchensollens, der Pflicht, hinzufügen.*

Dieses Erlebnis des Sollens ist nun, wie wir gesehen haben, jedem Einzelnen unbedingt, unausweichlich, mit unentrinnbarer Notwendigkeit gegeben. Der Einzelne kann der Stimme seines Gewissens und Rechtsgefühls zwar entgegenhandeln, aber sie hinwegdekretieren, wenn sie da ist, oder herbeibefehlen, wenn sie nicht da ist, kann er nicht. Die von mir oben entwickelte Auffassung von der Autonomie des Rechtes führt also nicht etwa dazu, dass Recht, Staat und Gehorsamspflicht des Bürgers vom *Belieben* jedes Einzelnen abhingen. Dies allerdings wäre Anarchie. Vielmehr führt die hier vertretene Auffassung im Gegenteil gerade erst zu der Einsicht : *die festeste und dauerndste Grundlage des Staates und des « positiven » staatlichen Rechtes ist die Billigung durch das Gewissen und Rechtsgefühl der Bürger.*

Nun ist allerdings das Erlebnis des Sollens für jeden Einzelnen zunächst etwas völlig Subjektives und es könnte den Anschein haben, als ob wir das Recht in lauter einzelne, zusammenhanglose Erlebnisse Einzelner aufgelöst hätten, von denen aus kein Weg zu einer objektiv gegebenen Gesamtheit des Sollens, einem Staate als Sollen, als Gesetzgeber, und zu einer staatlichen Rechtsordnung führt.

Allein wir können dennoch von einem *objektiv* geltenden Recht sprechen. Allerdings sind die Regeln dieses Rechtes nicht *absolut* allgemeingültig wie die Sätze der Logik und der Mathematik. Aber es ergibt sich gegenüber der Subjektivität des Einzelnen eine *relative, empirische « Objektivität » des autonomen Rechtes durch die Uebereinstimmung einer Mehrzahl von Menschen.* Denn für jeden einzelnen ist das Rechtsgefühl aller anderen Menschen etwas ausserhalb seiner eigenen Subjektivität Liegendes, ihm « objektiv » Gegebenes.

Die Uebereinstimmung kann eine *gleichzeitige* sein. Sie kann sich beispielsweise unter Umständen in Wahlen oder Volksabstimmungen, die ohne Zwang und ohne Täuschung vorgenommen werden, oder in Revolutionen oder andern spontanen Volksbewegungen besonders sichtbar und fühlbar äussern. Aber die Uebereinstimmung, sogar sehr vieler, kann auch da sein, ohne dass sie so deutlich zutage tritt. Der Paragraph so und soviel eines Zivilgesetzbuches kann, auch abgesehen von dem Zwange, mit dem er in der Wirklichkeit wahrscheinlich durchgesetzt werden wird, eine Grösse von relativer, empirischer Objektivität darstellen, beispielsweise wenn Tausende von Richtern und Rechtsanwälten diese Gesetzesbestimmung in einem bestimmten Sinne als Recht empfinden und wenn eine solche Praxis wieder im allgemeinen von dem Vertrauen von Millionen getragen wird, mögen auch diese Millionen den einzelnen Paragraphen selbst gar nicht kennen oder mögen sich etwa einzelne in vereinzelt bleibenden Fällen aus Gründen abweichenden Rechtsgefühls gegen ihn auflehnen.

Die Uebereinstimmung des Gewissens und Rechtsgefühls vieler, welche uns berechtigt, von einer relativen, empirischen « *Objektivität* » des autonomen Rechtes zum Unterschied von der Subjektivität des einzelnen autonomen Soll-Erlebnisses zu sprechen, kann verschiedene Gründe haben. Sie wird in der Regel aus einem gemeinsamen seelischen Besitz, einem « *Wir-Bewusstsein* », « *Gesamt-* » oder « *Kollektivbewusstsein* » stammen. Auf diese Erscheinung kann ich hier nicht eingehen und es sei mir gestattet, auf den ersten, soziologischen Teil meiner schon zitierten Arbeit « La Démocratie » zu verweisen. Jedenfalls aber darf die relative Objektivität des autonomen Rechtes nicht mit dem Inhalt des Kollektivbewusstseins verwechselt werden. Denn dieser bezieht sich nicht nur auf ein Sollen, sondern auch auf ein Sein mannigfachster Art, so auf die verschiedensten gemeinsamen Interessen und Zwecke der Individuen. Wenn man dagegen das autonome Recht als etwas Objektives, Ueberindividuelles, der Subjektivität des Einzelnen Gegenübertretendes betrachtet, kann es sich nur um die Uebereinstimmung des *Inhalts von Werturteilen*, von *Urteilen über ein Sollen*, handeln.

Ausser der gleichzeitigen Uebereinstimmung der Werturteile der Individuen kommt auch eine solche *in zeitlicher Aufeinanderfolge* in Frage. Die Individuen wechseln, das objektive autonome Recht kann bleiben und sich von Generation zu Generation erhalten. Darauf beruht die Kontinuität im staatlichen Recht, soweit dieses nicht ausschliesslich auf Gewalt, sondern auch auf dem Rechtsgefühl der Massen beruht.

Das « positive », das heisst tatsächlich befolgte Recht erhält sich in seiner Machtstellung durch zwei Stützen : erstens durch die Gewalt, das Gehorchenmüssen, und die Furcht der Massen vor der Gewalt der Machthaber ; zweitens durch das Kollektivbewusstsein der Massen, ganz besonders durch das ihrem Gewissen und Rechtsgefühl gemeinsame objektive autonome Recht. Nun können Furcht und Zwang allein keinen Staat begründen, sonst müsste hinter jedes Staatsorgan ein zweites gestellt werden, welches das erste zwingt, und so fort ins Unendliche. Auch das Kollektivbewusstsein, soweit es nur von egoistischen Interessen der Individuen getragen wird, vermag die ungeheure geistige Kraft und Autorität des Staates, für den Tausende sich opfern, nicht zu begründen. Irgend ein Mass von autonomer Billigung seitens der gehorchenden Massen ist notwendig, damit ein Staat bestehen kann, mag dieses Mass auch je nach der Staatsform sehr verschieden sein. Billigt der Einzelne das positive Recht, soweit er es kennt oder wenn es im konkreten Fall gegen ihn angewendet wird, entspricht es seinem Gewissen und Rechtsgefühl, so ist es für ihn autonomes Recht, wirkliches « Recht ». Er ist vor dem Richterstuhl seines Gewissens und Rechtsgefühls *verpflichtet*, zu gehorchen, auch wenn sein egoistisches Interesse leidet, ja selbst, wenn er sich opfern müsste. *Auf der Summe dieser billigenden Erlebnisse einer tragfähigen Mehrzahl von Rechtsgenossen oder doch — je nach der Staatsform — einer tragfähigen Mehrzahl der an der Macht befindlichen Individuen, welche die übrigen mittelst der Furcht vor Gewalt im Zaume hält, beruht der Staat als soziale Gemeinschaft. Die Positivität des Rechtes, das heisst die Tatsächlichkeit des Befehlens und Gehorchens, gründet sich also auf die Tatsache, dass irgendwelche Befehle im sprachlichen Sinn und Zwangsandrohungen von einer tragfähigen Mehrzahl der Gesamtheit oder doch von einer tragfähigen Mehrzahl der an der Macht befindlichen Individuen autonom als verbindliche Normen, als geltend anerkannt werden.*

Dies bedeutet keineswegs *Bierlings* allgemeine, auch unbewusste oder erzwungene Anerkennung (1) oder *Radbruchs* Blankoakzept (2); auch nicht die subsidiäre Ausübung des Zwangs durch die Staatsorgane wie bei *Krabbe* (3). Denn autonomes Sollen ist nur das, was *wirklich erlebt wird.* Nur in den *tatsächlich* in der Wirklichkeit sich ereignenden Erlebnissen des Sollens besteht der Staat, wenn wir ihn als *Sollen* erfassen, nicht in Fiktionen, die aus Gewalt ein nicht erlebtes, nicht existierendes Sollen herauslesen wollen. Nur aus *wirklichen* Erlebnissen, nicht aus Fiktionen, kann der Staat als *Sein*, als soziale Gemeinschaft, seine Kraft schöpfen.

In den Erlebnissen des Sollens fügen wir im Augenblick des Erlebens den Vorgängen der uns gegebenen Wirklichkeit schöpferisch etwas Neues, etwas Eigenstes, das Gesetz unseres Charakters, hinzu. Durch das Hinzutreten dieses Erlebnisses im einzelnen Falle werden die heteronomen bedingten Vorschriften des sogenannten positiven Rechtes, die an sich nur bedingtes Müssen, Gewalt, bedeuten, für diesen einzelnen Anwendungsfall, aber nur für diesen, zum unbedingten autonomen Sollen, zum wirklichen Recht. Mit andern Worten : dasjenige, was die Machthaber dekretiert haben und was an sich niemanden verpflichtet, wird für mich im einzelnen Anwendungsfall zum verbindlichen Recht durch die Billigung meines Gewissens oder Rechtsgefühls.

Es kann demnach von einer Anerkennung der Rechtsordnung als Ganzem, einem « Blankoakzept », keine Rede sein. Sonst hätten wir ja nur die Wahl zwischen kritiklosem, blindem Kadavergehorsam gegenüber allem, was die Organe des jeweiligen Machthabers uns auferlegen, und völliger Leugnung alles Rechtes, Anarchie. So denkt in Wahrheit niemand. Im Gegenteil, wir alle unterscheiden zwischen jenen positiven Vorschriften, die wir im populären Sinn des juristischen Laien als « Recht », und jenen, die wir als « Unrecht » empfinden.

Die herrschende positivistische Jurisprudenz kann allerdings auf Grund ihrer Voraussetzungen nicht sagen, dass ein oberstes « souveränes » staatliches Gesetz, zum Beispiel ein Verfassungsgesetz, oder dass ein Vertrag « souveräner » Staaten « unrecht » tue. Aber sie hat sich damit bei allen Völkern vom Volksempfinden entfernt. Sie erscheint den Nichtjuristen, manchmal auch aus anderen Gründen, zumeist aber aus dem Grunde als

Anm. (1) : Oben S. 355, 356.
Anm. (2) : Oben S. 357 ff.
Anm. (3) : Oben S. 356, 357; vgl. auch S. 6.

« weltfremd », weil sie sich zur vollkommen kritiklosen Dienerin selbst veralteter oder dem Volksempfinden nicht entsprechender Gesetze macht. *Die Nichtjuristen aber denken, sprechen und handeln oft in dem Sinne, dass auch ein oberstes staatliches Gesetz oder ein Staatsvertrag « unrecht » tun könne.*

Wer zum Beispiel die Institution des Privateigentums, sei es auch nicht schranken- und bedingungslos, aber doch in irgendwelchem Umfang und unter irgendwelchen Voraussetzungen, billigt, der wird in der Regel fremdes Eigentum freiwillig, aus Pflicht, auch dort nicht antasten, wo er völlig unbemerkt und gefahrlos stehlen könnte. Dagegen wird derselbe Mann Vorschriften, die er in seiner sittlichen Ueberzeugung missbilligt, irgendwelche Steuer- oder Zwangsmietevorschriften, im allgemeinen nur befolgen, wenn und weil und soweit er muss. Er wird ohne sittliche Bedenken nach Lücken im Gesetz suchen, durch die er durchschlüpfen könnte. Er wird vielfach ohne die geringsten Gewissensskrupel der Behörde Tatsachen verschweigen oder unwahre Angaben machen, zum Beispiel in seinem Steuerbekenntnis, während er ein gleiches Vorgehen gegenüber einem Geschäftsfreund als Betrug verurteilen würde. Ja, er wird unter Umständen selbst dann, wenn die Bestimmung ihn gar nicht trifft, sein Egoismus also nicht beteiligt ist, auf eigene Gefahr Freunden raten und helfen, wie sie das Gesetz umgehen könnten.

Der einzelne kann demnach dem sogenannten positiven Recht, den Gesetzen, den Staatsverträgen und den gesetzmässigen Befehlen der Staatsorgane, *in jedem einzelnen Anwendungsfall in zweifacher Weise gegenüberstehen* : Entweder er billigt sie, er erlebt sie im einzelnen Fall ihrer Anwendung als Sollen, als innere Nötigung seines Gewissens oder Rechtsgefühls, dann sind sie für ihn « Recht », im Sinne des juristisches Laien « gerecht », « gut », « richtig », auch wenn er sie nicht befolgt ; oder es fehlt diese innere Billigung, dann sind sie für ihn nur Gewalt, « Unrecht », « Ungerechtigkeit » im Sinne des juristischen Laien, auch wenn er sich ihnen beugt. Etwas Drittes gibt es zufolge dem, was im ersten Abschnitt des dritten Teils ausgeführt worden ist, nicht.

Wir haben nun zu fragen, wie es mit jenen Individuen steht, die einen gegen sie gerichteten Befehl des Staates, zum Beispiel den Paragraphen eines staatlichen Gesetzes oder die gesetzmässige Verfügung eines staatlichen Organs, welche Gehorsam und Opfer heischen, in ihrem Gewissen und Rechtsgefühl *nicht* billigen. Sind sie nicht doch zum Gehorsam *verpflichtet?* Wenn dies bejaht wird, ist die Autonomie preisgegeben und wir stehen bei *Bierlings* Anerkennung oder *Radbruchs* Blankoakzept. Wird es aber verneint, wird dann nicht der Staat und das staatliche Recht doch in Anarchie aufgelöst?

Diejenigen, die einen sie belastenden Satz des positiven Rechtes inhaltlich nicht billigen, befinden sich zunächst in einem *Konflikt.* Einerseits wehrt sich ihr Rechtsgefühl gegen eine Belastung, die sie als Unrecht empfinden. Anderseits bejahen sie im allgemeinen die Rechtssicherheit, die staatliche Ordnung und daher den grundsätzlichen Gehorsam gegen das Gesetz. Denn auch diese sind Objekte der autonomen Werturteile, nicht nur die materielle Entscheidung des einzelnen Falles; ja sie werden immer stärker bewertet, je höher die Zivilisation und Kultur, je höher die politische Bildung des Volkes, je umfangreicher und intensiver die fürsorgliche Tätigkeit des Staates für den Einzelnen ist. Gerade das letztgenannte Moment kann man nicht hoch genug einschätzen. Einen Staat, der sich im wesentlichen in der Organisierung von Militär, Polizei und Gerichten erschöpft, kann man leicht innerlich ablehnen und geneigt sein, ihm nicht zu gehorchen, wo man sicher ist, nicht ertappt und gezwungen zu werden. Den Staat aber, der dem Einzelnen Schule, Bildungs- und Verkehrsmittel aller Art, Krankenpflege, Arbeitslosenunterstützung und hundert anderes gewährt, wird selbst der Mann der radikalsten Opposition nicht so leicht ganz verleugnen. Dies fesselt zum Beispiel heute die Angehörigen selbst noch so schwer unterdrückter nationaler Minderheiten in ungezählten Fragen des Alltags an ihren Staat, auch wenn sie ihn hassen und sich nach nationaler Befreiung, nach Selbstbestimmung sehnen. Wer demnach dem Staate den Gehorsam verweigern möchte, muss sich fragen, wie es aussähe, wenn *alle* im Staate in ähnlicher Weise ein Gleiches täten.

In ruhigen Zeiten und in geordneten Staatswesen entscheidet die überwältigende Mehrzahl der Individuen in der überwältigenden Mehrzahl von Fällen, in denen überhaupt ein Sollen erlebt wird und das Individuum sich nicht nur der Gewalt beugt, den Konflikt zwischen den beiden Pflichten im Sinne einer Pflicht zum Gehorsam gegen den Staat, dessen Organe und dessen «positives» Recht. Die verhältnismässig wenigen, die sich dennoch innerlich auflehnen, werden von der physischen Gewalt des Staates im Zaume gehalten und nötigenfalls unschädlich gemacht, wenngleich diese Gewalt für sie nur bedingtes Müssen und keine Quelle eines Sollens bedeutet. Auf jenem tatsächlichen Gehorsam der überwiegenden Mehrzahl beruht die scheinbare absolute Allgemeingültigkeit des positiven Rechtes. Damit ist auch der wahre Kern von *Bierlings* Anerkennungslehre, *Radbruchs* Blankoakzept und ähnlichen Theorien gefunden. Aber *jedes einzelne Individuum entscheidet in jedem einzelnen konkreten Konflikt selbst als autonomer Gesetzgeber, ob es zu gehorchen verpflichtet ist oder nicht.* Der Einzelne mag sich der Gewalt, dem bedingten Müssen, beugen. Auch grosse Mengen von Menschen, ja Millionen, mögen dem Staat bloss einen solchen äusseren, erzwungenen Gehorsam leisten. Beispiele bieten zum Teil die unterdrückten sozialen Klassen und die unterdrückten nationalen Minderheiten. Aber das Zurückweichen vor der stärkeren Gewalt ist nicht autonome Anerkennung einer *Pflicht* zum Gehorsam. *Die Billigung des Gewissens und Rechtsgefühls auch des Letzten, auch des Geringsten, kann keine Macht der Erde erzwingen.*

Allein je grösser derjenige Teil der Bevölkerung eines Staates ist, der dessen Autorität vor seinem Gewissen und Rechtsgefühl nicht anerkennt, der sich nur der Gewalt beugt, während er sich nach einer grundsätzlichen Verfassungsänderung, nach Selbstbestimmung oder nach einer sonstigen radikalen Umwälzung der gegenwärtigen Lage sehnt, desto künstlicher und labiler muss das Gleichgewicht sein, auf dem die Sicherheit, die Ruhe und die Ordnung in diesem Staate ruhen. Denn die Angehörigen jenes so stark opponierenden Bevölkerungsteils gehorchen dem ihnen verhassten Staate nicht aus Pflicht, sondern nur, weil und solange sie müssen.

Nun entscheidet jedes Individuum, das den Mut und die äussere Gelegenheit zum Widerstand gegen die Staatsgewalt hat, in seinem Gewissen und Rechtsgefühl als autonomer Richter auch darüber, ob es *verpflichtet* sei, einem staatlichen Befehl, den es materiell missbilligt, Widerstand zu leisten. Im Alltagsleben verneint dies die ungeheure Mehrzahl. Der Entschluss zu gewaltsamem Widerstand aus Pflicht wird nur selten, meist nur in revolutionären Zeiten und auch da wohl im allgemeinen nur von einer Minderzahl der von dem Konflikt Betroffenen gefasst. Für die Mehrzahl mögen die *Furcht* vor dem bedingten Müssen, vor der Gewalt, sei es der legitimen, sei es der revolutionären Machthaber, und sonstige egoistische Interessen viel mehr entscheidend sein als das Sollen, das Pflichtgefühl. *Aber wenn sich auch die grosse Masse in der Regel mehr vom persönlichen Vor- und Nachteil als vom Gewissen und Rechtsgefühl leiten lässt, ist sie doch zum Teil gleichzeitig Träger der Rechtsgedanken. Denn es ist ein sehr grosser Unterschied, ob sich ein Volk oder Volksteil den staatlichen Machthabern und deren Organen aus freien Stücken, aus Kollektivbewusstsein im allgemeinen oder gar aus autonomem Pflichtgefühl fügt, oder ob er in allem ausschliesslich nur dem Zwang gehorcht.*

Ganz besondere Vorsichtsmassregeln pflegt der Staat bei seinen *Organen* anzuwenden, indem er sie durch den Amtseid oder andere Massregeln in ihrem Gewissen besonders eng an sich zu binden sucht. Daher wird ein Staatsorgan sich in jenem Konfliktsfall noch viel leichter für den Gehorsam und noch viel schwerer dagegen entscheiden als andere Bürger. Ueberdies pflegen die Staaten Angehörige besonders stark opponierender politischer Gruppen und Anschauungen in den öffentlichen Dienst oder doch in wichtige Aemter nicht aufzunehmen. Umgekehrt streben die Anhänger solcher Richtungen, oder doch die Aufrichtigen unter ihnen, den Staatsdienst, zum mindesten den höheren, vielfach gar nicht an.

Die einzelnen Individuen sind demnach gegenüber den einzelnen Normen und Befehlen des staatlichen Rechtes in sehr verschiedener Lage. Es hängt vom Charakter des Individuums, der Verfassung des Staates und dem Inhalt des einzelnen Befehles ab, wieviel der Staat dem Individuum an

Gehorsam *zumuten* kann. Fordert er von einem Individuum mehr, als nach den erörterten Voraussetzungen *zumutbar* ist, so verlangt dessen Gewissen und Rechtsgefühl Ungehorsam. Zumeist wird der Einzelne aus Furcht vor Zwang oder sonstigen Nachteilen sich trotzdem beugen, so wie er sich den Befehlen einer Räuberbande beugen würde, in deren Hände er gefallen ist. *Aber soweit das Individuum sich nicht unterwirft, begeht es einen Akt des Ungehorsams, welch letzterer nicht der bloss egoistische Ungehorsam des gewöhnlichen Verbrechers ist, sondern von der Stimme des Gewissens gebilligt wird. Dieser sittlich gebilligte Ungehorsam kommt in der Wirklichkeit in allen möglichen Abstufungen vor, vom derogatorischen Gewohnheitsrecht contra legem in der kleinsten Einzelfrage bis zur grössten Revolution.*

Die Beseitigung « geltenden », « positiven » Rechtes durch Gewohnheitsrecht, durch « Verfassungswandlung », durch Revolution, Staatsstreich oder sonstige gewaltsame Vorgänge, ja, die Zerstörung und Begründung ganzer Staaten und positiver Rechtsordnungen durch den Schwertstreich und das Diktat eines Siegers, kurz die sogenannte « *normative Kraft des Faktischen* » sind demnach nicht « juristisch unkonstruierbar », nicht « metajuristisch », sondern sie sind, wenn man das Recht als autonomes Sollen begreift, *kein grösseres Wunder, als es die verpflichtende Kraft des Gesetzes oder des im gesetzesfreien Raum gebildeten Gewohnheitsrechtes ist.* Das wäre ja auch eine traurige Wissenschaft, die den grundlegenden und daher wichtigsten der ihr aufgegebenen Gegenstände, das Werden und Vergehen des Rechtes und des Staates, nicht zu « konstruieren » vermöchte. Das alte, bisher im Grunde ungelöste Problem, wie denn derogatorisches Gewohnheitsrecht verbindlich sein könne, da doch die ersten Anwendungsfälle « Unrecht » seien, wird ebenso müssig wie die Frage, wieso aus dem ursprünglichen « Unrecht » einer Revolution verbindliches Recht werden könne und warum das Legitimitätsprinzip nicht den überkommenen Zustand für alle Ewigkeit heilige. Auch die Frage, warum es denn im einheitlichen System des positiven Rechts nicht eine einzige, sondern gerade zwei oder drei Rechtsquellen gebe, Gesetz, Gewohnheitsrecht und nach manchen die normative Kraft des Faktischen, ist beantwortet. *In Wahrheit gibt es nur eine einzige letzte Quelle alles Sollens, das autonome Erlebnis des individuellen Gewissens und Rechtsgefühls. Dieses Sollen aber hat keinen unwandelbaren Inhalt. Der Inhalt der autonomen Werturteile ändert sich vielmehr notwendigerweise erstens mit den beurteilten Tatsachen, zweitens mit dem Charakter der Individuen und Völker. So sind alle Aenderungen des « positiven », das heisst tatsächlich befolgten Rechtes juristisch erfassbar, gleichgültig, ob diese Aenderungen langsam oder plötzlich, ob sie in Uebereinstimmung oder in Widerspruch mit dem bisherigen Recht vor sich gehen.* Es gibt nichts « Metajuristisches » und nichts Metaethisches, sondern nur die allgemeinen erkenntnistheoretischen und logischen Voraussetzungen *jedes* Denkens.

Mit diesen Erkenntnissen muss auch die Lehre von der sogenannten Allmacht des staatlichen Gesetzgebers fallen.

Dass im kausalen Sinne niemand allmächtig ist, darüber sind ja alle einig. Für die imperativische Fragestellung aber gibt es überhaupt keinen heteronomen, daher auch keinen allmächtigen heteronomen Gesetzgeber, sondern nur ein autonomes Sollen. Dieses ist keineswegs « allmächtig », denn es kann nichts anderes anordnen, als vom Gewissen oder Rechtsgefühl *tatsächlich* erlebt wird.

Wenn die positivistische Dogmatik von der Allmacht des Gesetzgebers spricht, meint sie seine « Kompetenz », alles Denkbare zum Inhalt seiner Befehle zu machen. Aber da man die Befehlsgewalt des obersten Gesetzgebers aus seiner Macht ableitet und damit Sein und Sollen vermengt, haben wir es in Wahrheit mit zweierlei zu tun :

Erstens versteht man unter der Kompetenz des obersten Gesetzgebers die in der Welt der Wirklichkeit dem jeweils Mächtigsten gegebene tatsächliche Möglichkeit, beliebige Befehle zu erteilen, ohne die Gewalt eines noch Mächtigeren fürchten zu müssen. *Caligula* konnte erklären, sein Pferd zum Consul ernennen zu wollen, ohne zu besorgen, dass jemand gegen ihn einschreiten werde. Eine ganz andere Frage ist es, ob ein Befehl tatsächlich befolgt und erzwungen werden wird, und wieder eine andere, ob und von wem sein Inhalt als Pflicht, als Sollen erlebt werden wird.

Zweitens versteht man unter der Kompetenz eines öffentlichen Organs im allgemeinen die Behauptung eines Sollens : alle *sollen* diesem Organ innerhalb seines Wirkungskreises, daher dem *obersten* Gesetzgeber in *allem* gehorchen. Die Lehre von der Heteronomie des Rechtes stellt sich die Kompetenz als eine Eigenschaft des Organs vor, die der Gesetzgeber diesem verleiht. Der oberste Gesetzgeber hat die « Kompetenz-Kompetenz » oder « Kompetenz-Hoheit », das heisst, er kann nicht nur allen anderen Organen ihre Kompetenz verleihen, sondern auch sich selbst die seinige, wie *Münchhausen* sich selbst an seinem Zopf aus dem Sumpf ziehen kann.

In Wahrheit handelt es sich, im Sinn der oben entwickelten Lehre von der Autonomie des Rechtes, um folgendes.

Die « Kompetenz », zu befehlen, ist das logische Gegenstück der « Pflicht », zu gehorchen. Wenn man nicht von « Recht », sondern von « Kompetenz » oder « Zuständigkeit » spricht, deutet man damit an, dass das Motiv der Regelung nicht nur das Interesse des Befehlenden, sondern auch jenes der Gesamtheit ist. « Kompetenz » jemandes bedeutet die Pflicht aller anderen, sich letztlich irgendwie der Entscheidung oder Verfügung dessen, der « kompetent » ist, unterzuordnen. Wenn mein Gewissen und Rechtsgefühl mir autonom vorschreibt, mich den heteronomen Befehlen — Befehle im sprachlichen Sinn verstanden — oder der tatsächlichen Gewalt eines andern im Interesse der Gesamtheit zu fügen, so legt es dieser Person eine « Kompetenz» zu diesen Massregeln bei. Wenn das Individuum den Staat und die Ordnung und Rechtssicherheit im Staat bejaht, muss es dem Staat gehorchen, das heisst, es muss *jemand* gehorchen, und zwar demjenigen, der für das Gewissen und Rechtsgefühl des Gehorchenden den Staat repräsentiert. Dieser Jemand ist daher keine beliebige Privatperson, sondern eine Person oder Personenmehrheit, welcher *tatsächlich* gehorcht wird oder welche im Auftrag von staatlichen Machthabern handelt, denen *tatsächlich* gehorcht wird. Gehorsam hat eben nur gegenüber einem *konkreten* Staat und dessen «*positivem*» Recht einen Sinn, Posivitivität aber ist, wie wir bereits wissen, Tatsächlichkeit. *Daher ist im Begriff der Kompetenz, auch jener des obersten Gesetzgebers, immer ein Sein mitvorausgesetzt.*

Kompetenz ist demnach die vom autonomen Gewissen und Rechtsgefühl bejahte tatsächliche Macht, zu befehlen und die entsprechende Pflicht, zu gehorchen. Die Träger von Kompetenzen können einander über- und untergeordnet sein, sodass der Befehl des niederen an dem des höheren gemessen werden kann. Die oberste Kompetenz oder die Kompetenzhoheit des obersten Gesetzgebers ist dann jene vom autonomen Gewissen und Rechtsgefühl bejahte tatsächliche Macht, welcher niemand etwas zu befehlen hat. Es ist das « superiorem non recognoscere », aber nach der hier vertretenen Lehre entscheidet nicht der Träger der Macht, ob er superiorem recognoscit oder nicht, sondern das autonome Gewissen und Rechtsgefühl der Gehorchenden.

Wir können nun in dem Vorangehenden an die Stelle des *subjektiven* autonomen Gewissens und Rechtsgefühls des Einzelnen, das nur wie eine Zelle am Bau des Staates und des positiven Rechtes beteiligt ist, das *objektive*, relativ allgemeingültige autonome Recht in dem oben dargelegten Sinn setzen, die Anerkennung seitens einer tragfähigen Mehrheit der Gesamtheit oder — je nach der Verfassung des Staates — der Mehrheit der an der Macht befindlichen Individuen. Auf diese Weise sind die Kompetenzen des «*positiven*», tatsächlich geübten Rechtes, auch jene des obersten Gesetzgebers, im autonomen Recht begründet.

Wir müssen demnach gegenüber den Befehlen eines Gesetzgebers immer fragen:

Erstens wirklichkeitswissenschaftlich, soziologisch: Werden die Befehle denn auch tatsächlich allgemein oder überwiegend befolgt und erzwungen?

Zweitens wertwissenschaftlich, imperativisch: Werden sie und von wem werden sie denn wirklich als Sollen, als Recht erlebt?

Nur soweit das erste bejaht wird, sind sie für denjenigen, den sie unterwerfen wollen, ein bedingtes Müssen, Gewalt, sind sie sogenanntes positives Recht. Nur soweit das zweite bejaht wird, sind sie für denjenigen, der das Sollen erlebt, autonomes, wirkliches Recht. Soweit keins von beiden zutrifft, sind die Befehle des Gesetzgebers nichts als leere Worte oder bedrucktes

Papier. Von Allmacht ist also keine Spur, weder im einen noch m andern Sinne. Der Gesetzgeber ist nicht willkürlicher Schöpfer des Rechts. Der Staat und seine positive Gesetzgebung stehen *unter* dem autonomen Recht. *Krabbe's* Lehre von der Rechtssouveränität (1) und *Somlo's* Auffassung von der Souveränität als einer Rechtsmacht (2) haben insofern einen berechtigten Kern. Aber beide Autoren halten an der Heteronomie des Rechtes fest, wenn auch bei *Krabbe* ein grosser Schritt zur Autonomie getan ist und die Heteronomie nur in dem von den Staatsorganen anzuwendenden Zwang erscheint (3). Allein solange zur Begründung des Rechtes nur die kleinste Anleihe bei der Macht des Staates genommen wird, ist nicht der Staat vom Recht sondern das Recht vom Staat hergeleitet. Erst die hier vertretene Lehre von der Autonomie des Rechtes würde es, wenn das Wort Souveränität nicht besser zu vermeiden wäre, gestatten, zu sagen, dass die Souveränität nicht dem Staat—und ebensowenig der Völkerrechtsgemeinschaft—, sondern dem autonomen Recht zukommt.

Dasselbe wie vom Staat gilt von der Völkerrechtsgemeinschaft. Zwar hat sie zumeist nur partikulare Organe und insbesondere partikulare Gesetzgeber. Doch ist auch im heutigen positiven Völkerrecht ein allgemeiner Gesetzgeber vorhanden, der Konsens aller Staaten. Aber auch dieser ist nicht allmächtig. Auch seinen Befehlen gegenüber müssen wir fragen, ob sie tatsächlich befolgt und ob und von wem sie als Sollen erlebt werden. Wird beides verneint, so sind auch sie leere Worte oder bedrucktes Papier. Die Völkerrechtsgemeinschaft leitet ihre Autorität in der Welt des Sollens ebenso von der Autonomie des Rechtes her wie der Staat.

Der Glaube der positivistischen Juristen an die Allmacht des Gesetzgebers hat sich allerdings meist auf den staatlichen Gesetzgeber beschränkt, weil man dessen Autorität unmittelbar aus der Macht des Staates ableiten zu können glaubt, die der Völkerrechtsgemeinschaft dagegen nur mittelbar aus der Macht der Staaten.

Wir sehen nun bereits die Grundlagen, auf welchen sich der im ersten Teil dieser Arbeit geschilderte Kampf des Staates mit der Völkerrechtsgemeinschaft um die Kompetenzhoheit, der Wandel der Staatsidee und das Wachsen des Einflusses des internationalen auf das innerstaatliche Recht vollzieht. Die Grundlagen liegen im autonomen Gewissen und Rechtsgefühl der Gehorchenden. Wir werden im letzten Abschnitt auf dieser Erkenntnis weiterzubauen haben.

Die hier vorgetragene Lehre führt aber noch nach einer anderen Seite zu Folgerungen, die hier nicht ganz übergangen werden dürfen.

Der positivistische Glaube an die Allmacht des Gesetzgebers hat dazu geführt, dass die Machthaber, die ja zum grossen Teil nicht mehr wie in früheren Zeiten die ehernen Gesetze eines göttlich-kirchlichen oder allge-

Anm. (1) : Oben, S. 6.
Anm. (2) : Ebenda.
Anm. (3) : Oben, S. 357.

mein verbindlichen natürlichen Rechtes über sich fühlen, vielfach der Meinung sind, sie könnten einfach darauf los kommandieren und alles anordnen, was ihnen gerade passt.

Diese Anschauung ist ganz allgemein verbreitet. Sie wird von der grossen Mehrzahl der juristischen Laien, denen das Dogma von der Allmacht des Gesetzgebers unbekannt und unverständlich ist und die an ein natürlich Gerechtes glauben, als Uebel empfunden. Wohl in fast allen Staaten klagen Angehörige der verschiedensten Parteien über die Massenfabrikation willkürlicher Gesetze. Zu den Ausgeburten dieses Wahns von der Allmacht des Gesetzgebers muss man aber nicht bloss viele « souveräne » Gesetze rechnen, sondern auch viele « souveräne » Staatsverträge und Diktate.

Gegenüber der Willkür des Gesetzgebers hat die positivistische Dogmatik, wie wir wissen, nur die Wahl zwischen willenlosem Sklavengehorsam und völliger Leugnung der Kompetenz des Gesetzgebers, also Leugnung von Recht und Staat, Anarchie. Ich habe dagegen zu zeigen versucht, wie das Gewissen und Rechtsgefühl jedes einzelnen Individuums in jedem einzelnen Anwendungsfall über Wert und Unwert desjenigen entscheidet, was der Gesetzgeber ihm zumutet. Nicht die *Sklaven* des Gesetzgebers sind die Rechtsgenossen und die Rechtswissenschaft, sondern seine *Richter* sind sie, die, auch dann, wenn sie sich der äusseren Gewalt beugen müssen, doch in jedem Augenblick von neuem zu entscheiden berufen sind, ob das, was diese Gewalt ihnen befohlen hat, gut, das heisst sittlich und rechtlich zugleich ist. *Das autonome Sollen als die oberste Prämisse der imperativischen, zugleich ethischen und zugleich juristischen Deduktion steht daher für die imperativische Betrachtung über dem Staat und dessen positiver Gesetzgebung, die ja nichts anderes ist als die Kreatur seiner jeweiligen Machthaber und das Werkzeug ihrer Machtansprüche.*

So gewinnen die heteronomen Vorschriften des sogenannten positiven Rechtes, alle die Gesetze, Verordnungen, Staatsverträge usw., für uns eine neue Seite. Wir haben sie zunächst kennen gelernt als Aussagen über bedingte kausale Notwendigkeit, über Androhung und Vollziehung von Zwang und Strafe. Sie sind aber in immer steigendem Masse auch noch etwas Zweites: Sie sind *ein Appell an das Gewissen und Rechtsgefühl derjenigen, von denen Gehorsam verlangt wird*, oder, bildlich gesprochen, *Entwürfe oder Offerten, mit denen die Machthaber im Staate als Gesetzgeber an die übrige Bevölkerung des Staates herantreten und für die sie um sittlich-rechtliche Billigung werben.*

Die Vorschriften des sogenannten positiven Rechtes sind daher das wichtigste Mittel, durch das *eine wenigstens relative Objektivität des autonomen Rechtes* in mehr oder weniger weitem Umfange erzielt wird, indem die Zustimmung nicht eines einzelnen, sondern als Massenerscheinung, als Aeusserung des Kollektivbewusstseins einer tragfähigen Mehrheit der durch die Vorschrift Belasteten, erworben wird. *So bildet der grösste Teil unseres «positiven» Rechtes auch in einem objektiven, überindividuellen Sinn ein objektives Sollen, objektives autonomes Recht, nämlich insoweit, als er von einer grossen, tragfähigen Mehrheit aktuell oder potenziell gebilligt wird.* Letzteres trifft dann zu, wenn die positiven Vorschriften entweder demjenigen entsprechen, was in den Rechtsgeschäften des täglichen Lebens, Kauf, Miete u. dgl., unmittelbar von den einzelnen als Sollen erlebt wird, oder wenn die einzelnen geneigt sind, im Falle eines Konfliktes mit einem eigenen entgegengesetzten Rechtsempfinden die Weisheit des Gesetzgebers und der Behörden, die Rechtssicherheit und die Ruhe und Ordnung im Staate höher zu werten, als die Forderung des eigenen Rechtsgefühls im konkreten Fall.

Analoges lässt sich von dem Gehorsam der Staaten gegenüber dem positiven Völkerrecht ausführen.

Die dargelegte Auffassung vom Recht und vom Staat bedeutet demnach keineswegs Anarchie. Im Gegenteil. Gerade die bisherige positivistische Auffassung, dass das Recht heteronom, fremder Wille sei, führt zur Anarchie, wenn man sie nur folgerichtig zu Ende denkt.

Die politische Praxis aller Völker und Zeiten ist dieser fatalen Konsequenz bisher hauptsächlich dadurch entgangen, dass man Recht und Staat irgendwie auf Belohnungen und Strafen im Jenseits stützte. Von der Vergöttlichung der antiken Despoten bis zum modernen Gottesgnadentum und zu allen Lehren, die Patriotismus und Unterwerfung unter die weltliche Obrigkeit als religiöse Pflicht hinstellen, hat man den Anspruch auf Gehorsam gegen das heteronome «positive» Recht auf die Religion gegründet. Und als in der Aufklärungszeit zum ersten Male grössere Mengen von Gebildeten der Religion den Rücken kehrten, da hat *Voltaire* das berühmte Wort geprägt: «Gäbe es keinen Gott, so müsste man ihn erfinden», «Si Dieux n'existait pas, il faudrait l'inventer».

Nun ist die Bedeutung der verschiedenen Religionen für den Staat und das Recht auch gegenwärtig noch eine ungeheure, oft unterschätzte. Dennoch muss es die Wissenschaft mit all der Offenheit, zu der sie verpflichtet ist, ob sie nun dem Einzelnen Erwünschtes zu sagen hat oder Unerwünschtes, rückhaltlos aussprechen: auf den Glauben an eine Vergeltung im Jenseits allein können wir heute Recht und Staat nicht mehr stützen. Kein Staatsmann könnte auf weltliche Macht verzichten und, wie die Päpste im Mittelalter, weltliche Herrschaft auf Glaubenssätzen aufbauen.

Wie anders als durch Furcht vor der Hölle kann man denn nun aber die Bürger zum Gehorsam gegenüber fremdem Willen bringen, da es ja nicht möglich ist, hinter jeden einen zweiten zu stellen, der den ersten mit irdischer Gewalt zwingt usf.?

Ein kühner und grossartiger Versuch ist gemacht worden, im Sinn der von *Comte* geschaffenen positivistischen Philosophie auf streng wirklichkeitswissenschaftlicher, naturwissenschaftlicher und soziologischer Basis, also ohne die Voraussetzung eines Gottesglaubens, eine neue, dem Anarchismus gerade entgegengesetzte Ethik, eine neue Rechts-, Staats- und Gesellschaftslehre aufzubauen. Es ist dies die Geschichtsphilosophie von *Marx* und *Engels*. Nach ihrem Grundgedanken ist « das Ideelle nichts anderes als das im Menschenkopf umgesetzte und übersetzte Materielle » (1). Hier ist zwar die Welt des Geistes, auch jene der Werte, nicht ausgeschaltet, sie erscheint, wie *Max Adler* mit Recht betont, im Begriff des «Menschenkopfes» (2) ; aber alles Geistige ist doch nur Erzeugnis, Reflex, Ueberbau des Materiellen. So viel Geist und so hohe sittliche Werte auch in diese Lehre hineingelegt worden sind, so muss ihr doch dasselbe entgegengehalten werden wie *Comte*, *Spencer* und anderen Vertreter des philosophischen Positivismus (3) : aus Tatsachen und Kausalzusammenhängen kann man niemals zu einem Sollen, zu Pflichten gelangen. Wenn alles geistige Geschehen ausnahmslos materiell bedingt ist, wenn folglich auch die Regungen des Gewissens und Rechtsgefühls nichts anderes sind, als etwa im Lauf von Generationen anerzogene kausale Reaktionen des im Menschenkopf umgesetzten Materiellen, dann ist in der ganzen Welt nichts zu sehen, was den Einzelnen abhalten könnte, nach seinem vollkommen schranken- und skrupellosen Egoismus zu handeln, sich nur dem Müssen, der Gewalt, aber keinem Sollen, keiner Pflicht zu beugen. Der Staat, aber auch die nach dem Absterben des Staates erwartete freie Assoziation der Menschen wäre dann, sobald die Lehre sich im Kopf aller umgesetzt hätte, eine Gesellschaft absoluter Egoisten.

Nicht *Karl Marx*, sondern *Max Stirner* ist daher, trotz schwerer Mängel seines Buches, der konsequenteste Vertreter der von theologischen Voraussetzungen befreiten heteronomischen Rechts- und Staatslehre. Der Frage des Anarchisten, warum denn der eine gehorchen soll, wenn der andere befiehlt, kann die Lehre von der Heteronomie des Rechtes, wenn sie nicht zum Knüppel oder zu Höllenstrafen ihre Zuflucht nehmen will, nichts entgegensetzen. Die heteronomische Rechts- und Staatsauffassung ist demnach der anarchistischen Kritik nicht gewachsen.

Dagegen die hier vorgetragene Lehre von der Autonomie des Rechtes will zeigen, wie eine grosse, anscheinend mit zunehmender Kultur zunehmende Zahl von Menschen, auch abgesehen von religiösem Glauben und von irdischen Zwangsmitteln, in jedem Augenblick Träger der Staats- und Rechtsordnung ist und wie diese Menschen diese Ordnung selbst dann zum Teile tragen, wenn sie sie zu einem andern Teile missbilligen und verletzen.

Anm. (1) : *Karl Marx*, Das Kapital, Geleitwort « Zur zweiten Auflage », vom 24. Januar 1873, viertletzter Absatz.

Anm. (2) : Lehrbuch der Materialistischen Geschichtsauffassung (Soziologie des Marxismus), Berlin, 1930, S. 198.

Anm. (3) : Vgl. oben, S. 373 ff.

Nicht zur Leugnung des Staates und des von ihm geschaffenen staatlichen und internationalen positiven Rechtes führt uns demnach die Lehre von der Autonomie des Rechtes, sondern zur Einsicht in deren wahre Rechtfertigung : *der Staat und alle Machthaber im Staat und in der Völkerrechtsgemeinschaft müssen sich den nicht bloss äusserlichen, sondern inneren, freiwilligen Gehorsam, das Pflichtgefühl die sittliche Billigung derjenigen, die sie mit ihren Befehlen belasten, immer wieder von neuem verdienen.*

Wie demnach der Staat und die Völkerrechtsgemeinschaft beschaffen sein müssen, um auf einer tragfähigen Mehrheit zu ruhen, darüber entscheidet der Charakter des Volkes und der Menschheit : *je mehr Selbstsucht, desto mehr Gewalt, je mehr Regungen des Gewissens, desto mehr Recht* ; *je näher dem Tier, desto mehr Gewalt, je weiter fortgeschritten in der sittlichen Entwicklung, desto mehr Recht.*

Damit sind wir an einem Punkt angelangt, an dem unsere Betrachtung zu der Frage nach einem Gewissen im Staate, in der Völkerrechtsgemeinschaft, ja der ganzen Menschheit, einem *Weltgewissen*, führt, und damit auch zu der Frage nach dem Sinn der Geschichte, in der die Macht des Kollektivgewissens wirksam wird. Erst mittelst dieser Problemstellung sind wir in der Lage, den Wandel der Staatsidee und der Idee des internationalen Rechtes, sowie die ganze Entwicklung, die wir im ersten Teile dieser Arbeit kennen gelernt haben, ganz zu erfassen. Dies soll in dem letzten Abschnitt dieser Arbeit versucht werden. Zuvor müssen wir uns noch der Idee des Volkes zuwenden, da auch diese, wie uns der zweite Teil dieser Arbeit gezeigt hat, in Wechselwirkung mit den beiden genannten Ideen getreten und von entscheidender Bedeutung geworden ist.

3. Das Volk.

Wie wir gesehen haben, beruht der Staat auf dem autonomen Sollen, auf dem Gewissen und Rechtsgefühl seiner Angehörigen. Hat auch das Volk als natürliche soziale, unabhängig vom Staate gedachte Gemeinschaft, als « Nationalität », die gleichen Wurzeln?

Bei dieser Frage stossen wir auf eine Schwierigkeit. Der Staat beruht auf organisiertem Zwang und positivem Recht, und er setzt insbesondere die Staatsangehörigkeit, den Kreis seiner Mitglieder, durch sein positives Recht und letztlich mit Zwang fest. Analoges gilt mutatis mutandis von der Völkerrechtsgemeinschaft, insofern sie aus Staaten besteht.

Die Volksgemeinschaft aber ist etwas natürlich, ausserstaatlich und ausserrechtlich Gewordenes, sie setzt organisierten Zwang und positives Recht nicht voraus, sondern kann für das staatliche und das Völkerrecht nur einen schon gegebenen Tatbestand bilden, an den diese Rechtsordnungen irgendwelche Normen knüpfen können. Die äussere Gegebenheit, in der uns das Volk entgegentritt, ist nicht die einer organisierten Zwangsgemeinschaft, sondern im allgemeinen die einer *Abstammungs- und Sprachgemeinschaft.* Nun ist die Abstammung für jeden Einzelnen eine gegebene Tatsache, an der er nicht rütteln kann, auch wenn er sie nicht billigt. Die Sprache können zwar die Individuen im Laufe ihres Lebens wechseln, aber im allgemeinen doch nur unter so schwierigen Verhältnissen, dass eine Aufnahme in eine neue Sprachgemeinschaft nur von einem ganz kleinen Bruchteil aller Menschen erreicht werden kann. Die Abstammungsgemeinschaft ist daher von dem Gewissen und Rechtsgefühl, von den Erlebnissen des Sollens ihrer Angehörigen unabhängig, die Sprachgemeinschaft ist von ihnen zwar nicht ganz unabhängig, aber doch nur in einem ganz kleinen Teil aller Fälle abhängig. Abstammungs- und Sprachgemeinschaft sind Gegebenheiten eines tatsächlichen *Seins* und eines kausalen *Geschehens,* die ganz oder fast ganz der Gestaltung durch menschlichen Willen entrückt sind. Was hat es daher überhaupt für einen Sinn, von einer « Idee » des Volkes und einem Wandel dieser Idee zu sprechen, und wie kann sie zu den Ideen des Staates und der Völkerrechtsgemeinschaft, die dem *Sollen,* angehören in inhaltliche Beziehung, in einen Kampf oder in Wechselwirkung irgendwelcher Art treten?

Wir sind hier genötigt, auf den Begriff des Volkes im natürlichen Sinn einzugehen. Doch ist es für die Aufgabe dieser Arbeit nicht erforderlich, dieses grosse Problem nach allen Seiten zu erörtern und damit zu der ungeheuren und fast unübersehbaren soziologischen, juristischen und politischen Literatur über dieses Problem (1) nach allen Richtungen Stellung zu nehmen. Uns interessiert *eine* Frage, die in dieser ganzen bisherigen Literatur meist völlig übersehen oder doch unklar gestellt und nicht gebührend gewürdigt wird : *die Frage nach dem Verhältnis von Sein und Sollen im Begriff der Nationalität.* Allerdings konnte diese Frage bisher nicht streng

Anm. (1) : Von Literaturübersichten seien statt vieler genannt : *Georg Jellinek,* Allgemeine Staatslehre, 2. Aufl., 1914, S. 117, Anm. 1, dazu 3. Aufl., hrsg. von *Walter Jellinek,* 5. Neudruck, 1929, Verzeichnis der Neuerscheinungen, S. XI, XII; Handbuch der Politik, 3. Aufl., I. Bd., 1920, S. 59, 60 ; *Strupp,* Wörterbuch des Völkerrechts und der Diplomatie, II. Bd., S. 107, 108 ; *Jacques Fouques Duparc,* La protection des minorités de race, de langue et de religion, Paris 1922, S. 357 ff. ; *St. Ruyssen,* Les minorités nationales d'Europe et la guerre mondiale, Paris 1923, S. 401 ff. ; *Camillo Morocutti,* Europa und die völkischen Minderheiten, Jena 1925, S. 63, 64 ; *A. Mandelstam,* La protection des minorités, Académie de Droit International, Recueil des Cours, Paris, 1925, I. Bd., S. 148, 149 ; *Jscherland,* Die Rechtslage der deutschen Minderheiten in der Tschecho-Slowakei, Diss. Marburg, 1926, S. IX ff.; Jahrbuch für Soziologie, hrsg. von *Gottfried Salomon,* Erster Ergänzungsband : « Nation und Nationalität », Karlsruhe 1927, S. 87, 88, 150, 151 ; *Liermann,* Rasse und Recht, Zeitschrift für die gesamte Staatswissenschaft, 85. Bd., S. 273 ff., in den Anmerkungen ; *Fels,* Begriff und Wesen der Nation, Münster i. W., 1927, in den Anmerkungen ; *Herbert Kraus,* Das Recht der Minderheiten, Berlin 1927, S. 24 ff. ; *Plettner,* Das Problem des Schutzes der nationalen Minderheiten, Diss. Jena, 1927, S. III ff. ; *F. Robinson,* Das Minoritätenproblem und seine Literatur, 1928 ; *Ettlinger,* Nation und nationale Minderheit, Diss. Hamburg, 1928 (Teildruck), S. 26 ff. ; *Kurt Trampler,* Staaten und nationale Gemeinschaften, München-Berlin 1929, S. 139 ff.; *Hans Gerber,* Minderheitenrecht im Deutschen Reich (erweiterter Sonderdruck aus *Nipperdey,* Grundrechte und Grundpflichten der Reichsverfassung), Berlin 1929, S. 81 ff.; *Wetz,* Selbstbestimmungsrecht der Völker und völkerrechtlicher Schutz nationaler Minderheiten in den Friedensverträgen von Versailles und St. Germain-en-Laye, Diss. Freiburg i. Br. 1929, S. V ff. ; *Wintgens,* Der völkerrechtliche Schutz der nationalen, sprachlichen und religiösen Minderheiten, Stuttgart, 1930, S. 466 ff. ; *Erler,* Das Recht der nationalen Minderheiten, Münster i. W., 1931, S. XVII ff.

im Sinne dieser Arbeit aufgeworfen werden, weil sie erst auf Grund der Voraussetzungen, die im vorhergehenden geschaffen worden sind, genau formuliert werden kann. Aber auf der Basis des bisher Erörterten können wir und zur Lösung des uns gestellten Problems müssen wir fragen: *wie verhalten sich das Volk als natürliche Gegebenheit der Wirklichkeit und das autonome sittlich-rechtliche Sollen des Individuums und der Individuen zu einander?*

Zunächst haben wir Umschau zu halten, ob nicht doch irgendwelche Vorarbeiten, wenn auch von anderer Fragestellung ausgehend, uns von Nutzen sein können (1).

In erster Linie fällt hier unser Blick auf die Bemühungen der *Statistik,* die Nationalität des Individuums zu Zwecken der Zählung zu erfassen. Denn wenn auch die meisten Statistiker das Sein und das Sollen nicht scharf zu trennen pflegen und sich hieraus mancher Mangel statistischer Zählungen erklärt, so mussten sich doch gerade bei einer Nationalitätenstatistik Zweifel ergeben über die Beziehungen dessen, was *ist* und ohne weitere Voraussetzung als *Tatsache* gezählt werden kann, zu dem, was sein *soll,* was im Dienste irgend welcher Werturteile, irgend eines sittlichen oder rechtlichen Sollens steht — man denke etwa an das Problem der nationalen Erziehung der Kinder in Schulen verschiedener Nationalität an einem Orte, — und was daher eine Zählung von *Werturteilen* in sich schliessen würde.

Auf die Bedeutung der Versuche, die Nationalität statistisch zu erfassen, hat bereits *Bernatzik* in seiner bekannten Rektoratsrede: « Ueber nationale Matriken » (2) hingewiesen. Der internationale statistische Kongress zu Petersburg 1873 beauftragte drei Statistiker, *Ficker, Keleti* und *Glatter,* Gutachten über die Erhebung der Nationalität des Individuums abzugeben (3). Alle drei Gutachter kamen zu dem Ergebnis, dass die Nationalität des einzelnen Individuums gar nicht oder doch nur auf Grund sehr weitwendiger Untersuchung der Abstammung und anderer Merkmale festgestellt werden könne, und sie empfahlen daher, an Stelle der Nationalität die *Sprache* zu ermitteln. Dieses Resultat ist unter anderen für die österreichische Volkszählung und das österreichische Nationalitätenrecht, das wir zu den Vorläufern des völkerrechtlichen Nationalitätenrechtes zählen müssen (4), von Bedeutung geworden. Die österreichische Volkszählung erhob unter dem Einfluss der statistischen Theorien die Umgangssprache an Stelle der Nationalität (5).

Dieser Sieg der Sprache über die Nationalität ist aus den grossen Schwierigkeiten zu erklären, mit denen man bei der Feststellung der Volkszugehö-

Anm. (1): Vgl. zum folgenden meinen Bericht: Die Volkszugehörigkeit und die völkerrechtliche Vertretung der nationalen Minderheiten, Mitteilungen der Deutschen Gesellschaft für Völkerrecht, 4. Heft, Kiel, 1924, S. 18 ff. und *Niemeyers* Zeitschrift für internationales Recht, 31. Bd., S. 257 ff.

Anm. (2): Wien, 1910.

Anm. (3): Zitate bei *Bernatzik* a. a. O., S. 96, Anm. 4.

Anm. (4): Vgl. oben, S. 187 ff., 194, 201 ff., 270 ff.

Anm. (5): Zitate bei *Bernatzik,* a. a. O., Anm. 6.

rigkeit zu kämpfen hat. So sagt *Keleti* — an einer Stelle, die bei *Bernatzik* zitiert ist (¹) —, weder die Muttersprache noch die Umgangssprache reiche zur Feststellung der Volkszugehörigkeit des Individuums hin; man müsse weiter noch erforschen, welche anderen Sprachen es spreche, zu welchem Volkstum es sich bekenne, woher es stamme, wo es geboren sei, welches die Sprache seiner Familie gewesen sei, von welchen Leuten es abstamme, man müsse die Rassenmerkmale beobachten; auf Grund aller dieser Momente müsse die Behörde « logiquement » das Ergebnis ermitteln und dies — also, wie wir sehen, das Resultat einer behördlichen Entscheidung! — sei die « Nationalität ».

In diesen Betrachtungen sind bereits alle Schwierigkeiten, die sich aus der Vermengung von Sein und Sollen ergeben, vor uns aufgerollt.

Seitdem haben sich die statistische Literatur und die Volkszählungen verschiedener Länder immer wieder mit dem Problem auseinanderzusetzen versucht, ohne zu einer Einigung zu gelangen (²). Die *Abstammung* des Individuums bis in die entfernteste Vergangenheit zurück kann man nicht zählen. Meist zählt man die *Sprache*. Darunter wird wieder bei mehrsprachigen Individuen und bei solchen, die ihre Sprache gewechselt haben, sehr Verschiedenes verstanden. Es kommen in Betracht: die Mutter-, die Vater-, die Eltern-, die Familiensprache, die Sprache, in der ein Individuum denkt, die bestbeherrschte Sprache, die Sprache der ersten Kindheit, die am liebsten gesprochene Sprache, die Haushalts-, die Umgangssprache, oder endlich nur die blossen Sprachkenntnisse. Neben der Sprache bieten einen Gegenstand der statistischen Erfassung *andere objektive, vom Willen des Einzelnen unabhängige Momente seiner Abstammung oder Kulturzugehörigkeit*, zum Beispiel der Geburtsort oder die Staats- oder die Religionszugehörigkeit, die jemand kraft seiner Geburt besitzt oder besessen hat. Weiter kann man den *Willen* der Einzelnen erheben, *einem bestimmten Volk zuzugehören*, also einen *subjektiven* psychischen Vorgang, das sogenannte « *nationale Bekenntnis* ». Endlich kann man den *zählenden Organen* die Vollmacht erteilen, Zweifelsfälle nach ihrem subjektiven *freien Ermessen* zu entscheiden.

Von allen den genannten Merkmalen und Entscheidungsnormen hat sich keine allgemein durchgesetzt und der Begriff der Nationalität bildet nach wie vor einen Gegenstand des Streites unter den Statistikern. Dieser Streit kann von grosser politischer Bedeutung sein, so wenn das Sprachenrecht oder das Schulrecht in einem Gebiet davon abhängt, wie viel Prozent der Bevölkerung einer nationalen Minderheit angehören. Beispiele bieten die sehr umstrittene tschechoslowakische Volkszählung und das tschechoslowakische Nationalitätenrecht (³).

Anm. (¹): a. a. O., Anm. 4.

Anm. (²): Vgl. statt vieler insbesondere *Winkler*, Die Bedeutung der Statistik für den Schutz der nationalen Minderheiten, Leipzig und Wien, 1923, und zum Teil die bei *Wintgens*, a. a. O., S. 127, Anm. 9, zitierte Literatur.

Anm. (³): Vgl. oben S. 273.

Ein abschliessendes Ergebnis können wir demnach aus der heutigen Statistik nicht gewinnen.

Neben den statistischen kommen *soziologische* und *juristische* Vorarbeiten in Frage.

In der theoretischen soziologischen und juristischen Literatur sind die verschiedensten Anschauungen vertreten. Man kann fünf Gruppen von Theorien unterscheiden.

Ein Teil neigt dazu, die *Abstammung* als das *allein* entscheidende Prinzip festzuhalten, wie die sogenannten Rassetheoretiker. Dann handelt es sich nur um ein Sein und es entfällt jede Frage nach einem Sollen. Das Letztere gilt auch von den Autoren der zweiten Gruppe, welche die Volksgemeinschaft mit der *Sprachgemeinschaft* identifizieren. Ebenso muss jede Frage nach einem Sollen drittens für alle jene überflüssig sein, die mit *Otto Bauer* (1) die Nationalität auf Grund der materialistischen Geschichtsphilosophie streng kausalwissenschaftlich als eine *« aus Schicksalsgemeinschaft erwachsende Charaktergemeinschaft »* (2) betrachten; denn auf dem Boden dieser Geschichtsphilosophie kann die Volksgemeinschaft nichts anderes als das Ergebnis natürlich-materieller Voraussetzungen sein und muss daher aus diesen restlos erklärt werden können. Eine sehr grosse Zahl von Theorien sieht viertens in der Nationalität eine *Kulturgemeinschaft.* So sehr nun auch die Ansichten darüber auseinandergehen, was Kultur und was Kulturgemeinschaft sei, so haben diese Anschauungen doch das Gemeinsame, dass nach ihnen die « Kultur » als ein Sein aufgefasst wird und die « Gemeinschaft » daher als eine von den Kausalgesetzen des gesellschaftlichen Geschehens restlos beherrschte, gegebene soziologische Einheit. Religion, Sitten, Gebräuche, heteronomes Recht, Wirtschaft, Kunst, Wissenschaft und was man sonst immer als Aeusserung der « Kultur » hingestellt hat, sind, unabhängig vom Inhalt des subjektiven ethischen Werturteils der Individuen, ebenso da wie die Abstammungs-, Sprach- oder Schicksalsgemeinschaft, sie sind ein vom Sollen unabhängiges Sein. Auch wenn man bei dem Begriff der Kultur an die « Wertbezogenheit » im Sinn *Rickert's* (3) denkt, bleibt Kulturgemeinschaft ein Sein. Denn hierbei ist Wert in einem sehr allgemeinen, vieldeutigen Sinn gebraucht, nicht gerade im Sinn von Sollen, ethischer Pflicht (4), die « Wertbeziehung » ist « Wirklichkeitsauffassung » (5) und steht im strengsten Gegensatz zur « Wertung » (6).

Alle erwähnten vier Gruppen von Anschauungen stimmen daher in der Grundfrage, die uns hier vor allem interessiert, überein : das Volk ist für sie im wesentlichen ein *Sein*, kein Sollen. Wo dennoch ein Sollen irgendwie

Anm. (1) : Die Nationalitätenfrage und die Sozialdemokratie, 2. Aufl., Wien, 1924, S. 109 ff.

Anm. (2) : a. a. O., S. 113.

Anm. (3) : Die Grenzen der naturwissenschaftlichen Begriffsbildung, Tübingen, 1902, 5. Aufl., 1929, S. 278, 316 ff., 322 ff., 329 ff., 339 ff.

Anm. (4) : a. a. O., S. 699 ff., S. 614, Anm. und passim.

Anm. (5) : a. a. O., S. 330.

Anm. (6) : a. a. O., S. 329.

mitgedacht wird, ist es mit dem Sein vermengt und geht gewissermassen im Sein der objektiven Merkmale auf, ohne dass eine Klarheit über das Verhältnis zwischen dem Sein und Sollen erreicht wird. Der Begriff des Volkes ist daher für diese Theorien ein *ausschliesslich wirklichkeitswissenschaftlicher, soziologischer Begriff*. Für juristische oder ethische Werturteile, die mit dem Begriff des Volkes operieren, kann demnach dieser letztere nur *tatsächliche Voraussetzung* « *Tatbestand* » sein, mehr nicht, wenn man auch häufig hier, ebenso, wie bei den tatsächlichen Voraussetzungen anderer Rechtsnormen, in einem weiteren Sinn von « Rechtsbegriffen » spricht.

Nun tritt zu den genannten vier Gruppen von Anschauungen noch eine fünfte. Sie will das Volk im natürlichen Sinn aus dem *freien Willensakt der Individuen* über deren Zugehörigkeit zum Volke, aus dem sogenannten « *nationalen Bekenntnis* » ableiten. Diese Theorie, wie sie bisher vorliegt, ist aus den Schwierigkeiten entstanden, die es der juristischen Praxis bereitet, die Zugehörigkeit des Individuums zu einer Abstammungs-, Sprach-, Schicksals- oder Kulturgemeinschaft im konkreten Streitfall restlos zu beweisen und ein « non liquet » zu vermeiden. Das Individuum soll nach dieser fünften Theorie bloss erklären, welcher unter zwei oder mehreren Nationalitäten es zugerechnet werden will, diese selbst aber werden als gegebene soziologische Gemeinschaften, die unabhängig von den subjektiven ethischen Werturteilen der Individuen bestehen, also als ein vom Sollen unabhängiges Sein, vorausgesetzt. Diese Lehre betrifft also die *Beweisfrage* und ändert nichts an der Tatfrage nach dem Sein oder Sollen, sie setzt voraus, dass das Individuum durch einen Akt tatsächlichen Wollens, nicht eines Sollens, sich einer der früher genannten Arten von Gemeinschaften, sei es nun einer Abstammungs-, Sprach-, Schicksals- oder Kulturgemeinschaft, als einem gegebenen *Sein* anschliesst. Auch bei dieser Theorie geht das etwa im Wollen mitgedachte Sollen ohne klare Abgrenzung im Sein auf.

Nach *allen* bisherigen Theorien ist demnach das Volk im « natürlichen » Sinn, das heisst das Volk als unabhängig vom Staat bestehende gesellschaftliche Einheit im Gegensatz zum « Staatsvolk », im wesentlichen ein *Sein*, der Begriff des Volkes im « natürlichen Sinn » ist ein *ausschliesslich wirklichkeitswissenschaftlicher, soziologischer*, er ist nur *tatsächliche Voraussetzung* rechtlicher Regelungen.

Im übrigen hat sich jedoch keine Meinung als herrschende durchgesetzt und der Begriff der Nationalität bildet auch weiterhin den Gegenstand unabsehbaren Streites.

Die Praxis steht daher sowohl legislativ-technisch, als in der Rechtsanwendung in Justiz und Verwaltung vor den grössten Schwierigkeiten, gleichgültig, ob es sich um internationales oder innerstaatliches Recht handelt. Die völkerrechtlichen und staatlichen Gesetzgeber wälzen diese Schwierigkeiten im allgemeinen auf die Gerichte und Verwaltungsbehörden ab. Die nationalitätenrechtlichen positiven Gesetze und Verträge gebrauchen zumeist, wie wir im zweiten Teil dieser Arbeit an mehreren Beispielen gesehen haben, nur allgemeine Ausdrücke, wie « minorités ethniques, de religion ou de langue », « racial, religious or linguistic minorities » (1) « ressortissants polonais de langue autre que la langue polonaise », « Polish nationals of other than Polish speech » (2), oder « les ressortissants de la République tchécoslovaque, de nationalité polonaise » (3), u. dgl. Bei der Interpretation derartiger Begriffe kann die juristische Praxis und die auf praktische Anwendung abzielende Literatur, wenn sie spezielle oder konkrete Rechtsfragen zu entscheiden hat, zum Beispiel, ob ein Kind in die Schule der Minderheit oder in jene der Mehrheit aufzunehmen sei, mit Begriffen wie « Kultur- », « Schicksals- », « Charaktergemeinschaft » nichts anfangen. Ebensowenig kann der Jurist mit dem Begriff der Abstammungsgemeinschaft operieren, der ins Unvordenkliche zurückführt und überdies bei jeder Mischehe versagt. Man hält sich daher zumeist intuitiv nach Zufall oder Willkür an das eine oder andere oder mehrere derjenigen im Einzelfall leichter feststellbaren Merkmale, welche auch die Statistiker ihren Zählungen zugrunde legen, zumeist ein sprachliches; oder man lässt in Zweifelsfällen ein behördliches oder richterliches Organ über die Nationalität des Einzelnen nach « freiem Ermessen » (4), also praktisch häufig nach politischer Opportunität, entscheiden; oder endlich, man macht die Volkszugehörigkeit vom freien individuellen, « nationalen » Bekenntnis abhängig, ohne der naheliegenden Gefahr von Missbräuchen etwas entgegensetzen zu können (5).

Eine herrschende Meinung hat sich demnach nicht durchgesetzt. Der Streit um den Begriff der Nationalität geht weiter, in der soziologischen, juristischen und politischen Literatur ebenso, wie in der statistischen, und nicht minder in der Praxis. Welche Konsequenzen dieser Streit haben kann, zeigen uns beispielsweise die Frage der Aufnahme der Friesen in den Genfer Minderheitenkongress (6) oder die Praxis der Minderheitenschutzstaaten und des Internationalen Gerichtshofs über die Einschulung von Kindern in die Schule der Mehrheit oder der Minderheit.

Ich will nun versuchen, zu den mit allen diesen Anschauungen aufgeworfenen Problemen auf Grund des früher Erörterten Stellung zu nehmen. Zu diesem Zweck ist die Frage nach dem Begriff des Volkes nach zwei Seiten hin zu erwägen. Es ist zu untersuchen :

1) Was ist ein Volk, eine Nationalität, als *Ganzes*, wodurch unterscheidet es sich von anderen sozialen Gruppen, zum Beispiel Staatsgemeinschaf-

Anm. (1) : z. B. Art. 8 des Minderheitenschutzvertrags mit Polen.

Anm. (2) : Art. 9, ebenda.

Anm. (3) : Art. 11 des Warschauer Vertrags zwischen Polen und der Tschechoslowakei vom 23. April 1925, oben S. 286.

Anm. (4) : Vgl. die oben S. 89, Anm. 1, zitierte Literatur.

Anm. (5) : Vgl. die bei *Bernatzik*, a. a. O., passim, und in meinem oben, S. 397, Anm. 1, zitierten Bericht, S. 260 ff., angeführten Beispiele.

Anm. (6) : Vgl. oben S. 317, 318.

ten, Religionsgemeinschaften oder politischen Parteien, und welche Völker oder Nationalitäten gibt es daher innerhalb der zivilisierten Welt?

2.) Kraft welchen Merkmales gehört der *Einzelne* einem Volke zu und aus welchen Individuen setzt sich daher ein Volk zusammen?

Beide Fragen sind Anwendungsfälle einer und derselben Grundfrage. Aber die soziologische Literatur behandelt meist nur die erste Frage, weil sie sich um das Typische und nicht um Sonderfälle interessiert. Statistiker und Juristen aber müssen jedes einzelne Individuum erfassen, sehen daher oft nur die zweite und übersehen die erste oder doch deren grundlegende Bedeutung. Wir haben beide Fragen aufzuwerfen und ihren Zusammenhang einzusehen.

Bei der Erörterung des ersten Problemkomplexes müssen wir wieder die Frage nach der *geschichtlichen Entstehung* der Völker von der Frage nach der Liste und den charakteristischen Merkmalen der *heute* nun einmal geschichtlich gegebenen Nationalitäten trennen.

Was nun die *geschichtliche Entstehung* der Völker anlangt, so ist kein Zweifel darüber möglich, dass sie aus der *Abstammungsgemeinschaft*, aus der Blutsverwandtschaft und der geschlechtlichen Vermischung, sei es in der Familie und Sippe, sei es in der Horde, endlich aus der weiter entstandenen grösseren Stammesgemeinschaft hervorgegangen sind. Wirklichkeitswissenschaftlich, soziologisch betrachtet, sind die Völker auch heute noch in ihrem wesentlichsten Kern überwiegend Abstammungsgemeinschaften.

Diese Entstehung in der Vergangenheit aus der Blutsverwandtschaft ist für den Begriff des Volkes *wesentlich*. Religiöse, kulturelle, rechtliche, sittliche Gemeinschaften könnten unter gewissen Voraussetzungen willkürlich geschaffen werden. Auch sprachliche könnten es ; man denke etwa an ein Umsichgreifen der Esperantobewegung oder an die noch zu erwähnende Dekretierung einer einheitlichen « tschechoslowakischen » Staatssprache an Stelle der bis dahin allein existierenden besonderen tschechischen und slowakischen Sprache in der tschechoslowakischen Republik. Am leichtesten können politische Parteien willkürlich ins Leben gerufen und verändert werden. Die Völker aber sind von der Natur und einer tausendjährigen Geschichte gestaltet worden und, so wie sie uns heute nun einmal gegeben sind, der Willkür entrückt. Nur ganz langsam können durch connubium und Assimilation neue Völker entstehen. So sind in historischer Zeit zum Beispiel die Franzosen aus Kelten, Germanen und Römern ein völlig neues Volk geworden, aber nicht durch plötzliche willkürliche Vereinigung, sondern durch einen Jahrhunderte währenden Verschmelzungsprozess, der auf Voraussetzungen beruhte, die zu einem Teil aller menschlichen Willkür, jedenfalls aber gänzlich der Willensbestimmung des Einzelnen, entzogen gewesen sind. Derartige Beispiele zeigen uns, dass man neben die Blutsverwandtschaft und die geschlechtliche Vermischung noch die Assimilation als entscheidenden Faktor einstellen muss.

In dem Volk als *Ganzem*, als einer gegebenen sozialen Gemeinschaft, *steckt daher stets ein vom Willen des Einzelnen unabhängiges Moment einer eigenartigen, aus Abstammung, Geschlechtsverbindung und allmählicher Assimilation hervorgegangenen Gemeinschaft.* Die Liste der existierenden Völker ist uns in jedem bestimmten Zeitpunkt aus der Geschichte gegeben und kann nicht willkürlich erweitert oder verengert werden. Nationalitäten kann man nicht erfinden, wie eine Kunstsprache oder eine politische Partei. Es ist daher insbesondere falsch, wie man oft versucht hat, Nationalitäten oder nationale Minderheiten den politischen Parteien gleichzustellen oder mit dieser Gleichstellung gar ein — meist gegen nationale Minderheiten gerichtetes — abfälliges Werturteil zu verknüpfen. Auch wenn alle Angehörigen einer Nationalität und nur diese einer und derselben Partei angehören sollten, was kaum vorkommt, muss man doch beides begrifflich trennen. Die Partei kann durch Beschlüsse geschaffen, geändert oder aufgehoben werden, das Volkstum nicht.

Aber die Nationalität deckt sich nicht mit der Abstammungsgemeinschaft. Es gibt überall zahlreiche Mischehen und Mischlinge in den verschiedensten Abstufungen, ja ganze Mischvölker, die in geschichtlicher Zeit durch geschlechtliche Vermischung oder Assimilation verschiedener Abstammungsgemeinschaften neu entstanden sind. Wäre das Volk nur eine Abstammungsgemeinschaft, so gäbe es keine Franzosen, sondern in Frankreich wohnten noch immer Kelten, Germanen und Römer nebeneinander. Aber bei *allen* Völkern finden sich Beimengungen fremder Rassen, wenn auch in verschiedenem Grade. Daher konnte schon *Renan* erklären : « La vérité est qu'il n'y a pas de race pure et que faire reposer la politique sur l'analyse ethnographique, c'est la faire porter sur une chimère » (1) und er bemerkt : « L'histoire humaine diffère essentiellement de la zoologie. La race n'y est pas tout, comme chez les rongeurs ou les félins... » (2). *Kjellén* darf mit Recht sagen : « Wohin wir also auch sehen und je tiefer wir sehen, desto mehr verliert sich der Blick in einem Wirrwarr von Menschengruppen, die sich mehr oder minder gründlich vermischen, so dass unzählige Varianten und Uebergänge an Stelle der reinen Farben, die die genealogische Hypothese vorauszusetzten scheint, entstehen » und er darf es ebenso mit Recht als ein allgemein anerkanntes Ergebnis bezeichnen, « dass der genealogische Gesichtspunkt nicht genügt, um das Rätsel der Nation zu lösen » (3). Man muss demnach an Stelle des Begriffs der Abstammungsgemeinschaft, mag man auch diese Bezeichnung der Kürze halber beibehalten, den einer

Anm. (1) : Qu'est-ce qu'une Nation, Rede, gehalten in der Sorbonne am 11. März 1882, Paris 1882, S. 15.

Anm. (2) : a. a. O., S. 18.

Anm. (3) : Der Staat als Lebensform, Leipzig 1917, S. 107, 4. Aufl., Berlin, 1924 (nach Staten som Lifsform, Stockholm, 1916), S. 99.

Gemeinschaft setzen, die aus Abstammung, Geschlechtsverbindung *und allmählicher Angleichung* entstanden ist.

Allein auch dann ist, was in der Regel übersehen wird, das Einheitsprinzip der Nationalität aus der Abstammungsgemeinschaft nicht zu erklären. Nicht nur Russen oder Deutsche sind eine Abstammungsgemeinschaft, auch Slaven oder Germanen, auch Weissrussen oder Schwaben. Man könnte daher mit ebensoviel Berechtigung von einer slavischen oder germanischen, einer weissrussischen oder schwäbischen Nationalität sprechen. Ja schliesslich könnte man jede Dorfgemeinschaft mit gleichen Recht als Nationalität hinstellen. Es liegt demnach im Begriffe des Volkes jedenfalls mehr, als der einer beliebigen aus Abstammung, Geschlechtsvermischung und allmählicher Angleichung entstandenen Gemeinschaft.

Allein wir müssen noch viel weiter gehen. Wir haben im zweiten Teil dieser Arbeit die Idee des Volkes als eine ethische Kraft kennen gelernt. *Die Abstammungsgemeinschaft allein ergibt aber noch keinerlei Sollen, daher auch keine Idee des Volkes als einen Begriff des Sollens. Bei Tieren können wir nicht von Nationalitäten sprechen, bei primitiven Völkern nur in einem übertragenen Sinn.* Daher müssen wir uns nach einem ganz anders gearteten Merkmal umsehen, als es Abstammung, Geschlechtsverbindung und allmähliche Angleichung sind.

Fragen wir daher, worin wir denn über Tiere und primitive Völker hinausragen. Im Körperlichen kann das wesentlich Unterscheidende nicht gefunden werden, es kann nur im *Geistigen* liegen.

Hier lenkt sich nun der Blick sofort auf die *Sprache.* Offenbar ist sie das weitaus stärkste geistige Band, das im allgemeinen Völker zusammenhält und in der Regel auch von anderen Völkern unterscheidet.

Auch die Sprache ist *wesentlich* für den Begriff des Volkes. Dies wird ohne weiteres klar, wenn man sich vorstellt, dass alle Menschen eine und dieselbe Sprache sprächen. Nehmen wir etwa an, dass Franzosen, Engländer und Deutsche eine einzige gemeinsame Sprache hätten, so hätten die Gegensätze, die zwischen ihnen bestehen und die Kriege, die sie in der Geschichte untereinander geführt haben, im Grunde keinen anderen Charakter, als jene zwischen Preussen und dem früheren Königreich Hannover, oder Preussen und Bayern. Von « nationalen » Gegensätzen, von verschiedenen « Nationalitäten » oder Volks-« stämmen » könnten wir nicht sprechen, so wenig wir dies heute in bezug auf Engländer und Angloamerikaner, oder in bezug auf « Nationalfranzosen », französische Belgier und französische Schweizer, oder in bezug auf Reichsdeutsche, Deutschösterreicher, Deutschschweizer, Deutschböhmen, Danziger usw. tun können. Dagegen sagen wir umgekehrt ganz allgemein, die Schweiz, Belgien, die Tschechoslowakei sind « Nationalitätenstaaten », sie haben *ein* Staatsvolk, aber *mehrere* « Nationalitäten ». Wer in all diesen Beispielen dennoch einen anderen Sprachgebrauch wählt, der verwechselt entweder den Begriff des Staatsvolkes, der Summe der Staatsangehörigen nach positivem, staatlichem Recht, mit dem Begriff des Volkes im natürlichen Sinn, oder er verwendet die Worte national, Nationalität, Volksstamm u. dgl. in einem weiteren Sinn und ist nur um eine unklare Terminologie bereichert, ohne der Lösung des Problems näher gekommen zu sein.

Nun gibt es allerdings einige Fälle, in denen ursprünglich einheitliche Abstammungsgemeinschaften geographisch unter die Wohnsitze verschiedener Sprachgemeinschaften aufgeteilt worden sind und sich diesen sprachlich assimiliert haben.

Das weitaus wichtigste Beispiel bietet das jüdische Volk. Die zionistische Bewegung betrachtet alle Abkömmlinge dieses Volkes auch heute noch als eine nationale Einheit, leugnet also, dass die Sprache ein wesentliches Merkmal der Volkseinheit sei. Man muss jedoch zunächst von den zionistischen Bestrebungen und Argumenten alles dasjenige in Abzug bringen, was aus früheren Verfolgungen und aus der Abwehr des heutigen Antisemitismus hervorgegangen ist. Alle, die um ihrer jüdischen Rasse willen Zurücksetzung oder Geringschätzung erfahren oder sie fürchten, sind im allgemeinen von einem hohen Gefühl der Solidarität verbunden, das über alle Verschiedenheiten der Sprache hinwegreicht. Aber dieses Zusammengehörigkeitsgefühl ist eine einzigartige Erscheinung, kein Nationalgefühl im üblichen Sinn. Sonst könnte zum mindesten die grosse Masse der seit Jahrhunderten in England, Frankreich, Deutschland assimilierten Juden kein englisches, französisches, deutsches Nationalgefühl haben usw., sondern nur ein spezifisch jüdisches. Dies widerspricht allen Erfahrungen. Es widerspricht auch dem Zeugnis all der Millionen nicht zionistisch gesinnter Juden. Würde man aber annehmen, dass alle diese letzteren durch Assimilation dem Volke verloren gegangen seien, dass dieses selbst aber ohne sie weiterbestehe, so käme man zu dem Begriff eines Volkstums, das nur aus den zionistisch Gesinnten bestände. Dieses wäre dann aber im wesentlichen weder eine Abstammungs-, noch, trotz Pflege der hebräischen Sprache, eine Sprach-, sondern eine Gesinnungsgemeinschaft, allerdings eine solche eigener Art, aber doch am nächsten stehend einer politischen Partei. Kein Mensch behauptet denn auch, dass es eine « zionistische Nationalität » gebe, sondern behauptet wird stets nur eine gesamtjüdische Nationalität. Die jüdische Gemeinschaft aber ist eine Einheit eines besonderen Solidaritätsgefühls, keine solche eines durch gemeinsame *Sprache* vermittelten Nationalgefühls und umfasst heute Angehörige verschiedener « Nationalitäten ».

Aehnliches müsste mutatis mutandis von anderen ursprünglichen Abstammungsgemeinschaften gelten, die durch sprachliche Assimilation zerrissen worden sind.

Die Bedeutung der Sprache zeigt sich auch bei jenen Prozessen, welche in geschichtlicher Zeit zur Bildung eines neuen Volkes geführt haben. Denn die wichtigste Stufe dieses Prozesses, ohne deren Erreichung er nicht weitergehen könnte, ist offenbar die Entstehung einer gemeinsamen Sprache oder die sprachliche Assimilation und Aufsaugung aller fremdsprachigen Volksteile. Erst die gemeinsame Sprache bildet die Voraussetzung, auf der die volle Verschmelzung möglich ist. Würden die Bewohner Frankreichs noch heute teils keltisch, teils fränkisch, teils lateinisch sprechen, so wären die Franzosen zwar ein Staatsvolk wie die Belgier und die Schweizer, aber ihr Staat würde wie diese beiden als « Nationalitätenstaat » bezeichnet werden, es gäbe in Frankreich nicht *ein* Volk im natürlichen Sinn, sondern drei Völker.

Wir gelangen demnach zu dem Ergebnis : *die gemeinsame Sprache ist eine wesentliche Voraussetzung des Volkes als natürlichen, gesellschaftlichen Gebildes, als « Nationalität », weil nur sie jenes geistige Band bildet, welches die Einheit schafft.*

Die Bedeutung der sprachlichen Assimilation für die Gewinnung einer nationalen Einheit hat man denn auch schon seit langem erkannt. So vor allem in Frankreich, dem führenden und, man darf wohl sagen, klassischen Land nationalstaatlicher Vereinheitlichung und sprachlicher Assimilation. Bereits die Revolution hat, insbesondere seit einem Dekret vom 27. Januar 1794 über die Errichtung von « écoles de langue », die planmässige sprachliche Eroberung, die « francisation », der nicht französisch, insbesondere der deutsch und der katalanisch sprechenden Teile des Staates in Angriff genommen (1), also, wie wir es heute ausdrücken würden, versucht, das *Staats*volk durch sprachliche Verschmelzung auch zu einem einzigen Volk im *natürlichen*, ethnographischen, soziologischen Sinn zu machen. So berichtet uns *Wirth*, anknüpfend an den Bericht über jenes Dekret : « Malgré cette ordonnance, l'allemand fut continué en Alsace dans les rapports de l'administration avec le public et même, pendant quelque temps, au sein des sociétés populaires. Mais bientôt il y fut mis bon ordre par le parti des jacobins français et par la propagande. C'étaient, dans leurs réunions, à chaque instant, des discussions sur les moyens à adopter contre les Alsaciens qui ne possédaient pas la langue française. Les uns voulaient qu'on les déportât ; les autres, qu'on leur fit faire une promenade à la guillotine pour opérer leur conversion. Les plus modérés se bornaient à demander que l'on fit échange d'une colonie alsacienne, qui serait transportée à l'intérieur, contre autant de citoyens ne parlant que le français qui viendraient s'établir en Alsace » (2). Solche Pläne sind nie durchgeführt worden. Sie

Anm. (1) : *J. Wirth*, La langue française dans les départements de l'Est ou Des moyens et des méthodes à employer pour propager la langue nationale dans les parties de l'Alsace et de la Lorraine où l'idiome allemand est encore en usage, Paris, 1867, S. 83 ff., daselbst sind Quellen und Materialien zitiert.

Anm. (2) : a. a. O., S. 84, 85.

zeigen uns aber nicht nur die Macht des nationalstaatlichen Gedankens, seine Herrschaft über das Gewissen und Rechtsgefühl, sondern auch den Glauben, dass die sprachliche Assimilation zugleich die nationale sei, folglich, dass das Volkstum im wesentlichen Sprachgemeinschaft sei. In der Folge ist denn auch, wenn auch nicht mit jenen gewaltsamen Methoden, so doch mit Hilfe umfassender staatlicher Verwaltungsmassregeln, insbesondere im Unterrichtsrecht, die Politik der Ausbreitung der « langue nationale », die Politik der sprachlichen Eroberung, mit grosser Energie fortgesetzt worden (1). Auch andere Staaten haben sich eine derartige Politik zu eigen gemacht, so in der Vorkriegszeit Russland, Preussen und Ungarn, in der Nachkriegszeit im allgemeinen alle Staaten, welche fremdes Sprachgebiet, sei es mit, sei es ohne Belastung durch einen Schutz nationaler Minderheiten annektiert haben. Alle derartigen Bestrebungen wollen mit der sprachlichen Eroberung zugleich die nationale betreiben, sehen also gleichfalls in der Nationalität im wesentlichen eine Sprachgemeinschaft.

Allein so verbreitet auch die Vorstellung ist, dass Sprachgemeinschaft und Volkstum dasselbe seien, so müssen doch beide Begriffe sehr scharf auseinandergehalten werden. Die Sprache kann nicht das allein Entscheidende sein. Denn auch die Abstammungsgemeinschaft ist, wie wir gesehen haben, eine wesentliche und sogar die geschichtlich erste Voraussetzung der Bildung eines einheitlichen Volkstums. Eine Vereinigung, deren Mitglieder nur Esperanto pflegten und die eigene Muttersprache nicht mehr gebrauchten und allmählich vergässen, wäre auch bei sehr grosser Mitgliederzahl noch keine Nationalität, sondern es könnte erst in einem sehr langen, Generationen währenden Assimilationsprozess vielleicht eine solche aus ihr werden. Die englisch sprechenden Iren oder die Neger und andere Rassen Amerikas, welche die englische Sprache angenommen haben, sind keine Angelsachsen, spanisch sprechende Indianer keine Spanier. Wie uns solche Beispiele zeigen, *ist auch die Sprachgemeinschaft nicht gleichbedeutend mit Volksgemeinschaft, mit Nationalität. Renan,* der allerdings das Staatsvolk und das Volk im natürlichen Sinn, den Willen zur Staatszugehörigkeit und den Willen zur Volkszugehörigkeit nicht klar auseinanderhält, indem er die Schweizer aller Sprachen im Gegensatz zu den Nationalitäten Oesterreichs als eine einzige « nation » betrachtet (2), bemerkt mit Recht : « Nous parlions tout à l'heure de l'inconvénient qu'il y aurait à faire dépendre la politique internationale de l'ethnographie. Il n'y en aurait pas moins à la faire dépendre de la philologie comparée » (3). Ebenso kann man *Kjellén* zustimmen,

Anm. (1) : Vgl. insb. *Hans Kaiser*, Der Kampf gegen die deutsche Sprache in den elsässischen Schulen von 1833-1870. Vornehmlich nach den Akten der Unterrichtsverwaltung, in : Elsass-Lothringische Kulturfragen, III. Bd., 1913, S. 179 ff., daselbst S. 213 ff. Materialien und Literatur ; für die Zeit nach 1918 : *Dischler*, Unterschied zwischen deutscher und französischer Staatsauffassung unter Zugrundelegung des Volksschulrechts in Elsass-Lothringen nach 1918, Dissertation Hamburg, 1931, S. 30-100, daselbst im Text und S. 105 ff. Materialien und Literatur.

Anm. (2) : a. a. O., S. 10, 20.

Anm. (3) : a. a. O., S. 20.

wenn er sagt : «... als Diagnose der Nationalität, oder als Lösung ihres Rätsels ist die Sprache von einem gegebenen Standpunkt aus nicht hinreichend. Die Nationalität liegt hinter der Sprache. Sowohl die linguistische, als die genealogische Lösung müssen also ihren Bankrott erklären... (1).

Ja, seitdem *Kjellén* diese Worte niedergeschrieben hat, sind wir um ein Beispiel bereichert worden, in welchem die Existenz einer Sprache, die bis dahin nicht existierte, willkürlich dekretiert worden ist.

Bis zur Gründung der Tschechoslowakei im Jahre 1918 gab es, wie allgemein anerkannt worden war, eine tschechische und eine davon unterschiedene slowakische Sprache, die allerdings beide miteinander sehr nahe verwandt waren. Daher gab es auch den Namen « tschechoslowakisch » nicht, sondern nur die Namen « tschechisch » und « slowakisch ». Wir haben im II. Teil dieser Arbeit in ganz anderem Zusammenhang gesehen, wie einige tschechische Politiker in der letzten Kriegszeit die Anerkennung erst der Tschechen und Slowaken, dann der « Tschechoslowaken » als kriegführender Partei und dann als « Nation » im Sinne eines eigenartigen völkerrechtlichen Rechtssubjektes erreicht haben (2). Hierbei konnte das neue Wort « tschechoslowakisch » wohl zunächst nur auf die Vereinigung zweier Völker im natürlichen Sinn in einem gemeinsamen *Staat* bezogen werden, zumal ja die vorausgesetzte Basis die Selbstbestimmung der Völker war und es auf dieser Grundlage den Tschechen und Slowaken freistand, sich gemeinsam *einen* Staat zu errichten. Auch noch der Vertrag von *Pittsburg* (3), auf den die staatliche Vereinigung der beiden Völker der Tschechen und Slowaken gegründet wird, erkennt die slowakische Sprache ausdrücklich als eine besondere Sprache an.

Dagegen ordnet das tschechoslowakische Sprachengesetztz vom 29. Februar 1930 (4) im § 1 an : « Die tschechoslowakische Sprache ist die staatliche offizielle Sprache der Republik ». Nun wusste der Gesetzgeber, dass Sprachen naturgewordene Einheiten sind, die sich nicht durch Beschlüsse plötzlich ändern lassen. Daher verfügt er im § 4 : «Die staatliche, offizielle Sprache gebrauchend amtieren die Behörden in jenem Gebiete der Republik, das vor dem 28. Oktober 1918 zu den im Reichsrate vertretenen Königreichen und Ländern oder zum Königreich Preussen gehört hat, in der Regel tschechisch, in der Slowakei in der Regel slowakisch ». Ebenso sagt das gleichfalls bereits erwähnte (5) Gesetz über die Kundmachung der Gesetze und Verordnungen vom 2. November 1918 (6) in seinem § 1 von der « Sammlung der Gesetze und Verordnungen des tschechoslowakischen Staates » : « Diese Sammlung erscheint in tschechischer Sprache. Ueberdies erscheint

Anm. (1) : a. a. O., 1. Aufl., S. 110, 4. Aufl., S. 101.

Anm. (2) : Oben S. 213 ff.

Anm. (3) : *Epstein*, Studienausgabe der Verfassungsgesetze der Tschechoslowakischen Republik, Reichenberg, 1923, S. 18, 19, oben, S. 232.

Anm. (4) : Sammlung der tschechoslowakischen Gesetze und Verordnungen, 1920, Nr. 122; *Epstein*, a. a. O., S. 260 ff., oben, S. 232.

Anm. (5) : S. 232, 233.

Anm. (6) : Sammlung der Gesetze und Verordnungen des tschechoslowakischen Staates, 1918, Nr. 1 ; *Epstein*, a. a. O., S. 516.

diese Sammlung auch im slowakischen Wortlaut ». Es kann also offiziell gar nicht geleugnet werden, dass es sich um zwei Sprachgemeinschaften handelt. Allein es ist im allgemeinen die Politik der Parlamentsmehrheit, der Regierung und der Behörden des Staates gewesen, die Slowaken gegenüber dem Ausland und den anderen nationalen Minderheiten des Staates, vor allem den Deutschen und Magyaren, nicht als nationale Minderheit, sondern als einen Teil des Mehrheitsvolkes zu behandeln. Dies umsomehr, als die Tschechen allein 1919 nur rund etwa 48 %, mit den Slowaken aber doch etwa 62 % der Bevölkerung des Gebietes bildeten, das sie für ihren Staat beansprucht und erhalten haben ([1]). Die staatliche Vereinigung gibt nunmehr der tschechoslowakischen Schulpolitik Gelegenheit, darauf hinzuarbeiten, dass die beiden Sprachen schliesslich möglichst verschmolzen werden. Auch werden Tschechen und Slowaken nunmehr statistisch als eine einzige « Nationalität » gezählt.

Mag die Verschmelzung nun in Zukunft gelingen oder nicht, jedenfalls liegt ein Versuch vor, eine neue Sprache und eine neue Sprachgemeinschaft künstlich durch Gesetz zu schaffen. Wäre Volk und Sprachgemeinschaft eines und dasselbe, so würde dies bedeuten, dass auf Grund eines Gesetzesparagraphen ein neues Volk im natürlichen Sinn aus zwei bisherigen Völkern gebildet werde. Dies wird wohl niemand im Ernste behaupten wollen. Entweder Tschechen und Slowaken sind schon vordem *ein* Volk gewesen, oder sie sind auch nachher zunächst noch zwei. Im letzteren Falle könnte erst eine allmähliche Assimilation in langen Zeiträumen sie vereinigen.

Aber auch hier zeigt sich die Bedeutung der Sprache als wesentlichen Faktors. Wer der Meinung ist, dass Tschechen und Slowaken schon vordem ein einziges Volk waren, wird behaupten müssen, dass ihre Sprachen in Wahrheit zwei Dialekte *einer* Sprache seien. Denn wenn ein Volk im natürlichen Sinn mehrere Sprachgemeinschaften umfassen könnte, so könnten ebenso *alle* Slaven oder alle Germanen, ja alle Indogermanen usw. als *ein* Volk hingestellt werden. Dann wäre der Ausdruck Volk bloss in der Bedeutung von Abstammungsgemeinschaft in einem *weiteren* Sinn gebraucht, aber es wäre nichts zur Erkenntnis des Volkes als Nationalität, als einer *ganz bestimmten Art* gesellschaftlicher Einheiten, getan. Wer dagegen der Meinung ist, dass Tschechen und Slowaken früher zwei Völker waren, wird zugeben müssen, dass, wenn eine völlige nationale Verschmelzung beider in Zukunft möglich sein sollte, erst die von der tschechoslowakischen Republik eingeleitete sprachliche Assimilation die unentbehrliche Grundlage dafür würde geschaffen haben müssen.

Die gleichen Erwägungen, die wir gelegentlich dieses Beispiels angestellt haben, gelten für jeden Fall, in welchem etwa durch Willensentschlüsse Spracheinheiten künstlich gebildet werden sollten. Solche Entschlüsse sind

Anm. ([1]) : Vgl. oben, S. 231, Anm. 5. und 6.

praktisch wohl nur dort denkbar, wo sprachlich sehr nahe verwandte Völker in einer Staatseinheit zusammengefasst sind. So hat das alte zaristische Russland Weiss- und Kleinrussen sprachlich dem Grossrussentum zu assimilieren versucht. Auch hier müssen wir sagen: entweder sind Grossrussen, Kleinrussen und Ukrainer schon vor dem Einsetzen dieser Sprachenpolitik ein einziges Volk im Sinne einer Nationalität gewesen oder sie bilden auch nachher zunächst noch drei Völker. So sind auch die Slowenen im südslawischen Staat und in dem von Italien annektierten ehemaligen österreichischen Küstenland heute ebenso ein selbständiges, vom serbokroatischen verschiedenes Volk, wie sie es vor 1918 anerkannterweise gewesen sind; sie sind es, trotzdem man 1918 den Begriff des «jugoslawischen» ähnlich dem des «tschechoslowakischen» Volkes zu prägen versucht hat.

Unsere Erwägungen gelten aber mutatis mutandis auch für den umgekehrten Fall, dass eine bisherige Spracheinheit durch Willensentschlüsse zerlegt werden soll. Ein Beispiel bietet die norwegische «Landsmåls»-Bewegung. Dänen und Norweger, die sprachlich einander etwa ebenso nahe stehen dürften, wie Tschechen und Slowaken, haben im Gegensatz zu diesen letzteren während einer langen Zeit staatlicher Vereinigung eine gemeinsame Schriftsprache, «Riksmål» (Reichssprache), ausgebildet und besitzen daher jenes gemeinsame geistige Band, welches die Voraussetzung der Volkseinheit ist. Die «Landsmåls»-Bewegung will aus norwegischen Dialekten eine besondere norwegische Schriftsprache entwickeln, um die Reminiszenzen an die dänische Herrschaft zu beseitigen und die heutige staatliche Trennung zu unterstreichen. Aber erst die *vollzogene* sprachliche Trennung würde jenes Band zerschneiden, und es wäre dann mangels dieses Bandes nicht mehr gestattet, von einem dänisch-norwegischen Volksstamm oder Volkstum zu sprechen. Dazu aber ist ein langer Prozess erforderlich, das Gegenteil der sprachlichen Assimilation. Dagegen könnte etwa ein norwegisches Gesetz, das die bisherige Schriftsprache durch die speziell norwegische ersetzte — in gewissem Sinn ein Gegenstück zum tschechoslowakischen Sprachengesetz — nicht plötzlich von einem willkürlichen Zeitpunkt an ein neues Volkstum schaffen. Vielmehr gälte analog zu dem früher Gesagten auch hier der Satz: entweder die Dänen und die Norweger waren schon vor der Erlassung des Gesetzes zwei Völker, oder sie sind auch nach ihr zunächst noch eines.

Die bisher erörterten Beispiele zeigen uns noch etwas: das Einheitsprinzip des Begriffs des Volkes steht auch dann nicht eindeutig fest, wenn man das Volk nicht als Abstammungs-, sondern als Sprachgemeinschaft auffasst. Eine «Abstammungsgemeinschaft» sind auch alle Indogermanen, eine solche ist jede Dorfgemeinde. Mit dem Begriff der einheitlichen und von anderen unterschiedenen «Sprachgemeinschaft» kann man nicht so hoch hinauf- und nicht so tief hinuntergehen. Aber ob man Gross-, Weiss-

und Kleinrussisch, Tschechisch und Slowakisch, Dänisch und Norwegisch, Serbisch und Kroatisch, Plattdeutsch und Hochdeutsch usw. als «Dialekte» einer Sprache oder als verschiedene «Sprachen» betrachten will, hängt von einer Grenze zwischen dem Begriff der Sprache und jenem des Dialekts ab, die bestritten ist. Ist doch in den letzten Jahren manchmal ernstlich behauptet worden, die Elsässer seien keine Deutschen, das schwäbische Deutsch der Elsässer sei eine eigene Sprache, während es sich von dem schwäbischen Dialekt der benachbarten Gebiete Badens und der Schweiz nicht mehr unterscheidet, als dies sonst bei den lokalen Nuancen eines und desselben Dialektes der Fall ist. Wäre die Argumentation richtig, so gäbe es mit sehr viel grösserer Berechtigung eine südfranzösische, eine neapolitanische, eine sizilianische «Nationalität», ja ganz Europa zerfiele in viele Hunderte von Nationalitäten. Der Begriff der Sprachgemeinschaft als solcher enthält aber nichts, was dieser zuletzt gezogenen Konsequenz zwingend entgegengesetzt werden kann. Auch die Elsässer, auch die Sizilianer bilden in irgendeinem Sinn eine «Sprachgemeinschaft».

Wir sind demnach zu dem Ergebnis gelangt: *die Abstammungs- und die Sprachgemeinschaft sind wesentliche Voraussetzungen des Begriffs des Volkes im natürlichen Sinn. Aber sie sind nicht mehr. Sie sind nicht mit ihm identisch. Es fehlt noch ein Moment, welches gerade die Einheit des Volkes begründet, welches daher das Volk von allen sonstigen Arten von Gemeinschaften klar abgrenzt und gestattet, ein bestimmtes Volk von allen anderen Völkern zu unterscheiden.*

Es bleiben nun noch Begriffe wie *Kultur-*, *Schicksals-*, *Charaktergemeinschaft* zu erörtern. Aber es ist auf den ersten Blick klar, dass sie zu vieldeutig sind. Auch jedes Dorf, jede Stadt, jeder Bezirk, einzelne Inseln, Schweizer Kantone, deutsche Kleinstaaten, auch das alte vielnationale Oesterreich oder die heutige Tschechoslowakei, auch Nord- oder Süditalien, Nord- oder Süddeutschland je für sich allein, der Balkan oder Mitteleuropa oder ganz Europa, Kirchen, Religionsgemeinschaften, politische Parteien und viele andere soziale Gemeinschaften können, jeweils in anderem Sinn, mit Recht als «Kultur»-, «Schicksals»- oder «Charaktergemeinschaften» bezeichnet werden. Begriffe wie die letztgenannten setzen daher das spezifische Merkmal der Nationalität bereits voraus. Sie zeigen uns überwiegend nicht *Voraussetzungen* der Bildung der Nationalität, wie Abstammung und Sprache, sondern *Folgen*. Sie können demnach *für sich allein* das Problem des Volkes, der Nationalität, nicht erklären. *Auch hier fehlt offensichtlich noch ein Moment, welches die Einheit des Volkes begründet, das Volk von allen sonstigen Arten von Gemeinschaften abgrenzt und ein Volk vom anderen unterscheidet.*

Alle Theorien, welche das Volkstum ausschliesslich aus «objektiven», das heisst dem Einzelnen ohne Rücksicht auf dessen subjektiven Zugehörigkeitswillen gegenübertretenden Merkmalen erklären wollen, sind demnach unzureichend. Man hat daher versucht, den Begriff des Volkes ausschliesslich auf den subjektiven Zugehörigkeitswillen der Individuen aufzubauen und so das Volk als *Willensgemeinschaft* aufzufassen.

So sagt bereits *Mancini*, nachdem er dargetan hat, dass die Merkmale des Gebietes, der Abstammung und der Sprache und selbst das Zusammentreffen aller drei nicht ausreichen, um den Begriff der Nationalität zu begründen: « Questi elementi son come inerte materia capace di vivere, ma in cui non fu spirato ancora il soffio della vita. Or, questo spirito vitale, questo divino compimento dell'essere di una Nazione, questo principio della sua visibile esistenza, in che mai consiste? Signori, esso è la *Coscienza della Nazionalità*, il sentimento che ella acquista di sè medesima e che la rende capace di costituirsi al di dentro e di manifestarsi al di fuori » (1). *Mancini* definiert demnach die Nationalität, « Nazionalità », als « una società naturale di uomini da unità di territorio, di origine, di costumi e di lingua conformati a comunanza di vita e di coscienza sociale » (2).

Renan erklärt: « Il y a dans l'homme quelque chose de supérieur à la langue: c'est la volonté » (3). « Une nation est un principe spirituel, résultant des complications profondes de l'histoire, une famille spirituelle, non un groupe déterminé par la configuration du sol » (4). « Une nation est une âme, un principe spirituel » (5). « Avoir des gloires communes dans le passé, une volonté commune dans le présent; avoir fait de grandes choses ensemble, vouloir en faire encore, voilà la condition essentielle pour être un peuple» (6). «Une nation est donc une grande solidarité, constituée par le sentiment des sacrifices qu'on a faits et de ceux qu'on est disposé à faire encore» (7). So gelangt er zu seinem berühmten Ausspruch: « L'existence d'une nation est (pardonnez-moi cette métaphore) un plébiscite de tous les jours, comme l'existence de l'individu est une affirmation perpétuelle de vie » (8).

Auch die Statistik berücksichtigt zum Teil das Willensmoment. Insbesondere wird bei der Zählung der « am liebsten » gesprochenen Sprache mehrsprachiger Individuen im wesentlichen das unüberprüfbare persönliche Bekenntnis zu einer Sprachgemeinschaft gezählt.

Seit *Bernatziks* aufsehenerregender Rektoratsrede: « Ueber nationale Matriken », Wien, 1910 (9), ist die Forderung, die Nationalität de lege ferenda und im Zweifel de lege lata *ausschliesslich* auf das freie Bekenntnis der Individuen zu gründen, nicht mehr aus der Diskussion verschwunden. So haben sich verschiedene Entwürfe, die wir im II. Teil dieser Arbeit kennen gelernt haben, diese Forderung mehr oder weniger klar zu eigen gemacht. Nachdem die rusissche Revolution das Programm der Selbst-

Anm. (1): Della nazionalità come fondamento del dritto delle genti, Turin, 1851, S. 38, 39. Vgl. auch oben, S. 183, 184.
Anm. (2): a. a. O., S. 41.
Anm. (3): Qu'est-ce qu'une nation?, Paris, 1882, S. 20.
Anm. (4): a. a. O., S. 25.
Anm. (5): a. a. O., S. 26.
Anm. (6): Ebenda.
Anm. (7): a. a. O., S. 27.
Anm. (8): Ebenda.
Anm. (9): Vgl. oben, S. 190.

bestimmung der *Völker* in die internationale öffentliche Diskussion geworfen hatte ([1]), lag die Forderung nahe, dass diesem Programm auch in jedem einzelnen Fall die Selbstbestimmung des *Individuums* entsprechen müsse. So ist in der Nachkriegszeit das freie nationale Bekenntnis oft und oft gefordert und, wie wir im II. Teil dieser Arbeit feststellen konnten, auch verschiedentlich verwirklicht worden.

Damit ist nun die Frage nach dem Begriff des Volkes verschoben worden. Wenn man das Volk als Abstammungs-, Sprach-, Charakter- oder Kulturgemeinschaft auffasst, hat man das Volk als ein *Ganzes* im Auge und leitet die Zugehörigkeit der Individuen aus dem gemeinsamen Merkmal dieses Ganzen ab. Daher bleibt der Zugehörigkeitswille der Einzelnen unberücksichtigt. Er kann höchstens mittelbar, zum Beispiel im Fall des Erlernens einer Sprache, von Bedeutung werden. Das Ganze ist das logische prius, die Zugehörigkeit der Einzelsubjekte zum Ganzen ist das logische posterius. Betrachtet man dagegen das Volk als Willensgemeinschaft, so sind zuerst die Einzelnen isoliert vorausgesetzt und aus ihren Willensentschlüssen erst, die ja auch stillschweigend gedacht werden können, baut sich das Volk auf. Hier sind die Willensentschlüsse der Individuen das logische prius, das Ganze ist das posterius. Wenn man den Begriff des Volkes auf ein schlechthin freies Bekenntnis der Individuen stützt, wird die Frage nach der Zugehörigkeit des Individuums zuerst, vor jener nach einem materiell gemeinsamen Wesensmerkmal des Ganzen, aufgeworfen und das Ganze erst nachträglich aus dem Inhalt der Willensentschlüsse der Einzelnen aufgebaut.

Damit entgeht diese Anschauung unlösbaren Schwierigkeiten, denen alle früher erörterten Anschauungen über den Begriff des Volkes in der Praxis begegneten. Juristen und Statistiker müssen jedes einzelne Individuum national klassifizieren. An der Hand der « objektiven », vom Willen des Einzelnen unabhängigen Merkmale war dies unmöglich ([2]).

So ist vor allem das Merkmal der Abstammung gänzlich unverwendbar. Es gibt ungezählte Mischlinge verschiedenster Grade und Abstufungen, ja ganze Mischvölker. Wer könnte die probatio diabolica führen, dass er ausschliesslich von germanischen, slavischen, jüdischen Voreltern abstamme? Wie ist ein Kind zu beurteilen, dessen Eltern oder Voreltern verschiedener Nationalität waren? Auch wer sittlich und politisch die « reinrassige » Abstammungsgemeinschaft für den höchsten Wert zu erklären geneigt ist, stösst hier auf absolut unüberwindliche Schwierigkeiten. Er muss daher nach einem anderen Merkmal suchen.

In zweiter Linie bietet sich uns die Sprache dar. Diese wird in der Tat vielfach für das Entscheidende erklärt, und zwar teils als Eigenwert, teils

Anm. ([1]) : Vgl. oben, S. 198 ff., 203 ff.

Anm. ([2]) : Vgl. meinen bereits zitierten Bericht : Die Volkszugehörigkeit und die völkerrechtliche Vertretung der nationalen Minderheiten, in : Mitteilungen der Deutschen Gesellschaft für Völkerrecht, Heft 4, Kiel, 1924, S. 25 ff. und in *Niemeyers* Zeitschrift für internationales Recht, XXXI. Bd., 1923, S. 264 ff.

als Ersatzmerkmal für die nicht unmittelbar greifbare Abstammungs- oder Kulturgemeinschaft. Sehen wir aber näher zu, so finden wir, dass auch die Sprache nicht geeignet ist, die ihr zugedachte Rolle zu übernehmen. Wir sehen auch in sprachlicher Beziehung Mischlingsindividuen und ganze Mischvölker, die oben erwähnten Schwierigkeiten drohen sich zu wiederholen. Will man ihrer mit einem bestimmten Begriff der Sprache Herr werden, so zeigt sich, dass jeder solche Begriff, in diesem Zusammenhang gebraucht, vieldeutig und vollkommen unklar ist.

Man denkt in der Regel an die Muttersprache. Aber was ist das? Ist es die Sprache der Mutter? Oder nicht vielmehr die des Vaters, dessen Statusrechte doch sonst das Kind im allgemeinen erbt? Oder ist es vielleicht gar die Sprache der Eltern? Hier haben wir schon drei verschiedene Begriffe der Muttersprache. Aber sie alle können nicht zureichen. Nehmen wir etwa den ersten : welches ist denn nun die Sprache der Mutter? Doch offenbar wieder die ihrer Mutter, und so weiter zurück bis ins Unabsehbare. Wir stehen schon wieder vor der probatio diabolica.

Man muss also nach einem sprachlichen Merkmal suchen, das mit der Abstammung, mit Eltern und Voreltern, gar nichts zu tun hat. Nun bieten sich uns, wie wir oben gesehen haben (1), noch einige weitere Bedeutungen des Wortes Muttersprache : die Sprache der ersten Jugend, die bestbeherrschte, die am liebsten gesprochene Sprache und die Sprache des Denkens. Für welchen dieser Begriffe soll man sich nun entscheiden? Aber, welchen immer man wählt, man gelangt zu keinem Merkmal, das für alle Fälle eine klare Feststellung der Volkszugehörigkeit gestattet.

Am nächsten kommt dem Ideal eines objektiven Merkmals der Nationalität immerhin noch die Sprache der ersten Jugend, die Kindheitssprache, da sie für das ganze Leben des Menschen festzustehen scheint. Die darauffolgend genannten drei Merkmale dagegen unterliegen willkürlichen und unwillkürlichen zeitlichen Schwankungen und damit Uebergängen und graduellen Abstufungen, die sie, ganz abgesehen von den Beweisschwierigkeiten, materiell zur rechtlichen Klassifizierung der Individuen untauglich machen. Aber auch die Sprache der ersten Jugend ist für diesen Zweck nicht geeignet. Schon in der zeitlichen Abgrenzung der « ersten Jugend » liegt eine Willkür, die zu Unklarheiten und zu Unbilligkeiten führen muss. Vielleicht kann man allerdings diese Schwierigkeit noch überwinden. Man nehme etwa an, die Kindheitssprache sei jene Sprache, in der das Individuum das Sprechen erlernt hat. Aber ganz abgesehen von jenen in Mischehen oder gemischtsprachigen Gegenden nicht seltenen Fällen, in denen Kinder in zwei oder drei Sprachen gleichzeitig erzogen werden : der Begriff des Erlernens der Sprache ist selbst vieldeutig und hat auf jeden Fall unscharfe Grenzen. Ein Kind lernt zum Beispiel mit zwei Jahren etliche Ausdrücke in einer

Anm. (1) : Oben S. 398.

Sprache lallen oder sprechen, vom dritten Jahr oder nach einer längeren oder schon nach viel kürzerer Zeit lernt es eine zweite viel besser. Welche ist nun seine Kindheitssprache? Welches Alter oder welcher Grad des Sprechens soll entscheidend sein? Hier kann man nirgends eine eindeutig klare und scharfe Antwort finden.

Man hat nun nach anderen Merkmalen als der Muttersprache gesucht: nach der Familien-, der Haushalts-, der Verkehrs-(Umgangs-)sprache. Ob und wieweit etwa statistische Erhebungen über die Abstammung oder Sprache ohne wesentliche Gefährdung des Resultates im Ganzen durch die Wahl solcher Fragestellungen ersetzt und vereinfacht werden können, ist hier nicht zu erörtern. Aber für die eindeutige Klassifizierung des Individuums ist damit kein Fortschritt erzielt, für das kleinste Loch an Unklarheit, das man irgendwo im Begriffe der Muttersprache stopft, reisst man hier ein viel grösseres auf.

Dass man endlich mit Begriffen wie «Kultur»-, «Schicksals»-, «Charaktergemeinschaft» einzelne Individuen nicht klar und eindeutig klassifizieren kann, ist ohne weiteres einleuchtend.

Die «objektiven», das heisst vom Willen des Individuums unabhängigen Merkmale haben demnach in der Praxis versagen müssen.

Allein es besteht noch ein tieferer Grund als bloss technisch-juristische oder statistische Schwierigkeiten, der immer mehr zur Bevorzugung des freien Bekenntnisses drängt. Es ist derselbe Grund, der zur Forderung der Selbstbestimmung der Völker geführt hat: die *Ablehnung der Gewalt.* Die Suche nach «objektiven» Merkmalen der Nationalität hat immer wieder dazu geführt, dass Individuen in praktischen Fragen, zum Beispiel in bezug auf den Sprachengebrauch vor Behörden oder auf die Einschulung von Kindern, gegen ihren Willen einer anderen Nationalität zugerechnet wurden, als diejenige war, der sie sich subjektiv zugehörig fühlten (1). So wie aber im Geiste der neueren Forderungen ein Volk nicht in einen Staat, so sollen Individuen nicht in ein Volk hineingezwungen werden. Körperliche Rassenmerkmale, Sprache, Charaktereigenschaften, kulturelle Momente wie Sitten und Gebräuche, Religionszugehörigkeit, gesellschaftliches Betragen oder irgendwelche Indizien aus dem Vorleben des Individuums sollen keinen Grund bilden, dieses einer Nationalität zuzurechnen, zu der es nicht gehören *will.*

Die Forderung des freien nationalen Bekenntnisses bildet demnach einen Teil jener neuen Ideen, welche, von der kleinsten Einzelfrage bis zur grundsätzlichen Ueberordnung des internationalen über das staatliche Recht, die friedliche Verständigung an die Stelle der Gewalt setzen wollen. Alles, was wir im II. Teil dieser Arbeit von dem Aufstreben der Idee des Volkes, ihrem

Anm. (1): Beispiele bei *Bernatzik*, a. a. O., passim, und in meinem S. 413, Anm. 2, zitierten Bericht, a. a. O., S. 28 ff., bezw. S. 267 ff.

Kampf mit der Idee des Staates und ihrem Einfluss auf das internationale und das innerstaatliche Recht gehört haben, erhält erst dann seinen vollen Sinn, wenn man sich unter dem Volk eine Gemeinschaft denkt, deren Mitglieder ihm nicht gezwungen sondern freiwillig angehören.

Aber so sehr die Freiheit des persönlichen Bekenntnisses auch den neuen Ideen entspricht und so sehr sie über sonst unüberwindliche Schwierigkeiten hinweghilft, sie *allein* kann niemals zum Begriffe des Volkes, der Nationalität führen. Diejenigen theoretischen Anschauungen, diejenigen Gesetzesparagraphe und Judikate, welche die nationale Zugehörigkeit des Individuums einzig und allein auf dessen freies Bekenntnis stützen wollen, übersehen eine Frage : *auf welche Völker, auf welche Nationalitäten oder nationale Minderheiten kann das Bekenntnis lauten*? Mit anderen Worten : wann ist ein freies Bekenntnis gerade ein « nationales »?

Frei bekennen kann man sich auch zu einer Religion, einer politischen Partei, zu Vereinigungen irgendwelcher Art. Wäre das Bekenntnis *vollkommen* frei und wäre nicht schon vorausgesetzt, dass es gerade ein « *nationales* » sein müsse, so *könnten Nationalitäten und nationale Minderheiten beliebig neu erfunden und gebildet werden.* Eine bloss ziffermässige Begrenzung, wie es beispielsweise die Festsetzung einer Mindestzahl von 3,000 Angehörigen im § 8 des esthnischen Autonomiegesetzes 5. Februar 1925 (1) ist, ändert daran nichts. Beliebige Gruppen von Individuen, Vereine, politische Parteien, Dörfer, Städte, Bezirke usw. könnten sich ganz willkürlich als « Nationalitäten » oder « nationale Minderheiten » konstituieren, zum Beispiel, um dadurch im innerstaatlichen Recht Autonomie zu erwerben, oder um sich einen internationalen Schutz gegen ihren eigenen Staat zu sichern. § 8 des zitierten esthnischen Gesetzes setzt vielmehr schon voraus, dass die Organisation von 3,000 Personen eine «Minderheit» im Sinne einer *nationalen* Gruppe ist.

Das freie persönliche Bekenntnis reicht demnach weder aus, um den Begriff des Volkes theoretisch zu erklären, noch, um für praktische Zwecke die Feststellung « objektiver » Merkmale durch die Feststellung des subjektiven Willensentschlusses des Individuums ganz zu ersetzen.

Das Bekenntnis muss also ein « *nationales* » sein, damit es die Grundlage der nationalen Zugehörigkeit des Individuums sein könne. Dem Individuum kann folglich nicht freigestellt werden, zwischen allen denkbaren Gemeinschaften, sondern nur zwischen *Völkern*, zwischen *Nationalitäten* zu wählen. Es muss gewissermassen eine Liste von solchen zur Auswahl vorliegen. Wann darf nun eine Gemeinschaft in diese Liste aufgenommen werden? Mit anderen Worten : welches ist die Liste der uns heute gegebenen Nationalitäten?

In der Praxis dürfte diese Frage in dieser Allgemeinheit nie gestellt worden sein. Eine Entscheidung nationaler Kämpfe durch Befragung der

Anm. (1) : Oben, S. 309.

Individuen ist bisher stets nur für beschränkte Gebiete erfolgt, in denen von vornherein nur zwei oder wenige geschichtlich gegebene Volkseinheiten miteinander konkurrierten.

Nicht hierher zählen darf man die Volksabstimmungen bei Gebietsübertragungen, so zum Beispiel jene auf Grund der Friedensverträge von Versailles und St. Germain. Denn bei derartigen Abstimmungen lautet die Fragestellung nicht, welchem *Volkstum* das abstimmende *Individuum* sich schon *jetzt* zugehörig fühle, sondern welchem *Staat* ein *Gebiet* mit seiner ganzen Bevölkerung *künftig* angehören solle. Es bedeutet daher keinen Wechsel des nationalen Bekenntnisses, wenn viele Polen in Oberschlesien für Deutschland, viele Slowenen in Kärnten für Deutschösterreich gestimmt haben. Ebensowenig ist es, um noch ein Beispiel hervorzuheben, Verleugnung des Volkstums, wenn zahlreiche deutschstämmige und deutsch sprechende Elsass-Lothringer 1871 oder 1918 bereit waren, falls man sie gefragt hätte, für die Vereinigung ihres Heimatlandes mit dem französischen Staat zu stimmen ; und zwar gilt dies auch dann, wenn sie nicht, wie etwa der Aufruf des elsass-lothringischen Heimatbundes an das elsass-lothringische Volk vom 5. Juni 1926 ([1]), die vollständige nationale Autonomie im Rahmen Frankreichs anstreben.

Aber auch in jenen Fällen, in denen bisher die Zugehörigkeit des Individuums zu einem Volkstum ohne Aufrollung des Gebiets- und des Staatsangehörigkeitsproblems erhoben worden ist oder erhoben wird, ist diese Erhebung stets nur für ein bestimmtes begrenztes Gebiet und nur in bezug auf zwei oder einige wenige hier konkurrierende geschichtlich gegebene Nationalitäten erfolgt. So sagt beispielsweise Art. 13 des Warschauer Vertrags zwischen Polen und der Tschechoslowakei vom 23. April 1925 : « Pour établir quelle est la nationalité ou la langue maternelle d'une personne, il sera uniquement tenu compte de la déclaration de la personne intéressée ou de son représentant légal, conformément aux lois de l'État », es ergibt sich aber aus Art. 11, dass es sich nur um die Zugehörigkeit von tschechoslowakischen Staatsangehörigen zur polnischen und von polnischen Staatsangehörigen zur tschechoslowakischen Nationalität handelt. Hier war es demnach überflüssig, die *abstrakte* Frage, was eine Nationalität *als Ganzes* sei, aufzuwerfen. Aehnlich verhält es sich mit § 8 des esthnischen Autonomiegesetzes vom 5. Februar 1925, soweit dieser « das deutsche, russische und schwedische Volk » ausdrücklich als Minderheiten im Sinne des Gesetzes anerkennt. Allerdings fügt er noch ausserdem eine Generalklausel für andere « auf esthländischem Gebiet lebende Minderheiten, deren Gesamtzahl nicht kleiner als 3,000 ist » hinzu. Aber diese Klausel ist, wie wir eben ge-

Anm. ([1]) : Abgedruckt bei *Kraus*, Das Recht der Minderheiten, Berlin, 1927, S. 282 ff., daselbst Quellenangaben S. 282.

sehen haben, für sich allein nicht ausreichend, den Begriff der Nationalität zu begründen.

Da bisher praktisch stets nur zwei oder einige wenige geschichtlich gegebene konkrete Nationalitäten in Auswahl standen, war die Frage nach dem Begriff der Nationalität in der an das Individuum gerichteten Fragestellung schon im vorhinein beantwortet und es konnte ihre allgemeine Bedeutung leicht übersehen werden. Man muss sich die Erhebung über alle zivilisierten Länder und auf alle hier lebenden « Völker » im natürlichen Sinn oder « Nationalitäten » und « nationale » Minderheiten ausgedehnt denken, um die Tragweite der Frage zu überblicken : welches ist die Liste der uns heute gegebenen Völker?

Einen grossen Teil dieser Völker, ganz besonders jener des europäischen Festlandes, kann man rein empirisch leicht aufzählen : es sind Franzosen, Italiener, Spanier, Deutsche, Holländer, Polen, Dänen usw. Aber auch wenn man sich auf den Kontinent beschränkt, stockt man bald. Sind die Russen eine einheitliche Nationalität im Sinne der Fragestellung, oder sind es Gross-, Klein- und Weissrussen, sind es Tschechoslowaken oder Tschechen und Slowaken, Jugoslawen oder Serbokroaten und Slowenen oder Serben, Kroaten und Slowenen? Dürfen wir etwa auch mit gleichem Rechte nach einer nord- und süddeutschen, nord- und südfranzösischen, nord- und süditalienischen, einer bayrischen, einer schwäbischen oder elsässischen Nationalität fragen? Kommt das Schweizer Volk als eine für sich bestehende einheitliche Nationalität auf die Liste, oder an seiner Stelle je eine besondere deutsch-, französisch-, italienisch- und rhätoromanisch-schweizerische Nationalität, oder ist für die ersten drei schon vorgesorgt, indem die allgemeine deutsche, französische, italienische Nationalität sich auf der Liste befindet? Dürfen wir die Frage nach einer gesamt-jüdischen, nach einer zionistischen Nationalität stellen? Bilden Dänen und Norweger, Spanier und Katalonier eine oder zwei Einheiten im Sinne der Fragestellung? Haben wir die Friesen auf die Liste zu setzen?

Noch verwirrender wird das Bild, wenn man den Blick nach den britischen Inseln und nach Uebersee richtet. Sind nun die Engländer des Mutterlandes allein eine Nationalität, oder Engländer und Schotten, oder Engländer und Schotten und Iren? Bilden die englisch sprechenden Iren mit den gälisch sprechenden eine Einheit, oder mit den Engländern, oder bilden sie vielleicht eine Einheit für sich, sodass es zwei sprachlich getrennte irische Völker gäbe? Sind die Engländer der Dominions jenen des Mutterlandes zuzuzählen oder als besondere Einheiten zu betrachten? Sind Engländer und Angloamerikaner eine « Nationalität » oder zwei? Oder gibt es vielleicht eine englisch sprechende amerikanische « Nationalität », die auch englisch sprechende Neger und sonstige Fremdrassige mit umfasst? Oder bilden gar alle Bewohner der Vereinigten Staaten ohne Unterschied ihrer Sprache eine einzige neuartige amerikanische Nationalität? Wie steht es mit ähnlichen ebenso komplizierten Verhältnissen in den Ländern Mittel- und Südamerikas?

Man könnte noch viele derartige Fragen aufwerfen. Wie immer man sie praktisch-empirisch beantworten mag : warum gehört gerade die eine dieser Gemeinschaften auf die Liste und die andere nicht? Man sieht, wir sind wieder bei den « objektiven » Merkmalen angelangt. Mit der Berufung auf das freie Bekenntnis allein kann man der Entscheidung über diese Merkmale nicht entfliehen.

Wir sind jedoch auf Grund des früher Erörterten in der Lage, die Frage zu beantworten, welche Gemeinschaften auf die Liste der Völker im natürlichen Sinn gehören.

Wie wir gesehen haben, sind die Abstammungs- *und* die Sprachgemeinschaft, und *nur* diese beiden, die natürlichen gesellschaftlichen Voraussetzungen des Begriffs der Nationalität. Daher kann die Frage nach dem nationalen Bekenntnis, wenn dieses eben ein « *nationales* » und kein anderes sein soll, *nur auf die Zugehörigkeit zu einer jener Gemeinschaften lauten, welche Abstammungs- und gleichzeitig Sprachgemeinschaften sind.*

Aber weder die Abstammungs- noch die Sprachgemeinschaft sind, wie wir gleichfalls oben gesehen haben, mit der Nationalität identisch. Es fehlt noch ein Moment, welches die Nationalität von anderen sozialen Gruppen, wie zum Beispiel von nationalen politischen Parteien, und innerhalb des Kreises der Nationalitäten die eine von der anderen unterscheidet.

Dieses Moment wurde von den bisherigen Theorien, soweit sie überhaupt danach gefragt und sich nicht mit Abstammungs- oder Sprachgemeinschaft begnügt haben, im allgemeinen im *Sein* gesucht, als etwas, das vom Sollen, vom Inhalt des subjektiven ethischen Werturteils des Individuums, unabhängig besteht. Die Begriffe Kultur-, Charakter-, Schicksals-, Willens-, Bekenntnisgemeinschaft bedeuten, wie bereits oben dargelegt worden ist (1), ein *Sein* in diesem Sinn, die «Gemeinschaft» ist eine soziologische, von den Kausalgesetzen des gesellschaftlichen Geschehens restlos beherrschte gegebene soziale Einheit. Wenn selbst etwa in den Begriffen der Kultur, des Charakters, des Willens, des Bekenntnisses implicite ein Sollen mitgedacht wird, so wird es mit dem Sein vermengt, geht gewissermassen in diesem auf und stellt, da es vom Sein nicht klar getrennt werden kann, den wirklichkeitswissenschaftlichen Charakter der Fragestellung und der Antwort nicht in Frage. So ist zum Beispiel in *Mancini's* « Coscienza della Nazionalità » die Pflicht zur Treue und zur Verteidigung mitenthalten (2), aber diese Pflichten erscheinen nur als *Folge*, als ein — wie wir auf Grund des oben Ausgeführten hinzufügen müssen : unzulässigerweise — aus dem Sein

Anm. (1) : Oben, S. 399, 400.

Anm. (2) : Della Nazionalità come fondamento del dritto delle genti, Turin, 1851, S. 42, 43, oben, S. 184.

abgeleitetes Sollen; im wesentlichen bezieht sich *Mancini's* Nationalbewusstsein auf ein Sein, wie auf das Gebiet, die Abstammung, die Sitten und die Sprache (1), ohne dass der Zusammenhang zwischen dem Sein und dem Sollen irgendwie untersucht oder zum Problem gemacht wird. Auch in *Renan's* « volonté » (2), « principe spirituel » (3), « solidarité », « plébiscite de tous les jours » (4) vermischt sich das Sollen mit dem Sein und ist nur eine *Folge* des Seins (5), deren Ableitung aus dem Sein methodisch nicht geklärt ist. Das « plébiscite de tous les jours » ist nichts als eine « affirmation perpétuelle de vie (6). Ja, indem er Metaphysik und Theologie aus der Politik zu vertreiben erklärt (7), scheint er auch alles Sollen vermeiden und nur Soziologie treiben zu wollen. Denn : « Que reste-t-il, après cela? Il reste l'homme, ses désirs, ses besoins » (8). Das wesentliche Merkmal der Nationalität wird also im Sein gesucht. Aehnliches lässt sich wohl von allen Willenstheorien sagen.

Gegenüber den bisherigen Lehren über das Wesen der Nationalität behaupte ich nun : *das wesentliche, das konstitutive Merkmal des Begriffs der Nationalität liegt im Sollen.*

Abstammungs- und Sprachgemeinschaft sind nur die tatsächlichen Voraussetzungen des Sollens. Jedes Sollen muss ja an einen « Tatbestand » anknüpfen. Das dritte Moment, das uns noch fehlt, welches die Nationalität von anderen sozialen Gruppen und innerhalb der Nationalitäten die eine von der anderen unterscheidet, ist zunächst ganz allgemein für die soziologische Betrachtung eine bestimmte Art des *Kollektivbewusstseins.* Es würde zu weit führen, wenn ich hier versuchen wollte, eine Theorie vom Kollektivbewusstsein zu entwickeln. Für die Zwecke der vorliegenden Arbeit, die es mit Ideen und juristischen Problemen zu tun hat und nicht Psychologie und Soziologie treiben kann, muss ich den Begriff des Kollektivbewusstseins voraussetzen. Im übrigen sei mir gestattet, hier, wie ich dies auch bereits in früherem Zusammenhang getan habe, auf den ersten, soziologischen Teil meiner demnächst erscheinenden Arbeit : «La Démocratie» (9) zu verweisen. Das Kollektivbewusstsein als Grundlage gesellschaftlicher Ganzheiten kann sich auf ein Sein mannigfacher Art, aber auch, in verschieden weitem Umfang, auf ein Sollen, auf den Inhalt von Werturteilen beziehen.

Wie wir nun in den ersten beiden Abschnitten dieses dritten Teils gesehen haben, ist das Sollen, als ein stets autonomes, stets unbedingtes, stets von der Willkür des Einzelnen unabhängiges subjektives Erlebnis der Pflicht, die Grundlage des Rechtes und damit ein wesentlicher Inhalt des Kollektivbewusstseins, auf dem der Staat und die Völkerrechtsgemeinschaft

Anm. (1) : a. a. O., S. 41, oben, S. 412.
Anm. (2) : Qu'est-ce qu'une nation?, Paris, 1882, S. 20, oben, S. 412.
Anm. (3) : a. a. O., S. 25, 26, oben, ebenda.
Anm. (4) : a. a. O., S. 27 ; oben, ebenda.
Anm. (5) : a. a. O., S. 26 ff.
Anm. (6) : a. a. O., S. 27.
Anm. (7) : a. a. O., S. 27, 28.
Anm. (8) : a. a. O., S. 28.
Anm. (9) : Paris, Institut International de Droit Public.

beruhen. Ich behaupte nun: *in der gleichen Weise ist das Sollen auch ein wesentlicher Inhalt des Kollektivbewusstseins des Volkes als einer sogenannten «natürlichen», das heisst unabhängig vom Staat und vom positiven Recht bestehenden gesellschaftlichen Einheit.*

So wie der Staat darauf beruht, dass eine sehr grosse Anzahl von Individuen ihre Zugehörigkeit zu der tatsächlichen Gemeinschaft des Befehlens und Gehorchens, die er bildet, bejaht, so *beruht auch das Volk darauf, dass eine sehr grosse Zahl von Individuen ihre Zugehörigkeit zu einer bestimmten Abstammungs- und Sprachgemeinschaft bejaht, als Gegenstand eines Sollens, als Pflicht erlebt.* Erst *dadurch* unterscheidet sich die Nationalität von der «zoologischen» Gruppe, als welche *Renan* die Abstammungsgemeinschaft bezeichnet, nicht schon durch den Willen, einer Gruppe anzugehören. Denn ein solcher Wille kann sich, in bezug auf primitive Gruppen, auch bei Tieren, primitiven Völkern, Kindern vorfinden. Wäre nur der Wille der Zugehörigkeit, wären nur die «désirs» und die «besoins» der Menschen entscheidend, so beruhte die Räuberbande auf einem gleichen «plébiscite de tous les jours» wie das Volk. Die Abstammungs- und Sprachgemeinschaft muss in die Welt der *Werte* emporgehoben werden, damit wir von einem «Volk», einer «Nationalität» sprechen dürfen, ebenso wie das tatsächliche Befehlen und Gehorchen erst in der Welt der Werte zum «Staat» und zur «Völkerrechtsgemeinschaft» wird. *So wird das Volk ein «Wert» wie der Staat und die Völkerrechtsgemeinschaft, und zwar erstens subjektiv für den Einzelnen kraft der Autonomie des Sollens, und zweitens mit relativer, empirischer Objektivität durch die Anerkennung seitens einer sehr grossen Zahl von Individuen.*

Die Abstammungs- und Sprachgemeinschaft wird also zur «Nationalität», zum «Volk» im sogenannten «natürlichen», «soziologischen» Sinn, indem das autonome Sollen der Individuen hinzutritt. Der Staat schöpft, wie wir gesehen haben, seinen sittlich-rechtlichen Wert daraus, dass die Individuen nicht bloss tatsächlich befehlen und gehorchen wie in der Räuberbande, sondern in sehr grosser Zahl nach ihrem autonomen Gewissen und Rechtsgefühl gehorchen *sollen;* ebenso besteht die Nationalität als sittlich-rechtlicher Wert darin, dass die Individuen nicht bloss einer Abstammungsgemeinschaft wie einer zoologischen Gruppe oder einer Sprachgemeinschaft wie einem Esperantoverein tatsächlich angehören, sondern dass sie einer Abstammungs- und gleichzeitig Sprachgemeinschaft nach ihrem autonomen Gewissen und Rechtsgefühl angehören *sollen.* Die Grundlage ist also eine *ethische,* es ist die *Pflicht.* Nur mit dieser Erkenntnis können wir die ungeheure Begeisterung der meisten Menschen für ihr Volkstum verstehen und die selbstlosen Opfer begreifen, welche so viele ihrem Volk gebracht haben und zu bringen bereit sind. Weder die Abstammungs-, noch die Sprach-, noch die Schicksals- oder Charakter- oder Willensgemeinschaft könnte diese

Opferwilligkeit begründen und erklären. Dieses Sollen bildet den wahren Kern dessen, was bereits *Fichte* das « Gesetz der Entwicklung des Göttlichen » im Volk nennt (¹) und auf das er in diesem Sinn mit Recht den « Nationalcharakter » des Volkes zurückführt (²).

Erst durch die Erkenntnis, dass die Abstammungs- und Sprachgemeinschaft in die Welt der Werte erhoben werden muss, um zur Nationalität, zum Volk als Träger des nationalen Gedankens zu werden, ist es uns möglich, zu verstehen, wie ein Kampf der Idee des Volkes mit jener des Staates möglich sei und wie die Idee des Volkes einen Einfluss auf das internationale und dadurch auf das innerstaatliche Recht ausüben könne. Der juristische Positivismus, der Staat und Staatsvolk nur als Rechtsbegriffe und das Volk im « natürlichen » Sinn nur als soziologischen Begriff gelten lassen will, ist der Fragestellung gar nicht gewachsen. Das Soziologische und den Einfluss des Soziologischen auf Rechtsbegriffe kann er nicht « konstruieren», in der Welt der Rechtsbegriffe kann er nur dasjenige aus dem Willen des vermeintlich heteronomen Gesetzgebers deduzieren, was er vorher, ohne es zu merken, auf Grund ungeprüfter soziologischer Tatsachen und Kausalzusammenhänge, zum Beispiel der « normativen Kraft des Faktischen », in diesen Willen hineingelegt hat. Aber auch der philosophisch-soziologische Positivismus mit seinen Spielarten, so zum Beispiel der materialistischen Geschichtsauffassung, ist der Fragestellung nicht gewachsen, weil ihm Werte nur die irgendwie « im Menschenkopf umgesetzten » biologischen, wirtschaftlichen oder sonstigen materiellen Voraussetzungen sind und er nicht verstehen kann, wie Ideen schöpferisch gestaltend in das Geschehen eingreifen können. Erst die Lehre von der Autonomie des Rechts gestattet uns, hier klarer zu sehen : *Staat, Völkerrechtsgemeinschaft und Volk im sogenannten « natürlichen » Sinn sind alle drei autonome Werte ganz bestimmten Inhaltes, welche sich an ganz bestimmte soziologische Voraussetzungen knüpfen; ihr Kampf und ihr gegenseitiger Einfluss vollzieht sich im Gewissen und Rechtsgefühl des Einzelnen, ebenso, wie es bei allen sittlichen und rechtlichen Konflikten* (³) *der Fall ist.*

Aber nur die Abstammungs- und Sprachgemeinschaft bildet jene soziologischen Voraussetzungen, welche es uns gestatten, eine in die Welt der Werte erhobene Gemeinschaft gerade als eine *nationale*, als ein *Volk* zu bezeichnen. *Renan's* Gedanke vom « plébiscite de tous les jours », passt genau so gut wie auf das Volk auch auf den Staat, eine politische Partei, eine Dorfgemeinschaft, ja auf jeden beliebigen Verein. Was *Renan* offenbar leitete, war der allerdings nicht ausgesprochene Wunsch, darzutun, dass die deutschstämmigen und damals zum Deutschen Reich gehörigen Elsass-

Anm. (¹) : Reden an die deutsche Nation, Achte Rede, Sämtliche Werke, VII. Bd., S. 381, Philos. Bibl., 131. Bd. (Werke, V. Bd.), S. 492 ; oben, S. 177.

Anm. (²) : a. a. O., VII. Bd., S. 382, (Phil. Bibl., S. 493) ; oben, ebenda.

Anm. (³) : Vgl. meine Rektoratsrede : Recht und Sittlichkeit, Hamburg, 1924, 2. Aufl. 1927, S. 16 ff.

Lothringer vermöge eines plébiscite de tous les jours der französischen und nicht der deutschen « nation » zuzurechnen seien. Aber Staat und Volk im « natürlichen » Sinn sind zwei ganz verschiedene Werte auf Grund ganz verschiedener soziologischer Voraussetzungen. Der französische, italienische, deutsche Schweizer verbindet in der Regel mit einem sehr ausgeprägten, auf den schweizerischen Staatsverband bezogenen Patriotismus das Gefühl, Angehöriger der französischen, italienischen, deutschen Abstammungs- und Sprachgemeinschaft zu sein und sieht auch in dieser Zugehörigkeit einen sittlichen Wert, wenn auch einen Wert ganz anderen Inhalts als jenen der staatlichen Gemeinschaft. Ebenso waren die Deutschen des alten Oesterreich mit Ausnahme einer Minderheit, die schon vor 1914 den Anschluss an Deutschland anstrebte, und bis nahe an den Zusammenbruch des Staates offenbar auch ein nicht unerheblicher Teil der nichtdeutschen Bewohner Oesterreichs, gleichzeitig « gute Oesterreicher » (1) und gleichzeitig national fühlende Angehörige ihres Volkes. *Renan's* Unterscheidung, dass die Schweiz eine « nation » und Oesterreich nur ein Staat sei (2), geht also fehl. Staatsbewusstsein und Volksbewusstsein und die auf beide Gemeinschaften bezogenen Werturteile schliessen einander nicht aus, sondern können mit verschiedenem Inhalt nebeneinander bestehen. Der Schweizer, der Belgier, der Bewohner des alten Oesterreich, der Pole in Schlesien, der für Deutschland, der Slowene in Kärnten, der für Deutschösterreich gestimmt hat, ebenso der Elsass-Lothringer vor und nach 1918 und der Angehörige jeder nationalen Minderheit konnten und können in bezug auf Staat und Volk in einem zweifachen plébiscite de tous les jours leben, das nach zwei verschiedenen Richtungen orientiert ist.

Das Volkstum beruht demnach auf drei Voraussetzungen : der *Abstammungs*gemeinschaft, der *Sprach*gemeinschaft und den *autonomen sittlichen Werturteilen* der Glieder der Gemeinschaft, Werturteilen, denen zufolge das Individuum nach der Stimme seines Gewissens und Rechtsgefühls der Gemeinschaft zugehören *soll* und sich verpflichtet und berechtigt fühlt, sich zu der Gemeinschaft zu *bekennen*. Wir pflegen die Stimme des Gewissens und Rechtsgefühls, soweit sie diesen Inhalt hat, das « *Nationalgefühl* », « *nationale Empfinden* » oder « *Nationalbewusstsein* » des Individuums zu nennen. Als *Massen*erscheinung kann man sie etwa als das *Nationalbewusstsein eines ganzen Volkes* bezeichnen.

Mit den vorstehenden Erwägungen haben wir den gesuchten Begriff der Idee des Volkes gefunden (3) : *Volk im natürlichen Sinn ist die aus Abstammungsgemeinschaft, Geschlechtsverbindung und allmählicher Assimilation entstandene und durch die Gleichheit der Sprache zu geistiger Einheit verschmolzene sittliche Gemeinschaft des persönlichen Bekenntnisses.*

Anm. (1) : Vgl. oben. S. 214, 215.
Anm. (2) : a. a. O., S. 10, 20 ; vgl. auch oben, S. 407.
Anm. (3) : Vgl. auch meine Ausführungen bei *Anschütz* und *Thoma*, Handbuch des Deutschen Staatsrechts, I. Bd., 1929, S. 245.

Bei der ungeheuer überwiegenden Mehrzahl der Individuen stimmen Abstammungs-, Sprach- und Bekenntnisgemeinschaft überein. Die Abstammungsgemeinschaften sind überwiegend zugleich Sprach- und Gesinnungsgemeinschaften. Daher sind wir trotz all der vielen theoretischen Streitigkeiten über den Begriff der Nationalität praktisch in den weitaus meisten Fällen gar nicht im Zweifel, ob wir es mit einem « Engländer », einem « Deutschen », einem « Polen » usw. zu tun haben. Die Fälle des Zusammentreffens aller drei Merkmale sind eben die *typischen.* Die soziologische Betrachtung, die Hunderte von Millionen in Völker von vielen Millionen oder vielen Hunderttausenden gruppieren will, muss sich aber mit dem Typischen begnügen und kann nicht jeden individuellen Sonderfall erfassen. Im gesellschaftlichen Leben gibt es, wie überall in der Natur, Zwischenstufen, Uebergänge und atypische Ausnahmsfälle : natura non facit saltum. *Die gefundene Definition des Volkes im natürlichen Sinn erfasst demnach nicht alle Individuen, sondern nur die übergrosse Mehrzahl derselben, die « typischen » Fälle.* Aber dies hat keinerlei Bedenken gegen sich, wenn man nur bei der Beantwortung der einzelnen verschiedenen Fragen das *Sein* von dem *Sollen,* die *wirklichkeitswissenschaftliche, soziologische* von der *wertwissenschaftlichen, ethisch-juristischen* Fragestellung und die Frage nach dem Volk als sozialem *Ganzen* von jener nach der Zugehörigkeit des *Einzelnen* zu trennen versteht.

Ein Volk im natürlichen Sinn als Ganzes ist uns in der Welt des Seins erst gegeben, wenn und soweit eine Abstammungsgemeinschaft zugleich Sprachgemeinschaft ist und vermöge des geistigen Bandes der Sprache ein gemeinsames « Nationalbewusstsein » der Massen erzeugt hat. Dieses Nationalbewusstsein existiert, wie wir nun wissen, in der grossen Mehrzahl der Individuen als eine Reihe von autonomen Erlebnissen des « Sollens » über die Zugehörigkeit des Einzelnen zu seinem Volk und über seine Pflichten gegen dieses Volk, als individuelles « Nationalgefühl ». Nur solche soziale Gemeinschaften, welche allen diesen Bedingungen entsprechen, können das Substrat jener *Idee* des Volkes sein, die wir im II. Teil dieser Arbeit kennen gelernt haben. Das heisst : *nur diese Gemeinschaften, nur die « Völker » im erörterten Sinn haben nach der uns gegebenen Erfahrung die Kraft gehabt, das Zugehörigkeitsgefühl der Angehörigen zu einer solchen Potenz in der Welt der Werte zu steigern, dass die Idee dieser Gemeinschaft mit der Idee des souveränen Machtstaates in Konkurrenz treten und jenen Kampf entfesseln konnte, den man die « nationale Frage » nennt.*

Fühlt sich der Einzelne in diesem Sinn jener Abstammungs- und Sprachgemeinschaft zugehörig, in die er geboren ist, so erfasst ihn die oben gegebene Definition der Nationalität. Dies trifft für die sehr grosse Mehrzahl aller Fälle, für die *typischen* Fälle, zu. Alle drei Merkmale, deren Zusammentreffen zur Begründung der Volkszugehörigkeit notwendig ist, sind hier im Individuum gegeben. Dieses ist mit seinem individuellen Nationalgefühl Mitschöpfer und Mitträger jenes nationalen Gesamtbewusstseins, welches die im II. Teil dieser Arbeit behandelte Idee des Volkes gestaltet, und damit auch jenes Einflusses des internationalen auf das innerstaatliche Recht, den wir dort kennen gelernt haben.

Diesen typischen Fällen steht eine Reihe von *atypischen*, von Ausnahms- und Uebergangsfällen gegenüber. So kann es sein, dass ein Individuum infolge einer Erziehung in fremder Umgebung oder infolge späteren Wechsels im Laufe seines Lebens entweder einer anderen Sprach- oder einer anderen Gesinnungsgemeinschaft angehört als seiner Abstammung entspricht. Es gibt also Fälle, in denen ein Individuum sich zwar einer bestimmten Nationalität zugehörig fühlt, dies aber entweder in Widerspruch mit seiner Abstammung oder mit seiner Sprache oder mit beidem steht. Die drei Merkmale fallen dann nicht zusammen. Dazu kommen jene Fälle, in denen ein Individuum sich in einem *Konflikt* zwischen zwei oder mehreren nationalen Gemeinschaften fühlt. Zum Beispiel, ein in der Fremde erzogenes Individuum schwankt zwischen seiner Abstammungs- und seiner Sprachgemeinschaft, wenn diese differieren. Andere Beispiele bieten sich häufig bei Mischheiraten, bei Abkömmlingen aus solchen und bei Auswanderern. Endlich gibt es Individuen, die kein nationales Empfinden besitzen, die sich *nationslos* fühlen.

Ausser den *individuellen* Ausnahmsfällen, die im Verhältnis zu den typischen Fällen gering an Zahl sind, kommen auch Konflikte, das Schwanken und der Wechsel der Merkmale bei *Massen*, ja bei ganzen Völkern, in Frage, zum Beispiel bei Bewohnern von Grenzländern.

In allen diesen Fällen muss die *soziologische* von der *wertwissenschaftlichen* Betrachtung getrennt werden, wenngleich die Gesamterscheinungen und ihre Wechselwirkung nur durch die Zusammenfassung beider Betrachtungsweisen erfasst werden.

Zuerst sind die *individuellen* Ausnahmsfälle zu betrachten.

Soziologisch gesehen sind alle diese Fälle, da sie *atypische*, Ausnahms- oder Uebergangsfälle sind, für das, was vom Volk als *Ganzem* gesagt worden ist, ohne Bedeutung. Das Volk als Ganzes, als soziale Gegebenheit, besteht unabhängig davon, dass, gewissermassen an der Peripherie des Begriffs, Individuen angehängt sind, die vielleicht künftig durch die Assimilation, der sie unterliegen, zur Vergrösserung dieses Umfangs beitragen werden, gegenwärtig aber ausserhalb seiner liegen. Daher ist auch der Tatbestand unberührt, der von dem Einzelnen dem Sollen seines Nationalbewusstseins zugrundegelegt wird. Die Liste der Nationalitäten, mit der die ethisch-juristische Betrachtungsweise zu rechnen hat, bleibt unverändert. Demnach wird durch die Existenz der atypischen Fälle der Inhalt der Idee des Volkes nicht tangiert.

Juristisch wird man, wenn das positive Recht Konsequenzen an die nationale Zugehörigkeit des Einzelnen knüpft, wie dies beispielsweise heute in den Staaten mit Minderheitenschutz der Fall ist, *jedes* Individuum irgend einer nationalen Kategorie zuzurechnen haben, auch wenn die drei Merkmale, Abstammungs-, Sprach- und Gesinnungsgemeinschaft, in seiner Person nicht zusammenfallen. Denn ein non liquet ist niemals zulässig. Welches Merkmal für die juristische Entscheidung massgebend ist, hängt vom positiven Recht und dessen Auslegung ab. Wenn die getroffene Entscheidung mit dem Nationalgefühl des Individuums nicht übereinstimmt, bedeutet sie für dieses kein Sollen, sondern nur bedingtes Müssen, also nationale Vergewaltigung, und es erlebt den früher erörterten Konflikt, ob es sich im Interesse der Rechtssicherheit und staatlichen Ordnung beugen soll oder nicht (1).

Um solche Konflikte und nationale Vergewaltigungen zu vermeiden, ist ja die Forderung erhoben worden, der positivrechtlichen Regelung in Gesetzen und Verträgen und der juristischen Entscheidung in zweifelhaften Fällen nur das freie nationale Bekenntnis zugrundezulegen. Durch welche Vorkehrungen de lege ferenda ein Missbrauch der Freiheit dieses Bekenntnisses verhindert werden könnte (2), haben wir hier nicht zu erörtern.

Aber die Freiheit des Bekenntnisses erreicht den genannten Zweck nur mangelhaft, solange das Individuum genötigt wird, zwischen einer der auf der Liste stehenden Nationalitäten zu wählen. Es sind auch jene Fälle zu berücksichtigen, in denen ein Individuum sich einer nicht in die Liste aufgenommenen Nationalität zugehörig fühlt, ausserdem jene, in denen es überhaupt keinerlei nationales Empfinden hat, die Fälle der sogenannten «Nationslosigkeit». Die letztere weist, im Hinblick auf die Gesinnung, Analogien zur Konfessionslosigkeit auf und könnte in Beziehung auf die äussere Regelung in gewisser Hinsicht mit der Staatenlosigkeit verglichen werden. Für die Zwecke der Praxis, sei es der legislativen Technik, sei es der Rechtsanwendung, müssen die Individuen, welche sich zu einer nicht auf der Liste stehenden Nationalität bekennen, den Nationslosen gleichgestellt werden.

Bereits 1909 hat *Wyszewianski* vorgeschlagen, den Individuen das Recht zu gewähren, sich als «nationslos» zu erklären (3). Dieser Vorschlag ist seitdem öfters in der Literatur erneuert worden. Es handelt sich hier um einen folgerichtigen Ausbau des Gedankens der Freiheit des Bekenntnisses. Es soll nicht nur niemand gezwungen werden, sich einer bestimmten, sondern auch, sich irgendeiner Nationalität zurechnen zu lassen.

Anm. (1) : Oben, S. 385 ff.
Anm. (2) : Vgl. z. B. *Bernatzik*, Ueber nationale Matriken, 1920, S. 86, 87.
Anm. (3) : Ueber die formalrechtliche Behandlung der Nationalitäten in der modernen Gesetzgebung, Mannheim, 1909, S. 31 (nicht im Buchhandel, zit. bei *Bernatzik*, a. a. O., S. 90 bezw. 98, Anm. 23 u. 104, Anm. 56).

Wir haben uns nun noch jenen Fällen zuzuwenden, in denen nicht bloss in individuellen Ausnahmefällen, sondern bei *Massen* die drei Merkmale nicht zussammenfallen.

Zunächst kann in den Voraussetzungen, auf denen sich das Nationalbewusstsein eines Volkes als Ganzen aufbaut, eine Verschiebung eintreten, indem die Abstammungsgemeinschaft, die ja ursprünglich stets auch Sprachgemeinschaft war, ganz oder zum Teil ihre Sprache verändert, zum Beispiel durch örtliche Mischung mit anderen Sprachgemeinschaften oder durch kriegerische Unterwerfung. Fallen nun die Abstammungs- und die Sprachgemeinschaft nicht mehr zusammen, so beginnt ein Kampf, ein Assimilierungs- oder Differenzierungsprozess. Dieser ist endgültig erst abgeschlossen, wenn entweder das alte Nationalbewusstsein im ganzen Volke gesiegt hat, oder ein neues, sei es für einen Teil der alten Sprachgemeinschaft, sei es auf Grund der Bildung einer neuen Sprache, entstanden ist. Dann fallen wieder alle drei Merkmale zusammen. Es sind endlich auch Vorgänge denkbar, zufolge welcher sich bei gleichbleibender Abstammungs- und Sprachgemeinschaft der Inhalt des nationalen Bewusstseins ändert. Es könnte eine Gemeinschaft, die eine einheitliche Abstammungs- und Sprachgemeinschaft ist und bleibt, sich in zwei oder mehrere Gesinnungsgemeinschaften teilen, zum Beispiel infolge lange dauernder staatlicher Trennung. Umgekehrt könnten mehrere Gesinnungsgemeinschaften, die auf einer und derselben Abstammungs- und Sprachgemeinschaft beruhen, sich vereinigen, zum Beispiel infolge staatlicher Vereinigung.

Alle diese Vorgänge betreffen das Volk als *Ganzes* und ändern daher die Liste der gegebenen Nationalitäten. *Soziologisch* betrachtet haben wir es, solange die Veränderung vor sich geht, mit Uebergangsstadien zu tun, denn die Natur macht auch hier keine Sprünge. Diese Uebergangsstadien gehen erst dann in einen stabilen Gleichgewichtszustand über, wenn sich ein dem neuen Zustand entsprechendes Nationalbewusstsein herausgebildet hat. *Juristisch*, sei es nach innerstaatlichem, sei es nach internationalem Recht, müsste in jedem Augenblick des Entwicklungsprozesses entschieden werden, ob die alte Liste der Nationalitäten noch gilt oder ob eine neue Nationalität bereits als genügend konsolidiert zu betrachten sei, um anerkannt zu werden. Dabei könnte wohl *nur das Mass der Verbreitung des alten und des neuen Nationalgefühls den Ausschlag geben.* Es würde sich also hier um Vorgänge wie bei einer Revolution oder bei der Bildung neuen Gewohnheitsrechtes contra legem handeln, um die sogenannte «normative Kraft des Faktischen». In solchen Fällen zeigt sich ganz besonders die unmittelbar praktische Bedeutung der oben vorgebrachten Lehre von der Autonomie des Rechtes.

Das Ergebnis unserer Betrachtung ist: in allen Fällen wird das Volk durch das *Nationalbewusstsein* geschaffen. *Die Einheit des Volkes wurzelt also im Sollen, im Gewissen und Rechtsgefühl der Massen.* Ohne Nationalbewusstsein gibt es Abstammungsgemeinschaften, wie bei Tieren, und Sprachgemeinschaften, vergleichbar einem Esperantoverein, aber keine « Nationalitäten » und keine Idee des Volkes in dem im II. Teil dieser Arbeit dargestellten Sinn als wirkende und umwälzende Kraft im innerstaatlichen und internationalen Recht. *So wie der Staat zugleich auf gesellschaftlicher Tatsächlichkeit und auf dem autonomen Sollen des Individuums beruht, so beruht auch das Volk im « natürlichen » Sinn auf der gleichen Grundlage.* Damit ist auch der ungeheure Einfluss erklärt, den in neuerer Zeit, besonders im Weltkrieg und seit dem Weltkrieg, die Idee des Volkes auf das internationale Recht und durch dieses wieder auf das innerstaatliche ausgeübt hat.

4. Das Weltgewissen.

Im I. und II. Teil dieser Arbeit haben wir Tatsachen und Anschauungen kennen gelernt, welche uns zeigten, dass die Ideen Staat und Volk und demgemäss auch die Idee der Völkerrechtsgemeinschaft der Staaten nicht gleichbleibend, sondern einem geschichtlichen Wandel unterworfen sind und dass ganz besonders das ungeheure Erlebnis des Weltkrieges in diesen Ideen neue Entwicklungen hervorgerufen oder solche, die sich nur ganz langsam angebahnt hatten, ungeheuer beschleunigt hat. Dieser Wandel bedurfte der Erforschung. Die deduktiv-dogmatische positivistische Rechtswissenschaft ist jedoch, wie wir gesehen haben, nach ihren eigenen Voraussetzungen nicht imstande, einen Wandel in ihren Prämissen, in den Dogmen, von denen ihre Deduktion ausgeht, zu erfassen. Umgekehrt kann eine wirklichkeitswissenschaftlich-soziologische Betrachtung für sich allein zwar geschichtliche Veränderungen darstellen, aber sie kann nie vom Sein zu einem Sollen gelangen und die Ideen als Werte und als schöpferische Kraft begreifen. Daher musste diese Arbeit versuchen, einen Weg einzuschlagen, der es gestattet, die Werte in den geschichtlichen Veränderungen und diese im Wandel des Wertinhaltes, das Sollen im Sein und das Sein im Sollen zu verstehen. Zu diesem Zweck mussten die Begriffe Staat und Volk in ihre letzten, nicht weiter ableitbaren Elemente zerlegt werden und dies setzte wieder eine Untersuchung des Verhältnisses von Sein und Sollen im Rechte voraus. Dies sind die Aufgaben der ersten drei Abschnitte dieses III. Teiles gewesen. Dabei sind wir nun zu dem Ergebnis gelangt: Staat, Volk und Völkerrechtsgemeinschaft sind gleichzeitig gesellschaftliche Tatsächlichkeiten und Werte in der Welt des Sollens, beruhend auf autonomen Erlebnissen des Gewissens und Rechtsgefühls des Individuums, und als objektiv gegebene Erscheinung des gesellschaftlichen Lebens auf dem Gewissen und Rechtsgefühl der Massen.

Jetzt erst sind wir in der Lage, den Kampf und das Ineinandergreifen der Ideen des « souveränen » Staates oder staatlichen Rechtes, des Volkes und des internationalen Rechtes als einen einzigen grossen Entwicklungsprozess zu erfassen und auf seine letzte Grundlage zurückzuführen. Damit wird uns der Einfluss des internationalen auf das innerstaatliche Recht und der Wandel, den dieser Einfluss durch den Weltkrieg erfahren hat und weiter erfährt, vollkommen verständlich : *wir können nunmehr diesen Einfluss als eine Erscheinung begreifen, die sich in das Ganze des politischen und ethischen Weltgeschehens, in die Weltgeschichte, als ein notwendiges Glied einfügt.* Der vorliegende letzte Abschnitt dieser Arbeit soll den Versuch machen, dies kurz auszuführen.

Bis zum Kriege war der weitaus grösste Teil der Menschen, wohl bei allen zivilisierten Völkern, von der Idee erfüllt, dass der Staat — und vor allem für die meisten der eigene Staat — die höchste Form menschlicher Organisation sei, den höchsten Wert darstelle, den menschliche Organisationstätigkeit zu schaffen vermag. Dieser Idee hat *Hegel* den treffendsten Ausdruck verliehen, indem er sagte, der Staat sei « die Wirklichkeit der sittlichen Idee » (1) und das Volk als Staat sei die « absolute Macht auf Erden » (2). Es ist die Idee des *souveränen Machtstaates,* der ein ihm *übergeordnetes* Völkerrecht nicht anerkennt, sondern völkerrechtliche Pflichten, wenn überhaupt, nur als Ausfluss seiner souveränen Selbstverpflichtung gelten lässt. Dem weitaus grössten Teil der Menschen stand eben der Staat, und zwar der eigene Staat, weitaus näher als die Völkerrechtsgemeinschaft. Tausend historische, soziale, wirtschaftliche Bande verknüpften das Individuum mit seinem Staat, während die Völkerrechtsgemeinschaft, die nur eine lose Vereinigung einer Reihe von Staaten war, in den Augen der Völker mehr eine Angelegenheit der Regierungen und Diplomaten als eine Sache des Volkes und mehr eine Einrichtung der Nützlichkeit als einen ethischen Wert darstellte. Der Staat wurde zumeist kraft des Gottesgnadentums des Monarchen oder der gottgewollten Souveränität des Volkes mit einer religiösen Weihe umgeben, die der Völkerrechtsgemeinschaft fehlte. Der Staat hatte alle Macht, die Völkerrechtsgemeinschaft keine, und auch die physische Macht erschien den meisten als gottgewollt, wie sich im Gottesurteil des Krieges zeigte, der dem Sieger die Gewalt verlieh, nach seiner Willkür das für die Besiegten verbindliche Recht zu diktieren.

Von dieser Gedankenwelt, von der Idee des souveränen Machtstaates, war der grösste Teil der Menschheit durchdrungen. Als der Krieg ausbrach, erklärten selbst die Pazifisten und die Anhänger der internationalen Sozialdemokratie in allen kriegführenden Ländern fast durchweg, für die Verteidigung des eigenen Staates kämpfen zu wollen. Ebenso wurden die unbe-

Anm. (1) : Grundlinien der Philosophie des Rechts, § 257 ; vgl. oben, S. 17.

Anm. (2) : a. a. O., § 331 ; vgl. oben, S. 13.

friedigten Nationalitäten, so die nichtrussischen und nichtmagyarischen Völker Russlands und Ungarns, die Iren, die Panslawisten und Irredentisten Oesterreichs, die Polen, Dänen und französisch sprechenden Lothringer in Deutschland und andere zu einem grossen Teil von der allgemeinen Welle des Staatsgefühls erfasst, auch sie bejahten und verteidigten vielfach den Staat, der ihnen neben nationaler Zurücksetzung und Kränkung doch auch in tausend Angelegenheiten des Alltags und des ganzen Lebens in weitem Umfang Schutz, Fürsorge und kulturelle Förderung hatte angedeihen lassen.

Das geschilderte ausserordentlich starke Staatsgefühl der Massen hat nun der Krieg zwar in den ersten Zeiten der Kreigsbegeisterung auf eine bisher vielleicht unerreichte Höhe gehoben, dann aber allmählich untergraben. Die Stimmen, die eine dauernde internationale Verständigung und Völkerversöhnung wünschten, wurden, wie wir im ersten Teil dieser Arbeit gesehen haben, immer lauter und immer zahlreicher. Dieser Vorgang ist uns nun völlig verständlich : im Gewissen und Rechtsgefühl zuerst von Tausenden, zuletzt von vielen Millionen regte sich etwas gegen den Egoismus, die Gewalt und die Herrschsucht des Machtstaates. Man forderte eine wahre Völkergemeinschaft, in der der Staat nicht mehr «souverän», sondern untergeordnetes Glied sein sollte. *Die Tatsachen, die wir im ersten Teil dieser Arbeit kennen gelernt haben, sind auf Wandlungen im autonomen Gewissen und Rechtsgefühl der Menschen zurückzuführen. Millionen von Menschen erlebten ein Sollen neuen Inhaltes, ein Sollen, das sich über den souveränen Staat und sein positives Recht stellte und von ihm Unterwerfung unter eine neue überstaatliche Gemeinschaft forderte.*

In den einzelnen Staaten und deren Teilen waren die politischen, militärischen, religiösen, nationalen und sozialen Verhältnisse sehr verschieden. Ebenso verschieden war daher auch die Widerstandskraft des Staatsgefühls, ebenso verschieden stark die Bejahung des souveränen Machtstaates und der Gottgewolltheit der bisherigen Staatsordnung im Konflikt mit anderen sozialen, nationalen oder internationalen Werten.

In Russland, wo der Druck des alten Machtstaates am schwersten gewesen war, ist das Staatsgefühl zuerst zusammengebrochen. Es kam zu zwei Revolutionen kurz nach einander, deren zweite den alten Machtstaatsgedanken radikal verwarf, und schliesslich zu einem Auseinanderbrechen des ganzen Staatsgebäudes in nationale Teile, wobei man sich, wie wir gesehen haben, im allgemeinen nicht auf den Machtstaatsgedanken, sondern auf die « Selbstbestimmung der Völker » stützte und ein den Staaten übergeordnetes Völkerrecht voraussetzte (1).

Oesterreich-Ungarn hielt bis zum Schluss seine staatliche Existenz und die Ruhe und Ordnung im Innern aufrecht (2). Aber als in den Tagen des militärischen Zusammenbruchs der Balkanfront seinen Nationalitäten klar

Anm. (1) : Vgl. oben, S. 54 ff., 198 ff., 203 ff. *Anm.* (2) : Vgl. oben, S. 213 ff., 225, 226.

wurde, dass die alliierten und assoziierten Mächte eine nationale Zerteilung der Donaumonarchie beabsichtigten, zeigte sich auch hier, dass das Staatsgefühl, ganz besonders bei den Slawen der Monarchie, aber auch bei den Deutschen, die nun den «Anschluss» an Deutschland anstrebten, nicht stark genug war, um das Reich durch den spontanen Willen seiner Völker zusammenzuhalten. So hat sich die Habsburgermonarchie in den allerletzten Tagen des Krieges friedlich in Teile aufgelöst, die ohne das Diktat der Alliierten und Assoziierten Mächte *nationale* Teile geworden wären (1).

In den sich neu bildenden Teilen des ehemaligen Donaureiches war der Machtstaatsgedanke und das Souveränitätsdogma im ersten Augenblick noch zurückgedrängt, zum Teil aus den allgemeinen und aus innerpolitischen Gründen, so in Deutschösterreich und zeitweise in Ungarn, zum Teil, weil man gerade vom Völkerrecht, von der «Selbstbestimmung der Völker» und einer den Staaten übergeordneten internationalen Regelung, die Fundierung der eigenen neuen Staatswesen erhoffte, so bei den Tschechen und anderen Slawen.

Zuletzt brach auch im Deutschen Reich eine Revolution aus. Sie stellte zwar im allgemeinen, soweit das deutsche Sprachgebiet reichte, den territorialen Bestand des Reiches nicht in Frage, bedeutete aber auch hier einen Zusammenbruch des alten Machtstaatsgedankens. Bei einem grossen Teil der nichtdeutschen Nationalitäten des bisherigen Reichsgebiets und der deutschstämmigen Bewohner Elsass-Lothringens zeigte sich, dass der Staatsgedanke hier, wenigstens in der letzten Kriegszeit, nicht wesentlich widerstandsfähiger gewesen war als bei den Nationalitäten Russlands und Oesterreich-Ungarns. Auch diese Teile der Bevölkerung des bisherigen Deutschen Reiches aber strebten wohl überwiegend einer Neuordnung nicht so sehr auf Grund der alten Machtstaatsidee, als auf Grund der Selbstbestimmung und eines überstaatlichen Völkerrechtes zu. Im übrigen hat der Ausfall der Volksabstimmungen bewiesen, dass selbst ein Teil der nichtdeutschen Bevölkerung stärker am Reich hing als dies die Sieger angenommen hatten. Anderseits hat die fast einhellige Bewegung für den Anschluss an das Reich in Deutschösterreich, Deutschböhmen und den deutschen Randgebieten der Tschechoslowakei zur Zeit der grössten Ohnmacht und Erniedrigung Deutschlands die ethische Kraft des Nationalbewusstseins und des Nationalstaatsgedankens dargetan.

Wesentlich widerstandsfähiger als in Russland und den besiegten Ländern erwies sich der alte Staatsgedanke in den siegreichen Staaten. Diese hatten von vornherein das Gewissen und Rechtsgefühl der überwiegenden Mehrzahl der Menschen, auch der Neutralen, auf ihrer Seite. Wie weit dies mit Recht der Fall war und wie weit vielleicht zum Teil nur infolge überlegener Propaganda und tatsächlicher Irrtümer, kann hier nicht untersucht

Anm. (1) : Vgl. oben, S. 226.

werden. Jedenfalls hat schon die blosse Tatsache des Einmarsches der Deutschen in Belgien, mag dieser nun bei genauer Würdigung aller tatsächlichen Umstände eine Entschuldigung im Notstand finden oder nicht, das Gewissen und Rechtsgefühl der grossen Mehrheit der Menschen, welche die tatsächlichen Umstände dieses Notstandes nicht kannten, auf die Seite der Gegner der Mittelmächte gebracht. Das Bewusstsein, die sittliche Billigung der Mehrheit der Menschen auf ihrer Seite zu haben, verlieh den alliierten Staaten eine weit stärkere Widerstandskraft in jenem Konflikt zwischen der Bejahung des alten Machtstaatsgedankens und den neuen internationalen Ideen, den auch ihre Bürger gegen das Ende des Krieges durchzukämpfen hatten. Dazu kam, dass in diesen Staaten demokratische Einrichtungen das Gewissen und Rechtsgefühl der grossen Massen stärker an der Entscheidung über staatliche Handlungen beteiligten als dies in Russland und den Zentralmächten der Fall war und dass diese Beteiligung die innerpolitische Spannung wesentlich milderte. So haben die Westmächte den Krieg unerschüttert überdauert. Aber auch sie haben sich gewandelt. Gerade diese demokratischen Einrichtungen und gerade jene internationale sittliche Billigung der Mitwelt brachte auch die Anhänger des Machtstaatsgedankens in den siegreichen Ländern dazu, sich den neuen internationalen Ideen, wenigstens bis zu einem gewissen Grade, zu beugen.

Dieser Sieg der neuen Ideen über die alten, der internationalen Meinung über den staatlichen Egoismus und Imperialismus, eines neuen internationalen Rechtes über das Souveränitätsdogma und das souveräne innerstaatliche Recht drückt sich in dem Wilson'schen Programm und dessen Annahme durch alle beteiligten Staaten in den Waffenstillstandsverhandlungen aus. In der Annahme und Billigung der 27 Punkte Wilsons durch den weitaus grössten Teil der Völkerrechtsgemeinschaft, darunter sämtliche Grossmächte, und durch einen sehr grossen Teil der internationalen öffentlichen Meinung der ganzen zivilisierten Welt hat das Gewissen der Menschheit gesprochen.

Auf dieses Weltgewissen hat sich Deutschland berufen, als bei der Ueberreichung der Friedensbedingungen in Versailles am 7. Mai 1919 *Graf Brockdorff-Rantzau,* noch in Unkenntnis von dem Inhalt der Bedingungen und unter Berufung auf den Notenwechsel vom Oktober und November 1918 ([1]) und die für beide Teile bindenden Grundsätze des Präsidenten *Wilson,* namens des Reiches erklärte : « Die einzelnen Grundsätze fordern von uns schwere nationale und wirtschaftliche Opfer. Aber die heiligen Grundrechte aller Völker sind durch diesen Vertrag geschützt. Das Gewissen der Welt steht hinter ihm; keine Nation wird ihn ungestraft verletzen dürfen » ([2]).

Als *Brockdorff-Rantzau* diese Worte sprach, konnte er noch nicht wissen, dass hinter den verschlossenen Türen der Pariser Konferenz das Souverä-

Anm. ([1]) : Oben, S. 62 ff.
Anm. ([2]) : *Kraus* und *Rödiger,* Urkunden zum Friedensvertrage von Versailles vom 28. Juni 1919, Berlin, I. Teil, 1920, S. 207.

nitätsdogma über die Ideen des überstaatlichen Völkerrechtes (1) und der Selbstbestimmung der Völker (2) und über die Punkte *Wilson's* gesiegt hatte (3). Aber zur Zeit des Notenwechsels, auf den er sich bezog, und der Unterzeichnung des Waffenstillstandsvertrags war, wie wir gesehen haben, die Stimme der öffentlichen Meinung der Welt, die Stimme des Weltgewissens, die sich für ein überstaatliches Völkerrecht, für die Selbstbestimmung der Völker und für das Programm *Wilson's* eingesetzt hatte, eine reale Macht gewesen, der sich der grösste Teil der zivilisierten Welt, darunter sämtliche Grossmächte, gebeugt hatten (4).

Damals, als so viele Mächte und vor allem die mächtigste Koalition der bisherigen Weltgeschichte feierlich durch die Unterschriften unter ihren Noten und unter dem Waffenstillstandsvertrag jenem Programm *Wilson's* verbindliche Kraft im Sinne des positiven Völkerrechtes zu verleihen erklärten (5), musste man allgemein erwarten und erwartete man allgemein, dass dieses Programm auch tatsächlich durchgeführt werde. Wir haben nun oben festgestellt : Positives Recht sind diejenigen Befehle, welche bisher tatsächlich gehandhabt, befolgt und erzwungen worden sind, und, auf die Zukunft angewendet, diejenigen, von welchen auf Grund des bisherigen tatsächlichen Geschehens zu erwarten ist, dass sie künftig tatsächlich gehandhabt, befolgt und erzwungen werden (6). Auf Grund dessen, was bisher im Völkerrecht tatsächlich geübt worden war, durfte und musste angenommen werden, dass die mächtige Koalition der Sieger dasjenige, was sie will und verspricht, auch durchführen und gegen einen eventuellen Widerstand oder eine Nichterfüllung oder Saumseligkeit der Besiegten erzwingen werde. Daher sind die « terms of peace » des Notenwechsels und des Waffenstillstandsvertrags nicht nur im Sinn der herrschenden Lehre von der Heteronomie des Rechts (7), sondern auch im Sinn der hier vertretenen, oben entwickelten Lehre von der Autonomie und der Positivität des Rechts (8) « positives » Recht geworden. Das Weltgewissen, das in der Billigung der Grundsätze *Wilson's* durch Millionen und Millionen seine Stimme erhoben hatte (9), war zu einer geistigen Macht geworden, welche ein neues positives Völkerrecht *über* den bisher souveränen Staaten geschaffen hatte.

Als jedoch der Sieg gesichert war, erstarkte der alte, oben charakterisierte egozentrische Staatsgedanke (10) wieder mehr und mehr. Der Umschwung war zu plötzlich gekommen und zu radikal gewesen, um nicht einer starken Reaktion Platz machen zu müssen. Dasselbe Schwanken, das wir so häufig in der Individualpsyche feststellen können, wenn die Stimme des Gewissens einmal aus einem aussergewöhnlichen Anlass besonders laut

Anm. (1) : Vgl. oben, S. 50 ff.
Anm. (2) : Oben, S. 210 ff., 234 ff.
Anm. (3) : Oben, S. 71 ff.
Anm. (4) : Oben, S. 68, 69.
Anm. (5) : Oben, S. 66 mit S. 62 ff.
Anm. (6) : Oben S. 365.
Anm. (7) : Oben, S. 66.
Anm. (8) : Oben, S. 346 ff., 364 ff., 383 ff.
Anm. (9) : Oben, S. 68, 69.
Anm. (10) : Oben, S. 13 ff.

gesprochen und besonders grosse altruistische Opfer gefordert hat, machte sich auch im Kollektivbewusstsein der Menschheit bemerkbar. Kaum waren die Furcht vor einer Niederlage und die schwersten Sorgen des Krieges überwunden, als das eben aufgerüttelte Gewissen der Massen wieder eingeschläfert werden und die alte gewohnte Gedankenwelt die Oberhand gewinnen konnte. Das gegenseitige Misstrauen der Staaten und Völker erwies sich als noch nicht genügend überwunden. Gewiss dachten die Massen und die Führer in den siegreichen Staaten im allgemeinen nicht daran, die neuen Gedanken preiszugeben und so das gegebene Wort zu brechen. Aber die Sieger wollten die neuen Grundsätze selbst und allein durchführen und machten sich so zu Richtern in eigener Sache und zu eigenem Interesse. Nun, als es zur Durchführung des überstaatlichen Völkerrechtes und der Selbstbestimmung der Völker kommen sollte, meldeten sich im Gewissen und Rechtsgefühl der siegreichen Völker wieder die sittlichen Werte zu Wort, die man bisher mit dem souveränen Machtstaat verbunden hatte. Der Staat, und vor allem der eigene Staat, sagte wieder in den Herzen der Menschen: ich bin die « Wirklichkeit der Sittlichen Idee », ich bin die « absolute Macht auf Erden ». Daher fürchtete man eine allzu grosse Schwächung des eigenen Vaterlandes, nicht bloss aus persönlichem oder nationalem Egoismus, sondern auch aus idealen Motiven, im Interesse des Weltfriedens und der Menschheit. Das Sollen als Erlebnis des Gewissens und Rechtsgefühls sprach wieder mehr zugunsten der Macht und der Souveränität des eigenen Staates. So ist das Zurückweichen der siegreichen Staaten vom Recht der Waffenstillstandsbedingungen auf das Recht der Friedensverträge zu erklären. Nicht individuelle Willkür einiger Staatsmänner hat hier gehandelt, denn sie allein hätte eine solche Macht nicht ausüben können; vielmehr hat das Gewissen, das Rechtsgefühl, der siegreichen Völker einen Rückschlag erlebt, es hat die neuen, eben erst gebilligten Werte wieder verworfen und ist zu den alten der Vorkriegszeit zurückgekehrt.

So glaubte auch *Clemenceau* sich namens der alliierten und assoziierten Mächte in seiner Mantelnote vom 16. Juni 1919 zur Verteidigung des Vertragswerkes auf die öffentliche Meinung der Welt und damit auf das Weltgewissen berufen zu können, indem er sagt : « En conséquence, les Puissances alliées et associées estiment nécessaire de commencer leur réponse par un exposé précis de leur jugement sur la guerre, jugement qui est pratiquement celui de la totalité du monde civilisé (¹).

Aber der Umschwung der Anschauungen im Verlauf des Krieges war doch zu einschneidend gewesen, als dass er hätte ganz rückgängig gemacht werden können, ohne tiefe Spuren zu hinterlassen. Wir haben diese Spuren in einigen Abschnitten der ersten beiden Teile kennen gelernt (²). Das Gewissen und Rechtsgefühl der Massen, wenn es auch überwiegend den Macht-

Anm. (¹) : *Kraus* und *Rödiger*, a. a. O., I. Teil, S. 556, 557. *Anm.* (²) : Oben, S. 94 ff., 255 ff., 270 ff., 280 ff.

staat im alten Sinne bejaht, ist doch in den Fragen der internationalen Beziehungen und des internationalen Rechtes und in den Fragen der Beziehungen zwischen Staat und Volk viel empfindlicher, viel feinfühliger geworden. Aeusserungen des staatlichen Imperialismus und Egoismus, die in der Vorkriegszeit selbstverständlich waren und einer Rechtfertigung nicht für bedürftig erachtet wurden, werden heute von Millionen scharf und abfällig kritisiert und man trachtet sie völkerrechtlich oder ethisch zu begründen, um der Kritik zuvorzukommen. *Darin zeigt sich, dass die Idee des souveränen Machtstaates im Gewissen und Rechtsgefühl der Bürger von den neuen Ideen des Volkes und der Ueberordnung des Völkerrechtes über den Staat in die Defensive gedrängt worden ist.*

So erweisen sich uns alle die Vorgänge, die wir in den ersten beiden Teilen dieser Arbeit kennen gelernt haben, der Wandel der Ideen Staat und Volk und das Wachsen des Einflusses des internationalen auf das innerstaatliche Recht, als *ein einheitlicher, aus einer einzigen Quelle hervorgehender Prozess. Nicht die Willkür einiger Personen oder der blinde Zufall von Waffengängen haben diesen Prozess bisher entschieden und können ihn weiter entscheiden. Vielmehr hat der Umstand, dass unter der Herrschaft des Souveränitätsdogmas Willkür und Zufall in so hohem Masse das Wohl und Wehe von Millionen hatten mitbestimmen können, das Gewissen und Rechtsgefühl der Menschen gegen dieses Dogma aufgerüttelt und den Wandel der Ideen Staat und Volk und den Einfluss neuer internationaler Rechtsgedanken auf das innerstaatliche Recht bewirkt.* Mehr als wohl jemals zuvor in der Weltgeschichte hat sich in den grossen Ereignissen seit 1914 ein Zusammenhang zwischen den Werturteilen der verschiedenen Völker, ein von einer grossen Zahl erlebtes « objektives » Sollen, ein *Weltgewissen*, gezeigt.

Als oben das Recht aus dem subjektiven autonomen Sollen des Individuums abgeleitet wurde, haben wir gesehen, dass das Recht dennoch nichts völlig Subjektives ist, sondern dass ihm eine, wenn auch nur relative, empirische Objektivität zukommt, indem bei gleichen tatsächlichen Voraussetzungen die Werturteile einer grossen Zahl von Menschen übereinstimmen ([1]). Durch die Begründung in diesen Werturteilen unterscheidet sich dasjenige, was als « positives Recht » tatsächlich geübt wird, von dem nicht « rechtlichen » tatsächlichen Geschehen.

Eine solche Uebereinstimmung braucht sich offenbar nicht auf die Individuen innerhalb eines Staates oder eines Volkes im soziologischen Sinn zu beschränken. *Das « positive » Völkerrecht ist ebenso wie das « positive » staatliche Recht tatsächliches Befehlen und Gehorchen, gestützt auf die Uebereinstimmung des Gewissens und Rechtsgefühls einer sehr grossen Zahl von Individuen.* Nur der örtliche Kreis und demgemäss die Zahl der Träger des Rechts sind hier erweitert. *Auch die inhaltlich übereinstimmenden Sätze des*

Anm. ([1]) : Oben S. 382 ff.

positiven innerstaatlichen Rechtes verschiedener Staaten, das « jus gentium » der Römer, beruhen auf inhaltlich gleichen autonomen Werturteilen der Individuen. Jede Grenze zwischen dem Völkerrecht und dem innerstaatlichen Recht verliert daher, wenn man die letzte Quelle alles Rechtes, das autonome Sollen des Individuums, ins Auge fasst, ihre Bedeutung. Es gibt daher nur ein einziges Recht, es ist Völkerrecht und innerstaatliches Recht zugleich, mag dieses Recht auch zu systematischen Zwecken entsprechend der bisher üblichen Einteilung nach Gegenständen oder Kapiteln vorwiegend zwischenstaatlichen und vorwiegend innerstaatlichen Inhalts gegliedert werden. Daher entfallen auch alle bisher, wie wir gesehen haben, ungelösten Schwierigkeiten, welche das Verhältnis zwischen dem Staatsrecht und dem Völkerrecht der Rechtswissenschaft bereitet ([1]), solange diese an der Heteronomie des Rechts festhält. Internationales und innerstaatliches Recht sind Teilgebiete in der grossen einheitlichen Welt der Werte, die wir aus dem Gewissen und Rechtsgefühl der Menschen schöpfen. *Der Einfluss des internationalen auf das innerstaatliche Recht ist daher, wie wir jetzt einsehen können, kein anderes Problem als jener eines Rechtssatzes auf einen anderen innerhalb des Völkerrechtes oder innerhalb eines bestimmten staatlichen Rechtes.*

Die gemeinsame Quelle aller Vorgänge in dieser einheitlichen Welt des Sollens ist das Gewissen und Rechtsgefühl der Individuen. So wie wir im Staate von staatlichem Kollektivbewusstsein oder Staatsgefühl, im Volk von nationalem Kollektivbewusstsein oder Nationalgefühl sprechen können, so dürfen wir hier von einem *Kollektivbewusstsein der Menschheit,* einem allgemeinen *Gefühl der Humanität, der Menschlichkeit* sprechen, das zwar nicht alle Individuen und auch die einzelnen Individuen nicht gleich stark, aber doch die grosse Mehrheit der Menschen miteinander verbindet. *Die Uebereinstimmung des Gewissens und Rechtsgefühls einer sehr grossen Zahl der Menschen in diesem Gefühl der Menschlichkeit, der Humanität, und in einzelnen materialen Werturteilen, die daraus hervorgehen, dürfen wir das Weltgewissen oder Welt-Rechtsgefühl* ([2]) *nennen.* So wie sich im Gewissen und Rechtsgefühl der Einzelnen und der Völker deren Charakter äussert, so offenbart sich im Weltgewissen der Charakter der Menschheit.

Das Weltgewissen ist demnach nichts Mystisches, keine metaphysische Annahme, kein Gegenstand des blossen Glaubens. Es ist in der Erfahrungswelt gegeben in den autonomen Erlebnissen des Sollens der Individuen. Allerdings sind diese Erlebnisse und deren Uebereinstimmung im allgemeinen nur schwer nachweisbar. Aber auch in der Welt der Werte ist die Frage nach der *Erkenntnis* eine andere als jene nach der *Existenz* eines Objektes. Die grossen Ereignisse seit 1914 haben uns nun, wie in den ersten beiden Teilen dieser Arbeit erörtert worden ist, eine Uebereinstimmung gewisser Werturteile über die Grenzen der einzelnen Länder hinweg gezeigt.

Anm. ([1]) : Oben, S. 13 ff., 116 ff., 349 ff., 375 ff.

Anm. ([2]) : Oben, S. 371.

Es genügt jedoch noch nicht, die *gleichzeitige* Uebereinstimmung der Menschen ins Auge zu fassen. Der *Wandel* der Ideen und der *Einfluss* des internationalen auf innerstaatliches Recht kann nur in der *Zeit* erfolgen. Das Gewissen und Rechtsgefühl der Menschen ändert sich, wie uns die Erfahrung lehrt, aber nicht sprunghaft, plötzlich, in dem ganzen Inhalt seiner Werturteile, sondern stets nur in einzelnen Werturteilen. Daher kommt nicht nur die gleichzeitige Uebereinstimmung, sondern auch jene *in zeitlicher Aufeinanderfolge oder Kontinuität* der Erlebnisse des Sollens in Frage (1).

Aus der *Gleichzeitigkeit* der Werturteile der Massen, sei es im Staat, sei es in der Völkerrechtsgemeinschaft, ergibt sich dasjenige, was in jedem Zeitpunkt der Geschichte für die *statische* Betrachtung als « *objektives Recht* », das heisst dem Einzelnen überindividuell gegebenes Recht, zu bezeichnen ist, also auch der jeweils anerkannte oder überwiegend anerkannte Inhalt der Ideen Staat, Volk, Völkerrechtsgemeinschaft als « objektiver », das heisst überindividueller Gegebenheiten. Auf dem *zeitlichen Nacheinander* und der *Kontinuität* der Werturteile beruht für die *dynamische*, die *geschichtliche* Betrachtung der *Wandel* der Ideen.

Man kann solche Uebereinstimmungen und Zusammenhänge durch Generationen, vielleicht durch die Geschichte eines ganzen Volkes oder gar der ganzen Menschheit aufzudecken suchen. Denn dasjenige, was von Volk zu Volk, von Zeit zu Zeit *zweifellos* wechselt, sind ja nur die *Tatsachen*, an die Werturteile geknüpft werden. Ob auch die *Werturteile selbst* wechseln, ob der menschliche Charakter in seinem ganzen Inhalt naturgesetzlich-soziologisch-historisch bedingt ist oder ob etwas von der gegebenen Kausalwelt Unabhängiges behauptet werden könne; mit andern Worten, ob die ganze Geschichte ausschliesslich von Naturgesetzen des sozialen Geschehens kausal beherrscht wird, wie es die positivistische Philosophie und Soziologie und die auf ihr beruhende materialistische Geschichtsauffassung behauptet, oder auch von eigenen, im letzten Grunde nur noch durch metaphysische Hypothesen erfassbaren Gesetzen des menschlichen Charakters : das ist eine ganz andere Frage.

Aus dem bisher Vorgebrachten folgt, dass wir uns für die zweite Alternative entscheiden müssen. Denn das Sollen, die Pflicht, gehört mit zu den grossen Triebfedern der Weltgeschichte und wird täglich von Millionen erlebt; den Inhalt des Sollens aber können wir niemals aus dem Sein ableiten, das Sollen steht immer als ein absolut Gegebenes dem Sein gegenüber, solange, bis dieses die Vollkommenheit des Ideals erreicht hat. Das Sollen, der Charakter der Menschen, bildet einen selbständigen, konstitutiven, aus nichts anderem restlos erklärbaren Faktor des Weltgeschehens. Daher muss es gestattet sein, *nach einem von den subjektiven autonomen Pflichtebrlenissen*

Anm. (1) : Vgl. auch oben, S. 383.

des Einzelnen und einzelner Völker und Zeiten verschiedenen, absolut allgemeingiltigen objektiven autonomen Recht zu fragen, dem sich die Menschheit, ursprünglich von der rohesten tierischen Gewalt ausgehend, durch ihre ganze Geschichte hindurch allmählich entgegenentwickelt, solange, bis sie es ganz oder in dem höchsten ihr überhaupt erreichbaren Mass verwirklicht haben wird. Dieses objektive autonome Recht wäre dann zwar in der Erfahrung niemals anders gegeben als in einer durch die Weltgeschichte hindurch allmählich wachsenden Summe individueller subjektiver autonomer Erlebnisse des Sollens, der Pflicht. Aber das objektive autonome Recht wäre dann das *Endziel,* dem der Prozess der Weltgeschichte zustrebte, die Weltgeschichte wäre die *Geschichte des menschlichen Charakters* und es wäre möglich, dass *schon in der bisherigen Geschichte das Fortschreiten dieses Prozesses festgestellt und damit Schlüsse auf die Weiterentwicklung und das Endziel des Prozesses gezogen würden.*

Nicolai Hartmann hat in seiner Ethik der « unerhörten » Behauptung *Nietzsche's,* wir wüssten immer noch nicht, was Gut und Böse sei, die Idee einer materialen Wertethik entgegengesetzt, welche dem Wertbewusstsein « die Gewissheit invariablen Gehaltes inmitten der Relativität menschlicher Wertung » wiedergebe (1). Ich sehe mich auf Grund der Lehre von der Autonomie des Rechtes, welche ich oben zu entwickeln versucht habe, genötigt, zu behaupten: das Problem der materialen Wertethik ist dem Recht gegenüber genau dasselbe wie gegenüber einer Ethik in irgend einem engeren, das Recht ausschliessenden Sinn. *Wir wissen auch heute noch nicht, was recht und unrecht ist.* Nach meiner Behauptung nun sind autonomes Recht und autonome Sittlichkeit im Wesen *dasselbe,* es gibt nur eine *einzige* Denkform des Sollens, nur eine *einzige* Kategorie der Pflicht (2). *Daher erhebt sich meines Erachtens die Forderung nach einer materialen Wertethik, welche auch unserem « Rechts- » bewusstsein, also unserem gesamten Wertbewusstsein, « die Gewissheit invariablen Gehaltes inmitten der Relativität menschlicher Wertung » gibt.* Fragen wir aber nach der Möglichkeit, dieses einzige objektiv im Weltprozess vorhandene invariable Sollen zu *erkennen,* so bleibt uns nichts als die autonomen Erlebnisse der einzelnen Subjekte und die Möglichkeit, *die uns in der Geschichte gegebenen ungezählten einzelnen tatsächlichen Erlebnisse des Sollens im Zusammenhang einer Geschichtsphilosophie als ein einheitliches letztes Ganzes zu begreifen, in welchem Sein und Sollen zusammenfallen.*

So hängen nach meiner Behauptung Rechtswissenschaft und Staatslehre enge mit materialer Ethik und mit Geschichtsphilosophie zusammen, ein Zusammenhang, den weder der philosophisch-soziologische noch der juristische Positivismus einschliesslich der neukantischen reinen Rechts-

Anm. (1) : *Nicolai Hartmann,* Ethik, Berlin, 1926; vgl. insb. S. V, VI.

Anm. (2) : Vgl. meine mehrfach zitierte Rektoratsrede: Recht und Sittlichkeit, S. 16 ff.

lehre von ihren Prämissen aus und mit ihrer methodischen Selbstbeschränkung zu erfassen imstande sind.

Berechtigen uns nun die Erfahrungen der Geschichte und des heutigen rechtlichen und politischen Geschehens, eine Entwicklung in dem behaupteten Sinn anzunehmen und aus ihr auf ein absolut allgemeingiltiges objektives autonomes Recht als Ziel der Entwicklung und als letzte Vereinigung von Sein und Sollen zu schliessen?

Ich behaupte, dass eine solche Entwicklung, ein solches Fortschreiten in der Geschichte tatsächlich stattfindet. Es ist im Rahmen des Themas dieser Arbeit nicht möglich, eine Geschichtsphilosophie zu entwickeln und ich muss auch diesen Gegenstand wie so vieles andere hier zurückstellen, in der Hoffnung, mich in späteren Schriften mit den aufgerollten Problemen auseinandersetzen zu können. Hier muss ich mich auf einige ganz kurze Bemerkungen beschränken, welche versuchen sollen, den Wandel der Ideen Staat und Volk in dem kleinen Zeitabschnitt der Geschichte, den wir im ersten und zweiten Teil dieser Arbeit kennen gelernt haben, und den Einfluss des internationalen auf des innerstaatliche Recht, den, wie wir gesehen haben, dieser Wandel der Ideen nach sich zieht, in Zusammenhang mit dem ungeheuren Prozess der Weltgeschichte zu bringen.

Der weltgeschichtliche Prozess, um den es sich handelt, ist nun nach meiner Behauptung *ein Fortschreiten zur allmählichen Ueberwindung der Gewalt zwischen Mensch und Mensch durch das autonome Recht.*

Mit der Schaffung des Staates hat die Menschheit den ersten grossen Schritt zur Ueberwindung der nackten, brutalen, tierischen Gewalt zwischen Mensch und Mensch getan und vielleicht ist dieser Schritt die grösste Errungenschaft der bisherigen Geschichte. An die Stelle der unorganisierten und verstreuten tritt die organisierte und konzentrierte Gewalt. Aber Gewalt ist nicht beseitigt, wenn eine schwächere Gewalt durch eine andere, stärkere verdrängt wird. Nicht in der Ersetzung der einen Form der Gewalt durch eine andere liegt daher der erste grosse Schritt zur Ueberwindung der Gewalt, sondern in dem Auftreten *geistiger* Macht: jede Organisation, auch eine noch so primitive, setzt eine geistige Beherrschung der Gehorchenden durch die Befehlenden voraus. Je grösser und durchgebildeter nun die Organisation wird, desto mehr tritt der unmittelbare, physische Zwang gegenüber dem mittelbaren, geistigen in den Hintergrund. Heute ist, abgesehen vom Krieg, der noch immer den Urzustand des Appells an die physische Gewalt konserviert hat, der Anteil der unmittelbaren physischen Gewalt am Zusammenleben der Menschen im Staat und in der Völkerrechtsgemeinschaft bereits sehr klein im Vergleich zu dem Anteil des indirekten Zwanges durch geistige Mittel.

Aber Zwang, welcher Art immer, ist nicht das einzige Mittel, um Menschen zu organisieren und zu beherrschen. Neben den Gehorsam, der durch

Gewalt oder durch Furcht vor Gewalt erzwungen ist, tritt in immer steigendem Mass der *freiwillige* Gehorsam, der sich auf das Kollektivbewusstsein gründet. Es entwickelt sich eine ganze Skala von Staatsformen je nach der Grösse des Anteils, den der erzwungene und der freiwillige Gehorsam an dem Aufbau des Staates haben. Ich habe in meiner mehrfach zitierten Arbeit: « La Démocratie » versucht, diese Skala näher zu untersuchen. Ich behaupte nun, dass in der Geschichte der freiwillige Gehorsam in stets zunehmendem Umfang an die Stelle des erzwungenen tritt, wenn auch dieser Prozess ausserordentlich langsam und nur mit Rückschlägen vor sich geht, und dass *sich so in dem Wandel der Staatsformen in der Geschichte ein Fortschreiten der Menschheit in der Richtung auf ihr geschichtliches Endziel zeigt.*

Allein auch innerhalb des Kollektivbewusstseins der Menschen und des freiwilligen Gehorsams, der aus diesem Kollektivbewusstsein hervorgeht, ist nach meiner Behauptung eine Entwicklung zu beobachten. Der freiwillige Gehorsam kann entweder durch egoistische Erwägungen des eigenen Vorteils motiviert sein oder durch das Erlebnis des *autonomen Sollens*, der *Pflicht*. Ich behaupte nun: *der ethische Teil unter den Motiven des freiwilligen Gehorsams gewinnt gegenüber dem egoistischen im Lauf der Geschichte allmählich an Raum*, mag auch dieser Prozess vielleicht noch viel langsamer vor sich gehen als der zuletzt erwähnte der Verdrängung des Zwangs durch Freiwilligkeit und mag auch heute der Anteil sittlicher Triebfedern am gesellschaftlichen Geschehen, wie uns die politischen Kämpfe täglich zeigen, im allgemeinen noch recht gering sein.

Wie dies nun alles mit den Tatsachen der Geschichte, den Gesetzen des gesellschaftlichen Geschehens und den letzten philosophischen Problemen zusammenhängt, dies darzulegen muss ich späterer Gelegenheit überlassen. Aber die vorstehenden kurzen Andeutungen genügen wohl, um den Zusammenhang zu zeigen, in welchem der Gegenstand der vorliegenden Arbeit nach meiner Behauptung mit dem Gesamtgeschehen der Weltgeschichte aufweist. *Die Weltgeschichte bedeutet meines Erachtens die Zurückdrängung der Gewaltanwendung von Mensch gegen Mensch und das Vordringen autonomen sittlich-rechtlichen Handelns.* Wenn diese Behauptung richtig ist, dann fügt sich die in dieser Arbeit dargestellte Entwicklung der Ideen Staat, Volk und Völkerrechtsgemeinschaft und des Einflusses des internationalen Rechtes auf das innerstaatliche harmonisch in das Ganze dieses weltgeschichtlichen Prozesses ein, und zwar auch mit dem Rückschlag, der, wie wir gesehen haben, 1919 gegenüber 1918 eingetreten ist.

Die Ueberwindung des Souveränitätsdogmas durch die Idee eines überstaatlichen Völkerrechtes bedeutet offenbar einen grossen Schritt zur Ueberwindung der zwischenstaatlichen Gewalt und damit der Gewalt zwischen Mensch und Mensch überhaupt. So ist uns der Kampf der beiden Ideen, der im ersten Teil dieser Arbeit geschildert worden ist, voll verständlich. Dass jeder rasch gemachte grosse entscheidende Schritt zunächst einen Rückschlag auslöst, ist in der Geschichte nichts Neues und psychologisch leicht zu erklären. Aber auch hier zeigt sich wie bei anderen historischen Ereignissen, dass die Reaktion nicht alles beseitigen kann, was die Evolution oder Revolution geschaffen hat, sondern dass ein Teil des Neuen sich behauptet. Daher sind die Widersprüche im gegenwärtigen Völkerrecht, die wir kennen gelernt haben, und die daraus hervorgehenden Halbheiten im Einfluss des internationalen Rechtes auf das innerstaatliche nichts Unorganisches, sondern Ansätze zu weiterer Entwicklung.

Nicht so klar mag vielleicht der Kampf zwischen den Ideen Staat und Volk auf den ersten Blick zu beurteilen sein. Man könnte angesichts des vielen Blutes, das im Namen der nationalen Frage bereits vergossen worden ist, möglicherweise geneigt sein, im Auftreten nationaler Forderungen, seien sie nun an den Staat oder an die Völkerrechtsgemeinschaft gerichtet, eher einen Schritt zur Vermehrung als zur Verminderung der Gewalt im Zusammenleben der Menschen zu sehen. Ganz besonders jene Erscheinungen, welche man heute Nationalismus oder nationalen Imperialismus zu nennen pflegt und welche in dem Bestreben gipfeln, Menschen zu unterwerfen, um sie zu entnationalisieren, könnten zu einer derartigen Annahme verleiten. Allein die Darstellung des Kampfes zwischen den Ideen Staat und Volk, welche ich oben im zweiten Teil dieser Arbeit zu geben versucht habe, zeigt, dass eine solche Anschauung irrig wäre. Auch die Idee des Volkes steht im Dienste jenes ungeheuren geschichtlichen Prozesses, welcher zur allmählichen Ueberwindung der Gewalt führt.

Mag sich der Staat friedlich aus der Abstammungsgemeinschaft entwickelt haben oder kriegerisch aus der Unterwerfung einer Abstammungsgemeinschaft durch die andere, sobald einmal die organisierte Gewalt da war, konnten sich die jeweiligen Inhaber der Macht über die Bande der Abstammungs-, Sprach- und sonstigen natürlichen Gemeinschaften der Menschen hinwegsetzen und sie haben es im Lauf der Geschichte im reichlichsten Masse getan. Schon seit altersher löste manchmal die Willkür siegreicher Völker und staatlicher Machthaber Reaktionen aus, die man als « nationale » bezeichnen könnte. Aber erst an der Wende vom achtzehnten zum neunzehnten Jahrhundert hat, wie wir gesehen haben, die Menschheit einen Grad geistiger Reife erreicht, welcher im Laufe des neunzehnten Jahrhunderts zur Entwicklung des Nationalgefühls geführt und schliesslich bewirkt hat, dass die Idee des Volkes in den Ereignissen, die wir im zweiten Teil dieser Arbeit kennen gelernt haben (1), als selbständiger Faktor bewussten geschichtlichen Handelns neben die Staatsidee treten konnte. Nunmehr richtet sich die Idee des Volkes *gegen* die Gewalt und die Willkür des souveränen Staates. Dies ergibt sich aus den folgenden Erwägungen.

Anm. (1) : Vgl. oben, S. 167 ff.

Wir haben oben in der Lehre von der Autonomie des Rechtes und der darauf beruhenden Lehre vom Staat gesehen, dass der Staat und sein positives Recht auf Zwang allein nicht beruhen können und dass sie sich die sittliche Billigung und den freiwilligen Gehorsam derjenigen, die sie mit ihren Befehlen belasten, immer wieder von neuem verdienen müssen. Je grösser der Anteil des freiwilligen und je geringer jener des erzwungenen Gehorsams ist, auf desto festeren Grundlagen ruht der Staat, desto geringere Aussicht hat es, Revolution im Innern oder Krieg von aussen gegen ihn zu entfesseln. Sobald wir nun ein wirtschaftliches Existenzminimum der Bevölkerung, ohne das auf die Dauer kein Staat bestehen könnte, voraussetzen, dürfen wir sagen: die Freiwilligkeit des Gehorsams im Staate wird ausserordentlich gefördert, wenn der Staat auf das Volk im soziologischen Sinn aufgebaut ist, wenn Staatsangehörigkeit und Volkszugehörigkeit in möglichst weitem Umfang zusammenfallen; dagegen wird die Autorität des Staates und seines Rechtes durch ein ihm entgegengesetztes nationales Empfinden der Bürger in Frage gestellt und oft untergraben. Denn das Nationalgefühl, das Volksbewusstsein, ist, sobald es einmal entwickelt ist, ganz besonders in seinem Streben nach Zusammenfassung aller Volksgenossen in einem Staat und unter einem Recht, eine der wesentlichsten Aeusserungen des Rechtsgefühls. Dies gilt nicht etwa nur für die Zeit, seitdem, im 19. Jahrhhundert, das Nationalgefühl als selbständig wirkende Kraft in das Bewusstsein der Völker getreten ist. Sondern seit dem Beginn der Geschichte war, soviel wir sehen können, das Bewusstsein volklicher Zusammengehörigkeit — allerdings zunächst noch regelmässig mit jenem der Glaubensgemeinschaft und zumeist mit jenem der Staats-, Standes-, Kasten- oder einer sonstigen politischen Gemeinschaft zusammenfallend — eine der wichtigsten rechts- und staatsbildenden Kräfte. *Daher steht, wie uns die Geschichte lehrt, bei sonst gleichen Voraussetzungen unter allen Arten von Staaten der nationale Staat und sein nationales Recht auf den festesten Grundlagen. Der Nationalstaat bedarf im Durchschnitt eines viel geringeren Masses von Gewalt als jener, der Fremdvölker beherrscht.*

Die Verteilung des Besitzes und die sozialen Gegensätze können eine rasche Umwälzung erfahren. Auch religiöse Ueberzeugungen können sich plötzlich wandeln. Für beides bietet die Geschichte genügend Beispiele. Aber die Abstammungsgemeinschaft kann niemand wechseln, die Sprache nur einzelne Individuen, Völker erst im Laufe von Generationen. Daher können wir uns auf Grund der bisherigen geschichtlichen Erfahrung im allgemeinen kein festeres Band vorstellen, das eine Gruppe von Menschen für die Dauer und entgegen allen Schicksalsschlägen zu *einem* Recht, *einem* Staat verbände, als das Bewusstsein und die sittliche Bejahung der natürlichen und sprachlichen Zusammengehörigkeit, das Volksbewusstsein. Künstliche Staatengebilde, deren Grenzen die Willkür eines Despoten oder

der Säbel eines Diktators über ganze Völker hinweggezogen oder mitten durch sie hindurchgeschnitten hat, Staaten, in denen schon aus diesem Grunde allein ein grosser Teil der Bevölkerung sich nur der Gewalt beugt, kein anderes Gefühl gegen den eigenen sogenannten Heimatstaat im Herzen als Hass und vielleicht Verachtung, auch wenn sie dies nicht zeigen darf, solche Staaten ruhen selbst bei äusserem Glanz und günstigster Wirtschaftslage auf den unsichersten, brüchigsten Fundamenten. *Daher wirkt die Idee des Volkes, indem sie die Staatenkarte umgestalten und an die Stelle erzwungener freiwillig respektierte Staatsgrenzen setzen will, zugleich für die Befriedung der Welt.* Man braucht nur an die Abrüstungsfrage zu denken, um sich dies zu vergegenwärtigen. Die ungeheuren Rüstungen, unter denen heute ein grosser Teil der Welt und besonders Europas schmachtet, sind durch wirtschaftliche Gründe allein nicht zu erklären, denn sie sind offenbar selbst für den bestgerüsteten Staat unrentabel. Die Gründe des Rüstens sind daher in erster Linie territoriale. Würden dagegen alle Staatsgrenzen auf Freiwilligkeit beruhen, das heisst auf der Selbstbestimmung, so wie diese oben entwickelt worden ist (1), so würde ein unabsehbares Mass von Rüstungen erspart. *Das Vordringen der Idee des Volkes ist daher für die Ueberwindung der Gewalt zwischen Mensch und Mensch von ebenso grosser Bedeutung wie das Zurückweichen des Souveränitätsdogmas.*

Aber auch innerhalb eines Staates, der mehrere Nationalitäten beherbergt, ist — sobald das wirtschaftliche Existenzminimum vorausgesetzt ist — möglichst weitgehende Berücksichtigung der Wünsche der einzelnen Völker nach nationalem Schutz und nationaler Autonomie derjenige Weg, der es gestattet, bei sonst gleichen Voraussetzungen das geringste Mass an Gewalt aufzuwenden und das höchste Mass an freiwilligem Gehorsam zu erzielen, folglich dem Staate die denkbar beste Grundlage zu geben.

Die Idee des Volkes steht demnach, mag in ihrem Namen auch viel Blut vergossen worden sein, doch, indem sie den Staat umgestaltet und das staatliche Recht beeinflusst, *im Dienste einer Entwicklung, welche die Gewalt verringert und das Zusammenleben der Menschen dafür in höherem Grade auf freies sittliches Handeln aufbauen will.*

Sehen wir nun, wie sich die Völkerrechtsgemeinschaft zu Staat und Volk verhält.

So wie der Staat und das staatliche Recht auf Zwang allein nicht beruhen können, sondern sich in möglichst weitem Umfang auf die sittliche Billigung und den freiwilligen Gehorsam der von ihnen belasteten Individuen aufbauen müssen, so muss es auch die Völkerrechtsgemeinschaft und das internationale Recht. Ja, die Völkerrechtsgemeinschaft hat bisher eines dem staatlichen analogen Machtapparates entbehrt. *Trotzdem hat sich ein Völkerrecht entwickelt und lebt in ungezählten Werturteilen ungezählter Individuen.*

Anm. (1) : Oben, II. Teil, Abschnitte 2 A) und 3, S. 192 ff. und 234 ff., besonders S. 239 ff.

Mag es auch viel öfter gebeugt und gebrochen worden sein als das staatliche Recht, so hat sich doch gerade hier *die Idee des Rechtes am reinsten bewährt.* Ja, es ist fast nie vorgekommen, dass ein Staat sich *nur* auf die Gewalt berufen hätte. Fast immer stützen sich die Staaten, auch bei den grössten Gewalttaten, auf irgendwelche behaupteten Rechte oder darauf, dass göttlicher Wille ihrer Sache den Sieg verliehen habe, weil sie gut und gerecht sei, und suchen so um die Billigung des Gewissens und Rechtsgefühls der Besiegten zu werben und das bedingte Müssen, das sie der Welt auferlegen, in unbedingtes Sollen zu verwandeln.

Die Geschichte zeigt uns ein stetes Fortschreiten, einen steten Ausbau des Völkerrechtes. Die Entwicklung geht also dahin, dass *auch im internationalen Verkehr die Gewalt immer mehr dem friedlichen Nebeneinander der Staaten und Völker auf Grund freien friedlichen Handelns den Platz abtritt.*

Diese Entwicklung des Völkerrechtes zu immer fortschreitender Befriedung der Welt beruht auf dem Zurückweichen des Souveränitätsdogmas und dem Vordringen der Idee des Volkes.

Der Wandel der Staatsidee, den wir im ersten Teil dieser Arbeit kennen gelernt haben, ist demnach in der Tat nichts Zufälliges, Willkürliches, Unerklärliches. Er ist nur *ein Teil eines grossen Entwicklungsprozesses, welcher die Gewalt zugunsten des freiwilligen Gehorsams der Staaten gegen das internationale Recht zurückdrängt.* Mag auch nach dem Kriege ein Rückschlag eingetreten sein und mögen noch andere Rückschläge bevorstehen, *die Entwicklung weist auf die Ueberwindung des Souveränitätsdogmas und die schliessliche Unterwerfung aller Staaten unter die Idee eines ihnen übergeordneten allgemeinen Menschheitsrechtes, das seine letzte Quelle nicht in den physischen Gewaltmitteln der jeweils grössten Staatenkoalition, sondern im Weltgewissen hat.*

Ebenso wie der Wandel der Staatsidee fügt sich auch jener der Volksidee in dieses grosse Weltgeschehen ein. Auch das Emporsteigen und der Wandel der Idee des Volkes, die den Gegenstand des zweiten Teiles dieser Arbeit gebildet haben, ist nichts Zufälliges, Willkürliches, Unerklärliches. Gerade wenn sich das Volk gegen einen gegebenen Staat auf seine nationale Einheit, auf Selbstbestimmung beruft, stützt es sich auf *allgemein menschliche* Werte, auf ein aus dem *Weltgewissen* geschöpftes Sollen gegen die physische Gewalt, und es kann, zu eigener staatlicher Macht gelangt, wenn es dem Weltgewissen nicht untreu werden will, den anderen Völkern oder Minderheiten nicht verwehren, was es für sich in Anspruch genommen hat.

Die Bedeutung des Volksbewusstseins wäre auch in einer den Staaten noch so weit übergeordneten Völkerrechtsgemeinschaft, in einem mit noch so grosser Macht ausgestatteten Völkerbund, ja auch in einem Weltbundesstaat keineswegs überholt. Denn auch hier würde der Schwerpunkt des täglichen Rechtslebens und der täglichen Verwaltungssorgen in den Gliedstaaten liegen und deren national einheitlicher Aufbau stände daher noch immer ebenso wie heute im Mittelpunkt aller an den Staat und die Staatengemeinschaft gerichteten sittlichen Forderungen. Ja selbst, wenn man versuchte, sich einen Welt-Einheitsstaat vorzustellen, so wird man ihn, solange nicht alle Bewohner der Erde eine gemeinsame Sprache, die gleichen Lebensgewohnheiten und ein einheitliches Rechtsgefühl haben, kaum anders denken können, als in der Form eines Ueberbaues über *national* abgegrenzten Provinzen mit sehr weitgehender Freiheit zu partikularer nationaler Rechtsbildung und Selbstverwaltung. Die nationale Frage würde demnach auch durch eine noch so weit gehende Organisation der Welt nichts von ihrer sittlich-rechtlichen Bedeutung verlieren, so wenig wie sie heute etwa innerhalb der Schweiz, der Tschechoslowakei oder Russlands ihre sittlich-rechtliche Bedeutung verloren hat. *Bei jeder Art von Organisation der Welt wird voraussichtlich die Idee des Volkes dieselbe Mission erfüllen, wie gegenüber der bisherigen Staatenwelt, nämlich die Gewalt durch freie Verständigung zurückzudrängen.*

So dürfen wir denn abschliessend sagen : Von der Urzeit an, in der nur die roheste tierische Gewalt entschied und die Menschen nur bedingtes Müssen und noch kein sittlich-rechtliches Sollen kannten, hat sich ein ungeheurer geistiger Entwicklungsprozess vollzogen. Wir dürfen von einem *allmählichen Erwachen und Erstarken des Weltgewissens* sprechen. Der Wandel der Ideen des Staates, des Volkes und der Völkerrechtsgemeinschaft und der Einfluss des internationalen auf das innerstaatliche Recht in dem Zeitraum, den wir untersucht haben, ist nur ein kleiner Ausschnitt aus diesem immensen Weltgeschehen. Der Prozess ist offenbar mit dem heutigen Tage nicht zum Stillstand gekommen, er geht weiter. Der Sinn der Entwicklung ist: *Ueberwindung der Gewalt zwischen Mensch und Mensch in immer stärkerem Masse durch den allgemeinen Frieden und den freien, auf das Weltgewissen gegründeten Gehorsam aller Staaten und Völker gegen ein allen übergeordnetes internationales Recht.*

PERSONENVERZEICHNIS

Hier sind nur die Namen der im Text, nicht auch der in den Anmerkungen erwähnten Personen genannt.

Die Zahlen bedeuten die Seiten.

SACHVERZEICHNIS.

Die Zahlen bedeuten die Seiten.

DRUCKFEHLERVERZEICHNIS.

Seite 17, Zeile 6 von unten lies : keinen statt : keimen.
» 27, Absatz 5, drittletzte Zeile, lies : überflüssig statt : überlüssig.
» 55, Anm. 4, lies : Teil statt Feil.
» 57, Zeile 5 von unten, lies : gegen statt gegern.
» 73, Anm. 1, ist nach dem Worte : Berlin einzufügen : I. Teil, und statt : 209 zu lessen : 208.
» 77, Anm. 3, lies : Bd. I, statt : BI. d.
» 144, Absatz 2, Zeile 2 lies : Massregel an, statt : Massregelan.
» 183, Zeile 14, lies : Minderheitenstellung, statt : Minderheitsstellung.
» 199, Anm. 8, lies : nacional'nyj, statt : naciona'lnyj.
» 245, Zeile 8 lies : Minderheitenschutz, statt : Minderheiten schutz.
» 296, Absatz 5, Zeilen 7 und 8, teile ab statt : Sovjets-kich, richtig : Sovjet-skich.
» 299, Zeile 12 lies verwaltung statt : verwaitung.
» 304, Zeile 3 von unten, lies : Teile statt : Feile.
» 313, Zeile 2 von unten, lies : eingewirkt statt : eingewickt.
» 351, Zeile 2, lies : kann statt : kaan.
» 351, Zeile 8, lies : Wert statt : Werts.
» 369, Zeile 7 von unten, lies : einem statt : jenem.
» 378, Zeile 5, lies : also statt : aiso.
» 394, Zeile 12, lies Vertretern statt : Vertreter.
» 437, Letzte zeile, lies : Pflichterlebnissen statt : Pflichtebrlenissen.

IMP. ELZEVIRIANA
TORRES AMAT, 9
BARCELONA